LUST AN DER GESCHICHTE:
Die Eroberung Perus

SERIE PIPER
Band 1318

Zu diesem Buch

Unvorstellbare Schätze, Sonnentempel, ein gottähnlicher Herrscher, eine hochentwickelte Kultur – die Assoziationen stellen sich beim Stichwort »Inca« sogleich ein, doch Genaueres über dieses indianische Großreich und seine Eroberung durch Pizarro im 16. Jahrhundert weiß man gewöhnlich nicht. Der vorliegende Band bietet dem Leser eine Fülle zeitgenössischen Quellenmaterials, das die Herausgeber Lieselotte und Theodor Engl aus spanischen und überseeischen Dokumenten zusammengestellt, übersetzt und kommentiert haben. Durch Augenzeugenberichte wird der Leser anschaulich und detailliert ins Bild gesetzt über incaische Zeremonien, Kulthandlungen, Opferungen, Volksbräuche, Jagden oder indianische Amazonen ebenso wie über die Vorgänge bei der Eroberung des Reiches und die nachfolgende Vermischung dieser in Struktur und Abstammung so unterschiedlichen Völker. Bezeichnend die Antwort eines Indios auf die Frage, ob er Christ sei: »Ja, mein Herr, ich bin ein bißchen Christ; denn schon können ich ein bißchen lügen; später ich können viel lügen und ich sein werde großer Christ.« Bezeichnend aber auch der Widerstand, den der Dominikanerorden dem Unrecht entgegenzusetzen versuchte, insbesondere in Gestalt des Bartholomé de las Casas, der in großen Appellen an Karl V. für die Menschenrechte der Indianer kämpfte.

Lieselotte und Theodor Engl haben sich als Lateinamerika-Forscher einen Namen gemacht. Auf vielen Reisen haben sie Studien vor Ort betrieben. Lieselotte Engl hat einen Lehrauftrag an der Universität München inne.

LUST AN DER GESCHICHTE:

Die Eroberung Perus

Ein Lesebuch

Herausgegeben von Lieselotte
und Theodor Engl

Piper
München Zürich

Die Erstausgabe erschien 1975 unter dem Titel
»Die Eroberung Perus in Augenzeugenberichten«
im Deutschen Taschenbuch Verlag, München.

In der Reihe »Lust an der Geschichte«
liegen in der Serie Piper bereits vor:
Leben im antiken Griechenland (850)
Die Französische Revolution 1789–1799 (933)
Leben im Alten Rom (1005)
Leben im Mittelalter (1166)
Weitere Bände sind in Vorbereitung.

ISBN 3-492-11318-4
Juli 1991

Umschlag: Federico Luci,
unter Verwendung des Bildes
»Der Hl. Santiago kommt den Spaniern, die in Cuzco von Inkas
belagert werden, zu Hilfe« eines indianischen Malers
(Museo G. de la Vega, Cuzco)
Satz: C. H. Beck'sche Buchdruckerei, Nördlingen
Druck und Bindung: Clausen & Bosse, Leck
Printed in Germany

Inhaltsverzeichnis

Einleitung 17

DIE VORSTUFEN DER ENTDECKUNG PERUS

See- und Küstenfahrten der Spanier 31

Balboa und die Entdeckung des Stillen Ozeans 1513 – 1522 hört der verhinderte Konquistador Andagoya zum ersten Mal den Namen Peru – Die spanische Seefahrt im XVI. Jahrhundert – Verpflichtung zur kartographischen Aufnahme neuentdeckter Küsten – Mangel an ausgebildeten spanischen Nautikern – Angst vor Überfremdung durch berühmte Italiener und Portugiesen wie Cabot und Magalhães – Schwieriger Landweg über den Isthmus von Panama und Suche nach einer Durchfahrt – Die Küstenfahrt im Stillen Ozean ist wegen der Gegenströmungen strapaziöser als die Reise über den Atlantik

Pizarros und Almagros erste Landbesuche in Ecuador und Peru 1524–1527 38

Unwirtliche westkolumbische Küste – Magere Goldbeute – Eine peruanische Balsa wird gekapert mit reichem Schmuck und farbigen Geweben – Die gefangenen Indianer erzählen vom Incareich – Beschreibung des Maisbaus und der ecuadorianischen Dorfkultur – Die Spanier können nicht Fuß fassen – Rückzug auf die Isla del Gallo - In Panama wird die Expedition so gut wie abgeschrieben – Protokolle, Befragungen, geheime Briefe von der Isla del Gallo – Klagen gegen die Anführer Pizarro und Almagro: »Wenn einer krank wird, schilt man ihn einen Lügner; selbst wenn er unter der Erde liegt, glaubt man ihm noch nicht« – Almagro stellt sich als Wohltäter hin – Besuch der Dreizehn in der Incagarnison Tumbes – Der Grieche Pedro de Candía verschafft sich überall Eintritt – Ratlosigkeit am Hofe des Inca Huayna Capac

Der spanische König und seine indianischen Untertanen . . . 58

Pizarro 1529 in Spanien – Die Kronverträge mit den Konquistadoren – Das Requerimiento – Mißbrauch des christlichen Missionsauftrags – Die Adventspredigt von Santo Domingo 1511: »Ihr seid alle in Todsünde wegen der Grausamkeit und Tyrannei, die ihr gegen jene unschuldigen Völker übt!« – Pizarros Besuch bei einem weiblichen Häuptling in Nordperu

Pizarros dritte und letzte Ausfahrt nach Peru 1531 72
Landung am Äquator – Landmärsche durch Dschungel und Wüste – Übergriffe verschrecken die Bevölkerung – Hunger und Epidemien – Die Insel Puná – »Völlig durchnäßt und halb ersäuft trieben wir an den Strand« – Eine große Enttäuschung: Tumbes ist zerstört! – Mißglückte Incaexpedition auf Puná um das Jahr 1520

DIE KONQUISTA 1532–1535

Der Marsch nach Cajamarca 83
Ruhepause am Fuß der Kordillieren – Incaische Tempel – »Ganz scheußlich sind ihre Opfer und ihre Moscheen« – Abstecher ins Gebirge nach Cajas – Verwüstungen durch den Bruderkrieg zwischen den Incas Huascar und Atahualpa: »Von 10- bis 12000 Einwohnern sind nur noch 3000 da« – Hernando de Soto als Bundesgenosse willkommen – Öffnung des Frauenklosters – Ein Hauptmann Atahualpas erscheint mit 2000 Kriegern: »Wie könnt ihr so etwas wagen!. Atahualpa ist nur 200 Meilen von hier entfernt!« – Austausch von Botschaften mit Atahualpa – Bequemer Marsch dank guter Incastraßen und Rasthäuser – Im Inland unterliegt der Inca Huascar – Atahualpa alleiniger Herr des Incareiches – Ein indianischer Chronist beschreibt die Entscheidungsschlacht am Apurimac

Gefangennahme des Inca Atahualpa 91
Cajamarca, die menschenleere Stadt – Hat Atahualpa eine Falle geplant? – Hernando Pizarro und Soto reiten hinüber zum Inca in die Bäder von Pultamarca – Samstag, den 16. November 1532: pomphafter Einzug des Inca in die Stadt – 2000 Indios säubern den Weg – Uniformen in Schachbrettmuster – »Höllische Musik« – Der Platz füllt sich mit Menschen – Atahualpa steht in der Sänfte auf, »so daß man seinen Körper halb sah« – Der Mönch Vicente de Valverde verliest dem Inca die Friedensbotschaft – Der Inca wirft das Brevier zu Boden: »Ich weiche nicht von der Stelle, bis die Spanier mir nicht Rechenschaft geben für alles, was sie im Lande angerichtet haben« – Pizarro reißt den Inca aus der Sänfte – Massenflucht und Tod von 2000 bis 7000 Indianern – Verluste auf Seiten der Spanier: »Niemand wurde getötet außer einem Neger« – Was macht man mit den Gefangenen? – Riesige Lagerbestände an Waffen, Kleidung und Lebensmitteln – Vorbereitungen zur Krönung Atahulapas?

Atahualpas Goldlieferung und Tod 103
Der Inca bietet einen Raum voll Gold für seine Freiheit – Pizarro beurkundet die Abmachung mit Notar – Drei Spanier reisen in

Hängematten getragen nach Cuzco – Erster Eindruck von der Priester- und Königsstadt – Sonnentempel – Mumien – 5. Januar 1533: Hernando Pizarro und 20 Reiter nach Pachacamac – Vernachlässigter Wallfahrtsort – Tempelschätze beiseite geschafft – Vernichtung des Kultbildes – Kreuz auf dem Stufentempel – Jauja und Juninsee – Die Spanier sind begeistert von Land und Klima in Mittelperu – Der Incageneral Chalcochima gibt sich gefangen – Ermordung des Inca Huascar – Imposante Hofhaltung des gefangenen Atahualpa – Zahlreiche Audienzen mit Unterhäuptlingen – Spanier fürchten Konspiration – Die Goldsendungen halten an – Sperrige Kultgegenstände werden eingestampft – Liste der wertvollen Stücke, die zu Karl V. nach Spanien geschickt werden – Goldverteilung an die Soldaten – In Peru hat Gold keine Kaufkraft – Viele Spanier wollen heim – Gerüchte über einen Aufstand – Prozeß gegen Atahualpa und Hinrichtung – Christliche Bestattung – Incaische Totenklagen – Frauen und Schwestern des Inca erhängen sich – Streit unter den Konquistadoren: »Es wäre besser gewesen, Atahualpa nach Spanien zu schicken«

Einzug in Cuzco 125

Einsetzung des neuen Inca Tupac Hualpa – Erste spanisch-incaische Regierungssitzung – Cajamarca wird verlassen – Zug ins Herz des Incareiches – Gründung des spanischen Jauja – Tupac Hualpa vergiftet? – Chalcochima macht Schwierigkeiten – Die großen Hängebrücken: »Über ein solches Machwerk, das in der Luft hängt, die Pferde hinüberzubringen, schien ein Ding der Unmöglichkeit« – Die Priesterin des Apurimac-Idols stürzt sich in den Fluß – Wettrennen der Konquistadoren nach Cuzco – Hernando de Soto im Gebirge von Indianern umzingelt – Rettender Trompetenruf – Gericht gegen Chalcochima – Der Inca Manco schließt sich den Spaniern an – Die Quitopartei zieht aus Cuzco ab – 15. November 1533 kampfloser Einzug Pizarros in Cuzco – Manco wird König – 30 Tage lang Feste – Die Mumien feiern mit – Sonnengebet – Opfer – Gesänge – Maskentänze – Trinkgelage – Die Macht der toten Sippenhäupter – Pedro Pizarro über den Sonnendienst: »Die Frauen gaben vor, daß der Sonnengott sich mit ihnen im Schlaf vereinige« – Cuzco am 23. März 1534 zur spanischen Stadt erklärt – Die indianischen Einwohner werden den Kolonisten zugeteilt – Pizarro verteilt ganze Provinzen an seine Freunde – Nur wenige halten in der Garnison aus – Königliche Jagden mit Inca Manco in Jauja

Alvarado und die Eroberung Ecuadors 1534 158

April 1534: Große Sorgen in Panama um das Schicksal Pizarros und der Spanier in Peru – »Seit sechs oder sieben Monaten nichts von ihm gehört« – Leichnam Atahualpas ausgegraben und nach Quito gebracht? – Guatemalas Gouverneur Alvarado will Cuzco den Pizarros abjagen – Der Beamte Espinosa schreibt an den Kaiser: »Es muß ein Ausweg gesucht werden, ehe sie aufeinander losgehen« – Klagebrief Almagros vom 8. Mai 1534 über die Invasion Alvarados in Puerto Viejo – Plünderung, Verwüstung und Repressalien – Der friedliche Tauschhandel mit den Eingeborenen an der Ecuadorküste ist gestört – »Was Alvarado hier angerichtet hat, ist unmenschlich« – Sind die Indianer aus Guatemala Menschenfresser? – Durch Urwald auf die Eishöhen der ecuadorianischen Anden – Massensterben der Indianer im Schneetreiben – 6. Dezember 1534 Gründung Quitos durch Benalcazar – Bedrohung der Konquistadoren durch die Incagenerale Quisquis und Rumañahui – Alvarado, Benalcazar und Almagro müssen sich vertragen – Ende von Quisquis und Rumañahui – Die Incaheere verlaufen sich – Alvarado: »Erst durch mein Kommen ist die Befriedung dieser Länder gesichert« – Siegesfeiern und Ringelstechen in Pachacamac – Alvarado verkauft seine Armada für 100000 Pesos und verspielt die Hälfte

FRÜHE KOLONISATION UND WEITERE ENTDECKUNGEN

1535 Gründung von Lima 179

Nur schmale Landstreifen entlang der Incastraßen erschlossen – Jauja wird aufgegeben – Wo soll die neue Hauptstadt liegen? – Eine Dreierkommission sucht einen geeigneten Platz an der Küste – Ureinwohner werden vertrieben – 18. Januar 1535 Gründung der Stadt der Könige – Erster Bauplatz die Kirche – Der indianische Name Lima setzt sich durch – Einteilung in Cuadras von 125 × 125 m – Hühnerzins – Viele Schreiber, nur zwei Zimmerleute – Häuser »nur erdgeschossig und von primitiver Bauweise.«

Machtkampf um Cuzco. Chile-Expedition 1535–1537 188

Gehört Cuzco zum Machtbereich Almagros oder Pizarros? – Wo verläuft die Demarkationslinie? – Almagro zieht ab nach Chile – »Am Tage des Aufbruches brannte die halbe Stadt Cuzco« – Indianerinnen tragen neugeborene Fohlen in Hängematten – Der Priester Cristobal de Molina schreibt: »Wo wir durchzogen, gab es Plünderung und Gewalttat« – »Wer viele Indios tötete, galt im Lager als guter Mann« – Schrecklicher Winter in Mittelchile – 70 Pferde und viele indianische Dienstleute erfrieren – Das Land ist bitterarm – Kein Gold – Almagro kehrt um

Untersuchung gegen Pizarros Verwaltungspraxis 192

Not und Rechtlosigkeit der Indianer – Negerkriminalität – »Man holt den Mais weg bevor er zum Reifen kommt.« – Bischof Berlanga streitet sich mit Pizarro – Wer darf den Goldstempel benützen? – Die Stadt Cuzco hätte dem König gehört! – Mangelhafte Missionierung – Bischof Berlanga: »Die Franziskaner drohen mit der Abreise« – Pizarro: »Hier gibt es nur einen Einzigen«

Der Türkenkrieg verschlingt peruanisches Gold 199
Karl V. läßt im Hafen von Sevilla private Schiffsladungen beschlagnahmen – Dafür Steuerfreiheit für die Erben

Der Grosse Aufstand des Inca Manco 1536–1538

Belagerung Cuzcos durch Incaheere 203
Grenzenlose Goldgier der Brüder Pizarro – Die Frauen und Töchter des Inca werden vor seinen Augen vergewaltigt – Inca Manco mehr Gefangener als Verbündeter der Spanier – Erste vergebliche Flucht des Inca Manco – Verwüstung des Palastes – Hernando Pizarro läßt Manco frei – Treueschwur der Incavasallen im Yucaytal – Incas besetzen Stadtfestung von Cuzco – Cuzco eingeschlossen – Strohdächer brennen – Indios laufen auf den Mauerkronen der Ruinen – Juan Pizarro fällt – Die Spanier erobern die Stadtfestung Sacsayhuaman zurück – Selbstmord des Incakommandanten – Kampfpause bei jedem Neumond – Inca und Volk opfern und beten für die Ernte – Nur die verbündeten Indios ermöglichen den Spaniern das Überleben – Maisernte unter Bewachung – Hernando Pizarros riskanter Streifzug nach Calca ins Incahauptquartier – Ausschreitungen gegen die Frauen – Der Ring schließt sich wieder – Unmenschliche Repressalien

Ollantaytambo 211
Die Tempelfestungen im Yucaytal – In Chinchero »wäre es beinahe mit uns aus gewesen« – Die Festung Ollantaytambo – »Als wir dort anlangten, kam uns alle ein Grauen an« – Terrassen über Terrassen – Steinlawinen – Incas setzen das Tal unter Wasser – Flucht der Spanier – »Fast alle indianischen Frauen unseres Gefolges ertranken« – Cuzco von der Außenwelt abgeschnitten – Zwei Bündel mit Christenköpfen

Straßenkämpfe in Lima 216
Ersatzmannschaften aus Lima in der Kordilliere abgefangen und aufgerieben – »Der Inca erbeutete Brokat und Seide, Kanonen und Musketen« – Gefangene Spanier müssen Pulver zurichten – Incageneral fällt in Lima

Almagros Rückkehr aus Chile 1537. Der Inca Manco gibt auf . 219
20. April 1537: Die verarmten Chileleute kehren zurück – Almagro besetzt Cuzco – Bündnis Almagro-Inca Paullu – Inca Manco auf der Flucht – Zerstörte Wege und Brücken – Gefangene Spanier befreien sich – Große Beute in Urcos: Das Sonnenidol und viele Frauen – Zwanzig Indianer tragen abwechselnd den Inca über die verschneiten Pässe

Der Tod der Incaköniginnen 222

BÜRGERKRIEG. ERMORDUNG VON ALMAGRO UND PIZARRO

Die unsaubere Schlacht von Salinas am 8. April 1538 227
Die Rache der Pizarros – Einheimische lauern auf den Hängen – Almagro in Cuzco im Kerker erwürgt – Leiche öffentlich hingerichtet und feierlich bestattet – »Hernando Pizarro und sein Bruder kleideten sich in Schwarz«

Der Brief des Bischofs Vicente de Valverde vom 20. März 1539 230
Zerstörung und Elend im Land – Neugründung von Kirchen – Valverde tritt für die persönliche Freiheit der Indios ein – Versklavung und Brandmarkung der Indianer – Gewaltsame Umsiedlungen – Soziale Lage der Incanachkommen – Prinzessinnen sollen Konquistadoren heiraten – Incaprinzen sollen nach Spanien abgeschoben werden – Keine einheimischen Fürsten mehr einsetzen! – Gutes Land für Getreide, Viehzucht, Gemüsebau – Spielleidenschaft der Spanier – Gute Heiratsaussichten für arme Adelsfräulein aus Spanien

Ermordung von Francisco Pizarro. Das Regime der Chileleute 241
Neue Konquistas – In den Regenwäldern des Ostens sterben Hunderte von Spaniern und Tausende von Indios – Ein indianisches Orakel sagt den Tod Pizarros voraus – 26. Juni 1541 Francisco Pizarro von Almagristen ermordet – »Es ist eine Fügung Gottes, daß nicht mehr Menschen umgekommen sind« – Schiffe im Hafen Callao monatelang festgehalten – Ausweisung der halbindianischen Pizarrokinder – Der Bischof Valverde predigt gegen die Almagristen und muß fliehen – Geheimnisvoller Tod des Valverde auf der Überfahrt zur Insel Puná – Der königliche Kommissar Vaca de Castro besiegt die Almagristen am 16. September 1542

Die Amazonasexpedition

Die Suche nach dem Zimtland und dem »El Dorado« 253

Eskalation der Entdeckungs- und Eroberungsunternehmungen – Südchile, Paraguay, Venezuela, Kolumbien – Das Tiefland östlich der Anden lockt – Gonzalo Pizarro bricht aus Quito auf – Sumpf und Wasser machen ein Vorwärtskommen unmöglich – Eine Brigantine wird gebaut – »Der größte Teil unserer Dienstindianer war bereits gestorben«

Die Fahrt des Hauptmanns Orellana zur Amazonasmündung 260

Hauptmann Orellana wird vorausgeschickt und kommt nicht wieder – Hungermarsch zurück nach Quito – 1000 Hunde und 100 Pferde aufgegessen – Die Flußdrift des Hauptmanns Orellana – Das Tagebuch des Paters Carvajal – »Am 8. Januar hörten wir ganz deutlich Trommeln« – »Nun befanden wir uns im bewohnten Land« – Ein Dorf voller Lebensmittelvorräte – »Die Kameraden konnten sich gar nicht vorstellen, jemals satt zu werden« – Freundliche Indianer – Strom voller Strudel und Treibholz – Bau einer zweiten größeren Brigantine – »Es war erstaunlich, mit welcher Freude unsere Kameraden arbeiteten« – Vier vornehme indianische Botschafter, »jeder eine Handbreit größer als der längste unter uns Christen« – Reichere und dichtere Besiedlung am Südufer des Amazonenstromes – Starker Widerstand der Bevölkerung – Weibliche Hauptleute mit Pfeil und Bogen – »Unsere Brigantinen sahen bald aus wie Stachelschweine« – Erzählung eines gefangenen Indios über den Amazonenstaat – »Wer es auf sich nimmt, zu diesen Frauen ins Tiefland zu wandern, der muß als Knabe aufbrechen und kommt als Greis wieder«

Die Indianerschutzgesetze Karls V. vom 20. November 1542

Bartolomé de las Casas 275

Pedro Ciezas Erlebnisse in Kolumbien – Bluthunde mit Fleisch von Indios gefüttert – »Nicht alle Spanier waren so schlecht, daß sie sich an solchen Lastern ergötzten«

Die Nuevas Leyes vom 20. November 1542 277

Wie kommt ein königliches Gesetz zustande? – Langwierige Anhörungsverfahren – Peru wird Vizekönigreich – Einweisung eines Appellationsgerichts in Lima – Kein Indio darf zum Sklaven gemacht werden – Indianer sind Untertanen der Krone von Kastilien – Trägerdienste – Perlenfischerei – Höhere Kronbeamte dürfen keine

Indios besitzen – Teilnehmer an peruanischen Bürgerkriegen werden enteignet – Neuvergabe, Besitzwechsel, Vererbung und Schenkung von Encomiendas für die Zukunft verboten – Veröffentlichung der Leyes Nuevas in Buchdruck – »Den Mönchen tragen Wir auf, die Schrift in die Sprache der Indios zu übersetzen«

PERUS KONQUISTADOREN STEHEN GEGEN DIE KRONE AUF

Der Vizekönig Blasco Nuñez Vela 287

Konquistadoren pochen auf verbriefte Rechte – »Wir haben nicht mehr die Jugend und die Gesundheit, neue Länder zu entdecken« – Der unerwünschte Vizekönig ist schneller in Peru als erwartet – Befreiung und Repatriierung peruanischer Indianer in Panama – Es gibt keine Heimat mehr für entwurzelte Indianer – »Verflucht sei dieser Vizekönig, der gekommen ist, das Land zu ruinieren!« – Feierlicher Einzug in Lima am 14. Mai 1544 – Rote Talare, roter Baldachin – Der Amtsvorgänger Vaca de Castro wird verhaftet – Königliches Siegel geehrt wie der Monarch in Person – Spannungen zwischen Vizekönig und Audiencia – Florierende Lobby in Lima wie beim Kronrat in Spanien – Wechselnde Machtverhältnisse im Inland – Gonzalo Pizarro weit weg in Bolivien – »Es schien, als ob er sich um Politik überhaupt nicht kümmere« – Inca Manco nimmt Fühlung mit dem Vizekönig auf – Cuzco Sammelpunkt der Unzufriedenen – Alarmstimmung in Lima – Nuñez Vela ersticht den Faktor Illan Suárez – Volksaufstand, Verhaftung des Vizekönigs

Gonzalo Pizarros Machtübernahme 1544 303

Gonzalo Pizarro unterwegs von Cuzco nach Lima – Allgemeine Furcht vor kommenden Auseinandersetzungen – Auch in Cuzco sind nicht alle für Gonzalo Pizarro – Der 80-jährige Francisco de Carvajal und sein Hinrichtungskommando – Lima droht Plünderung, wenn die Ernennungsurkunde für Gonzalo Pizarro nicht rechtzeitig fertig wird – 24. Oktober 1544 Einzug in Lima mit Artillerie und Musketen – Repressalien gegen die Familie Garcilaso in Cuzco – »Was können die Kinder für das, was die Alten getan haben« – Hernando Bachicao betreibt Seeraub für Gonzalo Pizarro – Plünderung von Panama – »Man hört nichts mehr von dem Vizekönig, außer daß er mit 12–15 Mann unterwegs ist nach Quito« – Die Kaufleute intervenieren bei Gonzalo Pizarro – Bachicao abgesetzt – Schlacht bei Iñaquito 26. Januar 1546 – Das Haupt des alten Vizekönigs Nuñez Vela steckt auf dem Pfahl – Jagd auf königstreue Flüchtlinge in Kirchen und anderen Asylen – Sechs Monate Siegesfeiern in Quito – C. de Estrella über Gonzalo Pizarro: »Für einen Tyrannen betrug er sich auffallend mild« – Die Affäre Frutos – Ehebruch mit einer spanischen Frau ist in Peru selbst für einen Diktator riskant – Frutos erhält einen Uriasbrief

Der Prälat Pedro de la Gasca rettet für Karl V. die Kolonie . . 318
Amnestieangebot Karls V. an Gonzalo Pizarro und seine Anhänger – »Um einen Pardon bittet keiner von uns« – Die ersten Überläufer – Erlebnisse des königlichen Unterhändlers Paniagua im aufständischen Peru – Audienz beim Diktator – »Weißhaariger Alter, wozu kommt Ihr hierher?« – »Ich betrat dieses Land mit dem falschen Fuß« – »La Gasca sucht den Krieg nicht, noch wird er einen führen« – Pizarro: »Ich wünsche mir nicht mehr als 10 Jahre zu leben, aber ich möchte regieren« – Der halbamtliche Unterhändler Gamboa in äußerster Bedrängnis – Alle Kleriker, Mönche, Lizentiaten und Doktoren werden deportiert – »Wenn ich nur ein Brett hätte, das mich trägt, dann würde ich damit nach Panama schwimmen« – Gonzalo Pizarro fürchtet Mordanschläge – Läßt sich Gamboa als Gegenagent umdrehen? – Die Flotte geht zu Pedro de la Gasca über – Verbrannte Schiffe im Hafen von Lima – Geheime Briefe an Land geschmuggelt – 20. Oktober 1547: letzter Sieg Gonzalo Pizarros bei Huarina am Titicacasee – Verwundete Königstreue finden Zuflucht und Pflege bei Indianern – Siegestrunkenheit der Pizarristen in Cuzco – Incaische Ehren für Gonzalo Pizarro – Der achtjährige Garcilaso de la Vega feiert mit – Kirchenbuße für Gonzalo Pizarro – Carvajal meint: »In vier Jahren gibt es keinen Papst mehr in Rom; dann sitzt dort der Große Türke und man kann sich die Wallfahrt sparen« – Kaufleute finanzieren den Krieg gegen Gonzalo Pizarro – Auflösung der Rebellenarmee vor Sacsayhuaman – Gonzalo Pizarro ergibt sich – Hinrichtung am 10. April 1548 – Konquistadorenaufstände in Argentinien und Paraguay – Der deutsche Landsknecht Ulrich Schmidl bezeugt Sympathie für den gestürzten Gonzalo Pizarro – »Der arme Gonzalo Pizarro, welcher ein König gewest und darnach hat man ihm den Kopf lassen abschlagen. Dieses Land Peru war billig vor Gott und der Welt sein gewest«

Indianerelend und verarmte Spanier im reichsten Kronland Amerikas

Friedenssehnsucht und Kondottieretum in Peru 353
»Wenn nur einmal die Unruhen aufhörten und kein Krieg mehr wäre, dann wüßte man schwerlich ein besseres Land, um sein Leben zu verbringen« – Der Vizekönig Marqués de Cañete bekämpft Bandenunwesen und Kondottieretum – »Es gibt hier viele Mestizinnen, Töchter verstorbener Konquistadoren, die große Not leiden« – Die Incarasthäuser verlottern – Vagabundierende Spanier – Indianische Prostituierten

Indianertribute und Bergwerke 359

Zwanzig Lastträger an einer Kette – Wenn einer von der Brücke stürzt, reißt er alle mit – Die Hölle der Quecksilberbergwerke von Huancavilca – Der Chronist und Sozialkritiker Fernando de Santillán – Vergleich zwischen Incaverwaltung und spanischem Encomiendasystem – Unerfüllbares Plansoll – Kaziken als skrupellose Steuereintreiber – »Heutzutage gibt es fast ebensoviele Curacas wie Untertanen« – Viel zu viele Kirchen – »Alle wollen indianische Dienstleute, weil das billig kommt« – Die Tribute von Chucuito – 6000 Indios zogen für den Inca in den Krieg. Nur 1000 kehrten heim – Der Chronist Pedro Pizarro erzählt über die eingeborenen Frauen Perus – Lastenträgerinnen gebären am Wegrand – »Es gab wohl auch Fleisch, aber nur wenige Bevorzugte bekamen es« – Incaprinzessinnen auch als Konkubinen der Spanier noch sehr verwöhnt – »Das übrige Weibervolk ist mehr gedrungen, weder schön noch häßlich«

DAS INCARESERVAT VON VILCABAMBA

Sayri Tupac und Titu Cusi 371

Inca Manco gewährt den Pizarromördern Asyl und wird ihr Opfer – Zwölfjähriger Incaprinz Titu Cusi Zeuge des Mordes – Inca Sayri Tupac besucht 1557 den Vizekönig Marqués de Cañete in Lima – Huldigung im ganzen Land – Abfindung des Inca mit einer Encomienda – Vilcabamba weiterhin unabhängig – Inca Titu Cusi ein schwieriger Verhandlungspartner – Provinzielle Hofhaltung des Incas – Friedenspakt von 1569 am Grenzfluß Acobamba – Schwur nach incaischem Ritus: »O Sonne, die Du Schöpfer bist aller Dinge« – Der Inca verlangt für seine Taufe den ranghöchsten Geistlichen – Pater García schreibt Titu Cusis Autobiographie – Tod eines Erzsuchers im verbotenen Land – Konflikt zwischen Pater Ortiz und dem Inca – Plötzliche Krankheit und Tod von Titu Cusi – »Der Mönch hat den Inca umgebracht!« – Der Mönch soll den Inca auferwecken – Martyrium und Tod von Diego Ortiz

Tupac Amaru und das Ende von Vilcabamba 1572 381

Der Vizekönig Francisco de Toledo, ein Vetter des Herzogs von Alba – »Gerechter Krieg« gegen das »Räubernest« Vilcabamba – Tupac Amaru mit Familie am Lagerfeuer gefangen – »Wenn er das Kanu bestiegen hätte und flußabwärts getrieben wäre, hätte man sie niemals gefaßt« – Razzien auf den Incaadel – Sonnenidol, Incamumien und andere Beute – Cuzco in Alarmzustand – Tupac Amaru an der Kette um den Hals von dem Hauptmann Loyola durch die Gassen geführt – Der Vizekönig hinter dem Fenster – Tausende von Indios beten das Antlitz des enthaupteten Incas an

Das Weiterleben altindianischer Traditionen inmitten christlicher Umgebung

Restauration der lokalen Kulte um 1565 387

Auferstehung der Huacas – Wiederkehr des Zeitalters der Inca – Mythische Bewegung der alten Tarpuntaes – Ein Wunschmythos über die Vertreibung der Christen aus Peru – Auch die Christen haben ihre Legenden – »Auf der ganzen Welt gibt es wohl kein Volk, das so viele Auguren, heilige Waschungen, Riten und Zeremonien kennt wie diese Indios« – Spanier rettet ein lebendig begrabenes Mädchen – Menschenopfer bringen im Incareich politische Vorteile – Die Capacocha – Altperuanische Gebete – Religionsforschung der Augustiner – Wie geht die Berufung eines indianischen Priesters oder Zauberers vor sich? – »Noch heutzutage spricht der Teufel mit ihnen« – Tieropfer – Alle sakralen Gewebe blutdurchtränkt – »Die Indios kennen auch die Ohrenbeichte« – Religiöser Terror und Gegenterror

Die Ausrottung des Götzendienstes 400

Religionsverfolgung schon zur Zeit der Incas – Das Catequilheiligtum von Huamachuco – Königsmumien der Incas in Lima ausgestellt – »Jetzt sind sie aber schon ziemlich abgegriffen und übel zugerichtet« – Eine Denkschrift des Vizekönigs Toledo – Die spanischen Gouverneure waren zu mild – Es fehlt an dem nötigen Respekt vor Obrigkeit und Kirche – »Es wird ein hartes Stück Arbeit kosten, die Indios vom Götzendienst loszureißen, solange die Alten noch leben« – Indios lebten bis dahin verstreut auf dem Land – Zwangsumsiedlung in größere Ortschaften – Straßen in Schachbrettmuster – Türen werden entfernt, »damit die Polizei und die Priester freien Einblick haben« – Aymaras aus dem Titicaca-Hochland fliehen über die Anden ins Waldland – Frauen und Kinder bleiben zurück

Anhang

Zeittafel 408
Bibliographie 415
Quellennachweis 421
Verzeichnis der Abbildungen 433
Personen- und Sachregister mit Worterklärungen 434

Widmung

Diese Texte sind gewidmet den kleinen Gruppen von deutschen und ausländischen Studenten, die seit vielen Jahren in der Münchner Universität an den Seminaren von Lieselotte Engl über Lateinamerika teilnehmen.

Für Stefan in
Erinnerung an die
jahrelange Freund-
schaft, die die
Familie verbindet

München, 15. 9. 91
L. Engl

Einleitung

Die gesellschaftlichen und staatlichen Zusammenschlüsse im Alten Amerika hatten in der Mehrzahl bescheidenen räumlichen Umfang. Auch die Azteken beherrschten nur Teile der heutigen Republik Mexiko in Konkurrenz oder Bündnissen mit verwandten Völkern und Sippen. Allein die Incas im hochandinen Peru, eine politisch begabte Elite, deren Stammväter, der Sage nach Aymaraindianer aus der Gegend des Titicacasees, in das von Quechuas bewohnte Hochtal von Cuzco eingewandert waren, schufen ein Imperium von kontinentalen Ausmaßen. In dem zur Verwaltungssprache erhobenen Quechua hieß es »Tahuantinsuyu« – das Reich der vier Weltgegenden. Die Spanier gaben ihm den Namen Peru und machten aus ihm ein Vizekönigreich, das von Panama bis Buenos Aires reichte. Die heutige Republik Peru nimmt nur einen kleinen Teil von Altperu, vermehrt um tropische Gebiete im Osten, ein, ist aber in unseren Tagen – wir schreiben das Jahr 1975 – einer jener Staaten der Dritten Welt geworden, die sich besonders stark auf ihre nichteuropäischen Traditionen besinnen und nicht nur auf geistigem Gebiet, sondern auch wirtschaftlich und politisch aus dieser Rückwendung auf eine große Vergangenheit neue Kraft schöpfen und neue Wege suchen, um die angestammte Bevölkerung in die Gesellschaft zu reintegrieren.

Die plötzliche Expansion des Incareiches im XV. Jahrhundert, die mit den Herrschernamen Pachacutec – »Umwälzer des Erdkreises« – und Tupac –»der Strahlende«– verbunden wird, erreichte und überschritt etwa um 1500 unter dem Inca Huayna Capac – dem »jungen Herrscher« – ihren Höhepunkt. Die Incas demonstrierten ihre Präsenz durch Garnisonen, schnurgerade Fernstraßen, Lagerhäuser, Sonnenheiligtümer und Klöster im gesamten zentralandinen Hochland von Südkolumbien über Ecuador und Peru bis Bolivien, an der peruanischen Küste, im nördlichen und mittleren Chile und im Nordwesten Argentiniens.

Mächtige Staaten wie das Reich von Chimor, das die 900 km lange Küste vom Golf von Guayaquil bis kurz vor Lima mit ihren künstlich bewässerten Flußoasen und hochentwickelten schachbrettförmig angelegten Großstädten beherrschte, und weitere Fürstentümer und Priesterherrschaften an der südperuanischen Küste mit alter Tradition – man denke an die heilige Stadt Pachacamac – gehorchten zwar der Oberherrschaft der Incas von Cuzco, bewahrten aber eine starke Autonomie. Der Herrscher von Chincha war einer der Großen am incaischen Hof; der letzte selbständige König von Chimor, Minchanzaman, erlebte sogar noch die Ankunft der Spanier und wurde wie sechs seiner Nachfolger als Provinzstatthalter belassen. Die Grenzen des Incareiches waren allerdings fließend; so gelang es seinen Heeren nicht, die Urwaldstämme in der Selva am Ostabhang der Anden und in den Tiefländern der Amazonaszuflüsse unter Kontrolle zu bringen. Manche dieser Gebiete boten Zuflucht für verdrängte Völker aus den andinen Kulturen, z. B. für die Chancas, eine mit den Incas verwandte und rivalisierende Volksgruppe in Mittelperu, oder für die Chachapoyas am mittleren Marañon, und schließlich für die letzten Incas selbst und die Gruppen und Völker, die im XVI. Jahrhundert vor den spanischen Konquistadoren nach Osten flohen, wo sie innerhalb einer ethnisch und klimatisch andersartigen Umgebung teilweise noch viele Generationen lang altperuanische bzw. incaische Kulturformen beibehielten, teilweise in den Jesuitenreduktionen aufgingen, aber dort, wo die wirtschaftlichen und sonstigen Bindungen mit der Umwelt abrissen, verkümmerten oder ausstarben.

Der Zentralismus wie der Pluralismus des Incareiches sind gleichermaßen faszinierend. Die militärischen und technischen Erfolge dieser Herrenschicht wären wohl kaum möglich gewesen, wenn nicht schon jene hierarchischen bis despotischen Machtstrukturen in Altperu dagewesen wären, deren Kulturdokumente noch heute als Ruinen oder in den Museen bewundert werden können.

Die Incas tasteten auch die in Altamerika weit verbreitete genossenschaftliche Agrarstruktur wenig an, sondern legten den Gemeinden nur neue Fronen auf, wie später die weißen Herren. Die Dorfgemeinschaften überdauerten vielerorts alle Regime und Kriege bis in die Zeit der modernen Industriegesellschaft hinein. In Zeiten des Chaos, wenn die zentralen Ordnungen zerbrachen, rettete allein die Solidarität dieser Basisgemeinschaften ihre Mitglieder vor dem Verhungern und half den indianischen Massen zu überleben.

Die Bewirtschaftung des Ackerlandes ging in Altperu so vor sich: die Erträge der Gemeindeflur kamen gleichmäßig den arbeitenden Personen, ihren Familien und den Alten und Kranken zugute; weitere Flächen mußten für den Unterhalt der Priester und Kultstätten bestellt werden, das übrige für die größeren Häuptlinge und

Fürsten bzw. für den Inca und seine Oligarchie. Diese sicherten den Lebensstandard der Bevölkerung zusätzlich durch ihre großräumige Vorratswirtschaft für Not- und Kriegszeiten.

Die incaischen Vorratsspeicher (Tambos) waren auf dem ganzen Land entlang den Straßen verteilt und dienten auch als Herberge für den Herrscher und sein Gefolge. Noch in der Zeit der spanischen Konquista kamen die Landbewohner und füllten regelmäßig die Vorräte auf. Zu den Tributen für den Inca gehörten auch Mädchen aus allen Schichten des Volkes, die als Acllas in den Sonnenklöstern erzogen wurden, die Gewänder für die Soldaten, Vornehmen und den Inca selbst webten und bereitgehalten wurden als Konkubinen oder Gattinnen für den Herrscher und verdiente Männer, und als Priesterinnen oder auch für den Dienst des Sonnengottes.

Die Häuptlings- und Fürstensöhne wurden in der Hauptstadt Cuzco vier Jahre lang im Yachahuasi, der Pagenschule, zusammen mit den Incaprinzen und jungen Adeligen erzogen und in der Quechuasprache, in Rhetorik, im religiösen Ritual, in der Knotenschrift, in der incaischen Geschichte und weiteren Kenntnissen unterwiesen, die dem übrigen Volk vorenthalten blieben. Im Falle von Aufständen waren sie wertvolle Geiseln.

Es entwickelte sich eine Hierarchie mit immer mehr Stufen, mit dem als Sohn der Sonne göttlich verehrten Sapay Inca an der Spitze, dem Kronrat der vier Apucunas, den Provinzgouverneuren und den reisenden Generalinspektoren (Tucuyricuc), die die Häuptlinge (Curacas) kontrollierten. Die Bevölkerung war in Zehner-, Hundert- und Tausendschaften, d. h. Familieneinheiten registriert und zu öffentlichen Arbeiten und Kriegsdiensten rekrutiert. Wichtigstes Druckmittel gegen unbotmäßige Untertanen oder Völker, deren Befriedung große Schwierigkeiten gemacht hatte, war die Umsiedlung ganzer Volksteile; auch von großen Massakern wird berichtet, auch gegen innenpolitische Feinde, und nicht immer funktionierte die Ordnung und Versorgung der Truppen und der Bevölkerung so, wie es eine idealisierende Geschichtsbetrachtung der vorkolumbianischen Kulturen wahrhaben möchte.

Vor allem der wechselvolle Eroberungskrieg des Inca Huayna Capac gegen Ecuador entvölkerte und verwüstete dieses blühende Land und überforderte die Kräfte des Incareiches und seiner Elite selbst; Auflösungs- und Spaltungstendenzen machten sich bemerkbar, und als um das Jahr 1527 eine Blatternepidemie große Teile von Volk und Adel, den Herrscher Huayna Capac selbst und seinen ältesten Sohn Ninan Cuyuchi hinwegraffte, ohne daß klar ein Nachfolger bestimmt werden konnte, entstand ein politisches Vakuum, welches die ehrgeizigen Befehlshaber der Garnisonen in Ecuador ausnützten, um den Incaprinzen Atahualpa auf den Schild zu heben und Front zu machen gegen die Zentralgewalt in Cuzco. Diese wurde durch den Prinzen Huascar und die Partei der Priester repräsentiert. Die Zahlen über die Menschenverluste in diesem Bruderkrieg klingen abenteuerlich, allein 100000 sollen in der Schlacht von Bombon in Mittelperu gefallen sein. Kurz vor Cuzco geriet der Inca Huascar in die Gefangenschaft der Generäle seines Bruders auf ähnliche Weise wie später Atahualpa selbst; Cuzco mußte sich ergeben und erlebte Szenen des Schreckens und der Demütigung, während Atahualpa sich in Nordperu aufhielt und auf die Krönung zum Inca vorbereitete.

In dieser Verfassung befand sich der Incastaat, als Francisco Pizarro, bereits ein Veteran der Konquista, 1532 nach jahrelangen Mißerfolgen in Tumbes landete und mit ungefähr 180 Mann und 37 Pferden ins Inland vorrückte, ungewiß, was ihnen bevorstand, bis er sich am 16. November 1532 auf dem Hauptplatz von Cajamarca dem gefürchteten Inca Atahualpa inmitten von 5000 Indios gegenübersah. Hier setzte der Mechanismus der Konquista ein: zwei Kanonen wurden abgefeuert; die Reiter stürmten hervor; unter den indianischen Kriegern brach Panik aus; Tausende wurden niedergemetzelt; der Inca stürzte aus der goldenen Sänfte, von Pizarro aufgefangen und vorläufig in Sicherheit gebracht, wurde monatelang in Palasthaft gehalten und 1533 trotz Zahlung eines ungeheuren Lösegeldes einem Scheinprozeß unterworfen, noch in seiner letzten Stunde getauft und erdrosselt. Mit diesem Handstreich und Königsmord begann die Eroberung von Peru.

Die Serie von Entdeckungen und Eroberungen, denen das spanische Kolonialreich seine Entstehung verdankt, begann 1492 mit der ersten Atlantiküberquerung von Christoph Kolumbus und war im wesentlichen nach einem halben Jahrhundert abgeschlossen. Fünf Stationen mögen diesen Ablauf veranschaulichen: am 12. Oktober 1492 die Entdeckung der westindischen Insel Guanahani vom Schiff des Kolumbus aus, 1513 die Entdeckung des Südmeers von einem hohen Berge des Isthmus von Panama durch Vasco Núñez de Balboa, 1519–1521 die Eroberung der Aztekenhauptstadt Tenochtitlan, das spätere Mexiko, durch Hernán Cortés, 1532 und 1533 die Gefangennahme und Hinrichtung des Incas Atahualpa und 1534–1539 die Eroberung von Ecuador, Kolumbien und Venezuela, der Tiefländer östlich der Anden und der La Plata-Länder. Für die Erkundung und Eroberung der Festlandgebiete Mittel- und Südamerikas mit Ausnahme Brasiliens und Patagoniens brauchten die Spanier nur wenig mehr als 30 Jahre. Dabei mußten die verhältnismäßig kleinen Gruppen weite Urwaldstrecken durchqueren und durchwaten, Pässe bis 5000m überwinden und sahen sich mit den verschiedensten Stammes- und Staatsorganisationen, ja Militärmächten wie denen der Incas und Azteken konfrontiert.

Die Kolonisation und Gründung von Städten als Sitz der spanischen Tributherren, der Kirche und Verwaltung ging nicht weniger schnell: 1496 Santo Domingo, 1514 Santiago de Cuba, 1519 Veracruz und Panama, 1521 Mexiko, 1534 Quito, 1535 Lima, 1536 das erste Buenos Aires, 1537 Asunción, 1538 Bogotá, 1541 Santiago de Chile und 1549 La Paz.

Das Vizekönigreich Peru reichte bereits im XVI. Jahrhundert von Panama bis Santiago de Chile und Buenos Aires; das Vizekönigreich Mexiko, das sich am frühesten konsolidierte und zu einer eigenen kolonialspanischen Kultur fand, expandierte noch im XVII. und XVIII. Jahrhundert nach Kalifornien und Oregon. Schwere Krisen und Rückschläge für die spanische Krone waren die Aufstände der Konquistadoren in Peru und Paraguay gegen das spanische Mutterland zwischen 1540 und 1560, die sich beinahe zu einem unabhängigen Königreich vereinigt hätten, und der Verlust der Seeherrschaft im karibischen Raum an die englischen Flibustier im XVII. Jahrhundert (Eroberung von Jamaica 1655, Plünderung von Panama 1671) und die Franzosen und Holländer. Trotzdem hielt das spanische Kolonialreich, von Europa fast unbemerkt, bis zu den napoleonischen Kriegen. Ab 1810 entstand eine lateinamerikanische Republik nach der anderen, sich berufend auf französische Ideale, in der Praxis ein System der Ungleichheit mit weißen Herren, einer mestizischen Mittelschicht und indianischen Hörigen.

Der kolumbianische Schriftsteller German Arciniegas schreibt in seinem Buch ›El continente de siete colores‹ – einer Kulturgeschichte Lateinamerikas –: »Es mag sonderbar erscheinen, doch die Einwohner des indo-spanischen Amerika haben in der Weltgeschichte den einmaligen Fall einer so großen Menschenmasse verkörpert, die 300 Jahre in Frieden aushielt. Während sich Europa in dieser Periode viele Male verblutete, mischte sich in Amerika südlich des Rio Grande schweigend das Blut der Europäer und der Indios.«

Eine ähnliche Sympathie für das »ancien régime« der spanischen Vizekönige in Peru mit seiner Unvollkommenheit und Toleranz spricht auch aus Thornton Wilders Roman ›Die Brücke von San Luis Rey‹. Paul Claudel geht in seinem neobarocken Welttheater ›Der seidene Schuh‹ noch weiter und präsentiert dem europäischen Publikum des XX. Jahrhunderts eine Apotheose der spanischen Welteroberung, in der er die Hinmordung ganzer Völker und die Unterdrückung des individuellen Gewissens als notwendig erklärt zur höheren Ehre Gottes.

Das philosophische wie das politische Schrifttum der Renaissance beurteilt die Zeitereignisse, auch die der Konquista, ungleich realistischer als jene Männer des XX. Jahrhunderts. Zwei Richtungen standen sich schroff gegenüber: auf der einen Seite die Rechtfertiger der Macht wie Macchiavelli und andere, die vom römischen Recht und aus der Philosophie des Aristoteles eine neuerliche Scheidung der Menschen in Herren- und Sklavennaturen herleiteten, auf der anderen Seite Vertreter der christlichen Naturrechtslehre und des Humanismus, die eine Diskussion um die Gleichheit der Rechte aller Menschen in Gang setzten, die durchaus mit ähnlichen Bewegungen der französischen Aufklärung bis hin zu den Aufrufen Albert Schweitzers verglichen werden kann. Weltliche und geistliche Kreise begannen sowohl militärisches wie wirtschaftliches als auch missionarisches Expansionsstreben in Frage zu stellen, wenn es mit Blut und Leid erkauft wurde. Thomas Morus, ein Freund des Erasmus von Rotterdam, später Lordkanzler von England und 1535 von Heinrich VIII. wegen prokatholischer Haltung zum Tode durch das Fallbeil verurteilt, schrieb 1516 in seinem berühmten Essay ›Von der besten Staatsverfassung und der neuen Insel Utopia‹ über die gesellschaftlichen Verhältnisse seiner Zeit: »Die Fürsten beschäftigen sich selber meist lieber mit militärischen Dingen als mit den heilsamen Künsten des Friedens; ihr Sinn steht mehr danach, durch Recht oder Unrecht sich neue Reiche zu erwerben, als das Erworbene gut zu verwalten.« In der ständigen Bereitstellung von Kriegsvolk, das nur zum Teil vom Sold der großen Herren und sonst von Plünderung lebt und in den Pausen zwischen den Kriegen kaum nützlich zu beschäftigen ist, sieht er eine der Ursachen für die steigende Verarmung und Kriminalität im damaligen Europa; als weiteren Grund nennt er die Zerstörung der mittelalterlichen kleinbäuerlichen Agrarstruktur durch die Zunahme von Monokulturen und Großgrundbesitz. Seine Vorstellungen von einer Gesellschaft mit Gemeineigentum entspringen nicht nur europäisch-christlichen Traditionen, sondern auch Berichten zeitgenössischer Amerikareisender über die Sozialstrukturen bei den Völkern der Neuen Welt.

Um die gleiche Zeit begannen in Westindien die Dominikaner gegen die Praxis, bald darauf gegen das System der spanischen Konquista und die Ausrottung der Urbevölkerung zu protestieren. Bartolomé de las Casas, der »Apostel der Indianer«, führte diesen Kampf über 50 Jahre abwechselnd in der Neuen Welt und am spanischen Hof. Er fand trotz aller Anfeindungen und Rückschläge Gehör bei Karl V. und Philipp II. und starb 1566 mitten aus seiner Arbeit heraus mit 92 Jahren. Sein größter Erfolg waren die von ihm durchgepaukten Indianerschutzgesetze Karls V. von 1542, die zwar bald infolge des Konquistadorenaufstandes in Peru wieder entschärft, aber in den späteren Generationen fortgeschrieben wurden zu dem großen spanischen Kolonialgesetzwerk der ›Recopilación de Leyes de las Indias‹. Nicht zu Unrecht spricht der amerikanische Historiker Lewis Hanke vom »Spanish Struggle for Justice in the Conquist of America«.

Las Casas greift nicht nur die Ungeheuerlichkeiten der Kriege und Raubzüge selbst an, sondern auch die Art, wie die Konquistadoren die von der Krone erteilten Konzessionen auf Arbeits- und Tributleistungen der Indios, nämlich das System der sog. »Encomienda« (Anempfehlung) handhabten:

»Nach den vielen Morden und Verwüstungen der Kriege unterwerfen sie (die Spanier) die Völker jener schrecklichen Knechtschaft, von der schon die Rede war, und übergeben der Obhut dieser Teufel einmal 200, ein andermal 300 Indios. Der teuflische Encomendero sagt nun, man soll ihm 100 Indios vorführen. Dann kommen sie herbei wie die Lämmer. Sobald sie beisammen sind, läßt er 30 oder 40 von ihnen den Kopf abschlagen und sagt zu den übrigen: ›Das gleiche werde ich mit euch machen, wenn ihr mir nicht beflissen dient oder ohne meine Erlaubnis weggeht!‹. Werden da nicht alle, die das lesen, einsehen, ... daß man solche Christen mit Fug und Recht Teufel nennen kann, und daß es fast besser wäre, die Indios den Teufeln in der Hölle anzuvertrauen als den Christen in Westindien?«

Las Casas ging 1542 schon so weit, daß er in den großen Hearings vor dem Indienrat und Karl V. die Forderung erhob, alle spanischen Eroberungen in Amerika müßten rückgängig gemacht und die besetzten Gebiete ihren früheren einheimischen Herrschern und natürlichen Herren zurückerstattet werden.

Wenn man die Geschichte der Eroberung einer Kolonie in der Neuen Welt dem heutigen Leser in Europa mit Berichten der spanischen Eroberer, Kleriker und Verwaltungsbeamten selbst vergegenwärtigen will, so ist natürlich die Prüfung des Wahrheitsgehaltes dieser Dokumente unerläßlich. Sie wird erleichtert durch die vielen Prozesse, die die Konquistadoren selbst gegeneinander führten, wenn sie sich in die Quere kamen, und noch mehr aus den Protokollen der Befragungen, die man im Zuge der sog. »procesos de residencia« anstellte, jenen Ermittlungsverfahren, denen sich alle Personen von Rang, die ein höheres Amt bekleidet hatten, am Schluß ihrer Tätigkeiten unterziehen mußten. Ungeschminkte Darstellungen, auch über die Behandlung der Indios, waren geradezu erwünscht und boten sowohl den örtlichen Rivalen um die Ausbeutung der amerikanischen Reichtümer wie auch der Krone eine willkommene Handhabe zur Dämpfung der Ansprüche und der Macht der Konquistadoren. Da man sich in Spanien infolge der Entfernung kaum mündlich über die Verhältnisse in Übersee unterrichten konnte, bestand ein unstillbares Bedürfnis nach schriftlicher Information. So gibt es, wie der mexikanische Historiker F. A. Icaza bemerkt, in den Archiven mehr Material über koloniale Angelegenheiten als über die Begebenheiten im spanischen Mutterland selbst.

Mit der Aufarbeitung der rechtlichen und missionarischen Probleme ging einher ein steigendes Interesse für die Kultur und die Lebensformen der angestammten Bevölkerung, nicht nur im Kreis von Las Casas, sondern auch bei den Beamten und Soldaten, die ja den größten Teil ihres Lebens unter den Indios verbrachten. Eine nicht geringe Rolle bei der Vermittlung dieser Kenntnisse spielten jene einheimischen Frauen, die als Konkubinen, in seltenen Fällen der Anfangszeit auch als Gattinnen, mit Spaniern zusammenlebten. So gehören für uns die Augenzeugenberichte der Spanier in Übersee zu den wichtigsten frühen Geschichtsquellen über die untergegangenen indianischen Reiche und ihre Bewohner. Der Prunk und die zivilisatorischen Errungenschaften der Azteken und der Incas machten auf die Europäer starken Eindruck. Die Spitzen des indianischen Adels wurden, wenn auch nicht immer aus reinsten Motiven (um sie als Usurpatoren zu stempeln), intensiv nach der autochthonen Geschichtsüberlieferung befragt, und bereits sehr früh begannen Mestizen und Indianer selbst wie Garcilaso de la Vega el Inca, Juan de Santa Cruz Pachacuti Yamqui Salcamayhua, Huaman Poma de Ayala und der Inca Titu Cusi Yupanqui eigene Chroniken zu schreiben oder schreiben zu lassen.

Zwei Jahrzehnte nach der Konquista Perus schreibt ein Soldat, Pedro Cieza de Leon, umfangreiche Chroniken; Verwaltungsbeamte aus hohem Adel, wie Fernando de Santillán, nehmen sich geradezu mit Fanatismus der sozialen Probleme der Indianer in Ecuador und Peru an und lassen sich auch durch wiederholte Strafversetzungen und Verbannung aus den Kolonien nicht davon abhalten, immer wieder nach Amerika zurückzukehren und aufs neue den polemischen Streit zu suchen.

Obwohl das Weltbild der spanischen Eroberer noch stark von mittelalterlich-antiken abergläubischen Vorstellungen gefärbt ist, wird bemerkenswert wenig aufgeschnitten. Berichte wie die Erzählung des Paters Carvajal über indianische Amazonen, die lange Zeit als Phantastereien abgetan wurden, nimmt man heute ernster als früher. Natürlich fehlt es nicht an publikumswirksamen Darstellungen von Einmärschen, Strapazen, Schiffbrüchen, Landungen und Festzügen, von Grausamkeiten sowohl auf indianischer wie auf spanischer Seite. Ein einziges Ereignis wie die Gefangennahme und Hinrichtung des Inca Atahualpa in Cajamarca ist so ziemlich von allen Augenzeugen, die schreiben konnten, und späteren Historikern auf die verschiedenste Weise geschildert worden. Hier war das Sensationsbedürfnis der Massen diesseits und jenseits des Ozeans angesprochen; aber das Für und Wider um diesen und andere Königsmorde wird auch deshalb so lebhaft erörtert, weil alle Beteiligten spüren, daß hier ein Tabu verletzt wird, dessen auch die Monarchie und ständische Ordnung im Mutterland, wenn sie weiter bestehen will, nicht entraten kann: die Unverletzlichkeit des Königs von Gottes Gnaden. Philipp II. soll dem Vizekönig Francisco de Toledo, der den letzten Inca von Vilcabamba, Tupac Amaru, im Jahre 1572 hatte hinrichten lassen, mit dem Vorwurf empfangen haben: »Ich habe Euch nicht nach Peru geschickt, Könige zu töten, sondern um Königen zu dienen.«

Das menschliche Empfinden ist hier merkwürdig zweigeteilt: Wie im Schachspiel für den Erfolg einer Kombination Bauern geopfert werden, sogar Läufer und höhere Figuren, aber der König selbst bis zum Spielende unantastbar bleibt, so beschäftigt der Mord an einem Incakönig oder prominenten Spanier die Gemüter noch Jahrzehnte danach aufs heftigste, während die dringenden Appelle und Klagen eines Antonio de Montesinos, des Bartolomé de las Casas und des Vicente de Valverde gegen die Ausrottung und Verelendung Tausender von namenlosen Indianern immer wieder verhallen und nur durch ständige Wiederholung ins Bewußtsein der Verantwortlichen und der Öffentlichkeit in Spanien dringen.

Die Schreiber der Berichte, Chroniken und Briefe unterbrechen ihre für offizielle Stellen bestimmten Darlegungen häufig mit Schilderungen ganz persönlicher Erlebnisse und Eindrücke, die sie unbedingt der Nachwelt erhalten wollen. Besonders liebenswerte Details bringt Pedro Pizarro, der als 15jähriger Page seinen älteren Vetter Francisco Pizarro nach Peru begleitet hat. Peru ist ihm zur eigentlichen Heimat und seine Bewohner zu Freunden geworden. Er entschuldigt eine Abschweifung etwa so: »Ich flechte diese Dinge ein, wie sie mir gerade in den Sinn kommen, damit ich sie nicht vergesse.« In einer solchen Einschiebung beschreibt er indianische Reigentänze: »Bevor es meinem Gedächtnis entfällt, möchte ich von einem Brauch erzählen, den die Herren dieses Königreiches (der Inca) eingeführt haben, damit ihr Kriegsvolk bei Stimmung blieb und auf den langen Feldzügen nicht zu sehr unter Heimweh litt: Diese Herren führten im Feldlager viele unverheiratete Frauen und Töchter von Orejones (Incaadelige), Kaziken und indianischen Vornehmen des Landes mit. Unter diesen Indios wurde nämlich nicht darauf gesehen, ob ihre Töchter jungfräulich blieben oder nicht, und man machte diesen keine Vorschriften, bis sie heirateten.

Wie ich bereits sagte, begleiteten also eine große Zahl von Frauen dieser Art ihre Väter und Brüder in den Krieg, und da war es nun Brauch: alle Abende, so es nicht regnete, gingen diese Frauen und die Männer aufs Feld hinaus und bildeten viele verschiedene Reigen, jeder etwas entfernt von dem nächsten. Die Männer faßten die Frauen und die Frauen die Männer bei den Händen und bildeten, wie gesagt, jeweils einen geschlossenen Kreis; ein Vorsänger begann mit lauter Stimme und alle anderen fielen ein, indem sie im Kreise gingen.

Diese Tanzweisen hörte man auf weite Entfernung, und alle freien Mädchen und Junggesellen der Umgebung strömten hinzu, die Orejones für sich und ebenso die verschiedenen Landsmannschaften.

Wenn sie so singend und tanzend im Reigen gingen, dann pflegte der Indio mit der India, die er an der Hand führte, den Reigen zu verlassen und sich ein Stück weit zu entfernen; dann warf er sich mit ihr zu Boden, stillte sein Begehren an ihr und kehrte zum Tanz zurück. So hielten es alle, ein jeder nach Stammeszugehörigkeit.

Mit diesem Laster und dank des reichlichen Trinkens – wo sie hinkamen, hatten die Mamacunas für sie große Mengen an Chicha [*Maisbier*] bereit – blieb das Kriegsvolk bei Stimmung und vergaß die Sehnsucht nach der Heimat.«

Eine erschütternde Begebenheit aus den blutigen Zeiten der Eroberung des Isthmus von Panama berichtet der »Historiador de las

Indias« Gonzalo Fernández de Oviedo (1478–1557). Er ist eine Natur, die zeitlebens mehr zur Kontemplation neigt als zur rauhen Aktion. Kaum hat er für kurze Zeit einen Posten als Hauptmann und Richter in Santa Maria de la Antigua am Golf von Darién übernommen, sieht er sich ins Blutgeschäft der Konquista verstrickt. Er nimmt einen indianischen Anführer gefangen, der einen Aufstand gegen die Spanier gemacht hat: »Gerade als man jenen an den Galgen knüpfen wollte, kam seine Frau und bestürmte mich unter Tränen, ich möchte doch sie aufhängen und ihrem Gatten verzeihen. Als sie sah, daß ich ihre Bitte abschlug und das Urteil an ihm vollzogen wurde, begann sie mich zu bitten und zu bedrängen: wenn ich ihr schon das eine abgeschlagen hätte, so sollte man doch wenigstens ihr zugestehen, daß sie auf der gleichen Seite des Galgens wie ihr Gatte ebenfalls hängen dürfe, auf der anderen Seite ihre Söhne, zwei Knaben von acht bis zehn Jahren, und mit ihr zusammen noch ein Mädchen von fünf oder sechs Jahren, ihre Tochter.

Als sie aus meiner Antwort entnahm, daß das nicht sein konnte, weil sie und ihre Kinder ja keine Schuld hätten, [...], hörte sie zu weinen auf, trocknete ihre Tränen und sprach: ›Hauptmann, Ihr sollt wissen, daß ich es war, die meinem Mann riet, seine Kaziken zum Aufstand zu bewegen und alle Spanier zu töten. Ich bin schuldiger als alle anderen; mein Mann besprach alles mit mir und tat nur das, was ich ihm riet.‹ [...]. Als das Weib inne wurde, daß ihre Bitten nichts fruchteten, brach sie erneut in Tränen aus.«

Die gleiche Indianerin appelliert weiterhin bei Fernández de Oviedo, sie möchte doch nicht von ihren Kindern getrennt werden, wenn das Repartimiento gemacht werde, d. h. wenn die Indios unter die spanischen Herren verteilt würden, und Oviedo schließt den Bericht über diese selbsterlebte Begebenheit mit den Worten: »Groß war die Liebe, die jene Frau für ihren Gatten bewies. Und sie sprach es viele Male aus, daß sie ihre Kinder nicht deshalb so liebe, weil sie sie geboren habe, sondern weil ihr Mann sie gezeugt habe, den sie so sehr liebte.«

Die Vorstufen der Entdeckung Perus

Sechs Stationen der Seereisen Pizarros und Almagro von Panama bis Peru:

(1) Ankunft in der Bucht San Mateo

(2) Fahrt zur Insel Puná

(3) Kampf mit den Indios auf Puná

(4) Überfahrt von Puná nach Tumbes

(5) Tumbesiner greifen Spanier an

(6) Bau der ersten Kirche in Piura

See- und Küstenfahrten der Spanier

Vasco Núñez de Balboa, ein Edelmann aus Jerez de Badajoz, sah und entdeckte im Jahre 1513 als erster Spanier das Meer des Südens. Er erhielt dafür von den Katholischen Königen den Titel eines Adelantado jenes Meeres mit dem Auftrag und dem Recht, die Königreiche, die er hier entdecken würde, zu erobern und zu regieren.

In den wenigen Jahren, die er nach dem Empfang dieser Würde noch lebte, bis ihm sein eigener Schwiegervater, der Gouverneur Pedro Arias [*Pedrarias*] de Avila, anstatt ihn für seine Verdienste und Leistungen gebührend zu belohnen, den Kopf abschlug, wendete Vasco Núñez de Balboa große Mühe auf, weiter zu erforschen, was das für ein Land sei [...], welches von Panama gegen Süden sich hinziehe.

Zu diesem Zwecke baute er drei oder vier Schiffe und schickte sie, während er selbst die Ausrüstung für die eigentliche Entdeckung und Eroberung organisierte, jedes für sich zu verschiedenen Zeiten des Jahres auf Erkundung der Küste.

Dieser kurze Überblick über das an Wechsel und Tragik reiche Leben des berühmten Entdeckers der Südsee, Vasco Núñez de Balboa, der 1519 im Alter von 46 Jahren von seinen Neidern wegen angeblichen Hochverrats aufs Schafott gebracht worden ist, steht im IV. Kapitel der ›Comentarios Reales de los Incas‹ von Garcilaso de la Vega el Inca (1540–1616). – Vasco Núñez de Balboa ist nicht der Gründer von Panama; er hat den Übergang über den Isthmus weiter östlich in der Nähe des südamerikanischen Festlandes in wochenlangen Märschen durch Gebirge und sumpfigen Urwald, bedroht von giftpfeilbewehrten Indianern, erzwungen, aber sehr bald einen für beide Seiten erträglichen Frieden mit der einheimischen Bevölkerung hergestellt. Er wird deshalb von Bartolomé de las Casas und seinem Kreis in den literarischen und politischen Auseinandersetzungen um die Besserstellung der Indianer als Beispiel eines guten Konquistadors und Entdeckers gewürdigt. – Panama, der spätere Umschlagplatz für das peruanische Gold und Silber, wird wegen seiner günstigen geographischen Lage an der engsten Stelle des Isthmus von dem Gouver-

neur Pedrarias bevorzugt, ist aber wegen seines ungesunden Klimas und zahlreicher Epidemien, die Tausende von Spaniern dahinraffen, bald verrufen. So schreibt der Soldat und Chronist Cieza de Leon um 1550:

Eine halbe Meile vom Meer weg gäbe es wohl gute und gesunde Plätze, wo man von Anfang an die Stadt hätte anlegen können; aber weil die Häuser einen großen Wert haben und ihr Bau viel kostet, hat man die Stadt trotz der offensichtlichen gesundheitlichen Schäden, die jeder gewärtigen muß, der an einem so schlechten Ort wohnt, nicht verlegt. [...] Die Bürger denken nicht daran, dort länger zu bleiben, als bis sie reich geworden sind. So gehen die einen, die anderen kommen, und wenige oder niemand schauen auf das Gemeinwohl.

Von 1522 an steigt in Panama das Entdeckungsfieber. Die Indianer sprechen beständig von reichen Ländern im Süden. Panquiano, der junge Sohn des Häuptlings von Comagre an der Karibischen Küste des Isthmus, hat dem Vasco Núñez de Balboa von der Existenz eines fabelhaften Königreiches erzählt. Pascual de Andagoya, ein reicher junger Mann aus der Umgebung des Gouverneurs Pedrarias, Mitbegründer von Panama und ehemaliger Gefährte des berühmten Balboa, muß eine ähnliche Auskunft wie dieser von dem Häuptling von Chochama am Golf von San Miguel bekommen haben, dem er gegen feindliche Einfälle von Kaziken aus den »provincias del Pirú« hilft. Von da an spukt der Name Peru in den Köpfen aller Abenteurer in Panama und wird gebraucht für die noch unbekannte Region »hacia el Levante« (gegen Sonnenaufgang) im Südmeer. – Über die Entdeckungen seiner Jugendzeit schreibt Pascual de Andagoya etwa 20 Jahre später, nachdem andere Peru und sein Gold entdeckt haben, nach erlittener Einkerkerung durch neidische Konkurrenten in Kolumbien und dem Tod seiner Frau, die er dorthin nachfolgen ließ, eine vielbeachtete Relacion (Bericht):

Im Jahre 22, als ich Visitador general der Indianer war, brach ich von Panama zu einer Inspektion des östlich gelegenen Landes auf; ich kam zum Golf von San Miguel und besuchte von dort aus eine Provinz namens Chochama, die von cuevasprechenden Indianern dicht besiedelt war. Hier erfuhr ich, daß immer zur Vollmondzeit fremde Leute in Kanus übers Meer kämen, die Bewohner überfielen und in solche Angst versetzten, daß sie sich nicht mehr zum Fischen aufs Meer hinaustrauten. Jene Fremden stammten aus einer Provinz namens Birú, von dem der Name [...] Pirú [*Peru*] herkommt. Das ganze Land vor uns wies eine starke und kriegerische Bevölkerung auf, und die Leute von Chochama baten mich, ihnen gegen die Fremden beizustehen. Da sandte ich nach Panama und erbat Verstärkung, um die bis dahin unentdeckten Landstrecken zu erkunden.

Ich nahm den Häuptling und seine Kundschafter und Dolmetscher mit und marschierte 6 bis 7 Tagereisen bis zu jener Provinz Birú und dort 20 Meilen einen großen Fluß aufwärts, wo ich viele Häuptlinge und Ortschaften und an einer Flußgabelung eine starke Grenzfestung mit Garnison vorfand, die sich hartnäckig verteidigte. Ihre Weiber und ihre Habe hatten sie in Sicherheit gebracht [...]. In jener Provinz erfuhr ich durch Berichte der Häuptlinge, auch durch Händler und ihre Dolmetscher Näheres über die ganze Küste und über alles, was man später bis nach Cuzco hin zu sehen bekam, selbst Einzelheiten über die verschiedenen Provinzen und deren Bewohner; denn durch den Handel kamen sie weit herum in viele Länder.

Mit dem Häuptling und seinen Dolmetschern [...] kehrte ich zum Meer zurück. Die Schiffe fuhren etwas weiter draußen die Küste entlang; ich suchte in einem Kanu dieselbe nach Häfen ab. Dabei fiel ich ins Meer und wäre beinahe ertrunken, wenn der Häuptling mich nicht mit seinen Armen wieder ins Kanu gehoben hätte. [...] Über zwei Stunden mußte ich ausharren, bis auch die anderen gerettet waren. Infolge des kalten Windes und des vielen Wassers, das ich geschluckt hatte, erwachte ich am nächsten Morgen mit einem schweren Rheuma [*Urtext: tullido*] und konnte mich nicht mehr rühren. Ich sah ein, daß ich selber auf die weitere Entdeckung der Küste verzichten mußte; das Unternehmen wäre verloren gewesen. So kehrte ich mit dem Häuptling und seinen Dolmetschern nach Panama zurück. [...]

Angesichts dieser Neuigkeiten und auf die Versicherung des Arztes hin, daß es mit meiner Heilung gute Weile haben werde – in der Tat konnte ich drei Jahre lang kein Pferd besteigen –, legte Pedrarias es mir nahe, die Unternehmung Pizarro, Almagro und dem Padre Luque zu übertragen [...]; sie würden mir meine Kosten ersetzen. [... *ich willigte ein*]; was die Bezahlung betraf, so wollte ich davon nichts hören, weil ihnen dann nichts mehr geblieben wäre, um die Sache in Angriff zu nehmen; denn damals besaßen sie nur 6000 Pesos, und diese nicht ganz in bar. So machte Pedrarias mit den dreien eine Kompanie zu viert, und sie begannen die Unternehmung mit Hilfe der [*indianischen*] Dolmetscher und meiner Reisebeschreibung, einem Schiff und zwei Kanus.

1524, zum Zeitpunkt von Pizarros erster Entdeckungsfahrt nach Peru, besteht für die Konquistadoren bereits die Vorschrift, Steuerleute und Veedoren (Geographen) mitzunehmen, die sich auf die Beschreibung und »Figura« des Landes verstehen. Wichtigste Bildungsstätte hierfür ist seit 1503 die von der Königin Isabella in Sevilla gegründete »Casa de la Contratación«, auch »Casa del Océano« – das Haus des Weltmeeres – genannt. Die Hauptfunktion der »Casa de la Contratación« betrifft zwar das spanische Seerecht; sie ist aber auch Zentrum aller Forschungsunternehmungen, Akademie für die wissenschaftliche Koordination der auf den Reisen gewonnenen Ergebnisse, Navigationsschule sowie Pflegestätte für die Kartographie der westindischen Entdeckungen. – In den zwanziger Jahren nehmen unter Francisco Pizarro Hernán Pérez Peñate und Bartolomé Ruiz den Küstenverlauf in der Mangroven- und Pfahlbauregion Kolumbiens und Ecuadors auf. Diese Skizzen dienen den Karten in der bekannten ›Historia General y Natural de las Indias‹ von G. Fernández de Oviedo als Grundlage (1535). – Ein wesentliches Moment für die Gründung der Forschungsschule in Sevilla und die entsprechenden Erlasse und Privilegien für spanische Nautiker ist der kalte Krieg mit der seit dem Prinzen Heinrich dem Seefahrer führenden Seemacht Portugal und die Furcht vor der Konkurrenz der portugiesischen Piloten (Steuerleute) auf spanischen Ozeanseglern. – Ein spanischer Erlaß von 1515 untersagt die Beschäftigung von ausländischen Piloten und Seeleuten:

Hinsichtlich der Piloten und anderer Personen [...] aus dem Königreich Portugal bestimme ich, daß kein Portugiese in die Dienste der Casa [*de la Contratación*] oder mit ihr in Geschäftsverkehr treten kann, auch wenn er noch so klug und erfahren in der Kunst der Navigation sein sollte, sondern nur Landsleute unsrer Königreiche, die hier ansässig sind [...], und es ist alles daran zu setzen, solche Leute anzuziehen.

1520/21 ist es aber wieder ein Portugiese, der im Dienste der spanischen Krone höchste nautische Meriten erwirbt. Fernão de Magalhães und seine Mannschaft entdeckt die nach ihm benannte Straße im äußersten Süden des amerikanischen Kontinents und vollendet die erste Weltumsegelung. Die einschränkenden Bestimmun-

gen und der Mangel an geschulten Steuerleuten beeinträchtigten jedoch die spanischen Unternehmungen noch Jahrzehnte hindurch. 1534 führt dies in Sevilla zu einem handfesten Skandal. Francisco Pizarros älterer Bruder Hernando, berühmt geworden durch die Überbringung des Incagoldschatzes von Cajamarca an Karl V., kann nicht zur Rückreise nach Amerika auslaufen, weil er keine Piloten findet. Ein königlicher Erlaß ermächtigt seinetwegen die Casa de la Contratación zu rücksichtsloser Abwerbung:

Es wurde dem [*Indien-*]Rat berichtet über den Hauptmann Hernando Pizarro [...]; ihm fehlt nichts anderes als ein paar Piloten. Er sagt, daß viele Schiffe überhaupt ohne Steuerleute segeln, und er hat uns gebeten, wir möchten anordnen, daß er Piloten von beliebigen anderen Schiffen um den gleichen Preis, mit dem sie dort verpflichtet seien, nehmen könne; denn auf andere Weise sei es unmöglich, aus dem Hafen [...] mit der Flottille auszulaufen.

Dem Ansuchen wird, wie gesagt, mit nur geringen Einschränkungen stattgegeben:

Ausgenommen sind diejenigen [*Piloten*], welche für die Flotten verpflichtet sind, die gerade zur Konquista von Provinzen in Amerika auslaufen sollen; auch sei bedacht, daß dabei sowenig Nachteile wie möglich für die betroffenen Privatleute [*Reeder*], denen die Piloten genommen werden, entstehen.

Ab 1534 genießen ausländische Piloten wieder für einige Zeit königlichen Schutz, sofern sie in Spanien verheiratet oder wenigstens dort ansässig sind. Sie verdanken diese Rehabilitierung dem Ansehen des berühmten Nautikers Sebastiano Caboto (geboren in Venedig 1476, gestorben in englischen Diensten in London um 1557). Er ist damals Vorsitzender für die Steuermannsprüfungen bei der Casa de la Contratación in Sevilla. Sein Vater Giovanni Caboto (1450–1498) hat 1497 zusammen mit seinem Sohn in englischen Diensten die Ostküste Nordamerikas entdeckt. – Wie beschwerlich eine Seereise zwischen Spanien und Westindien und eine Überquerung des Isthmus von Panama ist, beschreibt der Chronist Oviedo, der bereits 1521 die Strecke Nombre de Dios – Panama zweimal zu Fuß zurückgelegt hat, in seinem ›Sumario de la Natural Historia de las Indias‹, den er 1525 Karl V. vorlegt. 1527 wird diese erste kleine Enzyklopädie der Naturgeschichte und Geographie Amerikas in Toledo gedruckt:

Moderne Kosmographen und Piloten sowie Leute, die vom Meer etwas verstehen, haben die Ansicht vertreten, daß es auf Tierra Firme eine Meerenge gebe von der Südsee zum Nordmeer, jedoch hat man bis jetzt noch keine solche gefunden. Es gibt wohl eine enge Stelle in jenen Gegenden, die wir durchstreiften, aber wir glauben, es muß eine Landenge sein und keine Meerenge. An einigen Stellen ist sie ganz besonders schmal. Die Indios sagen, daß ein Mann, der hinaufsteigt auf die Gipfel der Berge in den Provinzen Esquegua und Urraca, die zwischen den beiden Meeren liegen, nach Norden schauend das Nordmeer sieht [...] und in der anderen Richtung [...] das Südmeer. [...] Da aber dort die Gegend sehr gebirgig und unwegsam ist, halte ich den Weg vom Hafen Nombre de Dios am Nordmeer bis zur neuen Stadt Panama für den besseren und kürzeren [...]. Von Panama bis zum Rio Chagre sind es 4 Meilen sehr guten Wegs, wo beladene Wagen leicht fahren können. Es gibt zwar Steigungen, aber die sind klein und das Land baumlos und eben [...]. Vom Fluß ab [...] kann man Gewürzladungen in Barken und Pinassen befördern; dieser Fluß mündet in das Nordmeer 5 bis 6 Meilen unterhalb von Nombre de Dios. [*Der auf 26 m Meereshöhe aufgestaute Rio Chagre bildet heute den wesentlichen Teil des Panamakanals.*]

Eine Seereise von Europa nach Tierra Firme, auch Castilla del Oro genannt, dauert in diesen Jahren an die 40 bis 50 Tage. Ort der Einschiffung in Spanien ist Sanlúcar de Barrameda an der Mündung des Guadalquivir:

Von Sanlúcar geht die Reise nach den Kanarischen Inseln, wo die Seefahrer üblicherweise [...] anlegen, um Wasser, Brennholz, Käse, Frischfleisch und andere Dinge [...] an Bord zu nehmen. [...] Dazu brauchen sie im allgemeinen 8 Tage [...] und haben dann 250 Seemeilen zurückgelegt [...]. Von hier aus dauert es etwa 25 Tage, bis als erstes Land jene Inseln in Sicht kommen, die der [...] Insel Española [*Haiti*] vorgelagert sind, [... *wie*] Todos Santos, Maria galante, la Deseada, Matitino [*Martinique*], la Dominica, Guadalupe, San Cristobal [*St. Christofer*] etc. oder eine der vielen anderen [*Kleinen Antillen*]; jedoch manchmal kommt es vor, daß die Schiffe [... *an*] allen diesen vielen Inseln vorbeisegeln, bis sie erst weiter westlich bei San Juan [*Puerto Rico*], la Española, Jamaica, Cuba und zuweilen erst in Tierra Firme landen. Aber das passiert nur, wenn der Pilot die Navigation nicht beherrscht. [...] Von den Kanarischen Inseln bis zu jener ersten Inselgruppe sind es 900 Seemeilen oder mehr; [...] von Spanien bis [*Santo Domingo auf Española*] sind es 1 300 [... *bis*] 1 500 Meilen. Die ganze Reise dauert im allgemeinen 35 bis 40 Tage [...]. Die Rückreise von jenen Weltgegenden dauert meist etwas länger, bis zu 50 Tage, obschon in diesem Jahre 1525 vier Schiffe von Santo Domingo nach Sanlúcar in Spanien in 25 Tagen gelangt sind. Wir dürfen aber nicht nach den Ausnahmefällen urteilen, sondern müssen uns an den Normalfall halten.

Die Seefahrt im Stillen Ozean südlich von Panama hat ihre ganz besonderen Schwierigkeiten: die südnördliche Meeresströmung entlang der Küste und gleichgerichtete Winde werfen die Schiffe immer wieder zurück. Der Chronist Garcilaso de la Vega schreibt um 1600 hierüber aus eigener Anschauung:

Man muß wissen, daß die Seefahrt von Panama nach der Ciudad de los Reyes [*Lima*] mit großen Mühen verbunden war wegen der vielen Meeresströmungen, auch weil an jener Küste ständig ein Südwind weht. Deshalb waren die Schiffe auf dieser Route gezwungen, vom Hafen aus etwa dreißig oder vierzig Meilen weit aufs freie Meer hinauszusteuern und dann wieder Kurs aufs Land zu nehmen. So immerfort kreuzend arbeitete man sich der Küste entlang. Wenn nun ein Schiff nicht gut am Winde segelte, so konnte es oft geschehen, daß es bei diesen Manövern noch hinter den Ausgangspunkt zurückfiel.

Erst der Engländer Francis Drake, der im Jahre 1579 durch die Magalhãesstraße einlief, zeigte eine bessere Art zu segeln, indem er 200 bis 300 Meilen aufs offene Meer hinauskreuzte. Das hatten bis dahin die Steuerleute nie gewagt; denn ohne zu wissen, warum oder wer ihnen das gesagt hatte, nur auf Grund von Einbildungen waren sie fest überzeugt und fürchteten, hundert Meilen vom Land weg gäbe es im Meer ausgedehnte Kalmen. Um nicht in diese windstillen Zonen hineinzugeraten, wagten sie sich nicht weit aufs Meer hinaus.

Diese Angst wäre beinahe Ursache gewesen, daß unser Schiff, mit dem ich nach Spanien fuhr, zugrunde gegangen wäre; denn eine Brise trieb es bis zur Insel Gorgona. Dort saßen wir fest und mußten fürchten, jenes üble Gestade nicht mehr lebend verlassen zu können.

Pizarros und Almagros erste Landbesuche in Ecuador und Peru 1524–1527

Die Kartographie und Nautik im Stillen Ozean bleibt gegenüber der Erforschung des Atlantiks zurück. Die mit bescheidenen finanziellen Mitteln und mit ungeschulten Mannschaften durchgeführten ersten Entdeckungsfahrten Pizarros und Almagros an der Westküste des heutigen Kolumbiens sind infolge der mangelhaften Angaben der angefertigten Kartenskizzen schwer zu rekonstruieren. Ein 1527/28 geschriebener Augenzeugenbericht in der österreichischen Nationalbibliothek bringt interessante Begegnungen mit Eingeborenen zu Lande und auf dem Wasser. Wer der Verfasser ist, steht nicht fest. Der peruanische Gelehrte Porras Barrenechea (1897–1960) meint, daß es sich hier um ein Schriftstück von Pizarros Sekretär Francisco Xerez handelt.

Voriges Jahr 1525, als Pedrarias Davila Gouverneur von Tierra Firme [...] in Panama war, [...] erboten sich dem Gouverneur die Hauptleute Francisco Pizarro und Diego de Almagro, auf eigene Kosten eine [...] Entdeckungsfahrt nach der Levanteküste zu machen [...]. Die Hauptleute [...] brachen auf mit 2 Schiffen von 40 und 70 Tonnen und einer kleinen Brigantine, an die 150 Mann [*im Bericht von Xerez 1534 heißt es: »112 Spanier und einige Indianer für die Dienstleistungen«*], dazu Matrosen und Steuerleute [...]. Sie fuhren die Küste entlang bis zu der besagten Provinz und fanden dort dicht am Meer einige kleine Dörfer mit friedlich gesinnten Bewohnern vor und erfuhren, daß landeinwärts jenseits einer Kette hoher Berge sich ein trockenes Land erstrecke mit vielen Ansiedlungen, wo reichlich Gold zu finden sei [...]. Dort sei es zu gewissen Zeiten des Jahres so heiß, daß die Indios ohne Baumrinden an den Füßen [...] und Blätterhüten auf dem Kopf gar nicht gehen könnten.

Einen Landmarsch wagen die Spanier aber noch nicht; die sumpfige Urwaldregion am Fuße der kolumbianischen Anden erlaubt ein Vorwärtskommen nur auf den Flüssen und hierfür fehlen ihnen Boote mit geringem Tiefgang. So segeln sie planlos die Küste entlang, vorwärts und wieder zurück; die ihnen bereits bekannten Dörfer finden sie zerstört vor und statt der friedlichen Indios feindliche Späher; es kommt zu Kämpfen, denen die Spanier nicht gewachsen sind; Tote bleiben zurück; Almagro verliert ein Auge; Hunger und Krankheit, ständige Begleiter aller Konquistaunternehmungen in den Tropen, raffen viele Männer dahin. – Ärmlicher und ungesunder Stützpunkt im friedlosen Land ist für viele Monate die Mündung des Flusses San Juan beim späteren Buenaventura; von hier aus startet Bartolomé Ruiz mit der kleinen Brigantine zu seiner berühmt gewordenen Kundfahrt nach Süden:

Die Hauptleute sahen, daß dies Land kein Boden zum Siedeln war, noch sonst etwas hergab; die Leute waren erschöpft, und so beschlossen sie, einen sehr guten Piloten, der Bartolomé Ruiz hieß, mit einem Schiff und ein paar Leuten auf Erkundungsfahrt zu schikken. Innerhalb einer Frist von zwei Monaten sollte er die Küste auskundschaften, soweit er käme [...]. Er entdeckte eine gute Bucht, die er San Mateo nannte; am Ufer lagen drei große Ortschaften. Mit Gold geschmückte Indios und drei Vornehme mit Diademen kamen zu ihnen und luden den Steuermann ein, sie zu begleiten. Er gab ihnen einen Mann [...] namens Bocanegra mit. Dieser brachte zwei Tage mit ihnen zu und sah sie mit Gold geschmückt herumlaufen; sie gaben ihm etwas Gold, und er durfte es gleich an Ort und Stelle schmelzen [...], und sie begleiteten ihn mit noch größerem Gefolge zum Schiff zurück.

Die Küste wird immer besser, teilweise ist sie eben, teilweise bergig, auch die Besiedlung wird dichter; die Spanier gehen wiederholt, um sich mit Wasser zu versorgen, an Land und nehmen es feierlich in Besitz, allerdings ohne dort einen Mann zurückzulassen. (Zehn Jahre später kommt es zu Streitigkeiten zwischen den Entdekkern und nachfolgenden Konquistadoren, die diese »Besitznahme« nicht anerkennen.) Bei 3½ Grad nördlicher Breite kehren Bartolomé Ruiz und seine Männer um. Auf der Rückfahrt begegnen sie der incaischen Balsa:

Sie brachten ein Schiff mit etwa 20 Mann Besatzung auf; 11 davon warfen sie ins Wasser [...], 3 behielt der Steuermann zurück; die restlichen setzte er an der Küste ab und ließ sie laufen; jene drei aber nahm er als Dolmetscher mit und behandelte sie sehr gut [...]. Sie lernten unsere Sprache sehr gut [...]; sie stammten vermutlich aus einer Gegend namens Çalangane; die Menschen in diesem Landstrich stehen auf einer höheren Kulturstufe als die [*sonstigen*] Indios; sie sind sehr verständig und haben eine dem Arabischen ähnliche Sprache. Wahrscheinlich sind ihnen die Indios von Atacames und aus der Bucht von San Mateo [...] untertan.

Die zurückgehaltenen Indios – andere Chroniken berichten von 6 – werden in den Berichten der Folgezeit erwähnt mit den christlichen Namen Martinillo, Francisquillo und Filipillo; letzterer kommt im Verlauf der Geschehnisse der Konquista zu traurigem Ruhm. Stark beeindruckt sind die Spanier von der seetüchtigen »tumbesischen Balsa«; für sie ein Traumschiff, in dem sie Waren finden, die ihnen einen Schimmer der gewünschten Reichtümer geben.

Das gekaperte Schiff hatte schätzungsweise 30 Tonnen. Der Schiffskörper bestand aus Rohr, stark wie Pfähle, zusammengebunden mit Stricken aus Henequénfasern, so etwas wie Hanf; auf einem [*zweiten*] darüber befindlichen Deck aus dünnem Rohr [...] wurden Waren und Mannschaft trocken befördert; nur das untere Deck wurde vom Wasser umspült. Es hatte Masten und Rahen aus sehr feinem Holz und Segel aus Baumwolle von der gleichen Form wie unsere Schiffe und sehr gute Takelung aus dem erwähnten Henequén [...] und eine Art von Mühlsteinen als Anker [...]. Sie führten mit sich viel Silber- und Goldschmuck, zum Tauschhandel bestimmt [...], darunter Kronen, Diademe, Gürtel, Armreifen; Brustharnische sowie Pinzetten, Schellen, Ketten, Bündel von Perlen, rote Schminke, versilberte Spiegel, Becher und andere Trinkgefäße; sie hatten auch Woll- und Baumwollgewebe [*mantas*], Hemden [...] und noch viele andere zum größten Teil kunstvoll gestickte Kleidungsstücke in Rot, Blau, Gelb und allen übrigen Farben, mit Vögel-, Tier-, Fisch- und Baumdarstellungen in den verschiedensten Techniken. Die hatten winzige Gewichte, so ähnlich wie die römischen zum Goldwägen, und viele andere Dinge [...], kleine Smaragde [...], Kristalle [...], die sie gegen Muscheln eintauschten, die sie zur Herstellung von roten und weißen Ketten brauchten. Das ganze Schiff war schon fast voll davon.

Bartolomé Ruiz kehrt wie verabredet zu den am Rio San Juan wartenden Gefährten zurück, die nun auch jenes »gute Land« sehen wollen. Sie fahren gemeinsam bis zur Bucht von San Mateo und finden südlich davon die große Siedlung Atacames. Hier trennen sie sich wieder; die Hauptleute gehen mit ihrer Mannschaft an Land und die Seeleute auf weitere Entdeckungsfahrt.

Kurz zuvor aber kommt es zu einer Begegnung mit Indianern:

Mit vielen Indios [*an Bord*] fuhren 14 große Kanus [*auf die spanischen Schiffe*] zu. Zwei waren mit Gold und Silber geschmückt. Auf dem einen Kanu (bzw. auf einer Standarte oder so etwas wie einer Figur [*o en estandarte y encima del un bolto*]) war Gold, viel Gold zu sehen. Sie machten eine Runde um die [*spanischen*] Schiffe herum, um uns [*ihre Macht*] zu zeigen, ohne uns gerade herauszufordern, und kehrten dann wieder in ihre Dörfer zurück. Sie entwichen ins seichte Wasser vor der Küste, wo unsere Schiffe ihnen nicht folgen konnten; die [*spanischen*] Hauptleute mit ihren Männern am Land bemerkten von alldem nichts; so konnten sie [*die Indios*] unbehelligt ihre Siedlung erreichen.

Nach Mitteilungen von Pizarros Steuerleuten schildert der in Panama ansässige Chronist G. Fernandez de Oviedo diese Begegnung ebenfalls:

Als sie [*die Spanier*] im Hafen [...] von San Mateo [...] eintrafen, schifften sie die Leute und die Pferde aus; dieser [*Hafen*] ist sehr gut und sicher; mittels einer Bohle können Pferde und Menschen an Land gehen [...]; plötzlich erschienen 18 große Kanus mit Segeln und Rudern [...], wie sie die Christen in diesen Gegenden noch nie gesehen hatten, mit sehr großem Bug und Achterdeck und [...] mannshohen hölzernen Aufbauten; sie waren vollbesetzt mit Männern, die goldenen und silbernen Arm-, Brust- und Kopfputz trugen. Der Aufbau am Bug des Kanus barg eine Menge goldener Geräte. Sie kamen dicht an unsere Fahrzeuge heran, mindestens bis auf Steinwurfnähe, und unsere Hauptleute riefen ihnen zu, sie sollten ruhig näherkommen [...]; aber die in den Kanus verhielten sich abwartend, beobachteten uns nur und kehrten dann in ihre Siedlung zurück, die an die 4 bis 5 Meilen von hier entfernt lag.

Die Spanier versuchen, wie die Fortsetzung des o. e. Berichts von 1527/28 zeigt, vergeblich jene Dörfer zu erobern:

Als die Hauptleute eintrafen, war die Bevölkerung bereits zusammengelaufen und in Verteidigungsstellung; ihre Frauen und Kinder hatten sie in Sicherheit gebracht. [*Die Spanier*] ließen sich in einem anderen Teil der Siedlung nieder und schickten die zahmen Indios [*Ausdruck, den man immer wieder für unterworfene, abhängige und dienende Eingeborene findet*], die sie dabei hatten, mit der Botschaft [*zu den Einheimischen*], sie sollten kommen und Frieden schließen; jene versprachen, am nächsten Tag zu einer bestimmten Stunde zu erscheinen, blieben aber aus; [*die Spanier*] sandten nochmals Boten, aber auch dieses Mal blieben sie aus, und die Boten kamen überhaupt nicht mehr zurück. Angesichts der großen Anzahl von Indios, denn es war ja eine Ortschaft mit 1500 Häusern, und es gab noch weitere im Umkreis, aus denen laufend Menschen zuströmten, hielten es die Hauptleute, da sie nur über 80 Mann zum Kämpfen verfügten, außer den Seeleuten, für angebracht, den Rückzug anzutreten, und so schifften sie sich heimlich ein.

Über die Siedlung Atacames und ihre Umgebung schreibt Oviedo:

[*Die Spanier*] sahen dort Gänse wie in Kastilien. Der Maisbau ist dort mustergültig, das Rohr wächst so hoch wie eine Lanze [...]. In dieser Siedlung, die Catámez [*in Ecuador heute Atacames*] heißt, gab es an die 1000 Häuser [...], darin fanden sie reichlich Mais [...], Fische und Bohnen.

Der Augenzeugenbericht von 1527/28:

Die Spanier fuhren 25 Meilen weit zurück zu einer Insel [*Isla del Gallo – Hahneninsel*]. Es wurde vereinbart, daß der Capitán [*Hauptmann*] Francisco Pizarro mit [*zwei*] Schiffen und Leuten dort bleibe, der Capitán Almagro aber mit einem Schiff nach Panama fahre und dort hundert Mann Verstärkung, Pferde und Kriegsausrüstung für einen erneuten Angriff auf das besagte Dorf beibringe. In Panama erhielt er weder die benötigte Mannschaft noch sonstige Unterstützung. Er kaufte ein Schiff in Nombre de Dios [*dem Hafen am karibischen Meer*] und schickte es nach der Isla Española [*Haiti*], um Leute zu holen. Damit in der Zwischenzeit der Capitán Pizarro und seine Gefährten nicht Hunger litten oder sonst Gefahr liefen, sandte man ihnen zwei Schiffe mit Proviant. Eines davon sollte dem Capitán Pizarro dienen, zusammen mit dem Steuermann [*Bartolomé Ruiz*] noch weitere Strecken über die bisher entdeckten hinaus innerhalb einer bestimmten Frist zu erkunden; das andere Schiff sollte die Schwachen und Erholungsbedürftigen nach Panama zurückholen.

Von den Dolmetschern (den auf der Prachtbalsa gefangenen Indianern) erfahren die Spanier ein paar Daten über das Incareich. –

Die hauptsächlich von dem 1960 verstorbenen peruanischen Gelehrten R. Porras Barrenechea vertretene Ansicht, daß die gekaperte Balsa aus Tumbes und die Insassen Untertanen des Incareiches gewesen sind, stützt sich erstens auf die Tatsache, daß einer dieser Indianer, der berühmte Filipillo, später zwischen Pizarro und dem Inca Atahualpa dolmetschte, zweitens auf die Beschreibung der erbeuteten Waren und Geräte, zuletzt auf eine Reihe von Angaben über die politischen und hierarchischen Verhältnisse in der Heimat jener Indianer. – Der Text von 1527/28 erwähnt »vier unter einem großen Herrn vereinigte Pueblos«, nämlich »Calangane, Tusco, Çeracapez und Çalango«. Alle derartigen Namen sind in den frühen Berichten stark entstellt, und es läßt sich nicht mit Sicherheit sagen, ob damit nur 4 reiche Küstensiedlungen, 4 Provinzen oder noch größere Verwaltungseinheiten gemeint sind; im Wort »Tusco« ist »Cuzco«, der Name der Incahauptstadt, verborgen, in »Çeracapez« der Herrschertitel »Capac«; die Vierteilung bildet das Hauptmerkmal des Namens, den die Inca in kosmischer Machtvollkommenheit ihrem Reiche gaben, nämlich »Tahuantin-suyu«, die »Vier Himmelsgegenden«. Der Bericht von 1527/28 reiht kunterbunt alles aneinander:

Es gibt dort viele Schafe [*Llamas*], Schweine, Katzen, Hunde und andere Tiere, auch Gänse und Tauben; dort werden die Gewebe aus Wolle und Baumwolle sowie die Stickereien, Ketten, Silber- und Goldgegenstände hergestellt, von denen ich oben sprach. Die Leute sind sehr sauber [...], haben Werkzeuge aus Kupfer und anderen Metallen und errichten damit ihre Paläste; sie gewinnen Gold, treiben verschiedene Gewerbe; haben wohlangelegte Siedlungen und ihren Straßen entlang Festungen aller Art. Sie haben eine straffe Ordnung und Justiz; die Frauen sind sehr hellhäutig und gut gekleidet; die meisten sind Landarbeiterinnen. – Auf einer Insel im Meer [...] steht ein Bethaus in Form eines Zeltes, ausgestattet mit reich gewirkten Mantas; darinnen steht das Bild einer Frau mit einem Kind im Arm, Maria Mexia genannt [*die Anspielung auf die Marienverehrung ist wohl der Irrtum eines devoten Chronisten*]. Wenn jemand an einem Glied erkrankt, stellt er ein solches aus Gold oder Silber her und bringt es ihr dar, und zu bestimmten Zeiten [*im Jahr*] opfern sie dem Bilde Schafe [*Llamas*].

Die ab 1534 geschriebenen Berichte der Spanier, die die peruanischen Einrichtungen und Heiligtümer selbst sehen und erleben, kor-

rigieren das Vorstellungsbild der ersten, nur auf lückenhafte mündliche Übermittlung gegründeten Aufzeichnungen. – Kaiser Karl V. bzw. König Karl I., wie er in den offiziellen spanischen Urkunden genannt wird, erfährt 1525 von seinem Generalgouverneur in Tierra Firme (Panama), Pedrarias Dávila, von der erfolgten Ausfahrt Pizarros und von den Reichtümern Perus. Dieser Brief befaßt sich vor allem mit dem Land im »Poniente« (Westen), dem 1522 eroberten Nicaragua und rühmt die Fruchtbarkeit des Bodens. Es ist die Rede von Gemüseanbau, Zedern-, Pinien-, Eichen- und Korkeichenwäldern, Süßwasserseen, heißen Quellen und feuerspeienden Bergen. Das nur vom Hörensagen bekannte Peru (»Levante«) erwähnt Pedrarias beiläufig:

Wie ich E. M. bereits mitteilte, habe ich im Südmeer meinen Capitán Pizarro mit einer weiteren Armada, sehr guten Leuten und guter Ausrüstung auf Entdeckungsfahrt gegen Levante [*Osten*] ausgeschickt. Von dort erwarte ich stündlich gute Nachrichten, die Gott und E. M. zu Diensten und Ehren gereichen mögen; denn wir haben Kunde von großen Reichtümern; [...] mit dem Eifer, den ein guter Vasall E. M. schuldet, unterstützten mich bei [*der Ausrüstung*] der Armada del Levante mit ihrem Vermögen der Schulmeister, Ehrwürden Pater Don Hernando de Luque und der bereits erwähnte Capitán Pizarro sowie auch Diego de Almagro.

Pizarros Nachrichten von der peruanischen Balsa und den Schätzen des Südamerikanischen Großreiches lassen das Beste für die Zukunft hoffen. Oviedo rühmt diese Entdeckung überschwenglich, vor allem ihre geringe Entfernung:

Dieser Reichtum [...] so nahe vor den Toren Panamas, daß man leicht ein- bis zweimal im Jahre hin- und herfahren konnte, um von dort Gold, Silber, Indianer und viele andere Dinge herbeizuschaffen!

Das große Indianersterben in Westindien und auf dem Isthmus von Tierra Firme in den ersten Jahrzehnten nach der Entdeckung läßt die Ware Mensch knapp werden. Zum Import von indianischem Arbeitsvolk aus Peru kommt es allerdings nur selten; im Gegenteil: es sterben mehr mittelamerikanische Indianer bei der Konquista Perus als Spanier. Vorderhand herrscht in Mittelamerika großer Pessimismus über die peruanische Unternehmung infolge der großen

Verluste und der mageren Beute. Pizarro und seine Leute auf der Isla del Gallo bekommen dies hart zu spüren: sie bleiben ein halbes Jahr ohne Nachricht und Nachschub aus Panama. Almagro versucht mittels einer Erhebung, einer Información für S. M., in Panama und im fernen Mutterland aufs neue Sympathien zu gewinnen und weitere Unterstützung zu bekommen. Diese Información wird am 14. Dezember 1526 auf Weisung des neuen Gobernador Pedro de los Ríos protokolliert und von Augenzeugen bestätigt:

1. Der Sachverhalt ist folgender: Almagro kam [*1514*] nach Tierra Firme mit Pedrarias. Pizarro war [*5 Jahre*] vorher da [...].
2. Bei der Befriedung [*des Isthmus*] waren sie sowohl als Kompagnons wie auch als Hauptleute mit Befehlsgewalt beteiligt.
3. 1524 bauten sie am Südmeer 2 Schiffe auf ihre und des Schulmeisters Hernando de Luque Rechnung, um im östlichen Teil desselben auf Entdeckung zu fahren.
4. Die Bestandteile brachten sie unter großen Kosten vom nördlichen [*karibischen*] Meer herüber.
5. Zehn Monate brauchten sie, um sie zusammenzubauen, und über die ganze Zeit hinweg erhielten die Zimmerleute und andere Handwerker 2 Pesos guten Goldes am Tag und das Essen.
6. Die ganze Zeit hindurch warben sie Leute an und verköstigten alle mit Mais und Fleisch und versorgten Neuankömmlinge aus Kastilien [*Spanien*] oder von den [*westindischen*] Inseln mit Quartier.
7. Darüber hinaus unterstützte man viele Leute, die einen mit 50, andere mit 100 Pesos usw.
8. Diese Freigebigkeit erhielt viele am Leben, die sonst gestorben wären, besonders unter den Neuankömmlingen.
9. Sie versahen die Schiffe reichlich mit Proviant.
10. Pizarro fuhr mit einem Schiff voraus die Küste entlang, landete in einer Siedlung und wollte mit den Indios ins Gespräch kommen; diese flohen aber und griffen wieder an, töteten einige Spanier und brachten dem Capitán viele Wunden bei.
11. Almagro folgte ihm mit einem zweiten Schiff; [*bei einem Kampf mit den Indios*] verlor Almagro ein Auge [...].
12. Zu Beginn des Unternehmens besaßen die 3 Kompagnons 15 000 Pesos Gold in Barren; sie brauchten alles auf, darüber noch 6 000 Pesos, die sie geborgt hatten.
13. Durch die 2½-jährige Abwesenheit büßten wir in unseren Minen und Gütern über 4 000 Pesos ein.

14. Wir haben an dieser Küste 250 Meilen erkundet, hatten aber, weil man uns an der Fortsetzung hinderte, so gut wie keinen Vorteil davon.
15. Unser Vorsatz war und ist, S. M. zu dienen und dafür ihre Gunstbeweise zu erlangen, keine anderen Profite; denn wir hatten zu leben.

Für den Seehandel mit Gewürzen kann unsere Entdeckung von großem Vorteil sein.

Seit dem Eintreffen des Gouverneurs de los Ríos vergangenen Juli haben wir viele unterstützt und verköstigt, [...] alles ohne [*geschäftliches*] Interesse.

So gaben es zu Protokoll zahlreiche Augenzeugen. Die einen waren mit Pizarro, die anderen mit Almagro ausgefahren, die übrigen lebten damals in Panama.

Die obige Información verschweigt bewußt alle erlittenen Rückschläge und hebt geflissentlich die Verdienste hervor, die Pizarro und Almagro in den verflossenen 17 Jahren der Krone geleistet haben. 8 Monate später tritt ein Meinungsumschwung ein. Am Mittwoch, den 28. August 1527, trifft im Hafen von Panama eine Brigantine von der Isla del Gallo ein. Die heimkehrenden Mannschaften sind erschöpft, krank und verbittert, und nun läßt es sich in Panama nicht mehr verheimlichen, wie schlecht es die Leute auf der Isla del Gallo haben. Der Gouverneur Pedro de los Ríos leitet sofort am folgenden Tag, den 29. August 1527, eine Erhebung ein, die bis zum 1. September dauert. – Almagro kommt hier zwar auch ausführlich zu Wort und erreicht, daß der Información eine Petition beigefügt wird, in der er um Erlaubnis zur Weiterführung des Unternehmens nachsucht. Er beruft sich dabei auf die Rechte zur Entdeckung der Levanteküsten, die der König mit einem Schreiben vom 10. November 1525 ausdrücklich Pizarro zuerkannt und ihm aufs neue bestätigt hat. – Seine Stimme aber geht unter in dem Chor der Anklagen von Seiten der unterdrückten und notleidenden Mannschaften auf der Isla del Gallo. Das Material, welches hier zusammenkommt, belastet Almagro, Pizarro und ihre Günstlinge schwer. Es sagen nicht nur die Heimkehrer persönlich aus, sondern es werden auch Briefe verlesen, die trotz der Wachsamkeit der Anführer von den auf der Insel Zurückgehaltenen ins Schiff geschmuggelt worden sind und so nach Panama und in die Hände des Gouverneurs gelangen.

Der Veedor Juan Carvallo sagt aus:

Die Leute [...] haben noch gute zwei Monate zu essen, wenn sie einteilen; [... *Nahrungsbeschaffung*] nur unter großer Gefahr; denn sie hätten nur ein Kanu und ein Boot; weil die Gefäße fehlten, könnten sie nur wenig Mais vom Festland herüberschaffen; auf die Frage, ob die Leute heimwollten, [...] und ob der Hauptmann sie ließe, antwortete er, er glaube, jeder würde einen Finger seiner Hand hergeben, wenn er zurück [*nach Panama*] könnte, um sich zu erholen.

Diego de Almagro vertritt seine und Pizarros Sache, indem er sich gerade auf die Aussagen des Veedors Juan Carvallo und des Steuermanns Bartolomé Ruiz beruft:

Die Leute hätten bis jetzt ausreichend zu essen gehabt [...]; es gehe ihnen gut, und sie brennten darauf, die Reise – sobald Nachschub eintreffe – fortzusetzen. Ich [*Almagro*] möchte ihnen deshalb mit diesem Schiff Mais, Fleisch und andere lebensnotwendige Dinge schicken. [...] Dazu etliche Tauschwaren, denn auf der Insel begännen die einheimischen Indios mit ihnen Handel und Tausch zu treiben. Ich bitte Euer Gnaden zu veranlassen [...], daß dieses Schiff den Leuten zu Hilfe komme, und um Empfehlungsbriefe für die Herren der Real Audiencia [*königliche Verwaltungsbehörde mit Gerichtsbarkeit*] auf La Española und andernorts. [*Almagro wollte dort neue Leute anwerben.*]

Dann wird ein an den Gouverneur gerichteter Brief verlesen, unterschrieben von vierzehn auf der Insel zurückgehaltenen Männern im Namen aller, die sich nicht getraut haben, ihren eigenen Namen darunter zu setzen:

Wir danken unserem Herrn und Gott, daß es Euer Gnaden bestimmt ist, dieses Königreich Castilla del Oro [*Panama und Darién*] zu regieren [...]. Dies gereicht den Bürgern und Bewohnern zu großem Nutzen; denn durch Eure weise Regierung werden wir alle für die Mühe, die wir hier in den zehn bis zwölf Jahren bei der Eroberung, Befriedung und Besiedlung aufgewendet haben, entschädigt und belohnt werden. Das letzte Mal, als Diego de Almagro nach Panama fuhr, schrieben wir nicht, wie es eigentlich unsere Pflicht gewesen wäre, an Euer Gnaden. Wir wagten die Wahrheit nicht zu schreiben [...]; wir unterließen es, weil wir nicht frei sind; wir sind es nie gewesen die drei Jahre lang, seit wir von dieser Stadt [*Panama*] aufbrachen. Wieso und warum, wird Euer Gnaden zu gegebener Zeit erfahren; E. G. werden feststellen, daß noch niemals auf dieser Erde Christenmenschen so unterdrückt und geplagt worden sind, wie wir auf dieser Fahrt. Euer Gnaden sind nicht wahrheitsgetreu von dem unterrichtet, was hier vorgeht, weil die Briefe, die wir schreiben, nicht ankommen; auch dieser Brief an Euer Gnaden und andere Privatpost für Panama will niemand mitnehmen, nicht einmal der Steuermann Bartolomé Ruiz, obwohl er doch jetzt fährt; er beruft sich auf ein striktes Verbot [...]. Des weiteren sind, wie Euer Gnaden wohl wissen, von den 300 Männern, die von Panama nach und nach zu dem Unternehmen stießen, nur noch an die 60 oder 80 Mann verwendungsfähig, wenn man die Lahmen, Gesunden und Leidenden zusammenzählt; wirklich etwas ausrichten können gerade 50; von Almagros Nachschubleuten höchstens ein oder zwei; [...] Gebe es Gott, daß man bei der Rückkehr dieses Schiffes noch ein Drittel [*auf der Insel*] vorfinde. [...] Wir alle haben den Wunsch von hier wegzukommen und unsere Gesundheit wiederzugewinnen. Wir sind am Ende unserer Kräfte [...]; seit drei Jahren kommen wir nicht zur Ruhe; den Mais, den wir zum Essen brauchen, müssen wir auf dem Rücken schleppen; denn mehr als 500 Stück [!] zahmer Indios, die wir mitgebracht haben, sind gestorben. Dies ist auch Ursache des Sterbens vieler Christen; denn nun war niemand mehr da, der ihnen diente und [*den Mais*] mahlte [...]. Laßt uns abholen, oder schickt wenigstens 200 Mann, die wir fürs erste brauchen, um von diesem neuen Land Besitz zu ergreifen. Mit weniger geht es nicht. Wir flehen Euer Gnaden an: Erteilt dem Capitán Pizarro den Befehl, daß er uns vor Euch bringe, auf daß wir unser Recht bekommen [...] für allen Schimpf und alle Gewalt, die er uns angetan hat [...]. Isla del Gallo, den 5. Aug. 1527 [...]. Unterschriften: Hernando – Bernaldo – Pedro – Gregorio – Juan Descobar – Antón Cuadrado – Cristóbal de Burgos – Diego de Rojas – Martin de Alfaro – Martín Pantoja – Maestre Bartolomé Carpintero – Francisco Rovaldi – Maestre Baltasar – Juan de Villanueva, etc.

Die übrigen haben nicht unterschrieben, weil sie Angst hatten; denn der Capitán drohte ihnen, sie seien Schurken, und was sie betrieben, sei Meuterei. So unterblieb es.

Es folgen private Briefe und Vollmachten und weitere Aussagen:

Ich bin verheiratet und man hat mich gegen meinen Willen über die ausgemachten anderthalb Jahre hier zurückgehalten [...]. Wenn, gnädiger Herr, dies [*meine Freigabe*] nicht zu erreichen ist und, was Gott verhüten möge, die Fahrt mit neuen Leuten fortgesetzt wird

[...], schickt mir [...] zu meiner Bedienung einen Neger oder einen guten Indio und eine India; müßte ich sie hier kaufen, würde es mir teuer kommen; es reicht, daß ich bereits zwei Jahre ohne Bedienung wie ein Bettler dahinlebe [...]. Schickt mir ein paar Hemden und einige Ellen Linnen, auch einen alten Gaul wie das letzte Mal [...].

Mein Herr, Ihr wißt, daß Diego de Almagro [...] mich gegen meinen Willen hierhergebracht hat; weil ich mich weigerte, mitzukommen, ohrfeigte er mich. Ich hoffe bei Gott dem Herrn durch Eure Hilfe aus diesem Gefängnis herauszukommen [...].

[...] wir werden alle miteinander hier sterben; der Capitán Pizarro sagt, so lange er da sei, kämen wir nicht nach Panama, und er gibt uns zu verstehen, daß er uns für gutes Geld gekauft hat; wir seien seine Sklaven [...] wir machen in die Hosen aus Angst vor ihm [...]. Indessen [...] ist das entdeckte Land sehr gut [...] die Bevölkerung sehr intelligent, und es gibt Gold und Silber.

[...] wenn die Sache noch länger dauert, wird kaum einer überleben [...]; wenn einer umfällt, kommt er nicht mehr hoch.

[...] wenn einer krank wird, schilt man ihn einen Lügner; selbst wenn er unter der Erde liegt, glaubt man ihm noch nicht [...]. Keiner taugt mehr etwas [...] außer Pedro de Candía; aber der hatte einen vollen Teller; denn er aß ständig mit dem Capitán. Das hat ihn bei Kräften gehalten.

Angesichts der durch die Erhebung offenbar gewordenen Zustände auf der Isla del Gallo wird der Gouverneur Pedro de los Ríos unsicher. Er befiehlt vorläufig die Rückkehr aller Mannschaften von der Isla del Gallo. Kurz darauf kommt es zum Streit um die Kosten der Unternehmung zwischen Almagro und Pedrarias, dem immer noch einflußreichen Exgouverneur von Tierra Firme. Der Chronist Fernandez de Oviedo ist Zeuge des heftigen Auftrittes:

Im Februar 1527 suchte ich Pedrarias wiederholt in seinem Hause auf, da ich so allerhand mit ihm abzurechnen hatte. Als ich mich eines Tages dort aufhielt, kam Almagro herein und sagte:

»Euer Gnaden wissen ganz genau, daß sie mit Francisco Pizarro, mit dem Fernando de Luque, dem Schulmeister, und mit mir einen Vertrag abgeschlossen haben, die Expedition zur Entdeckung Perus auszurüsten. Zu dem Unternehmen haben jedoch Euer Gnaden nichts beigetragen, obwohl wir dabei Vermögen und Ansehen eingebüßt und bereits an die 15 000 Castellanos de oro ausgegeben haben. Pizarro und die Seinen befinden sich z. Z. in großer Bedrängnis und brauchen Proviant, Ausrüstung und kräftige Reservemannschaften. Wenn er das nicht bald bekommt, sind wir alle ruiniert, und unser ruhmvolles Unternehmen, von dem man so brillante Resultate erwartet, bleibt unvollendet. Wir werden eine genaue Aufstellung der Ausgaben machen, damit ein jeder den ihm zustehenden Gewinn im Verhältnis zu seiner Leistung erhält: Euer Gnaden sind durch das Unternehmen an uns gebunden, und sie haben nicht das Recht dazu, unsere Zeit zu vergeuden und uns zu ruinieren; wenn Euer Gnaden aber aus der Kompanie austreten und den Vertrag brechen wollen, dann müssen sie den Anteil der Ausgaben, der auf sie fällt, zahlen und die Sache uns überlassen.«

Darauf erwiderte Pedrarias empört:

»Nach dem überheblichen Ton, den Ihr anschlagt, könnte man meinen, mit meiner Macht sei es aus; aber entweder verliere ich die Stellung, die ich habe, oder Eure Frechheit wird bestraft. Ihr haftet mit für das Leben der Christen, die durch Eure und Pizarros Halsstarrigkeit gestorben sind. Ihr werdet schon sehen, wie man von Euch Rechenschaft fordern und Euch für alle Fehlschläge und Todesfälle zur Verantwortung ziehen wird, und zwar noch bevor Ihr Panama verlaßt.«

»Ich weiß«, antwortete Almagro, »daß es einen allmächtigen Richter gibt, vor dessen Stuhl wir über die Lebendigen und Toten Rechenschaft ablegen müssen; aber eines werde ich jetzt tun: ich werde jene von Euer Gnaden erhaltene Note, in der Euer Gnaden das Wohlwollen, mit der S. M. der Kaiser unsere Dienste ansieht, hervorhebt, unverzüglich, getreu nach Euer Gnaden Anweisung, an Pizarro weiterleiten. Euer Gnaden mögen zahlen, wenn sie an den Früchten des Unternehmens teilhaben möchten; denn Euer Gnaden schwitzen nicht, noch arbeiten sie dafür, noch haben sie das Drittel von dem gegeben, was sie bei Vertragsabschluß beizutragen versprachen; ihre gesamten Unkosten machen nicht einmal drei lumpige Pesos aus. Aber wenn Euer Gnaden es vorziehen, aus unserer Kompanie auszutreten, erlassen wir Euch die Hälfte von dem, was Sie uns schulden.«

Mit saurem Lächeln antwortete Pedrarias:

»Es würde Euch nicht ruinieren, wenn Ihr mir dafür, daß ich auf meinem Anteil verzichte, 4000 Pesos gäbet.«

Um eine so günstige Gelegenheit nicht zu verspielen, erwiderte Almagro:

»Wir erlassen Euch die Gesamtschuld, obwohl es unser Ruin ist; aber wir legen unser Glück in Gottes Hand.«

Obwohl Pedrarias sich so von einer Schuld, die nicht weniger als 4000 bis 5000 Pesos ausmachte, frei sah, war er nicht zufrieden und fragte:

»Was gebt Ihr mir darüber hinaus?«

Verärgert antwortete Almagro:

»Ich biete 300 Pesos – ich schwöre zwar bei Gott, daß ich über eine solche Summe nicht verfüge, aber ich werde sie mir borgen, nur um diese lästige Angelegenheit los zu werden.«

»Gebt mir 2000.«

»500 ist das Äußerste, was ich biete.«

»Gebt mir 1000 und etwas darüber!«

»Also gut, 1000 Pesos!« schrie wütend der Capitán, »obwohl ich sie nicht habe; aber ich finde schon einen, der sie mir leiht!«

Pedrarias war mit dieser Abmachung zufrieden, und sie unterschrieben einen Vertrag, nach dem der Gouverneur unter der Bedingung, 1000 Pesos zu erhalten, auf seinen Anteil am Ertrag der Expedition verzichtete. Ich [*Oviedo*] war einer der Zeugen, die das Dokument unterzeichneten, nach welchem Pedrarias zugunsten von Almagro und dessen Partnern auf seine Interessen in Peru verzichtete und somit aus dem Unternehmen ausschied; durch seine Kleinlichkeit büßte er die reichen Schätze, die er – wie es wohlbekannt ist – vom Incareich hätte gewinnen können, ein.

Oviedos Schlußfolgerung ist aus der Erinnerung geschrieben. 1527, zur Zeit des Bruches mit Pedrarias, ist das sagenhafte Indianerreich im Südosten noch eine Chimäre; ein Jahr später bringen Pizarro und 13 Gefährten, die bei ihm ausgehalten und die Küste südlich des Äquators weiter erforscht haben, die entscheidende Kunde von der Entdeckung der ersten größeren Incastadt Tumbes. Der Bericht des griechischen Ingenieurs und späteren Kanoniers von Cajamarca, Pedro de Candía, über diese Kaperfahrt nebst Zeichnung von der Stadt und Festung Tumbes erregt großes Aufsehen bis zum Königshof in Spanien. Leider ist er verschollen. So haben wir nur Candías selbstbewußte Aussagen zur Información von 1528:

[Pedro de Candía] möchte S. M. Bericht erstatten über die Dienste, die er ihr seit 18 oder 20 Jahren geleistet hat, sowohl [...] in Italien gegen die Türken und andere Feinde, wie auch in [*West-*] Indien auf Befehl des Gouverneurs de los Ríos, mit dem er [*nach Panama*] gekommen ist.

Von der Küstenfahrt vom Río San Juan nach Atacames (in Ecuador) bringt diese Información einige Details:

Der Hunger zwang sie unterwegs wiederholt, zur Nahrungssuche an Land zu gehen; sie mußten, um sich Mais zu verschaffen, dessen sie schon überdrüssig waren, unter großen Gefahren mit den Kanus die Flüsse hinauffahren und Pfahlbauten [...] ersteigen.

Hier wechselt der Amtsschreiber von der dritten auf die erste Person über:

In Atacames griffen uns die Indios in großer Zahl und guter Ordnung an, so daß wir nur wie durch ein Wunder heil davonkamen. Da setzte ich die Artillerie ein, und mit ihrer Hilfe drangen wir in das Dorf vor. Von den 8 Tagen, die wir dort verbrachten, verging keiner, an dem wir nicht zweimal angegriffen wurden. [*Die Feinde*] waren so zahlreich, daß wir genötigt wurden, uns auf die 60 Meilen [*nach anderen Quellen 25*] weit entfernte Isla del Gallo zurückzuziehen [...]. Sechs Monate warteten wir [*auf die Ermächtigung zur Fortführung der Entdeckung und Nachschub aus Panama*]; wir hatten keine andere Nahrung als etwas Mais und Seemuscheln, und viele Kameraden starben an Hunger.

Der Gouverneur de los Ríos schickt zwei Schiffe, um die Mannschaft nach Panama zurückzuholen. Pizarro widersetzt sich dem Befehl. Schlimmer als alles erscheint ihm eine erfolglose Heimkehr in Spott und Armut:

Pizarro beschloß, lieber zu sterben, als zurückzukehren, ohne das Land, von dem er Kunde hatte, entdeckt zu haben. Während fast alle in den zwei Schiffen mitfuhren, blieben bei ihm auf eigenen Wunsch 13 Tapfere und warteten auf die Rückkehr eines Schiffes, um die Entdeckungsfahrt fortzusetzen. Diesem Aufenthalt auf der öden und entvölkerten Insel San Cristobal oder Gorgona [*nach Abfahrt der Gefährten setzten sie dorthin über*] ist die Entdeckung der großartigsten Provinz und des reichsten Landes usf. zu verdanken. [...] Vier Monate des Hungers und Leidens verstrichen, sie hatten keine Schiffe, in denen sie sich hätten retten können.

Als der Steuermann Bartolomé Ruiz mit einem Schiff eintrifft, verlassen die 13 unter Pizarro die Insel und nehmen trotz widriger

Winde und Kälte die Entdeckungsfahrt längst der Küste nach Süden wieder auf:

Sie erkundeten [*200 Meilen*] der tierra del Levante. Sie sahen viele mit Zinnen umgebene steinerne Städte [...], ebenes Land, [...] und Indios mit viel Gold- und Silberschmuck am Leibe, Edelsteine, Schafherden [*Llamas*], und gut gekleidete Menschen (wie ausführlich in dem Bericht, den der Capitán Pizarro S. M. überbringt, erzählt wird). Sie kamen zum Hafen der Stadt Tumbes, und Pizarro schickte Candía, als einen weisen und klugen Mann [...], mit Alonso de Molina und zwei Matrosen [...] an Land. Sie eilten in die Stadt, hielten sich dort zwei Tage auf, brachten einen Bericht. Candía malte auf ein Tuch den Plan der Stadt und der Festung. Es war immer Candía, der an Land sprang, die Städte betrat und die Berichte machte. Hierin und als Artillerist und bei anderen Gelegenheiten hat er mehr geleistet als alle.

Der Besuch in Tumbes nimmt in der späten Chronik des Paters Naharro legendäre Züge an:

[*Als die Schiffe der Spanier auftauchten*] strömten in großer Zahl und gut bewaffnet die Menschen herbei [...]. Candía [*betrat die Stadt und*] stellte nur mit einem Kreuz in den Händen und das Bildnis Unsrer lieben Frau auf der Brust, Gott den Ausgang seines Vorhabens anheim. Erstaunt und verwundert umdrängten ihn die Indios [...], schließlich brachten sie in einem Käfig einen wilden Tiger und ließen ihn vor den Augen Pedros de Candía frei. Dieses Tier kam schwanzwedelnd und seinen Körper immer wieder an den Boden drückend, auf ihn zu wie ein zahmes Hündchen zu seinem Herrn und legte sich ihm zu Füßen. Pedro de Candía legte ihm das Kreuz auf den Körper und streichelte es [...]. Die Indios staunten über dieses Wunder [...] und trugen ihn auf ihren Schultern zu dem Palast und der Festung des Inca [...].

Das Ereignis wirkt alarmierend am Hof des damals noch lebenden letzten großen Inca Huayna Capac. Die Botschaften, die die Chasqui (Läufer) des Incagouverneurs in Tumbes zu dem Herrscher ins Hochland bringen, sind durch die spanischen Chronisten Pedro Pizarro, Cieza, Garcilaso, Sarmiento, Balboa, Cobo und andere auf uns überkommen. Ihre Zitate gründen sich zu einem nicht geringen Teil auf Berichte von Leuten aus der engeren Umgebung des großen

Inca. So sind wir in der glücklichen Lage, die Landung der Spanier und die Ereignisse der letzten Jahrzehnte der Incageschichte ziemlich getreu nach lokalen und höfischen Traditionen mitzuerleben, obwohl bis heute noch keine schriftlichen Geschichtsüberlieferungen der Völker Altperus entziffert sind. In der Chronik des Cobo lesen wir, wie Huayna Capac die Nachricht von dem Besuch der 13 Spanier erfährt:

Huayna Capac erholte sich gerade, Feste feiernd, in seinen Palästen in Tumibamba [...]; da erreichte ihn durch Läufer eine Botschaft seines Gouverneurs in Tumbes. Atemlos voller Schrecken über die Dinge, die passiert waren, meldeten sie dem Inca, daß am Strand von Tumbes sonderbare Fremdlinge, wie man sie nie zuvor gesehen habe, gelandet seien [...], weiß im Gesicht, bärtig, von Kopf bis Fuß in Kleider gehüllt und überhaupt von einem ganz wilden Aussehen. Sie zählten noch viele andere Dinge auf, über die der Inca erstaunte [...]. Die Fremden führen über das Meer in großen hölzernen Häusern. Diese könnten sie lenken und wenden und damit hin und her fahren und kommen und verschwinden, wohin sie wollten. Bei Nacht gingen sie aufs Meer und schliefen in dem Hause, und am Tag kämen sie dann wieder ans Land [...]. Der Inca war sprachlos über das Gehörte, und ihn überkam eine solche Bestürzung und Melancholie, daß er sich in sein Gemach einschloß und nicht mehr herauskam bis zum Anbruch der Dunkelheit. Da kamen weitere Chasqui oder Boten von dem Gouverneur der Küste und informierten ihn darüber, wie jene Leute in ihre Häuser und Paläste eindrangen, sie ausraubten und alle Schätze mitnahmen. Sogar in der Löwengrube, wo der Inca seine wilden Tiere hielt, hätten sie keinerlei Angst oder Befangenheit gezeigt. Über die neuen Meldungen geriet Huayna Capac außer sich. Er befahl den Boten, noch einmal von vorne zu erzählen, was geschehen war. Jene sprachen: »Herr, es gibt weiter nichts zu sagen, als daß die Löwen und wilden Tiere, die Du in Deinen Palästen hältst, sich vor jenen auf die Erde werfen und schmeichelnd mit dem Schwanze wedeln, wie wenn sie zahme Tiere wären.« Der Inca sprang aufs höchste erregt auf, schüttelte seinen Mantel und rief: »Hinaus, hinaus, ihr Herren und Wahrsager! Wollt Ihr meine Macht erschüttern und den Staat in Verwirrung bringen?!« – aber im nächsten Augenblick setzte er sich nieder [...] und hieß die Boten wieder und wieder von neuem anfangen; denn er vermochte das Gehörte noch nicht zu glauben.

In den Chroniken ist ferner die Rede von zwei Spaniern, die damals in Tumbes zurückgeblieben und verschollen sind. Der Inca soll dringend nach ihnen verlangt, sie aber nie zu Gesicht bekommen haben. Wenig später stirbt Huayna Capac in der nördlichsten Garnisonsstadt des Incareiches, in Quito. Pedro Pizarro, dem Cobo viele Daten verdankt, bringt diesen Aufenthalt Huayna Capacs in Quito in Zusammenhang mit dem Endstadium des Eroberungskrieges der Incas gegen die Völker Ecuadors, der sowohl den Unterworfenen wie den Siegern ungeheure Verluste gebracht hat:

Es heißt, daß dieser Krieg sich an die zehn Jahre hinzog [...]. Nach dieser Eroberung ließ Huayna Capac zum Gedenken an den Sieg eine Festung bauen, wie es die Inca in allen Provinzen hielten, die sie dem Reich einverleibt hatten. Gerade während dieses Werkes brach unter ihnen eine Beulenpest aus, wie sie bis dahin in Peru völlig unbekannt war, und forderte viele Todesopfer. Huayna Capac hatte sich eingeschlossen, um zu fasten – das Fasten der Inca besteht darin, daß sie sich neun Tage, manchmal drei Tage lang allein in einen Raum zurückziehen, keine Frau berühren, keine mit Salz oder Pfeffer gewürzte Speise genießen und kein Chicha trinken. Während dieses Fastens sollen zu Huayna Capac drei Indios hereingekommen sein von einer Art, wie man sie nie gesehen habe, sehr klein, fast Zwerge, und zu ihm gesprochen haben: »Inca, wir sind da und rufen Dich!« Erschreckt von dieser Vision und den Worten, rief er laut nach den Seinen; aber in dem Augenblick, als die Leute hereinkamen, verschwanden jene drei Gestalten, und so hatte sie niemand gesehen außer Huayna Capac, und dieser sprach: »Ich muß sterben.« Bald darauf erkrankte er an der Pest.

Nach einer Sage, die der indianische Chronist Pachacuti Yamqui (sein spanischer Name lautet Juan Santa Cruz Pachacuti) erzählt, hat sich die Pest noch auf eine andere Weise angekündigt:

Zur Tafelstunde kommt ein Bote in schwarzer Manta, küßt den Inca [*Huayna Capac*] mit großer Ehrerbietung und übergibt ihm ein Putti, ein verhängtes Kästchen mit Schlüssel. Der Inca heißt ihn öffnen, doch der Bote entschuldigt sich: der Weltschöpfer habe ihm aufgetragen, niemand dürfe den Putti öffnen als nur der Inca selbst. Der Inca willigt ein, und wie er öffnet, kommt daraus hervor etwas wie eine Schar von Schmetterlingen oder kleinen Papierchen, die fliegen oder sich verteilen, bis sie verschwinden. Damit war die Pest oder Blatternkrankheit gekommen, und binnen zweier Tage starb der General Mihac Naca Mayta mit vielen anderen Hauptleuten, alle das Gesicht entstellt von Beulen.

Über den weiteren Verlauf der Krankheit und über einige ihm übermittelte persönliche Charakterzüge des Inca Huayna Capac schreibt Pedro Pizarro:

Als die Krankheit fortschritt, schickten sie Boten nach Pachacamac [*berühmtes Heiligtum in der Nähe des jetzigen Lima*]. Diese Boten, Chasqui genannt, waren in Abständen von einer Meile [*5 bis 6 km*] postiert; ein Indio rannte diese Meile entlang; sobald ihn der andere, der schon auf ihn wartete, sah, trat er auf den Weg heraus, und noch im Laufen rief ihm der Ankommende die Botschaft zu, so daß der Bereitstehende bei seiner Ankunft schon den Text wußte und starten konnte, ohne den Ankommenden abzuwarten. Auf diese Weise gelangte eine Botschaft in 5 Tagen von Cuzco nach Quito; das sind ungefähr ... [*2 000 km*]. So ließen sie in Pachacamac anfragen, was sie zur Gesundung Huayna Capacs tun könnten. Die Zauberpriester, die mit dem Dämon sprachen, befragten ihr Götterbild, und der Dämon sprach aus diesem Götterbild heraus und sagte, sie sollten ihn an die Sonne heraustragen; dann würde er gesund werden. Man befolgte diese Weisung, doch sie bewirkte das Gegenteil: als sie ihn an die Sonne brachten, starb jener Huayna Capac.

Die Indios sagen, daß er ein großer Freund der Armen war und überall im ganzen Land viel für sie tun ließ; sie sagen, daß er sehr freundlich zu den Seinen war und streng und daß er weit mehr getrunken habe als drei Indios zusammen; sie hätten ihn aber nie betrunken gesehen, und wenn seine Hauptleute und Vornehme ihn fragten, wie das denn zugehe, daß er soviel trinken könne und doch keinen Rausch bekäme, soll er geäußert haben, er trinke für die Armen, die er alle unterhalte.

Wenn dieser Huayna Capac noch am Leben gewesen wäre, als wir Spanier in dieses Land eindrangen, hätten wir uns unmöglich dessen bemächtigen können, denn er war sehr beliebt bei allen seinen Vasallen [...], und wenn das Land nicht wäre gespalten gewesen durch die Kriege zwischen Huascar und Atahualpa, wäre uns der Eintritt in das Land und dessen Eroberung ebenso verwehrt geblieben, man hätte dazu mindestens eine Truppe von 1 000 Spaniern gebraucht. Aber damals war es ja nicht einmal möglich, nur 500 zusammen zu bringen, weil so wenige zur Verfügung standen und jenes Land einen so schlechten Ruf hatte.

Die hier genannten Namen Huascar und Atahualpa und diejenigen anderer Söhne des großen Inca Huayna Capac wie Manco und Paullu Inca kommen in weiteren Augenzeugenberichten der Konquista noch häufiger vor. Es sind die incaischen Zeitgenossen, Gegenspieler oder Kollaborateure der Spanier. Nach den Darstellungen späterer spanischer Chronisten wie Sarmiento de Gamboa (1532–1592?) und Bernabé Cobo (1580–1647), die sich in der Incaüberlieferung schon besser auskennen, rangieren jene vier Namen nicht an der Spitze der Incadynastie. Nach ihren Ermittlungen und Zeugenbefragungen hat zu Lebzeiten Huayna Capacs weder Atahualpa noch Huascar als designierter Thronfolger gegolten, sondern ein anderer unter seinen 50, 100 oder 200 Söhnen (die Angaben der Chronisten schwanken hier), nämlich Ninan Cuyuchi. Er ist der Sohn des Geschwisterehepaares Huayna Capac und Mama Cusi Rimay. Unmittelbar nach seinem Vater stirbt auch Ninan Cuyuchi an der Pest. Ob dieser Tod ein wesentliches Moment für die folgenden tragischen politischen und kriegerischen Verwicklungen im Incareich und damit für dessen Untergang gewesen ist, läßt sich im Nachhinein nicht mehr sicher analysieren. Tatsache ist, daß auch frühere Thronwechsel in Cuzco nicht unblutig verlaufen sind und trotzdem das Incareich weiterwuchs und seine Einheit bis zu Huayna Capacs Tod hin gewahrt hat. In den Wirren zwischen Huascar und Atahualpa kommen fast alle ihre Brüder und ein großer Teil des Incaadels ums Leben. Dieser Erbfolgekrieg überlagert sich bereits mit der Invasion der Spanier unter Pizarro.

Der spanische König und seine indianischen Untertanen

Pizarros zweite Reise von Panama nach Peru, die, wie gesagt, noch zu Lebzeiten des Inca Huayna Capac stattfand, hat 18 Monate gedauert. Von den ca. 300 Teilnehmern überlebte ein knappes Viertel die Strapazen. Die wenigen Schätze, die Pizarro von der Reise heimbringt, bewirken, daß der Padre Luque und Almagro durchhalten wollen; aber der Gouverneur von Panama ist nicht dazu zu bewegen und sagt, »er denke nicht daran, aus seinem Gouvernement Leute ziehen zu lassen, damit sie in anderen Ländern ansässig würden.«

Alle verfügbaren Kräfte in Mittelamerika absorbiert die Eroberung Nicaraguas. Pedrarias hat dafür finanzkräftige und mit dem Geschäft der Konquista vertraute Truppenführer wie Hernando de Soto, Hernán Ponce und Benalcázar gewonnen. – Um die Pläne der Dreierkompanie persönlich der Krone zu unterbreiten, schifft sich Pizarro zu Beginn des Jahres 1528 in Nombre de Dios am karibischen Meer mit einer kleinen Gefolgschaft, bestehend aus Pedro de Candía, dem »Helden« von Tumbes, ein paar Indios, unter ihnen die späteren Dolmetscher Martinillo und Filipillo, als Pagen, einigen Llamas und einer kleinen Musterschau peruanischer Sehenswürdigkeiten nach Spanien ein. Sie haben nicht viel Gold dabei, dafür aber Gewebe in herrlichen Farben mit Motiven von Tiergottheiten und aus der Pflanzen- und Dämonenwelt, deren Symbolsprache die Spanier nicht enträtseln können.

Trotz königlicher Erlasse zugunsten der 3 Kompagnons Pizarro, Almagro und Luque, die letzterer, der einzige Schreibkundige unter ihnen, erwirkt hat, ist Pizarro in Spanien ein noch wenig bekannter Mann. Als natürlicher Sohn eines Adeligen fehlen ihm die Familienbeziehungen. Sein kleiner Demonstrationszug aus Peru kann nicht im entferntesten mit dem Prachtgegleite und den Schätzen konkurrieren, die kurz vorher (1528) Hernán Cortés vom eroberten Mexiko nach Spanien gebracht hat, aber ein Abglanz davon fällt doch auf ihn und läßt das peruanische Unternehmen trotz seiner Schulden als aussichtsreich und gewinnträchtig erscheinen. Pizarro erhält von der Krone die ersehnte ›Capitulación mit Asiento für die Eroberung und

Besiedlung der Provinzen von Peru‹, d. h. eine umfassende befristete militärisch-politische Vollmacht mit einem Monopol für die kommerzielle Ausbeutung des Landes. Im folgenden werden die wesentlichen Punkte des am 26. Juli 1529 in Toledo ausgefertigten und von der Gemahlin Karl V., Isabella von Portugal, unterzeichneten Dokumentes aufgeführt:

[... *(Präambel)*] Erstens ermächtigen Wir Euch, den besagten Hauptmann Francisco Pizarro, in Unserem Namen und dem der Krone von Kastilien die Entdeckung, Eroberung und Besiedlung der genannten Provinz Peru auf eine Küstenlänge von 200 Meilen [...] bis zur Stadt Chincha [*auf eigene Kosten*] fortzuführen [...].

Item [...] versichern Wir Euch der Gnade, Euch zu Unserem Gobernador und Capitán General der ganzen Provinz Peru und aller Länder und Städte [...] innerhalb der 200-Meilen-Zone auf Lebenszeit zu machen mit einer jährlichen Besoldung von 725 000 Maravedís [*kleinste spanische Kupfermünze, dementsprechend kein hohes Gehalt* ...], zu erheben aus den uns zustehenden Einkünften und Abgaben in jenem Land [...]. Davon habt Ihr jedes Jahr einen Polizeirichter, zehn Schildträger und 30 Fußsoldaten, einen Arzt und einen Apotheker zu bezahlen [...].

Des weiteren machen Wir Euch zum Adelantado [*Hoher Beamter, im Rang gleich nach dem Statthalter*] besagter Provinz.

Des weiteren ermächtigen Wir Euch, [...] vier Festungen an geeigneten Orten zu bauen [...], Ihr müßt es aber auf Eure Kosten tun [...].

Des weiteren [...] schlagen Wir Don Hernando de Luque Unserem heiligen Vater als Bischof der Stadt Tumbes vor.

Des weiteren belohnen Wir den Capitán Diego de Almagro mit dem Kommando über die vorhandene bzw. zu erbauende Festung Tumbes und erheben ihn in den Stand eines Hidalgos [...] innerhalb der westindischen Inselwelt und der Tierra Firme.

Des weiteren gestehen Wir den Kolonisten in jenem Lande zu, daß sie von dem in Minen gewonnenen Gold in den ersten 6 Jahren [...] nur den zehnten Teil, nach deren Ablauf den neunten und jedes weitere Jahr steigend schließlich den fünften abgeben müssen, von Gold und anderen Schätzen aus Lösegeldern und Kriegsbeute aber grundsätzlich das Fünftel [...].

[*Die nächsten Absätze garantieren den Siedlern Steuerfreiheit für 6 bzw. 10 Jahre.*]

Des weiteren erlauben Wir, daß Ihr besagten Siedlern Stadtgrundstücke und Land ihrem Stande entsprechend zuteilt, so wie es auf der Insel Española üblich war und ist. Ebenso ermächtigen Wir Euch, daß Ihr in Unseren Namen während Eurer Amtszeit Indianer-Encomiendas schafft und dabei Unsere Instruktionen und Verordnungen beachtet [*Encomienda: Zuteilung von tributpflichtigen Indianern, nach Gesetz 50–200, in Praxis oft ein Vielfaches*].

Des weiteren befördern Wir auf Eure Bitte den Bartolomé Ruiz zum Piloto Mayor des Südmeers [...].

Item adeln Wir [*die 13 von der Isla del Gallo*] zu Hidalgos [...], soweit sie das schon von Geburt aus sind, zu Caballeros de Espuelas [*zu Rittern mit Sporen*] für den Bereich der Inseln und Ländern von Indien, Tierra Firme und am Südmeer. [...]

Des weiteren erlauben Wir Euch, aus Unseren Königreichen, dem Königreich Portugal, den Kapverdischen Inseln oder von wo Ihr [...] wollet, in Euer Gouvernement 50 Negersklaven, davon mindestens ein Drittel Frauen, [...] einzuführen [...]. Weiterhin sollen zur Unterstützung der Armen 100000 Maravedís aus den bei der Strafkammer eingehenden Bußgeldern zur Verfügung gestellt werden [...].

In der Stadt Panama, oder wo Ihr es für günstiger haltet, soll sich ein Schiffszimmermann und ein Kalfaterer niederlassen.

Item werden Wir Euch noch eine förmliche Provision schicken, daß Ihr an jener Küste des Südmeeres jedwelches Schiff, sofern Ihr die Besitzer entschädigt, [...] für Eure Reisen nach dem besagten Lande in Anspruch nehmen könnt [...].

Des weiteren untersagen Wir [...] bei Strafe [...], die Ausreise von unerwünschten Personen [*Ausländern, Prostituierten, Strafgefangenen, Mauren, Juden, Lutheranern usw.*] aus Unseren Königreichen.

Alles das [...] gewähren Wir Euch, besagtem Capitán Pizarro, unter der Auflage, daß Ihr binnen 6 Monaten mit Schiffen, Ausrüstung, Proviant und allem Nötigen für die besagte Reise und Kolonisation aufbrecht, mit 250 Mann insgesamt. 150 davon aus Unseren Königreichen und die restlichen 100 von den indischen Inseln oder Tierra Firme; jedoch von Castilla del Oro nicht mehr als 20 außer denen, die Euch auf Euer ersten und zweiten Reise nach dem Land Peru begleitet haben [...]. Nach der Ankunft in Castilla del Oro bzw. nach dem Übergang nach Panama seid Ihr gehalten, innerhalb weiterer 6 Monate die Expedition fortzusetzen und die Entdeckung und Besiedlung durchzuführen.

Die in der Capitulación gesetzte Frist von 1 Jahr ist auffallend kurz. Im gleichen Jahre 1529 bekommt ein gewisser Simon de Alcazaba auf 3 Jahre eine Capitulación für die Entdeckung von 200 Meilen. Das fixierte Gebiet grenzt an Pizarros Provinz und erstreckt sich von Chincha bis zur Magalhäesstraße. – In Pizarros Vertrag heißt es weiter:

Außerdem müßt Ihr auf diese Reise in die neue Provinz Peru die von Uns benannten Finanzbeamten und Geistlichen [...] auf Eure Kosten mitnehmen. [...] Wir legen es Euch sehr nahe, die Meinung der besagten Personen [...] bei der Konquista, Entdeckung und Besiedlung jenes Landes zu berücksichtigen, [...] und betrachten eine Mißachtung dieser Weisung als schwere Dienstpflichtverletzung.

Desgleichen fordern Wir, daß Ihr Euch bei der Befriedung, Konquista und Besiedlung wie auch bei der Behandlung jener Indios [...] an die Ordenanzas und Instructiones haltet, die Wir zu diesem Zwecke erlassen haben und Euch in einem Schreiben zuschicken werden.

Wenn Ihr, besagter Francisco Pizarro, alles, was in diesem Asiento enthalten ist, befolgt, [...] versprechen und versichern Wir Euch bei Unserem königlichen Wort, [...] die Einlösung aller Konzessionen anzuordnen, die Euch und den Kolonisten und Kaufleuten eingeräumt [...] worden sind [...], und zur Durchführung und Befolgung des oben gesagten, Unsererseits die erforderlichen Briefe und Provisiones zustellen zu lassen. Ihr, besagter Capitán Pizarro, [...] müßt Euch vor einem Notar zur Einhaltung der Euch in diesem Asiento auferlegten Lasten verpflichten. Toledo, den 26. Juli 1529. Ich, die Königin, gegengezeichnet Juan Vázquez [...].

Die erwähnten Ordenanzas, auf die in vielen ähnlichen Verträgen mit der Krone Bezug genommen wird, sind ein Dokument von grundsätzlicher völkerrechtlicher Bedeutung und wahrscheinlich erstmals 1526 anläßlich der Capitulación mit Fr. de Montejo über die Eroberung Yucatáns formuliert worden.

Da Wir [*der König*] über die Mißstände und die Unordnung, die bei der Entdeckung und Besiedlung geschehen, unterrichtet sind, haben Wir zur Entlastung Unseres Gewissens [...] im Einvernehmen mit dem Indienrat [*Zentralbehörde im Mutterland, und zugleich oberstes Gericht in allen Zivil- und Strafsachen für die ameri-*

kanischen Reiche] eine General-Provision [*Gesetz von besonderer Wichtigkeit mit der Unterschrift »Yo el Rey«: Ich der König*] erlassen:

[*... es häufen sich die Vorwürfe wegen der Überbeanspruchung der Indios in den*] Goldbergwerken, bei der Perlenfischerei, über ungenügende Versorgung mit Kleidung und Essen und eine Behandlung, die grausamer und liebloser ist als die von Sklaven, was der Grund für das große Sterben der Indios war, so daß viele Inseln [*Westindiens*] und Teile von Tierra Firme verwüstet und von Indios entvölkert sind. Viele [*Indios*] haben ihre angestammten Provinzen verlassen und sind in die Berge und in andere Orte geflohen, um ihr Leben zu retten und der Unterdrückung und schlechten Behandlung zu entgehen. Das hat sich zu großem Nachteil der Bekehrung der Indios zu unserem katholischem Glauben ausgewirkt [...]. Abgesehen davon, daß dieses Vorgehen eine große Sünde ist gegen Gott, unseren Herrn, war es auch Grund und Anlaß dafür, daß nicht nur die mißhandelten [...] Indios, sondern zahlreiche benachbarte Stämme, denen die Übergriffe und Greueltaten zu Ohren kamen, sich zu bewaffneten Aufständen gegen Unsere christlichen Untertanen zusammenrotteten und viele von ihnen töteten, darunter auch Mönche und Kleriker, die keinerlei Schuld trugen und in der Verkündigung unseres christlichen Glaubens das Martyrium erlitten. [...] Deshalb suspendieren Wir zunächst die Vergabe von Konzessionen für weitere Eroberungen und Entdeckungen und sind willens, die Ahndung des dort Geschehenen zur Abschreckung für die Zukunft zu veranlassen und durchzusetzen sowie die nötigen Weisungen zu geben, daß bei jenen Entdeckungen und Kolonisationen fürderhin die Gebote Gottes nicht mehr verletzt werden, kein Raub noch Blutvergießen an den Indios geschehe und diese auch nicht mehr widerrechtlich als Sklaven eingefangen werden [...].

Weiterhin ordnen Wir an: Wenn Ihr irgendwo ein Land betretet, [...] soll durch Dolmetscher [*den Indios*] das Requerimiento [*formale Aufforderung an die Eingeborenen, sich dem spanischen König zu unterwerfen und den christlichen Glauben anzunehmen*] verlesen werden, und zwar deutlich, ein- oder zweimal, wenn die Kleriker und Mönche es für notwendig halten, auch öfters, damit sie es verstehen können, wie auch zur Entlastung Unseres Gewissens.

Das von dem Kronjuristen Palacio Rubios noch unter König Ferdinand (1455–1516) verfaßte Requerimiento, ein theologisch-juristisches Schriftstück, enthält Erklärungen über die Erschaffung der

Welt und des Menschen, über die Schenkung aller westindischen Inseln und der Tierra Firme durch den Papst an die spanischen Könige und schließlich die formale Aufforderung an die Eingeborenen, das Christentum anzunehmen und sich ihrem neuen Herrn zu unterwerfen. Für den Fall der Ablehnung dieses Angebotes droht das Traktat mit Krieg und Versklavung von Männern, Frauen und Kindern. – Weiter heißt es in der behandelten Capitulación:

Des weiteren befehlen Wir [...], wenn Ihr seht, daß es zu Gottes und zu Unserem Nutzen und für Eure Sicherheit auf jenen Inseln und in jenen Ländern nötig ist, Festungen zu bauen [...]. Dabei soll [*den Indios*] so wenig als möglich Schaden an Leib und Seele zugefügt werden.

Des weiteren verbieten Wir unter Androhung des Verlustes von Gut, Stellung und Privilegien [...] jene Indios zu Sklaven zu machen, es sei denn, sie dulden nicht die Anwesenheit der Mönche und Geistlichen und die Unterweisung in den guten Sitten und Bräuchen und im katholischen Glauben, oder sie verweigern Uns den Gehorsam oder widersetzen sich mit bewaffneter Hand der Suche und Schürfung von Gold und anderen Metallen. In diesen Fällen erlauben Wir den [*spanischen*] Bewohnern, im Einvernehmen mit den Mönchen und Klerikern [...] und zur Verteidigung von Leben und Gut Krieg zu führen [...].

Desgleichen befehlen Wir [...], wenn es zum Nutzen Gottes und zum Besten jener Indios ist [...], sie unter die Christen zu verteilen [*encomendar*], um sie von ihren abscheulichen Lastern und der Menschenfresserei zu befreien [...] und sie zu lehren, in Sittsamkeit zu leben [...].

Der Abfassung des Requerimientos gehen heftige Kontroversen zwischen Krone, Klerus und Juristen voraus; der vielschichtige Komplex Macht, Recht und christliche Verkündigung erhitzt die Gemüter; die Sklaverei gefährdet ernstlich die Besitztümer der Krone in Übersee. »Sie verleitet«, wie Konetzke in seiner Geschichte Süd- und Mittelamerikas treffend schreibt, »die ersten Entdecker und Eroberer zu allzu großer Selbstherrlichkeit. Die Forderung ethischer Rechtsnormen bot der Krone Handhaben, die Konquistadoren unter eine stärkere Kontrolle zu bringen und die königliche Autorität zu festigen ... Die Verletzung der Grundsätze einer humanen Behand-

lung der Indianer sollte immer wieder von der Krone als Anlaß benutzt werden, um gegen eigenmächtige Obrigkeiten in der Neuen Welt vorzugehen.« – Es erhebt sich die Frage, wann ein gerechter Krieg gegen Eingeborene geführt werden kann. Die amtliche Entscheidung über die Kriterien eines gerechten Indianerkrieges ist das besagte Requerimiento. Seine Verlesung bedeutet einen notariellen Akt und wird jedesmal von einem Schreiber zu Protokoll genommen. »Jeder Konquistador war künftig verpflichtet, dieses Schriftstück bei jedem neuen Entdeckungs- und Eroberungszug in seinem Gepäck mit sich zu führen. Bereits Bartolomé de Las Casas, der leidenschaftliche Vorkämpfer für die Menschenrechte der Indianer, hat das Requerimiento als ›ungerecht, absurd und rechtlich ungültig‹ bezeichnet.« (Lewis Hanke – Konetzke). – Der Bakkalaureus Fernandez de Enciso, Gründer der Stadt Santa Maria de la Antigua am Golf von Darién, demonstriert in seiner ›Summa de Geografía‹ die Wirkungslosigkeit des Requerimientos, indem er die Antworten von zwei Kaziken in Cebú (bei Panama) auf seine Erklärungsversuche zitiert:

[*Auf meine Ausführungen*], daß es nicht mehr als einen Gott gebe und daß er über Himmel und Erde regiere und der Herr aller sei, sagten sie, das erscheine ihnen richtig und müsse wohl so sein; was aber den Papst betraf, daß er an Stelle Gottes Herr des ganzen Universums sei und den König von Kastilien mit diesen Ländern hier belehnt habe, dazu meinten sie, der Papst müsse besoffen gewesen sein, als er dies tat; denn er verteilte, was ihm nicht gehörte, und der König, der das Lehen erbeten und angenommen habe, müsse ein Narr gewesen sein, denn er fordere etwas, was anderen gehöre; er solle nur hierher kommen, um es in Besitz zu nehmen: dann würden sie seinen Kopf auf einen Pfahl stecken.

Las Casas machte folgende Beobachtungen über die Handhabung des Requerimiento auf dem Isthmus von Panama z. Z. des Gouverneurs Pedrarias:

Weder Pedrarias noch alle, die mit ihm [*auf den Isthmus*] gekommen waren, hatten einen anderen Wunsch [...] als zu möglichst viel Gold zu kommen. [...] Pedrarias [...] schickte in jedes Dorf, von dem er erfuhr, daß es Gold habe, einen Trupp, um es auszurauben. Der menschlichen Vernunft und den göttlichen und menschlichen Gesetzen zum Spott befahl er – getreu den Anordnungen von Kastilien –, das Requerimiento zu verlesen. Wie aber entledigten sich die Spanier, die er ausschickte, des Befehls zur Rechtfertigung ihrer Entradas – denn so nannten sie ihre frommen Vorhaben? Sie näherten sich bei Nacht in großer Stille und mit äußerster Vorsicht, damit man sie nicht höre, ihrem Ziel eine Meile, eine halbe oder eine viertel Meile, und lasen von fern her das Requerimiento den Bäumen vor wie folgt: »Kaziken und Indios dieses Dorfes: Wir, die Christen von Kastilien, lassen euch wissen, daß ein Gott und ein Papst ist«, dann forderte der Capitán den anwesenden Notar auf, schriftlich zu beurkunden, daß den Kaziken und den Indios alles vorgetragen worden sei, was Ihre Königliche Hoheit aufgetragen habe; jene aber hätten sich geweigert, sich Ihrer Königlichen Hoheit zu unterwerfen und Christen zu werden. Anschließend bei Morgengrauen [...] überfielen sie die Bewohner des Dorfes in ihren armseligen Betten. Diese hinterhältigen Übergriffe mußten sowohl dem Herrn Bischof wie auch Pedrarias bekannt gewesen sein, denen es ja in erster Linie oblag, sie zu verhindern und zu bestrafen.

An anderer Stelle berichtet Las Casas, daß Indios, von Spaniern befragt, ob sie Christen seien, zur Antwort gegeben hätten:

»Ja, mein Herr, ich bin schon ein bißchen Christ; denn schon können ich ein bißchen lügen; später ich können viel lügen und ich sein werde großer Christ.«

Nicht nur Übergriffe der Spanier, Mißhandlungen und Vergewaltigungen füllen die Berichte der ersten Augenzeugen und Chronisten, auch Landschaftsbeschreibungen sowie Beobachtungen der Tiere, Bäume, Pflanzen, der Sitten, Gebräuche, der Religion sind in ihnen enthalten, und einen besonders breiten Raum nehmen humanitäre Bemühungen in den geistlichen und weltlichen Schriften der damaligen Zeit ein. – So überliefert der Pater Las Casas eine berühmt gewordene Adventspredigt, die der Dominikanerpater Antón Montesinos 1511 in der strohgedeckten Kirche von Santo Domingo (Haiti) hält:

Da es Advent war, beschlossen [*die Dominikaner*], daß am vierten Sonntag gepredigt werde [...]. Damit die ganze Stadt [...] erscheine, vor allem die Honoratioren, suchten sie den zweiten Admiral [*Diego Colón, den Sohn des Entdeckers*], der damals die Insel regierte, die königlichen Beamten und alle gelehrten Juristen, die dort wohnten, persönlich auf und luden sie zu ihrer Predigt am Sonntag in die Hauptkirche ein. Sie betonten, wie wichtig ihr Erscheinen ihnen sei; denn sie hätten etwas zu verkünden, was alle angehe. [...]

Am Sonntag [...] bestieg Pater Antón Montesinos die Kanzel und nahm als Thema und Grundlage seiner schriftlich vorbereiteten Predigt das Wort: »Ego vox clamantis in deserto« [*Ich bin die Stimme des Predigers in der Wüste. – Nach einleitenden Worten sagt er*] »Um euch [*eure Sünden*] vor Augen zu führen, habe ich, der ich die Stimme Christi auf dieser Insel bin, die Kanzel bestiegen, euch aber tut not, daß ihr aufmerksam, von ganzem Herzen und mit all euren Sinnen auf sie hört; sie ist für euch so ungewohnt, [...] so schroff, so hart, so schrecklich und gefährlich, wie ihr nie vermeintet sie zu hören. [...] Ihr seid alle in Todsünde und lebt und sterbt in ihr wegen der Grausamkeit und Tyrannei, die ihr gegen jene unschuldigen Völker gebraucht. Sagt, mit welchem Recht und mit welcher Gerechtigkeit haltet ihr jene Indianer in einer so grausamen und schrecklichen Sklaverei? Mit welchem Recht habt ihr so abscheuliche Kriege [...] gegen diese Völker geführt? Wie könnt ihr sie so unterdrücken und plagen, ohne ihnen zu essen zu geben, noch sie in ihren Krankheiten zu pflegen, die sie sich durch das Übermaß an Arbeit, die ihr ihnen auferlegt, zuziehen, und sie dahinsterben lassen oder, deutlicher gesagt, töten, nur um täglich Gold [...] zu erschachern? [...]. Sind diese keine Menschen? Haben sie nicht vernunftbegabte Seelen? Seid ihr nicht verpflichtet, sie zu lieben, wie euch selbst? Das versteht ihr nicht? Das fühlt ihr nicht? Was für ein tiefer Schlaf, welche Lethargie hält euch umfangen!«

Über die unmittelbare Wirkung dieser Predigt auf die Spanier schreibt Las Casas:

Viele waren sprachlos, einige wie von Sinnen, die anderen verstockt, manche sogar zerknirscht, aber keiner [...] bekehrt [...]. Als Montesinos hinausging, wurde in der ganzen Kirche ein Murren laut. [...]

Nach dem Mittagessen [...] versammeln sich die Einwohner, voran die königlichen Beamten, der Schatz- und der Zahlmeister, der Faktor und der Veedor im Haus des Admirals [...] Don Diego Colón und werden sich schnell einig, hinzueilen zu dem Prediger, um ihn und seine Genossen gehörig in ihre Schranken zu verweisen [...]; er habe gegen den König und seine Herrschaft in Indien geredet, indem er behauptete, sie seien nicht befugt, die ihnen vom

König zugeteilten Indios zu behalten; das sei schwerwiegend und nicht zu verzeihen.

Der erregten Gesellschaft tritt der Vikar des Klosters, Pedro de Córdoba, entgegen. Sie verlangt, daß der Pater Montesinos herauskomme, der Vikar verweigert es – mit Respekt aber entschieden –, und erst als man sich aufs Bitten verlegt, läßt er ihn schließlich holen; Don Diego Colón wiederholt seine Klage und fordert in aller Namen, daß der Mönch widerrufe:

Der Vikar antwortete, das, was jener gepredigt habe, sei seine [*Pedro de Córdobas*] Meinung und sei mit seinem und aller [*Brüder*] Einvernehmen und nach Würdigung aller Gesichtspunkte, reiflicher Überlegung und eingehender Beratung [...] zur Rettung der Seelen aller Spanier und Indianer beschlossen worden [...].

Nach langem und heftigem Hin und Her kommen sie überein: Bruder Antón Montesinos soll am folgenden Sonntag von der Kanzel aus Stellung zu seiner skandalösen Predigt nehmen:

Für seinen Widerruf fand er ein Wort aus dem 36. Kapitel des Buches Hiob, welches folgendermaßen beginnt: »Repetam scientiam meam a principio et sermones meos sine mendatio esse probabo« [*und frei übersetzt*]: »Ich werde noch einmal von Anfang an die von mir erkannte Wahrheit, die ich vergangenen Sonntag euch gepredigt habe, vortragen und beweisen, daß jene meine Worte, die euch so erbitterten, wahr sind.« Als dieses Thema anklang, merkten die Hellhörigen sofort, worauf er hinauswollte, und es kam ihnen hart an, ihn weiter reden zu lassen. Er unterbaute die Predigt [*des vergangenen Sonntags ...*], hielt ihnen erneut das Unrecht der Unterjochung jener Völker vor. [...] Sie könnten jede Hoffnung um das Heil ihrer Seele aufgeben. Um dessentwillen und damit sie sich noch rechtzeitig bekehrten, ließen [*die Brüder*] sie wissen, daß sie Leuten wie ihnen keine Beichte mehr abnähmen; das gelte nicht nur jenen, die auf Beutezüge ausgingen, sondern ihnen erst recht. Das könnten sie ruhig, an wen sie wollten, in Kastilien schreiben und dort verbreiten; denn sie [*die Mönche*] stünden in der festen Gewißheit, daß sie hiermit Gott dienten und dem König keinen kleinen Dienst erwiesen.

Der Kampf wird inzwischen in Kastilien weitergeführt. König und Indienrat betreiben mit Nachdruck die Ausweisung der Domini-

kaner aus den Kolonien. Sie dürfen zwar vorerst noch bleiben; der Provinzial des Stammhauses im Mutterland verbietet den Brüdern auf Española jedoch strikt, weiterhin so erregende Predigten zu halten, die ganz Indien in Aufruhr stürzen, und betont, der König besitze die Inseln jure belli und der Heilige Vater habe sie der Krone Kastiliens geschenkt. Somit sei der Arbeitszwang berechtigt. König Ferdinand seinerseits bescheinigt den spanischen Siedlern ausdrücklich, sie hätten nach königlicher Anweisung gehandelt; die Arbeitsverpflichtung der Indianer sei von Juristen und Theologen als vereinbar mit dem natürlichen und göttlichen Recht gehalten worden, »und wenn es eine Gewissensschuld gebe, so trüge sie er und seine Ratgeber«. Doch unerschrocken kämpfen die Mönche weiter für die Menschenrechte der Indios. Das unmittelbare Ergebnis sind 1512 die Gesetze von Burgos, die als Vorläufer der Nuevas Leyes von 1542 betrachtet werden können und einige Erleichterungen für die Indianer fordern, wie Vorsorge für Nahrung und Kleidung, Vermeidung gesundheitsschädlicher Arbeiten, Ermöglichung der christlichen Unterweisung. Der Arbeitszwang wird, wenn auch nicht aufgehoben, so doch begrenzt. An dem Kampf um die Gerechtigkeit für die Indianer, den die Dominikaner eröffnet haben, beteiligt sich leidenschaftlich Las Casas, der große Indianerfreund. 1515 schickt ihn der Dominikanerprior Pedro de Córdoba in Begleitung des Paters Montesinos nach Spanien. – Als Pizarro mit seiner »Capitulación« nach Panama zurückkehrt, sind die Gesetze von Burgos längst gültig. In seinem Reisegepäck hat er eine Real Cédula – ausgestellt am 13. November 1529 –, die sein Familienwappen um mehrere Insignien anreichert, darunter Sinnbilder, wie sie das Königshaus selbst führt:

Ihr, Francisco Pizarro, Gobernador und Capitán General der Provinz Tumbes [...], entdecktet an die 500 Meilen der Küste entlang sehr gutes Land, mit großen und kleinen Städten und Ortschaften, vor allem vier Städte mit den Namen Tumbes, Tamipumpa [*Tumibamba, die Residenzstadt des damaligen Inca Huayna Capac*], Curaz [*Cuzco, die offizielle Hauptstadt des Incareiches*] und Chinche [*Chincha an der Küste südlich von Lima; in dieser Gegend auf der Halbinsel Paracas werden 1925 sensationelle Grabfunde mit 429 Hockmumien und unzähligen Prachtgeweben gemacht*], auch hattet Ihr Kunde von vielen Ortschaften, die landeinwärts liegen [...] mit Steinhäusern, Mauern und Zinnen, mit reichen Tempeln und Handel zu Wasser und zu Land. [*Zum damaligen Zeitpunkt kennt Pizarro von den erwähnten vier Hauptorten nur Tumbes, die anderen – eigentlichen Incastädte – nur vom Hörensagen!*] Zahlreich sind die hervorragenden Dienste, die ihr Uns darüber hinaus geleistet habt und nach Eurem Wunsche Uns weiterhin zu dienen, kehrt Ihr jetzt in jenes Land zurück, um dort auszuhalten bis zur endgültigen Eroberung [...]. Wir erweisen Euch die Gnade und wünschen, Ihr möget dem Wappen Eurer Vorfahren [...] einen schwarzen gekrönten Adler und die zwei Säulen [*des Herkules*], die Wir im Wappenbild führen, [...] hinzufügen, wie auch die von Euch entdeckte Stadt Tumbes mit ihren Zinnen, und den Löwen und den Tiger, die der Wächter zum Schutze des Haupttores hält, mit einem Stück Meer mit Schiffen darauf, wie sie dort üblich sind, und als Umrandung [...] einige Schafe und andere Tiere [*dazu eine lateinische*] Inschrift [...]. Ausgestellt in Madrid, am 13. November 1529. Ich, die Königin.

Es gibt außer der dürftigen Información des Pedro de Candía keine zusammenhängende Darstellung aus erster Hand über die Küstenfahrt von 1527. Verschollene Originale erscheinen verarbeitet in späteren Geschichtswerken wie z. B. die Schilderung jenes Besuches bei der Capullana (Häuptlingsfrau) in der Nähe der Mündung des Santaflusses südlich des späteren Trujillo:

In den Gewässern von Santa Cruz [...] kam ihnen Alonso de Molina [*von einem Landbesuch*] mit einigen Indios auf einer Balsa entgegen. Sie luden Francisco Pizarro im Namen einer Señora, die Capullana hieß, ein, an Land zu kommen, in einem Hafen etwas mehr gegen Norden zu. [...] Molina erzählte große Dinge über das, was er gesehen hatte: das Land sei sehr fruchtbar, es regne dort nie, große Strecken an der Küste würden künstlich bewässert, und die Indios berichteten Großartiges von Cuzco und seinem König Huayna Capac. Sie kamen zu dem besagten Hafen; viele Balsas fuhren ihnen entgegen mit Lebensmitteln und fünf Schafen als Willkomm der Häuptlingsfrau, die sich ihrerseits bereit erklärte, damit der fremde Capitán Vertrauen fasse [...], als erste selbst auf sein Schiff zu kommen [...]. Francisco Pizarro war ganz glücklich über den guten Empfang und [...] hieß Nicolás de Ribera, Francisco de Cuéllar, Alonso de Molina und Alcón an Land gehen. Letzterer trug eine Kappe mit Goldbesatz, ein Medaillon, ein samtenes Wams, schwarze Strumpfhosen, am Gürtel Schwert und Dolch; diejenigen, die dabei waren, sagten, er habe mehr wie ein kühner und verdienter

Italienkämpfer ausgesehen denn wie ein abgerissener Entdecker der Mangrovesümpfe [...]. Die Fürstin selbst bot ihnen persönlich in einem Gefäß den Trank; Alcón begann ein Auge auf sie zu werfen; sie wollte aber auf jeden Fall den »Capitán« sehen [...]. Alcón aber, je länger er sie anschaute, entflammte desto mehr. Auf dem Schiff empfing Francisco Pizarro die Fürstin und ihre Begleitung mit ausgesuchter Höflichkeit; ebenso hielten es alle Spanier; denn sie waren angehalten worden, beste Erziehung und Gesittung zu zeigen. [...] Alcón aber wandte nicht die Augen von der Capullana; er war schon so weit, daß er nur noch seufzte [...]. An einem Morgen noch vor Sonnenaufgang umrundeten mehr als 50 Balsas das Schiff. [...] Zwölf Indios von vornehmem Stand kamen an Bord und blieben [*als freiwillige Geiseln*]. Pizarro ging an Land, und auf dem Schiff bei den [*12*] Indios blieben nur die Matrosen, sonst kein Spanier. Die Fürstin ging ihnen zum Willkomm mit großem Gefolge in strenger Ordnung entgegen. Die Indios hielten grüne Zweige und Maiskolben in den Händen. Sie hatten eine Halle aus Ästen errichtet und innen Sitze für die Spanier und etwas abseits für die Indios. Es gab Fleisch und Fisch, auf verschiedene Arten zubereitet, viele Früchte, Wein und Brot nach Art des Landes. Während der Mahlzeit tanzten und sangen die vornehmen Indios zusammen mit ihren Frauen, um die Gäste zu ehren, und die Spanier waren sehr erstaunt, wie gesittet jene sich benahmen.

Als das Fest zu Ende war, sprach Francisco Pizarro zu ihnen mit Hilfe der Dolmetscher. [*Er dankt zunächst für die Gastfreundschaft und hält eine Rede im Sinne des Requerimientos. Er weist hin auf*] den Wahnsinn des Blutopfers von Menschen und Tieren, denn die Sonne, die sie anbeteten, sei nur geschaffen zur Erhaltung der Welt [...]. Er versprach, er werde in Kürze wiederkommen zusammen mit Geistlichen, die predigten und tauften. Alle müßten nun den König von Kastilien, den jetzigen Kaiser der Christenheit und mächtigsten Herrscher, als Herrn anerkennen. Er reichte ihnen eine Fahne hin und bedeutete ihnen, sie möchten diese als Zeichen des Gehorsams erheben. Die Indios nahmen die Fahne und erhoben sie dreimal [...]. Auf der Rückfahrt zum Schiff kenterte die Balsa, und es hätte nicht viel gefehlt, und alle Spanier wären ertrunken.

Als Alcón die Häuptlingsfrau entschwinden sah, bat er den Capitán, daß er ihn in jenem Lande lasse. Aber die anderen hielten ihn nicht für ganz klar, und so weigerte sich Pizarro; denn er befürchtete, er werde Unruhe unter die Indios bringen. Das ging Alcón so zu Herzen, daß er den Verstand verlor und laut herumschrie: »Ihr gemeinen Schufte; dieses Land gehört mir und dem König, meinem Bruder! Ihr habt uns darum betrogen!« Und er ging mit abgebrochenem Degen auf die Leute los. Der Steuermann Ruiz gab ihm einen Schlag mit einem Ruder, und er stürzte zu Boden; sie schafften ihn unter Deck und legten ihn in Ketten; dort blieb er.

Alcón wird trotzdem wie auch die anderen Schiffsgenossen im Jahre 1529 geadelt. Im Peru der vierziger Jahre gehört er zu den Parteigängern des gegen die Krone rebellierenden jüngsten Bruders Francisco Pizarros, Gonzalo. Über jene weiblichen Häuptlinge in Nordperu, die die Spanier wegen ihrer kuttenartigen, mit Kapuzen versehenen Gewänder Capullanas nannten, schreibt um 1600 der Pater Lizárraga:

Jene Capullanas, die zur Heidenzeit [*im Tal von Motupe*] Herrinnen waren, verheirateten sich, wie es ihnen paßte; wenn ein Ehemann sie nicht mehr zufriedenstellte, verstießen sie ihn und verheirateten sich mit einem anderen. Am Hochzeitstag setzte sich der erwählte Gatte neben die Herrin und es gab ein großes Trinkgelage; der verschmähte war auch zugegen, saß aber in einer Ecke auf dem Boden und beweinte sein Mißgeschick, ohne daß ihm einer auch nur Wasser für seinen Durst gereicht hätte. Die Vermählten trieben noch ihren Spott mit dem Armen.

Pizarros dritte und letzte Ausfahrt nach Peru 1531

Im Juni 1529 hat Pizarro in Toledo von der Krone die lang ersehnte Capitulación zur Entdeckung Perus bekommen. In seiner Heimatstadt Trujillo versucht er zusammen mit seinen Brüdern, Teilnehmer für das Überseeunternehmen zu gewinnen. Die ihm gesetzte Frist verstreicht. Er ist nicht in der Lage, den Forderungen des Vertrages nachzukommen: Er bringt weder die vorgeschriebene Zahl an Leuten noch die nötige Ausrüstung zusammen. Das Unternehmen steht in Frage; denn hält er die Vertragsklauseln nicht ein, erlöschen die Vollmachten. Im Hafen von San Lúcar de Barrameda täuscht er die Aufsichtsbehörden. Er segelt heimlich mit dem Kapitänsschiff aufs offene Meer und wartet auf der kanarischen Insel Gomera, bis die anderen nachkommen. Am 27. Januar 1530 findet die gefürchtete Inspektion statt. Sein Bruder Hernando Pizarro versichert den Kontrolleuren, alles, was fehle, befinde sich auf dem Schiff von Francisco Pizarro, der bereits vorausgefahren sei. Die Beamten stellen ihre Nachforschungen ein, die zwei Schiffe laufen ebenfalls aus San Lúcar aus, und wenig später ist die kleine Flottille bei Gomera wieder vereint. – Francisco Pizarro kann bei seiner Rückkehr in Panama, gestützt auf die königliche Capitulación, sicherer auftreten als vorher. Die einseitige Bevorzugung seiner Person durch das Dokument und die unerwartete Anwesenheit seiner Halbbrüder, die hier keineswegs schüchtern auftreten, verstimmen jedoch die Alteingesessenen in Panama. Almagros Freund Fernández de Oviedo äußert sich in seiner Chronik über die Familie Pizarro sehr wenig schmeichelhaft:

Er brachte drei oder vier Brüder von sich mit, ein jeder so hochmütig wie arm, und gerade, weil sie nichts haben, desto besitzgieriger: der eine hieß Hernando Pizarro, der nächste Juan Pizarro, der dritte Gonzalo Pizarro und der letzte Francisco Martín. Der einzige legitime unter ihnen war Hernando Pizarro; das merkte man an seiner besonderen Hoffart; er war groß und stark, Zunge und Lippen waren dick, seine Nase rot und fleischig. Er säte überall Zwietracht, vor allem zwischen den beiden alten Partnern Francisco Pizarro und Diego de Almagro. Die vier Brüder waren im Jahre 1529

[1530] eingetroffen, und von den ca. 300 Mann, die Pizarro aus Kastilien mitgebracht hatte, starben in den ersten Tagen ein Drittel oder mehr.

Agustín de Zárate schreibt in seiner 1555 veröffentlichten Chronik:

Hernando und Juan waren legitim; sie waren Söhne des gleichen Vaters und der gleichen Mutter. Der Vater war Gonzalo Pizarro, der Lange, aus Trujillo; er war im Königreich Navarra Infanteriehauptmann gewesen. Don Francisco war sein natürlicher Sohn und ebenso Gonzalo Pizarro, sie hatten jedoch verschiedene Mütter. Francisco Martín [*de Alcántara*] dagegen hatte die gleiche Mutter wie Francisco Pizarro. Außer den genannten begleiteten ihn noch viele auf der Entdeckungsreise, die vorwiegend aus Trujillo, Cáceres und anderen Orten Extremaduras stammten [...]. Don Diego [*de Almagro*] war tief betrübt, daß Pizarro in Spanien mit der Majestät nur im eigenen Interesse verhandelt hatte und mit Titeln wie Gobernador und Adelantado Mayor del Perú zurückgekehrt war, ohne seine [*Almagros*] Belange zu vertreten. Und dabei hatte er doch an Mühe wie an Kosten den größeren Teil zum Gelingen der Entdeckung beigetragen.

Im Januar 1531 verläßt Pizarro mit etwa 200 Männern (sein Sekretär Xerez spricht von 180 Leuten und 37 Pferden, der Soldat Trujillo von 250 Spaniern und drei Mönchen) Panama. Einundzwanzig Monate lang verläuft diese dritte Reise wie eine Wiederholung der zweiten, und die in der königlichen Capitulación festgesetzte Frist von einundeinhalb Jahren verrinnt. Der Versuch, wiederum von der ecuadorianischen Küste aus ins Inland vorzudringen, mißlingt unter furchtbaren Strapazen. Es wird ein Hungermarsch entlang der Küste; keine Siedlung wird gegründet; das schon entdeckte Peru im Süden des Golfs von Guayaquil erscheint unerreichbar. Diego de Trujillo, ein Soldat Pizarros, schreibt 1571 als Veteran in Cuzco in einer unbeholfenen Chronik seine Erinnerungen nieder:

Aus Mangel an Wasser waren die Leute nahe am Sterben; der Gobernador [*F. Pizarro*] war entschlossen, umzukehren, aber Hernando Pizarro sagte: »Niemals! und wenn alle sterben!« Die Leute, die vorangeschickt worden waren, entdeckten einen kleinen Weiher mit grünem Wasser; daraus stillten wir unseren Durst, obgleich ein paar Schweine, die Hernando Pizarro aus Panama mitgebracht hatte, das Wasser in einen solchen Zustand versetzten, daß wir den reinsten Schlamm tranken, außer denen, die als erste hingekommen waren.

Jede Konquista-Expedition führt ihre Schweineherde mit; wie die ersten Pferde haben auch die ersten Schweine in der Neuen Welt einen ungeheuren Wert. In der Chronik des Cieza de León (1553) ist zu lesen: »Noch im Bauch des Mutterschweines wurden die Ferkel im Voraus verkauft«. – Die Weglosigkeit und die rasch wechselnden Klimata in Ecuador bringen die Spanier in verzweifelte Situationen. Diego de Trujillo:

Auch hatten wir keine [*indianischen*] Führer, und so wußten wir kein Ziel, wohin wir laufen sollten [...]. Im gebirgigen Inland [...] kamen wir in eine trockene Schlucht, ohne Wasser, und sahen Rauch; wir blieben in der Schlucht bis kurz vor Morgengrauen und wollten dann die Behausungen überfallen. Es regnete so stark in dieser Nacht, daß ein großer Wasserschwall die Schlucht herunterkam und ein Soldat ertrank und andere nur schwimmend sich retten konnten. Wir fielen über die Ansiedlung her; es waren drei oder vier Indios; sie hatten ihre Betten oben auf hohen Bäumen wie Storchennester und schrien wie Katzen und Affen; wir ergriffen einen Indio, aber weder konnten wir ihn verstehen noch er uns; dann brachten wir ihn ins Lager, und er gab uns durch Zeichen zu verstehen, daß erst nach fünfzehn Tagereisen besiedeltes Land komme, wo es zu essen gibt, und was anderes wollten wir ja gar nicht, als etwas zu essen.

Große Schwierigkeiten bereitet den Spaniern die Überquerung der zahlreichen bis zu $1^1/_2$ km breiten Flußmündungen bei Cojimíes in der Nähe des Äquators. Diego de Trujillo:

Sie machten Balsas, um sie zu überqueren [...], sie trieben eine Stute hinein und banden die Balsa daran; dann kamen die Pferde, und so brachten wir die, die nicht schwimmen konnten und die Pferdesättel hinüber.

Eine größere indianische Ansiedlung genau am Äquator wird für acht Monate Standquartier der Spanier. Estete spricht von 400 Häusern, Ruiz de Arce von 100. Diego de Trujillo schreibt:

Das Dorf hatte 300 große buhíos [*fensterlose Häuser*]; in dem Land regnet und donnert es viel; es wimmelt von Schlangen und

Fröschen; alles ist feucht. Als nichts mehr zu essen da war, aßen drei Soldaten eine Schlange, zwei starben, der dritte blieb am Leben, weil er die Schlange mit Knoblauch eingerieben hatte; dafür schälte sich seine Haut, und er blieb lange bewußtlos.

In dieser Ortschaft wurden 18000 Goldpesos und etwas Silber erbeutet [*nach Ruiz de Arce 18000 castellanos; Xerez 15000 pesos de oro, ›Nouvelles certaines‹ 20000 castellanos; Pedro Pizarro 200000!*]. Der Gobernador schickte Bartolomé Ruiz und Quintero mit den beiden Schiffen nach Nicaragua und Panama, um für das Geld Leute anzuwerben; so blieben wir an diesem Ort mehr als acht Monate. In diesem Zeitraum starben viele Leute an verschiedenen Krankheiten wie an einem schweren Ausschlag, der dort unter den Spaniern ausbrach.

Die ersten offiziellen Berichte und Briefe verschweigen diese Krankheit, wohl aus Angst, weitere Leute von der Fahrt nach Peru abzuschrecken. Erst ein paar Jahre später schreiben verschiedene Augenzeugen darüber in ihren Chroniken. Estete:

Die Beulen waren hasel- und walnußgroß, viele bluteten und manche bildeten sich an der Nase.

Ruiz de Arce:

Sie hatten Beulen ähnlich wie Feigen im Gesicht, an den Händen und an den Beinen. Nur wenige überstanden diese Leiden.

Pedro Pizarro führt sie auf den Verzehr eines Fisches zurück:

Es entstanden große Beulen am ganzen Körper, manche so groß wie Eier; wenn die Haut platzte, kam Zeug und Blut heraus.

Sobald Gold aus Coaque in Panama eintrifft, werden die Kaufleute auf Peru aufmerksam. Trujillo:

Nachdem das Schiff nach Panama gesegelt war, kam nach Coaque Pedro Gregorio, ein Kaufmann, und brachte Geräuchertes, Schinken und Käse von den Kanarischen Inseln. Von den Leuten, die er mitbrachte, leben nur noch Pedro Díaz – jener von Huamanga – und Juan de la Torre – jener von Arequipa – und Isasaga, der in Lima wohnt, die anderen sind alle tot.

Trujillo schrieb dies erst 1571, nach den furchtbaren Bürgerkriegen der Spanier in Peru als einsamer alter Mann; aber er würzt seine Chronik auch mit Anekdoten:

Dort in Coaque kannte niemand die Smaragde, außer Bruder Reginaldo [*da sie nicht schlagfest wie Diamanten sind, halten die Soldaten sie für wertlos*]. Er sammelte hundert und noch gut etwas darüber, nähte sie in sein Unterkleid und fuhr gleich mit dem Schiff des Pedro Gregorio nach Panama zurück, wo er starb. Man fand die Smaragde bei ihm und schickte sie S. M. dem Kaiser.

Coaque, das nach der ›Nouvelles certaines‹ (einem zeitgenössischen anonymen Bericht) »schöne steinerne Häuser, nur außen mit Stroh« hat, kann den indianischen Gegenangriffen nicht standhalten und brennt ab. So gelingt es nicht, hier am Äquator eine Kolonie zu gründen. Weitere Stationen sind die in den alten Sagen der Ecuadorianer und Peruaner berühmten Küsten von Caraques und Manta, die oben beschriebene wasserlose Wüstenstrecke, die Landspitze von Santa Elena (die Namensgebung erfolgte hier, wie an vielen anderen Orten Ecuadors, durch die Spanier) und schließlich die große und dichtbesiedelte Insel Puná im Golf von Guayaquil. Auch die Halbinsel Santa Elena ist von ihren Einwohnern verlassen:

Die Bevölkerung jenes Landstriches hatte sich mit Frauen und Kindern und all ihren Habseligkeiten in Balsas aufs Meer hinaus zurückgezogen und war nicht zu bewegen, wieder an Land zu kommen. Wir litten dort großen Hunger, da kam uns folgender Umstand zu Hilfe: weil die Leute auf dem Meere waren und ihre Siedlungen verlassen hatten, heulten bei Nacht die Hunde; da machten wir Jagd auf sie, und mit diesen Hunden ernährten wir uns.

Nicht alle Spanier machen diese Entbehrungen durch, ein Teil fährt mit den zwei kleinen Schiffen, deren Tiefgang aber immer noch zu groß ist für die Fahrt zur Insel über die flache, 11 km breite Meeresstraße. Die Insel ist Schauplatz großer Verbrüderungsfeste und anschließender schwerer Kämpfe zwischen den Spaniern und den Einwohnern. Die Häuptlinge laden Pizarro und seine Leute ein, fahren sie mit Balsas auf die Insel und veranstalten große Jagden; der weitere Verlauf wird von den Augenzeugen und den späteren Chronisten unterschiedlich berichtet; gewisse Einzelheiten werden anscheinend vertuscht, andere aufgebauscht; so viel scheint festzuste-

hen, daß einerseits die Konquistadoren sich Übergriffe auf Frauen zu schulden kommen lassen, daß andererseits die Häuptlinge auf Puná, obwohl es dort einen Incagouverneur gibt, eine Schreckensherrschaft über die umliegenden Küsten ausüben. Man liest von verstümmelten und kastrierten Haremswächtern, von 600 oder mehr Gefangenen aus der mit Puná rivalisierenden Stadt Tumbes, die, von Pizarro befreit, sechzehn Puná-Häuptlingen die Köpfe abschneiden, von entnervendem monatelangem Dschungelkrieg, in dem die Pferde nur im Wege sind, und auswegloser Lage der Spanier, bis schließlich weitere Schiffe unter Hernando de Soto aus Nicaragua ankommen und die Überfahrt auf das peruanische Festland nach Tumbes mit tumbesischen Balsas und Schiffern gewagt werden kann. Die Überfahrt zu dem gepriesenen Tumbes bringt die Spanier in äußerste Gefahr; die Ankunft in Peru verläuft kläglich. Pedro Pizarro erlebt am eigenen Leib den Verrat der Tumbesiner Balsaführer:

In der Nähe der Brandung sprangen die Indios ins Meer und überließen uns auf dem steuerlosen Floß den großen Wogen. Völlig durchnäßt und halb ersäuft trieben wir an den Strand. Sobald die Indios beobachteten, daß wir an Land waren, schwammen sie wieder auf das Floß zu, bemächtigten sich desselben und führten es weg, darauf alle unsere Sachen und das große Gepäck des Gouverneurs, das wir ebenfalls geladen hatten, und ließen uns mit dem, was wir auf dem Leibe trugen. Ähnlich erging es vielen anderen Spaniern, welche den Indios ihr Gepäck anvertraut hatten im guten Glauben, sie würden es getreulich nach Tumbes bringen.

Die Reiter, die auf der anderen Seite der Stadt mit den Schiffen gelandet sind, sehen, wie Scharen von Indios auf die Schiffbrüchigen zustürzen, um sie »wie Seehunde« abzuschlachten, und retten die Situation durch einen verwegenen Ritt über ein gerade trocken liegendes Stück Wattenmeer. Die Spanier werden der wiederentdeckten Stadt Tumbes nicht froh; zu ihrer grenzenlosen Enttäuschung ist die Stadt, die Pizarro und Pedro de Candía noch 1527 in vollem Glanz gesehen haben, zerstört, abgebrannt und entvölkert. Es ist immer wieder erstaunlich, mit wie viel Glück die Spanier sich aus allen Fährnissen retten und wie wenig Verluste ihnen die Konquista Perus bereitet, nachdem einmal die Elends- und Hungerzeiten vorbei sind. Demgegenüber ist der etwa ein Jahrzehnt früher von dem Inca Huayna Capac unternommene Versuch, sich der Loyalität der Insel und der benachbarten Küsten zu versichern, nicht nur fehlgeschlagen, sondern zu einer menschlichen und nationalen Tragödie geworden. Pedro Cieza de León bringt in seiner Chronik einen Rückblick auf dieses Stück Incageschichte, den er auf Grund incaischer Trauergesänge, über das unglückliche Ende von Huayna Capacs Staatsbesuch auf der Insel Puná gewonnen hat:

Nachdem Huayna Capac die Provinz Huancavilcas [*die Nordküste des Golfes*] gewonnen hatte, sandte er zu Tumbalá, dem Herrn von Puná, er möge ihm huldigen, gehorchen und Tribut leisten. Den Herrn der Insel schmerzte das sehr [...], weil er wußte, daß damit nicht nur persönliche Dienstleistungen, sondern auch das Zugeständnis und die Lasten der Errichtung und Erhaltung von Zwingburgen und anderen Gebäuden verbunden waren, und die drückende Verpflichtung, die schönsten Töchter und Frauen in den Dienst der Inca zu geben. [*Die Häuptlinge der Umgegend*] berieten sich über die akute Notlage und kamen in dem Bewußtsein, daß ihre Macht nicht ausreichte, um dem Inca Widerpart zu bieten, zu dem Schluß, es sei am besten, ihm ihre Freundschaft anzubieten, wenn man auch den Frieden nur vortäusche. In diesem Sinne schickte Tumbalá eigene Boten zu Huayna Capac mit großen Anerbieten und überredete ihn, einige Tage als Gast auf die Insel zu kommen. Huayna Capac nahm geschmeichelt die Einladung an [...], Tumbalá aber und die anderen Vornehmen der Insel opferten den Göttern und baten die Zauberpriester um Antwort, was sie gegen die Unterjochung durch jenen, der da dachte, er sei der Herr über alle, tun könnten [... *Während dieser Vorbereitung einer Verschwörung*] kam Huayna Capac auf die Insel und wurde mit großen Ehren empfangen [...]. Die Orejones [*spanische Benennung der Angehörigen des Incaadels, wegen ihrer ausgeweiteten mit Schmuckscheiben versehenen Ohrlappen*] verstanden sich aufs Beste mit den Vornehmen der Insel. [...] Huayna Capac setzte dann nach Tumbes oder in dessen Nähe über; danach bestiegen die Orejones, die Edlen von Cuzco, mit ihren Hauptleuten die großen Balsas, die zahlreich bereitstanden, und mitten im Wasser, als sie sich dessen am wenigsten versahen, lösten die hinterhältigen Insulaner die Seile, die die Stämme der Flöße zusammenhielten; die armen Orejones stürzten ins Wasser, wo ihnen die Insulaner, die plötzlich ihre versteckten Waffen hervorzogen, ein schreckliches Ende bereiteten. Die einen ertranken, die anderen wurden erschlagen; keiner der Orejones kam mit dem Leben davon; nur ein paar Gewänder und etwas von ihrem Schmuck blieb auf den Balsas. Nach dem Tod der ersten Gruppe von

Orejones kehrten die Mörder geschwind zum Ausgangspunkt zurück und luden die nächsten auf. Diese hatten natürlich keine Ahnung von dem Spiel, welches mit den Ihrigen getrieben worden war, und vertrauten sich in noch größerer Anzahl mit all ihrer Prachtkleidung, ihren Waffen und ihrem Schmuck den Balsas an. Und an der gleichen Stelle, wo die vorigen der Tod ereilt hatte, wurden auch sie umgebracht, und keiner entkam; denn wenn auch einige wenige, die schwimmen konnten, auf diese Weise zu entkommen trachteten, schlug man auf sie ein, bis sie tot waren, und auch wenn sie tauchten [...] half es ihnen nichts; denn die anderen, die ja die meiste Zeit ihres Lebens als Fischer auf dem Meere verbringen, schwammen wie die Fische, holten sie ein, erschlugen und ersäuften sie, so daß das Meer mit Blut sich färbte [...]. Der Schmerz darüber, daß so viele der Seinen von edlem Blut keine würdige Bestattung gefunden hatten, [...] ließ Huayna Capac zu keinem Pardon und keiner Milde erweichen; Tausende von Indios wurden auf die verschiedensten Arten umgebracht und nicht wenige der Häuptlinge erwürgt und gepfählt.

Nach diesem grausamen Strafgericht aber ordnete Huayna Capac an, daß man in schweren Zeiten die Erinnerung an das böse Geschehen in Liedern pflege. Und so besingen [*die Peruaner*] dieses und andere ähnliche Ereignisse in ihren verschiedenen Sprachen in Form von Elegien.

Die Konquista 1532–1535

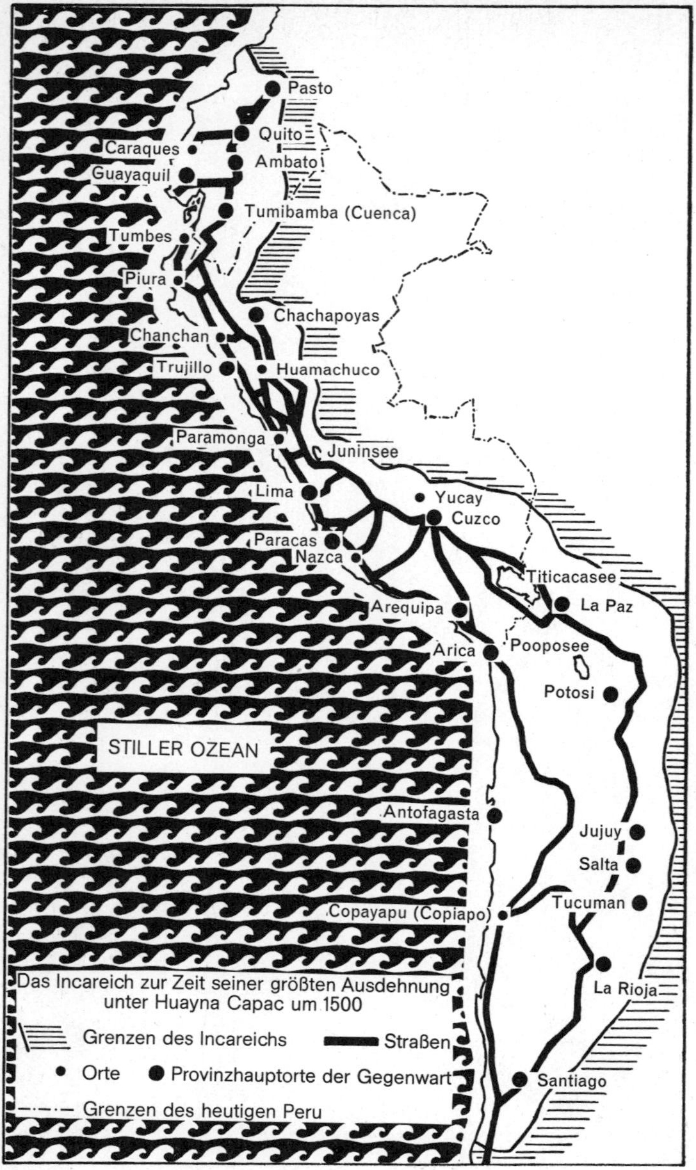
Pasto
Quito
Caraques
Ambato
Guayaquil
Tumibamba (Cuenca)
Tumbes
Piura
Chachapoyas
Chanchan
Trujillo
Huamachuco
Paramonga
Juninsee
Lima
Yucay
Cuzco
Paracas
Nazca
Titicacasee
Arequipa
La Paz
Arica
Pooposee
Potosi
STILLER OZEAN
Antofagasta
Jujuy
Salta
Tucuman
Copayapu (Copiapo)
La Rioja
Das Incareich zur Zeit seiner größten Ausdehnung unter Huayna Capac um 1500
Grenzen des Incareichs
Straßen
Orte
Provinzhauptorte der Gegenwart
Grenzen des heutigen Peru
Santiago

Der Marsch nach Cajamarca

Die Eroberung des Incareiches wird gemeinhin gleichgesetzt mit der Gefangennahme Atahualpas im November 1532 durch Pizarro und mit der Hinrichtung des Inca acht Monate später. Dieses Ereignis ist in die Geschichte eingegangen als der spektakuläre Sturz eines als vollkommen angesehenen Staatsgebildes von riesenhaften Ausmaßen in die Anonymität einer ausgebeuteten Kolonie. Wenn auch diese Handlung das Symbol des Unterganges ist, und zwar sowohl für die Anhänger Atahualpas als auch im Bewußtsein der Nachwelt, so darf man nicht außer acht lassen, daß die eigentliche Konquista mit allen ihren Schrecken und Blutopfern für die Unterlegenen wie für die Eindringlinge erst viel später beginnt, nämlich mit dem organisierten Widerstand des Inca Manco, eines jungen Bruders der beiden Rivalen Huascar und Atahualpa. Als die Spanier auftauchen, steht das ganze Tahuantinsuyu, das »Reich der vier Weltgegenden«, unter dem Eindruck und den Wirkungen des Erbfolgekrieges zwischen Huascar und Atahualpa, der sowohl, was die Größe der organisierten Heere betrifft, wie die Verluste und Massaker – wenn die Zahlen der spanischen Chronisten stimmen – die europäischen Kriege zur Zeit Karls V. weit in den Schatten stellt. Als Pizarro sich nach anfänglichem planlosem Vortasten an der Küste Ecuadors und Nordperus schließlich zum Marsch in die Sierra anschickt, neigt sich der Sieg Huascar, dem Herrn von Cuzco, zu. Huascar, Cuzco und die großen Kriegsschauplätze sind jedoch weit weg, und in Ecuador und Nordperu verbreitet Atahualpa den meisten Respekt; seine Truppen haben vielerorts Spuren der Verwüstung hinterlassen. Im Banne drohender Ungewißheit kommen die Spanier, obwohl sie sich durch Foltern und Verbrennen mehrerer Häuptlinge schon bekannt gemacht haben, leidlich unbehelligt und dank der guten Straßen und Vorratslager gut versorgt durch mehr oder minder feindliches Land bis zum Inca. Am 24. September 1532 brechen sie von San Miguel (etwa 81° westl. Länge und 5° südl. Breite, in der Nähe des Kap Pariñas, der westlichsten Landspitze Südamerikas) auf, bleiben vier Wochen in Serrán, biegen bei Motupe ab ins Gebirge und erreichen am 15. November 1532 bei großer Kälte Cajamarca. Der Chronist Xerez macht entlang der Straße von Serrán bis Motupe Beobachtungen über Land und Leute:

Die Frauen tragen lange Gewänder, die den Boden streifen, wie bei den Frauen in Kastilien; die Männer tragen kurze Hemden. Es ist ein schmutziges Volk; Fleisch und Fisch essen sie roh; den Mais essen sie gekocht oder geröstet. Ganz scheußlich sind auch ihre Opfer und ihre Moscheen, die ihnen so heilig sind. Das Beste, was sie haben, bringen sie dar. Sie opfern jeden Monat eigene Kinder, beschmieren mit deren Blut die Gesichter der Götzenbilder, die Türen der Moscheen und sprengen es über die Grabstätten der Toten. Die zum Opfer Auserkorenen geben sich willig mit Lachen, Tanzen und Singen dem Tode hin; sie bitten sogar darum in dem Rausche, in den man sie versetzt, bevor man ihnen die Köpfe abschneidet. Sie opfern auch Schafe [*Llamas* ...]. In Tumbes und in all diesen Siedlungen tragen sie die gleiche Tracht und bringen die gleichen Opfer [...].

Die Moscheen unterscheiden sich stark von den übrigen Häusern; sie sind umfriedet mit Mauern aus Stein und Lehm, sehr sorgfältig gebaut und stehen auf den höchsten Punkten der Ortschaften.

Von Serrán aus schickte Francisco Pizarro unter dem Hauptmann Soto einen Erkundungstrupp ins Hochland. Der Soldat Trujillo ist dabei, als die Spanier ihre erste Incastadt in der Sierra betreten:

Wir kamen, 6 Meilen von Piura entfernt, zu einem Ort, der Çarran [*Serrán*] heißt. Hier hielten wir uns einen Monat lang auf, bis dahin wußten wir nicht, daß außer den Tälern noch Land bewohnt war. Wir dachten, es gäbe im Hochland nur die Puna und den Schnee und weitere Truppen von Atahualpa. In Çarran entdeckten wir einen Weg, der ins Gebirge führte. Der Gobernador [*so nennen die frühen Konquistadoren F. Pizarro*] beauftragte Hernando de Soto mit 40 Mann – darunter war auch ich – zu erkunden, wohin der Weg führe. Wir kamen in bewohnte Gegenden und nach 20 Meilen in eine Ortschaft mit großen Gebäuden, die Cajas heißt. Wir trafen dort einen Hauptmann von Atahualpa mit mehr als 2000 Kriegern an. Es gab drei Klöster mit Frauen, die Mamaconas genannt werden. Wir gingen dort hinein, und mehr als 500 Frauen wurden auf den Platz herausgebracht; die meisten verteilte der Capitán unter die Spanier. Der Incahauptmann begehrte auf und sagte: »Wie könnt ihr so etwas wagen; Atahualpa ist nur 200 Meilen von hier entfernt; ihr werdet das mit dem Leben bezahlen.«

Der Capitán Soto schrieb dem Gobernador über das, was vorgefallen war, und von dem anmaßenden Betragen jenes Indios. Der

Gobernador antwortete, wir sollten uns jene Anmaßung nur gefallen lassen, uns furchtsam stellen und ihn auf diese Weise dazu bringen, uns nach Çarran zu folgen. So geschah es auch, und so erfuhren wir alles über Atahualpa.

Der Hauptmann Mena bringt eine nur geringfügig abweichende Version:

Der Capitán Hernando de Soto brach mit [*50 oder 60 Mann*] nach Cajas auf. Als sie sich der Ortschaft näherten, erfuhren sie, hier im Gebirge habe Kriegsvolk auf sie gelauert, sich aber dann wieder zurückgezogen. Sie [*die Spanier*] kamen in die ziemlich große Ortschaft. In hohen Häusern fanden sie Mais, Schuhe, viel Wolle und in einem 500 Frauen vor, die nichts anderes taten als Kleidung fertigen und Maiswein bereiten für das Kriegsvolk [...]. Cajas war stark verwüstet von dem Krieg, den Atahualpas Truppen im Gebirge geführt hatten. Man sah viele erhängte Indios. Es waren alle diejenigen, die sich nicht hatten ergeben wollen. Jene Ortschaften standen vorher auf der Seite des Cuzco [*gemeint ist Atahualpas Bruder, der Inca Huascar in Cuzco*], den sie als ihren Herrscher betrachteten und Tribut zahlten. Der Hauptmann ließ den Ortskaziken holen. Dieser klagte bitter über die Verwüstung, die Atahualpa angerichtet habe und über die vielen Toten. Von seinen 10000 bis 12000 Indios seien nur noch 3000 da. Ein paar Tage vorher sei Kriegsvolk durchgekommen; sei aber wieder abgezogen aus Angst vor den Christen. Der Capitán [*Soto*] bot ihnen im Namen der Christen den Frieden an: sie sollten des Kaisers Untertanen werden; dann bräuchten sie Atahualpa nicht mehr zu fürchten. Darüber war der Kazike hocherfreut. Anschließend öffnete er eines der verschlossenen Häuser, vor denen Atahualpas Wachen standen. Er holte daraus 4 oder 5 Frauen und übergab sie dem Capitán, sie sollten den Christen auf dem Wege dienen und kochen. Gold habe er nicht, Atahualpa habe alles mitgenommen, schließlich aber gab er ihm doch 4 oder 5 Stückchen Gold. Da traf ein Hauptmann von Atahualpa ein: der Kazike bekam schrecklich Angst und erhob sich sofort, er wagte nicht sitzen zu bleiben, jedoch Hernando de Soto hieß ihn wieder neben sich niedersitzen. Dieser Capitán brachte ein Geschenk von Atahualpa für die Christen. Es waren getrocknete Enten, was zu bedeuten hatte, daß sie gleiches mit den Christen vorhatten. Außerdem brachte er zwei aus Ton hergestellte schwere Festungen und bemerkte dazu, unterwegs gäbe es ähnliche.

Xerez erkennt jene »Festungen« richtig als Trinkgefäße. Solche merkwürdige terrassenförmige Gefäße stellen einerseits eine Nachahmung von Bauten dar, andererseits kleine Labyrinthe, in denen der Verlauf der Flüssigkeit beobachtet werden konnte. Weiter heißt es bei Mena:

Als der Capitán Hernando de Soto von Cajas wegging, nahm er Atahualpas Capitán mit und brachte ihn zum Gobernador, der sehr darüber erfreut war, einen Hauptmann von Atahualpa kennenzulernen. Er gab diesem ein kostbares Hemd und zwei gläserne Kelche für dessen Herrn Atahualpa mit und bat ihn auszurichten, daß er Atahualpas Freund sei und sich sehr freuen würde, ihn kennenzulernen. Gerne würde er ihm helfen, wenn er einen Verbündeten bräuchte. Der Hauptmann von Atahualpa kehrte zu seinem Herrn zurück. Zwei Tage später machte sich auch der Gobernador auf den Weg zu Atahualpa hin. Unterwegs waren die meisten Ortschaften zerstört und die Kaziken abwesend, denn alle waren bei ihrem Herrn [*Atahualpa*].

Xerez:

Durch die beiden Ortschaften [*Cajas und Huancabamba*] geht eine breite Straße von Menschenhand gemacht, sie führt von Cuzco über 300 Meilen [*1700 km*] weit durch das ganze Land bis nach Quito und ist in der Ebene wie im Gebirge sehr gut ausgebaut; sie ist so breit, daß 6 Reiter nebeneinander, ohne sich zu berühren, Platz haben.

Mena:

[*In der Ebene*]war die Straße eingefaßt von Lehmmauern und mit Alleebäumen beschattet.

Xerez:

Trinkwasser findet der Wanderer in Rohren, die es von weit her leiten. In Abständen von einer Tagesreise steht immer ein Rasthaus, in dem die Durchreisenden Unterkunft finden. Vor Cajas führt die Straße über eine Brücke mit Zollhaus. Der Wächter erhebt von einem jeden, der kommt und geht, eine Maut in der Ware, die er mitführt.

Ein Teil der Spanier will sich nicht zu weit vom Meer entfernen und lieber in Richtung Süden nach Chincha und Pachacamac ziehen, von dem sie seit 1527 gehört haben. Pizarro besteht auf dem Marsch nach Cajamarca. Vorher aber wollen sie Näheres über die Machtverhältnisse im Inland erfahren, was große Schwierigkeiten bereitet.

Mena:

Wir ergriffen zwei Indios, um Neuigkeiten über Atahualpa zu erfahren. Der Hauptmann ließ sie an zwei Pfählen anbinden, damit sie Respekt bekämen. Der eine sagte, er wisse nichts über Atahualpa. [...]. Vom anderen erfuhren wir, daß Atahualpa mit viel Volk sich in der Ebene von Cajamarca aufhalte und auf die Christen warte, daß viele Indios zwei schwierige Pässe in der Sierra bewachten, daß sie jenes Hemd, welches der Gobernador dem Kaziken Atahualpa geschickt habe, als Fahne benützten. Sonst wüßte er nichts; und weder mit Feuer noch mit anderen Mitteln wär mehr aus ihm herauszuholen [...]. Nach zwei Tagen brachen wir wieder auf; der Gobernador verließ jene schöne zwischen Mauern geführte Straße und bog ab in einen schlechteren Weg bis zum Fuß der Sierra.

Xerez schreibt:

[*Fr. Pizarro*] nahm 40 Reiter und 60 Mann Fußvolk mit sich, die anderen [... *sollten*] in guter Ordnung nachfolgen; er würde sie auf dem Laufenden halten. Dann begann der Gobernador den Aufstieg; die Reiter führten ihre Pferde am Zügel. Gegen Mittag kamen sie an eine [...] Festung, die auf einem unwegsamen Paß lag. Ein paar Christen könnten sie gegen eine große Schar Feinde halten. Der Anstieg war außerordentlich schwierig, teilweise gelangte man nur über Stufen oder Treppen hinauf und es fand sich keine andere Stelle, wo man hätte durchkommen können. Merkwürdigerweise verteidigte kein Mensch den Paß. [...] Hier machte der Gobernador Rast und wir aßen. Im Gebirge ist es so kalt, daß die an das warme Klima im Tiefland gewohnten Pferde sich teilweise erkälteten. [*Wir übernachteten an einem anderen Ort*] in einem festen Haus. Es war aus Stein gebaut und von Steinmauern umgeben, so stark wie irgend eine Festung in Spanien mit ihren Toren. Gäbe es in diesem Land Meister und Werkzeuge wie in Spanien, so könnten die Mauern auch nicht besser gebaut sein. Die Bevölkerung befand sich im Aufstand. Bis auf ein paar Frauen und Indios. Der Gobernador ließ zwei der

Vornehmsten ergreifen und jeden für sich über die Dinge im Land befragen, wo Atahualpa sich aufhalte, und ob er sie friedlich oder im Krieg erwarte. [*Dabei erfuhren sie,*] Atahualpa sei erst vor drei Tagen in Cajamarca eingetroffen und führe viel Volk mit sich; was er aber vorhabe, wüßten sie nicht; sie hätten nur immer gehört, daß er Frieden mit den Christen wolle. Die Leute hier im Ort seien für Atahualpa. [...]

Am folgenden Tag [...] machte der Gobernador [...] in einem Gebirgstal in der Nähe eines Baches halt, um auf die Nachhut zu warten. Die Spanier übernachteten in ihren Baumwollzelten. Sie machten Feuer, um sich vor der großen Kälte im Gebirge zu schützen, selbst in Kastilien auf freiem Feld ist es nicht kälter als hier im Hochland. [...]

Es wächst hier eine Art kurzes Espartogras [...] und das Wasser ist so kalt, daß man es vor dem Trinken wärmen muß.

Boten von Atahualpa kommen ins Lager und versorgen die Spanier mit zehn Llamas und bringen die letzten Neuigkeiten vom Kriegsschauplatz um die Reichshauptstadt Cuzco. Xerez:

Gerade vor ein paar Tagen hat [*Atahualpa*] von seinen zwei Feldherrn die Nachricht bekommen, sie hätten das ganze Land des Cuzco [*Huascar*] eingenommen bis zu seiner Hauptstadt, hätten ihn und seine Truppen besiegt und brächten ihn in Person als Gefangenen mit einer Riesenbeute an Gold und Silber.

Die Entscheidungsschlacht von Cuzco wird – allerdings zwei Generationen später, aber außerordentlich farbig und mit einer bildhaften Fülle von Details, die auf eine sehr getreue mündliche autochthone Überlieferung schließen lassen – von dem aymaraischen Curaca Pachacuti Yamqui Salcamayhua beschrieben. – Der Inca Huascar hat selbst den Oberbefehl über seine Heere übernommen:

Er bricht auf [*aus Cuzco* ...] mit einer kaiserlichen Pracht und Majestät, wie man sie nie vorher in Peru gesehen haben soll. Die Völker Tahuantinsuyus beziehen, nach Provinzen geordnet, mit ihren Generalen ihre Lager und Standorte [...] wie in einem großen Halbmond vom Ufer des Apurimac bis Ollantaytambo [...] und Huascar Inca steigt auf einen Berg hoch über dem Apurimac und schaut hierhin und dorthin, talauf und talab und freut sich, Menschen zu sehen wie Sand am Meer, und über Berge und Schluchten hinweg ein Schillern und Glitzern von Gold und Silber und Federn in tausend bunten Farben. Und es gab keinen Flecken Erde auf eine Länge von zwölf Meilen und eine Breite von sechs bis sieben Meilen, auf dem sich nicht Menschen bewegten. Abwechselnd von da und dort und dann wieder von überall her auf einmal schollen Stimmen und wirres Getöse zu dem Inca herauf. Alle Stämme sangen ihre Kriegslieder und hatten ihre Trommeln und verschiedenartigen Instrumente, die sie schlugen oder bliesen. Es heißt, daß es ein Lärm und eine Buntheit war, die die Sinne verwirrten.

Vier Tage tobt die Schlacht; Tausende von Menschen fallen; das Glück scheint auf Seiten Huascars. Salcamayhua:

Angesichts der Erschöpfung der Truppen und der Verluste von einer halben Million [*!*] Menschen, sammeln [*Atahualpas Generale*] Quisquis und Chalcochima ihr Lager auf drei mit mannshohem Espartogras bewachsene Bergkuppen und verschanzen sich dort. Am Morgen berennen die Collasuyus [*Collas oder Aymaras*] unter dem Befehl des Inca sie [...] von allen Seiten. Quisquis und Chalcochima [...] bleibt schließlich nur mehr der höchste der drei Berge, der oben jenen Graswuchs, weiter unten etwas Dauerwuchs aufweist. [*Im Lager des Inca kommt der Gedanke auf, den Berg anzuzünden ...*]; die Soldaten [*Huascars*] legen Feuer auf allen Seiten; der starke Wind läßt es hell brennen; Feuer stößt auf Feuer, wie Donnerschlag. Alle Chinchaysuyus [*Atahualpas Truppen*] flohen, verbrannten [*... oder*] wurden erschlagen wie honigtrunkene Fliegen; es war ganz unmenschlich. Quisquis und Chalcochima sollen gerade noch mit 2 300 Leuten, welche auch nicht mehr heil waren, entkommen sein. Es heißt, daß bei dieser Schlacht das Blut in ganzen Strömen und Bahnen floß und allerorten Tote lagen, so daß das ganze Land nach Toten stank. Zehn Meilen vom Ort der Schlacht entfernt [...], sammeln [*die beiden Generale*] die Reste ihrer Truppen mit der Huaylla-Quepa [*Kriegstrompete ...*], und nur eine kleine Schar von etwa 600 Mann findet sich ein. Um die Mitternachtsstunde entzündeten Chalcochima und Quisquis jeder in seiner linken Hand ein Stück Wachs [...]. Das eine stellte Huascars, das andere Atahualpas Lager dar. Huascars Licht brannte hell und stark, Atahualpas Licht dagegen nur spärlich; schließlich, so erzählt man sich, erlosch plötzlich die helle Flamme Huascars, während Atahualpas Licht kräftig zu brennen begann. Da stimmte Quisquis und Chalcochima den »Haylli de Quichu« [*Siegesgesang*] an und gaben damit den Soldaten zu erkennen, daß alles ein gutes Ende nehmen werde.

Am nächsten Tag wird Huascar am Ausgang einer Schlucht gefangengenommen. Der Schluß läßt sich aus der in der Wortwahl etwas tendenziösen Chronik des Sarmiento ergänzen:

Sorglos ließ sich Huascar in seiner Sänfte tragen. [...] Kaum hatte er die Schlucht hinter sich, stieß Huascars Gruppe auf die Leichen von Leuten seiner Vorhut [...]. Er versuchte umzukehren [...]; denn er ahnte, daß er in eine Falle geraten war. Aber es war zu spät; er befand sich mitten unter seinen Feinden. Chalcochimas Leute griffen ihn von hinten an, und als er die Flucht nach vorne antreten wollte, lief er Quisquis, der etwas weiter unten schon auf ihn wartete, in die Hände [...]. Chalcochima, der nach Huascar Ausschau hielt, entdeckte dessen Sänfte [...], legte Hand an ihn und zerrte ihn heraus. So geriet der unglückliche Huascar, der 12. der Incatyrannen, durch eine List in die Gewalt eines noch mächtigeren und grausameren Tyrannen.

Gefangennahme des Inca Atahualpa

Als die Spanier nach Cajamarca kommen, haben die Generale Quisquis und Chalcochima bereits die heilige Metropole Cuzco besetzt. Atahualpa steht auf dem Höhepunkt seiner Macht. Er hat mit seinem Nachschubheer auf dem Weg von Ecuador nach Cuzco in den Schwefelbädern von Pultamarca, die noch heute »Baños del Inca« heißen und deren heißen Dampf man von Cajamarca aus aufsteigen sieht, Station gemacht. Cajamarca selbst ist fast leer. Neben anderen Augenzeugen schildert Pizarros Sekretär Xerez die Eindrücke der Spanier bei ihrer Ankunft:

Sie sahen, eine Meile weit entfernt, an einer Berghalde Atahualpas Heerlager liegen. An einem Freitag, dem 15. November im Jahre des Herrn 1532, kam der Gobernador zur Abendstunde in Cajamarca an. In der Mitte des Ortes befindet sich ein großer, von Mauern und Unterkunftsgebäuden umgebener Platz; da kein Mensch zu sehen war, blieb der Gobernador auf dieser Plaza und ließ Atahualpa durch einen Boten seine Ankunft melden und dem Inca bestellen, er möge ihn besuchen und ihnen ihre Quartiere zuweisen [...].

Pizarro befahl allen, auf der Plaza zu bleiben; die Reiter durften nicht absteigen, bevor man nicht in Erfahrung gebracht habe, ob Atahualpa käme [...]. Cajamarca ist der bedeutendste Ort in einer breiten, von zwei Flüssen durchströmten, dicht besiedelten Talebene inmitten von Gebirgen. Die Stadt lehnt sich an eine Berghalde und erstreckt sich über eine Meile weit in die Ebene hinein: Sie hat 2000 Einwohner. Man betritt sie über zwei Brücken, die über die beiden Flüsse führen. Jene Plaza ist größer als irgendeine in Spanien, ist rundherum bebaut; zwei Tore führen in die Straßen der Ortschaft. Die Gebäude sind über 200 Schritte lang, sehr gut gebaut und umfriedet mit starken, drei Estados [*drei Mann*] hohen Lehmmauern [...]. Die Dächer sind aus Stroh. Jene Gebäude sind wieder unterteilt in Gruppen von je acht Räumen [...]. Die Wände sind feingefügt aus Werksteinen; jede Einheit für sich ist wiederum eingefriedet von einer Steinmauer mit Tor. In den Innenhöfen versorgen Brunnen das Haus mit Wasser, das von weither in Rohren hergeleitet wird. In den Platz eingefügt, steht zur Ebene hingewendet eine steinerne Festung, zu der eine steinerne Treppe hinaufführt [...]. Am Berghang oberhalb des Ortes, wo die Wohnhäuser liegen, steht über einen Felsabsturz eine weitere Festung, größer als die andere; sie hat drei Umfriedungen; durch einen Spiralgang kommt man in sie hinein [...]. Zwischen den Bergen und dem großen Platz liegt noch eine kleine, von Gebäuden umgebene Plaza. Dort wohnten viele Frauen [*Acllas*], die im Dienste Atahualpas standen [*nach Mena sind sie im Gegensatz zur sonst leeren Stadt stark bewacht*].

Vor der Ortschaft liegt, umgeben von Adobemauern und vielen, von Menschenhand gepflanzten Bäumen, ein Haus, von dem gesagt wird, es sei das Haus der Sonne; denn allerorts bauen sie der Sonne Moscheen. Es gibt noch weitere solcher Moscheen in Cajamarca [...]. Bevor sie jene betreten, ziehen sie ihre Schuhe aus.

Sobald man ins Hochland kommt, stößt man auf einen ganz anderen Menschenschlag, der weit höher steht als jener in den Gebieten, die wir hinter uns gelassen haben. Sie sind sauber, verständig und die Frauen ehrsam. Unter der Brust halten sie ihre Kleider mit einer breiten, reich verzierten Schärpe zusammen. Darüber tragen sie einen Überwurf, der vom Kopf herabfließt bis zu den Knien [...]. Die Gewänder der Männer sind ärmellos, darüber wird eine Manta [*viereckiger Überwurf*] getragen. Die Frauen weben aus Wolle und Baumwolle die Bekleidung und fertigen ebenfalls aus Wolle und Baumwolle die Schuhe für die Männer.

Vergeblich wartet Pizarro auf eine Nachricht von Atahualpa. Da der Tag zur Neige geht, schickt er zunächst den Capitán Soto mit zwanzig Reitern ins Lager des Inca und, als sie ausbleiben und immer größere Ansammlungen von Indios zu beobachten sind, seinen Bruder Hernando Pizarro mit weiteren zwanzig Reitern nach. Mena:

Sie ritten in das über eine Meile entfernte Heerlager. Das Lager, wo der Kazike sich aufhielt, war zur Rechten und zur Linken voller Truppen: Axtträger, Hellebardiere, Pfeil- und Bogenschützen sowie Keulenträger. Die Christen ritten durch die unbeweglich verharrenden Reihen hindurch bis zu dem Kaziken [*Atahualpa*]. Er saß, von vielen Frauen umgeben, vor seinem Haus [...]. Hernando de Soto lenkte sein Pferd so nah an den regungslosen Inca heran, daß der Atem des Tieres die Quaste [*Mascapaicha – Symbol der Herrscherwürde*] an dessen Stirn bewegte. Selbst da wich der Kazike nicht zurück. Soto nahm nun einen Ring vom Finger und bot ihn als

Zeichen des Friedens und der Freundschaft. Gleichmütig nahm Atahualpa ihn entgegen. Hernando Pizarro [...] kam hinzu, auf der Kruppe seines Pferdes saß ein Dolmetscher. Er zeigte weder vor dem Kaziken noch vor dessen Leuten Angst und sprach ihn unversehens an, er solle den Kopf nicht senken, sondern heben und mit ihm sprechen, denn er sei als Freund gekommen. Er bat ihn, am folgenden Morgen den Gouverneur aufzusuchen, der sehr darauf aus sei, ihn kennenzulernen. Noch immer mit gesenktem Kopf, versprach der Kazike, am folgenden Morgen ihn [*den Pizarro*] zu treffen [...]. Zwei Indianerinnen kredenzten in zwei großen, goldenen Kelchen einen Trank; die [*Spanier*] gaben aus Höflichkeit vor, daraus zu trinken, und verabschiedeten sich dann. Hernando de Soto bedrängte mit seinem Pferd wiederholt die Hundertschaften der Axtträger, bis diese einen Schritt zurückwichen. Kaum waren die Christen fort, mußten sie das teuer büßen. Der Kazike ließ ihnen sowie ihren Frauen und Kindern den Kopf abschlagen und bemerkte dazu, vorwärts sollten sie gehen und nicht rückwärts; gleiches werde einem jeden widerfahren, der zurückweiche.

Atahualpa läßt in dem Gespräch, das er in seinem Heerlager mit dem Bruder des Gouverneurs führt, deutlich durchblicken, daß er aufs genaueste über die Spanier und ihr Vorgehen unterrichtet ist. Xerez:

»Maizabalica [*Marcavilca?*], einer meiner Hauptleute am Zuricara [*Chira-Fluß*], unterrichtete mich, wie schlecht ihr die Kaziken behandelt und sie in Ketten werft. Er schickte mir sogar einen eisernen Halsring und behauptet, drei Christen und ein Pferd getötet zu haben. Trotzdem freue ich mich, morgen den Gouverneur kennenzulernen und ein Freund der Christen zu werden, denn sie sind ja gut.«

Hernando Pizarro erwiderte: »Maizabalica ist ein erbärmlicher Wicht. Ein einziger Christ wäre fähig, ihn und alle Indios an diesem Fluß zu erledigen. Wie sollten solche Hasenfüße wie jener Christen oder Pferde getötet haben? Weder der Gouverneur noch die Christen behandeln solche Kaziken schlecht, die keinen Streit suchen, vielmehr sogar sehr gut, wenn sie ihre Freunde sein wollen. Wer aber den Krieg sucht, der erfährt ihn bis zu seiner Vernichtung. Du wirst schon sehen, was die Christen vermögen, wenn sie Dir im Kampf gegen Deine Feinde helfen. Dann wirst Du feststellen, daß Maizabalica Dich belog.«

Atahualpa antwortete: »Ein Kazike hat mir den Gehorsam verweigert, meine Leute werden Euch begleiten, und Ihr werdet ihn bekriegen.«

Hernando Pizarro erwiderte: »Wegen eines Kaziken – möge er noch so viele Leute haben – brauchen wir keine Indios. Zehn Christen zu Pferd werden ihn schlagen.« Da lachte Atahualpa und forderte sie zum Trinken auf.

Pedro Pizarro beschreibt die Lage und das angstvolle Warten der Spanier in der Stadt Cajamarca:

Ein Drittel der Krieger, über die Atahualpa verfügte, hätten bei einem der schwierigen Paßübergänge gereicht, um alle oder mindestens einen großen Teil der Spanier beim Aufstieg zu töten, und wenn noch welche davongekommen wären, hätte sie der Tod auf der Flucht ereilt [...].

Als Soto [*von Atahualpas Lager zurückkehrt,*] erstattete er Bericht. Voller Furcht wachten wir die ganze Nacht [...]; denn die Spanier hatten ja keine Erfahrung im Kampf mit Indios und keine Vorstellung, wie tapfer diese seien; denn bis zur Stunde war es noch nicht zu einem Gefecht mit indianischem Kriegsvolk gekommen, außer in Tumbes und Puna, wo die Zahl der Feinde nicht einmal 600 ausmachte.

Mena:

In dieser Nacht gab es bei den Fußsoldaten und den Reitern keinen Rangunterschied zwischen hoch und nieder. Alle gingen die ganze Nacht über Runden, keiner legte die Waffen ab. Der gute alte Gouverneur ging von einem zum anderen und sprach ihnen Mut zu. In dieser Nacht war jeder von ihnen ein Señor [*Herr*].

Pedro Pizarro:

Bei Morgengrauen formierte der Marqués Don Francisco Pizarro [*der Marquéstitel wird F. Pizarro erst zu einem späteren Zeitpunkt verliehen*] seine Leute: die Reiter in zwei Gruppen, die eine unter Hernando Pizarro, die andere unter Hernando de Soto; ebenso teilte er auch das Fußvolk in zwei Gruppen. Er befehligte die eine, sein Bruder Juan Pizarro die andere. Pedro de Candía befahl er, mit zwei oder drei Fußsoldaten und den Trompeten auf die kleine Festung am

Platz von Cajamarca zu steigen und dort die kleine Feldartillerie zu postieren [...]. Sobald Atahualpa mit allen Indios den Platz füllen würde, sollte er auf ein Zeichen [...] das Feuer eröffnen und die Trompeten blasen. Bei ihrem Schall würde die Reiterei geschlossen aus den Schuppen ausbrechen [...]. Der Galpón [*Schuppen*] hatte viele große Tore zum Platz hinaus, durch die man leicht zu Pferd reiten konnte. Auch Don Francisco Pizarro und sein Bruder Juan befanden sich etwas abseits im gleichen Schuppen und wollten denen, die zu Pferd waren, folgen [...]. Um die Indios zu schrecken, hatten sie ihren Pferden Brustriemen mit Schellen angelegt [...]. Dem Inca Atahualpa wiederum wurde von seinen indianischen Spionen die Nachricht zugetragen, alle Spanier hielten sich voller Angst in einem Schuppen verborgen, und keiner zeige sich auf der Plaza. Ich kann mich verbürgen, das entsprach der Wahrheit; denn ich hörte selbst, wie viele Spanier, ohne daß sie es merkten, vor Angst in die Hosen machten.

Am Vorabend des Einzuges trifft auch Atahualpa seine Vorkehrungen. Pedro Pizarro:

Noch in dieser Nacht befahl Atahualpa 20000 [*!*] Lassoträger unter dem Feldherrn Rumiñahui im Rücken der Spanier Stellung zu beziehen und sich ruhig zu verhalten. Sobald die Spanier die Flucht ergriffen, sollten sie über sie herfallen und sie binden. Er war völlig davon überzeugt, daß am nächsten Tag alle Spanier angesichts der großen Zahl seines Gefolges und seiner Truppen ihr Heil in der Flucht suchen würden.

Xerez:

Samstag in der Früh kam ein Bote Atahualpas zum Gobernador [...]: »Mein Herr teilt Dir mit, daß er Dich aufsuchen wird. Seine Krieger werden bewaffnet sein; denn Deine Abordnung war es gestern ja auch. Du sollst ihm einen Christen schicken, der ihm den Weg weist.«

Der Gouverneur antwortete: »Sage Deinem Herrn, er sei herzlich willkommen. Ich werde ihn als meinen Freund und Bruder empfangen, wie er auch hereinziehen möge. Einen Christen kann ich ihm nicht schicken, da es bei uns nicht Brauch ist, daß ein Herr dem anderen seine Leute als Geiseln überläßt.«

Mit dieser Antwort entfernte sich der Bote. Unsere Wachen beobachteten vom Turm aus seine Ankunft im Lager und bald darauf den allgemeinen Aufbruch.

Der nächste Bote, der beim Gobernador eintraf, sagte: »Atahualpa läßt Dich wissen, sein Kriegsvolk kommt unbewaffnet. Auf seinen ausdrücklichen Wunsch begleiten sie ihn vorwiegend ohne Waffen, und sie werden in Cajamarca Quartier machen. Haltet für den Herrscher im Haus der Schlange [*Amaru-Cancha* ...] ein Gemach bereit.« Der Gobernador versprach, das Gewünschte zu tun.

Pedro Pizarro:

Zur Stunde der Hauptmesse begann Atahualpa, seine Truppen zu sammeln und sich nach Cajamarca aufzumachen. Seine Hundertschaften füllten die Ebene. Sobald der Inca die Sänfte bestieg, setzte sich der Zug in Bewegung. Voraus liefen 2 000 Indios, die den Weg vor ihm säuberten. Das Kriegsvolk war auf beiden Seiten der Straße – ohne diese zu betreten – über die anliegenden Felder verteilt. Der Herr von Chincha begleitete den Inca in einer Sänfte, die der seines Herrn an Pracht nicht nachstand [...]. Der reiche Gold- und Silberschmuck gleißte betörend im Sonnenlicht. Vor Atahualpa schritt eine große Anzahl von Indios singend und tanzend einher. Für die halbe Meile Wegs zwischen den Bädern und Cajamarca brauchte der Herrscher von der Stunde der Hauptmesse an bis drei Stunden vor Einbruch der Nacht.

Pizarro schickt nun doch einen Spanier zu Atahualpa. Trujillo:

Da alles so langsam ging und dazwischen sogar Rast gemacht wurde, schickte der Gobernador Hernando de Aldana, der der Sprache mächtig war, zu Atahualpa, um ihm zuzureden, doch zu kommen, ehe der Tag weiter fortschreite. Nach dem Gespräch mit Aldana setzte sich der Zug wieder in Bewegung.

Jetzt trifft der Gobernador die letzten Anordnungen. Trujillo:

In Cajamarca gingen 10 Straßen von der Plaza aus. Vor jeder Zugangsstraße stellte der Gobernador 8 Männer auf, manchmal auch weniger, da ihre Zahl so gering war. Die Reiter verteilte er unter Hernando Pizarro, Hernando de Soto und Sebastián Benalcazar in drei Schuppen [...]. Er selber bezog mit 24 Mann die Festung; insgesamt waren wir 160 Mann, davon 60 Reiter und 100 Fußvolk.

Kurz vor seinem Einzug verteilt Atahualpa noch einmal Krieger außer- und innerhalb Cajamarcas. In den ›Nouvelles certaines‹ heißt es:

Zu dem Zug gehörte eine große Anzahl von Indios, die Gaudules genannt wurden und seine persönliche Leibwache bildeten; die einen trugen Streitäxte, die anderen Hellebarden aus Silber oder hatten Keulen am Gürtel hängen. Ein weiteres Bataillon dieser Gaudules war bewaffnet mit Speeren, Bogen und Pfeilen [...]. So hielt Atahualpa seinen Einzug in die Stadt, ließ aber draußen auf dem Felde eine große Menge, die, wie mir später erzählt wurde, an die 40000 Gaudules betrug, bewaffnet mit Lanzen von zwanzig Fuß Länge, nicht zu rechnen die Beile, Hellebarden, Keulen und Schleudern. Diese Leute draußen auf dem Felde hatte er angewiesen, sich in den verschiedensten Vierteln der Stadt Cajamarca in den Hinterhalt zu legen. Wenn dann die Spanier bei seinem Einzug in die Stadt die Flucht ergriffen, würden sie von allen Seiten eingeschlossen. So glaubte er, sie schon in der Hand zu haben.

Miguel de Estete:

Um 4 Uhr kamen sie die Straße daher [...]; um 5 Uhr oder ein wenig später langten sie am Stadttor an; das ganze Vorfeld war bedeckt von Menschen; nach und nach füllte sich der Platz mit etwa 300 Menschen – es waren wohl Pagen – mit Bogen und Pfeilen, und sie sangen einen Gesang, der ganz und gar nicht angenehm in unseren Ohren klang, schon eher schrecklich; er schien uns geradezu höllisch. Sie schritten eine Runde um die Moschee herum und machten mit den Händen Gebärden, als ob sie den Boden reinigen wollten; das schien nicht notwendig, denn die Leute in der Stadt hatten ihn zum Empfang schon gekehrt. Nach der Runde um den Tempel blieben sie stehen, und es kam eine zweite Escuadrón von etwa 1 000 Männern mit Speeren ohne Eisen, deren Spitzen angekohlt waren, alle in farbigen Livreen: die der ersten waren weiß und rot gemustert wie die Felder eines Schachbrettes. Nach der zweiten eine dritte in anderer Livree, alle mit Hämmern aus Kupfer und Silber – das ist auch eine ihrer Arten von Waffen. Mitten unter ihnen viele Herren von Adel und schließlich Atahualpa selbst in einer prachtvollen offenen Sänfte [...], von 80 Adelsherren auf den Schultern getragen; diese gingen in blauer Livree; er selbst saß, besonders reich gekleidet, mit seiner Krone auf dem Haupt und um den Hals ein Gehänge großer Smaragde, in seiner Sänfte auf einem ganz niederen, mit einem prachtvollen Kissen bedeckten Sitz.

Xerez Beschreibung bringt weitere Details:

Voraus ging eine Hundertschaft in bunten mit Schachbrettmustern versehenen Livreen; sie entfernten jeden Strohhalm am Wege und kehrten ihn sauber. Drei weitere anders gekleidete Hundertschaften folgten singend und tanzend. Dann erschienen bewaffnete Männer mit goldenem und silbernem Schmuck und Kronen. Über ihren Köpfen Atahualpa selbst in einer mit Papageienfedern verschiedenster Farben geschmückten und mit Gold und Silber beschlagenen Sänfte, die zahlreiche Indios auf ihren Schultern trugen; es folgten weitere hochgestellte Persönlichkeiten gleichfalls in Sänften und Hängematten und eine ganze Hundertschaft mit Kronen aus Gold und Silber.

Pedro Pizarro erwähnt besonders eine zweite Sänfte mit dem Fürsten von Chincha. – Estete berichtet weiter:

Mitten auf dem Platz angekommen, hielt er, stand in der Sänfte auf, so daß man seinen Körper halb sah, und alles hereinströmende Volk scharte sich um ihn.

Pedro Pizarro:

Sobald Don Francisco Pizarro sah, daß Atahualpa sich der Plaza näherte, schickte er den Mönch Vicente de Valverde [...], Hernando de Aldana [...] und den Dolmetscher Don Martinillo zu ihm hin. Sie sollten ihn im Namen Gottes und des Königs auffordern, sich dem Gesetze Jesu Christi und dem Dienste S. M. zu unterwerfen; der Marqués [*F. Pizarro*] würde ihn wie einen Bruder halten und es nicht dulden, daß ihm Leid oder Schaden in seinem Land zustoße.

Als der Mönch vor Atahualpas Sänfte stand, teilte er ihm mit, wozu er gekommen sei, und predigte ihm das heilige Evangelium; der Dolmetscher übersetzte.

Der Mönch las die Predigt aus dem Brevier, welches er in Händen hielt. Atahualpa verlangte es zu sehen, der Mönch reichte ihm das verschlossene Buch hinauf. Der Inca mühte sich vergebens, es zu öffnen, und warf es auf den Boden. Atahualpa rief Aldana zu, er solle näherkommen und ihm sein Schwert geben. Aldana zog es aus der

Scheide, zeigte es ihm, wollte es ihm aber nicht geben. Da rief Atahualpa, sie seien Räuber und Schurken, und er werde sie alle töten.

Nach Estetes Version predigt Valverde:

Jesus habe befohlen, zwischen den Seinen dürfe kein Krieg und keine Zwietracht herrschen, sondern nur vollkommener Friede; er erbitte und erflehe diesen Frieden in seinem Namen; außerdem sei man ja am vorigen Tage dabei verblieben, daß der Inca friedlich und allein ohne Kriegsvolk komme. Auf diese und viele andere Worte, die der Mönch machte, verharrte der Inca in Schweigen und gab keine Antwort; erst als der andere nicht aufhörte zu mahnen, Gottes Gebot zu gehorchen, welches in jenem Buch, das er in der Hand halte, geschrieben stehe, stutzte der Inca, nach meinem Gefühl wohl mehr wegen des Schriftbildes als wegen des Inhaltes, verlangte danach, öffnete es und blätterte darin, besah sich Form und Anordnung, warf es sodann unter das Volk mit zorngerötetem Antlitz und rief: »Sagt es ihnen, sie sollen herkommen! Ich weiche nicht von der Stelle, bis sie mir nicht Rechenschaft geben und für alles zahlen, was sie im Lande angerichtet haben.« Als der Mönch das sah und wie seine Worte verfingen, hob er sein Buch auf und rannte mehr als er ging mit gesenktem Kopf zurück zu Pizarro und rief ihm zu: »Seht Ihr nicht, was los ist? Wie könnt Ihr Euch noch aufhalten mit höflichem Getue und requerimientos [*das Wort »requerimiento« verwendet Estete doppelsinnig, einmal als jenen bekannten juristischen Ausdruck für Huldigungsforderung, zum anderen als »Bittgang«*] mit jenem Hund, der vor Hochmut birst und ringsum alles voller Indios? Ich gebe Euch die Absolution!«

Pedro Pizarro:

Der Marqués Don Francisco Pizarro, der nicht genau wußte, welche der beiden Sänften die Atahualpas war, befahl Juan Pizarro, seinem Bruder, mit seinen Fußsoldaten sein Augenmerk auf die eine zu richten, er würde auf die andere zugehen. Daraufhin gaben sie Candía das Zeichen, die Kanone abzufeuern. Im selben Moment schmetterten die Trompeten; die Reiterei sprengte mit ihren schellenbehängten Pferden auf den Platz; die Indios behinderten und stießen sich gegenseitig, die Spanier stürzten über sie her und metzelten sie nieder. Die Indios erfaßte eine solche Panik, daß sie auf ihrer Flucht, weil sie durch die Tür nicht hinauskonnten, ein Stück der übermannshohen Umfassungsmauer von mehr als 2000 Schritt Länge umrissen. Die Reiter verfolgten sie bis hin zu den Bädern und richteten dort noch einmal ein großes Blutbad an, bis die Nacht ihnen Einhalt gebot.

Kehren wir zurück zu Don Francisco Pizarro und seinem Bruder mit ihrem Fußvolk. Der Marqués ging auf Atahualpas Sänfte zu, sein Bruder auf die des Herrn von Chincha, der auf der Stelle in seiner Sänfte getötet wurde. Dasselbe Schicksal hätte Atahualpa ereilt, wenn der Marqués nicht zugegen gewesen wäre. Vergebens versuchten sie den Herrscher aus der Sänfte zu zerren; denn kaum war ein Träger blutend zu Boden gesunken, schob sich ein anderer darunter, um sie auf seine Schultern zu nehmen. Eine gute Weile ging das so fort, die Indios wurden mit Gewalt weggerissen und getötet. Dieses Spieles müde, warf ein Spanier [*Estete*] sein Messer nach Atahualpa, um ihn zu töten. Der Marqués Don Francisco Pizarro wehrte es ab; dabei verletzte ihn der Spanier an der Hand. Laut verkündete der Marqués: »Keiner verletze diesen Indio bei Todesstrafe!« Nun stießen 7 oder 8 Spanier zu der Sänfte vor, hängten sich gemeinsam an eine Seite und zerrten daran, bis sie kippte. So geriet Atahualpa in Gefangenschaft, und der Marqués führte ihn in seine Gemächer, wo er Tag und Nacht bewacht wurde. Als es dunkelte, sammelten sich die Spanier und dankten Unserem Herrn, daß er sie behütet und beschützt hatte.

Xerez:

Die Schlacht hatte etwas über eine halbe Stunde gedauert [...]. Kein Indio hatte seine Waffen gegen die Spanier erhoben. So groß war ihr Entsetzen, als sie den Gobernador in ihrer Mitte sahen, plötzlich die Kanonen losgingen und die Pferde in geschlossener Formation hervorbrachen – alles Dinge, die ihnen ja völlig fremd waren, so daß sie, statt zu kämpfen, in vollkommener Verwirrung ihre Rettung nur noch in der Flucht suchten.

Alle, die Atahualpas Sänfte getragen hatten, müssen Männer von hohem Rang gewesen sein. Sie kamen alle um, auch diejenigen in den Sänften und Hängematten. Einer war Atahualpas Page, den er besonders liebte, auch er von hohem Rang, und die anderen waren ebenfalls Herren über viel Volk und gehörten zu seinen Ratgebern. Auf die gleiche Weise starb auch der herrschende Kazike von Cajamarca.

Sehr unterschiedlich sind die Zahlenangaben über das Massaker von Cajamarca. Mena spricht von 6000 oder 7000 Indios; Xerez von 2000, Ruiz de Arce von 7000, Diego de Molina von 2800. Die Spanier selber hatten keine Verluste. Nur so nebenher wird von Estete der Tod eines Negers erwähnt:

Niemand wurde getötet außer einem Neger.

Xerez:

[*Als sie sich am Abend sammelten, stellte sich heraus,*] daß nur ein Pferd leicht verletzt war.

Die Spanier verschonten nur die Indios, die ein Kreuz als Zeichen der Unterwerfung trugen. Mena:

Der Gobernador [...] fertigte ein Kreuz an; überreichte es Atahualpa und sagte ihm, jedermann, ob allein oder in Gruppe, solle ein solches Kreuz in Händen halten. Streifen würden am folgenden Morgen zu Pferd und zu Fuß die Umgebung durchkämmen und diejenigen töten, die nicht das Zeichen des Kreuzes trügen. Die Patrouillen [...] stießen anderentags auf verschiedene indianische Abteilungen, deren Vordermann jeweils ein Kreuz in Händen trug; so groß war ihre Angst!

Xerez fährt in seinem Bericht fort:

Der Gobernador ließ die gefangenen Indios auf der Plaza zusammentreiben; die Christen suchten sich unter ihnen ihre Dienstleute aus. Alle übrigen ließ er frei und schickte sie nach Hause; denn sie stammten aus den verschiedensten Provinzen [...].

Es wurden Stimmen laut, man solle doch alle Krieger töten oder ihnen die Hände abhacken; aber der Gobernador war dagegen [...].

In Cajamarca fand man Häuser, gefüllt mit Bekleidung, wohlgebündelt und gestapelt bis unter das Dach, angeblich Depots für das Heer. Die Christen nahmen daraus, was ihnen gefiel; aber man merkte gar nicht, daß etwas fehlte. Die Gewebe sind die schönsten, die man in ganz Indien findet. Die meisten sind aus ganz feiner Wolle, andere aus Baumwolle in den verschiedensten wohlabgestimmten Farben.

Die Bewaffnung der Indios [...] und ihre Art der Kriegsführung ist folgende: Die Vorhut bilden die Schleuderer [...]; sie tragen schmale dicke Holzschilder [...] und mit Baumwolle gefütterte Westen; nach ihnen kommen Krieger mit Keulen und Streitäxten. Die Keulen sind eineinhalb Arm lang, so dick wie eine Reiterlanze, haben einen faustgroßen Kopf mit fünf oder sechs daumenlangen Stacheln und werden beidhändig geführt. Die Streitäxte sind gleich oder etwas größer und haben eine handbreite Schneide ähnlich wie eine Hellebarde. Einige Streitäxte sind aus Gold und Silber: diese tragen die Vornehmen. Dann kommt eine Abteilung mit kurzen Wurfspeeren, und als Nachhut Leute mit langen Lanzen. Alle sind geordnet und gegliedert in Abteilungen mit Fahne und Befehlshaber, so akkurat wie die Türken. Einige tragen Helme aus Holz, mit Baumwolle gefüttert, die ihnen bis über die Augen reichen, und eiserne könnten nicht fester sein.

Der Veedor Miguel de Estete bringt als einziger Augenzeuge Atahualpas riesiges Aufgebot an Menschen, Waffen und Prunk mit dessen innenpolitischen Vorhaben in Verbindung:

Am nächsten Tag schwärmte ein Hauptmann mit einer Gruppe aus, um das Feldlager Atahualpas zu besichtigen; das war sehenswert: wir fanden viele Zelte voll neuer Bekleidung, die hier als Festtracht für die Leute seines Heeres bereitlag, denn innerhalb weniger Tage sollte Atahualpa mit riesigem Pomp gekrönt und sein Sieg über seinen Bruder Huascar, den Großkönig dieses Landes, gefeiert werden. Atahualpas Hauptleute, die den Inca in Cuzco besiegt hatten, waren mit dem Gefangenen unterwegs nach Cajamarca, und es war beschlossen, ihn hier bei den Krönungsfeierlichkeiten zu opfern.

Die Menge der Vorräte war unermeßlich: Llamas – sowohl Tragtiere wie Schlachtvieh – frisches und getrocknetes Fleisch, haufenweise Ausrüstungen und Waffen. Alle diese Vorräte, wollene und baumwollene Gewebe waren in solcher Menge vorhanden, daß man nach meiner Schätzung viele Schiffe damit hätte beladen können [...] wir mußten sie liegenlassen [...]; nur das Gold und das Silber und andere Stücke von Wert sammelten wir auf und nahmen es nach Cajamarca mit.

Atahualpas Goldlieferung und Tod

Am Tage nach seiner Gefangennahme bietet Atahualpa Pizarro Gold und Silber als Preis für seine Freiheit an. Der junge Pedro Pizarro – für ihn ist der Incakönig schlicht »der Indio« – erzählt:

Atahualpa antwortete auf die Frage Pizarros, wieviel Gold und Silber er als Lösegeld biete, er werde das Gemach des Marqués mit Gold und den großen Speicher mit Silber füllen.

»Wahrlich ein fürstliches Angebot!«, antwortete Don Francisco Pizarro [...] und ließ den Notar kommen, um es schriftlich zu beurkunden. Er fragte den Indio, wem es zugedacht sei. Dieser erwiderte: Allen, die bei seiner Gefangennahme und der Vernichtung seines Heeres dabeigewesen (damals waren es an die 200 Spanier).

Nach Xerez versprach Atahualpa,

er werde binnen zweier Monate einen 24 Fuß langen und 17 Fuß breiten Raum bis zu einem weißen Strich [...] ca $2^1/_2$ m hoch mit erlesenen Gegenständen – Schalen, Tellern, Töpfen – aus Gold anfüllen.

Pedro Pizarro:

Atahualpa schickte seine Hauptleute aus, viele Schätze zu sammeln und herbeizuschaffen.

Die 8 Monate von Atahualpas Gefangenschaft sind eine Zeitspanne des Abwartens und der Ungewißheit. Das ausgedehnte Land ist den Spaniern noch völlig unbekannt. Wenn sich auch offene Feindschaft noch kaum bemerkbar macht, so ist doch nicht einmal die nächste Umgebung als gesichert anzusehen. Niemand weiß, wie sich die drei mächtigen Generale Quisquis in Cuzco, Chalcochima in Jauja und Rumiñahui in Quito verhalten werden. Auch ist das Land voller Späher und Truppenbewegungen. Viele Spanier warten nur noch auf die Verteilung der zu erwartenden Beute, dann wollen sie auf dem schnellsten Wege in die Heimat zurück. Von einer wirklichen Eroberung, Kolonisierung und Befriedung des Landes, wie sie laut Capitulación von der Krone verlangt wird, ist noch keine Rede, und nur aufsehenerregende Goldsendungen an den spanischen Hof ermöglichen den Konquistadoren die Fortsetzung des Unternehmens. Die Aufmerksamkeit der Spanier konzentriert sich zunächst auf zwei große Heiligtümer. Über 20 Reiter, darunter Soto, unternehmen unter der Leitung von Hernando Pizarro eine viermonatige Erkundungsreise nach Pachacamac; drei andere Spanier namens Pedro Moguer, Zárate, Martin Bueno und ein Neger legen an die 1 000 km nach Cuzco zurück.

Die Dreier-Gruppe verläßt Cajamarca am 15. Februar. Am 23. Mai kehrt bereits einer von ihnen zurück und meldet, seine Gefährten würden in etwa 4 Wochen mit reicher Beute eintreffen. Die Reise nach Cuzco haben sie sicher und bequem und mit allem Komfort wie mächtige Curacas und Incaadelige in Sänften und Hängematten und unter dem persönlichen Schutz eines der Brüder Atahualpas unternommen. Zárate:

In Hängematten fast so schnell wie Stafettenläufer [...] trugen sie zahlreiche Indios auf ihren Schultern durchs Land. Zwar sind es jeweils immer nur zwei, die sie tragen, aber die anderen (es waren mindestens 50 oder 60 pro Spanier) rennen nebenher und lösen die Träger mit großer Geschicklichkeit ohne abzusetzen im Laufen ab.

Der Chronist Mena schildert den Besuch in der heiligen Stadt:

Sie langten in der Stadt Cuzco an, dort trafen sie einen General Atahualpas, namens Quisquis, was in ihrer Sprache »Barbier« bedeutet. Dieser hielt nicht viel von den Spaniern, obwohl er über ihr Erscheinen erstaunt war. Einer der Christen wollte mit dem Degen auf ihn losgehen, wagte es aber nicht wegen der großen Menge Volkes, die der Machthaber um sich hatte. Dieser bedeutete ihnen, allzuviel Gold könnten sie nicht von ihm fordern; wenn es als Lösegeld für den Kaziken [*Atahualpa*] nicht reiche, werde er kommen, um ihn zu befreien. Daraufhin schickte er sie zu einigen »Bohíos del Sol« [*bohío = fensterloser Raum*], in denen sie die Sonne anbeten. Diese waren an jener Seite, die der aufgehenden Sonne gegenüber liegt, verkleidet mit Gold in großen Platten [...]. Die Christen traten in die Bohíos und schickten sich an, mit kupfernen Stangen die Goldplatten herunterzureißen. Die Indios wollten ihnen unter keinen Umständen helfen, weil das nach ihrer Überzeugung ihren sofortigen Tod zur Folge gehabt hätte, und brachten den Christen aus der ganzen Stadt goldene Gefäße in Menge, damit sie diese als Lösegeld für ihren Herrn mitnähmen [...]. Es ist kaum zu glauben, wieviel Gold es in den verschiedenen Gebäuden gab [...]. Sie traten in ein anderes Haus; dort fanden sie einen Opferstuhl aus Gold vor, der etwa 1900 Pesos wog; er war so groß, daß man zwei Menschen darauf legen konnte.

In einem anderen Haus stießen sie auf viele mit dünnen Lagen Gold verkleidete Tonkrüge, die sehr schwer waren. Die Spanier wagten es nicht, sie zu zerschlagen, um die Indios nicht gegen sich aufzubringen. In jenem Haus, das von vielen Frauen bewohnt war, befanden sich zwei einbalsamierte Tote mit einer Goldmaske vor dem Antlitz und reich verzierten Stäben aus Gold in der Hand. Eine Frau hielt mit einem Wedel Staub und Fliegen von den Toten fern und litt es nicht, daß sie eintraten, ohne die Schuhe abzulegen; sie gehorchten, traten hinzu, um die ausgetrockneten Gestalten zu betrachten, und nahmen ihnen viele reiche Stücke. Aber sie beraubten sie doch nicht bis aufs Letzte; denn der Kazike [*Atahualpa*] hatte sie gebeten, nichts zu nehmen, da es die Mumie seines Vaters, des Cuzco [*Huayna Capac*], sei [...].

Schließlich luden sie ihr Gold auf; der General rüstete sie so gut aus, wie er konnte. Die Christen fanden in dieser Stadt so viel Silber vor, daß sie dem Gobernador [*Pizarro*] sagten, es gebe dort ein großes Haus, voll von Krügen und großen Gefäßen, Pokalen und anderen Stücken. Sie hätten viel mehr mitbringen können. Aber ihnen sei daran gelegen gewesen, sich nicht zu lange dort aufzuhalten, da sie allein waren und mehr als 250 Meilen von den anderen Christen entfernt [...].

Sie verschlossen die Türen des Hauses und versahen sie mit dem Siegel Seiner Majestät des Kaisers und des Gouverneurs Francisco Pizarro, stellten eine Wache von Indios und setzten einen Stadtherrn ein; denn so war es ihnen befohlen. Mit dem Gold zogen sie ihres Weges.

Am 13. Juni wird ihre Rückkehr nach Cajamarca groß gefeiert. Xerez zählt die Beute auf:

200 Lasten Gold und 2 Lasten Silber; an Gold allein ungefähr 130 Zentner; weitere Lasten mit schlechtem Gold folgten. Es waren überwiegend Platten wie Kistenbretter, etwa drei bis vier Hand

breit, die die Spanier von den Wänden der Bohíos entfernt hatten. Dabei waren Löcher eingerissen; denn anscheinend waren sie angenagelt.

Pedro Sancho de la Hoz, der Francisco de Xerez als Sekretär bei Pizarro ablöst, berichtet:

Die kleineren Goldplatten, mit denen die Wände des Sonnentempels [*von Cuzco*] beschlagen waren, wogen 4 bis 5, die größeren 10 bis 12 Pfund.

Pedro Moguer, Zárate und Martin Bueno sind die einzigen Europäer, die Tahuantinsuyus Metropole mit ihren Palästen und den Sonnentempel Coricancha noch unversehrt gesehen haben. Als F. Pizarro im November 1533 in Cuzco einzieht, starren ihm im Inneren der Gebäude bereits die nackten, dunklen Steinwände, ihres Goldes entkleidet, entgegen. – Die Reise nach Pachacamac schildert als Augenzeuge der Veedor Miguel de Estete. Seinen Bericht zitiert Xerez in seiner ›Verdadera relación de la conquista del Peru y Provincia del Cuzco llamada la Nueva Castilla‹, die bereits im Juli 1534 in Sevilla erscheint.

Am Mittwoch, den 5. Januar 1533, bricht der Hauptmann Hernando Pizarro mit 20 Reitern und einigen Musketieren von Cajamarca aus.

Unterwegs prüft er alle Ortschaften und Gegenden auf ihre Eignung für eine spanische Ansiedlung. Die örtlichen Behörden und Häuptlinge nehmen sie überall gut auf und versorgen sie mit allem Nötigen. Estete:

Am 30. Januar [...] gelangte der Hauptmann nach Pachacamac, wo die Moschee steht [...]. Der Fürst von Pachacamac kam uns mit seinen Vornehmen in friedlicher Absicht entgegen. Zuerst einmal machte der Hauptmann unten im Ort in einigen großen Gebäuden Quartier; dann verkündete er, er sei im Auftrage Atahualpas und des Gobernadors gekommen, um das Gold der Moschee zu holen. Sie sollten es bereitstellen und ihm abliefern; sie könnten es auch direkt zum Gobernador bringen. Die Würdenträger der Stadt und die Götzendiener hielten zunächst Rat und versprachen sodann die Herausgabe der Tempelschätze; das taten sie aber nur zum Schein, um Zeit zu gewinnen. Zu guter Letzt brachten sie ein kleines bißchen und behaupteten, das sei alles, was sie hätten. Der Hauptmann ließ sich nichts anmerken und bat sie, ihm ihr Götzenbild zu zeigen. Es stand innerhalb eines schön bemalten Hauses in einem dunklen, völlig geschlossenen Raum, in dem es stank.

Das Idol ist ein schmutziger Holzpfahl, und sie sagen, dies sei ihr Gott, der sie und alles, was zu ihrer Nahrung diene, erschaffe und erhalte. Zu seinen Füßen lag goldener Schmuck als Opfergabe.

Ein anderer Bericht Estetes über die gleiche Reise, die ›Noticias del Peru‹, veranschaulicht den Eindruck durch weitere Details:

Sie führten uns nur widerstrebend durch viele Türen bis hinauf auf die obere Plattform der Moschee. Sie war umgeben mit drei oder vier blinden Mauern, ähnlich wie ein Schneckengang.

Es handelt sich hier um eine Stufenpyramide, deren Mauern blinde, aber mit Raubtierfiguren bemalte Fenster- und Türnischen aufweisen. Die erste wirklich detaillierte Beschreibung des allerdings schon zerstörten Tempelberges gibt der Jesuitenpater Cobo im 17. Jahrhundert; die gründlichsten Aufschlüsse über Form und Entstehungsgeschichte des verfallenen Tempelberges vermittelt der deutsche Archäologe Max Uhle um die Jahrhundertwende. – Estete berichtet weiter:

So kam man hinauf; diese Mauern und Gänge waren in der Tat mehr für starke Festungen geeignet als für einen Tempel des Dämons. Ganz oben befand sich ein kleiner Hof und dahinter das Gewölbe oder die Höhle des Idols, aus Zweigwerk und hölzernen Pfosten gemacht, die mit goldenen und silbernen Blättern verziert waren. Das Dach bildeten geflochtene Matten, die gerade vor der Sonne schützten: so sind nämlich alle Häuser jenes Landstrichs beschaffen; denn sie brauchen keinen anderen Schutz, weil es nie regnet.

Die Tür zum Gewölbe war geschlossen und wie immer bewacht. Niemand wagte sie zu öffnen. Diese Tür war reich verziert mit den verschiedensten Dingen: mit Korallen, Türkisen, Kristallen und anderem. Endlich stand sie offen. Weil nun die Tür so besonders war, erwarteten wir natürlich mit Sicherheit, daß das Innere ebenso beschaffen sei. Das Gegenteil war aber der Fall: das Gemach schien eher der Wohnort des Teufels zu sein, der ja immer die schmutzigen Orte sucht. Die Tür war so schmal, daß ein Mensch kaum hindurchging, und innen herrschte tiefe Dunkelheit und ein nicht sehr guter Geruch. Sie brachten uns eine Kerze und mit dieser traten wir nun vollends ein in eine ganz kleine, rohe, schmucklose Höhle. In ihrer Mitte stand in die Erde gerammt ein hölzerner Pfahl; sein oberes Ende zeigte eine Menschenfigur, schlecht geschnitzt und schlecht geformt, und am Fuße desselben viele Kleinodien aus Gold und Silber, Opfergaben von alters her, schon eingetreten in die Erde.

Fortsetzung von Estetes erstem Bericht in der Chronik des Xerez:

Wir erfuhren, daß der Teufel sich in diesem Götzenbild verbirgt und mit denen, die sich ihm verschrieben haben, spricht, ihnen teuflische Dinge einflüstert und sie im Land verbreiten läßt.

Ihre Ehrfurcht ist so groß, daß dem Götzen nur solche Priester dienen, die angeblich von ihm selbst auserwählt worden sind; jemand anderer wagt es gar nicht, das Heiligtum zu betreten oder auch nur die Wände des Gebäudes zu berühren [...]. Bevor einer dieser Priester in den Tempel geht, um dem Götzen zu dienen, fastet er tagelang und schläft bei keiner Frau [...].

An den Straßen und Haupttoren der Stadt und um den Tempel herum stehen viele hölzerne Götzenbilder, die sie als Ebenbild ihres Teufels anbeten [...]. Um zu diesem Teufel zu wallfahren, legen die Leute bis zu 300 Meilen Weges zurück und bringen Gold, Silber und Webstücke. Sie tragen dem Pförtner ihr Anliegen vor; dieser geht dann hinein zu dem Götzen, spricht mit ihm und teilt den Leuten mit, ob ihre Bitte gewährt worden ist.

Durch Befragen vieler Herren in diesem Land erfuhren wir, daß alle Küstenbewohner von Catámez [*in Ecuador*] bis hierher der Moschee jährlich Tribute an Gold und Silber entrichteten. Es gab Häuser mit eigenen Verwaltern zur Verwahrung der Abgaben. Dort fand sich etwas Gold, und vieles sprach dafür, daß größere Mengen weggeschafft worden waren [...].

Über ihren Götzendienst wäre noch viel zu sagen, aber ich unterlasse es, um nicht zu ermüden. Eines muß ich jedoch noch berichten: diese Indios behaupten nämlich, jener Götze gebe ihnen zu verstehen, daß er ihr Gott sei und daß er sie vernichten werde, falls sie ihn erzürnten und nicht genug ehrten; alle Dinge auf Erden lägen in seiner Hand. Allein schon die Tatsache, daß der Hauptmann den Tempel betreten und den Götzen erblickt hatte, versetzte das Volk in solche Angst und Schrecken, daß es davon überzeugt war, er werde alle Christen vernichten, sobald sie den Ort verließen.

Die Spanier versuchten, die Indios von ihren Irrtum zu bekehren und ihnen klar zu machen, daß aus dem Idol der Teufel spreche und sie betöre. Sie ermahnten die Indios, ihm in Zukunft keinen Glauben mehr zu schenken und seine Ratschläge nicht mehr zu befolgen [...].

Der Capitán befahl, das Gewölbe zu zerstören, in dem sich das Idol befand, und dasselbe vor aller Augen zu zerbrechen. Er erklärte ihnen viele Dinge unseres heiligen katholischen Glaubens und wies ihnen als Waffe und Wehr gegen den Teufel das Zeichen des Kreuzes.

Über jenem Gewölbe, in dem der Teufel geherrscht hatte, wurde feierlich ein großes Kreuz aufgerichtet.

Außer dieser Moschee gibt es noch einen Sonnentempel auf einer Anhöhe, der besonders schön gebaut und mit fünf Mauern umfriedet ist [*es handelt sich, wie noch heute das Luftbild erkennen läßt, um einen fünfstufigen Terrassentempel*].

Die Stadt muß sehr alt sein, denn viele Gebäude und ein Teil der Stadtmauern sind verfallen [...].

Die Herren aus der Umgebung kamen in diese Stadt und überbrachten dem Capitán Gold, Silber und so allerlei, was es in diesem Land gibt. Sie alle waren baß erstaunt, daß der Capitán es gewagt hatte, ihr Heiligtum zu betreten und das Idol zu zerstören [...].

Es kamen an Gold und Silber einschließlich dem, was man aus der Moschee genommen hatte, 90000 Pesos zusammen.

Estetes Hinweis auf den damals schon sichtbaren Verfall des berühmten Wallfahrtsortes ist bemerkenswert. Pachacamac hatte seine Blütezeit vor der Herrschaft der Incas und ist von diesen gegen 1450 erobert worden, hat aber trotzdem seine Bedeutung als einer der großen geistigen und religiösen Mittelpunkte Perus, wie viele Passagen in den Chroniken über die Incageschichte zeigen, bis zur spanischen Konquista behalten. – (Ein Vergleich mit dem Rom des Mittelalters und der frühen Neuzeit: auch hier ein geistiges Zentrum für einen ganzen Kontinent, obwohl die Kulturbauten der imperialen Zeit in Trümmern liegen und die Bevölkerungszahl nur noch einen Bruchteil derjenigen des kaiserlichen Roms ausmacht!) – Nicht umsonst schreiben Konquistadoren wie Hernando Pizarro und spanische Chronisten und Missionare wie Cieza und Bernabé Cobo so ausgiebig über den geistigen Einfluß von Pachacamac. Sein Orakel hat gerade in Krisensituationen auf die Politik und das Schicksal der Incakönige eingewirkt. Dem pestkranken Huayna Capac hat es kurz vor dessen Tod noch Heilung versprochen, seinem Sohne Huascar den Sieg gegen Atahualpa verheißen und Atahualpa den Triumph über die Spanier zugesagt. Die Spanier schildern den Haß des gefangenen Atahualpa gegen den Hohenpriester des Küstenheiligtums. Als dieser ihn in Cajamarca besucht, bittet der Inca Pizarro, den Priester in Ketten zu legen zur Strafe, weil er ihn wie schon seinen Vater betrogen habe. Die Expedition nach Pachacamac über unbekannte Gebirge und Flüsse, durch Einöden und dichtbesiedeltes Land dient nicht nur der beschleunigten Beschaffung von Gold und Silber, sondern auch der Erkundung von feindlichen Truppenbewegungen. Auf dem Rückweg setzt Hernando Pizarro es sich zum Ziel, Atahualpas General Chalcochima, der mit dem gefangenen Huascar und reichen Goldschätzen aus Cuzco unterwegs ist, zu treffen und ihn zu bewegen, freiwillig nach Cajamarca zu kommen. Über Boten nimmt er mit dem Feldherrn Kontakt auf, doch dieser hält ihn hin und weicht einem Zusammentreffen aus. Am 5. März verläßt Hernando Pizarro die Küste von Chincha und begibt sich in die Hochregion von Mittelperu. Estete:

Auf einem steilen verschneiten Paßübergang sanken die Pferde bis zum Bauch in den Schnee [...]. Am Mittwoch, den 11. März in der Frühe kam der Capitán in Bombón an [*Incagarnison am Kreuzpunkt wichtiger Incastraßen beim Juninsee ...*]. Dort bekam er im Namen Chalcochimas 150 arrobas [*eine arroba = 11,502 kg*] Gold ausgehändigt.

Chalcochima selbst zeigt sich nicht; Hernando Pizarro gibt nicht auf, wendet Cajamarca wieder den Rücken und reist dem gefährlichen Incageneral nach in Richtung Südosten, vorbei am Juninsee bis nach Jauja. Estete beschreibt den für die Spanier ungewohnten Eindruck eines Süßwassersees:

In der Ebene liegt ein See. Sein Umfang beträgt 8 bis 10 Meilen; sein süßes Wasser beherbergt zahlreiche Arten von Wasservögeln und kleinen Fischen; in seiner Nähe weiden große Mengen von Llamas; die ganze Gegend ist dicht besiedelt. Atahualpas Vater hatte von Tumbes viele Balsas herschaffen lassen, um sich hier zu erholen und zu vergnügen. In diesen See mündet, von Bombón herkommend, ein Fluß [*der heutige Mantaro*]. Er ist schiffbar und wir sahen [...] einen Anlegesteg, an dem man wie daheim in Spanien Brückenzoll entrichten muß [...].

Wir haben ihn Guadiana genannt, weil er uns an unseren Guadiana [*in Extremadura*] erinnerte.

Am Abend des 16. Mai nähert sich Hernando Pizarro mit seiner Reiterschar Jauja. Estete erzählt:

Von einer Anhöhe aus sahen wir, wie sich draußen vor der Stadt zahlreiche Escuadronen [*Hundert- oder Tausendschaften*] sammelten. Wir waren uns nicht sicher, ob das Kriegsvolk oder Leute aus der Umgebung waren. Auf dem Hauptplatz der Stadt angekommen, konnten wir uns aber überzeugen, daß hier von der Bevölkerung ein großes Fest gefeiert wurde.

Hernando Pizarro schreibt in einem Brief nach Santo Domingo:

Wir blieben fünf Tage in Jauja. Während dieser Zeit tat die ganze Stadt nichts anderes als tanzen und singen bis zur Trunkenheit.

Nach einer Nacht ängstlichen Wartens kommt schließlich durch Vermittlung von Atahualpas Bruder die gewünschte Begegnung mit dem gefürchteten Incageneral zustande. Estete:

Jener Sohn des Cuzco kam, und mit ihm Chalcochima, beide in Sänften mit starker Begleitung, in die Stadt. Auf der Plaza stieg Chalcochima aus, entließ alle Leute bis auf wenige, und begab sich mit diesen in die Herberge des Capitán Hernando Pizarro.

Nach längerem Zögern – erst am nächsten Morgen – geht Chalcochima darauf ein, nach Cajamarca mitzukommen. Seinen Eindruck auf die Spanier faßt Estete in ein paar Zeilen zusammen:

In allem schien er seinen Herrn Atahualpa nachzuahmen. Er war im ganzen Land gefürchtet als großer Kriegsmann, der auf Geheiß seines Herrn mehr als 600 Meilen Land erobert hatte [...].

Am 25. Mai 1533 traf Hernando Pizarro mit Chalcochima in Cajamarca ein [*Estete bringt eine Szene incaischen Hofzeremoniells*]. Als er durch die Tür des Raumes trat, in dem sein Herr gefangen war [...], nahm er eine leichte Last auf den Rücken [...] und hob, sobald er ihn erblickte, die Hände in Richtung zur Sonne und dankte dafür, daß ihm die Gnade widerfahre, seinen Herrn zu sehen. Er näherte sich seinem Herrn mit großer Ehrerbietung und küßte ihm unter Tränen Gesicht, Hände und Füße [...]. Obwohl Atahualpa niemanden im ganzen Königreich mehr liebte als ihn, verharrte er in solcher Majestät, daß er ihm weder ins Gesicht blickte, noch ihm mehr Beachtung schenkte, als wenn der armseligste Indio vor ihm stünde.

Die Genugtuung, Huascar, den Inca von Cuzco, in Cajamarca seinem Rivalen Atahualpa gegenüberzustellen, wird F. Pizarro nicht zuteil. Atahualpas Partei weiß dies zu verhindern. Er und sein Gefolge sollen am See Conchuco (in der Kordillere etwas nördlich vom Santatal) auf Geheiß von Atahualpa ermordet worden sein. – Briefe, Informaciones und Chroniken, in denen Aussagen und Eindrücke von Augenzeugen festgehalten werden, übermitteln ein vielfältiges Bild des Inca Atahualpa, der in den Monaten seiner Gefangenschaft in einem Raum mit Pizarro schläft:

Er war von Natur aus heiter, doch wenn er mit seinen Großen sprach, die ihn besuchten oder mit anderen Landsleuten, zeigte er sich finster und ließ sich keine Freude anmerken.

Am 1. August 1533 schreibt der Licenciado Espinosa aus Panama an den kaiserlichen Sekretär Francisco de los Cobos:

Der Kazike Atahualpa ist ein selten gescheiter, fähiger Kopf und sehr darauf aus, alles über uns zu erfahren und uns genau kennen zu lernen; er spielt sogar schon recht gut Schach. Solange er in unserer Gewalt ist, verhält sich die Bevölkerung still, und die Christen können einzeln oder zu zweit unbehelligt 100 Meilen und mehr durchs Land reisen.

Oviedo:

Einer der Spanier, die in Cajamarca waren, hatte eine Hauskatze dabei. Zufällig sah Atahualpa eines Tages, wie sie eine Maus fing. Er hatte soviel Freude daran, daß er den Eigentümer bat, sie ihm für 1000 Goldpesos zu überlassen [*ein Pferd kostete 1500 Goldpesos*]. Von nun an brachte man dem Inca, wenn es ihn danach gelüstete, Mäuse, und er ließ die Katze auf sie los. Diese Jagd bereitete ihm großes Vergnügen und er lachte laut dabei [...].

Einer der Edelleute aus dem Heer des Gobernadors Don Francisco Pizarro fing einen Sperber, zähmte ihn und richtete ihn zur Jagd auf Krickenten, Turteltauben und andere Vögel ab. Für Atahualpa war dies etwas ganz Neues [...]. Er gab dem Edelmann mehr als 2000 Goldpesos dafür [...], bat ihn jedoch, weiter den Vogel zu hegen [...] und ihn täglich vorzuführen. Er freute sich immer aufs neue, ihn zu sehen und ließ goldene Schellen anfertigen, da er ja der Vogel eines großen Fürsten war.

Alonso de Mesa, einer der Soldaten, die bei der Gefangennahme Atahualpas dabeigewesen sind, beschreibt die Herstellung von Trommeln aus Menschenhaut und Trinkgefäße aus menschlichen Schädeln. In der ›Información‹, die der Vizekönig Toledo 1572 in Cuzco erhebt, berichtet der Soldat:

Wenn die Incas jene feindlichen Hauptleute und Curacas töteten, die ihnen Widerstand leisteten oder von denen man vermutete, sie würden einen Aufstand vorbereiten, ließen sie den Kopf und die Arme ganz; nach Entfernung der Knochen füllten sie den Körper mit Asche; aus dem Bauch stellten sie die Trommel her; die Arme und den Kopf setzten sie auf diese Trommel; wenn darüber der Wind strich, fing sie von selber an zu tönen. Atahualpa hielt es ebenso: besagter Alonso de Mesa fand in einem Haus einen Kopf, aus dem man das Hirn herausgeschält hatte; der Schädel war vergoldet und im Mund hatte er ein goldenes Röhrchen; diesen Schädel brachte er dem Marqués [*F. Pizarro*], welcher dann den Atahualpa beim Essen fragte, was das sei. Der Inca antwortete: »Das ist der Schädel einer meiner Brüder, der gegen mich Krieg geführt und selber gesagt hat, er werde aus meinem Haupt trinken. Ich aber habe ihn getötet und trinke jetzt aus seinem Schädel.« Darauf hieß er ihn mit Chicha [*Maisbier*] füllen und trank daraus vor aller Augen.

Pedro Pizarro:

Atahualpa war ein stattlich gewachsener Indianer, weder dick noch dünn, von ernstem, schönem Angesicht. Seine Augen blickten furchterregend und alle Leute zitterten vor ihm [...].

Um Atahualpa war immer eine große Zahl von Kaziken. Meist hielten sie sich draußen im Hof auf. Wenn er einen von ihnen zu sich rief, zog dieser die Sandalen aus, bevor er vor seinen Herrn trat; die aber von weither kamen, gingen nicht nur barfuß, sondern nahmen auch eine Last auf den Rücken [...].

Ich erinnere mich noch genau an jene Episode, wie der Curaca von Huaylas den Inca um Urlaub bat, um seinen Heimatort aufzusuchen. Der Urlaub wurde ihm bewilligt und eine enge Frist für die Rückkehr gesetzt. Er blieb jedoch etwas länger aus. Bei seiner Rückkehr zitterte er so, daß er sich kaum auf den Beinen halten konnte – ich war selbst zugegen – und brachte als Geschenk Früchte seiner Heimaterde. Jener Atahualpa hob den Kopf nur ein wenig und bedeutete ihm lächelnd, er könne gehen. Als der Curaca zur Hinrichtung hinausgeführt wurde, warfen sich die auf der Plaza anwesenden Einheimischen – es war eine große Menge Volks – zu Boden wie Trunkene [...].

Der Inca hatte immer erlesene Gewänder an. Zu den Mahlzeiten saß er auf einem sehr schönen roten, hölzernen, mit einem feinen Tuch bedeckten Schemel [...]. Frauen [*...seine Schwestern und Kazikentöchter*] stellten auf den Boden, der mit frischen grünen Binsen belegt war, die Speisen in goldenen, silbernen und tönernen Gefäßen vor ihn hin. Er bestimmte das Gericht, worauf er Lust hatte; eine der Frauen reichte es ihm und hielt es solange in Händen, während er aß. So speiste er eines Tages in meinem Beisein. Als er einen Bissen zum Munde führte, fiel ein Tropfen auf das Gewand, welches er anhatte. Er versetzte der India einen Schlag mit der Hand, erhob sich und ging in sein Gemach, wo er sich umkleidete. Er kehrte zurück in einem frischen Untergewand und einem dunkelbraunen Überwurf. Ich ging zu ihm hin und befühlte die Manta; sie war weicher als Seide. Ich fragte ihn: »Woraus ist dieses weiche Gewand angefertigt?« Er antwortete: von Vögeln, die des Nachts in Puerto Viejo und Tumbes herumfliegen und die Indios beißen; doch schließlich erklärte er genauer, es seien Fledermausfelle. Ich warf ein: »Wie ist es denn möglich, so viele Fledermäuse zusammenzubringen?« Er: »Jene Hunde von Tumbes und Puerto Viejo, was hatten sie denn anderes zu tun, als Fledermäuse zu fangen für die Anfertigung der Kleidung meines Vaters?«

Tatsächlich gibt es an der Küste von Puerto Viejo und Tumbes Unmengen von jenen Tieren [...]; sie beißen wirklich während der Nacht Indios und Spanier und Pferde und es ist unheimlich, wieviel Blut sie ihnen dabei aussaugen.

Eines schönen Tages meldete ein Indio dem Marqués, ein Spanier habe sich Kleidungsstücke von Atahualpa angeeignet. Don Francisco Pizarro beauftragte mich, dem Fall nachzugehen und den Spanier zu bestrafen. Der Indio führte mich in ein Bohío [*fensterloser Raum...*], in dem viele Truhen standen. Aus einer derselben hatte jener Spanier – er war nicht mehr aufzufinden – das Gewand des Inca entwendet. Der Indio zeigte mir nun, da ich mich dafür interessierte, den Inhalt der Truhen. Alles, was der Inca berührt hatte, wie auch die abgelegten Kleidungsstücke, war darinnen aufbewahrt; in einer die Binsen, die man vor seinen Füßen ausbreitete, wenn er aß; in der anderen die abgenagten Fleisch- und Geflügelknochen, in den übrigen die Stümpfe der Maiskolben, die er abgenagt hatte, endlich jene getragenen Kleidungsstücke: kurzerhand alles, was seine Hände berührt hatten.

»Aber wozu wird das alles hier aufgehoben?«, wollte ich wissen. »Um es zu verbrennen«, war die Antwort, und er fügte erklärend hinzu: Alles, was die Söhne der Sonne berühren, wird einmal im Jahr verbrannt, und die Asche in die Winde verstreut, damit kein Unbefugter es anfasse. Ein vornehmer Indio [...] war dafür verantwortlich, daß alles ordnungsgemäß eingesammelt wurde [...]. In ganz Peru habe ich keinen Indio gesehen, der Atahualpa an Macht und Grausamkeit glich.

Außer den Lasten, die die Spanier aus Cuzco und Pachacamac bringen, treffen täglich Goldsendungen aus allen Teilen des Reiches ein und häufen sich in dem Raum, den Atahualpa als Preis für seine Freiheit zu füllen versprochen hat. Der Licenciado Espinosa berichtet in einem Brief vom 21. Juli 1533 an S. M.:

Der Gobernador und seine Leute sichteten die eintreffenden Stücke und zerbrachen viele davon, damit mehr hineinging.

Mena:

Die aus Cuzco zurückgekehrten Christen, hielten mit 190 goldbeladenen Indios ihren Einzug ins Lager des Gobernador [...]. Silber hatten sie nicht viel dabei, denn der Gobernador hatte ausdrücklich befohlen, nicht Silber, sondern Gold mitzubringen.

[... *Pizarro*] ließ die kleinen Goldgegenstände einschmelzen, darunter waren Goldkörner so groß oder noch größer als eine Kastanie, manche ein Pfund schwer oder darüber. Das erzähle ich, weil ich das Goldhaus bewachte und beim Schmelzen dabei war.

Mehr als 900 Goldplatten, einige darunter sehr hochkarätig, stammten aus Minen. Viele davon wurden in Barren umgeschmolzen, die anderen unter die Leute verteilt.

Noch vor dem »Goldhaus« türmten sich mannshoch die Schätze. Besonders hervorstechende Stücke beschreiben die Zeitgenossen etwas anschaulicher. Espinosa in seinem Brief aus Panama vom 1. Oktober 1533 erwähnt:

eine goldene Landschaft mit 6 weidenden Schafen [*Llamas*] und 2 Hirten: 80 Indios konnten sie kaum tragen.

In den ›Nouvelles certaines‹ heißt es:

Sie brachten 4 goldene Schafe von der Art wie sie in diesem Land gedeihen – sie sind etwa so groß wie ein 4 bis 5 Monate altes Fohlen – und zwei Hirten gleichfalls aus Gold, etwas unter Lebensgröße.

Xerez beschreibt

große Brunnen mit Röhren, aus denen Wasser in einen künstlichen See fließt, mit Vögeln darauf von verschiedensten Arten, und Menschen, die Wasser aus der Quelle schöpfen, alles aus Gold.

Pedro Pizarro:

[*Aus Cuzco brachten sie*] einen in Stein gehauenen mit Gold verkleideten Thron; wie uns versichert wurde, war es der Sitz der Sonne. [...] Der Marqués Don Francisco Pizarro suchte dieses Prachtstück für sich aus [...]. Es war 60 000 castellanos wert.

›Nouvelles certaines‹:

Aufstellung der Gold- und Silberstücke, die nach Spanien gebracht werden sollen und als Geschenk für S. M. bestimmt sind: [...]

24 Behälter in der Form eines spanischen Zubers, die ein Fassungsvermögen von mehr als 7½ Eimer haben. Allem Anschein nach wurde bei der Herstellung viel Gold verwendet; es ist halbfingerdick;

50 kleine Platten aus Gold, um bei Tisch zu servieren; [...]

zwei Bündel voll kleiner Goldgegenstände mit einem Gesamtgewicht von 8 Zentnern; [...]

eine Frauenfigur aus Gold und eine aus Silber;

zwei kleine Goldschachteln;

zwei große Eidechsen aus Gold;

große und kleine goldene Llamas; [...]

drei kleine, feine, goldene Strümpfe; [...]

zwei goldene Medaillen mit dem Bild des Cuzco [*Huayna Capac*] und seiner Frau, in einer Silberschachtel verwahrt;

die goldene Nachbildung eines Mannes in der Größe eines zehnjährigen Knaben;

zwei Maispflanzen mit je zwei goldenen Kolben;

zwei goldene Köcher für Pfeil und Bogen;

einen goldenen Spiegel; [...]

zwei goldene Trommeln, in der Art unserer schweizer Feldtrommeln; [...]

zwei große goldene Flaschen;
zwei mittelgroße goldene Burgen; [...]
einen goldenen Löffel;
27 nach der hiesigen Mode mit Gold, Silber und Federn verzierte Hemden;
27 besonders seltsame und erlesene Überwürfe; [...]

Majestät! 22 oder 23 Mann, die in diesem Krieg dabei waren, kehren mit je 20, 18, 16 oder mindestens 10000 Goldpesos [*nach Spanien*] zurück. Hernando Pizarro bringt, nach dem was wir beobachten konnten, mehr als 29000 Goldpesos mit; hinzukommt, was er insgeheim dabei hat.

In Spanien bestimmt Kaiser Karl V. einige erlesene Stücke für seine Schatzkammer. Am 14. April trifft Diego de Almagro in Cajamarca ein, mit ihm etwa 100 Spanier aus Panama und Nicaragua. Der zwischen Atahualpa und Francisco Pizarro abgeschlossene Vertrag, der bei der Verteilung des Lösegeldes einseitig die Kämpfer von Cajamarca bevorzugt, ist nicht dazu angetan, die nur dürftig wiederhergestellte Freundschaft zwischen den Kompagnons zu festigen. Almagro hat sogar vorübergehend daran gedacht, auf eigene Faust ein Gouvernement zu erobern. Dem Schein nach geht F. Pizarro bei der Teilung sehr demokratisch vor. Mena:

Sobald alles Gold beisammen war und die königlichen Beamten es gewogen hatten, setzte der Gobernador Personen, die durch Wahl bestimmt worden waren, für die Festlegung der Anteile ein. Für S. M. bestimmte der Gobernador Geschenke im Werte von ca. 100000 Pesos [...]. Ein Fußsoldat erhielt 4800 Goldpesos, ein Reiter das Doppelte; außerdem gab es noch verschiedene Sonderprämien. Für die Leute, die mit Almagro gekommen waren, [...] bestimmte der Gobernador 25000 Pesos – denn sie brauchten ja auch etwas – und für die Siedler in jenem neugegründeten Ort [*San Miguel an der Küste*] 2000 Goldpesos: sie sollten so verteilt werden, daß auf jeden Mann 200 Pesos trafen. [...] Auch die Kaufleute bekamen ihren Teil.

Obwohl den Leuten, die für den Nachschub gesorgt oder die Stellung an der Küste gehalten haben, nur bescheidene Beträge von der Beute zuerkannt werden, bleiben auch unter den bevorzugten Cajamarcakämpfern Neid und Mißgunst nicht aus. Mena:

Der Gobernador gab vielen, die mitgeholfen hatten das Gold zu gewinnen, weniger als ihnen zustand. Ich kann das sagen, weil man mit mir auch so umgesprungen ist. So mancher bat den Gobernador nach Spanien zurückkehren zu dürfen, die einen, um S. M. von dem [*neuentdeckten*] Land zu berichten, die anderen, um ihre Eltern oder Frauen wiederzusehen. 25 erhielten die Erlaubnis.

Das Gold in Peru hat keine Kaufkraft mehr. Xerez:

Für ein Pferd bot man 1 500, ja sogar bis zu 3 000 Pesos [...] und selbst da war es schwer eines aufzutreiben; für eine Flasche Wein [...] 60 Pesos; für Schnürstiefel 30 oder 40, das gleiche für Kniehosen; für einen spanischen Mantel 100 oder auch 120; für ein Schwert 40 oder 50, für eine Knoblauchzehe einen halben Peso. Im selben Verhältnis hielten sich auch sonst die Preise [...]; ein Päckchen Papier kostete 10 Pesos [...]. Wer einem anderen Geld schuldete, gab dem Gläubiger einfach einen Klumpen Gold, ohne ihn zu wiegen, auch wenn dieser doppelt so viel wert war wie die Schuld, [...] und die Schuldner zogen von Haus zu Haus mit ihren goldbeladenen Indios und versuchten ihre Gläubiger zu bezahlen.

Keiner will eine Rückzahlung entgegennehmen; wertvoller erscheint es ihnen, den Schuldner auch noch später in Panama oder in der Heimat von sich abhängig zu wissen; denn jetzt in Peru ist das Gold kaum unbeschadet durch das gefährliche Land zur Küste zu bringen. Die Schuldner wenden sich an die Gerichte, um ihr Geld anzubringen. – ›Nouvelles certaines‹:

[*Die Kontrahenten*] stritten sich aufs heftigste, der eine wollte sein Geld unbedingt loswerden, der andere es nicht entgegennehmen. Bis sie schließlich auf Zureden von Freunden ihren Streit beilegen mußten. Da beide als gemeinsames Ziel Cajamarca hatten, wurde beschlossen, derjenige, der sich Gold ausgeliehen hatte, müsse es nach Cajamarca bringen, der Gläubiger aber müsse dem Schuldner für die Mühe [*die Hälfte*] 1 000 Castellanos [...] nachlassen. So gerne er auf sein Geld verzichtete, so schwer fiel es ihm, von den 2 000 die 1 000 anzunehmen. Er hatte das Gefühl, der Geprellte zu sein.

Xerez:

Der Gobernador gab den Spaniern, welche die Erlaubnis erhalten hatten [*in die Heimat zurückzukehren*], Llamas und Indianer, um ihr Gold, Silber und Zeug bis nach San Miguel zu bringen. Auf der Reise verloren einige über 25000 Castellanos an Gold und Silber, weil die Tragtiere durchgingen und auch Indios entflohen [...]. Von San Miguel begaben sie sich zur See nach Panama und gingen von hier über Land nach Nombre de Dios, wo sie sich einschifften.

Pedro Sancho de la Hoz:

Nach der Einschmelzung des Goldes ließ der Gobernador vom Notar eine Schrift ausfertigen, in welcher er den Häuptling Atahualpa für frei erklärte und ihm bestätigte, daß er sein Wort hinsichtlich jenes Hauses voll Gold erfüllt habe, welches er den Spaniern, die ihn gefangen nahmen, gegeben hatte.

Diese Urkunde ließ er auf der Plaza von Cajamarca unter Trompetenschall öffentlich verlesen und dem Atahualpa durch einen Dolmetscher übersetzen. Zugleich verkündete aber der nämliche Herold, es erscheine im Interesse der Krone und zur Sicherung des Landes angebracht, den Inca noch solange in Gewahrsam zu halten und stark zu bewachen, bis mehr Spanier eingetroffen und so eine bessere Sicherheit gewährleistet sei.

Das Gerücht über Truppenbewegungen im Lande hält sich hartnäckig. Mena:

Als Atahualpa erfuhr, daß das Gold außer Landes gebracht werde, befahl er allerorts Truppen zu mobilisieren; die einen sollten über die Christen herfallen, die sich einschiffen wollten, die anderen das Stammlager angreifen und versuchen, ihren Herrn zu befreien.

Die Unruhe im spanischen Lager wächst, und der Verdacht gegen Atahualpa verdichtet sich, so daß der Gobernador befahl, wie Xerez berichtet,

Atahualpa eine Kette um den Hals zu legen [...], und anordnete, daß die Reiter die ganze Nacht auf Patrouille blieben [...]. Er und seine Hauptleute machten in diesen Tagen kein Auge zu.

Es kommt zu einem Scheinprozeß und zur Hinrichtung Atahualpas. Nach dem Chronisten Pedro Pizarro haben Diego de Almagro und alle, die nach und nach in Cajamarca eintreffen – Soldaten, Beamte, Geistliche –, den ausgeprägten Wunsch, durch den Tod des Inca die Sonderstellung der alten Cajamarcakämpfer zu untergraben. Nüchtern und kurz berichteten die Augenzeugen von den Ereignissen dieser Tage. Xerez:

Der Gobernador verurteilte Atahualpa im Einvernehmen mit den königlichen Beamten, Capitanes und allen erfahrenen Leuten zum Feuertod.

Mena:

Am Abend führten sie den Inca auf die Plaza, banden ihn an einen Pfahl und wollten ihn auf Geheiß des Gobernadors lebendig verbrennen. Da es aber Gott gefiel, ihn zu bekehren, sagte Atahualpa, er wolle Christ werden.

Xerez:

Der hochehrwürdige Padre Vicente de Valverde taufte ihn und sprach ihm Mut zu.

Pedro Sancho de la Hoz:

Als er merkte, daß sie ihn doch töten würden, bat er den Gobernador, er möge sich um seine kleinen Kinder kümmern und sie zu sich nehmen. Das waren seine letzten Worte. Die anwesenden Spanier sprachen für sein Seelenheil das Credo, und anschließend wurde er erdrosselt. In Erfüllung des Richtspruches schob man etwas Feuer heran und verbrannte einen Teil seines Gewandes und seines Fleisches. An jenem Abend – es war schon spät – blieb sein Leichnam auf der Plaza, damit jedermann sehe, daß er tot war.

Mena:

Ein Spanier hielt Wache bei dem toten Kaziken.

Pedro Sancho de la Hoz:

Am nächsten Tag mußten auf Befehl des Gobernador alle Spanier an der Beisetzung teilnehmen. Mit dem Kreuz voran und allem sonstigen religiösen Gepränge trug man ihn zur Kirche und geleitete ihn feierlich zu Grabe, als wäre er der Vornehmste unseres Lagers gewesen.

Estete:

Als für den aufgebahrten Inca in der Kirche die Totenmesse gesungen wurde, kamen einige Damen – seine Schwestern und Frauen – und mehrere Günstlinge mit soviel Lärm herein, daß sie den Fortgang der Messe störten: sie forderten für den Inca eine prächtigere Ruhestätte, außerdem verlange es der Brauch, daß bei dem Tode des großen Königs alle, die ihn liebten, sich mit ihm lebendig begraben ließen.

Wir antworteten ihnen darauf, Atahualpa sei als Christ gestorben und deshalb lese man für ihn die Totenmesse. Ihren Wunsch könne man ihnen nicht erfüllen, denn es sei schlecht, so zu handeln und dazu auch unchristlich. Sie sollten jetzt nur weggehen und sie nicht weiter stören, damit man ihn beerdigen könne; daraufhin gingen sie heim und erhängten sich alle, Männer wie Frauen.

Pedro Pizarro:

[*Nach Atahualpas Tod*] erhängten sich einige Personen, darunter eine seiner Schwestern und mehrere Indias, die ihrem Herrn in die andere Welt folgen wollten, um ihm zu dienen. In lauten Klageliedern besangen zwei Schwestern die Taten ihres Gemahls, begleitet von dumpfem Trommelschlag.

Sie paßten den Augenblick ab, bis der Marqués sein Zimmer verließ, und betraten den Raum, wo Atahualpa sich immer aufgehalten hatte. Sie flehten mich an, sie doch hereinzulassen. Kaum hatten sie das Zimmer betreten, riefen sie Atahualpa und suchten ihn emsig in allen Ecken. Als sie keine Antwort bekamen, gingen sie laut klagend hinaus [...].

In diesem Land ist es Brauch, daß die Frauen einmal im Jahr ihren Gemahl beweinen. Sie ziehen dann über Berg und Tal durch die Orte, wo der Verstorbene bei Lebzeiten geweilt hat. An der Spitze der Prozession gehen die Verwandten mit seinen Kleidern und Waffen, gefolgt von zahlreichen Indianerinnen, von denen die einen Chicha [*Maisbier*] tragen und die anderen zum Klang der Trommel in Gesängen die Heldentaten ihres Toten erzählen. Wenn sie müde sind, rasten sie und trinken, und sobald sie ausgeruht sind, heben sie wieder an zu klagen, und das geht solange hin, bis der Chicha aus ist.

Die Kommentare zum Todesurteil in Cajamarca sind je nach Partei, Ort und Stand des Schreibers sehr unterschiedlich. Mena:

Die Bevölkerung des Landes freute sich über den Tod des Kaziken und konnte es kaum fassen, daß er tot war.

Estete:

Während seiner Gefangenschaft [...] äußerte Atahualpa wiederholt, was er [*falls er die Oberhand behalten hätte*] mit den Spaniern und den Pferden vorgehabt habe [...]: die Pferde und die Stuten erschienen ihm als das Wichtigste; er wollte mit ihnen eine Zucht anfangen. Von den Spaniern wollte er einige der Sonne opfern, andere kastrieren für den Haus- und Haremsdienst.

Pedro Pizarro erinnert sich im Alter:

Ich sah den Marqués mit Tränen in den Augen vor Schmerz, Atahualpa nicht begnadigen zu können, da er sich vor den unberechenbaren Folgen fürchtete, wenn er ihn auf freiem Fuß ließe [...].

Soto, in dessen Abwesenheit Atahualpa hingerichtet worden ist, vertritt (nach Pedro Pizarros Chronik) einen anderen Standpunkt:

Es wäre besser gewesen, Atahualpa nach Spanien zu schicken. Er [*Soto*] selbst hätte es gerne übernommen, ihn sicher über das Meer zu bringen.

Der Chronist fügt seine eigene Meinung hinzu:

Das wäre gewiß das Klügste gewesen, was man mit diesem Indio hätte machen können, denn es hätte nie gut getan, ihn im Land zu belassen. Aber lange hätte er sowieso nicht mehr gelebt, selbst wenn man ihn nach Spanien geschickt hätte; denn er war sehr verwöhnt und ein viel zu feiner Herr.

Am 1. Oktober 1533 schreibt Gaspar de Espinosa aus Panama an den König von Spanien:

Die eintreffenden Nachrichten über den Reichtum und die Größe der Provinzen von Peru überschlagen sich, sie sind so unglaublich, daß man sie kaum fassen kann; selbst uns, die wir alles aus nächster Nähe miterleben und es sozusagen fast in Händen haben, kommt es wie ein Traum vor. Einen eingehenden Bericht darüber schicke ich diesesmal nicht mit, da der Capitán Hernando Pizarro, der bei allem selbst dabei war, mit demselben Schiff fährt [...] und S. M. alles aufs genaueste erzählen wird, was sich bis zu seiner Abfahrt zugetragen hat [*Hernando Pizarro hat Cajamarca vor Beginn des Prozesses gegen Atahualpa verlassen*].

Am 13. September trifft in Panama ein weiteres Schiff aus Peru ein. Außer 50 Tonnen Gold bringt es die neuesten Nachrichten von Augenzeugen nach dem Tod Atahualpas. Espinosa:

Der Gobernador Don Francisco Pizarro und der Capitán und Marschall Don Diego de Almagro sind [...] Anfang August von Cajamarca [...] in Richtung Jauja aufgebrochen [...]. Bevor sie von Cajamarca abzogen, haben sie den Kaziken Atahualpa hingerichtet, weil sie vermuteten, daß unsere Spanier überfallen würden [...]. Groß war die Trauer unter den Anhängern des Kaziken.

Nach meinem Dafürhalten hätte es einer ganz gründlichen Untersuchung und Klärung bedurft, bevor man einen solchen Schuldspruch fällt und einen Menschen umbringt, der so viel Gutes getan und so reiche Schätze verschenkt oder uns auf solche hingewiesen hat, ohne daß bis zum heutigen Tage einem Spanier oder einer anderen Person das geringste Leid geschehen ist. Selbst wenn er Versuche zu seiner Befreiung unternommen hätte, so wäre nach meinen Erfahrungen bei der Eroberung und Befriedung jener Länder, die ich S. M. dienstbar gemacht habe, ein solches Vorgehen nicht nötig gewesen.

Espinosa selbst hat in jungen Jahren auf dem Isthmus mehrere Kaziken lebendig verbrennen lassen und bei dem Justizmord gegen Vasco Nuñez de Balboa, dem Entdecker der Südsee, das Todesurteil verfaßt. In seinem Brief folgt nun ein Vorschlag, wie er bei ähnlichen Scheinprozessen gegen einheimische Fürsten in Amerika immer wieder gemacht, aber offenbar nie in die Tat umgesetzt worden ist, weder bei Moctezuma in Mexiko noch 1572 bei Tupac Amaru in Cuzco. Espinosa:

Es erschiene mir den Belangen seiner Majestät und der Ruhe seines Gewissens dienlich, wenn ein Verbot ausgesprochen würde, daß man in ähnlich gelagerten Fällen niemals wieder Kaziken und große einheimische Fürsten hinrichte, es liege denn ein ausgesprochener Notstand vor [...]. Man solle vielmehr, wenn es die Sicherung des Landes erforderlich mache, soweit irgend möglich jene Fürsten des Landes verweisen und in eine andere von Christen besiedelte Provinz bringen. Und mit Atahualpa hätte man es wirklich so machen können. Im Hafen lag ein Schiff bereit, und man hätte ihn mit allem Komfort samt seinen Weibern und seiner ganzen Hofhaltung, wie es seiner Person gebührt, hierher in diese Stadt [*Panama*] kommen lassen können. Er hätte hier nach wie vor über sein Gold verfügen können, und wir hätten ihm und seinen Leuten die gleichen Ehren erwiesen wie einem hohen Herrn aus Kastilien. Er soll ja wiederholt darum gefleht haben, ihn zum König nach Spanien zu schicken [...]. Gebe es Gott, daß der Tod dieser Persönlichkeit sich nicht zum Nachteil auswirke; denn er war der gefürchtetste Herrscher in jenen Breiten und in ganz Neuspanien; er hatte die Macht fest in Händen, und solange er da war, wagte kein Kazike oder Indio aufzumucken [...].

Panama, den 10. Oktober 1533 [...] El licenciado Espinosa.

Einzug in Cuzco

Unmittelbar nach der Beisetzung des Inca, berichtet Sancho, beruft Francisco Pizarro die in Cajamarca anwesenden Vasallen Atahualpas zu sich:

Der Gobernador hieß sogleich die vielen Kaziken und vornehmen Herren, die um den verstorbenen Inca gewesen waren und größtenteils aus weit entlegenen Provinzen stammten, auf der Plaza Mayor zusammenkommen.

Er hatte vor, ihnen einen neuen Herrn zu geben, der sie im Namen S. M. regieren sollte, denn sie waren von alters her daran gewöhnt, nur einem einzigen Herrscher zu gehorchen und Tribute zu leisten; das war gut so, denn anderenfalls wäre eine große Verwirrung entstanden, und jeder hätte in seinem Bereich die Gewalt an sich gerissen.

Im Einvernehmen mit den anwesenden Großen setzt Pizarro einen Sohn Huayna Capacs, den jungen Tupac Huallpa, nach den Angaben der Chronisten Mitglied der »legitimen« Huascar-Partei, als Nachfolger Atahualpas ein. Sancho:

Am nächsten Tag versammelten sich alle wieder vor dem Hause des Gobernador Der [*neue*] Kazike nahm Platz auf seinem Sitz und um ihn herum streng nach Rang alle Großen des Landes. Nach den vorgeschriebenen Zeremonien trat ein jeder hervor und überreichte ihm einen weißen Federbusch zum Zeichen der Vasallenschaft und Tributpflicht. Das ist ein alter Brauch bei ihnen, seit diese Länder von jenen Cuzcoherrschern erobert worden sind. Anschließend wurde gesungen und getanzt und ein großes Fest gefeiert.

Der neue Kazikenkönig [*cacique rey*] legte aber keine Prachtgewänder an, auch trug er nicht wie der verstorbene König die Mascapaycha [*rote Quaste an der Kopfbinde des regierenden Inca, spanisch »borla« genannt*] auf der Stirn.

Pizarro spricht ihn darauf an und erfährt von ihm:

Es sei Brauch seiner Vorfahren, vor der Übernahme der Nachfolge um den verstorbenen Inca zu trauern und drei Tage lang sich in ein Haus einzuschließen und zu fasten. Der Gobernador antwortete [...], er dürfe es so halten [...]. Dann sonderte Tupac Huallpa sich von seinem Gefolge ab und zog sich in ein eigens dafür errichtetes Haus zum Fasten zurück [...]. Der Gobernador und seine Leute waren baß erstaunt, wie man in so kurzer Zeit ein so großes und schönes Haus aufstellen konnte. Der Kazike hatte sich darin eingeschlossen [...] niemand bekam ihn zu Gesicht, noch suchte ihn jemand auf, ausgenommen seine Diener, die für ihn sorgten und ihm zu essen brachten, oder der Gobernador, wenn er ihm etwas mitzuteilen hatte. Nach dem Fasten trat Tupac Huallpa in prachtvollen Gewändern heraus, begleitet von zahlreichen Kaziken und Vornehmen, die auf ihn gewartet hatten. Am Boden waren herrliche Teppiche ausgelegt, und auf reich verzierten Kissen nahmen alle Platz, in der Mitte Tupac Huallpa, an seiner Seite Chalcochima, der große Feldherr Atahualpas [...], neben diesem der Capitán Tici, einer der angesehensten Männer, auf der anderen Seite einige Brüder des Inca. Rechts und links folgten weitere Kaziken, Hauptleute, Provinzgouverneure und Herren über große Landstriche. Alle Anwesende waren Personen von hohem Stand. Sie aßen zusammen am Boden; einen Tisch kennen sie nicht. Nach dem Essen äußerte Tupac Huallpa den Wunsch, Vasall S. M. [*von Spanien...*] zu werden, und überreichte dem Gobernador [...] zum Zeichen des Gehorsams einen weißen Federbusch [...]. Der Gobernador nahm die Gabe an und umarmte Tupac Huallpa herzlich.

Am folgenden Tage findet die erste incaisch-spanische Regierungssitzung statt. Sancho:

Zur Junta erschien der Gobernador in seinem besten seidenen Gewand, ihm zur Seite der Fahnenträger mit der königlichen Standarte. Ihn begleiteten Beamte S. M. und einige Hidalgos, ebenfalls festlich herausgeputzt, um der Feier der Freundschaft und des Friedens mehr Glanz zu geben. Der Gobernador fragte der Reihe nach einen jeden nach seinem Namen und von welchem Land er der Señor sei. Sein Sekretär und Notar [*Sancho selbst*] schrieb alles auf. Es waren an die 50 Kaziken und maßgebende Persönlichkeiten. Abschließend stellte sich der Gobernador vor sie hin und sagte, Kaiser Karl V., sein Herr und König, dessen Diener und Vasallen alle Spanier hier seien, habe ihn in dieses Land geschickt, um ihnen verständlich zu machen und zu predigen, daß der allmächtige Schöpfer des Himmels und der Erde, der Vater, Sohn und Heilige Geist, drei verschiedene Personen und doch ein wahrer Gott, sie erschaffen und ihnen Leben und Sein gegeben habe. Er sei auch der Schöpfer der Früchte des Landes, von denen sie sich nährten. Man werde ihnen lehren, was sie zu tun und zu beachten hätten, um erlöst zu werden.

Da diese Provinzen dem Kaiser vom allmächtigen Gott, der im Himmel in Herrlichkeit ewiglich regiere, und von seinem Stellvertreter auf Erden [...] anvertraut wurden, habe er den Auftrag, sie im christlichen Glauben zu unterweisen und sie zu seinen Untertanen zu machen.

All das Gesagte liege schriftlich vor, damit sie es noch einmal hören und auch befolgen könnten. Wort für Wort wurde es anschließend verlesen und von einem Dolmetscher übersetzt. Sodann fragte er sie, ob sie es auch gut verstanden hätten, und sie antworteten mit ja. Indem er ihnen Tupac Huallpa zum Herrscher gegeben habe, wollten sie alles, was er im Namen S. M. befehle, tun. Für sie sei nun der Kaiser der oberste Herr, nach ihm der Gobernador und schließlich Tupac Huallpa, denen sie somit im Namen des Kaisers dienten.

Der Gobernador ergriff die königliche Standarte und hob sie dreimal hoch und forderte sie als Vasallen seiner kaiserlichen Majestät auf, dasselbe zu tun. Tupac Huallpa nahm sie, nach ihm seine Hauptleute und die anderen Persönlichkeiten, und ein jeder hob sie zweimal in die Höhe; dann umarmten sie den Gobernador. Er nahm ihre Huldigung mit großer Freude entgegen, weil sie so guten Willen gezeigt und so gerne die Dinge über Gott und unsere Religion gehört hatten.

Mena:

An diesem Tag brachten sie vier Lasten Gold und schöne große Gefäße.

Sancho:

Der Gobernador ließ die Ereignisse dieses Tages schriftlich festhalten. Nachdem wir damit fertig waren, veranstalteten der Kazike und sein Gefolge ein großes Fest. Es gab jeden Tag Spiele und Festmahle meistens im Hause des Gobernadors und die Lustbarkeiten nahmen kein Ende.

Estete:

Dreißig oder vierzig Tage nach dem Tode Atahualpas brach der Gobernador [*Francisco Pizarro*] mit seinen Leuten und denen, die mit Almagro gekommen waren, von der Provinz Cajamarca in Richtung Cuzco auf.

Sancho:

Er verteilte Waffen an die Spanier und was sie sonst für den Marsch brauchten [...], wie auch Indios, die ihnen das Gold und die Lasten tragen sollten [...]. Da in San Miguel zu wenig Soldaten waren [...] sonderte der Gobernador [...] 10 Reiter mit einem umsichtigen Hauptmann aus; er sollte in jenem Hafen die Stellung solange halten, bis zu Schiff neue Soldaten einträfen [...]. Erst dann sollten sie ihm nach Jauja folgen, wo er vorhabe, eine spanische Siedlung zu gründen und das neugewonnene Gold zu schmelzen. Er versprach ihnen den gleichen Anteil am Gold, wie wenn sie die ganze Zeit dabei gewesen wären [...].

San Miguel komme eine besonders große Bedeutung zu, nicht nur als erster spanischen Stadt und Kolonie Seiner Majestät, sondern auch als Umschlagplatz für die Schiffe, die von Spanien kämen.

Der Marsch von Cajamarca nach Cuzco, dem Nabel des Reiches, im Jahre 1533 unterscheidet sich wesentlich von dem Marsch von der Küste nach Cajamarca im Jahre vorher. Drei Spanier besuchten bereits unter incaischem Geleit die Kaiserstadt Cuzco; Hernando Pizarros 20 Reiter kennen Jauja, Pachacamac und weite Strecken des incaischen Straßennetzes im nord- und mittelperuanischen Hochland und an der Küste. Während ihres fünftägigen Aufenthaltes in Jauja haben sie Chalcochima festgenommen. Er ist jetzt die wichtigste Geisel, die die Sicherheit der Spanier garantieren soll. Auch Tupac Huallpa, der neue Inca, und sein Gefolge begleiten die Spanier. Das Land aber ist nicht mehr so friedlich und sicher für die Spanier wie zu Lebzeiten Atahualpas. Tupac Huallpa vertritt die Cuzco-Partei, Chalcochima die Quito-Partei, zu der auch Rumañahui in Ecuador und der General Quisquis in Cuzco gehören. Die Spanier bemühen sich, Freunde unter den Cuzco-Anhängern zu gewinnen, denn sie brauchen Bundesgenossen gegen das mächtige Heer des Quisquis. Auf ihrem Marsch nach Cuzco kommt es zu Zusammenstößen. Die indianische Garnison in Jauja versucht den Vormarsch der Spanier zu erschweren, die Indios weichen zwar zurück, verbrennen aber auf ihrem Rückzug Hängebrücken, um Zeit zu gewinnen. Die Spanier tasten sich vorsichtig vor. Eine Vor- und Nachhut sichert den Marsch. Sancho:

An der Spitze ritten immer 3 oder 4 schnelle Reiter, die feindliche Späher abfangen und so verhindern sollten, daß ihr Kommen der Gegenseite gemeldet wurde.

Chalcochima versucht, Tupac Huallpas Stellung bei den Spaniern zu untergraben, indem er ihre Versorgungsschwierigkeiten auf dessen schwaches Prestige zurückführt. Um einerseits den Spaniern zu imponieren, andererseits seine Landsleute zu terrorisieren und innenpolitische Gegner auszuschalten, inszeniert er ein Strafgericht gegen angeblich säumige Curacas. Pedro Pizarro:

Chalcochima [...] sagte: »Wenn Atahualpa noch lebte, würden sich die Steine in [*dienende*] Indios verwandeln.« [...] Im Gespräch mit dem Marqués fügte er hinzu: »Du siehst, Herr, wie wenig sie [*die Curacas*] auf Tupac Huallpa hören; denn sonst wären die Tambos [*Lagerhäuser*] versorgt. Gib mir freie Hand, und Du wirst sehen, wie alles klappt. Der Marqués ließ ihn gewähren [...]. Chalcochima rief alle Kaziken aus dem Gebiet von Huamachuco zusammen und ließ soviel Steine zusammentragen, wie Kaziken und Große da waren. Auf der Plaza mußten sie sich nach Rang aufstellen, sich auf den Boden werfen und ihre Köpfe auf die Steine legen. Mit beiden Händen ergriff er einen weiteren Stein, den er gerade noch heben konnte, und schmetterte ihn auf das Haupt des ersten [...]; dasselbe hatte er mit allen übrigen vor. Auf der Stelle befahl der Marqués aufzuhören [...]. Die Tambos aber waren weiterhin schlecht versorgt [...], weil die Indios aus Angst vor Chalcochima Tupac Huallpa nicht gehorchten.

Sancho de la Hoz:

Einer von Tupac Huallpas Spähern [...] meldete, 5 Meilen hinter Jauja [...] läge Kriegsvolk und wolle die Stadt mit allen Gebäuden niederbrennen, damit die Spanier keine Unterkünfte vorfänden. Anschließend hätten sie vor, nach Cuzco zu ziehen und sich den Truppen von Quisquis anzuschließen [...].

Zwei Meilen vor Jauja verteilte der Gobernador die 65 Reiter auf 3 Hauptleute, so daß auf jeden 15 fielen, die restlichen 20 befehligte er. 20 Fußsoldaten bewachten Chalcochima.

Die Spanier machen Jauja zunächst zur Garnison. Der Tod Tupac Huallpas stellt sie vor neue Probleme. Pedro Pizarro:

Dort starb nach ein paar Tagen Tupac Huallpa von dem Trank, den Chalcochima ihm in Cajamarca nach der Krönung gereicht hatte. Jener Chicha [*Maisbier*] hatte ein Gift enthalten, welches eine schleichende Entkräftung bewirkte [...]. Die Indios kannten nämlich Kräuter, nach deren Genuß der Tod erst nach Monaten oder Jahren eintrat.

Sancho de la Hoz:

Der Gobernador und alle Spanier waren über den Tod von Tupac Huallpa tief betrübt, denn er war klug und ein Freund der Spanier gewesen. Chalcochima wurde öffentlich beschuldigt, ihm etwas gereicht zu haben, was seinen Tod allmählich herbeigeführt habe; denn er wollte das Land von der Quito-Partei und nicht von der einheimischen Cuzco-Partei oder den Spaniern beherrscht wissen.

Solange Tupac Huallpa lebte, konnte er dieses Ziel nicht erreichen.

Der Gobernador berief zu sich den Capitán Chalcochima [...] und einen Bruder des verstorbenen Herrschers sowie weitere einflußreiche Hauptleute und Kaziken, die von Cajamarca mitgekommen waren [...]. Er bat sie, zu überlegen, wen sie nach dem Tode Tupac Huallpas als Herrscher haben wollten [...]. Sie waren geteilter Meinung. Chalcochima plädierte für einen Sohn Atahualpas [...]; andere Señores, die nicht von der Quito-Partei waren, entschieden sich für einen leiblichen Bruder Atahualpas [*d. h. für einen anderen, hier nicht namentlich genannten Sohn Huayna Capacs aus der Partei Huascars*]. Deren Vertretern sagte der Gobernador, sie sollten [*... ihren Kandidaten*] rufen lassen, er werde ihn ernennen, falls er ihn für würdig halte. [...] Chalcochima aber teilte er mit [...], er solle möglichst bald den Sohn Atahualpas herbeordern [*... und*] allen seinen befreundeten hier anwesenden Kaziken nahelegen, ihren Einfluß auf die Krieger ihrer Stämme geltend zu machen [...], damit diese sich friedlich unterwürfen; anderenfalls müsse er schonungslos gegen sie vorgehen und sie töten [...].

So wie die Dinge lagen, mußte man mit allen gut stehen.

Von Jauja aus schickt Francisco Pizarro Soto voraus, um den Weg nach Cuzco zu erkunden. Zwei oder drei Tagereisen vor dem Ziel soll er auf die anderen warten. Er hält sich jedoch nicht an den Befehl und zieht weiter, um als erster dort zu sein. Dieses Wettrennen sowie unkluge Schroffheit gegenüber den Indios werden ihm beinahe zum Verhängnis. Trujillo:

Der Gobernador schickte Hernando de Soto mit 40 Reitern aus, den Weg nach Cuzco zu erkunden. Ich [*Diego de Trujillo*] begleitete ihn. Wir kamen nach Vilcas, einem Stützpunkt der Atahualpagenerale und Diego. Das Kriegsvolk war zu einem Chaco [*einer großen Treibjagd*] ausgeschwärmt und hatte in Vilcas nur die Zelte, die Frauen und wenige Indios zurückgelassen. Wir bemächtigten und bedienten uns alles dessen, was wir beim Einzug im Morgengrauen vorfanden, im Glauben, daß sonst niemand da sei. Um die Vesperstunde aber fielen die Indios, die unterdessen Nachricht bekommen hatten, über uns her, und zwar von jener Seite, wo das Gelände besonders schroff und unwegsam war. Die Indios waren so entschieden im Vorteil und wir zogen den kürzeren [...]. Die Indios töteten den Schimmel von Iñigo Tabuyo. Wir mußten uns auf die Plaza von Vilcas zurückziehen und standen die ganze Nacht unter Waffen. Am folgenden Tag griffen die Indios mit vermehrter Heftigkeit an. Sie hatten aus der Mähne und dem Schweif des erlegten weißen Pferdes Fahnen angefertigt. Wir sahen uns genötigt, die erbeuteten Frauen und Indios herauszugeben, die all ihr Hab und Gut mitnahmen. Erst dann zogen sie ab.

Der Capitán Soto hielt Rat, ob man hier auf den Gobernador warten solle [...]. Einige waren dafür [...], andere wie Rodrigo Orgoñez, Hernando de Toro, Juan Pizarro de Orellana und weitere tapfere Kämpfer meinten, wenn wir schon ohne die Hilfe der anderen die Härten erduldet hätten, so könnten wir auch ohne die anderen den Einzug in Cuzco feiern.

Also setzten wir unseren Weg fort. Wir hatten keine ernstlichen Gefechte mit den Indios. Auf den Rücken der schwimmenden Pferde überquerten wir die Flüsse Vilcas, Abancay und Apurimac, schließlich kamen wir nach Limatambo, sieben Meilen vor jener Stadt Cuzco und blieben dort zwei Tage.

In Jauja läßt Francisco Pizarro einige Leute zurück, um den Nachschub zu sichern, und bricht schließlich als letzter nach Cuzco auf. In seinem Troß befindet sich noch immer der gefangene Chalcochima, der Tag und Nacht bewacht wird. – Pizarros Sekretär Sancho verwendet Mühe und Sorgfalt auf die Beschreibung des Weges und der incaischen Hängebrücken:

Der Gobernador marschierte zwei Tage das liebliche und stark besiedelte Tal des Flusses von Jauja entlang und kam am dritten Tage an einer Seilbrücke an, die über jenen Fluß [*Mantaro*] führt. Die indianischen Soldaten hatten sie angezündet, nachdem sie sie passiert hatten, aber jener vorausgeschickte Capitán [*wahrscheinlich Soto*] hatte bereits die Einheimischen veranlaßt, sie wieder instand zu setzen.

Die Indios bauen solche Brücken auch über kleinere Flüsse, die nur bei Hochwasser anschwellen und durch welche man leicht waten kann; der Grund hierfür ist darin zu suchen, daß von der indianischen Bevölkerung im meerfernen Inland kaum einer schwimmen kann. Auf felsigem Ufer errichten sie eine große Steinmauer; dann spannen sie über den Fluß vier Seile aus Schlingpflanzen, so dick wie zwei Handspannen oder etwas weniger; dazwischen flechten sie in kunstvoller Anordnung grüne, zweifingerdicke Weidenruten und beachten dabei sorgfältig, daß kein Strang schlaffer bleibt als der andere; quer darüber legen sie dünne Hölzer so dicht aneinander, daß man das Wasser nicht sieht: das ist der Boden der Brücke. Gleichfalls mit Weiden flechten sie beiderseits Geländer, damit niemand ins Wasser fallen kann. In dieser Beziehung besteht wirklich keine Gefahr, wenn es auch dem Neuling äußerst gefährlich erscheint, da hinüber zu müssen; denn wenn die Spannweite recht groß ist, gibt die Brücke unter dem Gewicht der Passanten nach; gegen die Mitte zu geht es hinunter, und dann wieder hinauf, bis man ans andere Ufer gelangt, und es schwankt so stark, daß es jedem, der es nicht gewöhnt ist, im Kopfe schwindlig wird.

Auch auf Estete haben die Brücken schon auf der Reise zur Tempelstadt Pachacamac großen Eindruck gemacht:

[*Die Brücken*] hängen in der Luft viel höher über dem Wasser als bei uns zu Lande. Über ein solches Machtwerk, das in der Luft hängt, die Pferde hinüberzubringen, diese schweren Tiere, die so furchtsam sind und leicht scheuen, schien ein Ding der Unmöglichkeit. Für Leute zu Fuß und für die leichten indianischen Haustiere [*Llamas*] genügten sie. Obwohl die Pferde sich anfangs sperrten, probierte man es doch und schließlich als sie mittendrin waren, schien es so, als ob die Angst sie Geduld lehre; so schritten alle hinüber, eines dicht hinter dem anderen und es gab auf jener ersten Brücke keinen Unfall.

Sancho berichtet weiter:

Meistens bauen sie zwei Brücken nebeneinander; eine ist angeblich nur für die hohen Herren bestimmt und die andere für das gemeine Volk. Es gibt eigene Brückenwärter [...] die haben ihre Häuser in der Nähe und ständig Weiden, Flechtmaterial und Stricke bei der Hand, um die Brücke auszubessern, wenn an ihnen ein Schaden auftritt, oder notfalls ganz zu erneuern.

Die Wärter jener Brücke nun, die von den durchmarschierenden Indiotruppen angezündet worden waren, hatten das Ersatzmaterial versteckt, sonst wäre dasselbe gleichfalls verbrannt worden. So hatten sie die Brücke in kurzer Zeit soweit hergestellt, daß die Spanier hinüber konnten.

Die spanischen Reiter und der Gobernador überschritten eine dieser Brücken, obwohl sie noch frisch und noch gar nicht fertig war. Das machte ihnen schwer zu schaffen; noch dazu hatte der Capitán der Vorhut mit den 60 Pferden viele Löcher hinterlassen, und die Brücke wieder stark beschädigt. Trotzdem schritten die Pferde darüber, ohne das eines verunglückte. Sie stürzten zwar fast alle, weil die Brücke sich bewegte und alles zitterte und schwankte, aber, wie ich schon sagte, war die Brücke so beschaffen, daß die Pferde, wenn ihnen auch alle Beine einbrachen, nicht ins Wasser fallen konnten. Als alle glücklich drüben waren, bezog der Gobernador Lager in einem nahen Wäldchen, durch das viele schöne Bächlein mit klarem Wasser strömten.

Dann ging die Reise weiter den Fluß entlang durch ein enges Tal mit ganz hohen Bergen zu beiden Seiten [...]. Nach zwei Meilen stand man wieder vor einer kleinen Brücke über einem anderen Fluß. Das Fußvolk ging hinüber, die Pferde aber durchwateten den Fluß, einmal weil die Brücke schadhaft war, zum anderen weil das Wasser damals sehr niedrig stand. Nach diesem Fluß ging es wieder weit hinauf auf einen steilen Berg über lauter Stufen aus kleinen Steinen. Hier litten die Pferde unsäglich: als man oben anlangte, waren die meisten Hufeisen verloren und die Hufe aller vier Beine in üblem Zustand. Oben im Bergland [...] langte der Gobernador gegen abend in einem Dorf an, welches feindliche Indios geplündert und gebrandschatzt hatten; so fanden sich dort weder Leute noch Mais [*für die Pferde*] noch irgend etwas anderes zu essen. Zum Wasser war es auch sehr weit, denn die Indios hatten die Leitungen zerstört, die zur Stadt führten. Das war für die Spanier eine bittere Enttäuschung; nach diesem harten, langen und anstrengenden Weg hätten sie sehr notwendig ein gutes Nachtquartier gebraucht.

Die berühmteste Incabrücke am Wege nach Cuzco ist die Seilbrücke über den Apurimac, den »Großen Sprecher«, einen der

Quellflüsse des Amazonas. Sie wird noch bis ins 19. Jahrhundert unterhalten und benützt und stammt angeblich aus der Zeit der frühen Incas. Der amerikanische Reisende E. G. Squier gibt ihre Länge mit 45 m und ihre Höhe über dem Fluß mit 36 m an. Die Gehbahn hing zu dieser Zeit schon beträchtlich schief. Sie ist jedoch nicht in der Art, wie es Thornton Wilder in seinem Roman ›Die Brücke von San Luis Rey‹ beschreibt, gerissen, sondern kurz vor 1900 abgebrochen worden. Ebenso wie später an solchen exponierten Stellen Kapellen errichtet werden, so haben auch die Incas dort ihre Heiligtümer. Pedro Pizarro erzählt von einem solchen, gerade an der von Soto und F. Pizarro begangenen großen Apurimac-Brücke:

An jenem Apurimac befand sich ein buntbemaltes Buhío [*Hütte oder Tempel*]. Innen stak in der Erde ein rohbehauener Pfahl, stärker als ein sehr dicker Mensch, voller Blut von Opfern. Ihn umschloß, eingelassen wie eine Intarsie (soldado a manera de encaje) eine handbreite goldene Bandage, an der vorne zwei goldene Brüste, wie diejenigen einer Frau, angefügt waren. Dieser Pfahl war bekleidet mit feinen Frauengewändern und mit vielen goldenen Vorstecknadeln mit handgroßen tellerförmigen Köpfen geschmückt, an denen zahlreiche kleine goldene und silberne Glöckchen hingen. Es sind dieselben Nadeln, mit denen die Frauen hierzulande ihre Tücher, die sie als Mantel tragen, um die Schultern feststecken.

Zu beiden Seiten des erwähnten dicken Pfahles standen kleinere rechts und links aufgereiht und nahmen den ganzen Raum von einem zum anderen Ende ein. Auch diese waren blutbeschmiert, mit Mantas bekleidet wie der Große und hatten die entsprechenden Schmucknadeln, ebenfalls Frauenbildern gleichend.

Aus dem großen Pfahl behaupteten sie, spräche der Teufel, den sie Apú Rimac [*»großer Herr, der da spricht«*], nannten. Ihn wartete eine Schwester des Inca. Später stürzte sie sich von dem Saumpfad, der über der zweihundert Estados [*400 Meter*] zum Apurimac abfallenden Felswand entlang zur großen Brücke führt, hinab. Das Haupt verhüllend sprang sie in den Fluß und rief laut zu Apurimac, jenem Idol, dem sie diente [...].

Besagten Pfahl, das Idol des Apurimac, bekam der Faktor Mercado zugeteilt [...]. Er erzielte dafür 12000 Pesos [*ein Pferd kostete zwischen 1500 und 3000 Pesos*]. Jene Frau aber, die sich vom Felsen herabstürzte, nahm sich das Leben, weil man ihr das Idol nicht zurückgab. Dies trug sich zur Zeit der Belagerung Cuzcos zu [*Aufstand des Inca Manco im Jahre 1535*].

Pedro Pizarro über den weiteren Verlauf von Hernando de Sotos Gewaltmarsch nach Cuzco:

Soto hatte die unlautere Absicht, früher als der Marqués [*F. Pizarro*] in Cuzco einzuziehen. Das wäre beinahe uns allen zum Verhängnis geworden.

Diego de Trujillo:

In Vilcaconga eine Meile weiter als Limatambo, lag indianisches Kriegsvolk. An jenem Tag kamen zwei Indiokrieger [...] mit einer Botschaft ihres Kaziken [*wahrscheinlich vom Inca Manco, einem jüngeren Sohn Huayna Capacs*], in der er den Christen seine Dienste anbot und sein Kommen mit 300 Kriegern, die er bei sich in der Sierra habe, ankündigte. Er mache dieses Angebot, weil die Hauptleute Atahualpas seine Feinde seien.

Einige Spanier waren der Meinung, es handle sich um Spione. Das waren sie aber wirklich nicht, wie sich später herausstellte. Der Capitán [*Soto*] befahl ihnen, die ... [*hier ist eine Lücke im Manuskript*] abzuschneiden und schickte sie so zurück.

Den nächsten Tag in der Früh stiegen wir [*zur Sierra von Vilcaconga*] auf.

Pedro Pizarro:

Der Ort bildete für die Indios eine natürliche Festung. Das Gebirge war ungemein schroff; der Aufstieg zog sich über eine Meile [*ca. 6 km*] hin. Die Indios wußten genau, welche Vorteile ihnen das Bergland gegenüber der Ebene bot und wie erschöpft die Pferde nach dem beschwerlichen Anstieg sein mußten.

Trujillo:

Auf halber Höhe fielen die Indios schlagartig über uns her.

P. Pizarro:

Die Indios bedrängten uns so, daß sie unsere Pferde an den Schwänzen faßten.

Trujillo:

Von unseren 40 Reitern fielen 5 [...] und 17 wurden verletzt. Am meisten setzten uns jene 300 Indios zu, die unsere Freunde hätten sein können; das weiß man jetzt ganz gewiß.

In dieser Nacht waren wir in äußerster Gefahr und Not; es schneite, die Kälte setzte den Verwundeten zu und sie jammerten laut.

Die Indios, die uns umzingelt hatten und viele Feuer im Umkreis brennen ließen, sagten: »Wir wollen Euch nicht bei Nacht töten, sondern bei Tag, und ein Fest daraus machen.«

P. Pizarro:

Und beinahe wäre es so gekommen, wenn Gott unser Herr nicht eingegriffen hätte.

Trujillo:

Um Mitternacht bei Limatambo blies Alconchel die Trompete. Als wir sie hörten, faßten wir Mut und schlugen uns mit den Indios. Auch sie mußten sie gehört haben, und ihnen war wohl klar geworden, daß uns Hilfe nahte, denn sie löschten die Feuer und zogen nach Cuzco ab. Die Dunkelheit war so groß, daß man hörte, wie sie das Lager räumten, aber nichts sah.

Der Trompeter Pedro de Alconchel gehört zur Gruppe des Almagro, der in Tages- und Nachtmärschen Hernando de Soto nacheilt, damit dieser ihm und Francisco Pizarro in Cuzco nicht zuvorkommt. – Pedro Pizarro gibt einen Rückblick auf dieses gleichsam mörderische wie rettende Wettrennen:

Am Fluß Abancay [...] befahl der Marqués dem Don Diego de Almagro, er solle Soto nacheilen und ihn, wo er ihn anträfe, aufhalten [...]. Daraufhin verdoppelte Soto seine Tagemärsche [...]; Almagro seinerseits rastete nun weder bei Tag noch bei Nacht, um ihn ja einzuholen [...]. Soto überanstrengte die Pferde [...], ebenso Almagro.

[*In der Sierra von Vilcaconga*] befiehlt Almagro, um Kontakt mit den Vorauseilenden zu nehmen, Pedro de Alconchel die Trompete zu blasen [...]. In dieser Nacht ertönte diese Trompete mehrmals, damit die Spanier, die nicht hatten Schritt halten können, den Anschluß an die Truppe fänden.

In Sacsayhuaman, der großen Festungsstadt der Incas vor Cuzco, halten die Spanier Gericht über Chalcochima. Sancho:

Der Hauptmann [*Soto*] und der Marschall [*Almagro*] waren dafür, der Gobernador solle Chalcochima den Prozeß machen. Chalcochima habe dem Gegner alles hinterbracht, was die Christen unternähmen. Er habe den Überfall im Gebirge bei Vilcas herbeigeführt und die Indios ermuntert, mit den Spaniern den Kampf aufzunehmen, weil deren Zahl so gering sei und sie ihre Pferde im Gebirge nur Schritt für Schritt am Zügel führen könnten. Er habe ihnen noch tausend andere Ratschläge gegeben dank seiner Vertrautheit mit der Örtlichkeit und mit den Methoden der Christen, die er während des langen Zusammenlebens kennengelernt hatte.

Auf Grund dieser Informationen [*nach Pedro Pizarro auch wegen des Giftmordes an Tupac Huallpa und der Sicherheit der Spanier*] befahl der Gobernador, ihn mitten auf der Plaza lebendig zu verbrennen [...]. Der Geistliche machte noch den Versuch, ihn mittels eines Dolmetschers zum Christentum zu bekehren und erklärte ihm, wer sich taufen lasse und von ganzem Herzen an unseren Erlöser Jesus Christus glaube, werde die Freuden des Paradieses empfangen, wer aber nicht an ihn glaube, fahre zur Hölle und ihren Qualen. Er aber weigerte sich: er verstehe diese Lehre nicht und wolle nicht Christ werden. Dann hob er an laut nach [*seinem Gott*] Pachacamac zu rufen und nach dem Hauptmann Quisquis, sie sollten ihm zu Hilfe kommen.

Pedro Pizarro:

In der Festungsstadt Sacsayhuaman [...] suchte sie ein Sohn Huayna Capacs, der Manco Inca hieß, in friedlicher Absicht auf.

Trujillo:

Er kam in Begleitung von zwei oder drei Orejones [*Adelige*] und trug ein gelbes Hemd und eine gelbe Manta aus Baumwolle.

Sancho:

Er war der größte und bedeutendste Herr, den es damals in diesem Lande gab; er befand sich fortwährend auf der Flucht und in Todesfurcht vor den Quitoleuten. Er sprach zu dem Gobernador, er wolle ihm, soweit es in seinen Kräften stehe, behilflich sein, die Quitoleute aus dem Lande zu vertreiben.

[*Nach Pedro Pizarro wollte Manco auch erfahren*],
wem jetzt das Incareich gehöre.

Francisco Pizarro hält ihn zunächst hin und läßt offen, wen er als Inca einsetzen wolle. – Manco – so berichtet Sancho – verspricht dem Gobernador:

»Von heute an werde ich Dich genauestens über das Tun der Quitoleute unterrichten«. [...] Daraufhin verabschiedete er sich mit den Worten: »Ich wollte gerade fischen gehen, da ich weiß, daß morgen die Spanier kein Fleisch essen, und dabei stieß ich auf diesen Boten, der mir mitteilte, Quisquis habe mit seinem Kriegsvolk vor, Cuzco zu verbrennen, er sei schon ganz nahe. Mir lag daran, es Dir mitzuteilen, damit Du es verhinderst.«

Da befahl der Gobernador, alle Leute sollten sich bereithalten. Obwohl es Mittag war, wollte er sich angesichts der Gefahr nicht mit dem Essen aufhalten, sondern marschierte mit allen Spaniern direkt auf Cuzco zu, das noch etwa vier Meilen entfernt war. Er hatte die Absicht, kurz vor der Stadt sein Lager aufzuschlagen, um am frühen Morgen des kommenden Tages einzuziehen. Nach zwei Meilen Weges sah er in der Ferne eine große Rauchfahne aufsteigen. Nach der Ursache sich erkundigend, erfuhr er, eine Abteilung von Quisquis sei den Berg heruntergekommen und habe Feuer gelegt.

Vor Cuzco kommt es noch zu kleineren Gefechten. Sancho erzählt von zwei patrouillierenden Reitern:

Wenn sie nicht rechtzeitig Hilfe bekommen hätten, wären sie in äußerste Gefahr geraten. Einem der beiden töteten die Indios das Pferd, was ihren Mut so anfeuerte, daß sie weitere 3 oder 4 Pferde verletzten, wie auch einen Christen, und die Spanier zwangen, bis in die Ebene zurückzuweichen [...]. Da traf der Gobernador mit den übrigen Spaniern ein und sie schlugen, da es schon spät war, dort das Lager auf. Die Indios hielten sich bis Mitternacht auf dem Berg etwa eine Musketenschußweite entfernt unter ständigem Kriegsgeschrei.

Die Spanier wachten die ganze Nacht und ließen die Pferde gesattelt.

Pedro Pizarro:

Um Mitternacht rissen sich einige Pferde los. Es entstand eine Panik unter den Leuten und man schlug Alarm [...]. Alle waren der Meinung, der Feind käme über uns [...]. Unsere einheimischen Freunde im Lager [*nach Trujillo 50 Cañari und 50 Chachapoyas*] klammerten sich an die Spanier; sie glaubten, Quisquis sei mit seinen Leuten über uns hergefallen; denn als Parteigänger Huascars, und weil sie sich den Spaniern angeschlossen hatten, waren sie seine Feinde und wußten, daß von seiner Seite ihnen allen der Tod drohe.

Die allgemeine Verwirrung dauerte eine gute Weile, bis herauskam, was der eigentliche Anlaß gewesen war. Aber Quisquis und seine Krieger meinten ihrerseits, als sie die lauten Stimmen hörten, wir gingen zum Angriff über, und zogen in der gleichen Nacht ab.

Sancho de la Hoz:

Ganz früh am nächsten Tage ordnete der Gobernador sein Fußvolk und seine Reiter zu dem Einzug in die Stadt Cuzco und brach bei Morgengrauen auf mit großer Vorsicht und immer gewärtig, daß die Feinde ihn auf dem Wege überfielen; aber kein Krieger zeigte sich.

Pedro Pizarro spricht im Gegenteil von einer festlichen Begrüßung:

Aus Cuzco strömte so viel Volk heraus, um uns zu sehen, daß alle Felder von Menschen wimmelten.

Sancho de la Hoz:

Zur Stunde der Hauptmesse am Freitag, dem 15. November im Jahre des Herrn unseres Erlösers und Erretters Jesus Christus MDXXXIII, hielt der Gobernador mit seinen Leuten den Einzug in jene große Stadt Cuzco – ohne Kampf und ohne Widerstand.

Auf Anordnung des Gobernadors machten die Spanier in den Gebäuden am Hauptplatz der Stadt Quartier.

Bei Nacht mußten sie jedoch mitsamt den Pferden auf den Platz heraus und in den Zelten schlafen, denn man konnte nicht wissen, was der Feind vorhatte. Diese Vorsichtsmaßregel übte man einen ganzen Monat lang.

Pedro Pizarro:

Der Marqués ließ öffentlich ausrufen, die Spanier sollten weder die Häuser der einheimischen Bevölkerung betreten noch ihnen irgend etwas nehmen.

Sancho de la Hoz:

Am Tage darauf setzte Pizarro den Inca Manco, einen Sohn Huayna Capacs, zum Herrn [*über Tahuantisuyu*] ein, weil er jung, klug und ansprechend war und darüber hinaus auch der ranghöchste von allen derzeit Anwesenden. Auch von Rechts wegen stand ihm diese Herrschaft zu. Pizarro faßte diesen Entschluß so rasch, damit die Vornehmen und Kaziken aus den verschiedenen weit voneinander entfernten Provinzen nicht in ihre Länder zurückkehrten und keine Gelegenheit bekämen, sich mit den Quitoleuten zu verbinden oder sich sonst zusammenzurotten. Sie sollten ihren eigenen Herrn haben, dem sie huldigten und gehorchten. Aus diesem Grunde befahl der Gobernador allen Kaziken, ihn [*Manco Inca*] als ihren Herrn anzuerkennen und seinen Anordnungen Folge zu leisten.

Als erstes bekommt der Inca Manco die Aufgabe, mit Indiotruppen und unterstützt von spanischen Reitern, Quisquis und die Quitoeinheiten aus dem Umkreis von Cuzco zu vertreiben. Sancho:

Von dem Streifzug zurückgekehrt, zog sich der [*neue*] Kazike drei Tage zum Fasten in ein Haus auf einem Berge zurück, das sein Vater gebaut hatte; dann ging er auf die Plaza, wo die Männer des Landes entsprechend dem hiesigen Brauch ihm, wie schon damals dem Kaziken Tupac Huallpa in Cajamarca, zum Zeichen des Gehorsams den weißen Federbusch überreichten.

Manco befiehlt seinen Kaziken, weitere Truppen zum Krieg gegen Quisquis auszuheben. Sancho:

Im Zeitraum von acht Tagen trafen mehr als 10000 ausgesuchte Krieger in Cuzco ein; der Gobernador gab ihnen einen [*spanischen*] Capitán mit 50 schnellen Reitern bei. Sie alle sollten am letzten Weihnachtsfeiertag [*1533*] aufbrechen.

Zuvor aber [...] ging der Gobernador, um den Friedens- und Freundschaftsbund mit dem besagten Kaziken [*Manco*] und seinen

Leuten zu bekräftigen, mit zahlreichen Leuten aus seinem Gefolge nach der Weihnachtsmesse [...] auf die Plaza, wo der Kazike und die Señores des Landes mit ihrem Kriegsvolk neben den Spaniern Platz nahmen, Manco auf einem kleinen Sitz [*Duho=Herrensitz*] und seine Leute im Umkreis auf dem Boden.

Der Gobernador hielt ihnen die für einen solchen Anlaß übliche Rede, und ich als sein Sekretär und Amtsschreiber des Heeres las auf seine Veranlassung das von S. M. vorgeschriebene Requerimiento [*Amtsschrift der Inbesitznahme eines neueroberten Landes und Angebot der christlichen Heilsbotschaft*] vor.

Der Inhalt wurde ihnen von einem Dolmetscher erklärt. Sie verstanden alles gut, denn sie beantworteten sämtliche Fragen.

Man forderte sie auf, sich als Vasallen S. M. zu betrachten [...]. Und der Gobernador hieß sie mit derselben Feierlichkeit wie damals [*bei Tupac Huallpa...*] zweimal die Standarte heben. Beim Schall der Trompeten umarmte der Gobernador die neuen Vasallen herzlich. Die weiteren Zeremonien beschreibe ich nicht, um nicht zu ermüden. Zum Abschluß stand [*Manco*] der Kazike auf, nahm einen goldenen Becher und gab eigenhändig dem Gobernador und den Spaniern zu trinken. Schließlich gingen sie zum Essen, da es schon spät war.

Trujillo beschränkt sich auf eine nüchterne Schilderung dessen, was in Cuzco zu finden ist:

In Cuzco fanden wir eine größere Menge an Silber als an Gold, obwohl das Gold auch nicht wenig war. Es gab große Waffendepots für das Kriegsvolk mit Lanzen, Pfeilen, Keulen und Wurfspeeren; es gab Schuppen voller Seile, so dick wie ein Oberschenkel und anderer, so dünn wie ein Finger, mit denen sie die Steine für die Bauten schleifen; es gab Schuppen voll Kupferbarren, je zehn Stück zusammengebunden [...], es gab große Depots angefüllt mit Kleidung aller Art. Depots mit Coca und Pfeffer und Depots voller Trophäenköpfe.

Wir betraten das Haus der Sonne, und der Villac Humu [*Hohepriester, sagte zu uns...*], ein jeder, der eintreten wolle, müsse zuvor ein Jahr fasten; auch habe er eine Last zu tragen und barfuß zu gehen. Wir hörten nicht auf das, was er sagte, und gingen hinein.

Ich könnte noch viele Einzelheiten bringen; aber ich höre auf, um nicht durch Weitschweifigkeit zu ermüden. Was ich hier niedergeschrieben habe, hat sich wirklich und wahrhaftig zugetragen, und es ist kein falsches Wort daran. Diese Schrift wurde am 5. April 1571 fertiggestellt. Möge Eure Excellenz [*gemeint ist der Auftraggeber Francisco de Toledo, damaliger Vizekönig von Peru*] sie entgegennehmen aus den Händen Ihres untertänigen Dieners [... *unterzeichnet:*] Diego de Trujillo.

Für Pedro Pizarro, den Pagen des Gobernadors, ist das, was er sieht, seine Welt: Er ist mit 17 Jahren nach Peru gekommen mit der ganzen Aufnahmebereitschaft der Jugend, und kann sich nicht genug tun, seine Eindrücke von den Schönheiten Cuzcos und von den incaischen Sitten und Gebräuchen in den lebhaftesten Farben zu schildern:

Jetzt werde ich erzählen, was es in jenem Cuzco, als wir es zum ersten Mal betraten, alles gab: riesige Bestände an Gewändern und Stoffen, sehr feinen wie auch schlichteren. Lager von Schemeln [*gemeint sind hier die »Duhos«, niedere der Körperrundung angepaßte kleine hölzerne Sitze, die nach Cobo Tiergestalt hatten und aus einem Stück geschnitzt waren*], Lebensmittelvorräte und Coca, sodann schillernde Federn, die feinstes Gold schienen, auch grüngolden schillernde: es handelte sich hier um die ganz kleinen Federn von Vögelchen, die kaum größer als Grillen sind und wegen ihrer Winzigkeit Kümmelvögelchen genannt werden. Diese schillernden Federn wachsen jenen Vögelchen nur auf der Brust und sind kaum größer als eine Kralle. [...] Daraus fertigen sie Kleidungsstücke, und es ist kaum zu fassen, wie es möglich war, eine solche Unmenge dieser Flaumfedern zusammenzubringen.

Dann gab es wieder andere Federn in den verschiedensten Farben, aus denen man Gewänder anfertigte, die ausschließlich die adeligen Herren und Damen zu den hohen Festen trugen. Auch die Mantas aus goldenen und silbernen Chaquira – das sind ganz feine Perlchen oder Pailletten – waren nur für adelige Damen bestimmt und die Perlen so eng aneinandergefügt, daß sie das Gewebe total bedeckten und wie ein dichtes Netz wirkten. Es ist kaum zu fassen, wie man so etwas herstellen kann. Es gab Depots von Schuhen mit Sohlen aus Hanf und buntem feinem Wollgewebe über dem Rist, ähnlich den flämischen Pantoffeln. [...] Ich vermag nicht alles zu beschreiben, was ich sonst noch gesehen habe an gestapelten Kleidern und Geweben aller Art, wie sie in diesem Königreich gefertigt und getragen wurden; denn es fehlte die Zeit zum Betrachten und die Kenntnis, die dazu gehört hätte, alle diese Dinge zu verstehen. Man fand

Riesenbestände an Kupferbarren zur weiteren Verarbeitung, Tragtaschen und Seile, hölzerne Becher [*Keros*] und unheimlich viele goldene und silberne Platten; aber die Indios hielten von letzteren nicht viel, denn sie hatten, wie mir später klar wurde, das Beste versteckt. Ich möchte hier nur einige besondere Stücke aufführen, die später gefunden wurden [...]:

In einer großen Felsenhöhle bei Cuzco fand man zwölf goldene und silberne Leuchter [...], wunderschön geformte Krüge, zur Hälfte aus Ton, zur Hälfte aus Gold, beide Materialien so vollkommen zusammengefügt, daß nicht ein Tropfen verlorenging, wenn man Wasser einfüllte. [...] Außerdem viele Goldgefäße mit plastisch aufgesetzten Nachbildungen von Vögeln, Schlangen, Spinnen, Eidechsen und sonstigem Gewürm, das sie kennen [...]. Am meisten betrübte es die Indios aber, daß dort in jener Höhle auch die Statue aufgefunden wurde, die nach ihrer Überlieferung ihren ersten König, der dieses Land erobert hatte, darstellte.

Estete beschreibt lebensgroße goldene und silberne Porträtstatuen einer Art, von der heute kein Exemplar mehr erhalten ist:

Man fand in der Stadt [*Cuzco*] und in bestimmten Tempeln der näheren Umgebung eine Reihe ganz aus Gold und Silber gegossener Figuren, die in Statur und Größe die Gestalt einer Frau darstellten. Sie waren wunderbar in allen Zügen ausgearbeitet, und ich kann mir nicht denken, daß jemals auf Erden etwas Schöneres von dieser Art gemacht worden ist.

Es waren mehr als 20 solcher goldener und silberner Statuen, und sie müssen nach dem Bilde verstorbener Herrinnen gefertigt worden sein; denn jede von ihnen hatte ihre Pagen und dienende Frauen – wie wenn sie lebten. Dieselben warteten und reinigten sie mit soviel Gehorsam und Verehrung, als ob sie noch im Fleische befindlich wären, und sie kochten ihnen so köstlich und schmackhaft, als würden sie tatsächlich essen.

Pedro Pizarros Erinnerungen aus dem Cuzco der Eroberungszeit enthalten auch sehr gute Beobachtungen über den damals noch geübten Kult der Incamumien und über die gesellschaftliche Stellung der zu ihnen gehörenden Geschlechter (Ayllus – Panacas), Beobachtungen, die später, als die systematische Ausrottung der altperuanischen Kulte einsetzte, nur noch in abgelegenen Gegenden zu machen sind:

Bei den Incas war es Brauch, den Herrscher nach seinem Tod einzubalsamieren. Der Leichnam wurde mit einer Menge feiner Tücher umwickelt. Der verstorbene Herrscher behielt seinen gesamten Hofstaat und wurde bedient wie zu Lebzeiten. Man rührte weder an sein goldenes noch silbernes Geschirr noch an sonstiges Gut, was ihm gehört hatte; auch seine Diener blieben im Hause, und ihre Zahl wurde eher größer. Ihnen [*den königlichen Toten*] waren eigene Provinzen zur Bestreitung ihres Unterhaltes zugeteilt.

Der Nachfolger mußte einen neuen Hofstaat gründen. Er benutzte zunächst Speise- und Trinkgefäße aus Holz und Ton, solange bis silberne und goldene hergestellt waren.

Der neue Herrscher übertrumpfte jedoch immer seinen Vorgänger. Das war der Grund, warum es in diesem Lande so viele Schätze gab; denn wie ich bereits erwähnte, stellte jeder neue Herrscher schönere und größere Gefäße und Paläste her.

Den Toten stand also der überwiegende Teil der Menschen, Schätze und Einnahmen und ein sündhafter Luxus zu Gebote.

Dieses System wurde folgendermaßen verwirklicht: Jedem Toten war ein Indio und eine India von hohem Adel beigegeben, und was diese beiden wünschten, gaben sie als Willen des Toten aus. Wollten sie essen oder trinken, so behaupteten sie, die Toten möchten dasselbe. Ebenso hielten sie es, wenn sie in den Häusern anderer Toten Gelage halten wollten.

Es war Brauch in diesem Lande, daß die Toten sich besuchten, was mit großen Tanzspielen und Trinkgelagen verbunden war. Manchmal suchten sie auch Lebende auf, und diese wiederum die Toten [...].

Im Dienste dieser Toten stand der größte Teil der Edelleute, sowohl Frauen wie Männer [...]; die miteinander ein entsprechendes Lasterleben führten und auf die üppigste Weise aßen und tranken. Dies konnte ich alles beobachten, als wir das erste Mal nach Cuzco kamen.

Damals beauftragte der Marqués Don Francisco Pizarro Don Diego de Almagro, Hernando de Soto und Inca Manco, die Verfolgung des Quisquis aufzunehmen [...]. Ein Hauptmann des Inca, der seinen Herrn begleiten sollte, ersuchte den Marqués, sich für ihn bei einem der Toten zu verwenden, damit dieser ihm seine Verwandte, die im Dienste der Mumie stand, zur Frau gebe. Der Marqués beauftragte mich in Begleitung des Dolmetschers Don Martín, mit dem Toten zu sprechen und ihn in seinem Namen [*gemeint ist F. Pizarro*] zu bitten, dem Hauptmann diese India zu geben.

Ich nahm an, daß ich mit einem lebenden Indio sprechen sollte; man führte mich aber zu einem dieser Mumienbündel.

Der Tote saß in einer Sänfte [...], der ihm zugeordnete Indio, der in seinem Namen sprach, auf der einen Seite, und auf der anderen eine India [...]. Als wir vor dem Toten standen, trug der Dolmetscher sein Anliegen vor. Der Indio, der sich zunächst abwartend und schweigend verhielt, blickte hinüber zur India (ich nehme an, um festzustellen, ob sie wollte) und nach einer guten Weile antworteten beide, Indio und India, wie aus einem Munde: ihr Herr, der Tote, sage, sie solle gehen, der Capitán könne die India mitnehmen, da es der Apu [*Quechuawort für Herr*] – so nannten die Einheimischen den Marqués – wünsche.

Der Feldzug gegen Quisquis veranlassen den Quitogeneral und sein Heer zum langsamen Abzug in Richtung Nordperu. Die Truppen des jungen Inca Manco haben einen wesentlichen Anteil an dem Erfolg. Die Incahauptstadt atmet auf; denn Chalcochimas und Quisquis' einjährige Schreckensherrschaft hat Hekatomben von Blutopfern unter dem auf der Seite des Incas Huascar stehenden Adel gefordert. So kommt den Incas die spanische Gefahr gar nicht recht zum Bewußtsein. Pizarro und seine Mannen spielen vorerst die Rolle der Befreier und erleben in Cuzco Sieges- und Freudenfeste in einem ihnen unvorstellbaren Ausmaß. Die toten Könige feiern mit. Der uns schon bekannte Hauptmann Estete erzählt in einem Atem vom Einzug der Mumien, von allgemeiner Besäufnis samt Begleiterscheinungen und von den Heldenliedern zu Ehren der anwesenden Incaahnen:

Als die Spanier mit dem Capitán Almagro und dem Inca Manco nach Cuzco zurückkehrten, war die Freude des incaischen Herrschers, endlich über den Feind gesiegt und ihn aus dem Land gejagt zu haben, so groß, daß er beschloß, auf dem Hauptplatz der Stadt große Feste mit [*Kriegs-*] Spielen und [*Masken-*] Tänzen zu veranstalten. Täglich strömte so viel Volk auf dem Platz zusammen, daß er die Menge kaum fassen konnte. Zu den Festen brachten sie alle ihre toten Ahnen und Verwandten mit. [*Die folgende Schilderung des Ablaufs dieser Handlung zeigt, daß es nur ganz vornehme Mumien, nach anderen Quellen zu schließen, nur die Königsmumien waren*]. Zuerst verrichteten die Leute im Tempel [...] ihre Sonnengebete, dann begaben sie sich mit Tagesanbruch zu den Grabstätten der Mumien, die in einer bestimmten Ordnung auf niederen Schemeln

[*Duhos*] saßen. Diese Mumien wurden sodann in Sänften eine nach der anderen unter Bezeugung größter Ehrfurcht von festlich uniformierten Männern in die Stadt hinabgetragen und mit dem gleichen Aufwand und mit solcher Sorgfalt bedient, als ob sie lebten [...]. Auf dem Wege dankten sie der Sonne in Gesängen für den Sieg über den Feind. Mit ihrem großen Gefolge kamen sie auf die Plaza: an der Spitze in seiner Sänfte der [*neuerwählte*] Inca Manco und auf gleicher Höhe an seiner Seite sein Vater Huayna Capac [*gemeint ist hier die Mumie*] und ebenso in ihren Sänften die übrigen Ahnen, einbalsamiert, mit Diademen auf dem Haupt. Für jeden stand ein Baldachin bereit [...], darunter saß dann der Tote auf seinem Sitz, von Pagen und Frauen umgeben, die mit Wedeln die Fliegen fernhielten, und erfuhr wie zu Lebzeiten sämtliche ihm gebührenden Ehren.

Neben jedem Toten stand ein mit seinen Insignien verziertes Reliquienkästchen oder kleine Truhe, worin seine Nägel, Haare, Zähne oder sonstige von seinen Gliedern herrührende Überbleibsel seit der Zeit seiner Erhebung zum Fürsten gesammelt worden waren. Nichts wurde gering geachtet, sondern alles in diesen Truhen aufgehoben und dem Leichnam beigegeben.

Hatte jeder Tote seinen Platz, dann ging es ans Feiern; das Volk blieb da von 8 Uhr morgens bis in die Nacht hinein, und schwelgte in Essen und Trinken, wie man es eigentlich nur bei den Weingelagen der Reichen und Vornehmen kennt.

Was die Leute in Cuzco tranken, war zwar nur ein bierähnliches Gebräu aus Wurzeln und Mais, aber es genügte, um sie schwach im Kopf zu machen, denn sie vertragen nicht viel. Es war eine solche Menge Volk und alle, Männer wie Frauen, füllten so viel hinein in ihre unergründlichen Bälge – sie trinken nämlich dann unaufhörlich und essen nichts mehr, daß tatsächlich durch zwei große steingepflasterte Abflußrinnen von über einer halben Elle Durchmesser, die in den Fluß entwässerten und wohl zur Reinigung und zur Abführung auf den Platz niedergehender Regengüsse dienten oder vielleicht – was hier noch wahrscheinlicher anmutet – gerade zu jenem speziellen Zweck, den ganzen Tag den Urin der Leute, die da hineinurinierten, so reichlich lief, als ob hier zwei Bäche entsprängen. Natürlich braucht man sich bei der Unmenge Flüssigkeit, die da getrunken wurde, und bei der Zahl der trinkenden Leute darüber nicht zu wundern; aber trotzdem schien es ein Wunder und eine nie dagewesene Sache, wenn man zusah.

In Gesängen wurden die Taten und Eroberungen eines jeden dieser Fürsten und sein begnadetes Wirken verherrlicht, und man dankte der Sonne, daß sie das Volk diesen Tag erleben ließ. Ein Priester erhob sich und ermahnte den Inca als den Sohn der Sonne der Taten seiner Vorfahren zu gedenken, selbst danach zu handeln und jenem Kaiser, dessen Leute nun als siegreiche Eroberer hier seien, in allem dienstbar und gehorsam zu sein.

Bei Einbruch der Nacht leerte sich der Platz in der gleichen Ordnung wie der Einzug vonstatten gegangen war, und die Toten kehrten in ihre Gemächer zurück.

Diese Feste dauerten über 30 Tage und es wurde so viel von jenem dort üblichen Wein [*dem o. e. Maisbier*] getrunken, daß der Preis der gleichen Menge echten Weines aus Spanien den Wert alles Goldes und Silbers, das dort erbeutet wurde, weit überstiegen hätte. Das mag genügen als Information über diese Feste.

Der Inca Garcilaso de la Vega erklärt in seinen ›Comentarios Reales‹:

Es war strenger Brauch bei den Indios in Peru, zu den Mahlzeiten nichts zu trinken [...]. Erst nach dem Essen gab es zu trinken in großen Mengen. Dieses maßlose Trinken zählte zu den Hauptlastern jenes Volkes.

Dem Eindruck des von Estete beschriebenen Festes entspringt auch eine Passage aus Pedro Pizarros Chronik. Er schildert hier genau, wie die Mumien, und nicht nur diese, sondern auch das Sonnenidol, auf dem Platz »essen« und »trinken«, und bringt weitere Details über kultische Bräuche:

Täglich brachten sie diese Toten [...] auf die Plaza und setzten sie dorthin in der Reihenfolge der Generationen. Ihre Diener und Dienerinnen aßen und tranken selbst und entzündeten vor jedem Toten ein Feuer aus sorgfältig hergerichtetem, gleichmäßig zugeschnittenem und besonders trockenem Holz und verbrannten darin alles, was sie den Toten vorsetzten; es waren dieselben Speisen, die auch sie aßen. Auch standen vor den Mallquis große Krüge, die sie Verquis nannten, aus Gold, Silber oder Ton – je nach Laune. In diese Verquis schenkten die Diener Chicha, den sie zuvor den Toten zeigten.

Die Toten tranken sich gegenseitig zu, ebenso hielten es die Toten mit den Lebenden und die Lebenden mit den Toten.

Diese gefüllten Verquis gossen sie über einem abgerundeten Stein in der mitte der Plaza aus, den sie als Götzen verehrten. Er hatte rundherum eine kleine Rinne und unter der Erde eingebaute Rohre sorgten für den Abfluß.

Über dieses ... Idol wurde bei Nacht ein rundes Gehäuse ... aus Matten ... gestülpt [...].

Ein Priester in Tunika trug [*zu den Festen* ...] eine kleine verhüllte Statue, von der sie sagten, sie sei die Sonne, auf den Platz hinaus. Ihn begleiteten zwei Sonnenwächter, die lange, oben in einem Keulenkopf oder in einer Axt endende und in der Mitte mit goldenen Bändern geschmückte Stangen trugen, nach indianischer Überlieferung die Waffen der Sonne [...].

Für die Sonne war in der Mitte des Platzes ein Duho bereitgestellt und bedeckt mit stark farbigen und besonders feinen Federdecken; darauf setzten sie jene Figur und flankierten sie mit den beiden Hellebarden; dann gaben sie jener Sonnengestalt zu essen in der gleichen Weise, wie ich es schon bei den Toten beschrieben habe, und zu trinken. Wenn sie die Speise für die Sonne verbrannten, stand ein Indio auf und verkündete das Ereignis laut, so daß alle es hören konnten. Auf diesen Ruf hin setzten sich alle, die sich auf dem Platz und außerhalb desselben in Hörweite befanden, und verhielten sich still, ohne zu sprechen noch zu husten noch sich zu rühren, bis die Speise von dem angezündeten Feuer verzehrt war; das dauerte nicht lange, weil das Holz sehr trocken war. Die nach dem Erlöschen des Feuers verbleibende Asche wurde auf jenen Steinpfeiler gestreut, der, wie ich schon erzählt habe, auf der Mitte des Platzes stand und so rund war wie eine Frauenbrust. [...]

In dem Bereich des Tempels, wo die Sonne schlief, war ein kleiner Garten, wo Mais gesät wurde. Im Dienste der Sonne trugen sie auf den Rücken Wasser her, um das Gartenbeet zu gießen. Zu den drei großen Festen des Jahres – zur Zeit der Aussaat, der Ernte und der Jünglingsweihen (cuando hacían Orejones) – steckten sie in den Garten goldene Maispflanzen mit Kolben und Blättern, samt und sonders aus feinstem Gold der Natur nachgebildet, welche sie für diese Gelegenheiten bereithielten.

In diesem Hause, wo die Sonne wohnte, schliefen täglich mehr als 200 Frauen, alles Töchter vornehmer Indios. Sie schliefen auf dem Boden. Die Figur der Sonne stand auf einem hohen prächtigen Thron reich geschmückt mit schillernden Federn, und die Frauen gaben vor, daß der Sonnengott sich mit ihnen im Schlafe vereinige.

In Cuzco werden die ersten Spanier seßhaft. Pedro Sancho de la Hoz schreibt:

Im März 1534 ließ der Gobernador in dieser Stadt die Mehrzahl der Spanier, die noch hier waren, zusammenrufen zur feierlichen Besitznahme und Besiedlung der Stadt und gleichzeitigen Gründung der neuen Gemeinde in ihrem alten Kern [...]. Er vollzog diese Handlung mitten auf dem großen Platz unter bestimmten Zeremonien, wie es steht in der ausgefertigten Akte, die ich, der Schreiber, mit lauter Stimme allen vorlas; die Stadt erhielt den Namen »la muy noble y gran ciudad del Cuzco«. Anschließend bestimmte er das Haus, in dem die Kirche eingerichtet werden sollte, legte Gemarkung und Grenzen fest und regelte die Gerichtbarkeit [...].

Sancho de la Hoz hat auch die Akte über die Gründung des spanischen Cuzco verfaßt, verlesen und in ihrer ganzen Ausführlichkeit samt der theologischen und staatsrechtlichen, vom Requerimiento und Pizarros Capitulación hergeleiteten Präambel seiner Chronik einverleibt. Die Geschichtsträchtigkeit des Ortes als Incametropole wird übergangen; der Schluß der Urkunde zeigt, daß Pizarro sich nicht sicher ist, ob er den Platz so weit im Inneren des Landes halten und der Verpflichtung, hier zu kolonisieren, nachkommen kann.

Im Namen Gottes, des Vaters und des Sohnes und des Heiligen Geistes, in Gestalt der drei Personen, ein wahrer, einziger, allmächtiger Gott und Herr, der Himmel und Erde und alle Dinge darauf erschaffen hat, durch seine göttliche Vorsehung und seinen göttlichen Willen erhält, ihnen Wesen und Leben verleiht jetzt und immerdar, bis sein Wille sich erfüllt; der gleichfalls Adam und Eva, unsere Voreltern, erschaffen hat, von denen wir Menschen [...] abstammen und unsere Nachkommen, welche alle, mit menschlichem Verstand und den fünf Sinnen begabt, Häuser und Heimstätten bauten [...] und sich das geeignetste Land zum Leben suchten, [...] damit es ihnen Frucht bringe und sie erhalte und nähre [...], und angesichts der Erfahrung, daß auch die wilden und unverständigen Tiere geeignete Wohnplätze suchen ihrer Art entsprechend, und sich kaum als Einzelgänger finden werden, die sich von den anderen absondern, vielmehr die einen mit den anderen sich zusammentun in zahlreicher Gemeinschaft auf jeweils einem Erdenfleck und sich daran freuen, freundschaftliche Bande und Einstimmigkeit untereinander zu pflegen, manche sogar ihrer Natur entsprechend recht gute Sitten und Bräuche einhalten, sowie unter Berücksichtigung vieler anderer Umstände, die man zum gleichen Behufe noch anführen könnte – möchte Ich, Francisco Pizarro, Ritter des Santiagoordens, Diener und Vasall S. C. C. M. des Kaisers und Königs Don Carlos, unseres Herrn und Herrschers beider Spanien, Adelantado und stellvertretender Capitán General und Gobernador in diesen seinen Königreichen von Neukastilien, in Befolgung von Regel und Brauch unserer Vorfahren und im Gebot Ihrer Majestäten und zur Ehre Gottes unseres Herrn, zur Mehrung unseres heiligen katholischen Glaubens und zum leiblichen und geistlichen Heil der in diesen entlegenen und von der heiligen Weisheit noch nicht erleuchteten Ländern lebenden Eingeborenen, die nach dem Worte Gottes unsere Mitbrüder und Nachfahren unseres Stammvaters sind, hier in dieser großen Stadt Cuzco, der Hauptstadt des ganzen Landes und seiner Bevölkerung, in der ich jetzt weile und residiere, die von mir in Namen ihrer Majestäten begonnene Besiedlung jener Königreiche fortsetzen, indem ich hier eine spanische Stadt schaffe und gründe, bewohnt von Christen, welche zusammen mit mir bei der Konquista des ganzen Landes und dieser Stadt vielmals ihr Leben eingesetzt und Mühen, körperliche Strapazen und Einbußen an ihrem Vermögen hingenommen haben.

Gleichfalls werde ich im Namen Ihrer Majestät und zu Ihrer und Gottes Ehre die Länder, die erst erobert werden mußten, an jene Christen als Abfindung und Entschädigung ihrer Mühen verteilen und die Indios, welche sie mit mir zusammen erobert, befriedet und dem Joch und der Knechtschaft der fremden Leute von Quito, die sie zu Vasallen herabgedrückt hatten, entrissen haben, in Obhut geben [*depositar*], damit sie [...] auch von den Banden und der Blindheit, in denen sie unser böser Feind, Widersacher und Verfolger gefangenhält, und von dem Götzendienst und ihren üblen Bräuchen frei werden durch Gespräch und Umgang mit den Spaniern [...], durch deren Ermahnungen und durch die Erleuchtung des Heiligen Geistes zur Erkenntnis Gottes unseres Herrn und des heiligen Glaubens gelängen, auf daß Gott auf ewig gelobet und gepriesen werde.

Weil die spanischen Kolonisten, die hier siedeln und die Stadt halten sollen, ohne die Dienste der Eingeborenen sich nicht erhalten können, erscheint es angebracht, diese nach Gründung des Gemeinwesens den genannten Stadtbürgern zuzuteilen [*depositar*...].

Nach eingehender Beratung mit dem hochwürdigen Pater Vicente de Valverde vom Orden des heiligen Dominikus, mit Antonio Navarro, dem Zahlmeister S. M. und anderen Personen, was in diesem Falle am besten zu tun sei, und nach genauer Besichtigung und

Prüfung der Lage dieser Stadt und anderer Orte, wo man ebenfalls hätte siedeln oder eine Stadt gründen können, stellte ich fest, daß dieser Platz in der besten Gegend des Landes liegt, was ja bereits die früheren Herren veranlaßt hat, hier ihren Wohnsitz und ihre Residenz aufzuschlagen und ihn dadurch zu adeln, daß sie die vornehmsten Geschlechter des Landes hier ansiedelten und sie durch die Errichtung prächtiger Gebäude zur Herrin und Hauptstadt des ganzen Landes machten.

Sie bietet folgende weitere Vorteile: sie liegt in einem fruchtbaren Tal zwischen zwei Flüssen; in der Nähe gibt es Quellen mit gutem Wasser und holzreiche Wälder, Berge und Weiden für die Viehzucht, Flüsse und Seen zum Fischen und rundherum viele Lager- und Herrenhäuser und alte Amtssitze [*oficios viejos*], alle aus guten Werksteinen errichtet, aber sämtlich verlassen und herrenlos, wo die Spanier, die hier ansässig werden wollen, mit geringen Mühen und Kosten Holz und Steine wegholen können für die Bauten in der Stadt, für Häuser wie für Kirchen oder steinerne Mauern, ohne daß man den Einwohnern ihre Häuser und Wohnungen wegnehmen müßte; wenn man genötigt wäre, erst das Holz aus den Wäldern zu holen, wäre das Bauen sehr schwierig und mit großen Mühen und Kosten verbunden.

In Anbetracht dieser und noch vieler anderer Dinge, auf deren Aufzählung ich hier verzichte, und unter Anrufung der Gnade Gottes, in nomine Patris et Filii et Spiritus Sancti, amen, im Dienste und zu Ehren Gottes und im Namen Ihrer Majestäten baue und gründe [...] ich im Zuge der in diesen Königreichen begonnenen Kolonisation eine spanische Siedlung auf dem Boden dieser großen Stadt Cuzco. Die Plaza des Gemeinwesens, welches ich hier schaffe, soll die gleiche sein, die schon die Einheimischen angelegt haben, und rundherum sollen die Grundstücke liegen, auf denen die vecinos [*Stadtbürger*] ihre Häuser errichten, wie ich es für gut befinde und bezeichne.

Hinsichtlich dieser Gründung mache ich folgende einschränkende Bedingung geltend: Falls man sehen sollte, daß es besser sei, anderswohin zu ziehen, möge es das Wohl und die Gesundheit der Spanier erfordern – bis jetzt weiß man nämlich noch nicht, ob der Ort gesund ist –, oder der Zwang, einen zur Verteidigung gegen die einheimische Bevölkerung besser geeigneten Platz aufzusuchen, wenn es einmal einen Aufstand geben sollte [...], behalte ich mir das Recht vor, die Siedlung jederzeit, wenn es mir im Interesse S. M. und zum Wohle dieser [*überseeischen*] Königreiche für gut erscheint, an einen anderen Ort zu verlegen. Eine solche Entscheidung hat sich ja schon in vielen Gegenden der Neuen Welt als notwendig erwiesen, weil die Verhältnisse so gänzlich anders sind als im Mutterland [...].

Zum Zeichen dieser Gründung und Besitznahme heute am Montag, dem 23. März des 1534. Jahres unseres Herrn und Erlösers Jesus Christus, schneide ich in diesen Pfahl, den ich vor ein paar Tagen habe anfertigen und inmitten dieses Platzes hier auf den noch unfertigen Steinstufen aufstellen lassen, mit meinem Dolch [...] eine Kerbe vor euer aller Augen [...] und gebe dieser Stadt den Namen »la muy noble y gran ciudad del Cuzco« [...].

Als Zeugen waren anwesend: der Capitán Gabriel de Rojas, Francisco de Godoy, der Capitán Juan Pizarro, Gonzalo Pizarro, der Baccalaureus Juan de Balboa, Alonso de Medina, Francisco Pizarro, Fray Vicente de Valverde, Antonio Navarro.

Das Protokoll dieser Gründung habe ich, Pedro Sancho, der Schreiber, Wort für Wort verlesen auf der Plaza dieser Stadt vor den genannten Zeugen und in Gegenwart vieler Personen, die sich eingefunden hatten. – Pedro Sancho.

Dann bezeichnet Pizarro, wo die Kirche stehen soll, innerhalb eines alten Gebäudes ebenfalls am Hauptplatz von Cuzco; er nennt sie Nuestra Señora de la Anunciación (Mariä Verkündigung) und geht dann zur Abgrenzung der Stadtbezirke über. Er teilt Cuzco wie die alten Incas in vier Sektoren ein, die als Provinzen von beträchtlichem Ausmaß weit ins Land hinausgreifen, und gibt ihnen auch die Namen der vier Teile des Incareiches: Chinchaysuyu, der nordwestliche Sektor (der früher sämtliche Nordwestprovinzen des Incareiches einschließlich Ecuador umfaßt hat), reicht nunmehr immerhin bis Vilcas (etwa 300 km), wo er an die Region der Neugründung Jauja anschließt; Contisuyu reicht wie vormals bis an die südlichen Küsten; für das noch nicht erforschte südöstliche Collasuyu werden noch ziemlich fabulose Grenzen (»tierra de los Caribes«) angegeben; die Nordwestregion heißt Antisuyu. Dann fordert ein Herold jene Spanier, die sich als Stadtbürger bewerben wollen, auf, einzeln vorzutreten und ihre Namen bei Pedro Sancho zu Protokoll zu geben. In Sanchos bzw. Pedro Pizarros Bürgerliste stehen vornan die Namen Almagro, Hernando de Soto, Gabriel de Rojas (bekannt als Feldhauptmann in den späteren peruanischen Bürgerkriegen), Juan Pizarro, Rodrigo Orgoñes, Pedro de Candía, der Veedor García de Salcedo (kurz darauf ist er Stadtbürger in Lima), Pedro Sancho selbst, Pedro del Barco (einer der 3 Erstentdecker Cuzcos), Pedro de los Ríos u. a., insgesamt 86 Namen, deren Träger jedoch großenteils anderswo, etwa in Panama, ansässig sind. Deshalb macht Sancho am Schluß der Aufzählung die Einschränkung:

Viele der hier als ansässige Bürger der Stadt Cuzco erklärten Personen konnten nicht vor mir erscheinen, weil sie anderswo im Dienste Ihrer Majestäten stehen; sie werden aber trotzdem hier mitaufgeführt, weil sie durch Personen mit Vollmacht vertreten sind – Pedro Sancho.

[...] Nach gründlicher Überprüfung der neuen Bürgerlisten hinsichtlich der Qualität der einzelnen Personen ernannte der Gobernador Francisco Pizarro am nächsten Tag, den 24. März 1534 [...] Beltrań de Castro und den Hauptmann Pedro de Candía als Alcalden [*Bürgermeister und Stadtrichter*], den Hauptmann Juan Pizarro, Rodrigo Orgoñes, Gonzalo Pizarro, Pedro del Barco, Juan de Valdivieso, Gonzalo de los Nidos, Francisco Mejía und Diego de Bazán als Regidores [*Stadträte...*].

Die Ernennung der Bürgermeister und Regidores sollte jedes Jahr neu erfolgen, bis S. M. eine ihr gemäßere Regelung vorsehe [...].

Nachdem sie alle geschworen hatten, ihre Aufgaben als gute Christen zu erfüllen, überreichte der Gobernador jenem Beltrán und Castro und jenem Hauptmann Pedro de Candía eigenhändig einen Richterstab [...]. Sie nahmen ihn mit der gebührenden Feierlichkeit und Unterwürfigkeit entgegen und bestätigten den Empfang mit ihrem Namenszug.

Nach Pedro Pizarro verfährt sein Vetter Francisco Pizarro mit der Verteilung der Landlose und der Steuer- oder Tributbezirke (repartimientos) sehr großzügig und pauschal:

Um einen Anreiz zum Bleiben in Cuzco zu geben, was mit großem Risiko und Gefahr für Leib und Leben verbunden war wegen der geringen Zahl der Spanier und der Überzahl der Eingeborenen, verteilte Pizarro damals Repartimientos in jeder gewünschten Größe, gleich ganze Provinzen. Er machte keine Encomiendas wie sie S. M. vorschrieb, sondern [*verlieh die Tributbezirke in Form von sog.*] Depósitos, die er dann, wenn es ihm angebracht erschien, den Besitzern wieder entziehen konnte, wie er es auch später praktizierte, als Picado Sekretär wurde und Pedro Sancho wegging [...].

Nach dieser Neugründung und der Verteilung der Repartimientos rüstete man sich zur Rückkehr nach Jauja, um auch dort eine Stadtgemeinde zu gründen.

Hier genießen die Spanier wiederum die Gastfreundschaft des jungen Inca Manco. Estete:

Der Inca, der ebenfalls mit nach Jauja kam, lud sie dort zu einer großen Treibjagd auf Hirsche und Rehe ein.

Diese Jagd, die ich selbst erlebt habe, war etwas ganz besonderes, und ich habe nie von einer ähnlichen gehört; deshalb kann ich es nicht unterlassen, von ihr zu erzählen. Eines Tages fragte der Inca den Gobernador, ob er ein Freund der Jagd sei; er selbst betreibe sie mit Leidenschaft und veranstalte seit acht Tagen eine große Treibjagd; er habe nur noch nichts davon sagen wollen, solange man nicht den Kessel sehe. Jetzt seien sie aber ganz nahe, und wenn es ihm beliebe an dem Schauspiel teilzunehmen, so brauche er nur einige Reiter in Bereitschaft setzen.

Wir aßen zuerst einmal; dann bestiegen wir die Pferde, 50 an der Zahl, aber kriegsbereit; denn leicht konnte es sein, daß die Treibjagd uns galt, und so begaben sich der Gobernador und der Inca zu einer Ebene ... [*hier bricht die Chronik des Miguel de Estete ab*].

Die hier erwähnte große Treibjagd – Chaco – findet, solange die Incakönige noch in ihrem Reich bestimmen können, jedes Jahr in einer Provinz und nie öfter als alle drei oder vier Jahre am gleichen Ort statt. Die unter ohrenbetäubendem Schreien von Menschen und Tieren sich abspielende Endphase betrachtet der Inca mit seinem Hofstaat von einer Anhöhe aus. Manchmal begibt er sich in den Kessel, um einen Löwen oder Fuchs zu erlegen, der mit in die Treibjagd geraten ist. Die lebhafteste Schilderung eines solchen Herren- und Volksvergnügens verdanken wir dem Incanachfahren Garcilaso de la Vega (seine Mutter war eine Enkelin des Incakaisers Tupac, sein Vater ein Konquistador aus spanischem Adelsgeschlecht):

Zu den glanzvollsten Lustbarkeiten der Incakönige gehörten die zu bestimmten Jahreszeiten im großen Stil veranstalteten Treibjagden, die sie in ihrer Sprache Chaco [...] nennen. Es ist wichtig zu wissen, daß das Jagen grundsätzlich im ganzen Reich verboten war. Nur für Rebhühner, Tauben, Turteltauben und anderes Federwild, das die Incagouverneure und Curacas aßen, gab es Sonderjagderlaubnis unter bestimmten Bedingungen und Einschränkungen. Sonst war Jagen bei schwerer Strafe verboten [...], und so wagte niemand auch nur einen Vogel zu töten, sonst wäre er selber wegen Verletzung des Gesetzes der Inca getötet worden; denn diese waren nicht zum Scherz erlassen. Infolge dieser strengen Regel nahmen Wildtiere und Vögel so überhand, daß sie sogar in die Häuser eindrangen. Trotzdem erlaubte es das Gesetz nicht, sie aus Saaten und Äcker zu verjagen [...].

Einmal im Jahr, sobald die Tiere ihre Jungen großgezogen hatten, veranstaltete der Inca in einer Provinz eine Treibjagd. Bei der Ortswahl spielte der Wunsch des Herrschers mit, außerdem die jeweiligen kriegerischen oder friedlichen Verhältnisse im Lande.

Es wurden an die 20000 bis 30000 Indios je nach dem Ausmaß des Kesseltreibens in zwei Gruppen geteilt [...] und bildeten dann einen Kreis von etwa 20 bis 30 Meilen Umfang. [...] Mit lautem Geschrei [...] wurden die Tiere auf eine ebene Fläche getrieben, die frei von Felsen und Bewuchs war. Die Indios bildeten drei bis vier lebende Mauern und verengten den Kessel derart, daß sie die Tiere mit Händen greifen konnten. Während der Treibjagd hatten sie bereits Löwen, Bären, Wildkatzen, die sie ozcollo nennen [...] und ähnliche Tiere, die unter dem Wild Schaden anrichten, abgesondert und getötet, um das Jagdrevier von diesen bösen Kanaillen [*Urtext: mala canalla...*] zu säubern [*die Treiber sind mit Keulen und Wurfkugellassos ausgerüstet*].Die Zahl der Hirsche, Rehe [...] und der großen Llamas – Guanacos –, die eine grobe Wolle haben, und die der kleineren – Vicuñas –, die ganz feine Wolle haben, war je nach Jagdgebiet sehr groß; manchmal waren es mehr als 20000, 30000 oder 40000, was herrlich anzuschauen war und ein großes Vergnügen bereitete.

So war es einst [*– schreibt der Nachkomme des Inca Tupac Yupanqui –*]; denn gering ist die Zahl der Tiere, die nicht der Vernichtung und Ausrottung durch die Feuerwaffen anheimfielen. Es gibt kaum noch Guanacos und Vicuñas, außer dort, wo die Spanier noch nicht hingekommen sind.

Wie gedankenlos von den Spaniern die Tiere erlegt werden, lesen wir bereits im Bericht von Pizarros Sekretär in Cajamarca. Xerez:

Die Spanier, die bei dem Gobernador sind, töten täglich 150 Schafe [*Llamas*]; selbst wenn sie ein Jahr in diesem Tal bleiben, so wird voraussichtlich kein Mangel eintreten.

Noch schärfer als Garcilaso verurteilt um 1563 der Oidor (Richter und Steuerschätzer) F. de Santillán den Raubbau der Spanier an den peruanischen Haustier- und Wildbeständen:

Alle Herden, deren sie habhaft werden konnten, mochten sie zum Besitz der Sonnentempel oder der Incas oder anderer Herren und Gemeinden gehören, alle, aber auch alle trieben sie zusammen – jeder soviel als möglich – und was sie nicht gerade gebrauchen konnten, vernichteten sie.

Man erzählt sich, daß sie eine große Anzahl von Schafen [*Llamas*] nur deshalb töteten, um das Hirn zu essen; das übrige [*Fleisch*] ließen sie verderben, und sie töteten 10 oder 12 Schafe, bis ihnen eines fett genug war. Dieses Abschlachten und das Wegtreiben großer Herden bei den Entradas [*Einfällen*] der Spanier führten dazu, daß der Viehbestand fast im ganzen Lande ausstarb. Das betrieben sie mit einem solchen Eifer, als hätte Gott ihnen befohlen, mit diesem Land so zu verfahren, wie König Saul mit den Amalekitern. So brachten sie es fertig, daß in diesem Lande, wo es mehr Vieh als Gras gab, kaum mehr welches zu finden ist.

Garcilaso betont die Verschiedenheit der alten Jagd im Gegensatz zu der Methode der Spanier, die alles Wild niederschießen, indem er wiederholt:

Sie fingen das Wild mit den Händen. – Von dem Rotwild ließ man die Rehe und Hirschkühe [...] zur Zucht wieder frei laufen. Die alten Muttertiere, die nicht mehr werfen konnten, wurden geschlachtet. Unter den männlichen Tieren ließ man die schönsten und kräftigsten zur Zeugung von Nachwuchs wieder frei. Die übrigen wurden geschlachtet und das Fleisch unter das Volk verteilt.

Die Guanacos und die Vicuñas wurden geschoren und dann ebenfalls freigelassen.

Man führte eine genaue Statistik über die Stärke der Rudel, so als ob es sich um Herdenvieh handle, registrierte sie mittels der Quipus [*Knotenschnüre*], den incaischen Jahresbüchern, nach Gattung, Art und männlichem und weiblichem Geschlecht. Auch die Zahl der getöteten Tiere wurde festgehalten, sowohl die der Raubtiere wie die der Nutztiere, um einen Überblick zu bekommen über das Verhältnis des getöteten und des wieder freilaufenden Wildes; dann konnte man bei der nächsten Jagd sehen, wie sich das Wild vermehrt hatte.

Die grobe Guanacowolle verteilte man unter das gewöhnliche Volk; die wegen ihrer Feinheit geschätzte Vicuñawolle stand ausschließlich dem Inca zu, der sie dann wieder an Mitglieder seiner Kaste verteilen ließ [...] oder auch an einzelne Curacas als besondere Gunst oder Privileg, sonst durfte niemand Kleider aus Vicuñawolle tragen [...].

Das Fleisch der getöteten Guanacos und Vicuñas wurde unter das Volk verteilt. Die Curacas erhielten ihren Anteil, auch vom Rotwild [...], denn alle sollten ihre Freude an dem Jagdfest haben.

Die Jagden wurden in jedem Distrikt alle 4 Jahre veranstaltet. Man ließ von einer Jagd bis zur nächsten 3 Jahre vergehen; in diesem Zeitraum wächst nach der Erfahrung der Indios die Wolle bei den Vicuñas wieder nach. Früher wollte man die Schur nicht vornehmen, denn das Wild sollte Zeit haben sich zu vermehren und nicht durch alljährliche Treibjagden verschreckt werden [...]. Um aber trotzdem jährlich zu ihrem Jagdfest zu kommen, hatten die Inca die Provinzen in je drei oder vier Bezirke eingeteilt, die sie nach Bauernart Brachfelder nannten. Auf diese Weise konnten sie jedes Jahr Treibjagden halten in einem Landstrich, der drei Jahre Ruhe gehabt hatte. Solchermaßen jagten und hegten die Incakönige in ihrem Lande das Wild, dabei die Zukunft und Erhaltung und Vermehrung des Wildbestandes genauso im Auge behaltend wie ihr eigenes Vergnügen und das des Hofes, an dem auch ihre Vasallen teilhatten.

Im ganzen Reich galt die gleiche Jagdordnung; nach ihrer Auffassung war das Jagdwild genau so zu hegen wie die zahmen Herden, da sie ja ebensoviel Nutzen brachten; der Gott Pachacamac oder die Sonne hatten ja hier keine unnützen Kreaturen erschaffen. [...]

Das einfache Volk hatte im allgemeinen, die reicheren Collas ausgenommen, nur wenig Vieh, und litt deswegen Mangel an Fleisch. Nur hin und wieder bekamen sie von den Curacas eine Zuweisung als besondere Gunst; sonst schlachteten sie bei festlichen Anlässen eines ihrer Cuys [*Meerschweinchen*], die sie wie Stallhasen ziehen.

Um diese Not zu steuern, ließ der Inca eben jene großen Jagden abhalten und das Fleisch unter alle einfachen Leute verteilen. Diese schnitten es dann zu Dörrfleisch [*Charqui*], und kamen damit das ganze Jahr aus bis zur nächsten Jagd; denn diese Indios waren sehr genügsam im Essen und geradezu geizig in der Einteilung des Dörrfleisches.

Sonst nähren sie sich mit so ziemlich allem, was an Kräutern in diesem Lande wächst, süßen wie bitteren, wenn sie nur nicht giftig sind; die bitteren kochen sie zwei- oder dreimal, dazwischen das Wasser abgießend, und trocknen sie an der Sonne als Vorrat für die Zeit, wenn es keine frischen grünen Kräuter gibt.

Sie schöpfen sogar die Algen aus den Bächen und waschen und konservieren sie. Sie aßen auch Grün- und Rohkost wie wir den Salat und die Rettiche, taten aber nie Salz oder Öl daran.

Alvarado und die Eroberung Ecuadors 1534

Während Pizarro Cuzco gründet und in Jauja mit Manco jagt, herrscht in Panama große Besorgnis, weil keine Nachricht von ihm und seinen Leuten kommt. – In einer Información aus Panama vom 7. April 1534 werden Leute, die mit dem letzten Schiff aus San Miguel de Piura angekommen sind, vernommen:

Bartolomé García, Steuermann des Schiffes »La Concepción« [...], antwortete auf die Frage nach dem Schicksal des Gobernadors Francisco Pizarro [...], man habe seit sechs oder sieben Monaten nichts von ihm gehört, warte aber von einem Tag auf den anderen, daß Nachricht komme.

Der Matrose Juan Díaz antwortet ähnlich,

er wüßte nichts, weil er ja im Hafen auf dem Schiff gewesen sei, 8 oder 9 Meilen weit weg von der Stadt San Miguel; nur einmal sei er in der Stadt gewesen [...] und habe lediglich gehört, 30 oder 40 Berittene [*des Gobernadors*] hätten einige Indios getroffen, die mit dem Leichnam des Atahualpa nach Quito, seiner Heimat, unterwegs gewesen seien, um ihn dort beizusetzen. Man hätte den Indios ein bißchen Gold genommen, so etwa 300000 Pesos; der Gobernador selbst sei in Cuzco; aber sonst wisse man nichts von ihm.

Seit der Gefangennahme Atahualpas hat sich die Kunde des sagenhaften Goldreichtums des Incaschatzes wie ein Lauffeuer in den neuen Kolonien Castilla del Oro (tierra firme, der heutige Staat Panama), in Nicaragua und Guatemala verbreitet. Der Licenciado Espinosa schreibt bereits am 21. Juli 1533 aus Panama an den König einen Brief, der schon ein Jahr später ins Italienische und Deutsche übersetzt, auf fliegenden Blättern in Europa verbreitet wird. Die deutsche Übersetzung beschränkt sich auf spektakuläre Ereignisse: die Entdeckung und Eroberung Perus, die Gefangennahme Atahualpas, die sagenhafte Beute und vor allem auf die noch zu erwartenden Goldlieferungen. Das umfangreichere Original vermittelt die Stimmung in den mittelamerikanischen Kolonien Castilla del

Oro, Nicaragua und Guatemala, den etwas älteren, neidischen Schwesterkolonien Perus:

Nach dem entscheidenden Schlag gegen Atahualpa schickte der Gobernador seinen Bruder Hernando Pizarro aus, um das Land zu erkunden [*gemeint ist Hernandos Zug zum Küstenheiligtum Pachacámac*]. Er kam zurück mit 50000 Goldpesos. Der Kazike [*Atahualpa*] und die Indios sagen, es sei [...] noch viel mehr zu haben. Dies stimmt genau überein mit dem, was in den Briefen steht, die der Gobernador [*Pizarro*], königliche Beamte, Capitanes und Kameraden geschrieben haben. Auch die Seeleute der eintreffenden Schiffe bestätigen dasselbe. Viele schreiben an ihre Freunde, sie sollten doch kommen und ihre Güter zurücklassen oder irgendjemanden geben, da dort [*in Peru*] ein solcher Überfluß herrsche, daß sie darauf gar nicht mehr angewiesen seien, denn jenes Land sei Gottes Weinberg [...].

Der Adelantado und Gobernador von Guatemala Don Pedro de Alvarado hat eine Flotte von zehn Schiffen und soll über 500 oder 600 Mann verfügen. Auf die guten Nachrichten hin drängt er sehr zum Aufbruch. Er hat zwei Caravellen zur Erkundung neuer Häfen vorausgeschickt, und hier in [*Panama*] liegt auch eines seiner Schiffe, das sich mit allem Nötigen versorgt. Es heißt, er habe vor, am ersten Weihnachtsfeiertag aufzubrechen.

Man nimmt an, daß es zu Meinungsverschiedenheiten zwischen ihm und Francisco Pizarro sowie auch zwischen den Leuten untereinander kommen werde; denn man sagt, Alvarado behaupte, dieses gute neuentdeckte Land liege noch in seinem Gouvernement, aber außerhalb desjenigen von Pizarro.

Im Interesse E. M. muß möglichst bald alles veranlaßt werden, was dazu dienen kann, diesen Streit beizulegen, und es muß ein Ausweg gesucht werden, ehe sie zusammentreffen und aufeinander losgehen, wie sich das erfahrungsgemäß hier und in anderen Gouvernements zugetragen hat, vor allem in Neuspanien [*Mexiko*].

Jede Auseinandersetzung zwischen den Parteien würde zum Nachteil E. M. gereichen und die Befriedung des Landes empfindlich stören [...]. Panama, den 21. Juli 1533 [...] El licenciado Espinosa.

Nach der Gründung von Cuzco hat Pizarro seinen Kompagnon Almagro zum Hafen San Miguel de Piura geschickt. Von dort meldet Almagro am 8. Mai 1534 dem König in einem längeren Brief die

Einsetzung des neuen Inca Manco in Cuzco und berichtet von der Aufregung und Unruhe, die die Landung des Pedro de Alvarado in Ecuador hervorruft:

Nach der Eroberung des Landes gab der Gobernador die Herrschaft [...], die Atahualpa und seine Hauptleute usurpiert hatten, einem Sohn des Cuzco [...]. Alle [*Einheimischen*] sind damit sehr zufrieden [...]; die Großen verhalten sich bis dato sehr friedlich und haben sogar mitgeholfen, das Land zu erobern und von jenen Leuten zu säubern.

Mich sandte der Gobernador [*Pizarro*] in diese Stadt San Miguel mit dem Auftrag, hier die Vecinos und die indianische Bevölkerung neu zu organisieren und zu veranlassen, daß die zu Schiff ankommenden spanischen Kolonisten [...] vor der Weiterreise zu dem Gobernador ins Inland mit allem Nötigen versorgt werden, ferner daß eintreffende Kranke gepflegt werden; kurzum: ich sollte in allem nach dem Rechten sehen, damit diese Länder in Kürze zu friedlichen Kolonien würden.

In dieser Stadt angekommen, fand ich die Leute hier, sowohl die Spanier wie die Eingeborenen, in größter Aufregung. Die Ursache war folgende: zwei Monate vorher war Pedro de Alvarado, Gouverneur E. M. von Guatemala, mit viel Fußvolk und Reitern an der Küste von Puerto Viejo gelandet, die zu unserem Gouvernement und zur Gemarkung dieser Stadt gehört.

Jene Ortschaften bei Puerto Viejo befanden sich, seit der Gobernador Don Francisco Pizarro dort durchkam und sie befriedete, in völliger Ruhe unter dem königlichen Schutz Eurer katholischen Majestät. Sie waren Stützpunkt für alle Schiffe, die mit neuen Leuten in diese Provinzen kamen, und wichtigster Anlegeplatz [*auf dem Wege von Panama nach Peru*].

Die dort Eintreffenden litten jedesmal große Not sowohl an Lebensmitteln, wie auch an Wasser, Holz und anderen Dingen, die man zur Reise brauchte, und es hat unserem Gott gefallen, daß die Indios dort so zuverlässig den Frieden hielten, daß, sobald ein Schiff in Sicht kam, die Häuptlinge und Vornehmen jener Orte herzuliefen und die Spanier zu ihren Häusern führten, sie dort beherbergten und ihnen zu Essen gaben und dienten, solange sie nur bleiben wollten, und zudem noch die Schiffe mit allen erdenklichen Landesprodukten versorgten, die zur Reise nötig erschienen.

Als Alvarado dort landete, fand er die Bevölkerung in vollem Frieden. Sie bereitete ihm und seinen Leuten einen freundlichen

Empfang. Bald aber strebte er weiter landeinwärts ins Hinterland von Puerto Viejo einer Provinz namens Quico [*Quito* ...] zu; denn er hatte reden hören, daß dort Gold zu holen sei.

Beim Aufbruch fiel er über die Dörfer von Puerto Viejo her, deren friedliche Bewohner sich in ihren Häusern sicher wähnten im festen Glauben, daß niemand den Frieden bräche, der im Namen E. M. mit ihnen geschlossen worden ist.

Wer den Alvaradoleuten in die Hände fiel, den banden sie mit Ketten und Stricken und bürdeten ihm Lasten auf. Zu allem Unglück noch führt Pedro de Alvarado eine große Menge von Indianern aus den Provinzen von Guatemala mit sich, und hat ihnen erlaubt, sie sogar dazu ermuntert, Menschenfleisch zu essen, was sie auch taten: sie fraßen nach Belieben die Indios [*von Puerto Viejo*] und ihre Kinder. Keine Habe war vor den Invasoren sicher; sie raubten Frauen und Kinder. All das führte dazu, daß jetzt die Dörfer jener Provinz wüst und menschenleer sind. Auf die Verbreitung der Nachricht hin flohen ebenso die Bewohner der ganzen Gegend.

Wie sich alles nach der Landung Alvarados in der Provinz von Puerto Viejo verändert hat, geht aus der in Panama erhobenen Información vom 7. April 1534 bereits hervor. Ein Matrose des soeben aus Peru eingetroffenen Schiffes sagt aus:

Wie üblich wollten wir in Puerto Viejo Mais fassen [...]; zu diesem Zweck fuhren vier Christen mit einer Balsa zu einer Ortschaft, fanden aber dort niemanden mehr außer vier Indianerinnen, von denen sie zwei aufs Schiff mitnahmen, um aus ihnen etwas herauszubekommen. Nach Aussage dieser Indianerinnen, waren die Christen hierhergekommen, hatten die Indios geprügelt und verschleppt. Das muß die Gruppe des Alvarado gewesen sein, die Indios sprachen nämlich von vielen Pferden und vielen Christen.

Der Zeuge selbst sah in der Ansiedlung die Spuren starker Verwüstung: die Moscheen [*Heiligtümer*] befanden sich in beklagenswertem Zustand; alles lag dort auf dem Boden; denn die Moscheen hatten als Pferdeställe gedient und aus den Kanus hatten die Spanier Futterkrippen gemacht. Kein Indio war in dieser Gegend mehr zu finden [...].

Das ist die reine Wahrheit, denn er sagte unter Eid aus. Der Mann konnte nicht schreiben. An seiner Stelle unterzeichnete der Gouverneur Francisco de Barrionuevo.

In Almagros Brief heißt es weiter:

Was Alvarado hier angerichtet hat, ist unmenschlich und bringt jenen Provinzen großen Schaden. Zwei seiner Schiffe machten, mit Artillerie bestückt, auch noch die Küste unsicher und raubten eine Stadt auf der friedlichen Halbinsel Santa Elena aus, nahmen indianische Frauen mit und viele Sachen; aber dort gingen die Leute zum Gegenangriff über, töteten einen oder zwei Spanier und verletzten weitere.

Später kamen in dieses Gouvernement andere Schiffe mit neuen Leuten, die arg Mangel litten, und wollten, um ihre Vorräte zu erneuern, Puerto Viejo anlaufen; aber sie fanden alle Ortschaften zerstört, wüst und menschenleer vor, und niemand war da, mit dem sie hätten sprechen können. So war es also nichts mit dem Vorrätefassen, und sie fuhren trotz Hunger und Not weiter nach Süden in der Hoffnung, sich in jener Stadt auf der Landspitze Santa Elena wieder mit Lebensmitteln und den sonstigen zur Reise notwendigen Dingen versorgen zu können.

Im Glauben, daß dort alles friedlich sei wie gewohnt, gingen sie unbesorgt an Land; weil die Einwohner der Stadt aber so Übles erfahren hatten, bereiteten sie den Spaniern einen kriegerischen Empfang und verletzten 10 oder 12 Männer schwer. Diese trafen drei Tage später bei uns in der Stadt [*San Miguel*] ein, und ich veranlaßte sofort, sie zu pflegen und mit dem Nötigsten zu versorgen; aber einige von ihnen sind so schwer verwundet, daß man um ihr Leben fürchtet.

Ein Schiff lief auf der Fahrt von Panama in unser Gouvernement, beladen mit Leuten und Pferden, jene Küste an, wo Alvarado sich aufhielt. Da war er auch schon zur Stelle, nahm die Leute gefangen, fand Mittel und Wege, das Schiff an sich zu bringen und ließ sie nicht mehr fort.

In allem, was er tut, kommt seine böse Absicht heraus, das Land, welches wir mit so großer Mühe und Anstrengung befriedet und erobert haben, und welches eine Zuflucht und ein Schutz für alle Seefahrer auf diesem Meer gewesen ist, in Aufruhr zu stürzen. War die Schiffsreise von Panama hierher bis jetzt schon wegen ihrer langen Dauer mit großen Entbehrungen verbunden, so ist es von nun an noch schlimmer geworden, weil man sich nicht mehr an jener Küste versorgen kann.

Es ist uns gleichfalls hinterbracht worden, daß er [*Alvarado*] seinen Leuten versprochen habe, er werde dem Gobernador Don

Francisco Pizarro und dessen Anhängern auf den Leib rücken und ihnen das Gold und Silber und alles andere, was sie bei der Eroberung und Befriedung jener Gegenden gewonnen hätten, abnehmen und an die verteilen, die mit ihm gekommen seien.

Demzufolge sind nun die Spanier, die ihr Geld und Gut durch jenen Einfall in das Gouvernement von Francisco Pizarro [...] bedroht sehen, genauso verstört und aufgebracht wie die Einheimischen, die nun plötzlich fürchten müssen, gefressen zu werden, wo sie doch schon als gleichberechtigte Menschen anerkannt worden sind.

Ich weiß wirklich nicht, wie man hier Abhilfe schaffen soll, denn ich hege bei Gott die Befürchtung, daß die Gewissenlosigkeit, mit der Alvarado vorgeht und weiter vorgehen wird, noch großes Unglück und einen allgemeinen Indianeraufstand heraufbeschwören wird. Möge es Gott ihm verzeihen, daß er bei dieser angespannten Lage solches anstellt; denn in seinem ganzen Leben wird er das Übel nicht mehr gut machen können [...].

Von dem Gold, welches in Cajamarca geschmolzen wurde, erhält E. M. hiermit über das hinaus, was Hernando Pizarro überbracht hat, 170000 Pesos Feingold; später [...] wird E. M. weitere 200000 Goldpesos erhalten [...].

Jetzt habe ich drei Schiffe nach der Stadt Panama um neue Mannschaften und Pferde geschickt, und sende Geld mit als Unterstützung für die Leute, die aus Spanien kommen, um E. M. in diesen Breiten zu dienen; denn sie langen ja immer arm und verschuldet an; auch sollen damit die Neuankömmlinge wieder gesund gepflegt werden, die erfahrungsgemäß in Castilla del Oro [*Isthmus von Panama*], welches sie ja passieren müssen, schrecklich [*unter dem Klima*] leiden und so krank werden, daß sie sterben, wenn sie nichts zu ihrer Stärkung bekommen.

So stehen die Angelegenheiten hierzulande. Wenn etwas Neues sich zuträgt, werde ich E. M. wieder berichten. Ich bitte, E. M. möge in allem so entscheiden, wie es zu Besten der Krone ist.

[...] Stadt San Miguel, den 8. Mai 1534 [...] Diego de Almagro.

So ermüdend die gegenseitigen Anschuldigungen der Konquistadoren zu lesen sein mögen, so selten sind sie reine Verleumdungen. Alvarados Verhalten in Puerto Viejo ist nicht allein durch die Misere des ecuadorianischen Urwalds bedingt; er hat schon als Stellvertreter von Cortés bei der Eroberung Mexikos in den Jahren 1519/21 durch Terrorakte in der übervölkerten Aztekenhauptstadt Tenochtitlan einen Aufstand provoziert, der Cortés und alle Spanier zur Flucht aus der Lagunenstadt zwingt. Alvarados eigenmächtige Entdeckung und Eroberung von Guatemala im Jahre 1524 – er sollte im Auftrag von Cortés die ostwestliche Durchfahrt zum Stillen Ozean finden – ist stark mit Legenden verwoben und von Romantik umwittert, insbesondere seine Verbindung mit einer guatemaltekischen Prinzessin. Er lieferte beredte und feurige Berichte über die sozialen Probleme und Nöte seiner indianischen Untergebenen, aber auch seitenfüllende Anklageschriften seiner Gegner, denen er bereits eroberte Gebiete abjagen will. So trägt er wiederholt in ein soeben befriedetes Land alle Schrecken eines Machtkampfes zwischen rivalisierenden spanischen Konquistadorengruppen, die nicht nur die verschiedenen einheimischen Stämme und Gruppen durch Bestechung und Gewalt gegeneinander ausspielen, sondern ebenso Spanier durch Gold und Silber, Versprechungen und Drohungen, nicht selten auch durch Terror abwerben. 1531 kommt Alvarado in Nicaragua den Konquistadoren aus Panama ins Gehege, und hier hören wir, drei Jahre vor seiner Expedition nach Ecuador und Peru, zum ersten Mal von Kannibalismus seiner guatemaltekischen Hilfstruppen. Der kommissarische Gouverneur von Nicaragua, Francisco de Castañeda, schreibt am 30. Mai 1531 an den Kaiser:

Nach dem Tod des Gouverneurs Pedrarias habe ich 6 Berittene [...] zum Gouverneur von Guatemala, Don Pedro [*Alvarado*], geschickt mit dem Ersuchen, er solle ja von der Provinz der Chorotegen fernbleiben, sie gehöre zu diesem Gouvernement [*Nicaragua*]; noch dürfe er bei den dort wohnenden Indios plündern; er solle im Gegenteil seine Leute, die bereits ein Dorf besetzt hätten, wieder abziehen.

Das habe ich veranlaßt, um den Greueln Einhalt zu gebieten, die laufend an den Chorotegen verübt werden, deren Land schon fast völlig verwüstet wurde. Jene Indios übrigens, die sie [*Alvarado und seine Leute*] als Freunde bezeichnen, essen öffentlich vor den Augen ihrer Herren Menschenfleisch. Wer ihnen in die Hände fällt, wird umgebracht und aufgefressen. Was hier passiert, ist wirklich ein Jammer!

Über Alvarados Expedition nach Ecuador 1534 existiert ein weiteres belastendes Dokument, die Información vom 12. Oktober 1534 in San Miguel de Piura, dem Versorgungsstützpunkt Pizarros in Nordperu. Hier betont Almagro seinen Willen zur friedlichen Zu-

sammenarbeit mit den Indios und untermauert seine Anklage gegen Pedro de Alvarado mit Aussagen von Zeugen sowohl aus seinem eigenen Lager wie aus dem seines Rivalen Alvarado, die zu ihm übergewechselt sind. Der blutige Krieg gegen die noch unbesiegten ecuadorianischen Provinzen des Incareiches hält die Gegenspieler in Atem. Hinzu kommt, daß Benalcázar, Pizarros Garnisonshauptmann in San Miguel de Piura, mit 250 Spaniern aus Nicaragua, die eigentlich zu Pizarro hätten stoßen sollen, auf eigene Faust zur Eroberung Quitos ausgezogen ist, in der Hoffnung, den Königsschatz Atahualpas an sich zu reißen. – Die prominenten indianischen Gegner sind Atahualpas ehemalige Feldherrn Rumiñahui und Quisquis. Ecuador wird der erste große Kriegsschauplatz der Konquista Tahuantinsuyus. – Vorerst dreht sich die Fragestellung der Información hauptsächlich um die Person Alvarados. Es werden 28 Fragen gestellt: die 3. Frage z. B. soll klären, ob die Gegend von Puerto Viejo wirklich schon von Pizarro befriedet worden ist – gerade das wird nämlich von Alvarado bestritten – die 5., ob Puerto Viejo tatsächlich schon längere Zeit als Versorgungsstützpunkt bekannt ist. In der 8. Frage wird angeschnitten, daß Alvarado von Guatemala aus nicht nach Osten, sondern in Richtung Westen hätte ausfahren sollen (tatsächlich steht es so in einer königlichen Capitulación vom 5. August 1532, aber dieses Papier wird nur wenigen gezeigt). In der 10. Frage kommt Plünderung und Menschenraub zur Sprache. Antonio Picado, der spätere Sekretär Francisco Pizarros, sagt dazu,

er wisse und habe gesehen, wie der besagte Adelantado und seine Leute bei seinem Aufbruch ins Inland die Dörfer von Puerto Viejo heimsuchten, dort eine große Zahl von nichtsahnenden Indianern und Indianerinnen samt Halbwüchsigen und Kindern aus ihren Häusern holte. Dann sah er sie auf dem Weg schwere Lasten schleppen [...] und es hieß, daß man kaum ein Haus mehr fand, in dem noch Indios lebten.

[*Ein anderer Augenzeuge*] erlebte, wie beim Aufbruch des Adelantado [*Alvarado*] vom Flusse von Charapato die indianischen Dorfbewohner [...], die ihn und seine Leute in ihre Häuser aufgenommen und mit allem Nötigen versorgt hatten, zusammengefangen und, Männer wie Frauen, mit Ketten gefesselt wurden. Von dort zog der Adelantado mit einer Truppe von Fußsoldaten und Reitern zur Stadt der Kaziken von Puerto Viejo und Manta. Jener Zeuge war selbst dabei.

Bei der Ankunft dort kamen ihnen die Einwohner mit Speisen

entgegen und mit Mais für die Pferde; und obwohl jener Adelantado öffentlich hatte ausrufen lassen, niemand solle es wagen, sich an einem Indio oder einer India zu vergreifen, plünderten seine Spanier noch am selben und am darauffolgenden Tage die besagte Ortschaft; auch hier habe er gesehen, wie man Männer, Frauen und Kinder mit Ketten und Seilen gefesselt nach dem besagten Charapato abführte und von dort weiter verschleppte als Gefangene zum Lastentragen. Das sei alles, was er hierüber wisse.

Die von der Küste ins Inland verschleppten Eingeborenen wie auch die Indios aus Guatemala sterben massenhaft auf dem Wege hinauf ins Hochland von Quito. Die Frage 11 bringt hierzu erschütternde Aussagen:

Viele Indios aus Puerto Viejo und Umgebung blieben auf dem Wege nach Quito tot liegen, niedergemetzelt mit Degenstichen die einen, mit durchschnittener Kehle die anderen, ein großer Teil zusammengebrochen unter überschweren Lasten oder gestorben an Mißhandlungen, es war ein Anblick zum Erbarmen.

Viele kleine Kinder starben, weil die Spanier ihren Vätern und Müttern solche Fron aufbürdeten.

Antonio Picado gab zu Protokoll,

er habe sogar gehört, daß man Indianerinnen, die unterwegs niederkamen, die neugeborenen Kinder aus den Armen riß und am Wege liegenließ, daß sie umkamen.

Die aufgezählten Greuel nehmen kein Ende. Aussage eines Spaniers aus Nicaragua zu Frage 12 und 13:

Der Adelantado entführte auch den Kaziken [*von Manta*] und ließ ihn schließlich erhängen. Als man ihn zur Hinrichtung führte, begann er laut zu schreien und nach dem Capitán zu rufen: er wisse keine Ursache, deretwegen man ihn erhängen wolle [...].

In einem Dorf durch welches der Adelantado kam, namens Chonanan habe er seinen Kaziken mit Hunden zu Tode hetzen und einen anderen Indio lebendig verbrennen sehen. Jener Adelantado und seine Hauptleute hätten grundsätzlich überall, wo sie hinkamen, Indios verbrannt und umgebracht, um Genaueres über den Weg [*ein anderer Zeuge sagt, über Gold*] herauszubekommen.

Alvarados Landung und Eroberungszug in Ecuador hat jedoch – ebenso wie Pizarros erste Landungen in den Jahren 1526 und 1532 – das Incareich und Cuzco im Sinne. – In den Antworten auf die Fragen 16, 18 und 19 werden Äußerungen Alvarados zitiert, die Almagro und Pizarro mit Recht um ihren Besitzstand fürchten lassen:

Unter den Spaniern in seinem Lager ging das Gerede, man wolle nach Cuzco und sich dort niederlassen [...]. Selbst wenn der Gobernador Pizarro in Cuzco schon gesiedelt habe, würden sie trotzdem dort einmarschieren, und es würde eben dann der Adelantado [*Alvarado*] dort regieren. Cuzco liege nämlich außerhalb des Gouvernements von Francisco Pizarro, und die Spanier dort seien nicht in der Lage, seine Absicht zu stören oder ihm Widerpart zu bieten.

[*Ein anderer Zeuge*] hörte den Adelantado viele Male reden, sein Gouvernement beginne bei Chincha, und Cuzco und das Collao gehöre dazu. Dorthin führe ihr Weg [*!*]. Nur auf Grund dieser Behauptung seien dieser Zeuge und viele andere mitgekommen; sonst wären sie nie mit ihm gegangen usw. Aber sobald es im Lager ruchbar wurde, daß der Gobernador Francisco Pizarro schon eine Kolonie gegründet habe [...], wurden die Leute des Alvarado unruhig, und es fielen gefährliche Worte: Wir gehen trotzdem nach Cuzco, und wir nehmen den Spaniern das Gold ab, das sie dort gefunden haben; – denn Cuzco gehöre zum Gouvernement des Adelantado – und andere rebellische Worte mehr.

Täuschte Alvarado sich selbst darüber, daß er, statt in Südperu, am Äquator gelandet ist, oder täuschte er seine eigenen Leute? Die Aussage des späteren Pizarro-Intimus Antonio Picado charakterisiert die groteske Situation am besten:

[*Alvarado*] ließ bei jeder Gelegenheit hören, er ginge nach Cuzco; nach seiner Schätzung sei man schon ganz nahe [*Cuzco liegt auf 14° südlicher Breite, 2000 km entfernt!*] und bekräftigte immer wieder aufs neue, S. M. habe ihn als Gobernador des ganzen Südmeeres eingesetzt.

Alvarado selbst verfaßt später mehrere Rechtfertigungsschreiben an den König, nachdem sein Peru-Unternehmen trotz größten Opfermutes und übermenschlicher Anstrengungen gescheitert ist. – Santiago de Guatemala, den 12. Mai 1536:

Ich schrieb an E. M. von den Schiffen und Mannschaften zu Pferd und zu Fuß, von den Waffen, der Artillerie und der Munition und anderen Dingen, die ich alle bereit hatte für die Ausfahrt von der Provinz Leon [*Nicaragua*] zu Entdeckungen im Südmeer, getreu nach der Capitulación, die ich mit E. M. vereinbart habe [...]. Dann ging ich unter Segel und gab den Piloten Kurs an, nach dem sie steuern sollten, ganz nach den Weisungen, die ich von E. M. empfing, und nach der Capitulación. So hielten wir immer streng Kurs nach Westen. Als wir aber fast 400 Meilen [*ca. 2 000 km*] weit ins Meer hinausgefahren waren, wurden die Strömungen so stark und Wind und Wetter standen so entgegen, daß alle Bemühungen, die Reise fortzusetzen, fruchtlos blieben. Die Schiffe wurden schadhaft und wenn man nicht die ganze Flotte riskieren wollte, mußten wir wohl oder übel Land in der Gegend von Peru ansteuern. Das Trinkwasser ging aus; wir hatten 90 Pferde ins Wasser geworfen und hätten es mit den übrigen auch tun müssen, ebenso mit den Leuten, wenn wir nicht Kurs auf die peruanische Küste genommen hätten und dort an Land gegangen wären. Wir wußten überhaupt nicht, zu welchem Teil Perus jener Strand namens Cara gehörte, den wir anliefen. Er war gut 300 Meilen von Pizarros Standort entfernt, und ich erfuhr etwas von einer Stadt Quito, die außerhalb der Gemarkung von Pizarros Gouvernement fiel.

Den Angaben folgend, die ich auf meine Fragen auf dem Weg nach Quito erhielt, entschloß ich mich, nicht der Küste entlang zu marschieren, sondern ins Inland vorzudringen in der Überzeugung, mich mehr und mehr von den Orten zu entfernen, wo man andere Spanier hätte antreffen können. Ein unwegsameres und schrecklicheres Land als das, in welches ich hier verschlagen wurde, dürfte es in jenem Himmelsstrich ja auf der ganzen Welt kaum geben; nichts als Berge, Flüsse und Sümpfe, Dschungel und Dickicht; wir mußten uns den Weg mit dem Degen und den Händen bahnen, mehr als 170 Meilen weit; das kostete mich 5 Monate. In jener Zeit wurden mir viele Leute krank; es war eine ganz schlimme Seuche: die meisten starben bereits einen Tag nach dem ersten Fieberanfall weg; manche, die davon kamen, verloren den Verstand.

Täglich wurde festgestellt, wer neu erkrankte: war es ein Fußsoldat, setzte man ihn auf ein Pferd; die Ohnmächtigen und wahnsinnig Gewordenen mußte man auf die Pferde binden; wenn es mit ihnen schlimmer wurde, ließ man sie beichten und gab ihnen die Kommunion und die wenigen Erfrischungen, die wir ihnen bieten konnten; wenn sie starben, begrub man sie, ihre Habe wurde versteigert.

Wohl starben auf diese Weise an die 80 Mann; aber viele andere wurden gerettet, die sonst ebenso gestorben wären, wenn man nicht so für sie gesorgt hätte.

Ich kann das bezeugen; auch mich befiel die Krankheit; am zweiten Tage war ich schon aufgegeben, und während der zehn Tage oder mehr, die sie dauerte, schwebte ich zwischen Leben und Tod.

Schließlich kamen wir in etwas ebeneres Land und fanden dort einige kleine Dörfer mit sehr primitiver, trotzdem einigermaßen wohlhabender Bevölkerung. Männer und Frauen trugen goldenes und silbernes Geschmeide, auch Edelsteine, und wir nahmen uns etwas davon, auch von ihren Nahrungsmitteln; aber das war sehr wenig, denn die Gemeinde war nur klein.

Ich kam durch mehrere Ortschaften, die etwa 12 bis 15 Meilen voneinander entfernt lagen, aber sie wußten nichts voneinander und es gab keinen gangbaren Weg von einem Dorf zum nächsten. Die Leute sprachen nicht einmal die gleiche Zunge und hatten verschiedene Riten. Auf diese Weise verlief meine Reise, ohne daß ich je sicher wußte, wo ich mich befand, ich bekam das Geheimnis des Landes nicht heraus; auch hatte hier niemand etwas von Christen gesehen oder gehört.

Und so drang ich eben weiter ins Land vor bis auf eine Paßhöhe [*in den Anden*]. Dort überraschte uns ein Schneesturm, verbunden mit Hagelschauern und eisiger Kälte. Es erfroren mindestens neun spanische Männer und Frauen, fast alle Neger und sonstige Dienstleute, die ich mitführte, auch einige Pferde. Die Not, in die wir durch dieses Unwetter gerieten, war so groß, daß jeder, um nur rasch diesem Ort der tödlichen Schrecken zu entrinnen, Vorräte, Kleidung, Gold und Silber liegenließ; alles, was wir in jenen Dörfern mitgenommen hatten, [...] blieb herrenlos auf der Paßhöhe zurück; wir hatten genug damit zu tun, das nackte Leben zu retten [...]; denn zurück konnten wir nicht mehr.

Die Chronik des Agustin de Zárate bringt eine erschütternde Episode:

Ein Spanier hatte seine Frau und zwei kleine Mädchen bei sich. Sie waren so entkräftet, daß sie sich in den Schnee setzen mußten, und er konnte ihnen weder helfen noch sie tragen. So blieb er bei ihnen, und alle vier erfroren. Er hätte sich allein retten können, aber er wollte lieber gemeinsam mit ihnen sterben.

Alvarado schreibt weiter:

Durch den Verlust der Vorräte litten wir unsäglich Hunger; nach dem Paßübergang aßen wir nur noch gekochte Palmspitzen; wenn eine Stute ein Fohlen bekam, wurden dasselbe gleich für 2000 Castellanos verkauft und gegessen; das Fleisch eines gefallenen Pferdes kostete ein Mehrfaches.

Ich schickte einen Hauptmann mit ein paar Männern auf die Suche nach einem begangenen Weg voraus, um herauszubekommen, wo wir uns befanden; mit dem Gros zog ich langsam weiter. Gott ließ ihn einen breiten und ebenen Weg finden. Ihn weiter verfolgend, entdeckte er frische Pferdespuren und ritt ihnen nach. Er holte acht Reiter ein und brachte sie vor mich. Ich erfuhr, daß sie zum Marschall Almagro gehörten, der erst wenige Tage vorher mit einigen Leuten in jener Stadt, die Quito heißt, eingetroffen war – nur zwei Tagereisen von hier entfernt. Nachdem ich genügend von ihnen erfahren hatte über das Land, die näheren Umstände ihrer Anwesenheit und sonstiges von Interesse, ließ ich sie frei.

Almagro erfährt bei seiner Zeugenbefragung von einem der Überläufer aus Alvarados Lager,

er habe gesehen, wie man einigen von den acht Reitern die Waffen abnahm, sie wie Gefangene abführte [...] und vor den Adelantado [*Alvarado*] brachte. Dann erhielten sie wieder ihre Waffen ausgehändigt und kehrten ins Lager des Marschalls [*Almagro*] zurück.

Benalcázar hat inzwischen Quito mit indianischen Hilfstruppen und den 250 Spaniern aus Nicaragua erobert. Der alte Almagro nimmt es hin, zu spät gekommen zu sein und verbindet sich aufs neue mit Benalcázar, der ebenso wie er unter der Befehlsgewalt des Gobernadors Francisco Pizarro steht, gegen Alvarados ausgehungertes und beutegieriges Heer aus Guatemala. Die indianische Gefahr zwingt jedoch kurz darauf alle drei, gemeinsame Sache zu machen. Aus Peru rückt langsam das Riesenheer des mächtigen Incafeldherrn Quisquis heran. – Die militärischen Leistungen der Spanier unter schwierigsten Verhältnissen, die Verteidigung Quitos durch Atahualpas ehemaligen General und Berater Rumiñahui, seine Technik der verbrannten Erde, die dazu führt, daß Benalcázar und seine goldhungrigen Leute in der ehemaligen Residenzstadt Atahualpas so gut wie keine Beute machen, der Exodus ganzer Stämme in die Urwaldtiefebenen östlich der Anden und ihr Zurücksinken von ihrer ehedem beachtlich hohen Kulturstufe in primitivere Lebensverhältnisse können hier nicht weiter berührt werden. Tatsache ist, daß Ecuador im Jahre 1534 einen Krieg durchmacht, wie er weiter südlich in Peru erst beim Aufstand des Inca Manco zwei Jahre später zwischen den Spaniern und den Einwohnern des Incareiches ausbricht. Von der Stärke des indianischen Gegners und dem Flüchtlingselend der einheimischen Bevölkerung gibt eine kurze Passage aus der später geschriebenen Chronik des Zárate eine schwache Vorstellung:

Quisquis, Hauptmann von Atahualpa, rückte heran mit einem Heer von mehr als 12000 Indiokriegern und führte mit sich soviele Indios und Herden, wie er auf dem Weg von Jauja bis hierher nur hatte zusammentreiben können.

[...] In der Provinz Chaparra angelangt, sahen [*die spanischen Truppen Alvarados und Almagros*] plötzlich an die 2000 Indios vor sich, die 2 oder 3 Tagereisen dem Quisquis voranzogen [...], denn der Quisquis hatte sein Heer in folgender Ordnung formiert: voraus schickte er jenen Capitán mit seinen Leuten, linkerhand zogen andere 3000 Indios, die in den anliegenden Ortschaften Verpflegung requirierten; als Nachhut mit 2 Tagereisen Abstand zogen weitere 2 oder 4000 Indios; er selbst hielt sich im Zentrum des Heeres mit dem Schlachtvieh und den Gefangenen. So bedeckte sein Heerlager eine Fläche von 15 Quadratmeilen oder mehr.

[... *Quisquis muß seinen Troß zurücklassen:*] alle Lagerbestände an Bekleidung, die die Indios nicht auf die Berge mitschleppen konnten, verbrannten sie in jener Nacht, und auf der Ebene verblieben 15000 Llamas und über 4000 Indias und Indios und fielen in die Hände der Spanier, alle diese hatte Quisquis als Gefangene mit sich geführt.

Quisquis wird schließlich – wie vorher angeblich auch Rumiñahui – von seinen eigenen Leuten erschlagen, und damit ist auch sein Riesenheer herrenlos und verläuft sich. – Alvarados Peru-Abenteuer endet mit großen Festen in Pachacamac, einer scheinbar großzügigen Abfindung in Gold und demütigendem Abtransport auf dem letzten Schiff, welches ihm Almagro und Pizarro aus seiner Armada zur Verfügung stellen, nachdem sie ihm nach und nach alle Leute abgeworben haben. – Hierzu einige Auszüge aus dem Rechtfertigungsschreiben Alvarados aus Guatemala an den König vom 12. Mai 1536:

Ich schrieb an den Marschall [*Almagro …*] und bat ihn, er möge, soweit es in seiner Macht stehe, mir zur Weiterreise verhelfen und mich wieder mit den nötigsten Vorräten ausstatten; er werde weder mit mir noch mit meinen Leuten Ärger oder Schwierigkeiten haben.

Er nahm meine Briefe an und antwortete mir sogar darauf; aber seine Boten hatten auch geheime Schreiben dabei, die verlockende Angebote und Versprechungen für die Oberen und andere Leute aus meinen Reihen enthielten, wenn sie mich verließen und zu ihm überliefen. Da wir alle wegen der durchgestandenen Mühen so erschöpft und unglücklich waren und die Angebote so vielversprechend, verfehlten diese Schreiben nicht ihre Wirkung bei meiner Truppe. Viele begehrten auf, und einige gingen soweit, mein Lager heimlich zu verlassen und sich ihm [*Almagro*] anzuschließen.

Wie erwähnt, kommt es unter der Drohung der indianischen Gefahr doch zu Verhandlungen der beiden Konquistadorenführer, aber die Waffenbrüderschaft geht nicht tief. Alvarado:

In der Zeitspanne, da die Verhandlungen liefen, suchte er [*Almagro*] persönlich und durch Mittelsmänner mit großem Geschick und ungewöhnlich großzügigen Geschenken und Angeboten meine Leute für seine Zwecke zu gewinnen […]. Sie wurden unsicher, berieten lange miteinander und konnten schließlich nicht widerstehen. Wenn ich damals zu meiner Eroberung hätte aufbrechen wollen, wären mir von den über 150 Reitern und 250 Fußsoldaten keine 30 gefolgt. Das merkte natürlich Almagro und hielt sich nicht mehr an unsere Abmachungen […].

Zur Ausstattung meiner großen Armada [*Flotte …*], die wohl die prächtigste gewesen ist, die je die Gewässer des Südmeers befuhr und in absehbarer Zeit befahren wird, […] reichten meine Mittel bei weitem nicht aus. Ich sah mich gezwungen, auf Borg viele notwendige Dinge zu kaufen, sowohl für das Unternehmen im allgemeinen wie auch für die persönlichen Bedürfnisse der einzelnen Teilnehmer, ihre Kleidung, […] ihre Waffen und anderes mehr. Dabei blieb es mir nicht erspart, zu Kaufleuten und anderen Geldgebern Zuflucht zu nehmen, die alle meine Notlage ausnutzten und die Preise überhöhten. Für die mir vorgelegten Rechnungen […], stellte ich Schuldscheine aus. […]

[*Die von mir so ausgerüsteten Leute*] liefen jedoch alle zu Almagro über. Jener aber fürchtete, daß ich mit den mir noch verbliebenen Schiffen bald wieder in der Lage sein werde, meine Reise fortzusetzen und neue große Entdeckungen zu machen. Einen so großen Dienst sollte E. M. nicht aus meinen Händen empfangen; deshalb kauften sie die oben erwähnten Schuldscheine auf [...], erwirkten damit die Beschlagnahme meiner Schiffe und ersteigerten sie als Gegenwert für meine Schulden [...].

Ganz mit leeren Händen, wie er hier schildert, geht Alvarado aus diesem Handel nicht heraus. An anderer Stelle schreibt er:

Schließlich verkaufte ich alle meine Schiffe mit der gesamten Ausrüstung wie auch meine Sklaven, Pferde und persönliche Habe für nur 100000 Pesos [*460 Kilo*] Gold.

Die Versöhnung zwischen Alvarado, Almagro und Pizarro wird in Pachacamac mit großem Aufwand gefeiert. Pedro Pizarro erzählt:

Gleich nach der Ankunft gab es große Lustbarkeiten mit Ringelstechen; nach ein paar Tagen Ruhepause bekam Alvarado sein Geld – die Hälfte hatte ihm allerdings Almagro schon wieder beim Spiel abgewonnen – und schiffte sich ein nach Guatemala, alle seine Leute im Lande zurücklassend. Der Marqués [*F. Pizarro*] zog nach Lima weiter und gründete dort die Stadt der Könige, wie sie heute noch steht.

Während sonst in der spanischen Konquista alles und jedes von einem Schreiber aufgenommen wird – man denke an die »Requerimientos«, die bei den »Entradas« (Überfällen) in Mittelamerika den Bäumen vorgelesen werden, – verhindert Pizarro bewußt zu diesem Zeitpunkt die Fixierung gewisser Vorfälle, die nicht in sein Konzept passen. Alvarado:

Man gestand mir keinerlei Beweisführung mit Zeugenaussagen zu, die mich vor E. M. entlastet hätten [...]. Um das mir zugefügte Unrecht zu vertuschen, wie auch die Anklagen, die ich gegen sie hätte erheben können, zu zerstreuen, werden sie sicherlich über alles, was in ihr Konzept paßt, bereits Untersuchungen eingeleitet haben, mit Zeugenaussagen von Personen, die zu mir gehörten und die ich vermutlich wegen Vergehen oder Unterlassungen bestrafte. Niemand kann wohl so gerecht sein, daß er nicht bei der Führung so verschiedener Menschen neben Freunden auch Feinde hätte, vor allem unter den Oberen, die von eigenen Interessen getrieben [...]

nun gerne die Schuld mir zuschreiben, die Gegenpartei aber entlasten.

Im »Archivo de Indias« in Sevilla liegen 3 notarielle Urkunden. Sie sind in Quito und in Lima in der Zeit von August 1534 bis Januar 1535 ausgestellt worden. Die erste handelt über den Verkauf der Armada Alvarados an Almagro, die zweite überträgt alle in der königlichen Capitulación enthaltenen Rechte für die Entdeckung des Südmeers an Pizarro, und in der dritten bestätigt Alvarado dem Gouverneur Pizarro und dem Adelantado Almagro den Erhalt von 100000 Pesos Abfindung. – Was in den Archiven Eingang findet, spiegelt die jeweiligen Machtverhältnisse der Konquistadoren. Auch die Fragestellungen der »Informaciones« sind manipuliert und haben ein politisches Ziel im Auge. Alvarado streicht in dem Brief an den König wiederum seine Verdienste heraus; denn er muß ja danach trachten, die verscherzte Gunst wiederzuerlangen:

Erst durch mein Kommen ist die Befriedung all dieser Länder als gesichert zu betrachten. Denn bis jetzt war ja die Zahl der spanischen Soldaten und Reiter so gering und die Lage so verzweifelt in dem aufständischen Land, daß es mit ihnen aus gewesen wäre. Mit den Truppen, die ich ins Land brachte, ist die günstige Wendung eingetreten.

Spätere Chronisten nennen noch andere Ursachen für die Resignation der Völker des Incareiches, nämlich Naturkatastrophen gewaltigen Ausmaßes: ein Vulkan bricht aus in Ecuador gerade zu der Zeit, als Alvarados und Benalcázars Heere dort unterwegs sind; das wird von den Indios wie ein Gottesurteil aufgefaßt. – Alvarados Tatendrang ist nach seiner Abschiebung aus Peru noch keineswegs gestillt. Alvarado:

Ich habe oft und oft daran gedacht, wie viele reiche und bevölkerte Inseln und Kontinente es wohl noch in diesem Südmeer gibt. Nachdem nun unter der Herrschaft E. M. die Entdeckungen begonnen haben, kann man Gott, unserem Herrn, nicht besser dienen als durch immer neuen Entdeckungen. So wird sein heiliger Name geehrt und der Glaube gemehrt.

Pedro de Alvarado ist nicht als großer Seefahrer und Entdecker von Ostasiens pazifischen Küsten und Inseln in die Geschichte einge-

gangen. Statt dessen wendet er sich wieder gegen seine spanischen Nachbarn in Mittelamerika, um dort die Position zurückzuerlangen, die er durch seine Abwesenheit in Peru eingebüßt hat. Wo er hinkommt, erhöht sich die Unsicherheit in dem an sich schon friedlosen Lande. Er zieht ruhelos kämpfend umher und verunglückt schließlich im Jahre 1541 bei einem Angriff gegen aufständische Indianer tödlich durch ein stürzendes Pferd.

Frühe Kolonisation und weitere Entdeckungen

Cuzco, die ehemalige Incametropole (Zeichnung des indianischen Chronisten Poma de Ayala). Die Stadt hat zwei Hauptplätze: auf dem Haucaypata (oben) tummeln sich berittene Spanier; auf dem Cusipata (darunter) veranstaltet die Inca-Nobilität ein Fest nach altem Ritus mit Königsmumien unter Baldachinen und Llamas mit Opfergaben.

1535 Gründung von Lima

Bis 1535 haben die Spanier vom Incareich weite Strecken und die wichtigsten Hauptorte wie Quito, Cuzco und Pachacamac gesehen. Sie kennen vornehmlich das nord- und mittelperuanische Hochland von Cajamarca bis Jauja, die Incahauptstadt Cuzco selbst, einen Zipfel der nordperuanischen Wüstenküste mit San Miguel und die Region von Pachacamac. In Ecuador ist bereits 1534 Quito und Puerto Viejo gegründet, wenig später Guayaquil, welches aber mitsamt den tropischen Küsten und Inseln des gleichnamigen Golfes sofort wieder an die Indianer verlorengeht. Nur 5 Mann von der 70-köpfigen Besatzung Guayaquils können sich nach Quito durchschlagen; die anderen kommen um. Alle genannten Hochgebirgs-, Tropen- und Wüstenstrecken sind nur ein kleiner Teil des riesigen Reiches der Incakönige von Cuzco. Es fehlt Südperu mit großen Teilen Chiles und der argentinischen Anden, das Hochland der Collas (Aymaras) um den Titicacasee und die im Laufe der zwei oder drei letzten Generationen von den Incas eroberten Gebiete im Südosten, die über das heutige Bolivien nun bis weit in die argentinische Ebene reichen. Die argentinischen Provinzen Catamarca, Jujuy, Tucumán weisen heute noch Reste incaischer Kultur auf. – Auch die den Konquistadoren zur Zeit Pizarros schon bekannten Strecken beschränken sich auf schmale Streifen entlang den großen Incastraßen. Merkwürdigerweise ist das Hochland schon besser erschlossen als die Küste; die Konquistadoren erwandern Peru zu Fuß und zu Pferd und entdecken Pachacamac und das Gebiet ihrer zukünftigen Hauptstadt Lima vom Hinterland her. – Pizarros wahnwitziges Unternehmen, ohne gesicherte Küsten alle Kräfte der Erkundung und Eroberung des Hochlands zuzuwenden, ist mit der Gefangennahme und dem Tod Atahualpas, dem Sieg über dessen Generale und der Einsetzung des jungen Inca Manco in Cuzco zu einem vorläufigen Abschluß gelangt. Mit Cuzco hat Pizarro das Zentrum des Inca-Großreiches erobert. Der Inca Manco ist als Vasall des Königs von Spanien für die Loyalität seiner Untertanen verantwortlich. Die Metropole Cuzco und die zahlreichen Heiligtümer (Huacas) und Sommerresidenzen der Inca in ihrer näheren und weiteren Umgebung versprechen zwar weiterhin ergiebige Goldbeute; sie ist jedoch nicht mehr das bestimmende Moment der spanischen Eroberungspolitik. Strategische und wirtschaftliche Gesichtspunkte verlangen nur ihr Recht. Cuzco, fast am Ostabhang der Anden gelegen, ist zu weit vom Meer entfernt; es kann deshalb nicht Zentrum von Neu-Kastilien (Großperu) werden. – Alvarados unerwünschtes Auftauchen in Puerto Viejo, sein Marsch nach Quito und die Küstenfahrten seiner Steuerleute bis hin nach Chincha südlich von Pachacamac mit dem Ziel, Pizarro das bereits eroberte Cuzco zu entreißen, haben nur allzu deutlich gezeigt, daß das Meer nicht nur die Brücke nach Panama und zum Mutterland darstellt, sondern auch Einfallstor möglicher Angriffe ist. Für den Gouverneur Pizarro und seine engsten Mitarbeiter steht fest, daß man einen günstigen Ort am Meer für die Neugründung suchen muß. Cuzco, die alte Residenz der »Söhne der Sonne« wird Provinz, Jauja trotz seiner zentralen und verkehrsgünstigen Lage an der Kreuzung wichtiger Incastraßen wieder aufgegeben und für die 40 dort angesiedelten Spanier ein strategisch günstiger Ort gesucht, der zugleich Hauptstadt und wichtigstes Handelszentrum des neuen Königslandes werden soll. – Drei Stadtbürger von Jauja, Juan Tello, Alonso Martin de Don Benito und Ruy Díaz, bereisen im Auftrag Pizarros die Küste im Umkreis von Pachacamac, um einen klimatisch günstigen Punkt, nach Möglichkeit in der Nähe eines Hafens, ausfindig zu machen. Die Pläne, die Vorbereitungen und schließlich die Gründung der neuen Stadt sind in der Acta de Fundación (Gründungsurkunde) von Lima festgehalten worden. Auszüge aus dem Protokoll über die Ermittlungen der Dreierkommission:

Sechs Tage erkundeten sie das Land und die nähere Umgebung von Lima und kamen zu dem Schluß, der Platz, auf dem das [*indio*] Dorf Lima liegt, sei ein guter Ort für die zu errichtende Stadt. Ja, dieser Landstrich sei wirklich geeignet; denn es gibt dort sehr gutes Wasser, Holz, Ackerland und in unmittelbarer Nähe einen Seehafen; das Gelände ist eben, die Luft rein und frisch, und das Klima, wenn der Schein nicht trügt, auch bekömmlich; kurz, alles in allem spricht dafür, hier eine feste Siedlung zu gründen.

Der Jesuit Bernabé Cobo (1580–1657), der 40 Jahre im Vizekönigreich Peru lebte, kommentiert diese Wahl:

Schon bei den Vorüberlegungen für diese Gründung stand die Absicht fest, hier die Hauptstadt, das Handelszentrum und den

Regierungssitz dieses Staates zu schaffen. Die Entscheidung [...], den Regierungssitz nicht ins Inland, sondern an die Küste zu legen, hat sich in den verflossenen Jahren als richtig erwiesen [...]. Handel und Wirtschaft gediehen, und den Feinden, die die Meere und Küsten dieses Königreiches unsicher machen, ist hier besser zu begegnen. [*Am 13. Februar 1579 hat der englische Pirat und spätere Admiral der Königin Elisabeth, Francis Drake, auf seiner kühnen Weltumseglung im Hafen von Callao vor Lima spanische Schiffe überfallen*].

So unwahrscheinlich es auch klingen mag: es gibt an der südlichen peruanischen Küste tatsächlich kein anderes Tal, welches so geeignet und fruchtbar und mit einem so guten und sicheren Hafen ausgestattet ist wie die Gegend von Lima.

Übrigens erwählten jene drei besagten Kundschafter dieses Tal als Standort für die Stadt, weil sie an gleicher Stelle ein kleines Indianerdorf vorfanden. Sie folgten damit einem Brauch, wie er sich bei den ersten Ansiedlern in der Neuen Welt eingebürgert hatte.

Auch diese konnten nicht immer gleich Bescheid wissen über sämtliche Vor- und Nachteile eines Siedlungsgeländes und betrachteten deshalb mit gutem Grund den Ort als den besten und geeignetsten, welchen die Einheimischen schon bewohnten. Einmal war die Versorgung mit Wasser und Holz und anderen nötigen Dingen hiermit sichergestellt, zum anderen konnte man annehmen, daß der Platz gesund war.

Im Gebiet des Kaziken von Lima am gleichnamigen Fluß gründet am Montag, den 18. Januar 1535 der Gouverneur Francisco Pizarro im Namen S. M. die neue Stadt. Er nennt sie Ciudad de los Reyes (Stadt der Könige). Nach Cobo ist als erstes Bauwerk die Kirche errichtet worden:

Im Namen Gottes und in seinem Dienste soll der Anfang eines jeden Volkes wie auch jeder Stadt stehen, daher ist es von Segen, mit der Kirche zu beginnen. Genauso hielt es auch der Gobernador Pizarro; er begann bei der Gründung und Planung dieser Stadt mit der Kirche »Nuestra Señora de la Asunción« [*Mariä Himmelfahrtkirche ...*].

In seiner Eigenschaft als Gouverneur und Capitán General S. M. in diesen Königreichen errichtete er, sobald der Hauptplatz abgesteckt war, besagte Kirche. Er legte eigenhändig den Grundstein und die ersten Balken. Er schuf damit ein sichtbares Zeichen im Namen

Seiner Majestäten für die Inbesitznahme dieses Meeres wie auch der bereits entdeckten und noch zu entdeckenden Länder. Anschließend verteilte er die Stadtgrundstücke an die Vecinos.

Wie eine solche Stadtgründung vor sich geht und auf welchen geschichtlichen Traditionen sie fußt, hat Richard Konetzke in seinem Werk ›Süd- und Mittelamerika I‹ (1965) eingehend untersucht:

»Mit der Entsendung des Gouverneurs Ovando im Jahre 1501 begann der planmäßige Städtebau im spanischen Amerika ... Ovando ließ die neue Stadt Santo Domingo nach dem Plan schnurgerader, rechtwinklig sich kreuzender Straßen aufbauen. Er folgte damit dem Vorbild der planmäßigen Städtegründungen auf der Iberischen Halbinsel während des Spätmittelalters ... Eine solche Grundrißgestaltung, die als Schachbrettmuster bezeichnet wird, begegnet uns ebenso in den Kolonisationen Südfrankreichs und Ostdeutschlands. Sie knüpfen nicht an römische Stadtanlagen an ...

Die Ansiedlung der Stadtbürger (vecinos) erfolgte durch königliche Landzuteilungen, die ›mercedes de tierra‹. Jeder Siedler erhielt ein Grundstück zugewiesen, wo er sein Haus zu erbauen hatte. Neben dem städtischen Bauplatz wurden ihm zugleich außerhalb der Stadt kleinere Landparzellen zugeteilt, um sie für den Garten- und Ackerbau zu nutzen und etwas Vieh zu unterhalten. Diese Landwirtschaften am Stadtrand hießen ... auf dem amerikanischen Festland Chacras ... Der im Auftrag des Königs zugeteilte Grund und Boden war nicht in jedem Fall von gleicher Größe. Als Maßeinheit galt die peonía, d. h. das Land, das man in den Kriegen der spanischen Reconquista dem Fußsoldaten zuteilte, der sich im eroberten Land ansiedeln wollte ... Die caballería, ursprünglich das einem Ritter zukommende Land bei einer Eroberung und Kolonisation, umfaßte einen doppelt so großen städtischen Bauplatz und im übrigen fünfmal so viel landwirtschaftliche Nutzungsfläche wie die peonía.« Warum Francisco Pizarro den Namen »Stadt der Könige« wählte, erklärt der Pater Bernabé im IV. Kapitel seiner Abhandlung über die ›Stadtgründung Limas‹ (›Historia de la Fundación de Lima‹), die er in dieser Stadt in den Jahren 1628 und 29 niedergeschrieben hat. Sie enthält die Abschrift der Gründungsakte von der Stadt der Könige, deren Original verloren gegangen ist. Cobo:

Don Francisco Pizarro, der Gründer, gab ihr den Namen »Ciudad de los Reyes« in Anbetung und Gedenken an die drei Weisen aus dem Morgenland. In der gleichen Jahreszeit, als diese hocherfreut nach Bethlehem wanderten, um den neugeborenen Heiland anzubeten, zogen der Gouverneur und seine Gefährten unermüdlich und unverdrossen in der glühenden Sommerhitze, die in diesen Monaten in den südlichen Breiten herrscht, durch die Täler und Sandwüsten der peruanischen Küste auf der Suche nach einem geeigneten Siedlungsort. Man kam auf den Namen, weil das Dreikönigsfest zeitlich dem Gründungstag am nächsten liegt. In Gedenken daran und in Anbetung an die heiligen Schutzpatrone und Fürsprecher wird dieses Fest, seitdem der Staat besteht [...], mit großem Gepränge gefeiert.

An diesem Tag wird die königliche Standarte von derjenigen Persönlichkeit, die zu dem Ehrenamt des Fahnenträger [*Alférez*] ausersehen ist, aus dem Rathaus geholt und in großer Prozession von den Spitzen der Stadt und der Regierung, von den Caballeros, dem [*incaischen*] Adel und den Ratsdienern mit Trompetenmusik zur Hauptkirche geleitet und nach dem Hochamt mit dem gleichen Festgeleite wieder zum Rathaus zurückgebracht.

Außer dem Namen, den die Stadt bei ihrer Gründung erhielt, welcher ihr auch laut königlichem Erlaß mitsamt der Verleihung des Wappens [*mit drei Königskronen ...*] bestätigt worden ist, hieß sie auch Lima. Das war der Name des kleinen Indianerfleckens, auf dessen Grund sie angelegt wurde; er ist ihr geblieben und wird heutzutage häufiger als der erste verwendet. Zwischen beiden besteht jedoch ein Unterschied. Weder in der Stadt selbst noch außerhalb ist bei Gesprächen und alltäglichen Geschäften die Benennung »Stadt der Könige« so gebräuchlich und familiär wie Lima. Bei allen öffentlichen Schriftstücken, Verträgen, Prozessen und bei den Gerichten gibt man ihr im allgemeinen den Namen »Stadt der Könige«, dem ungeachtet erscheint manchmal auch in einem Amtsschreiben der Name Lima.

[...] Wir alle benutzen im Alltag den Namen Lima [...]. Niemand sagt, ich gehe zu den Königen oder ich komme von den Königen.

[...] Hier ist aber noch zu bemerken, daß das Wort Lima ebenfalls nicht ganz das ursprüngliche ist, daß ferner auch der alte indianische Name von den Einheimischen nicht überall gleich ausgesprochen wird [...]. Die Bevölkerung der Umgegend an der Küste sagt Limac, die Hochlandsbewohner sagen Rimac mit einem ganz schwachen R [...]; denn ein richtiges R kann ein peruanischer Indianer überhaupt nicht aussprechen [...].

Bei der Gründung Limas ließ der Gobernador zuerst den Plan der Stadt mit den Maßen der Straßen und den Cuadras [*Gevierten*] auf

Papier zeichnen. Auf diesem Plan vermerkte er auch, wie die Grundstücke an die einzelnen Siedler verteilt werden sollten, indem man den Namen jedes Einzelnen in die ihm zustehende Parzelle schrieb. Er hatte dabei nicht nur die kleine Zahl von Bürgern im Auge, mit denen er die Stadt gründete – es waren ja nicht einmal 100 –, sondern richtete seinen Blick auf die Größe, zu der die Stadt mit der Zeit ja anwachsen mußte, nahm ein ausgedehntes Gelände, teilte es nach Art des Schachbrettes in 117 Inseln auf, die wir, weil sie quadratisch sind, gemeinhin Cuadras nennen. Er gab jedem Feld 450 Fuß [*ca. 125 m*] Seitenlänge und der Ansiedlung eine Größe von 13 Cuadras in der Länge und 9 in der Breite. Die Straßen legte er nach der Schnur gerade an, eine jede 40 Fuß breit. So kam eine Cuadra, wenn man die Straßenbreite dazurechnete, auf etwa 500 Fuß Seitenlänge [*ca. 140 m*] [...].

Er ließ zwischen der Stadt und dem Fluß einen Streifen von 100 Schritten Breite als städtische Weide- und Erholungsflur [*ejido*] [...].

Die Cuadras teilte er in vier gleiche Teile auf, so daß jeder Bauplatz seine Straßenecke hatte, und nannte ein solches Teilstück Solar. Er wies allen Konquistadoren und Ansiedlern bzw. Encomenderos [*Tributherren*] über Indianer einen Solar innerhalb der dem Hauptplatz zunächst liegenden Cuadras für ihre Häuserbauten zu; einigen besonders Verdienten gab er zwei Solares.

Weil aber innerhalb des Stadtgebietes viele Cuadras leer standen, vergab er neben den oben erwähnten Bauplätzen noch reichlich weitere zusätzliche Solares als Gärten oder für die Ranchos [*Hütten*] ihrer indianischen Dienstleute. Wie aus dem Liegenschaftsregister der Stadtgründung hervorgeht, gab er u. a. einem einzigen Spanier, und zwar dem Capitán Francisco de Chávez, als Ranchería und Indianerquartier 10 Solares über das hinaus, was er schon an Gärten bekommen hatte.

Die Konquistadoren bekamen die Grundstücke umsonst mit der einzigen Auflage, sie einzuzäunen und innerhalb Jahresfrist zu besiedeln; wenn sie leer stehenblieben, fielen sie an die Stadt zurück.

Der Gobernador ließ viele Grundstücke leer, damit sie das Cabildo [*die Gemeindeverwaltung*] später an Neuankömmlinge verteilen konnte. Diese mußten dafür jährlich eine bestimmte Zahl von Hühnern als Abgabe an die Stadt entrichten. Diese Übung hielt sich nur kurze Zeit, denn 5 Jahre nach der Gründung, am 26. Oktober 1540, wurde die Abgabe [...] in Geld umgewandelt, weil der Hühnerzins sich angeblich hemmend auf den Zuzug von Siedlern auswirkte. Der Wert der Hühnerabgabe wurde mit 6 Goldpesos bemessen und als einmalige Gebühr bei Zuweisung eines Solars erhoben. Wer sich solchermaßen einkaufte, war fürderhin frei von anderen Lasten und Herr seiner Grundstücke.

Die gleichen Siedler, denen der Gobernador die ersten Solares gab, bedachte er auch mit den Ländereien in der Umgebung, über die er damals verfügte.

Dieser unmittelbare Landbesitz, abgestuft in die kleineren Peonías für die einfachen Fußsoldaten und die fünfmal so großen Caballerías für die Berittenen, stellt, so üppig er uns heute vorkommen mag, nicht die eigentliche Einnahmequelle für die Konquistadoren dar. Wichtiger sind das Repartimiento oder die Encomienda. Der Ausdruck Repartimiento zeigt drastisch, um was es sich hier handelt: größere Gruppen, Sippen oder ganze Stämme von Indianern werden einem spanischen Eroberer als Belohnung für seine Kriegsleistungen zugeteilt (repartir = verteilen), müssen ihm ihre Arbeitskraft zur Verfügung stellen und Tribute in Form von Gold, Juwelen, Naturalien, Webereien und sonstigen landesüblichen Produkten entrichten. Wie der indianische Chronist und Zeichner Poma de Ayala (1567–1615) mitteilt, werden nicht selten auch die Kinder der indianischen Vornehmen als lebendiger Tribut einbehalten. Der Begriff Encomienda, der sich Jahrhunderte länger gehalten hat als das härtere Wort Repartimiento, beinhaltet eine Verpflichtung des spanischen Encomenderos: die Krone hat ihm die zugeteilten Indianer gewissermaßen »anvertraut« (encomendado), er muß nicht nur für das leibliche, sondern auch für das geistliche Wohl seiner Indianer sorgen, ist also für die christliche Mission mitverantwortlich. An der mangelhaften Wahrnehmung dieser Pflichten entzündet sich die ungeheure Polemik der Dominikaner, vor allen von Bartolomé de Las Casas, gegen dieses System, das wohl mit ängstlicher Akribie den Anschein von Leibeigenschaftsverhältnissen vermeidet, welches aber in der Praxis auf den Besitz von menschlichen »Seelen« wie im europäischen Latifundienwesen hinausläuft. Charakteristisch für Hispanoamerika ist die Trennung von Landbesitz und Verfügungsgewalt über die einheimische Bevölkerung. Die Krone verbietet, daß der Encomendero im Siedlungsgebiet seiner Indianer wohnt und dort Land besitzt. Sehr bald werden diese Bestimmungen allerdings umgangen durch Zusammenlegung von königlichen Landzuteilungen (mercedes de tierra) und Indianerzuteilungen. Der Prinzipienstreit um diese verschiedenen Besitzformen und Steuerrechte wird nie endgültig entschieden und dauert so lange, wie das spanische Kolo-

nialimperium besteht. – Das Register über die Verteilung der ersten Bauplätze in Lima, das Bernabé Cobos ›Fundación de Lima‹ eingegliedert ist, gibt Aufschluß über das jeweilige Prestige der einzelnen Bewerber. Die Liste beginnt mit den bevorzugten Plätzen am Hauptplatz, der ein Planquadrat einnimmt:

Für die Kirche ein Solar.

Für den Pfarrer ein Solar, das an die Kirche angrenzt [...].

Für den Veedor García de Salcedo, Encomendero von Nazca, zwei Solares in dem gleichen Quadrat wie die Kirche mit Front zu der Plaza.

Für den Gobernador Don Francisco Pizarro, Encomendero von Atabillos und Huayllas [*Santatal*] vier Solares; das ist die Cuadra, wo heute der [*vizekönigliche*] Palast steht [...].

Für Antonio Picado, Sekretär des Gobernador Pizarro und Encomendero von Huarochirí, ein Solar [...].

Für Francisco Martín de Alcántara, Bruder des Gobernadors und Encomendero von Hananguanca in Jauja, Santa und Caraguayllo, ein Solar mit der Ecke zur Plaza [...].

Für den Capitán Hernando Pizarro, Bruder des Gobernadors, zwei Solares mit Front zur Plaza; dort stehen heute das Rathaus und das Stadtgefängnis [...].

Für Juan de Barbarán ein Solar [...].

Die Grundstücke der bis jetzt Genannten liegen in den acht – Cuadras am Hauptplatz; was noch an Stadtgrund verblieb, wurde wie folgt verteilt:

Für das Hospital zwei Solares.

Für das Kloster de la Merced vier Solares.

Für das Kloster Santo Domingo zwei Solares.

Für das Kloster San Francisco zwei Solares.

Für den zukünftigen Bischof zwei Solares.

Für S. M. den König zwei Solares [...].

Für Francisco de Ampuero ein Solar [...].

Für Pedro Alconchel [*den Trompeter von Vilcaconga*], Encomendero von Chilca und Mala, ein Solar, wo heute das Kloster der Trinidad steht.

Für Miguel de Estete ein Solar [...].

Für Alonso Martín de Don Benito [*einer der Dreierkommission, die den Platz für die Stadtgründung ausgesucht hat*] ein Solar.

Für Juan de Espinosa, den Sohn des [*Lizentiaten*] Gaspar de Espinosa [*in Panama*] ein Solar [...].

Folgende Männer bekamen noch Grundstücke:

Cañete Hurtado, der Zahlmeister [...], Palomino [*der Chronist*], der Doktor Sepúlveda [*berühmter Rechtsgelehrter und literarischer Gegner von Bartolomé de Las Casas in Spanien; er war nie in der Neuen Welt*] bekam zwei. Je ein Solar bekamen [...] Don Martín, der indianische Dolmetscher [*es ist jener Martinillo, der 1527 von den Spaniern auf der tumbesischen Balsa gefangengenommen wurde und 1528 mit Pizarro in Spanien war*], [...] ein Säbelmacher, ein Kerzengießer, [...] zwei Zimmerleute, [...] ein Notar [*usw.*].

Man sieht: Die Encomenderos rangieren ganz vorne. Hinter ihren Namen ist jeweils vermerkt, in welcher Gegend Perus ihre Encomiendas liegen. Es sind, allen Restriktionen der Krone zum Trotz, damals oft ganze Provinzen. Bei den angegebenen Berufen fällt auf, wie stark die Männer der Feder vertreten sind – mehrere Schreiber und ein Notar; Handwerker sind anscheinend rar, aber gesucht. Eine Reihe der wichtigsten Namen fehlen, z. B. Almagro, der ja eigentlich durch sein Abkommen mit Pedro de Alvarado den Boden für die Kolonisierung vorbereitet hat, Pizarros jüngere Brüder Gonzalo und Juan, sein Vetter Pedro Pizarro sowie der Kanonier von Cajamarca Pedro de Candía und Hernando de Soto. Sie alle sind in Cuzco eingeschrieben. Manche Namen wie die des Schatzmeisters Riquelme und des Veedors Salcedo erscheinen in Cuzco wie auch in Lima. Cobo lenkt die Aufmerksamkeit des Lesers besonders auch auf folgenden Umstand:

Nicht alle, die hier als ansässige Bürger aufgeführt sind, waren es vom Tag der Gründung der Stadt an. Die erste Besiedlung derselben erfolgte mit einer viel kleineren Zahl; nach und nach schrieben sich alle diejenigen in den Stadtplan ein, die in den ersten zwei bis drei Jahren zuzogen.

Die ersten Häuser, die hier entstanden, waren nur erdgeschossig und von primitiver Bauart; denn man mußte sich ja nach dem Material richten, was es damals im Lande gab; aber sie genügten als Bleibe für die Ansiedler. Diese Häuser hatten alle Platz auf den ersten sechzehn Cuadras um die Plaza, weil damals die Zahl der Vecinos noch so klein war.

Machtkampf um Cuzco. Chile-Expedition 1535–1537

Lima und die nordperuanische Küste mit dem ebenfalls 1535 gegründeten Trujillo ist von nun an die Domäne des 60-jährigen Francisco Pizarro. Almagro räumt hier das Feld, das er durch die Organisation der Etappe, die Lösung des Konflikts mit Pedro de Alvarado und den Kauf seiner Flotte mit vorbereitet hat. An die 70 Jahre alt, verwickelt er sich mit den Brüdern Pizarros in einen Machtkampf um Cuzco und wird zum Entdecker Chiles. Anstoß dazu gibt eine königliche Capitulación vom Mai 1534, die Almagro eine Zone von 200 Meilen Tiefe, südlich an Francisco Pizarros Gouvernement angrenzend, zuspricht, und eine im Effekt dem zuwiderlaufende Entscheidung, die das Gouvernement Francisco Pizarros um 70 Meilen nach Süden erweitert. Diese von Hernando Pizarro, der das Gold von Cajamarca nach Spanien gebracht hat, gegen große Bedenken ertrotzte Modifikation fordert einen Grenz- und Kompetenzstreit geradezu heraus. Sowohl Diego de Almagro, damals Stadtgouverneur von Cuzco, wie auch Francisco Pizarro erheben Anspruch auf die Incahauptstadt und ihre Schätze. Die im Land verbliebenen Leute Alvarados ergreifen Partei für Almagro in der Hoffnung, mit Encomiendas honoriert zu werden. Tonangebend sind in der alten Incametropole jedoch Pizarros junge Brüder Juan und Gonzalo. Die Lage spitzt sich zu; nur das Dazwischentreten eines beherzten Mannes namens Gómez de Alvarado verhindert, daß auf dem Haucaypata, dem großen Platz der Incahauptstadt, die Pizarros und Almagro, Soto und ihre Anhänger mit den Lanzen aufeinander losgehen. Die Parteien bewegen sich nur bewaffnet durch die Straßen. Francisco Pizarro eilt aus Trujillo nach Cuzco. Die beiden Kompagnons söhnen sich wieder aus und beschwören über einer Hostie ihren alten Bund. Der 70-jährige Almagro verläßt Cuzco mit einer großen Expedition, hauptsächlich bestehend aus ehemaligen Kampfgefährten Alvarados und mehreren Tausend Indios; darunter befinden sich die Spitzen des incaischen Adels, der Inca Paullu und der Villac-humu (der oberste Priester), ebenfalls ein Bruder Mancos. Almagros Ziel ist Collasuyu, der südliche Reichsteil mit Chile und Südbolivien. »Am Tage ihres Aufbruchs brannte die halbe Stadt«, schreibt Pedro Pizarro. Enttäuschte Alvarado-Leute plündern. Der Priester Christóbal de Molina begleitet Almagro 1535 auf dem Chilezug. Er leidet unter der allgemeinen Fried- und Gottlosigkeit, die über dem Unternehmen liegt, und berichtet von zahlreichen bösen Vorkommnissen, die er nicht abwenden kann:

Aus der Stadt und Gemarkung Cuzco nahmen die Spanier auf ihren Entdeckerzug eine große Menge von Llamas, Bekleidung und andere Vorräte mit; [*Indios*], die nicht freiwillig folgten, mußten, in langen Kolonnen mit Seilen und Ketten aneinander gefesselt, halbtot vor Hunger, den Tag über schwere Lasten tragen und wurden nachts auch an den schaurigsten und rauhesten Orten nicht losgebunden. Dies sprach sich schnell im Land herum, so daß die Eingeborenen sich nicht mehr getrauten, in ihren Dörfern die Spanier zu erwarten. Sie verließen ihre Wohnungen, Vorräte und Herden, und die Spanier verfügten frei darüber. Wenn keine Indios als Träger zur Stelle waren und keine Weiber zu ihrer Bedienung, taten sich in einem Dorf jeweils 10 oder 20 oder auch nur 4 bis 5 Spanier zusammen und machten unter dem Vorwand, daß die Indios in diesem Gebiet aufständisch seien, große Razzien, legten die gefangenen Indios in Ketten und verschleppten sie samt ihren Frauen und Kindern.

Diejenigen Frauen, die ein angenehmes Äußeres hatten, beanspruchten sie für ihren persönlichen Dienst und noch darüber hinaus. Wenn es um diese Dinge ging, fürchteten sie sich nicht ihrer Sünden, ob die Indianerinnen nun Christinnen waren oder nicht. Sobald ein Kamerad sich ernsthaft dagegen stellte, war er bald als Heuchler verschrien. Den Freitag und den Samstag beachteten sie so gut wie gar nicht; selbst an diesen Tagen wurde wie sonst Fleisch gegessen, nur wenige Spanier hielten sich ans Fasten.

Einige Spanier ließen, wenn Stuten geworfen hatten, die neugeborenen Fohlen durch Indianerinnen in Hängematten tragen, andere setzten sich zum Zeitvertreib in Sänften, während ihre Pferde am Halfter geführt wurden, damit diese schön kräftig und ausgeruht blieben.

All mein Bemühen und gutes Zureden half nichts: Überall, wo wir durchzogen, gab es Plünderung und Gewalttat. Nicht nur da, wo Indios den Dienst verweigerten, sondern auch dort, wo die Indios bereit waren zu dienen, aber ihre Leistungen nicht den Erwartungen der Spanier entsprachen, nahmen diese mit Gewalt, wonach ihnen der Sinn stand, und raubten Frauen und Kinder. Wenn ihnen die Indios nicht Brennholz in der Menge lieferten, wie sie sich in den

Kopf gesetzt hatten, rissen sie ihnen einfach die Häuser ein. Auf diese Weise verwüsteten sie auf ihrem Zuge das ganze Land.

Es kam überall zu Aufständen; sobald ein Spanier sich von der Gruppe entfernte, wurde er umgebracht. Die Spanier verlangten nun wiederum von ihren indianischen Dienstleuten und Negern, daß sie plünderten und raubten. Je mehr sich einer darin hervortat, desto höher stand er im Kurs; wer nicht mithielt, wurde jeden Tag geschlagen [...]. Ein Spanier, der grausam und ein guter Plünderer war und viele Indios tötete, galt im Lager als guter Mann und stand in hohem Ansehen. Wer aber dazu neigte, Gutes zu tun, den Einheimischen eine gute Behandlung angedeihen zu lassen und für sie eintrat, erfuhr eine geringere Wertschätzung.

Ich habe das alles mit eigenen Augen gesehen. Obwohl auch ich meinen Weg nicht ohne Sünde ging, schreibe ich jene Begebnisse dennoch nieder; denn alle, die es lesen, sollen wissen, daß auf die beschriebene Art und noch grausamer diese Reise und die Entdekkung von Chile vor sich ging. Nicht anders waren und sind alle Entdeckungszüge in der Neuen Welt. Es soll bekannt werden, was für eine Zerstörung bei der Konquista der indianischen Völker angerichtet worden ist infolge der üblen Praktiken, die den Konquistadoren schon zur Gewohnheit geworden sind. Das ist keine Art, Entdeckungen zu machen.

Auf dem Wege zu den Tälern von Copiapú [*Mittelchile*] mußte der Adelantado [*Almagro*] dreizehn Tagereisen durch menschenleere Strecken und einen hohen Paß hinter sich bringen. Zur Winterszeit ist der Weg verschneit; schon wenn wenig Schnee fällt, geht er bis zum Knie; wenn kein Schnee liegt – und so war es, als der Adelantado durchzog –, herrscht eine furchtbare Kälte. Auf der Paßhöhe fünf Tagereisen vor Copiapú erfroren in einer Nacht 70 Pferde und eine große Anzahl von indianischen Dienstleuten.

Nach all diesen Strapazen kam Almagro zum ersten Tal, dem von Copiapú. Die einheimische Bevölkerung empfing ihn sehr freundlich und gab ihm von dem, was sie hatte, und wir erholten uns wieder. In diesem Tal wächst viel Mais, und es gibt die dort typischen fetten Schafe [*Llamas*]. Auch in dem nächsten Tal, dem von Guarco, fand er alles, was er benötigte; ebenso war es im dritten Tal, welches jetzt Quaquizago heißt und von Christen bewohnt wird.

Hier erfuhr der Adelantado, daß die Indios in diesem und im Guarco-Tal die drei Spanier und die zwei Indios, die er von Cuzco aus vorausgeschickt hatte, umgebracht hatten wegen maßlosen Plünderns, verschiedener Greueltaten und wegen Mißhandlungen der Indios. Dies wurde offenbar in den Dörfern, die man passierte.

Als Strafe für den Tod der beiden Spanier sandte Almagro Reiter und Fußvolk aus, die alle [*Indios*] in ein Haus zusammentrieben, befahl sämtliche Ausgänge schärfstens zu bewachen, sonderte schließlich 30 Häuptlinge und Dorfälteste aus und ließ jeden an einen Pfahl binden und verbrennen. Die übrigen Indios verteilte er als Sklaven und zog weiter in die chilenischen Provinzen hundert Meilen voran durch fast menschenleere Gegenden. Schließlich langte er im Hauptort von Chile an, der damals Concumicagua hieß [...].

Sowie sich herausstellte, wie arm dieses Land war, reute es ihn und fast alle Gefährten, daß sie hierher gekommen waren. Diese Entdeckung war eine ganz große Enttäuschung. Wenn es Almagro nicht um das Gerede der Leute zu tun gewesen wäre, so munkelte man, wäre er schon nach wenigen Tagen umgekehrt. So aber fühlte er sich, wie er selbst sagte, dem König und seinem Gefährten Pizarro durch sein Wort verpflichtet und sandte einen Hauptmann mit 70 oder 80 Reitern und 20 Mann Fußvolk von Chile aus weiter auf Entdeckung. Dieser Hauptmann brauchte für Vormarsch und Rückkehr noch weitere 3 Monate. Da das Land nicht voller Gold war, wurde es nicht für gut befunden, und das war der Grund für die baldige Rückkehr.

Untersuchungen gegen Pizarros Verwaltungspraxis

Pizarro überläßt Cuzco seinen Brüdern Juan und Gonzalo und kehrt nach Lima zurück. Hier erwartet ihn neuer Verdruß. – Tomás de Berlanga, Bischof von Panama und vom König zum Kommissar und Untersuchungsrichter für Neu-Kastilien (Großperu) bestellt, ist in Lima eingetroffen. Er hat die Instruktion, nachzuforschen, ob bei der Konquista und Kolonisation die königlichen Vorschriften auch wirklich beachtet worden sind, ob das Fünftel für den König auch immer korrekt bemessen worden ist, ob ihm nicht die prunkvollsten Beutestücke, die ergiebigsten Encomiendas oder besten Stadtgrundstücke vorenthalten, ob Gold beiseite gebracht oder ungerecht verteilt worden ist. Berlangas Untersuchung erstreckt sich vom 20. August 1535 bis zum 29. Februar 1536; sie soll geheim bleiben. Er befragt eine Reihe von Leuten, die nicht ungern gegen Pizarro aussagen. Bevorzugter Gegenstand ihres Unmutes ist eine von Pizarro kurz nach der Gründung Cuzcos erlassene Order, die bei hoher Geldbuße jegliche eigenmächtige Goldsuche verbietet, ebenso das Eintauschen von Gold und Silber, Juwelen und Perlen bei Kaziken und Indios, gleichgültig ob diese zu einer Encomienda gehören oder frei sind. Pizarro rechtfertigt seine Order; er habe damit planlosen Beutezügen und Plünderungen Einhalt gebieten und eine gerechte Verteilung sichern wollen. Dem wird von den Zukurzgekommenen entgegengehalten, gerade dadurch habe man den Indios erst die Möglichkeit gegeben, die Incaschätze beiseite zu bringen und zu verstecken; der königlichen Kasse sei somit großer Schaden erwachsen. Die gereizte Stimmung, die seit dem Eintreffen des Bischofs in Lima herrscht, geht aus einem späteren Brief Berlangas an den König (Nombre de Dios, 3. Februar 1536) hervor. Francisco Pizarro habe ihm beim Empfang unfreundliche Worte an den Kopf geworfen:

Zu der Zeit, als er mit dem Sack auf dem Rücken das Land durchzog, um es zu erobern, ließ keiner ihm eine Hilfe zuteil werden, und jetzt wo das Land erobert und gewonnen ist, schicke man ihm einen Stiefvater.

Die Niederschrift von Berlangas Untersuchung ist trotz ihrer vordergründigen Tendenz für die soziologische Beurteilung der frühkolonialen Verhältnisse Perus wertvoll; denn sie gibt Aufschluß über erschreckende Not bei der Indianerbevölkerung, auch über vereinzelt auftretende Negerkriminalität während der Konquista. Zu dem belastenden Material, das hier in Lima ausgebreitet wird, gehört eine schriftliche Protestnote aus Jauja, die Bürgermeister und Ratsherren des schwach besetzten und schlecht florierenden Stützpunktes am 27. Juni 1534 dem aus Cuzco zurückgekehrten Gobernador Francisco Pizarro vorgelegt haben. Darin heißt es unter anderem:

Erlauchter Herr [*gemeint ist Pizarro*]: Obwohl Ihr schon 3 Monate in dieser Stadt weilt, habt Ihr noch keine Landzuteilungen vorgenommen; das gereicht der Bevölkerung [...] wie auch S. M. zu großem Nachteil. Da die Kaziken keinen Herrn über sich haben, erheben sie sich und verlassen ihre Wohnsitze. Sie kümmern sich nicht um die Bestellung der Felder, weil diese von umherschweifenden Negern und Yanaconas [*hörige Indianer*] der Spanier verwüstet werden. Sie holen den Mais weg, bevor er noch zum Reifen kommt, auch nehmen sie das Vieh und andere Nahrungsmittel; noch schlimmer: sie werfen die Indios aus ihren Behausungen und mißhandeln sie auf jederlei Weise. Dadurch wird die Versorgungslage nicht nur für die Einheimischen, sondern auch für die Vecinos [*Stadtbürger*], die Konquistadoren und andere, die sich in der Stadt aufhalten, gefährdet, und eine Hungersnot steht unmittelbar bevor [...]. Die einheimische Bevölkerung bettelt bereits an den Häusern der Spanier um Nahrung, weil man ihnen alles genommen hat. [...]

Die Kaziken werden geprügelt und niedergeschlagen, andere erstochen, die Frauen der Indios vergewaltigt. Wie leicht hätte es unter diesen Umständen einen Aufstand und zahlreiche Tote unter Spaniern und Indios geben können.

Alle diese Mißstände und Übergriffe hätten sich vermeiden lassen, wenn man den Kaziken und Indios Herren gegeben hätte, an die sie sich hätten wenden und über erlittene Unbill Klage führen können. Aber niemand nahm sich ihrer an. Ja, wenn das Land verteilt worden wäre [...], hätten die [*spanischen*] Herren mit den Kaziken und Indios in Tauschhandel treten können; man hätte aus den Bergwerken Gold geschürft, wie es in diesen Gegenden Brauch ist; die Indios würden weiterhin wie seit alters her ihre Tribute an Gold und Silber entrichten, und das Fünftel S. M. hätte sich gemehrt.

In der Erwiderung zu diesen Vorwürfen betont Francisco Pizarro, daß die Spanier zu jenem Zeitpunkt gar nicht willens gewesen seien, Bürger der Stadt Jauja zu werden und ein Repartimiento anzunehmen:

Als ich, aus Cajamarca kommend, mit den Spaniern in diese Stadt Jauja einzog, war das Tal voll indianischer Krieger, überall Aufruhr und Unruhe und die Indios nicht gewillt, den Spaniern zu dienen [...].

Die indianischen Truppen wichen in Richtung Cuzco zurück [...], so daß ich beschloß, aufzubrechen und die Metropole friedlich zu unterwerfen [...]. Zuvor aber gründete ich diese Stadt [*Jauja*], gab ihr eine Gerichtsbarkeit und setzte eine Stadtverwaltung ein. Ich ließ durch einen Herold öffentlich ausrufen, wer Stadtbürger werden wolle, solle sich beim Notar oder bei den Ratsherren melden, damit man die Indios dieser Gegend verteilen könne [...]. Es wollte sich aber keiner als Vecino niederlassen noch Indios nehmen [...].

In der Zwischenzeit sind neue Bestimmungen S. M. über die Verteilung von Indios hier eingetroffen [...]. Bis sie in Kraft treten, werde ich vorläufige Zuteilungen vornehmen [...], damit das Land und die Eingeborenen keinen Schaden leiden [...]. Ihr aber habt um die Mißstände gewußt und trotzdem nichts dagegen unternommen, nicht einmal eine Nachricht mir zukommen lassen. So habt Ihr selbst, Stadträte wie Bürgermeister, hierfür die Verantwortung zu tragen. Da ich nichts von der Sache wissen konnte, wäret Ihr verpflichtet gewesen, Abhilfe zu schaffen und die schweren Übergriffe zu ahnden [...]. Eure Schuld liegt klar auf der Hand.

Berlangas Untersuchungen sind trotz befohlener Geheimhaltung längst Stadtgespräch. Pizarro und sein Schatzmeister Riquelme wie auch der Veedor García de Salcedo wünschen und fordern, daß auch sie zu den Anschuldigungen gehört werden und ihre Stellungnahme den Akten beigefügt wird. Die Konquistadoren wollen vermeiden, daß dem König eine einseitige Darstellung aus der Feder von Personen zugeht, denen die Probleme und Schwierigkeiten der Führung eines Konquistaunternehmens letzten Endes fremd sind. Einige Beanstandungen und Antworten zeigen, wie die Auffassungen hier weit auseinandergehen. Berlanga:

Ich beanstande wiederum, daß der königliche Prägestempel nicht sicher genug verwahrt wird. Diese Stempel dürfen nicht von Hand zu Hand wandern [...]. Es soll deshalb für jede Stadt, in der Gold eingeschmolzen wird, ein besonderer, nicht verwechselbarer Stempel angefertigt werden, der nach Gebrauch in einem Kästchen mit dreifachem Schloß bis zur nächsten öffentlichen Goldschmelze aufzubewahren ist [...].

Auch ist mir zu Ohren gekommen, daß bei der letzten Goldschmelze ein Neger, der in Cuzco öffentlicher Ausrufer war, und ein Juan de Lepe mit einem solchen Stempel umging.

Pizarro und die anderen königlichen Beamten und Konquistadoren reagieren empfindlich auf diese Vorwürfe:

Ihr behauptet, der königliche Stempel sei nicht mit der nötigen Sorgfalt verwahrt worden. Hierin seid Ihr falsch unterrichtet. Der Stempel war immer mit Doppelschloß gesichert, und die Schlüssel befanden sich während der Schmelze ausschließlich in Händen der Beamten. Nach Beendigung jeder Schmelze haben wir den Stempel vernichtet, um zu verhindern, daß jemand damit Mißbrauch treibe. Wir konnten es nicht anders machen, denn wir standen ja im Krieg und mußten von einem Ort zum anderen ziehen [...].

Hochwürden waren wohl unterrichtet und hätten es auch zum Ausdruck bringen müssen, daß die Stempel nur während der öffentlichen Schmelze im Beisein des Gobernador und der Beamten jenem Negerherold und jenem Juan de Lepe ausgehändigt wurden.

Die Menge des zu stempelnden Goldes und Silbers war nämlich so groß, daß Hämmer und Prägestöcke nicht ausreichten und die menschliche Hand ermüdete. Die beiden Leute wurden für ihre Arbeit ja auch bezahlt. So dargestellt, hätte die Beanstandung freundlicher geklungen.

An den Repartimientos waren nicht nur die Konquistadoren in den amerikanischen Kolonien interessiert, sondern auch die Krone sowie hohe Beamte und Geistliche am spanischen Hof. Durch die Zuweisung einer bestimmten Zahl von Eingeborenen, meist repräsentiert durch einen unterworfenen Häuptling oder Dorfältesten samt Untertanen, deren Arbeitserträgnisse nach Spanien überwiesen werden, sichern sie sich eine willkommene Nebeneinnahme. Der königliche Sekretär Conchillos z. B. besitzt ein Repartimiento von 800 Indianern und der Bischof Fonseca eines von 300 Indianern auf der Insel Haiti. Der König selbst besitzt in Übersee allerorten Krongüter und Bergwerke. – Der Bischof Berlanga verlangt auch hier im frisch eroberten Peru eine stärkere Berücksichtigung der königlichen Ansprüche. Er klagt:

Warum hat man nicht der königlichen Provision gemäß S. M. die Hauptstädte und mächtigen einheimischen Landesherren zugewiesen, warum vor allem nicht Cuzco, die Königsstadt und ihren Fürsten Manco Inca [...]?

Der Herr von Cuzco hat niemanden zu dienen außer dem König! Es ist mir aber berichtet worden, daß andere Personen sich seine Dienste gesichert und maßlose Vorteile daraus gezogen haben. [...]

In Zukunft ist für die Sicherheit der Person des Inca, des Kaziken und Herrn von Cuzco zu sorgen und darauf zu achten, daß er einzig und allein Seiner Majestät diene. Falls aber, was Gott verhüten möge, der Herr von Cuzco etwas tut, was er nicht soll, bitte ich Euch, unter keinen Umständen hier an Ort und Stelle ein Todesurteil zu vollstrecken, sondern gegen den Inca nur den Prozeß zu führen und ihn persönlich mit den Akten zu S. M. dem König nach Spanien zu schicken, damit dieser selbst über ihn befinden kann. Keinesfalls aber darf S. M. wiederum auf ähnliche Weise Schaden und Nachteil erwachsen, wie es schon einmal durch den Tod Atahualpas geschehen ist.

Pizarro erwidert darauf in aller Namen:

Für S. M. suchte man in besonders ertragreich scheinenden Provinzen die Indiandergemeinden aus, welche man für die besten hielt. Wenn das Land erst richtig erforscht und visitiert ist, mag S. M. so disponieren, wie es Ihr günstiger erscheint. Was den Inca Manco betrifft, so ist da schon ein schriftlicher Bericht an S. M. den König ergangen. Zum Tod Atahualpas können wir nur sagen: einen schlechteren Dienst hätten wir dem König erwiesen, wenn alle Spanier umgekommen wären und S. M. das Land verloren hätte.

Hochwürden sind ins Land gekommen, als die Schrecken und Ängste überstanden waren, und betrachten die Dinge vom sicheren Ort aus.

Der Bischof aus Panama nimmt Anstoß an der großen Zahl von Indios, die Francisco Pizarro sich selber und seinen Brüdern zugewiesen hat. Berlanga:

Öffentlich wird behauptet, Ew. Hochwohlgeboren, Ihre Brüder und die Beamten hätten mindestens ebenso viele Indios wie S. M.

und alle übrigen Konquistadoren und Spanier zusammen, und es gäbe viele Konquistadoren [...] darunter auch verheiratete [...], die im Land bleiben möchten, aber noch kein Repartimiento zugewiesen bekommen hätten [...]. Ew. Hochwohlgeboren schaffe sobald als möglich Abhilfe.

Darauf Pizarro und die Beamten, die die Konquista mitgemacht haben:

Wir haben eine Reihe von Visitatoren eingesetzt, die das Land zunächst einmal bereisen und mit eigenen Augen die Provinzen und die verschiedenen Orte kennenlernen sollen [...]. In der Zwischenzeit haben wir, um die Versorgung der Spanier zu sichern und sie im Lande zu halten, nach bestem Wissen und Gewissen vorläufige Encomiendas eingerichtet. Die Indios wurden an alle hier ansässigen Konquistadoren und Siedler verteilt, zunächst nur wenige, denn die Zahl der Indios in diesem Gebiet ist klein und die der neu hinzugekommenen Spanier groß [...].

Hochwürden sagen, in unseren Händen befinde sich der größte Teil des Landes. Darauf können wir nur antworten: Es ist weitaus weniger als das, was wir uns von S. M. als Gnadenerweis für unsere Mühen und Unkosten im Krieg und bei der Eroberung erwarten. Wenn man der Sache nachgeht, wird man erst sehen, daß wir mit dem, was wir haben, gar nicht auskommen können.

Schließlich stellt der Bischof noch strenge Forderungen hinsichtlich der Missionierung des unterworfenen Volkes, vornehmlich der Kinder des indianischen Adels. Tomás de Berlanga:

Hochwohlgeboren wissen, wie nachlässig die Unterweisung in Dingen unseres heiligen katholischen Glaubens betrieben worden ist. Um dem abzuhelfen, wurde vereinbart, die Kinder von Kaziken und vornehmen Indios zu ihrer Unterweisung in Klöster zu bringen. Zwar habt Ihr diesbezüglich schon eine Verordnung erlassen; sie ist aber von geringem Wert, solange sie nicht befolgt wird. Die Patres des Franziskanerordens drohen bereits mit der Abreise, wenn man ihnen nichts zu tun gibt. Gott und dem König würde damit ein schlechter Dienst erwiesen.

Ew. Hochwohlgeboren betreibe deshalb mit Nachdruck die Herbeischaffung der besagten Kinder, damit an ihnen das Werk vollbracht werde, welches bei ihren Eltern vergebens wäre.

Pizarro entgegnet:

Ich, der Gobernador, antworte: Schon bevor der hochwürdigste Bischof in dieses Land kam, habe ich solche Verordnungen für die Unterweisung und Bekehrung der Eingeborenen erlassen. [...] Sie kamen aber nicht, wie ich gewünscht hätte, zur Auswirkung, denn damals waren noch keine spanischen Städte gegründet, noch gab es Geistliche, die sich um die Leute hätten kümmern können [...]. Der Wunsch Seiner Majestät wird erfüllt, sobald Geistliche eintreffen, die zu dessen Ausführung in der Lage sind.

Was die von Euch erwähnten Franziskanerpater anbelangt, so wißt Ihr recht gut, daß es hier nur einen einzigen gibt, und dieser kann und wird so mutterseelenallein nie und nimmer mit der Arbeit zu Rande kommen, die an der Bekehrung der Eingeborenenmassen hängt. Das mag der eigentliche Grund dafür sein, daß er nicht mehr im Lande bleiben mag.

Nach Richard Konetzke gehört zu Anfang des 17. Jahrhunderts im Vizekönigreich Neuspanien (Mexico) der dritte Teil aller Häuser, Grundstücke, Ländereien und sonstigen Immobilien den religiösen Orden. »Aus Peru hieß es um die Mitte des 18. Jahrhunderts, daß die Hälfte des Vizekönigreichs dem geistlichen Stande gehört und von den staatlichen Gesetzen ausgenommen ist ... Nach amtlicher Feststellung gehörten zu dieser Zeit von den 3941 Häusern der Stadt Lima 1135 den Kirchen, Klöstern und frommen Stiftungen.«

Der Türkenkrieg verschlingt peruanisches Gold

Ein Erlaß Karls V. vom 4. März 1535 weist die Großzahlmeister von Sevilla an, zur Deckung der Kriegskosten gegen die Türken das Gold und Silber von vier aus Peru kommenden Schiffen zu beschlagnahmen:

Der König Don Carlos [...]. Wohlergehen und Gnade Euch, Unseren Großzahlmeistern. Ihr wißt oder solltet wissen, daß Wir seit vielen Tagen mit großer Sorgfalt eine gewaltige Flotte ausrüsten, ebenso Kriegsvorbereitungen zu Lande treffen für die Verteidigung Unserer Königreiche vornehmlich gegen Barbarossa, den Erzfeind Unseres heiligen katholischen Glaubens.

Allen ist nur zu wohlbekannt, was für eine gewaltige Macht er im Verein mit dem großen Türken gegen die Christenheit aufbietet. [...]. Diese Vorbereitungen haben Unsummen verschlungen, und die Weiterführung des Unternehmens erfordert ungleich mehr.

Nun sind wir davon unterrichtet, daß vier Schiffe aus der Provinz Peru von Nombre de Dios [*Atlantikhafen von Panama*] ausgelaufen und drei von ihnen bereits gelandet sind [...]. Aus den Schiffsregistern scheint hervorzugehen, daß sie eine große Summe Goldes und Silbers von Passagieren und anderen Privatpersonen mit sich führen.

Angesichts der ernsten Situation, in die Wir Uns gestellt sehen, und der einmalig günstigen Gelegenheit, durch das Gold und Silber aus diesen ankommenden Schiffen rasch Abhilfe schaffen zu können, ohne Unsere Untertanen zu empfindlich zu schädigen, haben Wir Uns entschlossen, Gold und Silber aus diesen Schiffen im Wert von etwa 800000 Dukaten unseren Zwecken zuzuführen, beim Gold jedoch nur die größeren Posten von 400 Pesos (ca. 2 kg) aufwärts, ebenso beim Silber.

Hinsichtlich der Rückzahlung ergeht sich der Erlaß in ausführlichen Klauseln über ewige Verpflichtungen des Königs gegenüber den Eigentümern, über Steuerfreiheit für ihre Erben und Rechtsnachfolger.

Der grosse Aufstand des Inca Manco 1536–1538

Sonnenheiligtum, Terrassen und Hausruinen von Machu Picchu in den schwer zugänglichen subtropischen Waldbergen nördlich von Cuzco, nach 1911 von dem Amerikaner H. Bingham durch Abbrennen der Vegetation freigelegt. Den Stilmerkmalen nach incaische Stadt. In der gleichen Zone zwischen den Flüssen Apurimac und Urubamba liegen noch weitere Ruinenstädte unter dem Urwald verborgen; eine von ihnen war Vitcos, die dem aufständischen Inca Manco und seinen Söhnen als Refugium gedient hat.

Belagerung Cuzcos durch Incaheere

Während Almagro auf seiner Chile-Expedition ein »zweites Peru« entdecken will, bricht zuerst in den Süd-Ost-Provinzen, Monate später in Cuzco selbst, ein großer Aufstand gegen die Spanier aus. Die führenden Köpfe sind der Villac-humu (Hohepriester) und der oberste Befehlshaber Tici-Yupanqui, beides Brüder Mancos. Der Inca selbst schließt sich nur zögernd dem Aufstand an. Die spanischen Schätzungen über die Zahl seiner bewaffneten Indios schwanken zwischen 50000 und 200000. 200 Spanier sind in Cuzco monatelang von der Umwelt abgeschnitten. Nichts destoweniger schwelt der Parteihader unter den Spaniern weiter, lodert, sobald die indianische Bedrohung nachläßt, sofort hell auf und hält die Länder des Incareiches weitere zwei Jahrzehnte in einem fast permanenten Kriegszustand, der alle Ansätze zu einer vernünftigen Kolonialpolitik immer wieder zunichte macht. – Die Augenzeugenberichte über die Belagerung Cuzcos bringen naturgemäß weniger die Hintergründe der indianischen Erhebung als vielmehr die persönlichen Erlebnisse einzelner Konquistadoren, wie z. B. Pedro Pizarro. Allen Berichten und Chroniken gemeinsam ist der außerordentliche Respekt, der dem indianischen Gegner gezollt wird. – Als Hauptheld der Spanier wird in den meisten Chroniken der im Kampf um Sacsayhuaman gefallene 24-jährige Juan Pizarro gefeiert, so im Bericht des Christóbal Pizarro de Orellana, eines entfernten Verwandten der Pizarros, der seit 1535 in Peru verschiedene Kommandos führt. Ein am 2. April 1539 in Cuzco abgeschlossener anonymer Bericht, die ›Relacion del sitio (Belagerung) des Cuzco‹, erweist sich in zahlreichen Passagen wohl als eine Rechtfertigungsschrift für Hernando Pizarro, enthält aber wertvolle Beiträge aus persönlichem Erleben. – Ein zweiter anonymer Augenzeugenbericht aus dem Archivo de Indias in Sevilla, leider ohne Datum, aber streckenweise in der seltenen Ich-Form gehalten, stellt eine Art Gegenchronik zum ›Sitio del Cuzco‹ dar. Sein Autor ist Almagro-Anhänger. – Die meisten späteren Chronisten und Geschichtsschreiber stellen heraus, daß – abgesehen von Fehden der Spanier untereinander – gerade Hernando, Juan und Gonzalo Pizarro durch Goldgier und Schikanen gegen den Inca Manco und seine Untertanen den Ausbruch des Völkerauf-

standes provoziert oder beschleunigt haben. Der Mönch Martin de Morúa schreibt um 1590:

Die Gier der Spanier im allgemeinen, der Hauptleute im besonderen und vor allem der Brüder des Marqués Pizarro kannte keine Grenzen. Jede Woche verlangten sie von dem unglücklichen Inca Silber und Gold in solchen Mengen, gleichsam als ob man es aufsammeln könne wie Kiesel aus dem Bach. Und trotzdem bekamen sie nie genug, weil sie gleich alles untereinander verspielten. Darüber hinaus nahmen sie seine Frauen und Töchter vor seinen Augen. Unter solchen Schikanen kühlte sich der gute Wille und die Freundschaft, die Manco noch den Spaniern entgegenbrachte, ab.

Christóbal Pizarro de Orellana berichtet von einer ersten Flucht des Inca Manco:

Der Gefangene Manco [...] schickte Sendboten zu den Curacas und Heerführern in einigen größeren Orten, um mit ihnen abzusprechen, wie die Knechtschaft durch die Christen am besten abzuschütteln sei [...] und ließ an vielen Orten den alten Göttern reiche Opfer darbringen [...].

Und eines Nachts verließ er Cuzco mit seinen Frauen und Dienern, getragen in einer Sänfte, so heimlich wie nur irgendwie möglich; aber es konnte doch Juan Pizarro nicht ganz verborgen bleiben. Er eilte zum Palast und fand ihn leer. – Schon gingen die spanischen Soldaten ans Plündern. Er ermahnte sie wohl, davon abzulassen, aber er konnte keinen Einhalt mehr gebieten. [...]

Schließlich schickte er seinen Bruder Gonzalo mit einigen Gefährten dem Manco nach [...].

Sie brauchten fast die ganze Nacht, bis sie den Manco endlich, im Schilf versteckt, aufspürten. Er hatte die Sänfte verlassen, um sich besser verbergen zu können. [...] Sie holten ihn hervor – unter Bezeugung großer Höflichkeit –, setzten ihn wieder in die Sänfte, [...] und brachten ihn nach Cuzco zurück, wo ihn der Anblick der Verwüstung in seinem Palast sehr traurig stimmte. Ein zweites Mal versuchte er noch zu entkommen; aber für Juan Pizarro war es ein leichtes, ihn wieder zu ergreifen, und er ließ ihn von da an noch schärfer bewachen.

Wenig später – am 18. April 1536 – erhält der Inca Manco dank eines Goldpräsents des Villac-humu und durch das Versprechen, noch größere Schätze herbeizuschaffen, von Hernando Pizarro die Erlaubnis, mit seinem ganzen Hofstaat zur Jahresfeier für seinen Vater, Huayna Capac ins Yucaytal zu ziehen. Er nimmt dort den Treueschwur seiner Vasallen entgegen und gibt das Zeichen zum Sturm auf alle christlichen Städte, vorab auf Cuzco und seine Burg Sacsayhuaman. Aus dem anonymen Bericht ›Sitio del Cuzco‹:

An einem Samstag morgen, dem Tag des Johannes Ante-Portam-Latinam, war die Festung genommen und die Stadt allseits eingeschlossen von neun verschiedenen indianischen Heeresgruppen. Die eine war 20000 Mann stark, andere 12000 oder 10000 Mann stark; insgesamt waren es, wie sich später herausstellte, 100000 Krieger und 80000 Indios, die Hilfsdienste leisteten.

Dann begannen die Häuser in den Stadtvierteln auf den Hängen unterhalb des Berges zu brennen. In dem Maße, wie der Brand fortschritt, gewannen die Indios an Boden und errichteten überall in den Straßen Barrikaden und Fallgruben. Zudem herrschte an jenem Tage ein starker Wind, und weil die Dächer aus Stroh waren, griff das Feuer immer mehr um sich und die ganze Stadt schien auf einmal ein Flammenmeer.

Das Kriegsgeschrei der Indios war betäubend und der Rauch so dicht, daß keiner mehr den anderen hörte oder sah. [...]

Die Indios machten so rapide Fortschritte, daß sie schon dachten, es sei alles geschafft, und ohne Bedenken die Straßen und Gassen voranstürmten, Mann gegen Mann mit den Spaniern kämpfend. [...]

Auf den Mauern der ausgebrannten Häuser konnten die Indios nahezu unbehelligt entlang laufen, weil man mit den Pferden nicht an sie heran konnte. Die Spanier kamen Tag und Nacht nicht zur Ruhe. Sobald es Nacht wurde, ging man daran, Mauern einzureißen, um freie Fläche zu gewinnen, Barrikaden wegzuräumen, Löcher und Fallgruben zuzuschütten. Man zerstörte Kanäle, damit der Feind nicht die Felder unter Wasser setzen konnte. Denn das hätte die Pferde an ihrer Bewegungsfreiheit gehindert. Bei Tag ging es wieder ans Kämpfen. [...]

Sechs Tage ging es so fort unter äußerster Gefahr und Anstrengung, in deren Verlauf sich die Feinde fast der ganzen Stadt bemächtigten und den Spaniern nur der Hauptplatz mit einigen Häusern daran verblieb.

Die schlimmste Bedrohung für die Spanier sind die Incas auf dem Burgberg über Cuzco. Sie setzen alles daran, ihn wiederzuerobern, und berennen ihn tagelang vergeblich; dabei fällt Juan Pizarro. Schließlich gelingt die Erstürmung über Leitern; der Villac-humu (Hohepriester) flieht, der incaische Festungskommandant aber kämpft bis zuletzt und stürzt sich am Schluß in den Tod. Darüber berichtet der Autor des ›Sitio del Cuzco‹:

Als der nächste Morgen graute, begannen die Indios in der Festung zu ermatten; sie hatten ihr ganzes Arsenal von Steinen und Pfeilen verbraucht. Was der Befehlshaber der Festung in der verzweifelten Lage leistete, ist würdig eines alten Römers: mit einer Keule in der Hand war er an allen Stellen zugleich; wenn ein Indio sich feige erzeigte, hieb er ihn in Stücke und warf ihn in die Tiefe. Er bekam im Laufe des Kampfes zwei Pfeilschüsse ab, achtete ihrer aber so wenig, als ob sie ihn gar nicht getroffen hätten.

Als er sehen mußte, daß seine Leute aufgaben, die Spanier über die Leiter herauf kamen und von allen Seiten eindrangen, und ihm unerbittlich klar vor Augen stand, daß er für die Verteidigung nichts mehr tun konnte und alles verloren war, schleuderte er seine Keule unter die Christen hinein, nahm einige Brocken Erde, biß hinein und verschmierte sich das Gesicht. So unsagbar war sein Schmerz und seine Verzweiflung. Er konnte es nicht ertragen, mit seinen Augen die Besetzung der Festung mit anzusehen; auch wußte er auf Grund eines dem Inca geleisteten Schwures sein Leben verwirkt und sprang in die Tiefe, auf daß niemand über ihn Sieger sei.

Auch Pedro Pizarro schildert den starken Eindruck, den der incaische Festungskommandant auf die Spanier gemacht hat:

Jener Orejón trug einen Schild in der Hand und dazu noch eine Keule, in der anderen Hand einen Degen, auf dem Kopf einen Helm, die von Spaniern stammten, die man unterwegs abgefangen und getötet hatte […]. Als er sah, daß die Festung verloren war, warf er die Waffen von sich, verhüllte Haupt und Gesicht mit seiner Manta, sprang von der Bastion mehr als 200 m tief hinunter und zerschellte. Hernando Pizarro war sehr traurig darüber, daß er ihn nicht lebendig in die Hand bekam.

Nachdem die Festung eingenommen ist, beziehen die Spanier Quartier vor der Stadt. Die Ruinen und engen Gassen von Cuzco bieten dem Feind eine zu gute Deckung für die Angriffe aus dem Hinterhalt und machen auch einen effektiven Einsatz von Pferden unmöglich. ›Sitio del Cuzco‹:

Die Spanier bezogen Quartiere außerhalb der Stadt; auf diese Weise brachte man die Indios um die Vorteile, die die Stadt ihnen bot.

Die Umzingelung dauerte wieder 20 Tage bis zu den nächsten Opferfeiern der Indios. Täglich spielten sich an den verschiedensten Orten schwere Kämpfe ab, bei denen viele Indios den Tod fanden.

Während des monatelangen Ringens um Cuzco tritt regelmäßig um den Neumond eine Kampfpause ein; es ist die Zeit, in der Inca und Volk dem Mond, der Sonne und den Gestirnen opfern und um die Fruchtbarkeit ihrer Maiskulturen beten. In der Chronik ›Sitio del Cuzco‹ heißt es:

Die Indios brachten dem Neumond ihre Opfergaben dar und stellten, wie es ihr Brauch bei Belagerungen oder im Kriege ist, bei Neumond die Kämpfe ein. [...] (Sie zogen sich 2 oder 3 Meilen zurück und opferten der Sonne Llamas und Tauben). Nach den Opferfeiern nahmen sie den Kampf wieder auf und belagerten die Stadt aufs Neue.

Die Berichte über das Ausharren der 200 Spanier in Cuzco lassen meist vergessen, daß ihnen eine vielfache Zahl von Einheimischen zur Seite steht. Der erwähnte anonyme Augenzeuge der Belagerung spricht sogar von 30000. Die wichtigsten Verbündeten der Spanier in Cuzco sind zwei fremdstämmige indianische Volksgruppen, nämlich Cañaris aus Ecuador und Chachapoyas aus dem östlichen Nordperu. Unter den späten Incas besiegt und umgesiedelt, gewinnen sie wie ihre in der Heimat verbliebenen Landsleute bald starken Einfluß im Palastdienst und als Leibgarde und Elitetruppe im Solde der Incaherrscher. In den incaischen Bürgerkriegen und nach dem Sieg der Spanier verlieren sie ihre Existenzgrundlage, beginnen die indianischen Einwohner der Umgebung zu terrorisieren und schließen sich schnell den Spaniern an. – Garcilaso de la Vega, der zwar erst 1539 in Cuzco geboren wird, aber von seinen incaischen Verwandten viel über die Konquistazeit erfährt, legt in seiner Chronik ganz besonderen Wert auf die Leistungen der mit den Spaniern verbündeten Indios in den Straßenkämpfen von 1536, ihre aufopfernde Hilfe bei der Nahrungsbeschaffung und der Pflege der Verwundeten. – Der Mais, Hauptnahrungsmittel der Indios, wird dies auch für die Spanier und für ihre Pferde. Pedro Pizarro schildert, wie Indios und Indias, bewacht von den Spaniern, unter großer Gefahr den Mais auf den Hochflächen hinter Sacsayhuaman ernten:

Der Mais war zu Ende. Hernando Pizarro schickte seinen Bruder Gonzalo mit 30 Reitern nach Sacsayhuaman, um die befreundeten Indios bei der Nahrungsbeschaffung für Cuzco zu schützen (denn dort in Sacsayhuaman wuchs reichlich Mais). Jeden Tag sollten sechs seiner Reiter die Indiokolonne, die den Proviant nach Cuzco schleppte, zwei Meilen stadtwärts geleiten. Dann würden sie auf der Mitte des Weges mit den stadtauswärts ziehenden Indios und einem zweiten Trupp von ebenfalls sechs Reitern zusammentreffen, der dann den Schutz der Trägerkolonne für die restlichen zwei Meilen nach Cuzco übernehmen würde. Bis Sonnenuntergang sei dann jede Gruppe wieder in Cuzco bzw. Sacsayhuaman In dieser Ordnung hielt man den Geleitschutz der befreundeten Indios auf ihren Provianttransporten aufrecht.

Eines Tages befanden wir uns unserer Sechs [...], auch ich, Pedro Pizarro, als Bedeckung eines solchen Transportes. Nächst der Schlucht, wo Machicao später eine Mühle errichtete, mußten wir je zwei und zwei im Schritt reiten; Miguel Cornejo und Pedro Pizarro waren die letzten. Da hörten wir mitten auf dem Weg plötzlich die befreundeten Indios schreien: »aucas, aucas!«, was in ihrer Sprache soviel heißt wie »feindliche Indios!«. Wir drehten alle unsere Köpfe, um zu sehen, was los sei; aber wir sahen die Indios nicht, weil sie in der Schlucht schon hinter zwei Bergflanken verschwunden waren, und weil wir nichts sahen, meinten wir, unsere Freunde täten nur so, um sich gegenseitig anzuspornen.

Wir gingen weiter Schritt für Schritt, und plötzlich zehn Schritte voraus fanden wir unsere Indios mit den Feinden in ein Handgemenge verwickelt, welche mit Keulen auf ihre Köpfe einschlugen und viele tot niederstreckten. Wir machten schleunigst kehrt und rannten, bis wir wieder eine kleine Ebene erreichten, zu der die Schlucht sich öffnet. Aber so schnell wir auch waren, wir erwischten nicht mehr als zwei oder drei Indios [...]; die anderen zogen sich alle auf die Höhen zurück und vereinigten sich dort mit ihren Genossen. So konnten wir ihnen nichts anhaben und kehrten nach Cuzco zurück.

Hernando Pizarro unternimmt gegen starke Bedenken einen Ritt in die etwa 40 km entfernte Stadt Calca, das damalige Hauptquartier des Inca Manco im Urubambatal. Der Autor des ›Sitio del Cuzco‹, sonst so ausführlich, berichtet über Calca nur knapp:

Er ritt die ganze Nacht hindurch. Bei Morgengrauen überfiel er die Stadt. Nur wenig Volk war bei Manco; alle flohen, der Inca hatte

Glück und konnte in die Berge entkommen, man erwischte und tötete nur ein paar Indios.

Bei dem erwähnten anonymen Gegenchronisten zeigt sich die Episode in einem für Hernando Pizarro und seine Spanier weit ungünstigeren Licht:

Hernando Pizarro bemächtigte sich der Stadt Calca und erbeutete dort große Schätze an Gold und Silber und zahlreiche vornehme Indias. Jene Nacht schlief er dort, hatte aber seine liebe Not mit dem spanischen Kriegsvolk, weil es die ganze Nacht hindurch mit den Frauen seine Kondition ruinierte. Am folgenden Morgen ging es nach Cuzco zurück; die Indios blieben ihm auf den Fersen und griffen ohne Unterlaß an, bis er schließlich Cuzco erreichte. Die Indios umzingelten nun die Stadt und wuchsen auf eine solche Zahl an, daß sie 300000 ar im Umkreis von Cuzco bedeckten.

Pedro Pizarro erinnert sich an verschiedene Ereignisse im belagerten Cuzco:

Ich möchte so einiges erzählen, was sich in dieser Zeit zugetragen hat: Auf dem Weg zu unserem Quartier, das in Richtung Antisuyu lag, traf Gabriel de Rojas am Ortsausgang ein Pfeil in die Nase, der sich bis zu seinem Gaumen durchbohrte. Auf der Straße, die zur Festung führt, bewarfen Indios von den Mauern aus den Alonso de Toro und zwei weitere Spanier mit einer Menge von Ziegeln und Steinen, so daß sie von ihren Pferden stürzten und die Steinbrocken sie halb begruben. Man mußte die befreundeten Indios herbeiholen, und diese zerrten sie heraus und bargen sie halbtot.

Mit zwei Gefährten hielt Pedro Pizarro [*Autor des Berichts*] auf einer großen Terrassenstufe Wache [...]. Die Indios kamen neu heran und reizten sie [...].

Bei dem Versuch, sie zu vertreiben, wagt Pedro Pizarro sich zu weit hervor und übersieht, als er am Terrassenrand umkehren will, kleine Gruben, mit denen die Indios die Pferde zum Stolpern bringen:

Das Pferd stürzte und warf Pedro Pizarro ab. Die Indios fielen über ihn her; einer machte sich an das Pferd heran und führte es am Zügel weg. Pedro Pizarro rappelte sich hoch, stürzte auf den Indio zu, der sein Pferd wegführte, versetzte ihm einen Dolchstoß in die

Brust, so daß er tot zu Boden fiel. Durch die fortdauernden Steinsalven der Indios scheute das ledige Pferd und rannte zu den anderen Spaniern zurück [...]. Sobald die beiden Gefährten das herrenlose Pferd sahen, eilten sie im Galopp zu Hilfe [...], ritten durch den Schwarm der Indios hindurch und nahmen ihn [*Pedro Pizarro*] in die Mitte zwischen ihre beiden Pferde. Sie riefen ihm zu, er solle sich an den Steigbügeln halten, und so ging es mit fliegenden Beinen eine gute Strecke Wegs, [...] bis der vom Kampf erschöpfte Pedro Pizarro unter der Last seiner Waffen nicht mehr laufen konnte und seine Gefährten bat, sie sollten doch stehen bleiben; er bekomme keine Luft mehr; lieber wolle er kämpfend sterben, als ersticken. Sie nahmen den Kampf wieder auf, konnten die Indios aber nicht abschütteln. Diese betrachteten ihn [*Pedro Pizarro*] bereits als Gefangenen und stimmten in weitem Umkreis ein lautes Geschrei an, wie sie das immer zu tun pflegten, wenn sie einen Spanier oder ein Pferd erbeutet hatten. Gabriel de Rojas, der mit 10 Reitern auf Streife war [...], hörte das Siegesgeheul; sie horchten, woher es kam, gaben den Pferden die Sporen und eilten herbei. Durch sein Eintreffen wurde Pedro Pizarro, wenn auch arg zugerichtet von den Lanzen und Steinwürfen, wieder frei, ebenso sein Pferd. Gott hatte ihm beigestanden und ihm zum Kampf und Durchhalten Kräfte verliehen.

Hernando Pizarro nimmt als Stadtkommandant von Cuzco Zuflucht zu unmenschlichen Repressalien (Chronik ›Sitio del Cuzco‹):

Angesichts der Hartnäckigkeit, mit der die Indios die Belagerung der Stadt aufrechterhielten, befahl Hernando Pizarro allen Spaniern, sämtliche Frauen, die ihnen in die Hände fielen, umzubringen, denn dann würden die übrigen Frauen es aus Angst nicht mehr wagen, ihre Männer zu unterstützen. Von da an verfuhr man auf diese Art, und die Praktik bewährte sich vorzüglich: Die Angst der Männer um ihre Frauen und die Angst der Frauen vor dem Sterben bewirkte, daß die Belagerung aufgehoben wurde.

Ollantaytambo

Zentrum des etwa 16-monatigen Aufstandes, der mit Ausnahme Ecuadors alle bis dahin von den Spaniern betretenen Teile des Incareiches erfaßt, ist das fruchtbare und dichtbesiedelte Urubamba- oder Yucaytal, unmittelbar nördlich von Cuzco, mit seinen zahlreichen Städten, Tempeln, Incaschlössern und Festungsanlagen. Die noch heute weitgehend erhaltene Festung und Tempelstadt Ollantaytambo bildet lange Zeit das Hauptquartier von Manco Inca. Erst gegen Ende des Aufstandes wendet er sich einem anderen Refugium zu. Den Spaniern selber gelingt es trotz wiederholter Versuche nicht, Ollantaytambo zu erstürmen. Der junge Pedro Pizarro hat eine dieser Schlappen selbst miterlebt:

Als wir uns in der Provinz Contisuyu aufhielten, sammelte der Inca Kriegsvolk in Sacsayhuaman und in der 4 Meilen von Cuzco entfernten Ortschaft Chinchero.

Dies erfuhr Hernando Pizarro von einigen Spähern, die er immer über Land schickte, und beauftragte seinen Bruder Gonzalo Pizarro, die Incatruppen anzugreifen, bevor sie sich vollends zum Marsch auf Cuzco gesammelt hätten. Gonzalo Pizarro brach auf, griff bei Chinchero einige Indios an und zerstreute sie. Auf der Rückkehr stieß er bei Sacsayhuaman auf eine große Anzahl von Indiokriegern und wurde von ihnen hart bedrängt [...]. Die Indios jagten sie mit solcher Ausdauer und kamen den erschöpften Spaniern so nahe, daß sie schließlich die Schwänze der Pferde mit den Händen zu fassen kriegten [...].

Einigen Yanaconas – befreundeten Indios – gelang es, nach Cuzco zu fliehen und Hernando Pizarro von der großen Gefahr zu unterrichten, in der sein Bruder schwebte. Pizarro ließ sofort die Glocken läuten, um die Männer herbeizurufen. Sobald eine Schar Reiter beisammen war, brach er mit ihnen auf und eilte seinem Bruder und den anderen zu Hilfe. In Trab und Galopp ging es eine Meile vor Cuzco hinaus. Hier traf er die Spanier in verzweifelter Lage an, denn die Pferde konnten nicht mehr rennen, sondern bewegten sich nur noch Schritt für Schritt vorwärts, und die Indios bedrängten sie von allen Seiten [...]. Erst bei seinem Eintreffen ließen die Indios von ihnen ab. Ich wiederhole, bei dem Handgemenge mit den Christen hatten sie die Schwänze der Pferde erreicht. Aber dank der eingetroffenen Hilfe faßten die Erschöpften wieder Mut, und so kehrten alle gemeinsam nach Cuzco zurück. Damals stand es wirklich auf Messers Schneide, und es wäre beinahe mit uns allen aus gewesen [...].

Wir ruhten zunächst einmal alle aus und rüsteten uns dann zu einem Zug nach Tambo [*Ollantaytambo*], um den Inca, der sich dort verschanzt hatte, daraus zu vertreiben. Denn dort sammelte er immer wieder seine Leute und schickte sie von Zeit zu Zeit gegen das nahe Cuzco. Auch die Weiden für unsere Pferde in der Umgebung waren nicht mehr sicher [...]. Nur Gabriel de Rojas blieb mit den Schwächsten von uns in Cuzco. Wir anderen zogen alle vor Ollantaytambo. Als wir dort anlangten, kam uns alle ein Grausen an; denn der Platz ist ungemein befestigt mit hohen Terrassen und riesigen aus Stein gehauenen Mauern. Die Festung hat nur einen Zugang direkt neben der steilen Bergflanke. Auf dieser wimmelte es von Kriegern, die eine Masse von großen Steinen bereithielten, um sie auf die Spanier hinunterrollen zu lassen, wenn sie sich dem Eingang näherten. Das Tor war hoch; auf beiden Seiten große Mauern, aber es war mit dicken Steinen und Lehm zugemauert bis auf ein kleines Loch, durch das ein Indio gerade kriechen konnte.

Der sonst sehr breite Yucay-Fluß ist bei der Stadt Ollantaytambo eng und tief, und gerade hier staffelten sich am Steilhang die befestigten Terrassen übereinander, eine höher und unbezwinglicher als die andere. Vor Ollantaytambo und dem beschriebenen Torweg ist eine kleine ebene Fläche angelegt, die mit einer Terrassenmauer an den Fluß angrenzt.

Wir überschritten den Fluß, besetzten jene Fläche und wollten das Tor erstürmen. Aber da wälzten sie solche Ladungen von Steinen den Berg herunter und überschütteten uns mit einem Regen von Schleudersteinen und Pfeilen, daß sie auch einer weit größeren Zahl von Spaniern als uns den Tod gebracht hätten. Ein Pferd wurde getötet und ein paar Spanier verletzt. [...]

Zwei- oder dreimal versuchten wir den Sturm auf die Stadt; aber ebensooft schlugen sie uns zurück. So ging es den ganzen Tag bis Sonnenuntergang. Da leiteten die Indios, ohne daß wir uns dessen versahen, den Fluß auf die kleine Ebene, auf der wir uns befanden. Da noch länger zu warten, wäre unser aller Verderben gewesen [...].

Hernando Pizarro gab den Befehl zum Rückzug. Als es dunkelte schickte er das Fußvolk mit dem Gepäck und einigen Berichtern zu dessen Schutz voraus; er blieb mit einem Teil der Leute in der Mitte und vertraute seinem Bruder Gonzalo mit einigen Reitern, unter denen auch ich mich befand, die Nachhut an. In dieser Ordnung traten wir den Rückzug an. Beim Flußübergang berannten uns die Indios, die brennende Fackeln trugen, mit vermehrter Wut und töteten einige unserer indianischen Freunde, die als Hilfstruppen dabei waren, und wir konnten ihnen nicht helfen.

Mit den Indios ist es so eine Sache:

Wenn sie den Sieg in Händen haben, sind sie wie die Teufel und lassen nicht nach; wenn sie fliehen, sind sie wie nasse Hühner. Hier sahen sie sich siegreich und uns zurückweichen, und sie steigerten sich in eine wahre Kampfeswut hinein [...]. Schwer mitgenommen erreichten wir Cuzco.

Der anonyme Augenzeuge läßt erkennen, daß der Inca die Spanier in Ollantaytambo in eine Falle gelockt hat; er vergißt auch nicht, welche Opfer dieser schreckliche Rückzug vor allem unter den indianischen Hilfstruppen und ihren Frauen im Troß gefordert hat:

Die Indios des Inca Manco leiteten den Fluß Yucay, der die Terrassen über uns bewässerte, aus seinem Bett über das Feld, auf dem wir kampierten. Unsere Pferde standen plötzlich bis zum Bauch hilflos im Wasser, und es kamen so viele Feinde über uns, daß weder die Berge noch die Ebenen die Menschenmassen zu fassen schienen.

Wenn man sie hier hätte weiter bekriegen wollen mit Einsatz von Kanonen und Musketen – das Schlachten hätte zwei Jahre gedauert und Tausende von Indios sowohl auf Seiten des Inca wie auf der unseren wären umgekommen. Der Inca hatte in seinen Reihen viele Kariben (die Spanier meinen damit die Urwaldindianer), die auf das Leben gar nichts geben: noch im Sterben kämpfen sie weiter mit Pfeil und Bogen, und so verbissen sie sich im Nahkampf mit unseren Indios [...].

Bei Sonnenuntergang begann der Rückzug nach Cuzco [...], immer wieder aufs neue war mir der Weg versperrt [...]. Auf diesem Feldzug fanden fast alle indianischen Frauen unseres Gefolges den Tod. Die meisten ertranken auf dem Rückweg; die Indios hatten nämlich weiter unten den Yucay-Fluß aufgestaut, und die Furt, bei der auf dem Hinweg das Wasser gerade bis zur Brust gereicht hatte, war nun plötzlich zwei Mann tief.

Der Autor des ›Sitio del Cuzco‹ versetzt sich in die Lage des Inca Manco:

Für den Inca bedeutete der geglückte Rückzug des Hernando Pizarro eine schwere Enttäuschung; denn am folgenden Tage – das stand für ihn fest – hätte kein Spanier die Chance gehabt, zu entkommen. Zu diesem Schlusse mußte ein jeder beim Anblick einer solchen Machtballung kommen. Hernando Pizarro gereicht dieser Rückzug ohne Verluste ebenso zur Ehre wie ein Sieg über 100000 Mann an anderer Stelle.

S. M. muß sich vergegenwärtigen, daß in solchen Fällen, wo die Pferde nicht eingesetzt werden können, jene Völker im Kriege eine Energie entfalten, wie man ihr sonst auf Erden kaum begegnen dürfte.

Bei ihrer Rückkehr nach Cuzco wird das von den Spaniern seit langem schon Befürchtete zur Gewißheit: Ihre Briefe an den Gobernador in Lima wurden von Mancos Truppen abgefangen, sie sind von der Außenwelt abgeschnitten. Der Chronist des ›Sitio del Cuzco‹ schreibt:

Auf einem Hügel vor der Stadt tauchten an die 100 Indios auf und erhoben ein ohrenbetäubendes Geschrei. Hernando Pizarro ritt mit 4 Reitern, die gerade in der Nähe waren, auf sie zu. Als sie herankamen, flohen die Indios und ließen auf dem Boden zwei Bündel zurück [...]. Diese befahl Hernando Pizarro in die Stadt zu bringen. Er war sehr traurig, wie es dem Umstand entsprach, denn sie enthielten Köpfe von Christen. In seinem Standquartier stellte er fest, daß eines der Bündel 6 Köpfe enthielt, das andere eine große Anzahl beschädigter Briefe, darunter fast unbeschädigt ein Schreiben der Kaiserin, unserer Herrin, in welchem sie unserem Land den Sieg S. M. über la Goleta und das Reich von Tunis, über Barbarossa und die Türken mitteilte. Anderen privaten Schreiben entnahm man, daß Francisco Pizarro bewaffnete Gruppen von Spaniern geschickt habe, um Cuzco zu helfen. Um in Erfahrung zu bringen, was aus diesen Leuten geworden sei, ließ Hernando Pizarro ein paar gefangene Indios foltern. Diese sagten aus, daß viele Spanier von Los Reyes [*Lima*] aufgebrochen seien, aber alle unterwegs von indianischen Kriegern getötet worden seien. Der Inca habe 200 Christenköpfe und 150 Pferdefelle, außerdem, so fügten sie hinzu, habe sich der Gobernador [*Francisco Pizarro*] mit all seinen Leuten in Los

Reyes eingeschifft und das Land verlassen. Als die Spanier das hörten, war die Trauer riesengroß; es verließ sie aller Mut und es befielen sie solche Bedenken und solche Furcht, daß sie nicht mehr ein und aus wußten [...]. Einige forderten, die Stadt aufzugeben und so wenigstens das nackte Leben zu retten, wenn auch nur die geringste Chance bestehe, sich durchzuschlagen.

Straßenkämpfe in Lima

Der Gobernador Francisco Pizarro bleibt in Lima ohne Nachricht und Kenntnis vom wahren Ausmaß des Aufstandes; er schickt Ersatzmannschaften nach Jauja und Cuzco, »einmal zehn, einmal fünfzehn und so fort, so viel er eben gerade zur Verfügung hatte«, dann wieder 70 und 60, insgesamt gegen 300 (so schreibt A. de Zárate). Aber keine dieser Gruppen erreicht ihren Bestimmungsort. Sowohl jenen Hauptmann Gaete wie fast alle anderen Spanier ereilt der Tod in den Schluchten der Kordillieren. Steinlawinen sind die bevorzugten Waffen der auf den Höhen lauernden Indios. Von dem Verschwinden der Spanier dringt lange Zeit keine Kunde nach Lima, Cuzco oder Jauja. Auszug aus dem 2. anonymen Bericht über die Belagerung Cuzcos:

Die Indios töteten fast alle Spanier bis auf 7 oder 8, die der Inca mit sich führte und wie Sklaven hielt. Der Inca erbeutete eine Menge Waren aus Spanien, Brokat und Seiden, scharlachrote und andere kostbare Tücher, viel Wein, Konserven und Schweine aus Kastilien, sowie Degen und Lanzen, die sie später im Kampf gegen uns brauchten, auch Häute von Pferden – wir sahen mehr als hundert Pferde. Auch fielen dem Inca Manco Yupanqui zahlreiche Kanonen und Musketen in die Hände und die gefangenen Spanier mußten das Pulver zurichten – daraus erwuchs eine große Gefahr bei der Umzingelung Cuzcos, wo der Inca uns Tag und Nacht in Atem hielt.

Die Chronik ›Sitio del Cuzco‹ schildert die Stimmung in Lima:

Francisco Pizarro nahm mit an Gewißheit grenzender Wahrscheinlichkeit an, daß Cuzco in äußerster Gefahr oder gar verloren und seine Brüder und alle, die mit ihnen waren, nicht mehr am Leben seien.

Großen Kummer bereitete es ihm, daß er über so wenig Leute verfügte, und er fürchtete, das ganze Land zu verlieren. Es verging kein Tag, an dem er nicht hörte: »Jener Kazike hat einen Aufstand inszeniert«, »So und so viele Christen, die auf Nahrungssuche ausgezogen waren, sind an dem oder jenem Ort ums Leben gekommen.« [...] Aus der Umgebung der »Dreikönigsstadt« [*Lima*] liefen die Indios zusammen und klagten, indianische Krieger kämen in großer Zahl aus den Bergen, würden alles zerstören, Frauen und Kinder umbringen.

Mancos Truppen besetzen unter dem Befehl von Tey Yupanqui die Anhöhen im Umkreis der Stadt, belagern Lima und liefern den spanischen Ansiedlern der neugegründeten Hauptstadt erbitterte Straßenkämpfe. Der Autor des ›Sitio del Cuzco‹ berichtet:

Sechs Tage waren verstrichen, seit die Indios die Stadt belagerten, als ihr General Tey Yupanqui sich entschloß, sie mit Gewalt zu nehmen und entweder seinen Einzug zu halten oder zu sterben. Zu seinen Leuten sprach er folgende Worte: »Heute noch möchte ich in diese Stadt einziehen und alle Spanier, die sich dort aufhalten, töten. Wir werden ihnen ihre Frauen nehmen, sie ehelichen und mit ihnen eine neue Generation zeugen, die stark im Kriege ist. Wer mich begleitet, muß versprechen, daß er bereit ist zu sterben, wenn ich sterbe, und zu fliehen, wenn ich fliehe.« Die Hauptleute und Vornehmen schworen es ihm zu, und das Heer setzte sich in Bewegung. Überall sah man Fahnen, die den Spaniern die Entschlossenheit kund tat und die Absicht, mit der sie kamen. Der Gobernador teilte die Reiter in zwei Gruppen auf; eine davon befehligte er selber [...].

Mittlerweise rückte der Feind über die Flußniederung heran: lauter Personen von höchstem Rang in ihrem vollen Staat. Als erster passierte der General in seiner Sänfte die beiden Flußarme, eine Lanze in der Hand. Als der Feind bereits in die Straßen vordrang und einige seiner Leute bereits auf den Hausmauern entlangliefen, machte die Reiterei einen Ausfall, griff entschlossen an und schlug, begünstigt durch das ebene Gelände, die Feinde vernichtend. An dieser Stelle fiel der indianische General und mit ihm 40 Hauptleute und Personen von Rang. Es entstand geradezu der Eindruck, daß man sie hierfür ausgesucht hätte. Es konnte nicht anders kommen: da sie an der Spitze schritten, traf sie die Reiterattacke als erste.

Nach der Version des Christóbal de Murúa, der in seiner ›Historia General del Peru‹ den Aufstand des Inca Manco zwei Jahrzehnte später aus der mündlichen Überlieferung der Incaseite rekonstruiert, wird der incaische Oberbefehlshaber durch einen Musketenschuß am Knie verletzt, nachdem Lima schon fast ganz in seiner Hand ist. Er wird nach Bombón in Mittelperu zurückgebracht und stirbt dort an den Folgen der Verletzung. Mit dem Tod des Tey Yupanqui und dem Rückzug der incaischen Heere ins Hochland geht die großangelegte Erhebung des Inca Manco ihrem Ende zu. Der Krieg geht weiter, aber zwischen Spaniern.

Almagros Rückkehr aus Chile 1537. Der Inca Manco gibt auf

Unverhofft ist Diego de Almagro von seiner erfolglosen Chileexpedition zurückgekehrt und erscheint in der Gegend von Cuzco. Seine Mannschaft ist zahlenmäßig stärker als die Anhänger der Pizarros in Cuzco, aber arm und halb verhungert. Ohne Cuzco ist Almagro ein machtloser alter Mann, und alle ihm vom König verliehenen Titel nützen ihm nichts. Er versucht daher, den Inca Manco in Yucay als Bundesgenossen zu gewinnen; doch die Verhandlungen scheitern. Manco aber läßt sich auf nichts mehr ein. Am 20. April 1537 rückt Almagro in Cuzco ein und nimmt die Pizarros gefangen. – Almagro favorisiert nun den Inca Paullu und verlangt von ihm als Loyalitätsbeweis, Jagd zu machen auf einen geflüchteten Spanier der Pizarropartei namens Castañeda:

Er befahl Paullu, er solle alles daransetzen und seine Indios aussenden, um ihn lebend oder tot beizubringen. 12 Meilen von Cuzco entfernt holten sie ihn ein; Castañeda erschien es als ein unerhörter Affront, von Indios gefesselt zu werden, und setzte sich zur Wehr; so töteten sie ihn, schlugen ihm das Haupt ab und brachten es mitsamt seinem Geld dem Adelantado Almagro als Beweis für ihren Diensteifer. Almagro schien die Friedenswilligkeit des Paullu hiermit für erwiesen und beschloß, ihn zum Inca und obersten Herrn der Eingeborenen zu machen. Er rief zu diesem Zweck viele Kaziken, Vornehme und einfaches Volk im ganzen Land zusammen.

Paullu empfängt den üblichen Treueschwur der Sippenhäupter. Er kontrolliert mit seinem Anhang für einige Zeit große Strecken Perus, wechselt in den folgenden Bürgerkriegen unter den Spaniern mehrmals die Partei, erhält im Lauf der Jahre vom Kaiser viele Ehrentitel und stirbt schließlich hochbetagt in Cuzco. Manco gibt den Widerstand in der Festung Ollantaytambo auf und flüchtet. Chronik ›Sitio del Cuzco‹:

Der Inca sah die Aussichten für sein großes Projekt schwinden und zog sich in die Berge von Tambo zurück in einen Ort namens

Amaybamba. Er ließ alle Wege hinter sich zerstören, so daß kein Pferd folgen konnte, und führte auch die gefangenen Spanier mit.

Almagro schickte den Hauptmann Orgoñez mit dreihundert Fußsoldaten und Reitern hinter ihm her, um ihn lebendig oder tot zu fangen. Der Marsch war eine große Mühsal; die zerstörten Pfade waren für die Pferde unpassierbar, und alle mußten zu Fuß gehen [...].

Der Inca floh in seiner Sänfte nach Urcos. Die Spanier folgten ihm auf dem Weg über schwierigste Flußübergänge etwa sieben oder acht Meilen weit. Dabei ergriffen oder töteten sie viele Indios.

Die gefangenen Spanier im Gefolge des Inca fanden eine Gelegenheit, sich zu verstecken und kamen auf den Weg heraus, als Orgoñez mit einigen Spaniern, die nicht mehr weiter konnten, stehen blieb und auf die Pferde wartete. Einige Spanier und Indios gingen daran, den Weg wieder gangbar zu machen; die anderen setzten die Verfolgung fort bis zur Brücke über einen großen Fluß. Dort gab es unter den fliehenden Indios ein großes Gedränge, und viele ertranken. Die beabsichtigte Zerstörung der Brücke gelang nur zum Teil, weil die Spanier rechtzeitig dazwischen kamen; aber die Verfolgung war aufgehalten; auch fühlten sich die wenigen Spanier an Zahl und Kräften unterlegen.

Am Morgen des nächsten Tages kam Orgoñez, ließ einen kleinen Wald abholzen und die Brücke reparieren. Das beanspruchte den ganzen Tag. Am nächsten Tag, noch vor dem Morgengrauen, ging es los. Man hatte erst eine kurze Strecke hinter sich gebracht, als man schon auf indianische Krieger des Inca stieß, und rannte ihnen nach bis zu der Stadt Urcos. Dann aber waren die Pferde so erschöpft, daß sie nicht mehr weiter konnten.

In Urcos fand man eine große Menge Kleidung von toten Spaniern, und im Nu verloren sich die Leute in der Stadt zum Plündern. So erhielt der Inca wieder die Möglichkeit, zu entweichen: zur gleichen Zeit, als die Unsrigen die Stadt erreichten, verließ er sie auf der anderen Seite, völlig ermattet und von den Seinigen verlassen: er ging jetzt zu Fuß, weil niemand mehr da war, der ihn trug.

Orgoñez nahm mit drei oder vier Reitern die Verfolgung wieder auf, andere Spanier ließ er in der Stadt zur Bewachung des Sonnentempels zurück; denn Mancos Trupp hatte hier das Sonnenidol zurücklassen müssen samt allen Frauen, die seiner warteten.

In dieser Nacht gelangte der Inca zum Fuß eines hohen Gletscherpasses – die Sänfte hatte er zurücklassen müssen – und nur zwanzig Indios vom Stamme der Lucanas, die als die besten Läufer in jenem

Teil der Hochanden gelten, hielten mit ihm durch. Ihn unter den Schultern fassend und ständig sich ablösend, trugen sie ihn über das verschneite Gebirge, denn er war am Ende seiner Kräfte. Der Villachumu ging nebenher und sprach ihm Mut zu.

Orgoñez schickte, als er mit seinen vier Reitern zu dem Paß kam, zwei, die die besten Pferde hatten, hinauf; er selber blieb unten und wartete auf den Rest der Mannschaft. Etwas nach Mitternacht waren 20 Reiter beisammen; mit ihnen ritt er die ganze Nacht hindurch, überwand die Paßhöhe und kam am nächsten Tag zu einem Dorf. Dort empfingen ihn die Indios so gelassen, daß allen Spaniern schlagartig klar wurde: hier war der Inca nicht durchgekommen; man hatte den Weg verfehlt. Sie kehrten um, denn hier ging es nicht mehr weiter.

Wieder zurück in Urcos, ließ Orgoñez die spanischen Kleider und Stoffe verteilen; das vom Inca zurückgelassene Sonnenidol, welches aus feinstem Golde war, ließ er mit anderen wertvollen Stücken aus Gold und Silber dem Inca Paullu bringen. Bei jenem Volk genießt dieses Idol göttliche Verehrung: nach seinem Glauben ist es nämlich die Sonne, die alle Dinge erschafft und erhält.

Der Tod der Incaköniginnen

Später, nach Almagros Tod, muß Manco Inca noch einmal aus einer Bergfestung fliehen, die die Spanier von oben her umgangen haben. Die Coya – Hauptgemahlin des Inca –, die ihn bis dahin überallhin begleitet hat, zwei Kinder und ein Bruder von ihm, der Oberbefehlshaber der incaischen Truppen, fallen in die Hände der Pizarros, ebenso wenig später in Contisuyu (der küstennahen Kordilliere) der Villac-humu, »der Papst jener Völker«, wie es in einem zeitgenössischen Brief heißt. Pedro Pizarro, Teilnehmer bei der Erstürmung der genannten Festung, beschreibt Mancos Flucht und die Gefangennahme der Königin:

Drei Indios nahmen ihn [*Manco*] an den Armen und schleppten ihn mit fliegenden Beinen zum Fluß hinunter, der neben jener Festung floß, und weiter ein Stück flußabwärts [...]. Wir Spanier und unsere Verbündeten [*Indios*] aber glaubten, er befinde sich flußaufwärts, und so gelangte Manco immer weiter fort und verbarg sich mit einigen Bergindianern in den Anden.

Obwohl wir zwei Monate lang das Gebirge von einem Ende zum anderen nach seinen Spuren durchkämmten, fanden wir ihn nicht mehr. So mußten wir nach Cuzco zurück mit ein paar wenigen Gefangenen. Unter ihnen befand sich eine Frau des Inca Manco, die ihn sehr liebte. Man hielt sie in besonderem Gewahrsam, weil man dachte, daß Manco ihretwegen sich friedlich ergeben werde.

Diese Frau ließ der Marqués [*Francisco Pizarro*] später in Yucay an einen Pfahl fesseln und mit Stockschlägen und Pfeilschüssen töten als Vergeltung für eine Finte, die Manco (ich erzähle das anschließend) gegen ihn geübt hatte.

Bereits in Lima hatte er eine andere Schwester des Inca namens Azarpay töten lassen, als die Indios den Ring um die Stadt schlossen. [...]. Sie war eine Gemahlin und Schwester Atahualpas und kam nach dessen Hinrichtung zusammen mit ihrem Bruder Tupac Hualpa nach Jauja. Tupac Hualpa starb dort, und der königliche Rechnungsführer Navarro erbat die India vom Marqués Don Francisco Pizarro in dem Glauben, durch sie große Schätze zu gewinnen. Sie wäre wohl dazu in der Lage gewesen, denn sie war eine der größten

Herrinnen in diesem Königreich und stand bei den Einheimischen in hohem Ansehen.

Sobald es dieser Herrin zu Ohren kam, daß der Marqués sie dem Rechnungsführer Navarro geben wollte, verschwand sie in einer Nacht und kehrte nach Cajamarca zurück. Zu Beginn des Manco-Aufstandes [...] wurde sie dort von einigen Spaniern wieder aufgespürt, nach Lima gebracht und dem Marqués übergeben. Der behielt sie in seinem Hause [...]. Eine ihrer Schwestern, Doña Inés, von der der Marqués [*eine Tochter namens*] Doña Francisca hatte, neidete ihr die höhere gesellschaftliche Stellung und denunzierte sie bei Pizarro, sie habe ihren Landsleuten die Weisung zur Belagerung Limas gegeben. Wenn Pizarro jene Prinzessin nicht töte, würden die Indios nicht weichen. Er ließ sie, ohne weiter der Sache nachzugehen, mit dem Würgeeisen erdrosseln. Dabei hätte er sie ebensogut in ein Schiff setzen und außer Landes schaffen können [...].

Wenn ich an das schlimme Ende des Marqués denke, so kommt es mir vor, als habe Gott ihn damit gestraft für jene Greueltaten, ebenso wie den Almagro für den Mord an zwei Brüdern des Inca [...].

Ihn erreichte dort auf dem Umweg über Cuzco [...] die Nachricht, daß der Inca Manco ihn zu Friedensverhandlungen nach Yucay einlud [...]. Da ließ er die Gründung sein und brach sofort mit zwölf ausgesuchten Leuten nach Cuzco auf.

Der Inca hatte zwar darum nachgesucht, er [*Pizarro*] möge mit nur drei oder vier Männern kommen – er hatte sich dies nämlich als Falle ausgedacht mit der Absicht, ihn bei günstiger Gelegenheit zu töten. Aber der Marqués sah sich vor und wählte wie gesagt zwölf Männer aus, unter ihnen seinen Bruder Gonzalo Pizarro, und nahm auch jene Frau des Manco Inca und noch eine zweite nach Yucay mit. Dort tauschte er Friedensboten mit dem Inca aus.

Ein Indio meldete schon, Manco sei ganz nahe, und der Marqués schickte ihm eine wertvolle Ponystute mit einem Neger und andere Geschenke. Es schwärmten aber schon Kriegsleute des Inca Manco aus, um über den Marqués herzufallen, griffen den Neger und das Pony und töteten sie, ebenso ein paar von den Indios des Trosses.

Der Marqués, unterrichtet durch die wenigen Überlebenden, war außer sich vor Zorn [...] und ließ die Gemahlin des Inca Manco töten. Sie wurde an einen Pfahl gebunden und einige Indianer vom Stamme der Cañari schlugen und schossen so lange auf sie ein, bis sie starb.

Die Spanier, die bei der Exekution zugegen waren, erzählten später, die indianische Frau habe kein Wort und keine Klage von sich gegeben; so starb sie an den Stockschlägen und Pfeilen. Diese Frau ist wirklich höchster Bewunderung wert: keine Klage, kein Wort, ja nicht einmal ein Zucken unter dem Schmerz der Wunden und des Todes.

Nähere Umstände von Gefangenschaft und Tod der Coya findet man in Ciezas Chronik über die Bürgerkriege in Peru:

In jenem Tal von Yucay wurde die Frau des Inca, die Königin, hingerichtet. Man sah das allgemein für eine große Grausamkeit an, weil es ja eine Frau war; schon daß der Marqués sie gefangen hielt, empörte viele; manche behaupteten sogar, er oder Gonzalo Pizarro hätten sich an ihr vergangen; dasselbe hieß es von Antonio Picado, seinem Sekretär.

Als der Inca der Aufforderung zum Frieden nicht nachkam, wollten sie ihn treffen, wo er am verwundbarsten war, indem man seine liebste Gemahlin tötete, und so hielten sie dort Gericht über sie [...].

Entsetzt fragte sie, warum man sie denn töten wolle; sie hätte ja nichts getan, was die Todesstrafe verdiene. Als sie sah, daß sie verloren war, verteilte sie unter die vornehmsten Frauen ihres Volkes, die zugegen waren, ihren gesamten Schmuck, behielt nichts zurück, und bat sie, wenn es zu Ende sei, ihre sterblichen Überreste in einen Korb zu tun und den Yucayfluß hinabschwimmen zu lassen, damit die Wasser sie dorthin trügen, wo Manco Inca, ihr Gemahl sei. So geschah es auch. Als Manco davon erfuhr, bekundete er großen Schmerz.

Bürgerkrieg. Ermordung von Almagro und Pizarro

Incaprinzessin in originaler Kleidung mit abstrahierten Bildzeichen (tocapus) auf einem Gemälde aus dem XVII. Jahrhundert.

Die unsaubere Schlacht von Salinas am 8. April 1538

Ebenso wie Almagros Triumph in Cuzco fällt auch sein Niedergang noch mit den Nachwehen des Manco-Aufstandes zusammen. Er zieht mit dem gefangenen Hernando Pizarro im ganzen Lande umher. Es gibt Verhandlungen, Kämpfe und Vermittlungsversuche von dritter Seite; schließlich läßt er Hernando frei und kehrt nach Cuzco zurück. Die Entscheidung zwischen den Pizarristen und Almagristen fällt am 8. April 1538 in der Schlacht von Salinas unmittelbar vor Cuzco, in der Almagros Reiter, durch das gebirgige Gelände behindert, den Kanonen und Musketen der Pizarros unterliegen. Almagro, selbst damals schon schwer krank und altersschwach, kann das Gemetzel nur von einer Anhöhe aus in seiner Sänfte sitzend verfolgen. Der Chronist Cieza übermittelt in seinem Buch über den Krieg von Salinas Einzelheiten und Eindrücke, die er von Augenzeugen erfragt hat:

Sehr schnell verbreitete sich überall im Lande die Nachricht, daß eine Schlacht zwischen den Chileleuten [*den Almagristen*] und denen von Pachacamac [*den Pizarristen*] bevorstand, und es strömten aus zahlreichen Orten massenhaft Einheimische herbei, voller Freude darüber, daß der Tag gekommen schien, der ihnen Genugtuung versprach für alle Unbill, die sie von den Spaniern erlitten hatten. Sie lagerten auf den nahen Anhöhen, sehnlich wünschend, daß keiner der Hauptleute den Sieg erringen werde, daß vielmehr alle Christen umkämen durch ihre eigenen Waffen [...]. Aus der Stadt kamen die Frauen der Kaziken herbei, auch die Indias aus den Häusern der Spanier; alle wollten die Männer sehen, die in die Schlacht zogen [...].

Der Adelantado [*Almagro*] hielt sich etwas abseits, wo er die Schlacht gut beobachten konnte; Orgoñez schickte den Inca Paullu und dessen Volk auf eine Anhöhe und wies ihn an, jeden Christen, den er fliehen sehe, ganz gleich, ob Freund oder Feind, ohne Erbarmen zu töten. [...] Alle waren bereit, und schon erfuhr man durch Späher, daß die Feinde ganz in der Nähe seien. Die Indios und alle Zuschauer verharrten in völligem Schweigen, sie warteten gleichsam auf ihr eigenes Triumphgeschrei, wenn vor ihren Augen die tapferen Spanier sich in ihrem Wahnwitz abschlachteten.

Die Sonne neigte sich schon, und die Nacht brach an; da kam Hernando Pizarro mit wehenden Fahnen und bezog Lager [...] auf der anderen Seite eines kleinen Flusses [...].

Erst am nächsten Tag beginnt die eigentliche Schlacht unter dem lauten Geschrei der indianischen Zuschauer. Für die Almagroleute steht es schlecht; die Niederlage ist besiegelt, als ihr Hauptmann Orgoñez, altgedienter Haudegen in den Heeren Karls V., Fahnenträger beim Sacco di Roma und vom Kaiser eben erst mit dem Titel eines Marschalls von Neutoledo ausgestattet, sich ergeben muß und von einem Knecht Hernando Pizarros erschlagen wird. Cieza:

Der Adelantado Don Diego de Almagro beobachtete die Schlacht von einem kleinen Hügel aus [...], und als er sah, wie sie verlief und wie viele seiner Freunde tot auf dem Schlachtfeld blieben, verließ er seine Sänfte völlig gebrochen, ritt auf einem Maultier mit nur dreien oder vieren zur Festung von Cuzco und versteckte sich dort in einer starken Bastion. [...]

[*In Salinas*] töteten die Pizarristen viele verwundete Chileleute, obwohl sie sich ergaben [...] – es wurde spät, ein starker Regen setzte ein; die Sieger verließen das ausgeraubte Schlachtfeld und zogen zur Stadt. Die Schlacht hatte kaum mehr als 2 Stunden gedauert. Dies trug sich zu an einem Samstagnachmittag, dem Tag des Lazarus, im Jahr 1538.

Der Inca Paullu versteht es wiederum, Anschluß an den Sieger zu finden:

Paullu floh, als er die Vernichtung von Almagros Streitmacht sah. Hernando Pizarro berief ihn zu sich, und er kam und zeigte große Beschämung über das, was er gemacht hatte.

Bis zu Almagros Tod am 8. Juli 1538 erlebt Cuzco wieder Plünderung und Terror. Der königliche Schatzmeister Manuel de Espinall schildert in einem Bericht vom 13. Juni 1539, was er selbst erlebt und gehört hat:

In der Festung ergriffen sie den Adelantado [...], warfen ihn, so alt und krank er war, in einen kalten und stinkenden Kerker, angekettet und mit Handschellen [...], und ließen ihm nicht einmal eine Matratze zum Liegen, noch ein Hemd zum Anziehen [...].

Hernando Pizarro macht ihm im Geheimen den Prozeß. Er scheut öffentlichen Skandal und Aufruhr. Manuel de Espinall:

Nach dem Prozeß, an einem Montag, den 8. Juli 1538, ließ Hernando Pizarro beim Morgengrauen alle Tore seines Hauses – der Adelantado war darinnen gefangen – verrammeln und versammelte darin über 200 Reiter und Fußsoldaten und alle Musketenschützen der Stadt. Über dem Haupttor postierte er seine Feldgeschütze. Drinnen im Kerker verkündete er dem gefangenen Adelantado seinen Richtspruch, der auf Enthauptung lautete. – Der Adelantado suchte um Berufung beim König nach und bat um der Liebe Gottes willen, auf die Knie niederfallend, ihm diese Berufung doch zu gewähren; er möge seine grauen Haare und sein Alter ansehen und bedenken, was er alles für S. M. geleistet habe; er sei ja schließlich die erste Stufe gewesen, über die Hernando und seine Brüder zu dem Stande gelangt seien, den sie jetzt inne hätten [...].

Jeder Ungläubige hätte sich zu Mitleid rühren lassen, aber jener Hernando Pizarro, von Anbeginn Todfeind des Almagro, schon damals als er nach Spanien zum Hof fuhr, sprach nein [...].

Als ich und andere königliche Beamte von dem Richtspruch des Hernando Pizarro gegen den Adelantado hörten, von seiner finsteren Entschlossenheit, ihn hinzurichten, und der Ablehnung jeglicher Berufung, eilten wir zu seinem Haus [...], um die Hinrichtung abzuwenden.

Wir fanden die Tür verschlossen und riefen zu den Leuten hinein, sie sollten uns aufmachen. Sie wollten aber nicht öffnen; im Gegenteil, sie riefen uns zu, wir sollten uns davon machen, sonst würden sie mit der Artillerie auf uns schießen, und sie schleuderten Steine auf uns.

Unterdessen ließ Hernando Pizarro den Adelantado drinnen im Kerker mit dem Eisen erwürgen. Dann brachte man ihn auf den Platz hinaus; ein Herold ging voraus. Auf dem Richtblock erhielt sein Nacken noch einen schwachen Hieb.

Almagro wird feierlich bestattet. Der Autor des ›Sitio del Cuzco‹ schreibt:

Darauf ließ ihn Hernando Pizarro begraben; er ging selbst mit zum Begräbnis und befahl auch allen Caballeros und Hauptleuten mitzukommen. Almagro wurde unter großen Ehren bestattet, und Hernando Pizarro und sein Bruder Gonzalo kleideten sich in Schwarz.

Der Brief des Bischofs Vicente de Valverde vom 20. März 1539

Als der Gobernador [*Francisco Pizarro*] von Spanien in diese Königreiche [*Peru*] kam, nahm er auf Geheiß E. M. sechs Patres des Dominikanerordens mit, um den Eingeborenen dieser Königreiche die Dinge unseres heiligen katholischen Glaubens zu lehren und zu predigen. Von ihnen allen blieb nicht mehr als ein einziger übrig; denn zwei starben schon auf der Reise, und drei kehrten um; als einziger hielt Fray Vicente de Valverde von Anfang bis Ende beim Gouverneur durch und machte alles mit; er ist ein Mensch von beispielhaftem Wandel und reiner Lehre, durch welchen alle Spanier immer Trost und Zuspruch erhalten haben.

So schreiben sieben Stadträte aus dem neugegründeten Jauja im Jahre 1534. – Valverde ist der Prediger von Cajamarca, der, eingekeilt unter Tausenden von Indios auf dem dunkler werdenden Platz, dem in seiner Prachtsänfte thronenden Inca Atahualpa das Brevier entgegengehalten und das »Requerimiento«, das Friedensultimatum des katholischen Königs und Kaisers Karl verlesen hat. Seine damalige Rolle wie auch seine Treue zu Pizarro ist nicht nur von neueren Historikern, sondern bereits von Zeitgenossen als widersinnig oder lächerlich angesehen worden. Andererseits hat er bei dem Scheinprozeß gegen Atahualpa nichts unversucht gelassen, den Tod des gefangenen Inca abzuwenden, und ist der einzige, der von Atahualpas Lösegeld nichts genommen hat. Während des Manco-Aufstandes und der Auseinandersetzung zwischen Almagro und Pizarro hält sich Valverde in Spanien auf. Er kehrt als Bischof nach Peru und Cuzco zurück und ist erschüttert über die Zerstörungen im Lande und die rapide Verschlechterung der sozialen Lage der einheimischen Bevölkerung. Ein Brief Valverdes aus Cuzco vom 20. März 1539, an den König gerichtet und dem Umfange nach eine regelrechte Chronik, greift eine Reihe sozialer Probleme Perus auf und unterbreitet verschiedene Vorschläge zur Abhilfe von Mißständen. Er beginnt mit den Eindrücken seiner Reise von Lima nach Cuzco:

Auf meinem Wege kam ich durch weite Teile des Landes; überall traf ich Zerstörung und Elend an; es überkam mich großer Schmerz, denn ich kannte das Land ja noch von früher. Man muß mit diesem Land sehr behutsam umgehen, sowohl wegen des angeborenen Adels der einheimischen Bevölkerung und ihrer Aufgeschlossenheit für unseren heiligen Glauben als auch wegen der mannigfachen natürlichen Reichtümer. Angesichts des allgemeinen Elends erfaßt jedermann tiefes Mitgefühl.

Ich traf in Cuzco ein am Montag, den 28. November 1538. Der Gobernador Don Francisco Pizarro und die Stadtbewohner empfingen mich mit großer Freude; auch fand ich damals mehr guten Willen vor als jetzt, wo ich daran gehe, das auszuführen, was Gott und E. M. von mir fordern [...].

Ich versichere E. M.: wenn ich nicht die Stelle genau gewußt hätte, wo die Stadt liegt, so hätte ich sie nicht wiedererkannt, so schlimm sahen die Gebäude und Vororte aus. Als der Gouverneur Don Francisco Pizarro hier [*1533*] einmarschierte, und ich mit ihm, war das Tal im Umkreis der Stadt voller schöner Gebäude und Ortschaften, wirklich der Bewunderung wert. Obwohl die Stadt an sich nur an die 3 bis 4000 Häuser zählte, standen in ihrem Umkreis, soweit das Auge reichte, 15 bis 20000.

Die Festung über der Stadt glich weitgehend einer der großen spanischen Festungsanlagen. Jetzt ist der größte Teil der Stadt zerstört und verbrannt [...]; von den Ortschaften im Umkreis stehen nur noch die nackten Mauern, und es kommt einem wie ein Wunder vor, wenn man ein Haus mit Dach sieht.

Bischof Valverde zählt dann dem spanischen König voll Stolz die vielen neugegründeten Kirchen auf, beklagt aber im nächsten Absatz wieder die Gewinnsucht des geistlichen Standes:

Folgende Kirchen gibt es bis jetzt in dieser Provinz [*Peru*]:

Die erste ist die heilige Kathedrale Unsrer lieben Frau vom Rosenkranz hier in Cuzco; die zweite steht in der Stadt der Könige [*Lima*]; die dritte in Trujillo; die vierte in San Miguel; die fünfte in Puerto Viejo [...]; die sechste in Santiago, einer Neugründung zwischen Tumbes und Puerto Viejo; die siebente steht in San Juan de la Frontera, einem neuen befestigten Platz am Wege von Lima nach Cuzco.

An diese Kirchen habe ich alle die Meßgewänder, die ich aus Spanien mitbrachte [...] verteilt.

Für die Kirchen in der Provinz Quito [*Ecuador*], in Quito selbst, in Popayan und Cali hatte ich leider keine Meßgewänder mehr übrig. [...]

Ich habe mich wirklich bemüht, die Pfarrstellen mit den besten Lehrern zu besetzen, die mir zur Verfügung standen, und habe bei ihnen auch auf einen anständigen Wandel gesehen, damit der Gottesdienst wohl versehen werde und die Bekehrung der Indios in der rechten Weise und nach dem Willen E. M. geschehe. Aber leider verstehen sich die Priester hierzulande am besten auf ihren eigenen Vorteil.

Valverde tritt leidenschaftlich für die persönliche Freiheit der Indios ein und bittet daher die Krone, eine eindeutige Fassung der Schutzgesetze auszuarbeiten:

Nun komme ich auf den Schutz der Indianer zu sprechen, den mir E. M. so sehr ans Herz gelegt hat. Man kann tatsächlich nicht genug betonen, wie sehr es darauf ankommt [...], diese Menschen vor den Rachen der vielen Wölfe zu schützen, die sie bedrohen. Meiner Ansicht nach wäre dieses Land bald entvölkert, wenn niemand sich persönlich für die Indios einsetzte [...].

Die Raffgier der Spanier überschreitet jedes Maß; man denkt weder an den Fortbestand des Landes noch an die Forderungen Gottes und E. M. [...].

Die Justizbehörden hier sind keinem Rat noch Einspruch zugänglich und wollen ohne jede Einschränkung befehlen [...].

Sie behaupten, die umherschweifenden Indios, die durch Ortschaften und Provinzen ziehen, ebenso wie die Yanaconas, das heißt die Indios, die den Spaniern persönlich dienen, dürften nicht über sich selbst verfügen; der Gouverneur oder seine Stellvertreter könnten sie vielmehr königlicher Weisung gemäß nach Gutdünken jemandem zuteilen, und diesem müßten sie dann bedingungslos gehorchen [...]. Das ist, wie E. M. sieht, nicht vereinbar mit den Freiheitsrechten, deren Beachtung E. M. so dringlich anbefohlen hat. Es verstößt gegen alle Vernunft, wenn man einer freien Person ohne erfindlichen Grund die Freiheit nimmt. Einen größeren Schaden kann man ihr, meine ich, gar nicht tun, höchstens noch das Leben nehmen. Der Indio, den man auf diese Weise mit Hilfe eines Erlasses in fremde Dienste zwingt, hat ein schlimmeres Los als ein Sklave [...]; denn sie können ja nicht einmal verkauft werden und müssen so ihren Herren, auch wenn diese sie noch so schlecht behandeln, ihr ganzes Leben lang dienen [...].

Nun wird man E. M. von hier aus [*Peru*] viel schriftlich vorbringen gegen die Freiheit der Indios und alle jene Unzuträglichkeiten anführen, die man auch mir hier schildert. Man wird sagen: Wenn die Indios wissen, daß sie frei sind, dann werden sie einen Tag zu einem Herren gehen und am nächsten zu einem anderen, denn es sei nun einmal ein unstetes Volk, welches immer etwas Neues möchte. Ich habe hierauf schon geantwortet, alles dies bringe eben die Freiheit mit sich, und nur der sei wirklich frei, der selber bestimmen könne, bei wem er bleiben wolle [...]. Wenn der Herr weiß, daß der Indio frei entscheiden kann, wem er sich zugesellen will, dann wird er selber darauf bedacht sein, ihn gut zu behandeln.

Wie man den entwurzelten Indios helfen kann, ist eines der Hauptanliegen des Bischofs von Cuzco. Konquista und Revanchekrieg des Manco, die ständigen Beutezüge der Spanier und der unbesiegten großen incaischen Truppenteile sowie die Fehden der Konquistadoren und ihrer indianischen Hilfsvölker untereinander haben im ganzen Land unsägliches Elend zur Folge. Valverde:

E. M., ich spreche von den vagierenden Indios, freien Personen, die auf der Suche nach Nahrung von einem Ort zum andern ziehen oder auch den Wunsch haben, verschiedene Provinzen kennenzulernen. Ihnen und auch anderen darf man die Freiheit nicht nehmen, wem sie dienen wollen, und sie nicht auf Grund von Erlassen irgendjemandem zuteilen.

Der Gouverneur, sein Stellvertreter oder der Protektor soll sie fragen, zu wem sie gehen wollen; dann erst sollen sie dem gewünschten Herrn zugeführt werden unter der Bedingung, daß er sie gut behandle. Wenn sie bei ihm nicht glücklich sind, soll ihnen auch dann noch die Möglichkeit offenstehen zu wechseln. Genau so sollte man es halten mit den freien Indios und Indias, die aus anderen Provinzen zuwandern.

Ich wollte als Protektor die Freiheit jener Indios schützen, die zu mir kamen und um Hilfe baten, und hätte damit so gehandelt, daß das Gewissen E. M. hätte Ruhe haben können; aber die Statthalter und die Justiz haben sie mir unter den Händen weggerissen und unter Anziehung der erwähnten Erlasse wieder dienstverpflichtet, ihnen die Freiheit genommen gegen alles göttliche und königliche Gebot. Auf der Welt gibt es kein Elend, das diesem hierzulande vergleichbar wäre.

Mit Geldbußen allein sind Unrecht und Übergriffe nicht zu steuern. Valverde:

Das Bußgeld, das ich laut Schutzgesetz erheben darf, ist eine zu leichte Strafe. Meist sind die Vorteile, die der Einzelne durch Mißhandlung seiner Indios erzielt, so groß, daß es ihm nichts ausmacht, wenn er Geldstrafen von 50 Castellanos hinlegen muß.

[...] Ich weiß, daß die Habgier der Spanier in diesem Land ungeheuer ist, und sicher werden sie demnächst bei E. M. vorstellig werden, sie möge erlauben, in diesem Land Sklaven zu halten, die Indios zu Trägerdiensten heranzuziehen, sie von ihren Wohnsitzen zu verschleppen, in die Minen zu schicken und ihnen keinerlei Freiheit zu gewähren [...]. E. M. geruhe zu befehlen, daß das Gold und das Silber, welches die Indios abliefern sollen, auf die Art und Weise gewonnen werde, wie sie es von alters her gewohnt sind, ohne daß Christen sie bedrängen. Nur so wird E. M. viele Jahre lang in diesen Breiten über Indios verfügen, die ihr jeden Tag höhere Einkünfte sichern. Diejenigen Spanier, die auf diese Weise nicht genug bekommen können, sollten sich Neger kaufen und diese in die Minen schicken.

Valverdes Vorschläge und Reformpläne sind nicht ohne Widersprüche. Die Realitäten zwingen auch ihn zu Zugeständnissen, die so manche seiner Postulate in Frage stellen. Er ist wohl ununterbrochen auf der Suche nach Mitteln und Wegen, dem Individuum einen möglichst großen Spielraum an persönlicher Freiheit zu garantieren, aber an das koloniale Verwaltungssystem der Encomienda rührt er nicht. Auch er hält die Zuweisung von eingeborenen Kaziken samt deren tributpflichtigen Untergebenen als beste Lösung für die gegenwärtige und zukünftige Sicherung des Landes und seiner reichen Einkünfte:

Was die Kaziken betrifft, so scheint es durchaus in der Ordnung, wenn diese durch königlichen Erlaß [*den Spaniern*] zugewiesen und dienstverpflichtet werden. Das ist notwendig zu ihrem eigenen Schutz und zur Erhaltung des Landes; sonst gäbe es großen Wirrwarr.

Valverde greift einen dunklen Punkt der Eroberung Perus auf, die Versklavung und Brandmarkung von Indios während des Manco-Aufstandes und die gewaltsame Umsiedlung ganzer Stämme in fremde Landesteile und ungewohnte Klimata:

Als sich dieses Land erhob, gab der Gobernador [*F. Pizarro*] die Erlaubnis, allerorten Sklaven zu machen. Ich selbst habe gesehen und auch von anderen gehört, daß Indios gebrandmarkt wurden.

Das geschah ganz gegen einen königlichen Erlaß E. M., der zu Beginn der Konquista dieses Landes ausgerufen wurde und gerechterweise jegliche Versklavung verbot.

E. M. möge es glauben: es ist weniger schlimm für das Land, wenn man Indios beikommen muß, die gegen uns Krieg führen, als Sklaven zu machen; denn die menschliche Natur schreckt letzten Endes doch vor dem Töten mehr zurück als vor dem Sklavenmachen, und so würde eben im Kriege eine verhältnismäßig geringe Anzahl von Indios getötet; wenn man aber Sklaven machte, dann würde durch den unstillbaren Bedarf nach Dienstleistungen oder durch Weiterverkauf der Sklaven die natürliche Sterblichkeitsrate ins Ungemessene erhöht. Wenn man gar erlauben würde, daß alle Indios eines Kaziken, in dessen Distrikt ein Verbrechen begangen worden ist, zu Sklaven gemacht würden, dann würde sich folgendes abspielen: hätte ein solcher Kazike 10000 Indios, so würden danach mehr als 50000 das Brandmal zeigen, und jedermann würde behaupten, sie gehörten alle zu jenem Kaziken.

Wenn man die Einheimischen von ihren Wohnsitzen anderswohin verpflanzt, die Indios aus dem Hochland an die Küste dienstverpflichtet oder die von der Küste ins Hochland hinaufschickt, so wirkt sich das katastrophal aus: sterben nicht gleich alle, so stirbt doch mindestens die Hälfte; ich selbst habe das gesehen und festgestellt, und alle hierzulande wissen das. E. M. möge doch hier eingreifen und befehlen, daß bei allen Gründungen von Städten und Encomiendas diesem Umstand Rechnung getragen werde.

Ich habe davon gehört, daß es einen Erlaß E. M. geben soll, in dem ein Konquistador ermächtigt wird, bei seiner Heimreise nach Kastilien eine gewisse Stückzahl von Indios mitzunehmen. Die Information, in der E. M. dies verfügte, entsprach ganz dem Wunschdenken der Leute hier; es wäre wohl nicht viel dagegen einzuwenden, wenn nicht folgende Erfahrung dagegen spräche: E. M. weiß vielleicht, daß ich selbst, als ich jüngst nach Spanien fuhr, 8 oder 9 Indios mitnahm, sowohl Kinder wie Erwachsene, um sie als Dolmetscher auszubilden und E. M. vorzuführen. Aber trotz aller Fürsorge, die ich auf sie verwandte, blieb mir nur ein einziger übrig; denn kaum ein Indio, der dieses Land verläßt und nach Panama kommt, übersteht die Reise lebend, und es ist ein Jammer, sie auf dem Wege sterben zu sehen.

Valverde befaßt sich auch mit der Lage der Nachkommen der Incakönige. Er plädiert hier für eine Heirat der Incaprinzessinnen mit Spaniern, somit für eine Verbrüderung und Integrierung der Eroberer mit dem einheimischen Adel, eine Praxis, die damals schon von der Krone mit Mißtrauen beobachtet und später verboten und als Hochverrat angesehen wird. Die männlichen Sprößlinge aber empfiehlt er nach Spanien zu schicken, mit Ausnahme des Inca Paullu, der mit den Spaniern zusammenarbeitet:

In diesem Lande leben noch einige Söhne und Töchter von Atahualpa sowie Söhne, Töchter und Enkel von Huayna Capac, dem ehemaligen Herrn des Incareiches. E. M. haben die Verpflichtung, für sie zu sorgen; denn schließlich war es ja einmal ihr Land, und es tut einem das Herz weh, wenn man sieht, wie verloren sie dahinleben.

Ich schlage vor, daß die Frauen im christlichen Glauben unterwiesen und getauft werden und dann Christen heiraten; es werden sich bestimmt viele Bewerber finden. E. M. möge durch entsprechende Erlasse den Christen, die sie heiraten, ein gutes Auskommen sichern. [...]

Was die männlichen Incanachkommen betrifft, so bleibt zu bedenken, daß das Volk hier äußerst kriegerisch ist, und in dem Augenblick, wo ein führender Kopf und Hauptmann da ist, jederzeit und jede Stunde Aufstände aufflackern können. Deshalb erscheint es mir angebracht, wenn E. M. die Prinzen nach Spanien bringen und dort für sie weiter sorgen läßt [...].

Ein Sohn des Huayna Capac bildet hier eine Ausnahme, nämlich der Inca Paullu. Diesen brauchen wir sehr notwendig, weil ihn alle jene Indios als Führer ansehen, die mit uns Frieden geschlossen und sich auf unsere Seite geschlagen haben. In einem so gebirgigen und unwegsamen Lande wie hier bekäme man auch dann den aufständischen Inca [*Manco*] nicht zu fassen, wenn man alle spanischen Kriegsleute der ganzen Welt aufbieten würde; aber nachdem jetzt dieser Paullu unser Freund ist und selbst unser Inca sein möchte, hegen wir die begründete Hoffnung, daß er den anderen Inca, den aufständischen, dazu bringt, Frieden zu schließen, oder ihn tötet; denn er verfügt über eine starke Streitmacht. Nach diesem Paullu sollte es, meiner Meinung nach und um des Friedens im Lande willen, keinen neuen Fürsten oder Inca mehr geben, sondern als einzige Autorität nur der Gobernador im Namen E. M. fungieren.

Der Incaaufstand [...] hat nach verschiedenen Schätzungen mehr als 500 Christen und 20000 Indios das Leben gekostet; diese letzteren gingen zugrunde teils im Kriege selbst, teils infolge von Mißhandlungen. E. M. hat viel Gold eingebüßt, welches ihr sonst zugeflossen wäre, wenn im Lande kein Krieg entbrannt wäre. Das ist Grund genug für E. M., die eigentlichen Urheber des ganzen Unglückes gebührend zu bestrafen; die Wurzel der Aufstände im Land ist immer die schlechte Behandlung der Indios. Davon soll jeder abgeschreckt werden.

Nach meinem Dafürhalten ist es nur recht und billig, wenn man den Schuldigen ihre Indios wegnimmt und auch für alle Zukunft die Eignung abspricht, Indios zu halten. Wer damit gemeint ist, geht klar hervor aus jenem Brief, den der Inca [*Manco*] selbst an den Adelantado Don Diego de Almagro geschickt hat. Dort sind die Personen namentlich angeführt, die ihn beleidigt und mißhandelt haben [*Pizarros Brüder und Anhänger*]. Don Alonso Enriquez ist mit dem Brief unterwegs nach Spanien, und E. M. tut gut daran, diesen Mann für einige Tage in den königlichen Indienrat zur Berichterstattung über die Ereignisse [*in Peru*] zu beordern; denn er ist selber Augenzeuge und hat sich die Dinge gut notiert.

Im gleichen Brief versucht Valverde beim König den Eindruck abzuschwächen, daß dem Inca Manco kaum beizukommen sei, und wirbt mit großer Wärme für eine spanische Besiedlung des von ihm so geliebten Landes Peru:

Der Aufstand des Inca Manco scheint bald dem Ende zuzugehen, denn er verfügt nur noch über wenige Leute. Die Indios dieses Landes sind der ständigen Kriege müde und wollen ihm nicht mehr folgen, sondern lieber in ihren Dörfern bleiben; wir glauben, es wird nicht mehr lange dauern, bis er uns in die Hände fällt oder Frieden schließt. [...]

E. M. halte ihre Hand über dieses Land; denn es liegt trotz aller von Indios wie von Christen herrührenden Unruhen, die es so schwer geschädigt haben, noch nicht ganz darnieder. Daran sieht man, daß aus diesem Land viel herauszuholen ist.

Jetzt geht es von Tag zu Tag aufwärts, weil der Gouverneur und ich an nichts anderes denken, als wie man das Land unterstützen, ihm wieder auf die Beine helfen und es wieder einem Zustand zuführen kann, der seinem Wert entspricht.

Was die noch unentdeckten Landstriche betrifft, so darf nicht versäumt werden, auch hier zu siedeln und weitere Expeditionen zur Entdeckung und Kolonisation auszurüsten; denn ohne Besiedlung bleibt das Land ungesichert und weiteren Gefahren ausgesetzt.

Valverde erwähnt eine solche Expedition, weiß aber darüber nichts Genaueres mitzuteilen, als daß sie in Richtung Ost-Nordost zielt und große Hoffnungen weckt. – In seinem Brief kommt er auch auf die Landwirtschaft zu sprechen, preist die Ertragsfähigkeit des Bodens in Peru an und berichtet Wunderdinge über Mutationen eingeführter Getreidearten, über Obstbau und Viehzucht, natürlich sehr pauschal, wie es der knappe Raum zuläßt, und nicht nach Klimazonen differenziert:

Dieses Land [*Peru*] ist so beschaffen, daß hier alles Vieh gedeiht wie dort [*in Spanien*], ich denke, sogar besser. Auch alles europäische Gemüse wird hier wachsen und jede Art Bäume von dort.

Man hat hier schon Weizen und Gerste ausgesät, etwa seit vier oder fünf Jahren, und wenn man weitersät, werden bald die Schiffe mit Weizen beladen nach Panama fahren. Ich sah eine Getreidepflanze, die aus einem einzigen Weizenkorn entsprossen war und 360 Halme mit Ähren trug, und die Körner waren so dick, daß sie die Hülsen sprengten und aus den Ähren hervorsahen. Deswegen sät man hier nicht Korn für Korn wie daheim, sondern muß zwischen einem Korn und dem nächsten einen Abstand von einer Elle und mehr lassen.

Von Schweinen wimmelt es hier überall; in diesem kalten Lande gibt es die besten Schinken, obwohl sie nur einfache Weide haben und keine Eichelmast.

Gemüse wächst im Überfluß, wo man hinsieht; für den Weinbau scheint das Land außerordentlich gut geeignet. Jetzt läßt man Pflanzen, auch Baumsetzlinge, aus Guatemala kommen.

Die Bodenschätze und die Entdeckung der Silberminen im Hochland von Bolivien bleiben nicht unerwähnt. In den Dokumenten aus der Konquistazeit wird dieses Gebiet »Los Charcas« genannt. Brief des Valverde:

Gerade erhalten wir Nachricht von der Auffindung einiger Erzlager in einer Provinz namens Charcas, die von Hernando und Gonzalo Pizarro entdeckt worden ist. Alle sagen, diese Minen seien die reichsten und ergiebigsten, die man jemals gesehen habe.

Wie die späteren spanischen Vizekönige macht der Bischof Valverde bereits auf einen Krebsschaden der neureichen spanischen Gesellschaft in Peru aufmerksam: die Spielwut und den Mangel an spanischen Frauen:

Hierzulande nimmt die Spielleidenschaft maßlose Formen an; die Einsätze sind erschreckend hoch und die Verluste dementsprechend. Es gibt viele schwerreiche Männer hier, die leicht nach Kastilien heimfahren könnten und dort ihre Schulden zahlen und anderen unter die Arme greifen könnten. Sie aber ziehen es vor, zu spielen, und all ihr Reichtum zerrinnt in nichts.

[...] Daheim in Spanien gibt es doch so viele arme Mädchen. Wenn man nun von jedem Spielverlust einen gewissen Teil – E. M. möge ihn festsetzen –, für die Überfahrt armer spanischer Mädchen hierher nach Peru abzweigen würde, so wäre damit einerseits jenen armen Jungfräulein geholfen, andererseits würden hier viele Christen vor schweren Sünden bewahrt und die Spielwut eingedämmt. Die spanische Besiedlung käme voran [...]; viele würden sich hier in Peru verheiraten, wenn sie nur wüßten, mit wem. Die Mädchen müßten schon aus gutem Hause sein, denn die künftigen Generationen sollen ja etwas taugen.

Am Schluß seines Briefes tritt Vicente de Valverde noch für die verarmten Anhänger des Diego de Almagro ein, den die Pizarristen am 8. Juli 1538 in Cuzco hingerichtet haben:

Mit dem Adelantado Diego de Almagro zogen viele Caballeros und vornehme Leute auf die Entdeckung der Provinz Neutoledo [*Chile*] aus und stürzten sich im Dienste E. M. in große Ausgaben. Jetzt nach seinem Tode ist ihre Situation hoffnungslos. E. M. möge ihnen in derselben Provinz, in der sie Ihr gedient haben, wieder Brot verschaffen [...].

Aus der Stadt Cuzco am 20. März 1539.

In einem Nachsatz zu dem Brief an den Kaiser nimmt Valverde Stellung zu den Gerüchten über die angeblichen Spannungen zwischen ihm, dem Bischof, und dem Gobernador Don Francisco Pizarro:

E. M. wird von verschiedenen Leuten am Hofe hören, ich stünde nicht gut mit dem Gobernador. Ich verhalte mich ihm gegenüber so, wie man es Personen schuldig ist, die E. M. vertreten. Das schließt nicht aus, daß ich ihn häufig mit aller Ruhe an die Gebote Gottes und E. M. erinnere und mahne. Wenn ich aber sehe, daß es gar nichts hilft, dann sage ich es ihm auch einmal im Zorn. Das dürfte genug Stoff zu der Behauptung liefern, daß es Spannungen zwischen uns gebe; über solche Behauptungen lachen wir beide.

Diejenigen, die E. M. etwas anderes hinterbringen, sind die gleichen, die hier die Ansicht vertreten, der Bischof müsse in allen Dingen, und lägen sie auch noch so schief, dem Gobernador beipflichten und ebenso der Gobernador dem Bischof. [...]

Ew. Kath. Cäsarischen Majestät ergebenster Kaplan. – Episcopus Cosconensis.

Ermordung von Francisco Pizarro. Das Regime der Chileleute

Die drei Jahre zwischen Almagros und Pizarros Tod sind erfüllt von fieberhafter Entdeckertätigkeit; Pizarro selbst gründet Arequipa und schickt seine Anhänger nach Bolivien, Ecuador, Südkolumbien; Gonzalo Pizarro unternimmt eine riesige Expedition von Quito aus nach Osten über die Anden hinweg den Amazonas hinab. – In den Regenwäldern des Ostens sterben Hunderte von Spaniern an Hunger und Entkräftung, die zu Träger- und sonstigen Diensten gepreßten Indios zu Tausenden. Der Chronist Cieza kommentiert eine dieser Expeditionen:

Es war ein Jammer, so viele Menschen sterben zu sehen, unter ihnen viele Töchter vornehmer Adelsgeschlechter aus Cuzco.

Am 26. Juni 1541 fällt Francisco Pizarro einem Mordanschlag zum Opfer. Die Racheabsichten von Diego Almagros gleichnamigem Sohn – er ist ein Mestize mittelamerikanischer Abstammung – und den übrigen Anhängern der Chile-Partei liegen seit Monaten offen zutage, und selbst die Indios, ihre Führer, Priester und Orakel sprechen davon. Pedro Pizarro schreibt:

Ein Stadtbürger von Cuzco namens Setiel besuchte seine Indios draußen auf dem Land. Da sagte der Kazike zu ihm: »Ich mache dich darauf aufmerksam: die Leute von Chile werden den Apu macho – so nannten die Einheimischen den Pizarro – töten.« Apu heißt bei ihnen Herr, und macho ist für sie jemand, der alt ist. –

Setiel fragte seinen Kaziken, woher er das wisse. Dieser antwortete: »Meine Huaca hat es mir gesagt.« – Aus den Huacas spricht für die Indios der Teufel. – Sein Herr antwortete ihm darauf: »Geh, du lügst!« Der Indio sagte: »Wenn du willst, begleite mich zu meiner Huaca, und du wirst hören, daß es stimmt.« Setiel ging mit seinem Kaziken zu der Huaca, und dieser sprach zu ihr: »Du hast mir gesagt, daß man den Apu macho töten will; sag dasselbe noch einmal vor meinem Herrn!« Und Setiel soll tatsächlich gehört haben, wie eine Stimme aus der Huaca dem Indio antwortete: »Es ist wahr! Ich habe dir schon gesagt, daß er ermordet wird.« Da war der Mann ganz verstört und schrieb dem Marqués das Gehörte.

Francisco Pizarro ergreift keine Gegenmaßnahmen, obwohl seine Umgebung ihn dazu drängt. Er scheut den Anschein eines Mißbrauchs der Justiz und Exekutive für seine eigene Person, denn er ist sich bewußt, daß er und seine Familie, seit die näheren Umstände von Almagros Ende in Spanien bekannt geworden sind, beim König nicht mehr in Gnade stehen. – Sein Bruder Hernando ist nach Spanien abgereist, Gonzalo Pizarro weit weg auf Expedition in den Urwäldern des Amazonas. Die Pizarro nahestehenden Kreise in Lima erwarten mit Besorgnis die bevorstehende Untersuchung der Amtsgeschäfte des Gobernadors. Die Ankunft des vom König als Untersuchungsrichter hierfür beauftragten Lizentiaten Vaca de Castro verzögert sich von Monat zu Monat. Sein Schiff erreicht Peru nicht; Wind und Strömung zwingen ihn zur Landung in Westkolumbien; Streitigkeiten mit den dortigen Konquistadoren halten ihn auf; durch die Strapazen schwer erkrankt, reist er im Tragsessel über Buenaventura, Cali und Popayán nach Quito. Noch bevor er in Quito eintrifft, erfährt er, daß Francisco Pizarro ermordet worden ist. – In Lima hat inzwischen die Chilepartei den jungen Almagro auf den Schild erhoben und eine Nachrichtensperre verhängt. Deshalb erfährt man in Panama und Spanien erst sehr spät Genaueres über die Revolution, wie ein Brief der Gemeindeverwaltung Limas an den König, datiert am 25. Juni 1542, also ein Jahr nach Pizarros Tod, zeigt:

In den Briefen, die wir an E. M. schrieben in der Zeit der Herrschaft des [*jungen*] Don Diego de Almagro, war es nicht möglich, ein genaues Bild der Zustände und der Ereignisse zu vermitteln; denn wir waren nicht frei, obwohl man unsere Freiheit auf Papier verbriefte und hierzu unsere Unterschrift verlangte.

Die Furcht davor, das Leben zu verlieren, war der Grund, daß wir es unterließen, E. M. den wahren Sachverhalt mitzuteilen und das zu tun, was E. M. und dem Land genutzt hätte. Untertänig flehen wir E. M. an, uns das gnädigst zu verzeihen. Wenn wir nicht getan hätten, was die Tyrannen wollten, hätten wir unser Leben verloren.

Nun aber hat uns Gott geholfen; der Gobernador E. M., der Lizentiat [*Vaca de Castro*] ist endlich eingetroffen, und wir sind wieder freie Menschen und in der Lage, E. M. mitzuteilen, was sich zugetragen hat.

Zuerst einmal horchte hier alles auf, als publik wurde, der Lizentiat Vaca de Castro käme als Untersuchungsrichter ins Land, er hätte sich schon seit langem in Panama eingeschifft. Dann trafen seine Begleitschiffe eines nach dem anderen ein. Von ihm selbst aber sah und hörte man nichts. Unterdessen sammelte sich hier in Lima eine Menge von Leuten, die mit dem alten Diego de Almagro in Chile gewesen waren und sich seither über das ganze Land zerstreut hatten; ihnen gesellten sich auch andere hinzu. Sie alle gaben vor, auf den Untersuchungsrichter zu warten. – Im Hause des [*jungen*] Diego de Almagro trafen sie sich [...].

Am Sonntag, den 26. Juni des vergangenen Jahres [*1541*] – das Hochamt, an dem der Marqués Don Francisco Pizarro ausnahmsweise nicht teilgenommen hatte, war gerade vorbei und die ganze Plaza voller Leute, fast alles Anhänger Pizarros – stürmten aus dem Hause des Diego de Almagro sein Vertrauter Juan de Herrada und etwa fünfzehn Mann zu Fuß und zwei Reiter, alle bewaffnet, und riefen: »Es lebe der König! – Tod den Tyrannen, die unseren Don Diego umbringen wollen!« – Sie drangen in das Haus des Marqués ein, der zusammen mit einigen Bürgern der Stadt und seinen Leuten sich gerade zum Essen setzen wollte.

Am Fuß der Eingangstreppe stießen sie gleich den Hauptmann Francisco de Cháves nieder, stiegen in den Saal hinauf, verletzten dort vier Spanier, die sich zur Wehr setzten, [...] töteten im anschließenden Zimmer Pizarros [*Halb-*] Bruder Martín de Alcántara und zwei seiner Knappen [...]; schließlich stellten sie den Marqués in seinem Ankleideraum, wo er gerade seinen Harnisch anlegen wollte; er fiel trotz mannhafter Gegenwehr; die Attentäter stürmten hinaus auf die Plaza mit dem Ruf: »Der Tyrann ist tot; jetzt gibt es keine Pizarros mehr auf der Welt!«

Alles ging so schnell, daß die Nachbarn und Freunde dem Marqués nicht mehr zu Hilfe kommen konnten. Auf den Lärm hin eilten die Alkalden [*Bürgermeister und Stadtrichter*] aus ihren Häusern und riefen die Leute zur Verteidigung von Recht und Ordnung auf. Da hörte man aber schon, der Marqués sei tot, und fast gleichzeitig tauchten in allen Teilen der Stadt mehr als 200 bewaffnete Leute zu Pferd und zu Fuß auf, alles Anhänger von Don Diego. Aus diesem Grunde kamen gar nicht so viele zusammen, wie man sie zum Schutze der Obrigkeit gebraucht hätte.

Die Almagristen nahmen den Alkalden ihren Richterstab, plünderten die Häuser des Marqués, das seines Bruders Martín de Alcántara und das seines Sekretärs Antonio Picado und raubten daraus eine große Menge Gold, Silber, Juwelen und andere Dinge, beschlagnahmten sämtliche Waffen und Pferde, die es in Lima und Umgebung gab, ohne etwas dafür zu bezahlen, und brachten alle Stadträte ins Haus des Don Diego.

Dort zwangen sie uns, eine Sitzung abzuhalten und Don Diego de Almagro als Gouverneur zu wählen; wo nicht, würden sie mit uns kein Federlesen machen und alles kurz und klein schlagen. So setzte man uns unter Druck.

Don Diego wurde als Gouverneur bestätigt und ließ sich als solcher anschließend ausrufen. Dann übergab er eigenhändig zwei Leuten seiner Partei die Alkaldenstäbe, die man den von E. M. bestellten Stadtrichtern weggenommen hatte.

Alles geschah noch am gleichen Tage, an dem der Marqués starb, und die Almagristen blieben völlig kampflos Herren der Lage [...].

Don Diego forderte durch Sendboten die einzelnen Städte und sonstigen Orte des Landes auf, ihn als Gouverneur anzuerkennen. Trujillo, San Miguel und Huamanga erkannten ihn an.

19 Tage nach dem Attentat schreibt ein Almagrist:

Alles ist noch starr vor Staunen, wie schnell und reibungslos der Putsch vor sich ging [...], ohne größere Menschenverluste [...]. Es ist eine Fügung Gottes, daß nicht mehr Menschen umgekommen sind. [...] [*Nur*] Don Francisco Pizarro, Gott habe ihn selig, sein Bruder Martín de Alcántara und Francisco de Cháves sind nicht mehr am Leben. Wenn ich die reine Wahrheit sagen soll, könnte ich nicht beschwören, daß sie getötet worden sind, denn jedermann weiß es: sie starben, weil Gott es so fügte und um ihrer Sünden willen.

Dies ist nur eines aus einer Serie ähnlicher Schreiben. Zum gleichen Zeitpunkt (am 14. und 15. Juli 1541) schreiben der junge Almagro und der Magistrat von Lima an die Audiencia von Panama und bemühen sich um Anerkennung des Machtwechsels bei der spanischen Krone. – Bis zum Ende des Jahres dringen keine anderen Stimmen an die Außenwelt – monatelang werden die Schiffe im Hafen Callao vor Lima festgehalten. Erst mit der Ankunft des alten Peruseglers »La Concepción« in der Nacht zum 12. Dezember 1541 in Panama erhalten die dortigen Behörden genauere Aufschlüsse; der Schiffskapitän der »Concepción«, Juan Bautista Pastene, gibt am Tag darauf eine Erklärung zu Protokoll, die als ›Information über den

Zustand Perus nach dem Tod Pizarros‹ in die Archive des Indienrats in Sevilla eingegangen ist. – Der Schiffskapitän berichtet von üblen Begleiterscheinungen des sonst ziemlich unblutigen Putsches, von Folter und erpreßten Unterschriften, öffentlichen und geheimen Exekutionen:

Wie jedermann [*in Lima*] wußte, fertigten der besagte Don Diego und Juan de Herrada und andere bei dem Attentat auf den Marqués beteiligten Personen viele Briefe und Botschaften aus und nötigten [*Pizarros Sekretär*] Antonio Picado, die Alkalden und Regidoren [*Stadträte*], ihre Unterschrift darunter zu setzen.

Ein paar Tage nach dem Putsch traf in der Ciudad de los Reyes [*Lima*] ein gewisser Antonio de Horihuela ein, von dem es hieß, er käme aus Kastilien. Weil er äußerte, diejenigen, die den Marqués getötet hätten, seien Verräter, ergriff man ihn, und der Zeuge sah mit eigenen Augen, wie er kurz darauf auf der Plaza hingerichtet wurde.

Zu den Vorfällen, die stadtbekannt waren und von denen der Zeuge weiß, daß sie stimmen, gehört die Verhaftung des erwähnten Antonio Picado, des Sekretärs des Marqués. Er wurde gefoltert, bis er den Marqués und sich selbst mit solchen Geständnissen belastete, wie sie Don Diego de Almagro und seine Feinde hören wollten. Picado erklärte unter der Folter, er wolle, wenn sie ihn nur am Leben ließen, alles bekennen, was sie wollten.

Als er aber ausgesagt hatte, holte man ihn aus dem Kerker, und der Zeuge sah selbst, wie er, auf einem Maultier reitend, mit einem Ausrufer voran, auf den Hauptplatz der Stadt Lima geführt und dort erwürgt wurde. In dem Moment, als man ihn hinrichten wollte, gerade bevor man ihm das Würgeeisen anlegte, verlangte er nach einem Schreiber und rief: »Schreibt es nieder und glaubt es mir auf Ehre und Gewissen: Alles, was ich gestanden habe, sagte ich nur aus Angst vor der Folter; es ist nicht wahr, was ich über den Statthalter gesagt habe; denn er hat dem König gedient, wie es seine Pflicht gewesen ist!« Dann wurde er erdrosselt [...].

Ein weiterer Vorfall passierte auf dem Schiff des Zeugen: Eines nachts wurden [*zwei politische Gefangene*] Francisco de Chávez und der Bakkalaureus Enríquez, auf das Schiff gebracht, dort erdrosselt, in Säcke gesteckt und mit Steinen beschwert ins Meer geworfen. Als man ihn fragte, wer denn die Männer gewesen seien [...], sagte er: ein gewisser Juan Balza und sieben oder acht baskische Männer; ein Neger hätte den Gefangenen die Würgeschraube angelegt und sie ertränkt. [...]

Alle Schiffe im Hafen der Stadt Los Reyes lagen drei Monate fest. Don Diego hatte Befehl gegeben, die Segel und Steuerruder zu entfernen.

Diego de Almagro hat nicht überall Erfolg. In dem neueroberten Land sind Kirche und Rathäuser zum Teil bereits Machtfaktoren, mit denen gerechnet werden muß. Sie vertreten Interessengruppen, schützen Privilegien und Besitzverhältnisse. Sie sind für Ordnung und nicht zuletzt für den status quo. Die spanischen Bürger in Cuzco, der alten incaischen Königsstadt, warten zunächst ab. Ihre Haltung ist eher feindlich als freundlich zu nennen. Der dort als Bischof residierende Vicente de Valverde läßt nichts unversucht, einen neuen Bürgerkrieg zu verhindern, und reist persönlich – nach vorheriger Beratung mit den Stadtvätern in Cuzco – nach Lima. – Über seine Bemühungen unterrichtet er den spanischen König in einem Schreiben, das er am 26. Oktober 1541 in Lima beginnt und nach seiner Flucht aus dieser Stadt am 11. November 1541 in Tumbes abschließt:

Ich war schon über einen Monat in der Stadt Los Reyes, als ich erfuhr, daß der Tod des gefangenen Antonio Picado, des Sekretärs des [*ermordeten*] Marqués, beschlossen worden war. Daraufhin begab ich mich zu Don Diego de Almagro, zu dessen Generalhauptmann Juan de Herrada und zu weiteren Hauptleuten [...], warf mich ihnen zu Füßen und flehte sie an, ihn doch nicht zu töten. Ich konnte nichts ausrichten. Wenige Tage später wurde er auf dem Hauptplatz hingerichtet [...].

Immer wieder machte ich Don Diego de Almagro, Juan de Herrada und den maßgebenden Personen in dieser Stadt Vorhaltungen. [...] Sie sollten doch nicht versuchen, durch weitere Verbrechen altes Unrecht zu vertuschen [...]. Es sei Zeit, daß sie zu sich kämen und bedenken, daß es einen Gott gebe und einen König, denen sie Rechenschaft schuldig seien [...].

Als die Nachricht hier eintraf, daß die Stadt Cuzco Don Diego de Almagro als Gouverneur nicht annehme [...] und Vorbereitungen zum Widerstand treffe [...], sammelten Don Diego und seine Freunde Kriegsvolk, um Cuzco zu unterwerfen.

[...] Ich habe nichts unversucht gelassen und werde meine Bemühungen auch weiter fortsetzen, sie von ihren üblen Absichten abzubringen [...]. Bis zur Stunde ist mir dieses nicht gelungen und ich fürchte, auch in Zukunft werde ich nicht viel ausrichten können [...].

Ich, meine Priester und alle Ordensbrüder dieser Stadt kämpfen mit unseren Waffen: unablässig flehen wir Gott, unseren Herrn, an, aus Erbarmen dieses Unheil von uns abzuwenden.

Am 11. November 1541 – nach seiner Flucht aus Lima – beendet der Bischof Valverde in Tumbes seinen Brief an die Majestät in Spanien:

Da meine Ermahnungen so wenig fruchteten, gab ich es auf, nur im Geheimen und privat diesen Leuten meine Vorhaltungen zu machen, und beschloß, öffentlich Don Diego und seine Leute aufzufordern, von ihren üblen Absichten abzulassen. [...] Auch wollte ich damit einigen Leuten, die sich von den Betrügern blenden ließen, die Augen öffnen. Das tat ich am Feiertag Allerheiligen nach der Hauptmesse in Gegenwart Don Diegos und vieler seiner Anhänger.

Augenzeuge dieser Predigt ist der Schiffskapitän Juan Bautista Pastene. Er berichtet über Vicente de Valverde:

Am Allerheiligentag des gleichen Jahres [*1541*] predigte der Bischof von Cuzco, Pater Vicente de Valverde, in der Stadt Lima. In der Predigt warnte er davor, gegen die [*Spanier*] in Cuzco in den Kampf zu ziehen, und tadelte scharf eine dahingehende Absicht des Don Diego de Almagro. Es hieß nämlich, die Stadtbürger von Cuzco und weitere Gruppen hätten sich für den König erhoben und wollten Don Diego de Almagro nicht gehorchen. Wegen des in seiner Predigt ausgesprochenen Tadels wurde der Bischof von der Almagropartei mit Schmähungen und Drohungen bedacht. Schließlich mußten der Bischof und sein Schwager, der Doktor Juan Velázquez, eines Nachts heimlich mit einem Schiff fliehen [...].

Vicente de Valverdes Flucht löst bei den Almagristen eine Panikstimmung aus. Sie beschleunigen die Kriegsvorbereitungen gegen Cuzco, um ein Zusammengehen der Gegner mit dem angekündigten königlichen Bevollmächtigten Vaca de Castro zu verhindern. – Plötzlich dürfen die Schiffe wieder auslaufen. Der Schiffskapitän Pastene muß unentgeltlich einige ausgewiesene Personen, nämlich die Schwägerin und vier Mestizenkinder Francisco Pizarros, mitnehmen. Aus der Information des Pastene:

Man brachte auf das Schiff des Zeugen die Frau des ermordeten Francisco Martín [*de Alcántara*] sowie vier Mestizenkinder des Marqués Don Francisco Pizarro, drei Knaben und ein Mädchen.

Als Kapitän des Schiffes erhielt der Zeuge den Befehl, sie nach Nicaragua zu befördern [...]. Bezahlt bekommen hätte er nichts für die Überfahrt, auch nichts für den Unterhalt der besagten Schwägerin [...] und Kinder des Marqués; ohne Gut und Dienstpersonal hätte man sie an Bord geschickt. Eine Negerin, die jene Frau des Francisco Martín zu ihrer persönlichen Bedienung dabei hatte, nahm man ihr noch weg, als sie sich anschickte, aufs Schiff zu gehen. Es ist an die 31 Tage her, daß der Zeuge in jenem Hafen vor Lima die Segel setzte.

Auf dem Wege nach Panama hat Juan Bautista Pastene in Tumbes angelegt in der Hoffnung, den königlichen Untersuchungsrichter dort anzutreffen und ihm Bericht erstatten zu können. Zu dieser Zeit ist Vaca de Castro in Quito. Auf der Insel Puná, die Tumbes gegenüberliegt, ist ein Indianeraufstand ausgebrochen. Die Insulaner weigern sich, den Spaniern Tribute zu entrichten. Pastene berichtet:

Der Stadtkommandant von Tumbes [...] befahl dem Zeugen mit einer Mannschaft zur Insel zu fahren und dort die Lage zu erkunden. Während der Überfahrt begegnete er einem Schiff [...] aus Nicaragua, das fluchtartig die Insel verlassen hatte. Von dessen Mannschaft erfuhr er [*Pastene*], die Indios von der Insel Puná hätten ihnen mit Balsas eine Schlacht geliefert; da seien sie davongefahren.

Beide Schiffe nehmen Kurs auf das Festland. An Bord des anderen Schiffes befinden sich gefangene Indios aus Puná. In Tumbes wird einer der Puná-Indios durch einen Dolmetscher befragt, wie es zu dem Aufstand gekommen sei. (Fortsetzung und Schluß der Información des Pastene:)

Der Inselindianer [...] sagte aus, man habe auf Puná einen Christen namens Cepeda, der die Steuern auf der Insel für den König eintrieb, und fünf Spanier, die mit ihm waren, getötet. – Da sei in den Gewässern vor Puná eine Balsa aufgetaucht, auf der der Bischof von Cuzco und der Doktor Juan Velázquez sowie vier weitere Christen übers Meer fuhren. Die Insulaner hätten sie getötet, ins Meer geworfen und alles an sich genommen, was sie dabei hatten, auch zwei Neger und eine Negerin, und diese ihren Kaziken abgeliefert, damit sie auf Puná geopfert würden.

Die Beamten in Panama fragen den Kapitän Juan Bautista Pastene, wieso er denn wisse, daß unter den ermordeten Personen der Bischof von Cuzco gewesen sei. Pastene:

Der Indio, der dies erzählt hat, unterstrich seine Aussage [...], indem er durch Zeichen Ordenskleid und Tonsur beschrieb. Da habe man ihm geglaubt, glaube es und halte es für gewiß, daß es [*der Bischof Valverde*] gewesen sei. Bekräftigt werde die Tatsache durch den Hinweis auf die Neger und Negerinnen. Außerdem sei bekannt gewesen, daß er mit der Balsa ausgefahren sei auf der Suche nach dem Lizentiaten Vaca de Castro.

[...] Die Frau des Francisco de Alcántara und die Kinder des Marqués habe er [*der Schiffskapitän Pastene*] auf Weisung des Stadtkommandanten in Tumbes zurückgelassen und sei dann nach Panama weitergefahren.

Was [*in diesem Protokoll*] aufgenommen wurde, entspricht der Wahrheit. Die Aussagen erfolgten unter Eid und sind eigenhändig unterschrieben worden. – Juan Bautista de Pastene.

Bei Chupas, nicht weit von Huamanga, werden am 16. September 1542 die Almagristen besiegt. Ihre Rädelsführer werden in Cuzco hingerichtet. Der Lizentiat Vaca de Castro teilt diesen Sieg S. M. von Spanien in einem Schreiben aus der incaischen Kaiserstadt am 24. November 1542 mit. Bei den Verhören und Untersuchungen habe es sich herausgestellt, daß der Staatsstreich groß angelegt gewesen sei:

Wie gut der Plan vorbereitet war [...], geht aus Äußerungen von Teilnehmern der Chileexpedition des Valdivia hervor. [...] Man hätte die Absprache getroffen, zu dem gleichen Zeitpunkt den Marqués [*in Lima*] [...] und den Valdivia [*in Chile*] [...] zu töten. Valdivia entdeckte die Verschwörung rechtzeitig; strengte einen Prozeß an und ließ fünf hinrichten.

Vaca de Castro ist der Ansicht, mit dem Tod der Rädelsführer nach der Schlacht von Chupas sei eine zweifache Gefahr in letzter Minute gebannt worden: die Kollaboration der Aufständischen mit dem Inca Manco und die Kontrolle der Gewässer vor Peru, Panama und Mexiko durch kanonenbestückte Schiffe. Panama und Nombre de Dios wären unvermeidlich fester Stützpunkt der Rebellen geworden:

In der Stadt Cuzco nahmen sie Don Diego de Almagro, Diego de Méndez und weitere zwei Mörder des Marqués [*F. Pizarro*] gefangen [...]. Viele, die bis dahin zu ihnen gehalten hatten, gaben auf.

An dieser Stelle kann ich es nicht unterlassen, E. M. aufmerksam zu machen auf die gefährlichen Pläne des Don Diego [...]. Er und seine Anhänger waren schon im Begriff, mit dem Inca [*Manco*] zusammen zu gehen, der in den Wäldern und Bergen umherschweift. Von dort aus beabsichtigte er, mit dessen Hilfe weiter Krieg zu führen und uns möglichst viel Schaden zuzufügen. Um seinen wahnwitzigen Plänen stärkere Überzeugungskraft zu verleihen, stützte er sich auf eine Prophezeiung. Auf deren Wiedergabe kann ich hier verzichten, weil aus ihrem Vorhaben nichts geworden ist.

[...] Diego de Almagro, der Junge, und seine Leute waren übereingekommen, im Falle eines Sieges, den sie für gewiß hielten, mich und alle Einwohner, die nicht auf seiner Seite standen, zu töten. Unsere Indios und Frauen wollten sie unter sich verteilen und das gewöhnliche Volk, das ich bei mir hatte, ihrer Kampftruppe einverleiben. Sie hatten vor, 4 oder 5 Schiffe mit schweren Kanonen aus Bronze zu bestücken.

[*Pedro de*] Candía stellte diese Kanonen mit leichter Mühe her, da viele Indios die Kunst des Bronzegusses beherrschen und Metall und Kohle reichlich vorhanden sind. [...]

[*Außer*] Candía hatte Almagro weitere 15 bis 20 griechische Kanoniere in seinen Reihen; – ich weiß nicht, wer sie ins Land gebracht hat. [...]

Die Rebellen hatten vor, Panama und [*den gegenüberliegenden Hafen*] Nombre de Dios zu besetzen und dort eine Garnison zu unterhalten; Nicaragua und Guatemala sollten folgen. Alle im Südmeer aufkreuzenden Segler wollten sie versenken und die mexikanische Küste unter Kontrolle halten [...]. So hofften sie, sich der königlichen Justiz und der Bestrafung zu entziehen. Das hatten sie sich zum Ziel gesetzt.

Sie wollten alle Provinzen aufwiegeln, wenn möglich auf immer der Krone abspenstig machen.

Die Amazonasexpedition

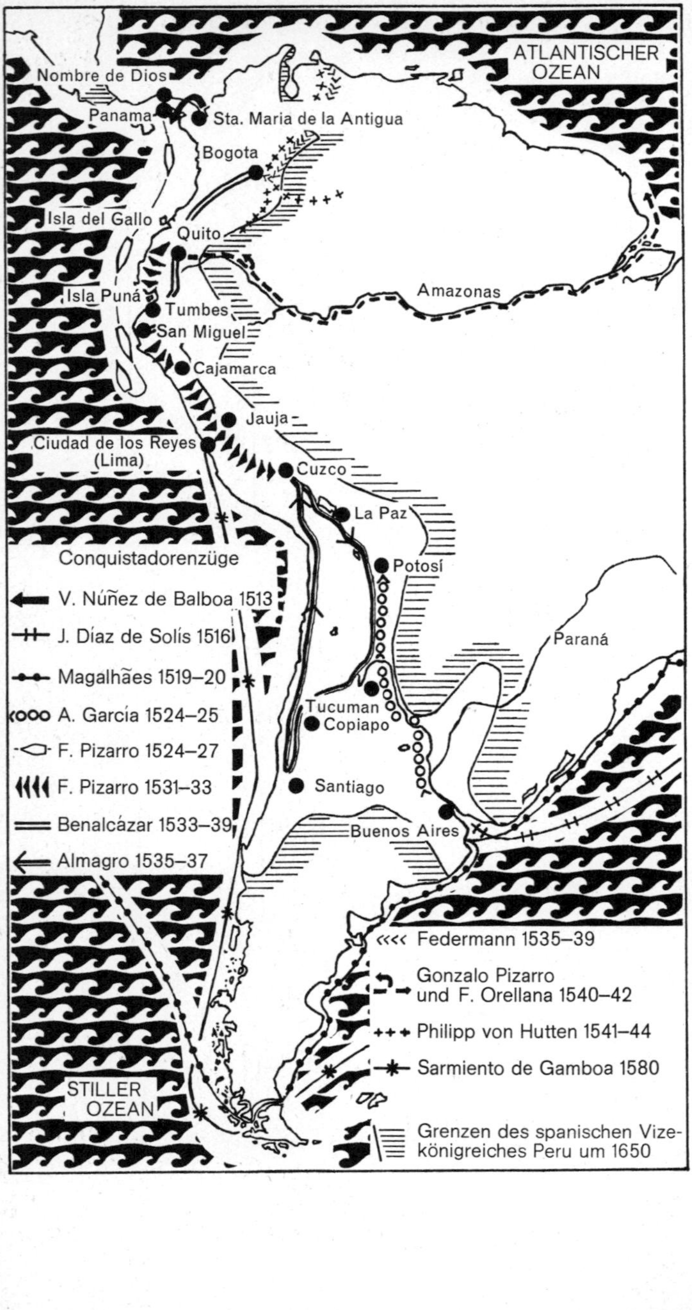

ATLANTISCHER OZEAN
Nombre de Dios
Panama
Sta. Maria de la Antigua
Bogota
Isla del Gallo
Quito
Isla Puná
Tumbes
San Miguel
Cajamarca
Jauja
Ciudad de los Reyes (Lima)
Cuzco
La Paz
Potosí
Amazonas
Paraná
Tucuman
Copiapo
Santiago
Buenos Aires
STILLER OZEAN
Conquistadorenzüge
V. Núñez de Balboa 1513
J. Díaz de Solís 1516
Magalhães 1519–20
A. García 1524–25
F. Pizarro 1524–27
F. Pizarro 1531–33
Benalcázar 1533–39
Almagro 1535–37
Federmann 1535–39
Gonzalo Pizarro und F. Orellana 1540–42
Philipp von Hutten 1541–44
Sarmiento de Gamboa 1580
Grenzen des spanischen Vizekönigreiches Peru um 1650

Die Suche nach dem Zimtland und dem »El Dorado«

Mit der Expedition des alten Diego de Almagro nach Chile und Westargentinien in den Jahren 1535–1537 hat die peruanische Konquista kontinentale Ausmaße angenommen. In den vierziger Jahren führt diese Entwicklung zu einer wahren Eskalation. 1540–43 gelangt Pedro de Valdivia bis Südchile. Von beiden Expeditionen sickert durch die Nachrichtensysteme der Indianer Kunde zu spanischen Gruppen im La Plata-Gebiet und in Paraguay, die dort seit 1524 verschiedene Vorstöße unternommen haben und nacheinander entweder in den unendlichen Weiten zugrunde gehen oder unverrichteter Dinge wieder nach Europa zurückkehren. – Pizarros Unterführer Benalcázar dringt von Quito aus auf der Suche nach dem »Dorado« nach Kolumbien vor. (Die zahlreichen stark übereinstimmenden Mitteilungen der ecuadorianischen und kolumbianischen Indianer jener Zeit über den »Dorado« beziehen sich nicht auf ein paradiesisches Land, wie der heutige Gebrauch des Wortes »Eldorado« suggerieren möchte, sondern auf einen sagenhaft reichen Priesterkönig, der sich zu bestimmten Jahresfesten oder bei der Krönung mit Gold einpudert und dieses durch Baden in einem kleinen Bergsee wieder abwäscht.) – Benalcázar gelangt auf diese Weise von Südwesten her 1538 auf die Hochfläche von Bogotá; aber dort sind ihm schon J. de Quesada von der Magdalenamündung her und der Welsenhauptmann Nikolaus Federmann aus Venezuela zuvorgekommen. So wendet Benalcázar sich wieder der kolumbianischen Pazifikküste um Buenaventura zu. Dort kommt er dem gealterten Konquistador Pascual de Andagoya, der schon vor Pizarro hier Küstenfahrten unternommen hat, sowie dem Expeditionskorps des Jorge Robledo, dem auch der Chronist Cieza de Leon angehört, und dem königlichen Kommissar Vaca de Castro ins Gehege. – Ein Eroberungszug einer spanischen Gruppe von Quito aus nach Osten scheitert an starkem indianischen Widerstand auf den Andenpässen. – Gonzalo Pizarro, der von seinem Bruder Francisco nach dem Weggang Benalcázars mit umfangreichen Vollmachten als Sub-Gouverneur von ganz Ecuador eingesetzt ist, will bei der Suche nach dem Dorado, nach volkreichen Ländern und wirtschaftlich lohnen-

den Entdeckungen nicht zurückstehen und verwendet sämtliche wirtschaftlichen und militärischen Mittel, die ihm und dem Land Ecuador zu Gebote stehen, auf eine eigene Expedition mit 220 Spaniern und 150 Pferden nach der »Tierra de la Canela« und der »Laguna del Dorado« – dem »Land der Zimtwälder« und dem »See des Vergoldeten« jenseits der Anden. Sein Troß umfaßt etwa 4000 indianische Träger, Trägerinnen und Hilfstruppen, über 1000 auf Menschenjagd dressierte Hunde und 5000 Schweine als lebendigen Fleischvorrat. Die Expedition ist berühmt geworden durch den Bau von Schiffen auf dem Amazonas und durch die Fahrt seines Unterführers Orellana, der Gonzalo schon am Oberlauf davonfährt, sich den ganzen Strom bis zur Mündung treiben läßt, auf diese Weise zum ersten Mal den Subkontinent in seiner größten Breite durchquert und wohlbehalten nach Westindien gelangt. – Gonzalo kehrt unter namenlosen Strapazen durch den überschwemmten Regenwald und über die vereisten Andenpässe nach Ecuador zurück und muß dort erfahren, daß inzwischen sein Bruder Francisco in Lima ermordet und sein eigener Posten in Quito anderweitig besetzt ist. In dieser Lage schreibt er am 3. September 1542 aus Tumibamba (Südecuador) an Karl V. über seine Expedition und deren Vorgeschichte:

Große alteingesessene Häuptlinge ebenso wie Spanier hatten mir in Quito und Umgebung bestätigt, daß die Zimtprovinz und die Laguna del Dorado ein dicht besiedeltes und reiches Land sei. Da faßte ich den Entschluß, diese Provinzen im Namen S. M. zu entdecken und zu erobern und so die Königreiche und den Kronbesitz E. M. zu mehren.

Wiederholte Versicherungen über das Vorhandensein großartiger Schätze, die auch E. M. zugute gekommen wären bei der Bestreitung der großen Ausgaben, die bei der Verwaltung ihrer Königreiche täglich anfallen, bestärkten mich in meinem Eifer zu dieser Unternehmung. So wendete ich über 50000 castellanos für Ausrüstung und Unterhalt der Leute auf, die zu Fuß und Pferd an meiner Expedition teilnahmen, und die Kosten trage ich nun – zumindest den größten Teil davon – als Schuldenlast.

Die Expedition begann ich mit 200 Mann Fußvolk und Reitern und der für ein solches Unternehmen nötigen Ausrüstung sowie Waffen und Munition [...].

Sieben Meilen von der Stadt [*Quito*] entfernt wurde das Gelände bereits schwer passierbar, und hohe Bergketten türmten sich vor uns auf. Für die Menschen und Tiere mußten wir uns den Weg freischlagen und gelangten so schließlich zu der Provinz Sumaco [*am heutigen Rio Maspa, der über den Rio Coca in den Rio Napo entwässert, einen der Hauptquellflüsse des Amazonas*].

Da Reiten unmöglich war, schlug ich hier unser Quartier auf, damit die Spanier und die Pferde sich erholen konnten; denn alle waren erschöpft von den Strapazen bei der Überwindung der großen Kordilleren und dem Schlagen der zahlreichen Brücken über die Flußläufe. In diesem Landstrich fand ich reichlich Nahrung, obwohl die Häuser der Indios weit auseinander lagen.

Das Vorland der Kordillere ist wegen des vielen Wassers und zahlreicher Sümpfe und zwischenliegender Bergketten unbewohnbar [...] – Die Wasser begannen zu steigen. Ich versuchte von einigen Indios, die ich hatte ergreifen lassen, in Erfahrung zu bringen, wo das Zimtland liege [...] und machte mich selbst mit 80 Soldaten auf den Marsch. Pferde konnten wir wegen des unwegsamen Geländes unmöglich mitnehmen. Ich verbrachte mit der Suche nach den Zimtbäumen weit über 70 Tage, und wir erlitten dabei furchtbare Strapazen und großen Hunger. Ein erschwerender Umstand war der dauernde Wechsel der [*indianischen*] Wegführer. An den Mühsalen starben einige Spanier [...].

Schließlich fanden wir die Zimtbäume [...]. Einige Bäume waren klein, andere größer; sie standen weit auseinander, auf steilen, unbewohnten und unbewohnbaren Bergen. Von diesem Land und dieser Frucht kann E. M. keinen Gewinn erzielen.

Cieza de Leon, der in seinen Chroniken über die peruanischen Bürgerkriege auch die Entdeckungen der damaligen Jahre aus zeitlicher Nähe (etwa 1 Jahrzehnt) beschreibt und viele geographische Daten und persönliche Details bringt, die in den eigentlichen Augenzeugenberichten fehlen, führt die hochgespannten und angesichts der tatsächlichen Verhältnisse enttäuschten Erwartungen Gonzalo Pizarros auf übertriebene, teilweise durch Folter erpreßte Aussagen von Eingeborenen zurück. So schon in Quito selbst:

Die Eingeborenen von Quito versicherten ihnen – getragen von dem Wunsch, sie ferne von den Grenzen ihrer Provinz zu sehen –, man würde dort große Reichtümer antreffen, und stellten das Land viel zu großartig dar. Die Spanier hatten alles schon vor Augen und glaubten es.

Oder bei der Suche nach den Zimtwäldern:

Gonzalo geriet in Wut, als er von den Eingeborenen keine Auskunft bekam, die seinen Wünschen entsprach [...]; er ließ die Indianer auf ein Gestell aus starkem Rohr und Holzprügeln fesseln [...], und sie mit Feuerbränden foltern, etliche gar verbrennen [...]. Dieser Schlächter Gonzalo begnügte sich aber nicht mit dem Verbrennen dieser unschuldigen Indianer, sondern warf andere auch noch den Hunden vor, die sie mit ihren Zähnen zerrissen, [...] auch einige Frauen [...].

[*Am Rio de Coca*] sagten der Kazike Delicola, welcher den Spaniern als erster friedlich begegnet war, und die anderen gefangenen Kaziken aus Angst davor, von den Spaniern umgebracht zu werden, weiter unten käme reiches und besiedeltes Land. Und eines Tages, als man nicht so genau auf sie aufpaßte, sprangen sie samt ihren Ketten ins Wasser und schwammen ans andere Ufer, ohne daß die Christen sie erwischen konnten.

Die Aussagen der verschiedenen Augenzeugen und Chronisten widersprechen sich naturgemäß, weil die Verhältnisse in dem Riesenkontinent stark wechseln. Der weiter unten in Teilstücken zitierte Bericht des Paters Carvajal schreibt deutlich von starker Besiedlung und einem gewissen Reichtum der Bevölkerung am Mittel- und Unterlauf des großen Stromes. – Für Gonzalo Pizarro selbst, der später in Peru zu größter Macht und Reichtum gelangt ist, bleibt die Tierra de la Canela ein Höllenland:

In Omagua empfingen uns die Kaziken kampfbereit in ihren Kanus. Ich versuchte sie friedlich zu stimmen, verhandelte im Wasser mit ihnen und erreichte auch mein Ziel. Doch plötzlich wurden sie rebellisch, versuchten zu entkommen und bedienten sich der üblichen Schliche und Listen. Da ich aber auf der Hut war, gelang ihnen dies nicht so ganz: der Kazike und einige Vornehme blieben in meiner Hand. Ich versuchte, den Indios einige Kanus abzujagen und brachte es auf fünfzehn.

Die Indios dieser Provinz treffen sich und verhandeln miteinander auf dem Wasser in ihren Kanus. Landeinwärts kann man sich nicht fortbewegen; denn alles ist Sumpf und Wasser; die Häuser und Dörfer stehen auf den Landzungen.

In den erbeuteten Kanus überquerten wir den Fluß auf der Suche nach Nahrungsmitteln. Eigentlich war es eine Vermessenheit, uns auf das Wasser hinauszuwagen, denn auf dem Fluß bewegten sich oft 100 bis 150 Kanus voller Kriegsleute. Sie lenkten ihre Kanus mit solcher Geschicklichkeit, daß niemand es vermag, ihnen einen Schaden zuzufügen oder gar ihrer Herr zu werden [...].

Um das mühsame Wegebahnen zu ersparen, um die Leute sicherer transportieren und die Indios, die unser Lager vom Wasser her bedrängten, besser in Schach halten zu können, kam ich zu dem Entschluß, eine Brigantine zu bauen. Wir mußten ja, um Lebensmittel zu beschaffen, dauernd von einem Ufer des Flusses zum anderen hin- und herfahren und brauchten einen Geleitschutz für unsere fünfzehn Kanus.

Ohne Brigantine und Kanus konnte man die Versorgung der Truppe nicht aufrechterhalten. Wir mußten Lebensmittel, Waffen, Munition, Musketen, Armbrüste und andere notwendige Dinge aufs Schiff verladen, auch die Kranken, Hufeisen für die Pferde, Stangen und Piken. Denn der größte Teil unserer Dienstindianer war in dem heißen Land bereits gestorben.

Bei all diesen Anstalten verfolgte ich noch eine Absicht: falls wir kein gutes Land zum Siedeln fänden, wollten wir weiterfahren bis zur Mündung in das Meer des Nordens.

Man sieht an diesem Zitat: es bestehen zwar gewisse Kenntnisse darüber, daß die vom Ostabhang der Anden ablaufenden Flüsse entweder in die karibische See oder in den Atlantik münden; Gonzalo Pizarro ist es jedoch auch nachträglich noch unbekannt, welch riesenhaftes Stromsystem und welch ungeheure Strecke – 30 Längengrade, etwa 3 600 Flußkilometer – er bzw. sein Unterführer Francisco de Orellana vor sich gehabt hat. – Gonzalo selbst benützt das Schiff, zu dessen Bau alle Expeditionsteilnehmer ihr Teil beigetragen haben – die Ritzen werden mit zerrissenen Hemden und Indianerponchos gestopft, statt des Pechs verwendet man frisch von den Bäumen gezapften Gummi –, nur kurze Zeit; dann kommt schon die Flußfahrt ins Stocken: vor ihnen soll nach Aussage der indianischen Führer eine lange öde Strecke liegen, wo es keine Menschen und keine Nahrung gibt. Erst nach der Einmündung eines weiteren großen Stromes käme wieder besseres Land. – In dieser Situation tritt nun Orellana an Gonzalo Pizarro heran mit der Bitte, ihm die Kanus und das Schiff samt seiner ganzen Ausrüstung zur Verfügung zu stellen; er würde mit 70 Mann vorausfahren und Nahrung für das Gros beibringen. – Gonzalo geht darauf ein, setzt ihm jedoch eine klare Grenze:

Ich sagte ihm, er solle unter keinen Umständen über den Punkt hinausfahren, wo sich die beiden Flüsse vereinigten [...]. Ich wies ihn außerdem darauf hin, daß nach Angabe der [*indianischen*] Führer am Anfang der wüsten Strecke zwei große Flüsse einmündeten, über die man keine Brücken schlagen könne; dort solle er vier bis fünf Kanus lassen, damit die Truppe hinüber könne. Er versprach alles und fuhr ab. Aber er dachte weder an seine Pflicht und Schuldigkeit gegenüber E. M. noch an den Auftrag, den er von mir, seinem Hauptmann, empfangen hatte, noch an das Wohl der gesamten Expedition und fuhr, anstatt Lebensmittel zu bringen, einfach den Fluß hinab und ließ uns ohne Ausrüstung und Versorgung sitzen.

Das einzige, was wir noch von ihm sahen, waren die Zeichen und abgehauenen Äste, wo er an Land gegangen war, bei den Flußeinmündungen und anderwärts, und bis heute habe ich noch keine Nachricht von ihm.

Sein Verhalten den Expeditionskameraden gegenüber war von einer Grausamkeit, die selbst Ungläubigen fremd ist; denn er war genau darüber im Bilde, wie katastrophal es um unsere Proviantversorgung bestellt war, so fern von allen bewohnten Gegenden inmitten eines Labyrinths von großen Strömen. Dazu führte er noch sämtliche Musketen, Armbrüste, Munition und das Beschlageisen der ganzen Expedition mit [*nach anderen Chroniken auch Perlenschmuck, indianische Gewebe und sonstige unentbehrliche Tauschwaren*].

Als das Gros der Expedition an die verabredeten Treffpunkte kam und keinen Nachschub vorfand, weil er [*Orellana*] davongefahren war, und keine andere Möglichkeit der Nahrungsbeschaffung in Aussicht stand, bemächtigte sich aller die tiefste Mutlosigkeit. Seit Tagen hatte keiner etwas anderes zu essen bekommen als Blattknospen von Lianen, irgendwelche von den Bäumen gefallene Kerne, die man vom Boden auflas, und allerhand giftiges Tierzeug. In diesen Wüsteneien waren schon über 1 000 Hunde und mehr als 100 Pferde aufgegessen worden [...]. Viele wurden krank, einige wurden sehr schwach, andere konnten nicht mehr weiter und starben vor Hunger [...].

Wie durch ein Wunder gelang es mir persönlich, von einigen Indios fünf Kanus zu erbeuten [...]. In diesen Kanus fuhr ich mit sieben oder acht Kameraden flußabwärts, entschlossen, nicht eher halt zu machen, bis ich etwas zu essen gefunden hätte für die im Lager Wartenden. Mit Gottes Hilfe erreichte ich noch am gleichen Tag den Zusammenfluß der beiden Ströme, wo Orellana hätte warten müssen, ruderte den anderen Fluß etwas hinauf [...], fand reichlich Proviant und kehrte so erfolgreich zum Lager zurück.

Eine Fortsetzung der Expedition ist trotzdem nicht zu erzwingen. Zu schwer wiegt der Verlust aller Hilfsmittel, und man entschließt sich zu dem furchtbaren Rückmarsch über die Anden nach Quito. Allein für die Überquerung des Flusses mit den wenigen Kanus brauchen sie acht Tage und verlieren dabei viele Pferde. – Gonzalo Pizarro:

Schließlich aßen wir noch die letzten Pferde auf; es waren über achtzig [...]. Nicht selten mußten wir auf einer Strecke von zwei Meilen [*ca. 11 km*] zwölf, dreizehn, fünfzehn oder mehr Brücken bauen; den ganzen Weg mußten wir zu Fuß zurücklegen und ständig Schneisen schlagen. Alle Indianerstämme dieser Provinzen verkehren und handeln überhaupt nur auf dem Wasser in ihren Kanus [...] – Wir dagegen mußten an manchen Tagen bis zu den Knien, manchenorts sogar bis zur Hüfte und darüber im Wasser waten.

Unter größten Leiden und Einbuße sämtlicher Habe erstiegen wir wieder das Hochland von Quito. Wir hatten nur noch unsere Degen, stützten uns auf Stecken und mußten immerzu den Weg freischlagen. Bis zu dem Punkt, wo ich umkehrte, waren es über 270 Meilen; der Rückweg war noch viel länger, und auf ihm starb wieder eine Reihe von Spaniern an Hunger [...].

In Quito angekommen, stellte ich fest [...], daß während meiner Abwesenheit [...] der Lizentiat Vaca de Castro hier vorbeigekommen war und mir das Gouvernement über die Stadt Quito samt dem Bereich von Culata und Puerto Viejo genommen und sich selbst als Gouverneur E. M. hatte huldigen lassen [...].

Gleichzeitig erfuhr ich, daß [*der junge*] Don Diego de Almagro mit einigen Gefährten meinen Bruder, den Marqués, und viele andere Männer ermordet und das Land aufgewiegelt hatten [...]. Hier in der Region von Quito geht es drunter und drüber; denn der Aufruhr hat bis hierher übergegriffen [...].

Tumibamba, Region von Quito, den 3. September 1542. – Euer Vasall, der E. M. heilige Füße und Hände küßt. – Gonzalo Pizarro.

Die Fahrt des Hauptmanns Orellana zur Amazonasmündung

Der Hauptmann Orellana, dessen Treuebruch fast den Untergang von Gonzalo Pizarros Restexpedition verursacht hätte, hat mit seinen 60 oder 70 Gefährten den besseren Teil erwählt, indem er sich den Rio Napo und den ganzen Mittel- und Unterlauf des Amazonas hinabtreiben läßt. Auch entdeckungsgeschichtlich und kolonisatorisch bringt er eine reichere Ernte ein; denn der Riesenstrom ist damals erst an seinem Unterlauf notdürftig erforscht. – Acht Monate dauert die Stromdrift zur Amazonasmündung, einen weiteren Monat brauchen sie mit ihren zwei im Urwald gezimmerten und mit Segeln aus peruanischen Geweben bestückten kleinen Zweimastern für die Ozeanfahrt entlang der Küste Guayanas und hinter der Insel Trinidad herum, bis sie schließlich am 9. und 11. September 1542 die Insel Cubagua – heute Isla de Margarita – vor Venezuela erreichen. Über die ganze Reise hat der Dominikanerpater Gaspar de Carvajal einen ausführlichen Bericht, teilweise in Tagebuchform, hinterlassen, der schon zu seiner Zeit großes Aufsehen erregt und starke Kontroversen ausgelöst hat, nicht zuletzt durch einige Passagen über indianische Amazonen – nach denen das ganze Stromsystem schließlich seinen Namen erhalten hat. – Auszüge aus der Schrift Gaspar de Carvajals, die mit dem Tagebucheintrag vom 27. Dezember 1541 über den Beginn der selbständigen Fahrt des Orellana beginnt:

Der Hauptmann Orellana ging mit 57 Mann an Bord des erwähnten Schiffes und der Kanus und begann sich flußabwärts treiben zu lassen. Er hatte den Vorsatz, umzukehren, sobald man Nahrung gefunden hätte; aber es kam ganz anders, als wir alle gedacht hatten; denn 200 Meilen lang fand sich überhaupt nichts [...]. Die Strömung war sehr stark und schnell; denn der Fluß schwoll immer mehr an infolge zahlreicher Zuflüsse, die rechts, d. h. von Süden her in ihn einmündeten.

1. Januar 1542:

Wir hatten nichts anderes mehr zu essen als Lederriemen und Schuhsohlen, mit einigen Kräutern abgekocht, und wir wurden so schwach, daß wir uns nicht mehr auf den Füßen halten konnten und die einen auf allen Vieren kriechend, die anderen auf Stöcke gestützt in den Bergen irgendwelche Wurzeln zum Essen suchten; manche aßen Kräuter, die man nicht kannte, und starben fast daran; sie gebärdeten sich wie toll und waren nicht mehr bei sich. Aber Gott wollte es, daß wir unsere Reise fortsetzten, und niemand starb [...].

In der Nacht eines Montags – am 8. Januar – [...], hörten wir ganz klar Trommeln, die sehr weit von uns weg sein mußten. Der Hauptmann hörte sie als erster und teilte dies den Kameraden mit; wir horchten alle, und als wir uns ebenfalls vergewissert hatten, war die allgemeine Freude riesengroß und alle ausgestandene Plage vergessen; denn nun befanden wir uns in bewohntem Land und mußten nicht mehr Hungers sterben [...].

Auf dem Wasser treibend sahen wir plötzlich weiter stromaufwärts vier Kanus, vollbesetzt mit indianischen Spähern, welche hier die Gegend erkundeten. Als sie uns sahen, machten sie augenblicklich kehrt, um Meldung zu machen. In weniger als einer Viertelstunde hörten wir aus den Dörfern zahlreiche Trommeln das Land alarmieren; man hörte sie über weite Entfernungen, und sie waren fein abgestimmt in dumpfer, mittlerer und hoher Lage.

Da spornte der Hauptmann die Kameraden, die die Ruder hielten, zu höchster Eile an, damit wir das nächste Dorf als erste erreichten, bevor die Stämme sich sammelten [...]. Wir langten bei dem Dorfe an, aber die Indios warteten schon auf uns, um ihre Häuser zu schützen und zu verteidigen. Der Hauptmann befahl uns, alle gleichzeitig ans Land zu springen, aber in strenger Ordnung; alle sollten jeden einzelnen im Auge behalten und jeder den anderen, keiner dürfe aus der Reihe tanzen [...], und jeder dürfe nur das tun, was ihm angeschafft sei. Beim Anblick des Dorfes wuchs uns allen so der Mut, daß wir unsere Erschöpfung vergaßen; die Indios ließen das Dorf mit allen Lebensmittelvorräten im Stich, und diese bedeuteten keine geringe Hilfe in unserer Lage! Aber die Kameraden durften nicht gleich essen, obwohl sie es wirklich nötig hatten; auf Befehl des Hauptmanns mußten sie zuerst alle das Dorf durchstreifen und untersuchen; denn es bestand ja die Gefahr, daß die Indios, während wir Essen zusammentrugen und ausruhten, wieder zurückkämen und uns schweren Schaden zufügten. Also stellten wir uns darauf ein: die Kameraden gingen wohl daran, sich für die ausgestandene Pein zu entschädigen und taten nichts als das, was die Indios für sich gekocht hatten, mit angstvoller Gier in sich hineinzuschlingen, und deren Gebräu zu trinken; sie konnten sich gar nicht vorstellen, jemals satt zu werden. Trotzdem verloren sie dabei nicht alle Wachsamkeit [...] und vergaßen nicht darauf zu achten, was zu ihrer Verteidigung erforderlich war: sie bewegten sich mit größter Vorsicht, die Schilde über dem Rücken und die Degen unter die Achsel geklemmt, und schauten umher, ob die Indios wieder über sie kämen. Trotz allem war es noch eine Erholung für uns nach den Mühen, die wir überstanden hatten, bis schließlich zwei Stunden nach Mittag die Indios wieder auf dem Wasser erschienen, um zu schauen, wie die Dinge jetzt lägen, und sie fuhren wie närrisch auf dem Fluß hin und her.

Da stellte sich der Hauptmann vorne an das Steilufer hin und begann in ihrer Sprache, die er ein wenig radebrechen konnte, auf sie einzureden: sie sollten keine Furcht haben und doch herkommen; er wolle mit ihnen sprechen.

Tatsächlich fuhren zwei Indios zum Hauptmann heran, und er verstand es, ihnen zu schmeicheln und die Furcht zu nehmen, schenkte ihnen etwas von dem, was er dabei hatte, und bat, sie möchten zu ihrem Häuptling fahren und ihn veranlassen zu kommen. Er könne ohne Sorgen sein; niemand werde ihm etwas Böses tun.

Die Indios nahmen die Geschenke an, fuhren weg, ihrem Häuptling Bescheid zu geben; jener kam wenig später mit großem Gepränge [...] und wurde von Orellana und allen anderen mit großer Zuvorkommenheit empfangen. Sie umarmten ihn, und der Kazike selbst schien große Befriedigung zu zeigen über die gute Aufnahme, die er hier fand.

Dann befahl der Hauptmann, ihm Gewänder und andere Sachen zu überreichen, über die jener sich sehr freute. Sein Wohlgefallen wuchs sichtlich und schließlich bedeutete er sogar dem Hauptmann, er möge doch äußern, was er am nötigsten brauche, er würde es ihm schenken. Der Hauptmann sagte, am dringendsten hätte er nötig, daß man ihm zu Essen verschaffe.

Daraufhin befahl der Kazike seinen Indios, Lebensmittel herbeizuschaffen, und in kürzester Frist türmte sich auf, was man nur begehren konnte: Fleisch, Rebhühner und Fische aller Arten. Dafür dankte der Hauptmann dem Kaziken überschwenglich und sagte ihm, er möge mit Gott gehen und alle weiteren Häuptlinge der Umgebung herholen – es waren dreizehn; denn er wolle alle mitsammen sprechen und ihnen die Gründe seines Kommens darlegen [...].

Der andere verabschiedete sich in aller Freundschaft, aber der Hauptmann ergriff trotzdem starke Vorsichtsmaßregeln, damit die

Indios uns nicht unvorbereitet und nachlässig vorfänden und Mut bekämen, einen Nacht- oder Tagesangriff zu führen.

An den folgenden Tagen empfängt Orellana nach und nach die 13 Häuptlinge aus der näheren und weiteren Umgebung wie ein großer Herr und proklamiert in Form des altbekannten »Requerimientos« die Oberhoheit des spanischen Königs über das Land. Der Geistliche Gaspar de Carvajal kann sich gar nicht genug tun, die Freundlichkeit der eingeborenen Indianer zu loben:

Zu jener Zeit ließen die Indianer nicht ab, den Hauptmann zu besuchen; sie brachten Nahrung in Hülle und Fülle und so regelmäßig, als ob sie ihm ihr ganzes Leben lang gedient hätten; sie erschienen mit ihren Juwelen und Goldketten, aber der Hauptmann litt es nicht, daß man ihnen etwas wegnehme; man durfte nicht einmal hinsehen, damit einem die Indios ja keine Begehrlichkeit anmerkten. Je unbefangener wir uns in diesem Punkte gaben, mit desto mehr Gold behängten sie sich.

Bange Augenblicke erleben die ungewohnten Wasserfahrer durch unberechenbare Strömungen und Strudel:

Bei der Einmündung eines Nebenflusses in unseren Strom wären wir beinahe verloren gewesen: das eine Wasser kämpfte mit dem anderen; der Strom war plötzlich über seine ganze Breite voller Treibholz, so daß wir kaum wußten, wie wir steuern sollten; allenthalben traten Wirbel und Strudel auf, und es trieb uns von einer Seite zur anderen. Aber wir schafften es schließlich mit Mühe und Not, dieser Gefahr zu entrinnen.

Dann zeigt die Reise wieder positive Aspekte, und Orellana schickt sich an, solange die Kontakte mit den Indianern sich freundlich gestalten lassen, eine zweite etwas größere Brigantine zu bauen, damit alle Expeditionsteilnehmer auch auf dem Ozean in den Schiffen Platz finden und sich gegen etwaige noch kommende Überfälle auf dem Strom besser schützen können. Gaspar de Carvajal:

[*Orellana*] rief alle seine Gefährten zusammen und eröffnete ihnen [...] jetzt wäre der Zeitpunkt günstig, eine Brigantine zu bauen. Man ging gleich ans Werk; unter uns befand sich ein Bildschnitzer namens Diego Mexia, welcher, obwohl es nicht sein Beruf war, anzugeben wußte, wie der Bau zu bewerkstelligen war. Dann teilte der Hauptmann jedem seine Arbeit zu: einer hatte z. B. eine Spante mit zwei Absteifungen zu liefern, andere mußten den Kiel herstellen, wieder andere den Steven; die übrigen mußten Planken zuschneiden, so daß alle vollauf zu tun hatten und jeder sich einsetzen mußte; es war nämlich Winter [*Regenzeit*] und das Holz wuchs in ziemlicher Entfernung. Jeder nahm seine Axt, ging in den Wald, schlug seinen Anteil Holz und trug es auf dem Rücken her. Während die einen schleppten, deckten andere sie vor etwaigen indianischen Überfällen, und auf diese Weise war in sieben Tagen das ganze Holz für die geplante Brigantine geschlagen. Als man mit dieser Arbeit fertig war, gab er ihnen die nächste auf: sie mußten Kohlen brennen, um Nägel und anderes Eisenzeug zu schmieden.

Es war wirklich erstaunlich, mit welchem Eifer und welcher Freude unsere Kameraden arbeiteten und Kohlen schleppten, und so war bald alles Notwendige beisammen.

Es gab keinen Mann unter uns, der mit derartigen Tätigkeiten vertraut gewesen wäre; aber ungeachtet aller Schwierigkeiten gab Gott unser Herr allen den nötigen Verstand, um ihrer Aufgabe gerecht zu werden; denn es ging ja ums Leben, und wir brauchten das Schiff wie auch die Kanus, um hier herauszukommen [...].

Der Schiffsbau wurde so rasch vorangetrieben, daß die Brigantine in 35 Tagen gezimmert und zu Wasser gebracht war, kalfatert mit Baumwolle und Pech – diese Rohstoffe hatten die Indianer auf Bitte des Hauptmanns beschafft.

Die Freude unserer Kameraden war übergroß, als das Werk fertig war, welches alle so ersehnten.

Es gab an diesem Ort so schrecklich viel Moskitos, daß wir uns Tag und Nacht ihrer nicht erwehren konnten [...], aber das Quartier war so gut, und der Wunsch, unsere Fahrt zu Ende zu bringen, beflügelte uns so, daß die Arbeit uns nichts ausmachte.

Um die Mitte jenes Monats, in dem wir mit dem Schiffsbau beschäftigt waren, kamen eines Tages vier Indios den Hauptmann zu besuchen. Sie waren von stolzem Wuchs, jeder eine Handbreit größer als der längste unter uns Christen. Sie hatten sehr helle Haut und wunderschönes Haar, das ihnen bis zum Gürtel fiel, und trugen edle Gewänder und reichen Goldschmuck [...]. Sie näherten sich mit größter Ehrerbietung, und wir alle waren baß erstaunt über ihre glänzende Erscheinung und ihr vortreffliches Benehmen.

Sie zogen viele gute eßbare Dinge hervor und legten sie vor den Hauptmann hin und stellten sich vor als Vasallen eines ganz großen

Herren, der sie hierher gesandt habe, um zu sehen, wer wir seien, was wir wollten und wo wir hinzögen.

Der Hauptmann empfing sie sehr zuvorkommend und ließ ihnen, bevor er sie noch ansprach, Juwelen reichen, die ihre Anerkennung fanden und Freude auslösten [...]. Zum Abschied gab Orellana ihnen zahlreiche Dinge für ihren großen Häuptling mit auf den Weg [...] und bat sie, ihrem Herrn auszurichten, er würde sich über seinen Besuch sehr freuen. Sie versprachen dies auszurichten und gingen. Wir haben aber niemals erfahren, von wem und aus welchem Lande sie gekommen waren [...].

Wir verbrachten am gleichen Ort die ganze Fastenzeit; alle Kameraden beichteten bei den beiden Mönchen, und ich predigte alle Sonn- und Feiertage [...] der Passions- und Osterzeit.

Die alte Brigantine des Gonzalo Pizarro, das unter so großen Opfern gebaute Vorbild für Orellanas größeres Segelschiff, muß überholt werden. Carvajal:

Auch das kleine Schiff wurde wieder hergerichtet, denn es begann schon zu faulen, und als alles fertig war, hieß Orellana die Leute sich bereithalten und den Proviant einzuladen; denn mit der Hilfe Gottes unseres Herrn wollte er den nächsten Montag die Fahrt wieder aufnehmen.

Nun folgen die Ereignisse Schlag auf Schlag. Die Gerüchte über starke Besiedlung, hohen Kulturstand und Reichtum in den Flußniederungen östlich der Anden, die ja Gonzalo Pizarro zu seiner mißglückten Reise animiert haben, und die selbst der Chronist Cieza noch als Zweckpropaganda der Indios abgetan hat, scheinen sich, wenn man der Darstellung des Paters de Carvajal folgt, zu bewahrheiten. Er sieht vom Schiff aus nah und fern Häuser und Dörfer schimmern in immer dichterer Folge, bis sich schließlich das ganze südliche Stromufer als geschlossener Siedlungsraum darstellt. Es ist keine Rede mehr von naiv gläubigen Indios, die Orellana und seine verwitterten Gefährten anstaunen und bedienen, sondern die Bevölkerung formiert sich zum Widerstand, und als dessen treibende Kraft treten weibliche Hauptleute auf: Gaspar de Carvajal sieht in ihnen Vertreterinnen der Amazonen, über deren Existenz ebenfalls schon die Indios von Quito erzählt haben:

Am folgenden Donnerstag fuhren wir an Dörfern von mittlerer Größe vorüber, unternahmen aber keinen Versuch, dort anzuhalten.

Alle diese Dörfer sind Unterkünfte für Fischer aus dem Inneren des Landes. Wir aber fuhren weiter auf der Suche nach einem friedlichen Ort, an dem wir das Fest des gesegneten hl. Johannes des Täufers, des Herolds Christi, feiern und uns daran freuen konnten. Da war es Gottes Wille, daß wir, als wir um eine Biegung des Flusses fuhren, am Ufer vor uns viele Dörfer sehen sollten, und zwar sehr große, die weiß leuchteten. Hier stießen wir plötzlich auf das Land und den Herrschaftsbereich der Amazonen. Die genannten Dörfer waren gewarnt worden und wußten von unserem Kommen. Deshalb eilten auch die Bewohner heraus zum Wasser, aber keineswegs, um uns in freundlicher Absicht zu treffen. Als sie nahe an den Kapitän herangekommen waren, hätte sie dieser gerne so weit gebracht, daß sie Frieden hielten. Deshalb begann er auf sie einzureden, sie aber lachten und machten sich über uns lustig. Sie kamen nahe zu uns heran und sagten uns, wir sollten weiterfahren. Auch fügten sie hinzu, daß sie dann weiter unten auf uns warten, uns alle ergreifen und zu den Amazonen bringen wollten. Der Kapitän, der über das dreiste Auftreten der Indianer verärgert war, gab den Befehl, mit Armbrüsten und Arkebusen auf sie zu schießen, damit sie darüber nachdenken und der Tatsache gewärtig werden könnten, daß auch wir etwas in den Händen hätten, womit wir sie angreifen könnten. Auf diese Weise wurde ihnen Schaden zugefügt, und sie wandten sich dem Dorf zu, um zu melden, was sie gesehen hatten. Wir hingegen säumten nicht, weiterzufahren und nahe an die Dörfer heranzusteuern. Bevor wir jedoch noch auf eine halbe Meile an das Ufer herangekommen waren, standen am Ufer entlang in Abständen ganze Scharen von Indianern, und je weiter wir vordrangen, desto näher rückten sie allmählich zusammen und zogen sich auf ihre Wohnstätten zurück. In der Mitte eines Dorfes stand eine große Schar von Kriegern in guter Ordnung aufgestellt. Der Kapitän gab den Befehl, die Brigantinen direkt dorthin zu steuern, wo diese Männer standen, da er nach Lebensmitteln suchen wollte.

Als wir dem Ufer immer näher kamen, begannen die Indianer zur Verteidigung ihres Dorfes mit Pfeilen nach uns zu schießen, und da es zahlreiche Krieger waren, schien es, als regne es Pfeile. Aber unsere Arkebusiere und Armbrustschützen waren auch nicht träge. Obwohl sie viele töteten, schienen es die Indianer gar nicht zu merken, denn trotz des Schadens, der ihnen zugefügt wurde, machten sie unermüdlich weiter, indem die einen kämpften, die anderen Kriegstänze vollführten. Hier waren wir alle dem Untergange nahe, denn weil so viele Pfeile flogen, hatten unsere Gefährten alle Hände voll zu tun, sich davor zu schützen, und konnten nicht rudern. Deshalb fügten die Indianer uns so viel Schaden zu, verwundeten fünf von uns, darunter auch mich, noch ehe wir an Land springen konnten. Sie trafen mich mit einem Pfeil direkt in die Seite, wenn meine Kleider nicht so dick gewesen wären, hätte das mein Ende bedeutet. Angesichts der Gefahr, in der wir schwebten, begann der Kapitän die Leute an den Rudern zu ermuntern und anzufeuern, eiligst die Schiffe auf den Strand laufen zu lassen. So gelang es uns, wenn auch unter großen Mühen, die Boote an Land zu bringen, und unsere Gefährten sprangen ins Wasser, das ihnen bis zur Brust reichte. Hier kam es nun zu einem harten Gefecht, da die Indianer sich unter unsere Spanier mischten, die sich wiederum so tapfer verteidigten, daß es ein wundervoller Anblick war. Über eine Stunde dauerte dieser Kampf, und die Indianer verloren nicht den Mut, ja es schien, als verdopple er sich, wo sie viele ihrer eigenen Leute fallen sahen. Sie schritten über deren Leichen hinweg, zogen sich etwas zurück und stießen dann wieder vor. Ich will, daß man erfährt, warum diese Indianer sich auf solche Weise verteidigten. Es muß erklärt werden, daß sie die tributpflichtigen Untertanen der Amazonen sind.

Als sie von unserem Kommen erfahren hatten, wandten sie sich mit der Bitte um Hilfe an diese, und es kamen so etwa zehn oder zwölf von ihnen, denn wir selbst sahen diese Weiber, die als weibliche Hauptleute in vorderster Front vor allen Indianermännern kämpften. Diese Frauen waren so tapfer, daß die indianischen Männer es nicht wagten, sich zur Flucht zu wenden, und jeden vor unseren Augen mit Keulen töteten, der uns den Rücken kehrte. Das ist auch der Grund dafür, daß die Indianer die Verteidigung so lange aufrechterhielten. Die Frauen sind sehr hellhäutig und groß und tragen sehr langes Haar, das sie geflochten und um den Kopf gewikkelt haben. Sie sind sehr kräftig und gehen ganz nackt, wobei allerdings ihre Schamteile bedeckt sind. In den Händen tragen sie ihre Pfeile und Bogen, und sie leisten im Kampf so viel wie zehn Indianermänner. Es war unter ihnen ungelogen eine Frau, die einen Pfeil eine Spanne tief in eines unserer Boote schoß; andere trafen weniger tief, aber unsere Brigantinen sahen bald aus wie Stachelschweine.

Um auf unsere eigene Lage und unseren Kampf zurückzukommen: Dem Herrn gefiel es, unseren Gefährten Kraft und Mut zu geben, so daß sie sieben oder acht von den Amazonen töteten, worauf dann die Indianer den Mut verloren. Sie wurden besiegt, in die Flucht geschlagen und erlitten beträchtliche Verluste. Weil aber viele Krieger da waren, die aus anderen Dörfern stammten und Hilfe gebracht hatten und die jetzt ihre Kriegsrufe ausstießen, gab der Kapitän unseren Leuten den Befehl, eilends in die Boote zu gehen, denn er wollte nicht das Leben aller aufs Spiel setzen. Deshalb gingen sie nicht ohne Schwierigkeiten in die Boote, da die Indianer bereits wieder zu kämpfen begannen. Außerdem näherte sich auf dem Wasser eine große Kanuflotte. So stießen wir rasch ab, hinaus auf die Mitte des Flusses.

Wir waren nun von der Stelle unseres Aufbruchs, an der wir Gonzalo Pizarro verlassen hatten, vierzehnhundert Meilen [*in Wirklichkeit eintausendvier, d. h. etwa eintausendsechshundert Kilometer*] gefahren, eher mehr als weniger, und wir wußten nicht, wie weit es von hier noch bis zum Meer war. In dem eben erwähnten Dorf wurde ein indianischer Trompeter gefangen, der zu den kämpfenden Truppen gehört hatte. Er war ungefähr dreißig Jahre alt. Nach seiner Gefangennahme begann er dem Kapitän vielerlei über das Gebiet weiter landeinwärts zu erzählen, und der Kapitän nahm ihn mit.

Als wir nun – wie ich berichtet habe – draußen auf dem Fluß waren, ließen wir uns, ohne zu rudern, weitertreiben, denn unsere Gefährten waren so müde, daß sie nicht die Kraft hatten, die Ruder zu halten. Kaum waren wir auf der Fahrt flußabwärts ungefähr einen Armbrustschuß weit gekommen, da entdeckten wir ein nicht besonders kleines Dorf, in dem keine Leute zu sehen waren. Deshalb baten alle Gefährten den Kapitän, doch dorthin zu steuern. Sie hofften, wir könnten uns vielleicht Nahrungsmittel beschaffen, die man uns in dem letzten Dorf verweigert hatte. Der Kapitän lehnte ab und meinte, wir müßten hier noch mehr auf der Hut sein als an einer Stelle, an der wir die Indianer deutlich sehen könnten. So berieten wir wieder miteinander, und ich schloß mich den Bitten aller Gefährten an, uns in dieser Sache entgegenzukommen. Der Kapitän gewährte endlich unseren Wunsch, und obwohl wir an dem Dorf schon vorüber waren, gab er den Befehl, die Brigantinen an das Ufer zu steuern. Die Indianer hielten sich aber in einem mit Bäumen bedeckten Gelände verborgen, aufgeteilt in kleine Gruppen, und warteten nur darauf, aus dem Hinterhalt über uns herzufallen. Als wir nahe genug ans Ufer herangekommen waren, ergriffen sie deshalb die Gelegenheit, uns anzugreifen, und begannen so wütend mit Pfeilen auf uns zu schießen, daß wir einander nicht sehen konnten. Da aber unsere Spanier von Machiparo an mit guten Schilden ausgerüstet waren, fügten sie uns nicht so viel Schaden zu als sie wohl getan hätten, wenn wir nicht mit den genannten Schutzwaffen ausgerüstet gewesen wären. Und von uns allen trafen sie in diesem Dorf niemanden außer mich, denn sie setzten mir einen Pfeil direkt in eines meiner Augen, und zwar so, daß der Pfeil durchging bis auf die andere Seite. Durch diese Verwundung habe ich das Auge verloren, und selbst jetzt leide ich noch daran und bin nicht ohne Schmerzen, obwohl unser Herr so gütig war, mir das Leben zu erhalten, so daß ich meinen Lebenswandel bessern und ihm besser dienen konnte, als ich es bis dahin getan hatte. Mittlerweile waren die Spanier aus dem kleineren Boot an Land gesprungen. Die Indianer umzingelten sie aber, und wäre nicht der Kapitän mit der großen Brigantine zu Hilfe gekommen, es wäre um sie geschehen gewesen, und die Indianer hätten sie getötet. Bei der Verteidigung aber hatten unsere Gefährten eine so glänzende Geschicklichkeit und Tapferkeit bewiesen, daß sie nun erschöpft waren und dadurch in eine sehr ernste Lage gerieten. Der Kapitän rief sie zurück, und als er sah, daß ich verwundet war, befahl er den Leuten, auf die Boote zurückzukehren. Und so gingen sie denn an Bord, weil die Indianer zahlreich und hartnäckig waren, so daß unsere Gefährten ihnen nicht standhalten konnten. Der Kapitän fürchtete, einige von ihnen zu verlieren, er wollte sie nicht einem solchen Risiko aussetzen, zumal er ganz offensichtlich annehmen mußte, daß die Indianer angesichts des dichtbesiedelten Landes hier auf jeden Fall Hilfe erhalten würden. Hier lag nämlich ein Dorf neben dem anderen, keine halbe Meile entfernt, und an der ganzen rechten Flußseite, dem südlichen Ufer, lagen sie sogar noch dichter. Und ich kann hinzufügen, daß abseits vom Fluß, in einer Entfernung von rund zwei Meilen landeinwärts, einige sehr große Städte zu sehen waren, deren weiße Farbe von weitem glänzte. Im übrigen ist dieses Land so fruchtbar und so normal in seinem äußeren Bild wie unser Spanien. Wir betraten es am St.-Johannistag, und die Indianer begannen schon, ihre Felder abzubrennen. Es ist ein Land mit gemäßigtem Klima, in dem man Weizen ernten und alle Sorten von fruchttragenden Bäumen anbauen kann. Außerdem ist es geeignet für die Aufzucht verschiedener Vieharten, weil es dort, gerade wie in unserem Spanien, vielerlei Grassorten gibt, wie wilden Majoran und Disteln von einer farbigen Art. In den Wäldern dieses Landes gibt es immergrüne Eichen und Korkbäume. Das Land liegt hoch und bildet gewellte Savannen, deren Gras nicht weiter als bis zu den Knien reicht, und es gibt dort Wild von allen Arten. [...]

Nach der Schlacht mit den Amazonen flüchten sich Orellana und seine Leute in eine unbewohnte Gegend und lagern in einem Eichenhain nahe am Fluß. Als sich alle etwas beruhigt haben, beginnt er mit dem gefangenen Indio eine Fragestunde über die Amazonen:

Der Hauptmann Orellana nahm sich hier den Indio vor, den man bei dem Kampfe gefangen hatte. Er verstand ihn ein wenig mit Hilfe eines Vokabulars, das er sich angelegt hatte, und befragte ihn, wo er herstamme. Der Indio antwortete: aus dem Ort, wo er gefangen worden war. Der Hauptmann fragte ihn, wie der Herrscher des Landes heiße; der Indio antwortete, er sei ein großer Herr, und seine Herrschaft reiche bis hierher, wo wir uns befänden; das waren demnach 150 Meilen.

Der Hauptmann fragte, was das für Frauen seien, die ihnen Hilfe gebracht und uns bekriegt hätten; der Indio gab Bescheid, diese Frauen wohnten sieben Tagereisen landeinwärts; jener Häuptling Couynco sei ihr Untertan; deshalb seien sie gekommen, um die Küste zu verteidigen.

Der Hauptmann fragte, ob jene Frauen verheiratet seien; der Indio sagte: nein. Der Hauptmann fragte ihn nach ihrer Lebensweise; Antwort des Indio: wie schon gesagt, wohnten jene im Hinterland; er selber sei schon viele Male dort gewesen und habe ihre Wohnungen gesehen und ihre Gebräuche beobachten können, denn als ihr Vasall sei er immer von seinem Herrn geschickt worden, die Tribute zu überbringen.

Der Hauptmann fragte, ob die Zahl dieser Frauen groß sei; der Indio sagte: ja; er wüßte 70 Ortschaften mit Namen, und er zählte diese auch in Gegenwart von uns allen auf; in einigen sei er selbst gewesen.

Der Hauptmann fragte, ob jene Dörfer aus Stroh seien; der Indio sagte: nein, sondern aus Stein und mit Türen, und von einem Dorf zum anderen führten Wege mit Zäunen rechts und links und Wachtposten in gewissen Abständen, damit sie niemand betrete ohne Zahlung einer Gebühr.

Der Hauptmann fragte, ob jene Frauen Kinder gebären; der Indio sagte: ja. Der Hauptmann fragte, wie sie denn schwanger werden könnten, wo sie doch nicht verheiratet seien und kein Mann unter ihnen wohne, und erhielt den Bescheid: jene Indianerinnen hätten von Zeit zu Zeit Gemeinschaft mit Indios. Wenn sie jene Lust ankomme, sammelten sie eine Menge Kriegsvolk und überfielen einen großen Herrn, dessen Residenz und Land an das jener Frauen angrenzt, entführten mit Gewalt die Männer in ihr Land, behielten sie bei sich, solange es ihnen dienlich erscheine, und schickten sie, wenn sie sich schwanger fühlten, wieder heim, ohne ihnen ein anderes Übel zuzufügen. Wenn sie dann niederkämen und es sei ein Sohn, dann töteten sie ihn und schickten ihn zu seinem Vater; wenn es eine Tochter sei, dann feierten sie Feste und zögen sie auf und lehrten sie alle Künste des Krieges.

Der Indio erzählte noch mehr: unter all diesen Frauen gebe es eine Herrin, die alle übrigen unter ihre Hand und Gerichtsbarkeit zwinge; diese Herrin heiße Coñori. Er berichtete von unermeßlichen Gold- und Silberschätzen; alle Frauen von Rang ließen sich alles auf Gold und Silber servieren; die übrigen Frauen vom Volk bedienten sich hölzerner Gefäße mit Ausnahme jenes Geschirrs, welches auf Feuer kommt; dieses sei aus Ton. Er sagte, in der Hauptstadt, in der die Königin residiere, stünden fünf ganz große Häuser: das seien die der Sonne geweihten Heiligtümer und Häuser, und sie nennten sie Caranain. Das Innere jener Häuser sei vom Boden weg bis auf halbe Mannshöhe verkleidet mit starken, in den lebhaftesten Farben bemalten Tafeln und beherberge zahlreiche goldene und silberne Götterbilder in Frauengestalt, desgleichen viele tönerne Gefäße, ebenfalls in Frauengestalt, sowie anderes Gold- und Silbergeschirr für den Dienst der Sonne.

Jenes Frauenvolk kleidet sich in Gewänder aus feinster Wolle, denn dort zu Lande gibt es viele Schafe von der Art [*der Llamas*] in Peru.

Abschließend erzählt der indianische Gewährsmann:

Viele jenem Frauenstaat benachbarte indianische Provinzen seien ihnen untertänig und müßten Tribute und Dienste leisten; mit anderen stünden die Frauen im Krieg, insbesondere mit dem schon erwähnten Stamm, dessen Männer sie sich holen, um mit ihnen Umgang zu pflegen. Dieser Stamm sei sehr stark an Zahl und seine Mitglieder besonders hoch gewachsen und hellhäutig. Der Gewährsmann betonte, er habe alles, von dem er hier erzähle, viele Male gesehen; er sei ja täglich dort aus- und eingegangen.

Pater Carvajal bemüht sich seinerseits, die Aussagen jenes von Orellana so eifrig befragten Indios durch Vergleiche mit schon früher empfangenen Mitteilungen zu stützen:

Alles, was jener Indio gesagt hat, ja mehr noch, hatten wir bereits sechs Meilen von Quito weg erfahren. Dort waren nämlich über jene Frauen viele Nachrichten im Umlauf: um sie zu sehen, fahren die Indios in großer Zahl 1 400 Meilen weit den Fluß hinab.

Zu uns hatten die Indios dort oben gesagt: wer es auf sich nehme, zu diesen Frauen im Tiefland zu wandern, der müsse als Knabe aufbrechen und käme als Greis wieder.

Die Indianerschutzgesetze Karls V. vom 20. November 1542

Indianische Bildhauerarbeit um 1600. Kirche St. Cruz in Juli am Titicacasee. Ausgangspunkt für die Jesuitenmission Südamerikas.

Bartolomé de las Casas

Eine der berühmtesten Schriften aus der Konquistazeit ist die ›Brevísima Relación de la Destrucción de las Indias‹, der ›Kurzgefaßte Bericht über die Verwüstung der Westindischen Länder‹ des Padre Bartolomé de las Casas aus dem Jahre 1542. Diese kurze Schrift, eine erschütternde Anklage gegen unmenschliche Eroberungs- und Kolonisierungsmethoden, ist nur ein kleiner Ausschnitt aus dem riesigen publizistischen Werk des Dominikanermönches. Las Casas, der als junger Katechet nach Westindien kommt und anfangs selber aus der Indioarbeit Vorteile gezogen hat – allerdings auf dem Gebiet der damals stark vernachlässigten Landwirtschaft, läßt Petition auf Petition, Streitschrift auf Streitschrift folgen; er scheut kein Mittel, weder die ständige Wiederholung seiner Klagen noch die Verwendung ungeprüfter Zahlen bei seiner Statistik der Ausrottung, und kämpft zusammen mit anderen Brüdern des Dominikanerordens, ständig unzufrieden mit sich selber und den erzielten Ergebnissen, bis zu seinem Tode im 92. Lebensjahr für Menschenwürde und Lebensrechte der Indios. – 1542 gelingt ihm der entscheidende Durchbruch: er bewegt den Kaiser, der ihn seit 1518 kennt, zum Erlaß der berühmten Leyes Nuevas, der »Neuen Gesetze« zum Schutze der Indios vom 20. November 1542. – Wenn auch das rapide Aussterben der Indios in den ersten Jahrzehnten der Konquista aus der Behandlung der Besiegten allein nicht erklärbar ist, sondern eingeschleppte europäische Infektionskrankheiten hier eine unheilvolle Rolle spielen, so ist die Panik über die große Sterblichkeit und die Suche nach vermeidbaren Ursachen allgemein. Las Casas steht mit seinen Anklagen gegen die Unmenschlichkeit seiner Landsleute nicht allein: ähnliche, wenn auch modifiziertere Schilderungen liegen vor aus der Feder von Verwaltungsleuten und Soldaten aus verschiedenen Teilen Amerikas, wie hier eine Passage aus Ciezas Chronik der peruanischen Bürgerkriege:

Durch die lange Zeit, die ich in den Indischen Ländern zugebracht habe, weiß ich aus Erfahrung, daß schlimme Greuel gegen die Indianerbevölkerung begangen worden sind, Untaten, von denen man nur schweren Herzens erzählt.

Alle wissen, wie dicht bevölkert die Insel Española [*Haiti*] war, [...] und jetzt existiert kein anderes Zeugnis mehr davon als die großen Gräber der Toten und die Wohnsitze, wo sie gelebt haben [...].

Fragt Benalcázar, wie stark die Bevölkerung war, die er zwischen Quito und Cartago [*Stadt in Südkolumbien*] vorfand: Wenn ihr von mir wissen wollt, wieviele heute noch da sind: es ist kaum einer mehr übrig geblieben; in einem Ort, der 10000 Indios zählte, fand ich keinen mehr.

Auf unserem Zuge von Cartagena her [...] sah ich im Hause eines Portugiesen namens Roque Martin an einer Stange gevierteilte Indios hängen als Futter für die Hunde, als ob jene wilde Tiere wären. In Neugranada [*Kolumbien*] und Popayán sind solche Greuel geschehen, daß ich sie übergehen möchte.

Dem jungen Chronisten Cieza sträubt sich hier die Feder. Er weiß, daß nicht nur ein abartig veranlagter Portugiese, also ein Ausländer, sondern nicht wenige seiner eigenen Landsleute ihre Bluthunde mit Menschenfleisch füttern. Bartolomé de las Casas will in seiner ›Brevísima‹ die spanischen Behörden zum Eingreifen zwingen und erspart dem Leser diese Scheußlichkeiten nicht:

Ich sagte bereits, daß die in Indien befindlichen Spanier blutgierige wilde Hunde halten, die darauf abgerichtet sind, die Indianer zu erwürgen und in Stücken zu zerreißen. Nun sage einmal einer, er sei Christ oder nicht, ob er je in der ganzen Welt etwas Ähnliches gehört habe? Zur Verpflegung dieser Hunde führen sie auf ihren Märschen eine Menge Indianer bei sich, die in Ketten gehen und wie eine Herde Schweine einhergetrieben werden. Man schlachtet dieselben, und bietet Menschenfleisch öffentlich feil. Dann sagt einer zum andern: Borge mir doch einmal ein Vierteil von einem dieser Schurken [*Bellacos*]. Ich werde nächster Tage auch einen schlachten; dann gebe ich dir's wieder. Nicht anders, als wenn sie einander ein Vierteil von einem Schwein oder Schöpse liehen! – Andere gehen des Morgens mit ihren Hunden auf die Jagd; wenn sie dann um Tischzeit zurückkommen, und man fragt sie: wie ging's? so geben sie zur Antwort: Recht gut! Meine Hunde haben wohl fünfzehn bis zwanzig Bellacos tot auf dem Platze gelassen! – Diese und andere teuflische Handlungen sind sogar gerichtlich und durch Prozesse erwiesen, welche diese Tyrannen mit einander führten. Läßt sich wohl etwas Grausameres, Abscheulicheres und Unmenschlicheres denken?

Die Nuevas Leyes vom 20. November 1542

Cieza de León zitiert die Indianerschutzgesetze am Beginn seines 2. Buches über die Peruanischen Bürgerkriege:

Schließlich – denn den Fürsten bleibt nichts verborgen – erfuhr S. M. von alledem, und sobald sie sich von den Geschäften freimachen konnte, befaßte sie sich mit der Sache [...]. Als dann die [*Neuen*] Gesetze erlassen und verordnet waren, wurden sie mit Trompetenschall in der Stadt Sevilla ausgerufen.

Trotz allem muß hier gesagt werden: Nicht alle, die sich in der Neuen Welt ansiedelten, waren so schlecht, daß sie sich an solchen Lastern ergötzten. Im Gegenteil: es gab viele, die das tief schmerzte und die jene Dinge schärfstens tadelten, viele erlitten große Mühsal, Hunger und Elend [...], viele, die ihre Frauen und Kinder verlassen hatten, verloren bei der Entdeckung und Eroberung der indianischen Länder ihr Leben.

Weil jene Ordenanzas so in aller Munde waren, und weil ihretwegen Gonzalo Pizarro in Peru zum Rebellen wurde, große Schlachten geschlagen wurden und viele Kriege entbrannten, bringen wir sie hier Wort für Wort, wie es im Original steht:

Don Carlos, von Gottes Gnaden Kaiser Augustus, König von Deutschland; Doña Juana seine Mutter und D. Carlos selbst [...], König von Kastilien, Leon, Aragón, Beider Sizilien, Jerusalem, Navarra, Granada, Toledo, Valencia, Galicia, Mallorca, Sevilla, Sardinien, Córdoba [*usw.*], Gibraltar, der Kanarischen Inseln, Las Indias, Islas y Tierra Firme del Mar Océano [*d. h. der überseeischen Inseln und Festlandgebiete*] [...], Erzherzog von Österreich, Herzog von Burgund und Brabant, Graf von Flandern und Tirol etc. [...].

Dem Präsidenten Unseres Indienrates, Unseren Vizekönigen, Präsidenten und Oidoren der Audiencias und königlichen Kanzleien in den indischen Ländern [...], den Alkalden und Justizbehörden [...], an alle Stadträte, Caballeros, Escuderos, Beamte und gutgesinnten Männer aller Städte, Flecken und Dörfer auf Inseln und Festland Indiens, ob sie nun schon entdeckt sind oder erst werden, jeglichen anderen Personen, Hauptleuten, Entdeckern und Siedlern, Stadtbürgern und der eingeborenen Bevölkerung [...], jedem, der diesen Unseren Brief, eine notariell beglaubigte Abschrift davon, oder Teile desselben erfährt, und den der Inhalt oder auch nur Einzelheiten davon angeht oder betreffen könnte, Heil und Gnade:

Wisset, daß Wir seit Jahren den festen Willen und Vorsatz hegen, uns eingehend mit den Angelegenheiten der Indischen Länder [*Amerika*] zu befassen wegen der großen Bedeutung, die ihnen sowohl hinsichtlich der Verbreitung des Heiligen katholischen Glaubens im Dienste Gottes unseres Herrn als auch im Sinne der Erhaltung der einheimischen Bevölkerung jener Breiten und ihrer persönlichen Belange sowie ihrer gerechten Lenkung und Regierung zukommt.

Obwohl Wir ständig bestrebt waren, hierfür Uns Zeit zu nehmen, so ließ sich das trotzdem wegen der anfallenden Geschäfte, denen Wir Uns nicht entziehen konnten, auch weil Ich, der König, so häufig und aus dringenden Gründen, wie jedermann weiß, meinem Lande fernbleiben mußte, bisher nicht einrichten. Da die Häufigkeit der anderweitigen Geschäfte in diesem Jahre nicht nachgelassen hat, haben Wir nun die Einberufung einer Versammlung von Vertretern aller Stände, der Prälaten, des Adels und der Mönchsorden sowie einige Mitglieder Unseres Rates veranlaßt, über jene Probleme zentraler Bedeutung zu beraten und zu verhandeln, die nach den Uns vorliegenden Informationen am dringendsten einer gesetzlichen Regelung bedürfen.

Nach langwierigen Diskussionen und Gegenüberstellungen der verschiedenen Standpunkte, anschließenden wiederholten Erörterungen und Debatten in Meiner, des Königs, Gegenwart, und nachdem Ich zuletzt noch einmal eines jeden Meinung angehört hatte, entschloß Ich mich, die unten angeführten Punkte durch Provisión und Ordenanza zu regeln [...]. Wir befehlen hiermit, daß dieselben von nun an als unverletzliches Gesetz geachtet werden [...].

Schutz der indianischen Bevölkerung vor Ausbeutung aller Art; Anweisungen an den Indienrat (Consejo Real de las Indias) in Spanien:

Unser vornehmlichstes Anliegen und Unser Wille war und ist immerwährend die Erhaltung und Zunahme der indianischen Bevölkerung, ihre Einführung und Unterweisung in die Dinge unseres heiligen katholischen Glaubens und die gute Behandlung der Indios, wie es ihnen ja als freien Personen und Unseren Untertanen zukommt.

Deswegen geben Wir hiermit Auftrag und Befehl an die Mitglieder Unseres Rates, sie möchten immerfort ganz besonderes Augenmerk und größte Sorgfalt auf die Erhaltung, weise Regierung und gute Behandlung jener Indios richten, sich immer auf dem laufenden halten, wie Unsere hierfür erlassenen und noch folgenden Gesetze eingehalten und ausgeführt werden, und streng darauf achten, daß [...] keinerlei Ausnahmen gemacht werden [...].

Peru wird nach dem Vorbild Mexikos ein Vizekönigreich mit der Hauptstadt Lima. Es umfaßt sämtliche Territorien des westlichen Südamerika, einschließlich Kolumbien und Panama, später auch die La Plata-Länder. Die durch Capitulaciones verliehenen Titel und Hoheitsrechte der Gouverneure und ersten Konquistadoren in Peru und seinen Nachbarländern werden rückgängig gemacht. Gleichzeitig wird die Gründung einer neuen Audiencia (kollegiale Verwaltungsbehörde mit starken politischen Kontrollbefugnissen sowie Appellationsgericht und letzte Instanz für Strafsachen im kolonialen Amtsbereich) in Lima und einer weiteren Audiencia für Nicaragua und Guatemala angeordnet, dafür die seit 1538 in Panama bestehende Audiencia aufgehoben:

Wir ordnen an und befehlen, daß in den Provinzen und Königreichen von Peru ein Vizekönig und eine aus vier studierten Oidoren zusammengesetzte Königliche Audiencia residieren soll. Der Amtssitz des Vizekönigs sei der gleiche, wie der der Audiencia, nämlich in der Ciudad de los Reyes [*Lima*], weil er hier günstiger liegt; von nun an soll es keine Audiencia in Panama mehr geben.

Verbot der Versklavung von Indios:

Item verordnen und befehlen Wir, daß von nun an unter keinen Umständen, weder mit dem Hinweis auf Kriegszustand oder ähnliche Verhältnisse – selbst nicht bei Aufständen, weder als Repressalie noch aus sonst irgendeinem Vorwand, ein Indio zum Sklaven gemacht wird. Wir wünschen, daß sie wie Unsere Untertanen der Krone von Kastilien behandelt werden, denn sie sind es ja auch [...].

Entsprechend Unserem strikten Verbot, in Zukunft Indios zu versklaven, verordnen Wir, daß dort, wo dies bereits wider Vernunft und Recht und entgegen den schon erlassenen Provisionen und Instruktionen geschehen ist, die Audiencias [*koloniale Verwaltungsgerichte*] die Parteien vorladen und die Indios ohne lange Gerichtsverhandlungen, nur nach kurzer Feststellung des wahren Sachverhalts, in Freiheit setzen, es sei denn, jene Personen, die Indios als Sklaven halten, können Belege vorweisen, aus denen hervorgeht, daß ihnen dies rechtens zusteht.

Unentgeltliche Rechtsvertretung der Indios:

Damit nun nicht in Ermangelung von Personen, die diesen Fällen nachgehen, die Indios widerrechtlich versklavt bleiben, werden die Audiencias von uns angewiesen, Männer zu bestellen, die die Sache der Indios vertreten. Es sollen bewährte und tüchtige Männer sein. Ihre Vergütung soll aus den verhängten Geldbußen bestritten werden.

Verbot bzw. Einschränkung indianischer Trägerdienste:

Hinsichtlich indianischer Trägerdienste geben Wir an die Audiencias die Weisung, besonders darauf zu achten, daß die Indios keine Lasten tragen dürfen; falls dies in bestimmten Gebieten nicht vermieden werden kann, soll wenigstens dafür gesorgt werden, daß nicht durch unmäßige Lasten das Leben, die Gesundheit und der Fortbestand jener Indios gefährdet werde.

Unter keinen Umständen dürfen die Audiencias dulden, daß Indios gegen ihren Willen und ohne Entgelt zum Lastentragen gezwungen werden; wer hier zuwiderhandelt, soll schwer bestraft werden. In diesem Punkte darf es keine Ausnahme geben und kein Ansehen der Person.

Hinweis auf lebensgefährliche Arbeitsbedingungen bei der Perlenfischerei in Venezuela:

Uns ist berichtet worden, daß bei der Perlenfischerei alle Regeln gröblich mißachtet wurden und auf diese Weise zahlreiche Todesfälle bei Indios und Negern eingetreten sind. Deshalb verbieten Wir bei Todesstrafe, daß in Zukunft noch freie Indios gegen ihren Willen zum Perlenfischen geschickt werden; der jeweilige Bischof und Richter in Venezuela möge veranlassen, was ihm richtig dünkt, damit auch die Sklaven, die zum Perlenfischen ausfahren, sowohl Indios wie Neger, bewahrt bleiben und die Todesrate abnimmt. Wenn sie zu der Erkenntnis kommen, daß die Todesgefahr bei Indios und Negern hier nicht abzuwenden ist, soll jene Perlenfischerei aufgegeben werden; denn Uns liegt selbstverständlich weit mehr die Erhaltung der Menschenleben am Herzen als der Gewinn, den Uns vielleicht die Perlen bringen.

Unvereinbarkeit von Encomiendabesitz mit der Bekleidung höherer Ämter:

Weil in den Encomiendas der Vizekönige, Gouverneure, ihrer Stellvertreter, Unserer Beamten, der Klöster, Hospitäler [...] und anderer durch Ämter begünstigter Personen dauernd Unregelmäßigkeiten in der Behandlung der Indios vorkommen, sollen nach Unserem Willen und Befehl von nun an alle Indios, über die sie auf Grund irgendeines Rechtstitels, welcher er auch sein mag, die Verfügungsgewalt ausüben, Unserer königlichen Krone unterstellt werden [...], auch wenn die Indios ihnen nicht auf Grund ihrer Ämter anvertraut worden sind und selbst dann nicht, wenn solche Beamte oder Gouverneure den Verzicht auf ihre Ämter oder Gouvernements erklären, um dafür ihre Indios behalten zu können. Dies gilt nicht; es kann trotzdem nicht von der Erfüllung Unseres Befehls abgesehen werden.

Weitere Gründe für Entziehung von Encomiendas sind unzureichende Rechtstitel, zu große Seelenzahl, Mißhandlung von Indios:

Ebenso verfügen Wir, daß allen Personen, die ohne Rechtstitel aus eigener Machtvollkommenheit in den Besitz von Indios gekommen sind, diese genommen und der Krone unterstellt werden.

Nach weiteren Uns vorliegenden Informationen gibt es wieder andere Personen, deren Repartimientos zwar durch Rechtstitel legitimiert sind, aber eine Zahl und Größenordnung aufweisen, die nicht mehr tragbar ist. Hier ist es Pflicht jeder Audiencia, innerhalb ihres Geschäftsbereiches so rasch wie möglich eine Bestandsaufnahme durchzuführen, die Repartimientos jener Leute auf ein vernünftiges Maß zu reduzieren und das, was verbleibt, der Krone zu übereignen. Es kann hier weder Einsprüchen noch Bittgesuchen der betroffenen Personenkreise stattgegeben werden. Über die unternommenen Schritte haben die Audiencias baldigst zu berichten, damit Wir wissen, wie Unseren Befehlen nachgekommen wird. [...]

Darüber hinaus sollen die Audiencias nachforschen, wie die Indios von den Personen behandelt werden, denen sie anvertraut worden sind. Wenn schwere Übergriffe und Mißhandlungen festgestellt werden, [...] befehlen Wir, die betroffenen Indios ihren Encomenderos zu entziehen und der Krone zu unterstellen.

Besonders scharf sind die Bestimmungen gegen die peruanischen Konquistadoren, die sich an den dortigen Bürgerkriegen beteiligt haben:

Was die Leute in Peru betrifft [...], da sollen der Vizekönig und die Audiencia sich genau über die Exzesse informieren, die bei den Händeln zwischen den Gouverneuren Pizarro und Almagro passiert sind, und Uns hierüber berichten. Personen, deren Schuld an diesen Revolutionen offen zutage liegt, sollen die Indios genommen und der Krone unterstellt werden.

Neuvergabe, Besitzwechsel, Vererbung und Schenkung von Encomiendas sind in Zukunft ausgeschlossen:

Nach Unserem Willen darf in Zukunft kein Vizekönig oder Gouverneur und keine Audiencia, kein Entdecker noch irgendeine andere Person durch neue Provision Indios verteilen und zuweisen. Ein Besitzwechsel ist weder statthaft mittels Verzicht noch durch Schenkung oder Verkauf, noch auf irgendeine andere Weise, auch nicht bei Vakanz oder durch Erbschaft. Wenn eine Person, die in dieser Form Indios besitzt, stirbt, fallen diese an die Krone. Die Audiencias sind in diesen Fällen verpflichtet, sich genau zu informieren über Person, Rang und Verdienste des Verstorbenen, darüber, wie er seine ihm anvertrauten Indios behandelte, ob er Weib und Kinder oder andere Erben hinterließ, und Uns über dies alles sowie über den Wert der Indios und des Landes Bericht zukommen lassen. Dann können Wir ermessen, inwieweit es mit Unseren Belangen im Einklang steht, der Frau und den Kindern des Verstorbenen Privilegien zu gewähren. Die Audiencia kann, wenn sie eine Notlage feststellen sollte, den Betroffenen eine Unterstützung zukommen lassen und diese aus den hier anfallenden Indianertributen bestreiten. Die Höhe ist zu begrenzen, weil ja jene Indios, wie schon gesagt, der Krone unterstehen.

Item weisen Wir unsere Präsidenten und Oidoren an, größte Sorgfalt darauf zu legen, daß jene Indios, welche auf einem der vorher beschriebenen Wege ihren alten Herren weggenommen werden, wirklich gute Behandlung erfahren, in unserem heiligen katholischen Glauben unterwiesen werden und als Unsere Vasallen echte Freiheit genießen.

Es folgen Versprechungen von Privilegien für verheiratete Siedler und Veteranen, eine Bestimmung über die Tributschätzung mit der wiederholten Mahnung, der Bevölkerung keine Lasten aufzuerlegen, die ihre Existenz gefährden, im selben Absatz jedoch der Passus, die Belohnung und Entschädigung der Entdecker aus diesen Tributen zu bestreiten. – Karl V. und seinen Beratern ist es mit diesen neuen Indianerschutzgesetzen so ernst, daß sie zu ihrer Verbreitung den Buchdruck wählen und die Übersetzung in die Indiosprachen fordern. In der Schlußbestimmung heißt es:

Damit das Gesagte allgemeiner bekannt werde, insbesondere bei der einheimischen Bevölkerung Unserer Indischen Länder, zu deren Besten es erlassen wird, befehlen Wir, daß dieser Unser Brief [*gemeint ist das ganze Gesetzeswerk*] mit Lettern gedruckt und überallhin in Indien versandt werde; den Mönchen, die die Indios unterweisen und lehren, tragen Wir auf, die Schrift in die Sprache der Indios zu übersetzen, damit diese sie besser verstehen und daraus sehen, was verfügt ist [...].

Barcelona, den 20. November des Jahres unseres Erlösers Jesus Christus 1542. – YO EL REY [*Unterschrift: »Ich, der König«*]. – Juan de Sámano, Sekretär S. M. [...], Fray Garcías, spanischer Kardinal [*usw.*].

Perus Konquistadoren stehen gegen die Krone auf

Adeliger aus Incageschlecht als Fahnenträger bei einer Prozession im kolonialen Cuzco (Bilderzyklus des eingeborenen Malers Don Diego Quispe Ttito aus dem XVII. Jahrhundert). Spanische Attribute an der Kleidung sind lediglich die Ärmel aus Brüsseler Spitze; alles übrige sind Hoheitszeichen der Incas: das Sonnenemblem auf der Brust, das Stirnband (llautu) mit roter Quaste (mascapaycha) und Hauptschmuck (sunturpaucar), die geometrischen Bildzeichen (tocapus) auf dem Gewand.

Der Vizekönig Blasco Núñez Vela

Im Text der »Neuen Gesetze« Karls V. vom 20. November 1542 haben die Appelle ihres geistigen Vaters Bartolomé de las Casas gegen die Ausbeutung und Versklavung und für eine menschen- und völkerrechtliche Gleichstellung der Indios mit nur geringen Abstrichen ihren Niederschlag gefunden. – Dem System des Repartimiento und der Encomienda – der Verteilung, Zuteilung und »Überantwortung« der Indianer in kleineren und größeren Gruppen und Bezirken zu Dienst-, Sach- und Tributleistungen an die Konquistadoren – ist der Kampf angesagt, in ganz Amerika durch Aufhebung der Erblichkeit, in Peru noch in verschärftem Maße durch die Androhung des Königs, kein Spanier dürfe seine Indios behalten, der in die kriegerischen Wirren zwischen Almagristen und Pizarristen verwikkelt gewesen sei. – Die Aufregung unter den Konquistadoren und Siedlern über die Leyes Nuevas ist ungeheuer: Nach der Kriegsbeute aus den Eroberungszügen ist die risikofreie und unentgeltliche Ausbeutung der indianischen Arbeitskraft und Produktionsmittel ihre ausschließliche Lebensgrundlage und die wirtschaftliche Sicherung ihrer Nachkommen geworden. – Im Bereich Mexikos wird die Anwendung der Leyes Nuevas durch den dortigen Vizekönig sofort entschärft; die Stimmung ist jedoch auch hier, selbst unter Geistlichen, äußerst gereizt, so daß Bartolomé de las Casas, der unmittelbar nach erfolgtem Durchpauken der Leyes Nuevas ein Bistum im mexikanischen Chiapas zugewiesen erhält, weder dort noch sonstwo in Amerika wieder Fuß fassen kann. In Peru, das damals in Spanien schon als Land der Bürgerkriege und bevorzugter Krisenherd verschrien ist, hat es der interimistische Gouverneur Vaca de Castro in den eineinhalb Jahren seit seinem Sieg über den jungen Almagro verstanden, die Konquistadoren durch neue Expeditionen bis in die östlichen Flußländer und in das heutige Argentinien hinein zu beschäftigen und, soweit Encomiendas aus verschiedenen Anlässen frei geworden sind, seine Bundesgenossen zu befriedigen. Er versucht von Cuzco aus, ebenso wie in Lima der betagte Faktor (königlicher Tributeinnehmer aus der Bürgerschaft) Illan Suárez de Carvajal, zunächst in den Spannungen zwischen Konquistadoren und Kronbeamten zu vermitteln; die besonnenen Naturen werden jedoch als erste zwischen den sich rasch verhärtenden Fronten zerrieben. – Ein zu jener Zeit sich in Lima aufhaltender italienischer Kaufmann, Nicolao de Albenino, schildert in seiner 1549 gedruckten Chronik die Entwicklung und den Ablauf der peruanischen Krise ziemlich nüchtern aus der Sicht des Privatmannes, so auch die Anfangssituation in Cuzco:

Der Lizentiat Vaca de Castro bekam in der Zeit, als er sich in Cuzco aufhielt, verschiedene Hinweise von Privatpersonen, sowohl aus Neuspanien [*Mexiko*] wie aus Tierra Firme [*Panama*] und anderen Teilen, über gewisse vom König neuerlassene Verwaltungsvorschriften zugunsten der Indios und größere Freiheitsrechte für dieselben [...]. Zur Durchführung der Gesetze und als Vizekönig in diesen Gebieten [*Peru*] habe er Blasco Núñez Vela ausersehen; dieser komme nun, um in Lima eine königliche Audiencia einzurichten [...]. Jenem Blasco Núñez Vela eilte bereits der Ruf voraus, er sei bekannt als ein Mann, der ausführe, was S. Majestät ihm auftrage, und dieses Gerücht verursachte Unruhe im Lande und gab Anlaß zu den verschiedensten Mutmaßungen. Der Hauptanlaß zur Unruhe war die Kunde, der Vizekönig bringe den Befehl, allen Personen, die sich bei den verflossenen Blutfehden zwischen Pizarro und Almagro auffällig in Schuld verstrickt hatten, die Indios wegzunehmen; ein gleiches träfe auch alle ehemaligen Gouverneurstellvertreter und Beamten. Weil nun die Mehrzahl [*der Konquistadoren in Peru*] hier angesprochen war, und noch dazu die einflußreichsten, war dies der Stein des Anstoßes, von dem der Aufstand seinen Fortgang nahm.

Agustin de Zárate, der in verantwortlicher Stellung, als königlicher Steuerprüfer, zusammen mit den Oidoren (den aus Spanien angereisten Mitgliedern der neubestellten Audiencia) kurz nach dem Einzug des Vizekönigs in Lima eintrifft, bringt in seiner später im Kerker geschriebenen detailreichen Peru-Chronik verschiedene Proteststimmen der um ihren Besitzstand Bangenden:

Die Konquistadoren [...] äußerten, S. Majestät sei hier nicht gut informiert; die Häupter der sich befehdenden Parteien [*Pizarro–Almagro*], denen sie gefolgt seien, hätten allem Augenschein nach als Gouverneure S. M. regiert; man hätte weder passiv noch offen deren Befehle verweigern können; hier liege also keine Schuld vor, die Handhabe zur Konfiskation ihrer Güter biete.

Außerdem sei zu dem Zeitpunkt, als sie auf eigene Kosten die

Provinz Peru entdeckten, mit ihnen vertraglich festgelegt worden, daß die Indios ihnen auf Lebenszeit zustünden und nach ihrem Tode ihrem ältesten Sohn oder bei Kinderlosigkeit ihren Frauen verblieben; ja, zur Bekräftigung dessen habe S. M. wenige Tage vorher den Befehl geschickt, alle Konquistadoren sollten sich innerhalb einer bestimmten Frist verheiraten, sonst würden sie die Indios einbüßen; und tatsächlich hätten die meisten das beherzigt und geheiratet. Es sei ungerecht, ihnen, wenn sie alt und müde und beweibt seien und sich endlich etwas Ruhe gönnten, ihren Besitz zu nehmen; denn jetzt hätten sie weder die Jugend noch die Gesundheit, weiter neue Länder zu suchen und Entdeckungen nachzugehen.

Als die Leyes Nuevas offiziell Vaca de Castro in Cuzco zugestellt werden, läßt er sie den versammelten einflußreichen Männern wie Garcilaso de la Vega sen., Hernando Bachicao u. a. vorlesen und begegnet ihrem Proteststurm mit einem Appell zur Mäßigung und zum Abwarten. Cieza de Leon schreibt:

Die Herren des Cabildo [*Stadtrates*] meinten, [...] der Kaiser, unser Herr, sei ein so christlicher Fürst; da könne es einfach nicht wahr sein, daß er ihnen ohne Anhörung ihrer Argumente die Güter nehmen wolle; man müsse eben die Ordenanzas nicht zur Gänze erfüllen; damit würde man ihnen trotzdem gehorchen, wie es einem Gebot ihres angestammten Herrschers zukomme. Vaca de Castro antwortete darauf nicht ohne Zorn, sie sollten still sein und ihre Erregung zügeln; wenn S. M. gebiete, daß die Ordenanzas auszuführen seien, so habe das zu geschehen; seinem Befehl müsse man gehorchen mit der Brust auf der Erde. Sie sollten auf den Vizekönig warten; es könne gut sein, daß er eine Appellation [*zur Erleichterung*] der Gesetze zulasse [...]; bis dahin bräuchten sie bestimmt nicht um ihren Besitz oder ihre Indios fürchten [...].

Nach Anhörung der einflußreichen Bürger Cuzcos kam Vaca de Castro mit ihnen überein, alle Städte und Ansiedlungen des Reiches [*Peru*] sollten durch Boten aufgefordert werden, Procuradoren [*bevollmächtigte Vertreter*] zu gemeinsamen Beratungen zu entsenden, damit man möglichst rasch unter ihnen Procuradoren bestimme, die nach Spanien fahren und S. M. informieren [...] und bitten könnten, einige der Verordnungen auszusetzen.

Francisco de Carvajal, der spätere Motor des Aufstandes und Schrecken Perus, tritt hier, zwar schon alt und erfahren, aber noch neu im Lande, ganz bescheiden auf und bietet sich unterwürfig als der geeignete Mann für eine solche Mission an. Cieza:

Francisco de Carvajal, der in der Schlacht von Chupas [*Sieg über den jungen Almagro*] Hauptfeldwebel war, [...] sprach mit Vaca de Castro, brachte seine Loyalität und Freundestreue zur Geltung [...] und deutete an, er habe die Möglichkeit, nach Spanien zu fahren und selbst dem König zu berichten, wie die Dinge in Peru stünden und wie schlecht den Konquistadoren ihre für S. M. geleisteten Dienste gelohnt würden. Wenn man dies nicht unternehme, würde es die ernstesten Schwierigkeiten geben [...]. Vaca de Castro beratschlagte mit dem Cabildo, und man kam überein, Francisco de Carvajal mit dieser Mission zu betrauen: Er sollte, wenn er zufällig mit Blasco Núñez zusammentreffe, [...] diesem die Situation des Landes darlegen und ihm anempfehlen, mit Klugheit und Güte vorzugehen; das sei das einzige Mittel, den beginnenden Aufstand einzudämmen.

Der unerwünschte Vizekönig ist schneller in Peru als erwartet. Er schifft sich am 1. November 1543 gemeinsam mit den vier vom König für die neue Audiencia in Lima bestallten Oidoren und dem königlichen Rechnungsprüfer Agustín de Zárate in San Lúcar de Barrameda in Andalusien ein. In Panama kommt es sofort zur Verstimmung. Der Rechnungsprüfer Zárate erzählt in seiner ›Historia del descubrimiento y conquista del Peru‹:

Der Vizekönig hatte es mit seiner Aufgabe sehr eilig, ließ ein Schiff seeklar machen und segelte Mitte Februar 1544 [*von Panama*] ab, ohne einen der Oidoren mitzunehmen, so sehr er auch darum gebeten wurde. Das vermerkten sie ihm übel; es war nicht der erste Anlaß zu Meinungsverschiedenheiten unter ihnen.

Vor der Abfahrt ließ er in Ausübung einer der Ordenanzas [...] alle peruanischen Indios zusammenholen, die sich in jener Provinz [*Panama*] auf Grund des regen Handels zwischen den beiden Gouvernements befanden, nahm sie ihren Herren weg und repatriierte sie mit seinem Schiff.

Das gleiche schildert ein anonymer zeitgenössischer Bericht:

Er [*Núñez Vela*] brachte die königliche Provision mit, keine India und kein Indio dürften außer Landes gebracht werden; wo dieses aber geschehen sei, müsse man sie einschiffen und in ihre Heimatländer zurückbringen. Hier in Nombre de Dios gab es viele Indios und Indias. Diese ließ er zusammenholen, gleich ob Sklavinnen oder Freie, und befahl, sie einzuschiffen und ihnen Fahrt und Essen zu bezahlen für den Heimtransport. Das trug ihm viel Haß ein.

Seine Seereise auf dem Südmeer verläuft ungemein günstig: Während sonst die Perusegler auf Südkurs oft wochenlang gegen starke Strömungen ankämpfen müssen und bestenfalls die nordecuadorianischen Häfen Manta und Puerto Viejo, oder wie sein Vorgänger Vaca de Castro nur Buenaventura (Kolumbien) erreichen oder umkehren müsssen, segelt Núñez Vela in elf Tagen von Panama nach Tumbes. Von dort aus macht er sofort durch Boten die neuen Ausführungsverordnungen publik und erklärt den Interimsgouverneur Vaca de Castro für abgesetzt. Seine Indianerbefreiung führt, wie die Fortsetzung des vorigen Berichts zeigt, oft zu schlimmen Folgen für die Befreiten selbst:

Er fuhr am 22. Februar [*1544*] in Panama ab und landete am 4. März im peruanischen Hafen Tumbes. In einem Schiff dort fand er mitten unter Matrosen und Passagieren Indias und Indios vor. Er holte alle heraus und schickte sie in ihre Heimatgegenden, obwohl fast alle oder die meisten lieber bei ihren Herren geblieben wären und nicht gehen wollten; denn sie waren ja Christen geworden. Er aber war nicht davon abzubringen, sie heimzuschicken, wie ich schon gesagt habe. Es mußte so kommen: Alle jene nach Hause geschickten Indios [...] kamen um; böse Indios opferten sie, weil das so ihr Brauch ist. [*Solche Hinweise auf Menschenopfer – vermutlich aus Rache wegen Kollaboration oder Abfall von den alten Religionen, treten vereinzelt immer wieder auf.*]

Noch am Hafenort nahm er einem Vecino von Piura ein Repartimiento Indios weg und machte es zum Kronbesitz. Er verbot den Kaziken, irgendeinem Christen einen Dienst gleich welcher Art zu leisten, wenn dieser nicht mit Gold oder Silber bezahlt würde. Was er da befahl, war hier unerfüllbar: das Land wäre zugrunde gegangen, und viele wären verhungert.

Dann zog er zur Stadt Piura [...]. Dort rief der Vizekönig die Kaziken zusammen und verkündigte ihnen in einer Rede, er sei im Auftrag S. Majestät gekommen, alle frei zu machen, wie es die Christen sind. [...] Außerdem ließ er alle Indias und Indios vor sich kommen, sowohl Sklavinnen wie Freie, ließ sie in Freiheit setzen und in ihre Heimat schicken.

In Trujillo [...] mäßigte er die Anwendung der Erlasse etwas, weil so sehr darüber geklagt wurde, aber trotzdem gaben die Vecinos sich nicht zufrieden. Die Frauen sammelten sich nach der Kirche am Ausgang und riefen: »Verflucht sei dieser Vizekönig, der gekommen ist, das Land zu ruinieren!« Er solle heimfahren nach Kastilien; einen solchen Menschen könne man nicht im Lande dulden [...].

All das und noch andere Dinge mußte der Vizekönig mit eigenen Ohren anhören, und als er von Trujillo nach Lima weiterzog, rief man ihm noch nach, einen solchen Menschen wolle man nie wiedersehen.

In dem Tambo von Huaura, einem der vielen aus der Inca- oder Vorincazeit stammenden Rasthäuser, an der Küstenstraße 130 km vor Lima gelegen, erfährt Núñez Vela einen Affront besonderer Art. Zárate schreibt:

Als der Vizekönig zum Tambo von Huaura kam, wo er den Empfang [*des Magistrats von Lima*] erwartete, fand er an die Wand einen Spruch geschrieben folgenden Inhalts: »Wenn da einer kommt, um mich aus meinem Haus und Besitz zu verdrängen, dann werde ich dafür sorgen, daß er vom Erdboden verschwindet!« [*im spanischen Original:*] »A quien me viniere a echar de mi casa y hacienda, procuraré de echarlo del mundo.«

Der Vizekönig las diesen Spruch, ließ sich aber zunächst nichts anmerken. Er war überzeugt, daß [*der Encomendero*] Antonio de Solar, dem die Provinz Huaura gehörte, den Spruch habe anschreiben lassen; denn er hatte schon beim Betreten des Rasthauses gemerkt, daß der verantwortliche Grundherr ihm nicht gut gesinnt war: Das Haus stand völlig verlassen da, kein Christ und kein Indio war zu sehen; das sah ganz nach bewußter Anordnung von Antonio de Solar aus.

Später, wenige Tage nach seinem Einzug in Lima, läßt Núñez Vela jenen Encomendero ohne Prozeß sofort einsperren, und nur der Druck der öffentlichen Meinung hält ihn davon ab, Antonio de Solar aufhängen zu lassen. – Vaca de Castro ist unterdessen mit etwa 300 prominenten Männern aus Cuzco, alle unter Waffen, nach Lima unterwegs. In Huarochirí, etwas über 100 km vor Lima in der Sierra, bekommt er die neuen Provisionen ausgehändigt und weiß sich nun abgesetzt. Er fügt sich der Entscheidung zur großen Enttäuschung seiner 300 Gefährten, die nun nicht mehr zu halten sind und mit allen ihren Waffen nach Cuzco zurückkehren. Vaca de Castro geht allein, nur von ein paar wenigen Leuten begleitet nach Lima. – Zárate schreibt:

Vaca de Castro setzte seinen Weg nach Los Reyes [*Lima*] fort. Er fand die Stadt in großer Verwirrung und Unschlüssigkeit vor wegen des Empfangs des Vizekönigs [...]; einige sagten, angesichts der Verordnungen, die er bringe, der Rigorosität, die er schon bei der ersten Anwendung gezeigt habe, und der Verwerfung jeglichen Einspruchs sollte man ihn besser überhaupt nicht ins Land hereinlassen.

Unbeirrt von diesem Hin und Her blieb jedoch der königliche Stadtrat Illan Suárez. Er verhandelte und arbeitete unermüdlich für ein Zustandekommen des Empfangs und brachte es schließlich zuwege, daß die Gesetze in Gehorsam angenommen und mit aller Feierlichkeit ausgerufen wurden. Dann zogen viele Vecinos und die Stadträte hinaus nach Huaura, um dort den Vizekönig zu empfangen und ihm die Hand zu küssen, und geleiteten ihn in ihrer Mitte nach Lima.

Das Dokument aus der Privatsammlung des Kosmographen Santa Cruz spricht von harten Verhandlungen, fast möchte man sagen von einem Ultimatum Limas an den wartenden Vizekönig:

Aus Lima sandte man drei Gesuche um Erleichterung der Ordenanzas; wenn er [*Núñez Vela*] nicht darein willige, würde man ihn nicht hereinlassen [...]. [*Der Vizekönig*] versprach, er würde die Erlasse nicht anwenden, bis S. Majestät über die Sachlage orientiert sei; sie aber sollten ihrerseits bis dahin von Eingaben absehen. So einigte man sich, und sie empfingen ihn mit allem gehörigen Prunk.

Ein zweiter zeitgenössischer, ebenfalls anonymer Bericht aus der gleichen Sammlung schildert den Einzug:

Er zog in die Stadt Lima ein am 17. Mai 1544. Die ganze Bürgerschaft kam ihm zu Fuß und zu Pferd zwei Armbrustschüsse weit vor die Stadt heraus entgegen. Vor der Stadt war ein grüner Triumphbogen errichtet, mit dem Wappen Spaniens und dem der Stadt geziert. Dort erwarteten ihn die Stadträte, Richter und königlichen Beamten in fußlangen karmesinroten Roben und einem ebenfalls karmesinroten Baldachin; jede seiner acht silberbeschlagenen Stangen hielt einer der Richter und Stadträte. Sie schritten zu Fuß, während der Vizekönig zu Pferd unter dem Baldachin weiterritt; voraus gingen die Alkalden mit den Amtsstäben [...].

Dann mußte der Vizekönig auf ein Meßbuch den Schwur leisten, und er schwor, alle Freiheiten und Provisionen S. Majestät einzuhalten und zu erfüllen. Auf diese Weise ging es zur Kirche; die Geistlichen kamen mit dem Kreuz heraus bis an die Türe und geleiteten ihn hinein unter Absingen des Tedeum laudamus. Nachdem er sein Gebet gesprochen hatte, zog er mit dem Cabildo [*Stadtverwaltung*] und der ganzen Bürgerschaft zu seinem Palast [...] und hielt dort eine kurze Ansprache, die alle Hörer zufrieden entließ.

Das persönliche Zusammentreffen von Núñez Vela und Vaca de Castro verläuft negativ; der Vizekönig macht den Exgouverneur verantwortlich für das Nichterscheinen der Cuzco-Prominenz. – Zárate:

Einen Tag, nachdem ihn Vaca de Castro über den spektakulären Rückmarsch der Cuzcoleute unterrichtet hatte, ließ dieser ihn im Gemeindekerker gefangensetzen; denn er argwöhnte, der Abfall der Cuzcoleute sei mit Vaca de Castros Einverständnis, ja auf dessen Anstiften erfolgt.

Die Leute in der Stadt [*Lima*] standen zwar nicht alle sonderlich gut mit Vaca de Castro, aber jetzt gingen sie zum Vizekönig und baten, er möge doch nicht zulassen, daß eine Person wie Vaca de Castro, Mitglied des Indienrates und ihr ehemaliger Gouverneur, in den öffentlichen Kerker geworfen werde. Wenn ihm auch am nächsten Tag der Kopf abgeschlagen werden sollte, so könne man ihm doch ein sicheres und ehrenwertes Gefängnis zuweisen. Da befahl er, Vaca de Castro in den königlichen Palast zu bringen gegen 100000 castellanos Kaution, für die die Vecinos von Lima selbst bürgten, und ließ seine Güter konfiszieren.

In der Zwischenzeit kommen auch die Mitglieder der Audiencia, die Oidoren, in Lima an, mit ihnen der Rechnungsführer und spätere Chronist Agustín de Zárate. Seine besondere Aufgabe ist es, dem Finanzgebaren des königlichen Schatzmeisters Riquelme nachzuspüren, der seit 1533, seit Atahualpas Goldlieferungen und Hinrichtung, keine Abrechnung mehr vorgelegt hat. Zárate soll Riquelme um 13000 Dukaten erleichtert haben. »Er verkaufte ihm alles bis aufs

Hemd«, schreibt Gonzalos Feldhauptmann Francisco de Carvajal, der ebenfalls auf das Geld spekulierte. – Am 1. Juli 1544 trifft das königliche Siegel für die Audiencia in Lima ein. Es wird, schreibt ein entsprechender Erlaß des Prinzen Philipp vor, so feierlich empfangen wie eine herrscherliche Person selbst. Vizekönig, Oidoren und zahlreiche Bürger ziehen ihm zu Pferd und zu Fuß entgegen. Der Notar Jerónimo de Aliaga protokolliert:

Sie gingen bis zu dem Fluß, der dicht vor der Stadt vorbeifließt, etwa einen Armbrustschuß weit. Dort empfingen sie das königliche Siegel unter folgenden Zeremonien [...]:

Das besagte Siegel befand sich in einem kleinen gewölbten Kästchen; der Vizekönig ließ es öffnen; es wurde geöffnet durch die anwesenden Notare, und man nahm ein silbernes Siegel heraus, rund, mit dem eingravierten Wappen S. Majestät. Es wurde allen Anwesenden vorgezeigt; sie machten die Verbeugung und Reverenz, wie sie einer Insignie des Königs und angestammten Herrschers gebührt. Dann legte man es wieder in das Kästchen zurück, sperrte es mit dem Schlüssel zu und legte es einem Falben auf, der über einer karmesinroten Schabracke einen Sattel aus schwarzem Samt mit goldenen Schnallen und Litzen trug. Auf diesen Sattel also wurde das Kästchen gestellt, darüber eine Fahne aus karmesinrotem Damast gebreitet, auf der das Wappen S. M. eingestickt war, und alles auf dem Pferd festgebunden.

Dann formierte sich der Zug: Vorne die Bürgerschaft zu Pferd und zu Fuß, zwei Stabträger, dann flankiert von zwei silbernen Amtsstäben das Siegel selbst und dicht dahinter der Herr Vizekönig inmitten der Oidoren.

So ging es bis an den Eingang der Stadt; an der Ecke beim Häuserblock des Zimmermanns Lorenzo de Villaseca war ein hölzener Bogen errichtet. Bei diesem Bogen traten Stadtrat, -gericht und -verwaltung hinzu, genauer gesagt die Alkalden Alonso Palomino und Nicolás de Ribera, der Schatzmeister Alonso Riquelme, der Veedor García de Salcedo, der Faktor Illan Suárez de Carvajal und die Regidoren [...], alle in Gewändern aus karmesinrotem Atlas und Damast.

Der Vizekönig hieß die Alkalden die Zügel des Pferdes nehmen; die Regidoren trugen jeder eine der sechs Stangen eines rotseidenen Baldachins und nahmen das königliche Siegel unter seinen Schutz. So führte man es die Straße entlang bis zur Plaza und dem daran liegenden Häuserkomplex, den der Vizekönig bewohnte.

Am Fuß der Eingangstreppe jener königlichen Häuser stiegen der Vizekönig und die Oidoren ab; das Kästchen wurde dem Pferde abgenommen und vom Vizekönig den Alkalden übergeben, und diese trugen es zum Zimmer des Vizekönigs hinauf; dort fand dann das Kästchen mit dem königlichen Siegel seinen Aufbewahrungsort.

Am 2. Juli 1544, einen Tag nach dem Einzug des königlichen Siegels in Lima, beschwören Vizekönig und Oidoren feierlich die Wahrnehmung ihrer Dienstpflichten, Einhaltung der Gesetze und Ordenanzas. Während solche Zeremonialprotokolle eine intakte Autorität der Krone vortäuschen, spricht die Mehrzahl der halbprivaten zeitgenössischen Berichte und späteren Chroniken von einer weitgehenden Isolierung des Vizekönigs. Núñez Velas Zusammenarbeit mit der Audiencia in Lima spielt sich nie richtig ein und ist voller Spannungen. Es fällt bald auf, daß die Oidoren, die ja anfangs noch keine Häuser haben und überdies, wie spätere wiederholte Klagen erweisen, vom König schlecht bezahlt werden und mit den teuren Lebenshaltungskosten in der Hauptstadt nicht mithalten können, sich bald mit den reichen Bürgern und Geschäftsleuten Limas anfreunden und von ihnen häufig einladen lassen. Vom Vizekönig deswegen gemaßregelt, weisen sie darauf hin, daß solche Lobby in Spanien gang und gäbe sei:

Solche Begegnungen waren noch nie etwas Unerlaubtes, im Gegenteil früher durchaus üblich. Bei jedem Kronrat in Kastilien gehen die Geschäftsleute und Bittsteller aus und ein, bringen den Oidoren ihre Anliegen in Erinnerung und liefern ihnen die entsprechenden Informationen.

Offizielle Nachrichten über die rasch wechselnden Verhältnisse im Inland gelangen nur spärlich nach Lima. Einmal heißt es, das ganze Hochland einschließlich der Städte Huamanga (Ayacucho), Arequipa, Chuquisaca (das heutige Sucre in Bolivien) und Cuzco seien abgefallen, später halten Arequipa und San Miguel de Piura zum Vizekönig und Trujillo fällt ab. – Gonzalo Pizarro, der weit weg im Südosten in seiner ihm von Vaca de Castro auferlegten Verbannung von reichlich fließenden Indianertributen lebt und noch über riesige zusätzliche Einkünfte aus neuentdeckten Silberminen in Bolivien verfügt, ist dank seiner zahlreichen Freunde und seines indianischen Depeschendienstes weitaus besser informiert. – Albenino schreibt:

Es schien, als ob er sich um die Politik überhaupt nicht mehr kümmere, aber dem war nicht so: viele Tage vorher hatte er sich bereits mit guten Freunden über jenen Handel beraten, und wenn er auch fern von Cuzco war, so hatte er doch seine indianischen Stafettenläufer, die ihm von allem, was sich zutrug, jede Kleinigkeit binnen kürzester Frist durchmeldeten.

Als weitere Kräfte im Lande können die indianischen Kaziken im Norden des Reiches gelten, die durch Núñez Vela große Privilegien erhalten haben, sowie der Inca Manco in seinem Refugium Vilcabamba in den Zentralanden. Núñez Vela hat von Kaiser Karl V. den persönlichen Auftrag, mit Manco eine Versöhnung herbeizuführen; die Pizarristen in Cuzco fürchten einen Überfall des Inca und begründen damit ihre Rüstungen und festeren Zusammenschluß. Garcilaso weiß durch seine Mutter, die Incaprinzessin Chimpu Ocllo und ihre Verwandten, Näheres zu berichten über die letzten eineinhalb Lebensjahre des Inca Manco, in denen er dem aus Cuzco geflohenen Pizarromörder Diego Méndez und weiteren sieben Almagristen, unter ihnen seinen späteren eigenen Mörder Gómez Pérez, Asyl bietet, sowie über die Verbindung, die Manco mit Hilfe jener Almagristen zum Vizekönig Núñez Vela aufgenommen haben soll:

Diego Méndez, Gómez Pérez und die sechs anderen dem Kerker in Cuzco und der Aburteilung durch Vaca de Castro [...] entkommenen Spanier erfuhren durch den Inca von der Ankunft des neuen Regenten und von dem Streit und Aufruhr, der das ganze Land erfaßt hatte, dem Vernehmen nach, weil jener neue Zwangsmaßnahmen einführen und im Land alles umkrempeln wollte [...].

Dem Inca schickten nämlich seine Vasallen jeden Tag Meldung von dem, was sich außen zutrug; er selbst war ja eingeschlossen in jener wilden Bergwelt.

Diego Méndez und seine Gefährten waren hocherfreut über diese Neuigkeiten und überredeten den Inca, an den Vizekönig zu schreiben mit der Bitte um die Erlaubnis, jenes Gefängnis zu verlassen und sich, wenn es die Lage erfordere, an der Seite des Regenten in die Dienste S. Majestät zu begeben. Der Inca tat es in der von den Spaniern genährten Überzeugung, es öffne sich auf diese Weise ein Weg, sein ganzes Reich wiederherzustellen oder wenigstens einen guten Teil davon. Die Spanier schrieben ihrerseits einen Bittbrief um Pardon für das Geschehene und um freies Geleit, um sich in die Dienste S. Hoheit [*des Vizekönigs*] zu begeben und seinem Befehl zu unterstellen.

Gómez Pérez wurde zum Botschafter des Inca ausersehen. Begleitet von zehn oder zwölf Indios, die der Inca zu dieser Mission abgeordnet hatte, erschien er vor dem Vizekönig, überreichte ihm Briefe und Botschaft und erstattete ihm ausführlich Bericht über ihren Aufenthalt beim Inca und dessen Bereitschaft, sich ihm zur Verfügung zu stellen.

Der Vizekönig war sehr erfreut über diese günstige Nachricht, gewährte den Spaniern bereitwilligst den erbetenen Pardon und antwortete dem Inca in Worten von ausgesuchter Liebenswürdigkeit und Wärme, denn er erkannte sehr wohl, daß die Freundschaft des Inca bei jeder Gelegenheit, ob im Frieden oder in einer kriegerischen Auseinandersetzung, eine große Hilfe und Entlastung bedeutete.

Gómez Pérez kehrte mit der Antwort zurück zu den Seinen. Sie und der Inca waren sehr glücklich darüber und schmiedeten schon Pläne über die rascheste Art, hier herauszukommen und sich in die Gefolgschaft des Vizekönigs zu begeben. Aber der Unstern, der über dem Geschick des Núñez Vela stand, ließ es nicht zu, und alles wendete sich ins Gegenteil.

Die Vecinos in Cuzco und anderer Städte ernennen Gonzalo Pizarro zum Procurador (Sachwalter ihrer Interessen) und zum Capitán General. Das Image des 30jährigen schließt alle geforderten Attribute ein. Er gehört zur kleinen Gruppe der Cajamarcahelden, er gilt als der Bezwinger des Mancoaufstandes, und der Name »Pizarro« verleiht ihm besonderen Glanz. Dank seines Geldes überspielt er den in weiten Kreisen nach wie vor bestehenden Autoritäts- und Loyalitätskonflikt und rüstet in großem Stil. In Lima wird ruchbar, daß Gonzalo die im Kriege gegen die Almagristen fabrizierten 20 Kanonen – damals ein unschätzbarer Wert – requiriert hat, angeblich zum Schutz gegen die vom Inca Manco drohende Gefahr. Bewaffnete Mannschaften, die Núñez Vela von Lima ausschickt, um die Abtrünnigen im Hochland zur Raison zu bringen, laufen über. Núñez Vela verhängt Ausreisesperre über Lima und höchsten Alarmzustand. Als schließlich am Sonntag, den 14. September 1544, vierzig Männer auf einmal desertieren, unter ihnen drei Neffen und weitere Verwandte des Faktors Illan Suárez de Carvajal, verliert der alte Vizekönig die Nerven, ergeht sich in Beschimpfungen gegen den Faktor, der ihm in den verflossenen Monaten in den harten Verhandlungen mit der Bürgerschaft viel zu schaffen, aber auch den Einzug in Lima erst möglich gemacht hat, und läßt ihn vor sich rufen.

Gutiérrez de Santa Clara, ein Chronist aus der Umgebung des Vizekönigs, schreibt:

Der Faktor [...] war gerade beim Ankleiden für den Gang in den Palast. Weil man ihn so zur Eile trieb, zog der betagte Mann nicht seine sonst gewohnten Halbstiefel an, sondern schlüpfte nur in ein Paar Pantoffeln; den Leibrock hakte er sich erst auf der Straße zu.

Er erfährt auf dem Wege von seinem Begleiter nur unvollkommen, worum es geht, beteuert, daß er von der Flucht seiner Verwandten nichts gemerkt habe, und wird zum Vizekönig hinaufgeführt. – Gutiérrez de Santa Clara:

Der Faktor ging ohne Argwohn und Furcht mit hinauf zum Vizekönig und stand vor ihm mit dem Hut in der Hand. Dieser ließ seiner angestauten Wut freien Lauf und fuhr ihn an: »Ihr kommt zu schlechter Stunde, Verräter!«

Der Faktor antwortete, nicht ohne Erregung: »Ich weiß nicht warum; ich bin ein ebenso guter Diener S. Majestät wie Eure Hoheit!«

Der Vizekönig erwiderte mit wachsendem Zorn: »Einen schändlichen Verrat gegen den König habt Ihr inszeniert, indem Ihr Eure Neffen mit einem ganzen Haufen treuloser Gesellen auf den Weg schicktet zu dem Verräter Gonzalo Pizarro!«

Der Faktor antwortete: »Nie wolle es Gott fügen, daß ich an meinem König und Herrn zum Verräter werde; ich bin ein ebenso guter Vasall und loyaler Diener S. Majestät wie Eure Hoheit selbst; und was die jungen Carvajals betrifft: Ich habe sie nicht geschickt; sie und die anderen Männer müssen sich in eigener böser Absicht zu dem Tyrannen aufgemacht haben.«

Der Vizekönig entgegnete: »Oh, Verräter, Verräter! Ich weiß sehr wohl: Ihr habt zu dem Tyrannen geschickt mit geheimen Botschaften; denn bei jeder Gelegenheit stellt Ihr Euch mir entgegen; dementsprechend habt bestimmt Ihr und der verräterische Antonio de Solar auch damals in dem Tambo von La Barranca jene schändlichen und unverschämten Worte hingeschrieben. Ebenso habt Ihr Euch in den letzten Tagen geweigert, Euer Maultier, jenes mit dem sanften Schritt, dem Pater Loaysa für seinen Besuch im Lager der Rebellen zur Verfügung zu stellen; dabei wußtet Ihr doch, daß er den Gang im Dienste S. Majestät tat, um von mir Botschaften zu überbringen. Zu alledem noch rechtfertigtet Ihr neulich mir gegenüber ganz offen

Euren Bruder, der gegen mich anrückt mit jenem Gonzalo Pizarro! Ständig habt Ihr und ein anderer Eurer Brüder, der Bischof von Lugo, den man ja aus dem Kronrat hinausgeworfen hat, in Spanien gegen den König gearbeitet, und auch jetzt sinnt Ihr nur auf Rache gegen den König und neuen Verrat!«

Da rief der Faktor wütend: »Das ist keine Art, mich zu behandeln, Hoheit! Weder ich bin ein Verräter noch meine Brüder, noch hat es jemals in meiner Familie solche gegeben, sondern nur treueste und loyale Diener unseres Herrn, des Königs!«

Der Faktor wollte fortfahren mit seiner Entschuldigung, aber der Vizekönig ließ ihn nicht dazu kommen, stürzte mit dem Dolch in der Hand auf ihn los und brachte ihm – ach, welche Verblendung! – zwei tiefe Stiche in die linke Achselhöhle bei; der Getroffene stürzte zu Boden und vergoß Bäche von Blut. Da schrie der Faktor, Gott unseren Herrn und die Heilige Mutter Maria um Beistand bittend, und flehte um Absolution und Erbarmen viele Male; aber er fand keine Erhörung.

Kaum war der Faktor gefallen, da befahl der Vizekönig seinem Bruder Vela Núñez, ihm den Gnadenstoß zu geben; der General sagte, das wage er nicht; S. Majestät würde das als schweren Ungehorsam ansehen, denn sie seien ja nicht von Spanien gekommen, Diener des Königs umzubringen, sondern für den Frieden zu sorgen. Das traf den Vizekönig empfindlich, und er wandte sich voller Wut an die Umstehenden und brüllte sie an: »Tötet ihn, Caballeros, tötet ihn! Er ist ein Verräter und Feind E. Majestät, der sich verbündet hat mit dem Verräter Gonzalo Pizarro!«

Aber sie wollten es nicht tun. Als der Vizekönig sah, daß niemand sich hinwagte, und niemand Hand anlegen wollte an den Faktor, befahl er es seinem Pagen Juan de Urbina und den Hellebardieren unter Drohungen, er würde sie aufhängen lassen, wenn sie ihn nicht völlig töteten; sie hätten niemand zu fürchten, schließlich sei es ja er, der es ihnen befehle. Angesichts der schäumenden Wut des Vizekönigs, die das Schlimmste verhieß, wenn sie sich weigerten, gehorchten Juan de Urbina und die Hellebardiere mehr aus Angst als mit freiem Willen, und so begannen Juan de Urbina mit einem Degen und die Hellebardiere mit ihren Hellebarden zögernd auf den Faktor einzustechen, der in einem Winkel des Zimmers kauerte und Gott im Himmel um Erbarmen und Vergebung seiner Sünden anflehte.

Ein Teil der umstehenden Männer schrien den Hellebardieren und dem jungen Urbina zu, diese Grausamkeit zu unterlassen und den Faktor nicht anzurühren. Aber nichts half, der Vizekönig drohte immer mehr und trieb sie an. Andere, die das ebenfalls mitansahen, den niedergestürzten Faktor im Winkel und den auf die Hellebardiere einschreienden Vizekönig, warfen sich vor diesem auf die Knie und flehten ihn inständig an, er möge um der Liebe Gottes und Unserer lieben Frau willen dem Faktor verzeihen. Aber er blieb allem gegenüber blind und taub, in seiner Wut und Leidenschaft fern aller Vernunft, und hörte nichts, was man ihm sagte. Andere wieder warfen voller Verzweiflung und Mitleid mit dem Faktor ihre Capas und scharlachroten Talare über ihn, um ihn vor den Stößen der Hellebarden zu schützen; aber was half's, wenn ein Stich und Schlag nach dem anderen ihn traf!

So wurde der unglückliche Faktor Illan Suárez de Carvajal erstochen in jenem Winkel, wo sein Blut an der Wand klebte und lange Zeit Zeugnis abgab von seinem plötzlichen Sturz und gewaltsamen Tod.

Nach vollbrachter Tat befahl der Vizekönig den Hellebardieren, den Leichnam durch die Gänge hinunter auf die Plaza zu schleifen und durch die dort postierte Wachkompanie in Stücke schlagen zu lassen. Man rief zwei Neger des Vizekönigs; diese zogen den Toten an den Beinen aus dem Raum, trugen ihn dann aber auf den Armen hinunter in den Patio und legten ihn anschließend in die Kammer eines der Hellebardiere, ohne daß der Vizekönig etwas davon zu wissen bekam.

Pedro de Castro, den Stellvertreter des Polizeiobersten [...], dauerte der Faktor, er hängte über ihn ein Marienbild und stellte ihm zu Häupten eine Wachskerze. Er erhielt kein Totenhemd, sondern wurde nur mit seiner eigenen Capa zugedeckt; sie war groß genug. Dem Vizekönig gab man zu verstehen, man hätte den Leichnam durch die Gänge hinausgeschafft. Beim Morgengrauen trugen ihn vier Neger auf einem Brett hinaus und zur Hauptkirche. Deren Türen waren jedoch verschlossen, und so begrub man ihn, angekleidet wie er war, auf dem Friedhof dicht am Hauptportal. Er hatte zwölf tödliche Wunden, aber die zwei, die ihm der Vizekönig beigebracht hatte, genügten, um ihm das Leben zu rauben.

Das war das Ende des Faktors, eines Mannes von bestem Ruf im Land [...]; sein Haus stand den Armen immer offen. Er war, als er starb, etwa 65 Jahre alt.

Als der Totschlag an Illan Suárez allmählich bekannt wird, ist die Empörung in der Stadt Lima allgemein. Die Oidoren, seit langem mit Núñez Vela zerstritten, holen zum entscheidenden Schlag aus, benützen das königliche Siegel zur Legitimierung einer Provision, mittels derer sie sich die Regierungsgewalt zuschreiben und sich an die Spitze der empörten Menge stellen. In dem unblutigen Putsch wird der Vizekönig gefangengenommen, mit einer Balsa auf eine »wüste Insel ohne Holz und Wasser« gebracht, kurz darauf eingeschifft mit Ziel Spanien, jedoch von dem ihm beigegebenen Oidor Alvarez in Tumbes wieder an Land gelassen. Dort und in Ecuador gewinnt er langsam wieder Anhänger, vor allem unter den Indios, und kann sich noch eineinhalb Jahre im Lande halten.

Gonzalo Pizarros Machtübernahme 1544

Gonzalo Pizarro ist bereits von Cuzco unterwegs zur Küste. Es geht jedoch keineswegs ein allgemeines Aufatmen durchs Land. Die Angst vor den kommenden Auseinandersetzungen, vor Gewalttat, Tyrannei und Kondottieretum ist groß, und selbst in Cuzco gibt es eine Gruppe, die Gonzalos riskanten Kurs nicht mitmachen will. Nicolas de Albenino schreibt:

Wenige Tage nach Gonzalo Pizarros Aufbruch schlossen sich 25 bis 30 der vornehmsten Bürger Cuzcos zu einer Konföderation zusammen und strebten mit leichtestem Gepäck auf einem anderen Weg Lima zu, um dem Vizekönig ihre Dienste anzubieten.

Der Vater des Chronisten Garcilaso befindet sich ebenfalls unter den Flüchtenden, die den weiten Umweg über Arequipa nehmen, um von Südperu übers Meer nach Lima zu gelangen. Als sie an der Küste ankommen, sind die beiden einzigen Schiffe schon weggesegelt. Garcilaso:

Sie sahen sich um alle Hoffnungen betrogen: es gab keinen anderen sicheren Weg, denn Gonzalo Pizarro hatte sowohl die Straßen der Ebene wie des Gebirges in der Hand. So machten sie sich daran, ein großes Schiff zu bauen, um damit übers Meer in die Stadt de Los Reyes zu gelangen. Sie brauchten dazu vierzig Tage; da aber die Offiziere keine Meister im Schiffbau waren und auch das Holz nicht abgelagert war, ging das Schiff mitsamt der Ladung auf Grund.

Da blieb ihnen keine andere Wahl mehr: Sie mußten die Küstenstraße nach Lima nehmen und sich der Gefahr aussetzen, von ihren Feinden abgefangen zu werden. Ihr Vorhaben glückte; der Weg war unbesetzt; aber als sie in der Stadt de Los Reyes ankamen, hatte man den Vizekönig bereits gefangengenommen und nach Spanien eingeschifft.

Albenino:

Bei ihrer Ankunft lag die Verhaftung des Vizekönigs gerade drei Tage zurück. Wenn sie früher gekommen wären, hätten die Dinge womöglich einen anderen Verlauf genommen.

Aus Lima wird der Rechnungsprüfer Zárate mit hinhaltenden Botschaften nach Jauja ins Lager von Gonzalo Pizarro geschickt, aber von dessen Vorhut schon abgefangen. Er erzählt von sich in der 3. Person:

Man hielt ihn zehn Tage lang gefangen, und die Kriegsleute taten, was sie konnten, um ihn in Schrecken zu setzen [...]. Auf alle seine Vorschläge hatten Gonzalos Leute keine andere Antwort parat als: er möge den Oidoren sagen, für das Land sei es das Beste, wenn sie Gonzalo Pizarro zu seinem Gobernador ernennten; danach würde auch alles im Sinne der Oidoren geregelt; wenn sie sich weigerten, werde Lima geplündert.

Zárate dringt in Lima mit Gonzalos Ultimatum nicht sofort durch. Die Oidoren, die ja königliche Beamte sind, scheuen das Odium einer offiziellen, auf die Diktatur eines Caudillo abzielenden Initiative und versuchen auf bürokratischem Wege, Zeit zu gewinnen: die Procuradoren (Bevollmächtigten) der Städte sollen in einer schriftlichen Kollektiveingabe Gonzalo als Gouverneur vorschlagen; gleichzeitig sollen hohe geistliche und weltliche Amtsträger, unter ihnen wiederum Agustín de Zárate, gutachtlich Stellung nehmen; dann erst könne man eine solche Machtübernahme durch eine Provision mit königlichem Siegel sanktionieren. Der eingeleitete Papierkrieg wird von den äußeren Ereignissen überholt: Gonzalo steht mit 600 Mann – 370 aus Cuzco und 230 Überläufern – und Artillerie in den Mauern der Tempelstadt Pachacamac zum Sturm bereit, 25 km vor den Toren Limas. Die Mehrzahl der amtierenden Städtebevollmächtigten fungiert bei ihm als Hauptleute, unter ihnen gefürchtete Namen wie Francisco de Carvajal, Hernando Bachicao, Pedro de Puelles, Pedro de Hinojosa u. a. – Zárate erzählt:

Während noch verhandelt wurde, langte Gonzalo Pizarro eine Viertelmeile vor der Stadt an, Lager und Artillerie sturmbereit. Als an diesem Tag die erwartete Provision [*die Ernennung zum Gouverneur*] immer noch ausblieb, schickte er in der darauffolgenden Nacht seinen Feldmeister [*Francisco de Carvajal*] mit dreißig Musketenschützen in die Stadt. Der griff an die 28 Personen auf, hauptsächlich unter jenen, die aus Cuzco herbeigeeilt waren, und andere, die wegen ihrer Parteinahme für den Vizekönig denunziert worden waren, unter ihnen Gabriel de Rojas, Garcilaso de la Vega, Melchor Verdugo, den Lizentiaten Carvajal, Pedro del Barco [...] und andere

Männer von den Vornehmsten des Landes, und ließ sie in den Kerker werfen. (Er hatte sich zu diesem mit Gewalt Zutritt verschafft, den Stadtrichter abgesetzt und diesem die Schlüssel abgenommen.) Die Oidoren sahen wohl alles mit an, konnten aber nichts machen, ja nicht einmal Einspruch erheben; denn in der ganzen Stadt gab es kaum 50 bewaffnete Männer: alle Soldaten des Vizekönigs und der Oidoren waren zum Lager des Gonzalo Pizarro übergelaufen [...].

Am nächsten Morgen erschienen ein paar Hauptleute Gonzalo Pizarros in der Stadt und verlangten von den Oidoren die umgehende Ausstellung der Provision [*Ernennungsurkunde für Gonzalo*]. Wenn dies nicht erfolge, kämen sie mit Feuer und Schwert über die Stadt, und würden bei den Oidoren anfangen. Als die Oidoren mit der Entschuldigung sie hinzuhalten versuchten, sie seien hierzu nicht befugt, ging der Maestro de Campo Carvajal her und holte in ihrer Gegenwart vier von den eingesperrten Männern aus dem Kerker; drei von ihnen – Pedro del Barco, Machín de Florencia und Juan de Sayávedra – hing er an einem Baum unmittelbar vor der Stadt auf. Er bedachte die Todeskandidaten noch reichlich mit Spott und makabren Witzen – er ließ ihnen nicht einmal eine halbe Stunde Zeit zu beichten und ihre Seelen auf das Ende vorzubereiten –, ganz besonders Pedro del Barco, den er als letzten von den dreien aufhing. Diesem sagte er, er wolle ihm als ehemaligen Hauptmann und Konquistadoren [*er gehört zu den drei Erstentdeckern Cuzcos*] und als eine der Spitzenpersönlichkeiten und weil er wohl der Reichste im Lande sei, eine besondere Auszeichnung im Tode zukommen lassen; er dürfe sich den Ast an dem Baum aussuchen, an dem er hängen wolle. Das Leben von Luis de Leon rettete ihm sein Bruder, der als Soldat Gonzalo Pizarros sich diese besondere Gunst erbat.

Als das die Oidoren sahen und der Maestre de Campo ihnen noch weiter drohte, wenn nicht augenblicklich die Provision fertig sei, würden auch noch die übrigen Gefangenen aufgehenkt und die Stadt den Soldaten zur Plünderung freigegeben, entschlossen sie sich endlich, die Gutachten von den dazu ausersehenen Personen einzufordern. Diese trafen prompt ein, sämtlich ohne Gegenstimme für die Aushändigung der Gouverneursurkunde [...] an Gonzalo Pizarro.

Am 21. Oktober 1544 gibt der königliche Rechnungsführer Agustín de Zárate sein Gutachten ab:

Ich erkläre: Von den Oidoren der hier residierenden königlichen Audiencia wurde ich beauftragt, ein Gutachten abzugeben, welche

Maßnahmen am besten die Ruhe und Sicherheit in diesen Königreichen garantieren; denn davon hänge der Fortbestand des Glaubens, die Autorität des Königs und das Wohl der Eingeborenen in diesem Lande ab.

Obwohl eine solche Meinungsäußerung nicht in meine amtliche Kompetenz fällt, und Eure Königliche Hoheit unter Umständen sogar unsere Stellungnahme für nachteilig ansehen könnte, ich außerdem über die ganzen Verhältnisse hierzulande nur schlecht informiert bin, habe ich notgedrungen diese Aufgabe [...] auf mich genommen [...]. Die Punkte, zu denen ich im folgenden Schriftsatz Stellung nehme, [...] dürften gleichzeitig meine Intentionen verständlich erscheinen lassen.

Agustín de Zárate läßt sich ausführlich darüber aus, was alles für Gonzalo Pizarro spricht. Abschließend faßt er zusammen:

Der besagte Gonzalo Pizarro hat von je her sich redlich bemüht um die Wahrung und Mehrung der königlichen Finanzen, und er wird es bestimmt weiterhin so halten, wenn er noch dazu Vollmachten von Euch bekommt. Wo nicht, so wüßte ich schwer zu sagen, wer dann noch dafür einsteht, daß der Kronschatz nicht verschleudert oder bei den mit Sicherheit zu erwartenden Parteifehden und Bürgerkriegen gänzlich aufgebraucht wird; denn dann gibt es bald keine andere Zuflucht mehr für beide Parteien als die königliche Kasse, [...] wie die Erfahrung in den vergangenen Jahren wiederholt gezeigt hat.

Dieser Gonzalo Pizarro nun ist persönlich sehr beliebt und genießt große Verehrung, nicht nur weil er selbst mit denen alle Mühen geteilt hat, die dieses Land gewonnen und entdeckt haben, sondern auch als Bruder des Marqués Don Francisco Pizarro, der mit persönlichem Einsatz von Kraft, Leben und Gut, Ausdauer und Glück dieses Land entdeckt und erobert hat und dessen Reichtum E. Majestät so oft schon in ihren Nöten zu Gute gekommen ist.

Aus diesen Gründen plädiere ich dafür [...], daß Eure Oidoren dem Gonzalo Pizarro den Rang eines Gouverneurs und Generalhauptmanns dieser Reiche verleihen, solange bis E. M. auf Grund weiterer Informationen eine andere Regelung trifft [...]. Dies ist meine Meinung, wie ich sie vor Gott und meinem Gewissen vertreten und verantworten kann [...]. Agustín de Zárate.

Die Oidoren und Bischöfe äußern sich ebenfalls:

Am 21. Oktober 1544 kamen die Oidoren mit den Herren Bischöfen von Lima, Cuzco und Quito [...] zusammen und berieten sich. Alle kamen überein, die Audiencia dürfe weder zurücktreten noch riskieren, daß sie mit Gewalt durch die dazu entschlossenen Aufständischen verdrängt werde [...]. Der Schaden sei bedeutend geringer, wenn man Gonzalo das Gouvernement überlasse; denn bei einer Vertreibung der Audiencia würden die Oidoren alle umkommen, und die königliche Autorität wäre im Gouvernement völlig ausgeschaltet. Selbst wenn die Audiencia schließlich doch weichen müsse, sei es immer noch besser, Gonzalo Pizarro das Gouvernement als Lehen S. M. zu überlassen, damit er es nicht mit Gewalt an sich reiße, und es stehe immer noch im Ermessen S. M., den Posten anders zu besetzen.

Am folgenden Tag trifft die Eingabe der Procuradoren ein:

Am Mittwoch, den 22. Oktober, präsentierten die Procuradoren der einzelnen Provinzen der Audiencia eine Petition, in der gefordert wird, daß Gonzalo Pizarro Gouverneur über alle Provinzen werde, und obwohl man genau wußte, daß man das eigentlich nicht tun durfte, so stimmten doch alle anwesenden Herren zu, um größeres Unheil zu verhüten.

[*Unterschriften:*] Fray Jusolano, Lima – Fray Tomás, Provinzial des Dominikanerordens, Bischof von Quito – Lizentiat Cepeda – Dr. Lysori de Tejada. – Lizentiat Zárate.

Am 23. Oktober 1544:

Sie verabschiedeten die königliche Provision und setzten darunter das königliche Siegel.

Gonzalo erhält die ersehnte Provision:

Er nahm die besagte königliche Provision in seine Hände, küßte sie und legte sie auf sein Haupt und sprach, er gehorche ihr und werde ihr immer gehorchen wie einem Brief und Gebot seines Königs und angestammten Herrschers selbst, welchen Gott leben und regieren lassen möge unter stetiger Mehrung seiner Reiche und Herrschaften.

Am 24. Oktober 1544 zieht Gonzalo bis an die Zähne bewaffnet in Lima ein. Es ist kein festlicher Empfang; die Oidoren haben sich in ihre Häuser zurückgezogen, ebenso die Ratsherren des Cabildo. Agustín de Zárate berichtet:

Nach Erhalt der Provision hielt er seinen Einzug in Lima, sein Heer in Schlachtordnung formiert: die Vorhut führte der Hauptmann Bachicao mit 22 Stück Feldartillerie und mehr als 6000 Indios, die auf ihrem Rücken die Kanonen und Munitionen trugen; ab und zu feuerten sie einen Schuß in den Straßen ab. 50 Kanoniere waren dabei, und 30 Musketiere zur Bewachung der Artillerie; dann kam eine Kompagnie [...] mit 150, danach eine mit 200 Musketieren, darauf Gonzalo selbst [...] auf einem prächtigen Pferd mit einem Brokatgewand über einem einfachen Kettenhemd. Ihm folgten weitere drei Hauptleute zu Pferd, in der Mitte Don Pedro Puertocarrero mit der Kompagniefahne in der Hand, die die königlichen Insignien zeigte, rechts Antonio de Altamirano mit der Fahne von Cuzco und links Pedro de Puelles mit der Standarte, die das Wappen Gonzalo Pizarros zeigte. Am Schluß die ganze Reiterei in kriegsmäßiger Bewaffnung. So ging es zum Haus des Lizentiaten Zárate (des Oidors), wo auch die übrigen Oidoren versammelt waren; denn er hatte sich krank gestellt, weil er mit der Audiencia nicht zum Empfang hinaus wollte.

Gonzalo ließ die Reiterei auf der Plaza warten und stieg zu den Oidoren hinauf. Sie empfingen ihn, nahmen seinen Lehensschwur entgegen und übergaben ihm die gewünschten Vollmachten. Von dort ging er zum Rathaus, wo die Regidoren versammelt waren, und ließ sich dort mit allen herkömmlichen Zeremonien huldigen. Von dort zog er zu seinem Wohnquartier [*Francisco Pizarros und in der Zwischenzeit vizeköniglicher Palast*]; sein Maestro de Campo quartierte das Fußvolk und die Reiterei in den Häusern der Bürger ein, die sie auch verpflegen mußten.

Dieser Einzug und Empfang erfolgte Ende Oktober 1544, vierzig Tage nach der Verhaftung des Vizekönigs.

Zárate, der auch noch in Spanien, wohin er 1546 zurückkehrt, um Sympathie für die peruanische Bewegung wirbt, beteuert in seiner Chronik, daß Gonzalo, zumindest auf dem zivilen Sektor, die Rechte der königlichen Audiencia weiterhin respektiert habe:

Von da an regierte Gonzalo Pizarro, beschänkte sich aber auf die kriegerischen Angelegenheiten und was damit zusammenhängt, ohne in Dingen der Justiz auch nur im geringsten dreinzureden. Das blieb Sache der Oidoren.

Albenino sieht die Dinge anders:

Von da an begann er mit seinen Vollmachten so selbstherrlich umzugehen, als ob er sie geerbt hätte. Er nahm den Konquistadoren, die in der vergangenen Fehde auf der Gegenseite gewesen waren, die Indios weg und verteilte sie nach seinem Gutdünken; die besten Encomiendas schrieb er sich selbst zu [...].

Seit dem Einzug des Gonzalo saßen die Oidoren nie mehr auf den Rängen der Audiencia, verordneten auch nicht mehr aus eigener Vollmacht; nur noch der Lizentiat Cepeda war gut Freund mit Gonzalo [...], und bald geschah in der Stadt nur noch, was Cepeda anschaffte und verordnete.

Es bleibt nicht bei Vermögensentzug für Gegner des Regimes oder neutral Abseitsstehende: Man hält sich an die Häuser und Familien. Der kleine Garcilaso de la Vega und seine Mutter, die Incaprinzessin Chimpu Ocllo, machen in Cuzco schlimme Zeiten durch:

Als Pedro de Puelles kam, sprach ihm Gonzalo Pizarro die Indios zu, die Garcilaso de la Vega gehörten. Dessen Häuser wurden von den Soldaten geplündert; einer wollte schon Feuer an sie legen und hielt bereits die Fackel in der Hand. Ein anderer, der nicht ganz so übel geraten war, sagte zu ihm: »Was haben Euch die Häuser getan? Wenn wir ihres Herrn habhaft werden, können wir uns an ihm rächen, aber die Mauern, was haben die Schuld?« Aber sie ließen nichts darin, was auch nur einen Maravedí wert gewesen wäre, keinen Indio und keine India, und bedrohten alle, die es wagen sollten, das Haus wieder zu betreten, mit dem Tode.

Völlig hilflos verblieben darin nur acht Personen: meine Mutter, eine Schwester von mir und eine Magd, die lieber das Leben riskierte, als uns zu verleugnen, und ich. [...]

Meine Mutter und uns andere, denen man gleichfalls nach dem Leben trachtete, schützte nur die Freundschaft einiger Freunde meines Vaters, die zu Gonzalo hielten und trotzdem noch unser Haus betraten. Sie sprachen zu uns gewandt: »Was können die Kinder für das, was die Alten getan haben?«

Wir wären verhungert, wenn uns nicht die incaischen Verwandten und vornehmen Damen geholfen und uns jede Stunde des Tages auf geheimen Wegen etwas zu essen geschickt hätten; aber es war so wenig aus Furcht vor den Tyrannen, daß es kaum zum Leben reichte.

Ein Kazike namens Don García Paucar, der meinem Vater unterstand und über zwei Dörfer am Ufer des Apurimac herrschte [...], hatte mehr Mut und Treue als die anderen und riskierte tatsächlich sein Leben. Er kam eines Nachts zu unserem Hause und schärfte uns ein, wir sollten in der nächsten Nacht um die gleiche Stunde wachen; er würde uns dann 25 Scheffel Mais liefern; sieben oder acht Nächte darauf schickte er wieder 25, und damit konnten wir unser Leben fristen über eine Hungerzeit von mehr als acht Monaten hinweg, bis Diego Centeno in Cuzco einzog, wovon später noch die Rede sein wird.

Diese Dinge, obwohl unbedeutend, seien erwähnt, um die Treue dieses guten Curacas zu zeigen, damit seine Kinder und Nachkommen auch auf ihn stolz sein können.

Ein vornehmer Spanier, der gegenüber wohnt, bietet dem Knaben Garcilaso Mittags- und Abendtisch an:

Das Mittagessen wurde angenommen, die Abendmahlzeit nicht, damit man nicht um diese Stunden das Haustor öffnen mußte; denn jeden Augenblick fürchteten wir, sie würden uns den Hals abschneiden – so drohten sie uns auf Schritt und Tritt.

Hernando de Bachicao, der Hauptmann der Artillerie, war damals noch in Cuzco und bombardierte unser Haus von dem seinigen aus [...]. Ähnlich erging es den Häusern der anderen [*vor Gonzalo Pizarro*] geflüchteten Vecinos, jedoch nicht ganz so schlimm.

Der Schiffsverkehr auf dem Ozean zwischen Panama und Peru ist anfangs von den Wirren im Inland unbehelligt geblieben, und der Vizekönig Núñez Vela erhält in Tumbes noch Nachschub. Plötzlich aber wandelt sich die Lage; Gonzalos Artilleriehauptmann Hernando de Bachicao raubt sich auf Piratenart eine Flotte zusammen. Der Kaufmann Albenino schreibt:

Bachicao fuhr die Küste entlang und warb überall Leute ab. Das ging sehr leicht, denn nirgends hatten sie solche Freiheiten zu Räubereien und Schandtaten wie unter ihm, und so gab es bald keinen Vagabunden mehr, der ihm nicht zulief, sobald er von ihm hörte [...].

Er kaperte Schiff um Schiff. Auf der Höhe von Panama verfügte er bereits über acht Schiffe und 100 kriegstüchtige Männer.

Der anonyme Bericht aus der Dokumentensammlung Santa Cruz bringt Details:

Am 5. Januar 1545 landete in Panama ein Schiff [*aus Peru*] [...], mit ihm ein Hauptmann des Vizekönigs, der Cuzcobürger Juan de Guzmán, und begann Kriegsvolk und Waffen für den Vizekönig einzuladen [...].

Vierzehn Tage später lief eine weitere Nao aus der Flotte des Vizekönigs, die des Juan Gallego, ein; sie befand sich auf der Flucht vor zwei Naos und zwei Brigantinen Gonzalo Pizarros und brachte die ersten Nachrichten, wie Gonzalo Pizarro [...] über Freunde des Vizekönigs Hochgericht hielt.

Am 25. Januar erschien in Panama Gonzalo Pizarros Admiral Bachicao mit vier Naos und zwei Brigantinen; eine davon hatte er gerade unterwegs gekapert. Als er sich dem Ufer näherte, setzten einige Schiffe rasch Segel und machten sich auf die Flucht. Er fuhr hinter der einen Nao her, die dem Maestre Gallego gehörte; als der Verfolger ihm immer näher kam, – stieg ein Mann auf den Mast, um das Marssegel zu setzen. Da befahl Bachicao zu schießen, weil der andere die Segel nicht einziehen wollte. Man feuerte zwei Musketenschüsse ab; der eine tötete den Mann, der dabei war, das Marssegel zu setzen. Bachicao enterte und verlangte nach dem Schiffsmeister; dann ließ er ihn an der Rahe aufhängen; alles Bitten und Flehen war umsonst, und so hing er den ganzen Nachmittag. An Land angekommen, befahl Bachicao alle Waffen auszuliefern, die der Hauptmann Juan de Guzmán gefaßt hatte.

Die eingeschüchterten Bürger Panamas genehmigen Bachicao die Ausschiffung. Albenino:

Sobald Bachicao an Land war, liefen ihm so viele Leute zu, daß er binnen weniger Tage über 1400 Männer verfügte, mit denen er alles hätte machen können, was er wollte, sowohl in Panama wie in Nombre de Dios [*auf der karibischen Seite des Isthmus*]. In beiden Städten requirierte er alles, was an Waffen und Pferden da war, ebenso Kleidung. Seine Beute war so reichhaltig, daß man sie gar nicht aufzählen kann, und auch der Zulauf der Leute so groß, daß er gar nicht alle brauchen konnte; alle wollten mit nach Peru; für diese Fahrt verfügte nun der Capitán Bachicao über 15 Schiffe.

Die für die Empfänger der Nachrichten im spanischen Mutterland fast unbegreifliche Passivität der übervölkerten und mit Waffen gerüsteten Handels- und Verwaltungsstützpunkte Panama und Nombre de Dios gegenüber Bachicaos Bluff und Terror erläutert realistisch ein ebenfalls anonymer Bericht aus der Feder von Flüchtlingen, denen es gelungen ist, am 27. Mai 1545 aus Nombre de Dios mit einem Schiff, auf dem sich auch Vaca de Castro und Sendboten der verschiedenen peruanischen Parteien befinden, nach Spanien zu entkommen:

Wir liefen aus dem Hafen Nombre de Dios am 27. Mai dieses Jahres 1545.

Mit dem an der Rahe hängenden Schiffsmeister lief der Capitán Bachicao im Hafen von Panama ein. [...] Unter dem Schock dieses Anblicks und der Nachrichten von allem, was sich in Peru zutrug, ließ man den besagten Hauptmann Bachicao unbehelligt und ohne den geringsten Widerstand nach Panama herein. Er ging an Land mit seinen [*etwa 100*] bewaffneten Leuten [...]. Sie betraten die Stadt zum Kampf formiert, die Musketenschützen mit brennenden Lunten, immer wieder zwischendurch Schüsse abgebend, es gab mehrere Verletzte; einem Bürger von Panama, der aus dem Fenster schaute, wurde ein Arm durchschossen. So zogen sie ein mit Pfeifen und Trommeln, bemächtigten sich, ohne daß sich einer etwas zu sagen traute, der Stadt, quartierten sich ein und warfen die Hausbesitzer aus ihren Häusern hinaus.

Die Bevölkerung versorgte sie mit allem, was sie verlangten, angeblich sogar vielfach mit freudigem Willen. Aber allgemein heißt es, daß sie wie die Metzger hausten und vor Hochmut fast barsten, und in ihrem Hochmut nichts mehr achtend, Gott und die Heiligen lästernd einhergingen.

Dann machten sich Bachicao und seine Leute daran, alle königlichen und privaten Offensivwaffen in der Stadt samt der Munition zu requirieren – nicht ein Säbel soll mehr dageblieben sein. Sie verlangten von Panama 30000 Goldpesos als Beute; bei Nichterfüllung drohten sie mit Plünderung [...]. In Nombre de Dios beschlagnahmten sie alle Waffen, dazu noch Artillerie und Munition, die zur Verteidigung des Hafens bestimmt waren [...]. Einige der Königstreuen in Panama flohen, während der Überfall sich abspielte, in die Berge [...].

Den Kaufleuten in Panama raubten sie [*die Korsaren*] ihre ganzen Lagerhäuser an Kleidung, Stoffen und Putz aus mit der Beteuerung, in Peru würde man es ihnen schon erstatten, und die Kaufleute überließen ihnen in ihrer Angst, was sie wollten [...].

Auf dem Weg [*von Lima*] nach Panama hatte er die Häfen Tumbes und Paita überfallen und überhaupt längs der peruanischen

Küste geraubt und geplündert [...]. Dieser Bachicao und seine Leute führten mit sich eine Menge Indios und viele Indias als Konkubinen zu ihrem persönlichen Dienst, die sie auf ihrem Piratenzug entlang der [*peruanischen*] Küste in den Indiodörfern zusammengefangen hatten.

Man glaubt kaum, daß von diesen Indios und Indias noch viele ihre Heimat wiedersehen; denn die Gegend von Panama ist äußerst ungesund, und bis jetzt sind noch alle Indios und Indias gestorben, die man dorthin verschleppt hat.

Durch Bachicaos Piraterie verliert auch der Vizekönig Núñez Vela seinen Stützpunkt Tumbes. Der erste der beiden anonymen Berichte aus der Dokumentensammlung Santa Cruz schließt:

Vom Vizekönig gibt es keine andere Nachricht, als daß seine Soldaten ihn, als Bachicao in Tumbes aufkreuzte, im Stich ließen und zu Bachicao überliefen. Núñez Vela, nun ganz allein, habe sich angeblich nach Quito abgesetzt mit ganzen 12 Mann, alles Verwandte von ihm. Es heißt weiter, Gonzalo Pizarro schicke ihm auf dem Landwege 200 Soldaten hinterher, um ihn zu ergreifen und nach Spanien abzuschieben.

Bachicaos Treiben wird auch Gonzalo Pizarro zuviel: Er entzieht ihm das Flottenkommando und übergibt es seinem Verwandten Hinojosa, nicht zuletzt wegen der massiven Proteste geschädigter Kaufleute in Panama und Peru, auf deren Unterstützung die Aufständischen nicht verzichten können. Gutiérrez de Santa Clara schreibt:

Die Kaufleute und Reeder, die er [*Bachicao*] aus Tierra Firme verschleppt und auf dem Meer gefangengenommen hatte, beklagten sich heftig bei der Audiencia [...] und vor Gonzalo Pizarro [...] über die Beschlagnahme ihrer Waren und sonstigen Güter; sie seien nun gänzlich ruiniert, ebenso viele Vecinos von Puerto Viejo, Tumbes, Guayaquil und anderen Plätzen.

Der Machtkampf spaltet beinahe Gonzalo Pizarros Lager. Bachicao kann wenigstens noch seinen Kopf retten dank der Fürsprache Francisco de Carvajals, desselben Mannes, der ihn später als Überläufer henkt.

In Ecuador und Nordperu faßt der in Lima gescheiterte Vizekönig Núñez Vela noch einmal Fuß, findet materielle Hilfsquellen und sammelt ein paar hundert Bewaffnete. Die schlechten Verkehrs- und Nachrichtenverbindungen und das Hochgebirge schützen und dekken noch über ein Jahr lang wirksam seine Vorhaben und Truppenbewegungen. Dank des Rückhaltes, den ihm Benalcázar von Südkolumbien aus gewährt, und der Hilfe nordperuanischer Indianer gelingt ihm in den Anden bei San Miguel de Piura noch ein Sieg über vier Hauptleute Gonzalos. Doch bald geht es mit Núñez Vela endgültig abwärts: Gonzalo Pizarro konzentriert seine Macht auf Ecuador und die Verfolgung des Vizekönigs. Núñez Vela verliert Quito, läßt sich, übermüdet und eines gesunden Urteils nicht mehr fähig, am 26. Januar 1546 bei Iñaquito zur Schlacht provozieren und fällt. – Zárate schreibt:

Er ging in die Schlacht, als wäre ihm der Sieg sicher [...]. Alle seine Hauptleute drangen in ihn, er möge doch nicht in den vorderen Reihen mitstürmen, sondern sich mit 15 Reitern weiter hinten halten, um in bedrängter Situation beispringen zu können. Aber als die Schwadronen zu stürmen begannen, eilte er an die Spitze zur Fahne [...]. Er ritt einen großen Grauschimmel und trug ein weißes indianisches Gewand mit großen Schlitzen über dem Waffenhemd [...].

[*Im Laufe des Gefechtes*] erhielt der Vizekönig einen Schlag mit der Streitaxt auf den Kopf und stürzte betäubt auf die Erde; denn er und sein Pferd waren schon ganz müde von den Strapazen der vergangenen Nacht, in der sie ständig geritten waren, ohne zu essen und zu schlafen. So war es ein Leichtes, ihn vom Pferd zu stoßen [...]. Angesichts des Falls des Vizekönigs verloren die Seinigen den Mut und wurden besiegt, viele von ihnen erschlagen.

Ein anderer zeitgenössischer Historiker, Juan Cristóbal Calvete de Estrella, stellt mehrere Versionen über Núñez Velas Tod einander gegenüber. Der Vizekönig erhält hier zunächst in einem Zweikampf mit langer eingelegter Lanze einen harten Stoß:

Er saß danach ganz verdreht und zerschlagen im Sattel und konnte sich nicht mehr zurechtsetzen [...]. In diesem Zustand wurde er mit einer Lanze – andere sagen, durch einen Schlag mit einer Axt auf den Kopf – vom Pferd gestoßen, ohne daß er noch einen Fuß oder eine Hand rührte. Keiner wußte, wer der Verletzte war; er wurde erst erkannt, als man ihm die Absolution erteilte. Es heißt, er sei damals bewußtlos gewesen, weniger wegen des Falles, sondern wahrscheinlich wegen einer plötzlichen Herzschwäche. Dies klingt auch ziemlich glaubhaft: als man ihm das Haupt abschlug, war er ja kaum bei Bewußtsein. Meist aber wird behauptet, er habe sich wie tot hingestreckt in der Hoffnung, bei Nacht noch entkommen zu können [...].

Nach der Schlacht suchte der Lizentiat Benito de Carvajal das Feld ab nach dem Vizekönig, um an ihm Blutrache zu üben für den Mord an seinem Bruder, dem Faktor Illán Suárez de Carvajal, und kam zugleich mit Pedro de Puelles zu der Stelle, wo der Vizekönig lag. Benito de Carvajal [...] ließ ihm durch einen Negersklaven den Kopf abschlagen; Pedro de Puelles nahm das Haupt nach Quito mit und steckte es dort auf den Pfahl.

Zárate schließt dieses Kapitel:

Gonzalo Pizarro ließ die Toten der Schlacht begraben, immer sieben oder acht in ein Loch. Den Leichnam des Vizekönigs [...] ließ er nach Quito bringen und in allen Ehren bestatten; er selbst ging mit zum Begräbnis in Trauerkleidung. Ein paar Tage später ließ er weitere zehn oder zwölf Männer aufhängen, die sich in Kirchen und anderen Orten versteckt hatten.

Der Sieg der Konquistadoren über den Vizekönig wird in Quito sechs Monate lang gefeiert, »von Mitte Januar bis Mitte Juli 1546«. Zárate kommentiert:

Für dieses lange Verweilen gibt es verschiedene Erklärungen: die einen sehen den Grund in der besseren Möglichkeit, von Ecuador aus rasch zu erfahren, was in Spanien geplant werde, andere in der Anziehungskraft hier neuentdeckter reicher Goldminen, wieder andere in einer Liebesaffäre Gonzalo Pizarros.

Calvete de Estrella schreibt über Gonzalo Pizarros Regierungs- und Lebensstil:

Er verbannte viele und verzieh manchen; das reute ihn oft später. Für einen Tyrannen betrug er sich gegen viele auffallend mild [...]. Jetzt, da er sich als Herr sah über jene Provinzen und über das Südmeer, begann er größeren Wert auf Repräsentation zu legen als bisher und reichte wie ein König allenthalben die Hand zum Kuß.

Da nun Müßiggang aller Laster Anfang ist, dachte man bald nur noch ans Feiern und Prassen, und Gonzalo Pizarro und seine Umgebung überließen sich einem zügellosen Leben gegen alle Sitte und Ordnung.

Gonzalo Pizarro unterhielt ein Verhältnis mit einer schönen Frau, der Tochter eines Bürgers von Quito, der zusammen mit seiner Gattin die ganzen furchtbaren Strapazen von Gonzalo Entdekkungszug in die Zimtregion [*die mißglückte Amazonasexpedition*] mitgemacht und treu bei ihm ausgehalten hatte. Jene junge Frau war verheiratet mit einem anderen Bürger Quitos namens Frutos. Gonzalo hatte ihn zu den Goldminen geschickt, um sich ungestört des Umgangs mit der Frau erfreuen zu können. Sie wurde schwanger; Gonzalo fürchtete, der Ehemann würde sie umbringen, wenn er sie so vorfinde, und schickte einen seiner Diener, einen Griechen, zu den Goldminen, Frutos zu töten.

Als der Grieche zu den Minen kam, vertraute er die Sache einem dort lebenden Freund an; dieser hielt ihn von der Tat ab und warnte Frutos, daß der Grieche gedungen sei, ihn seiner Frau wegen zu ermorden. Frutos rief schmerzlich aus: »Ist es denn nicht genug damit, daß man mir meine Frau nimmt? Jetzt trachtet man mir auch noch nach dem Leben!«

Auf die Bitten seines Freundes hin kehrte der Grieche unverrichteter Dinge nach Quito zurück. Aber seine Entschuldigungen, daß er den Mord nicht habe ausführen können, halfen ihm nichts; er wurde ausgescholten und wieder ausgeschickt, diesmal mit einem Brief an Frutos, in dem diesem befohlen wurde, mit der Abrechnung über das bisher geschürfte Gold zurückzukommen; Gonzalo Pizarro wolle es so. Auf dem Rückweg sollte der Grieche, wenn sich Frutos ganz sicher wähne, diesen ermorden.

Der Grieche tat, wie Gonzalo Pizarro – andere sagen, Pedro de Puelles [...] – geboten hatte. Wie dem auch sei – Gonzalo gab dem Griechen nach dem Mord an Frutos 1000 Pesos, damit er nach Europa fahre und niemandem etwas verrate, und schrieb seinetwegen an Hinojosa [*Bachicaos Nachfolger als Flottenkommandant in Panama*], er solle ihn mit dem nächsten Schiff nach Spanien schikken. Danach überkam Gonzalo die Besorgnis, der Grieche werde in Spanien Dinge ausplaudern, die seinem Ruf abträglich wären, und er sandte ein zweites Schreiben hinterher mit der Weisung, den Mann zu töten. Aber dieser befand sich schon auf hoher See, als der Brief zu Hinojosa gelangte.

Als [*der königliche Generalbevollmächtigte Pedro de la*] Gasca in der Provinz Tierra Firme eintraf, erfuhr er, was der Grieche gemacht hatte, und avisierte den Indienrat über die Spanienreise des Griechen und die Zeichen, an denen man ihn erkennen könne. Die Nachforschungen führten zum Erfolg; er wurde in Sevilla verhaftet, floh von dort über den Ozean zur Insel Santo Domingo, wurde dort wieder gefaßt und nach Valladolid gebracht, wo er nach dem Richtspruch des Indienrates gehenkt wurde.

Über den Schluß der Ehebruchstragödie in Quito schreibt der zeitgenössische Soldat und Chronist Gutiérrez de Santa Clara:

Als der Tyrann Gonzalo Pizarro bereits wieder in Lima war, gebar ihm die Frau [*des ermordeten*] Frutos einen Sohn. Der Vater dieser Frau aber nahm das Geschöpf und zerschmetterte es an der Wand. Pedro de Puelles [*Statthalter in Quito*], dem Gonzalo die Frau anvertraut hatte, ließ den Großvater des Kindes wegen dieser Greueltat aufhängen. Befragt, warum er seinen Enkel ermordet habe, den doch keine Schuld träfe, sondern nur die Mutter, antwortete er: »Ich tötete ihn, damit nichts bleibe von dem üblen Samen der Pizarros in diesem Land und anderswo, und ich wünschte nur, daß mit dieser Kreatur alle Pizarros aussterben und kein einziger mehr bleibt!«

Der Prälat Pedro de la Gasca rettet für Karl V. die Kolonie

In den Jahren 1546 und 1547 ist Karl V. in dem Schmalkaldischen Krieg gegen die protestantischen Fürsten in Deutschland verwickelt, der erst mit der Schlacht bei Mühlberg siegreich für ihn endet. So besteht für die Königstreuen in den durch den peruanischen Aufstand bedrohten überseeischen Kolonien weniger denn je die Aussicht auf materielle Hilfe aus Spanien in Gestalt von Truppen, Waffen, geschweige denn Geld. – Um in Peru die durch die Almagros und Pizarros, Vaca de Castro und Núñez Vela verwirrten Verhältnisse zu ordnen, schickt Karl V. dieses Mal einen Kleriker, den Lizentiaten Pedro de la Gasca. Für seine undankbare Aufgabe bringt er außer großen Vollmachten und der Erlaubnis, alle königlichen Einkünfte und Dienstverhältnisse in Anspruch zu nehmen, als zugkräftigste Lockmittel umfassende Amnestien für die prominenten Insurgenten und ihre Mitläufer und den weitgehenden Verzicht der Krone auf die Durchsetzung der 1542 erlassenen Indianerschutzgesetze mit. – Am 10. Juli 1546 trifft La Gasca im nordkolumbianischen Hafen Santa Marta ein und fährt kurz darauf weiter nach Nombre de Dios und Panama, wo der Hauptmann Hinojosa für Gonzalo Pizarro die Stellung hält. – Erst in Santa Marta erfährt der Lizentiat gerüchtweise das Ausmaß der Katastrophe des Vizekönigs Núñez Vela und berichtet sofort an den Indienrat:

Ich kam hier am 10. des Monats [*Juli 1546*] an [...]. Da es aber an diesem Ort kaum Wasser und Proviant gibt, [...] möchte ich morgen [*am 13. Juli*] mich zur Überfahrt nach Nombre de Dios einschiffen [...]. Im Hafen von Santa Marta erreichte mich die Nachricht, daß zwischen Blasco Núñez Vela und Pizarro [...] am 26. Januar bei Quito eine Schlacht stattgefunden hat; es heißt, Blasco Núñez sei mit dem größten Teil seiner 300 Leute gefallen [...], auf der Seite Pizarros jedoch nur wenige [...] dank seiner überlegenen Artillerie und Handfeuerwaffen.

Hier in Santa Marta hält man diese Nachricht für sicher, und ich fürchte, die Sache ist wahr. Auch der hiesige Gouverneur Miguel de Armendáriz und die anderen königlichen Beamten haben mir gegenüber keinen Zweifel gelassen.

In Nombre de Dios und Panama gelingt es Pedro de la Gasca in monatelangem Warten, indem er nur gesprächsweise von seinen

Vollmachten etwas durchblicken läßt, aber bis zum Schluß ihren wahren Umfang geheimhält, nach und nach zuerst die kleineren Hauptleute auf die königliche Seite zu ziehen und am Schluß sogar Gonzalos Statthalter Hinojosa. Von Panama aus schickt de la Gasca am 26. September 1546 an Gonzalo Pizarro mit einem Begleitschreiben das kaiserliche Amnestieangebot, welches Karl V. nach Anhörung der von Núñez Vela und Gonzalo abgesandten Bevollmächtigten am 16. Februar 1546 im niederdeutschen Venlo unterzeichnet hat. Pero Hernández Paniagua ist der Überbringer des Schreibens; es lautet in der deutschen Übersetzung:

Der König.

Gonzalo Pizarro, durch Eure Briefe und andere Berichte habe Ich von den Empörungen und Vorfällen erfahren, die nach der Ankunft Unseres Vizekönigs Núñez Vela und der Oidoren der königlichen Audiencia durch dessen Bemühungen um die Durchführung der von Uns im Sinne einer guten Verwaltung dieser Länder und der guten Behandlung der Eingeborenen erlassenen Neuen Gesetze und Ordenanzas ausgelöst worden sind.

Ich bin davon überzeugt, daß weder Ihr noch diejenigen, die Euch Gefolgschaft leisteten, die Absicht hattet, zu Unserem Schaden zu handeln, sondern nur Euch verwahren wolltet gegen die Strenge und Härte, mit der der Vizekönig vorging, und seine Unzugänglichkeit gegenüber allen Bitten und Einsprüchen.

Auf Grund der vorliegenden Informationen und nach Anhörung Eures Abgesandten Francisco Maldonado [...] haben Wir beschlossen, als Präsidenten [*der Audiencia von Lima*] den Lizentiaten La Gasca, Mitglied des Inquisitionsrates, nach Peru zu schicken. Wir haben ihm Auftrag und Vollmacht erteilt, die Ruhe und Sicherheit in diesem Land wiederherzustellen [...].

Dementsprechend gebe Ich Euch die strikte Weisung, all das, was besagter Lizentiat in Unserem Namen anordnet, so zu befolgen, als ob Wir es selbst befohlen hätten, und ihm jede Hilfe und Unterstützung, um die er Euch bittet oder die er benötigt, zuteil werden zu lassen, damit er Unserem Auftrag in jeder Hinsicht gerecht werden kann. Wir bauen auf Euch, denn Eure Verdienste und die Eures Bruders, des Marqués Don Francisco Pizarro, sind mir wohl bewußt, und seine Kinder und Brüder können immer meiner Gnade gewiß sein.

Venlo, den 26. Februar 1546 — Im Auftrag S. Majestät:
Yo el rey [*Ich der König*] — Francisco de Eraso [*königl. Rat*]

In einem mit gleichem Datum abgefertigten Geheimschreiben Karls V. an Pedro de la Gasca sind noch weitergehende persönliche Vollmachten für generelle Amnestien in dessen Ermessen gestellt:

Auf Grund des großen Vertrauens, das Wir in Eure Person, Eure Gelehrtheit und Erfahrung setzen, bekunden Wir hiermit Unseren Willen, Euch, dem Lizentiaten de la Gasca, Vollmacht zu geben, in Unserem Namen allen Personen, die in jenen Provinzen ansässig sind und sich dort irgendwelcher Ausschreitungen oder Vergehen gegen Uns und die spanische Krone schuldig gemacht haben, Gnade und Verzeihung zu gewähren, selbst wenn Hochverrat vorliegt. Diese Amnestie gilt in gleicher Weise für zurückliegende wie für nach Ausfertigung dieses Schreibens begangene Straftaten, und Ihr könnt sie anwenden in gleicher Vollmacht wie Wir selbst.

In der Umgebung Pizarros werden verschiedene Vorschläge und Pläne diskutiert, wie man Zeit gewinnen könnte. Zárate:

Die einen forderten, man müsse ganz offen oder auch geheim jemanden aussenden, der La Gasca töte; andere äußerten, man solle ihn nur nach Peru hereinlassen; wenn er einmal da sei, könne man leicht von ihm so viele Konzessionen erwirken, wie man wolle oder ihn wenigstens hinhalten [...]; die Gemäßigten rieten, man solle ihn nach Spanien zurückschicken.

In den ›Documentos para la Historia de España‹ ist uns ein am 14. Oktober 1546 von 63 prominenten Parteigängern Gonzalo Pizarros in Lima unterzeichneter Brief an den Lizentiaten von La Gasca erhalten. Sie weisen jedes Amnestieangebot als unnötig und unzumutbar zurück:

Durch Briefe des Hauptmanns Hinojosa erfuhren wir von Eurer Ankunft in Tierra Firme und dem Eifer, mit dem Ihr dem Willen Gottes, dem König und dem Wohle dieses Landes dienen wollt. Wenn Ihr früher gekommen wäret [...], dann wäre ja alles gut und wir hätten nichts dagegen; aber nachdem nun einmal alle diese Dinge passiert sind [...]: der Tod des Blasco Núñez Vela und seiner Leute, die Sache mit Centeno [...], der sich jetzt in Bolivien gegen Francisco de Carvajal erhoben hat, und der Abfall des Melchor Verdugo, können wir, wenn Ihr ins Land kommt, nicht mehr für Eure Sicherheit bürgen [...]. Die Procuradoren aus Peru reisen ja zur Majestät mit Berichten und Informationen über alle Ereignisse [...] und suchen um die Bestätigung der peruanischen Gouverneurswürde für den Herrn Gonzalo Pizarro nach; denn unter ihm wird das Land in Sicherheit und Frieden S. M. untertan und gerecht regiert und jedes Jahr die königlichen Steuern und das Fünftel entrichtet. Er ist bei allen beliebt wegen seiner Vorzüge und Tugenden und als Vater des Landes anerkannt, und verfügt allein über die genügende Erfahrung zur Regierung dieser Königreiche [...]. Die Richter hingegen, die S. Majestät aus Spanien geschickt hat, haben nicht so gehandelt; sie haben vielmehr die königliche Kasse bestohlen und den Kronbesitz ruiniert [...]. Unsere Informationen rechtfertigen alles, was wir in diesen Königreichen in Verfolgung unseres gerechten Einspruches gegen die Neuen Gesetze unternommen haben. Um einen Pardon bittet keiner von uns, denn wir wüßten nicht, wo wir gefehlt haben. Wir haben S. Majestät gedient und nur unser gesetzlich verbrieftes Vasallenrecht wahrgenommen. [...]. Wir bitten Euer Gnaden [*den Lizentiaten a Gasca*], [...] nach Spanien zurückzufahren, dort S. M. mit der ganzen Klugheit, die man von einer Persönlichkeit wie Euer Gnaden erwartet, über die Verhältnisse in Peru zu informieren und keinen Krieg herauszufordern; denn damit würden die Eingeborenen, die noch da sind, endgültig ausgerottet. Wir sind zu allem entschlossen. Ciudad de los Reyes, den 14. Oktober 1546.

Unter den 63 Unterschriften befinden sich bekannte Namen wie Cepeda, Bachicao, Carvajal, Garcilaso de la Vega. Der größte Teil von ihnen läuft früher oder später ins königliche Lager über. – Bereits in Oktober 1546 reisen von Lima die Procuradoren ab, die in Spanien die Sache Gonzalos dem König vortragen sollen. Sie sind auch beauftragt, Gonzalo baldmöglich Nachricht zukommen zu lassen, wie die Stimmung in Panama ist. Die Namen der Procuradoren sind:

Don Fray Hierónimo de Loaysa, Erzbischof von Lima, Lorenzo de Aldana [*Statthalter Gonzalos in Lima*] und Fray Tomás de San Martín, Provinzial des Dominikanerordens.

Die drei Gesandten schließen sich in Panama dem Präsidenten La Gasca an. Erst Anfang 1547 sickern in Lima Gerüchte und Nachrichten über den Frontwechsel dieser prominenten Männer durch. Pedro Hernández Paniagua, der offizielle Abgesandte La Gascas, ist von vornherein den Aufständischen suspekt. Seine Erlebnisse in der Stadt Lima faßt er in einem Bericht an La Gasca, geschrieben am 1. August 1547 in San Miguel, zusammen:

Wir trafen in Tumbes am 5. Dezember 1546 beim Morgengrauen ein [...]. Tumbes gehörte zur Encomienda von Villalobos, dem Statthalter Gonzalo Pizarros im Distrikt San Miguel [...]. Eines Morgens nahm er mich beiseite und forderte mich auf, ihm sämtliche Depeschen und Briefe auszuhändigen [...]. Ich bat ihn, mir doch entgegenzukommen und diesen Befehl vor einem Notar zu wiederholen, damit ich einen Nachweis hätte, denn für ihn sei es ohne Belang. Er antwortete, er sei Soldat und kein Studierter, und ich solle sie nur gleich hergeben. Ich konnte nichts dagegen machen, aber ich richtete es wenigstens so ein, daß viele zusahen, als ich ihm die Briefe übergab [...]. Er überreichte sie Maldonado.

Trotz aller Bitten läßt Gonzalos Statthalter Villalobos den Paniagua nicht zusammen mit Maldonado nach Lima weiterreisen:

Villalobos wiederholte mir, er könne mich nicht weiterreisen lassen, sondern müsse mich ins Haus eines Bürgers von San Miguel schicken, wo ich zu bleiben hätte, bis von Gonzalo Pizarro neue Befehle einträfen [...].

Bald erkannte ich, daß Euer Gnaden, wenn Sie hierher kämen, in Kürze Herr dieser Länder wären, denn die Hälfte der Männer, mit denen die Statthalter Pizarros sich umgeben und auf die sie bauen, wünschen frei von der Tyrannei zu sein. Ebenso verhielt es sich mit dem Bürger [*Juan Rubio*], in dessen Haus man mich brachte.

Einflußreiche Verwandte in Lima wie der Erzbischof Don Hierónimo de Loaysa verwenden sich für ihn, und so darf er schließlich nach 25-tägiger Internierung, begleitet von einem Aufpasser, nach Lima reisen. In Trujillo übernachten sie im Hause des Statthalters Diego Mora. Über ihn schreibt Paniagua:

Noch bevor ich schlafen ging, merkte ich, wie gerne er S. Majestät dienen wollte und wie sehr er die Tyrannis Gonzalo Pizarros verabscheute [...]. Auch entnahm ich aus den mit ihm geführten Gesprächen, daß Gonzalo Pizarro befürchtete, die Flotte von Panama habe sich Eurem Befehl unterstellt; denn er habe von Lorenzo de Aldana aus Panama noch keine Nachricht [...]; mir aber wurde klar, daß ich, [...] sobald Nachrichten über die Flotte einträfen, ein Mann des Todes sein würde.

In Lima kam ich am 23. Januar 1547 an. Ich stieg vor Gonzalos Haus ab, weil man es mir so geraten hatte [...]. Bevor ich dorthin gelangte, wo sich Gonzalo befand, mußte ich einen Saal passieren, in dem einige Hellebardiere standen, dann kam eine verschlossene Tür mit einem Wächter davor, dahinter ein Raum mit fünfzehn prominenten Personen, die jeweils in einem achttägigen Turnus Wache hielten. Von diesem Raum trennte eine letzte verschlossene Tür, wieder mit Wächtern, das Zimmer Gonzalo Pizarros.

Gonzalo Pizarro war da, umgeben von einigen Männern. Als ich eintrat, kamen die Leute aus dem Vorzimmer ebenfalls durch die Türe; sie ahnten wohl, was los war, und wollten sich nichts entgehen lassen. Gonzalo Pizarro saß in einem Stuhl mit hoher Rückenlehne. Die Leute bei ihm und die mit mir durch die Tür gekommen waren, blieben die ganze Zeit stehen.

Seine Erfolge schienen ihm nicht wenig zu Kopf gestiegen zu sein, und er legte es darauf an, sein an sich schon grobschlächtiges und wildes Antlitz noch wilder und zorniger zu zeigen, als es war; daraus konnte ich schließen, welch freundlichen Empfang er mir zugedacht hatte. Ich trat hinzu, hinkend, obwohl ich kein Fußleiden habe, und bat ihn, mir die Hand zum Kuß zu bieten – ich beugte nicht das Knie, sondern deutete es nur ein bißchen an, der Form halber, wie man es so in Spanien tut. Er blieb sitzen und verharrte abwartend, die Kappe fest auf dem Kopf; die linke Hand ruhte auf dem Knauf eines langen Schwertes, dessen Spitze im Boden stak.

Als ich zurücktrat, sagte er zu mir als ersten Gruß: »Weißhaariger Alter, wozu kommt Ihr hierher?« Ich antwortete darauf: »Herr, ich bin von zu Hause weggegangen in gleicher Absicht wie alle, die bis jetzt von Spanien kamen, und darunter waren noch ältere als ich. Von Panama aus hat mich im Namen des Königs der Lizentiat La Gasca zu Euer Gnaden geschickt, damit ich Euch die Briefe S. Majestät überbringe, die Ihr ja bereits gesehen haben müßt, da sie Euch Maldonado gebracht hat.«

Er erwiderte: »Selbst wenn der König 50000 Leute Eurer Sorte schickt, beeindruckt mich das gar nicht.« Ich fragte darauf mit Nachdruck: »Herr, auch wenn alle wie ich in friedlicher Absicht kommen und Euch ebensowenig wie ich übel wollen?« Er: »Fangt mir nicht damit an, vom Kaiser sprachen wir ja nicht. Ich würde es an seiner Stelle aber nicht für gering achten, außer dem Türken, dem König von Frankreich und Portugal noch weitere Feinde zu haben. Auf meiner Seite steht die See- und Landmacht; auch ist mir die Sympathie der Bürger gewiß. Dadurch verfüge ich über 4000 Mann, die besten die man sich wünschen kann; sie sind solcher Art, daß ich auch gegen 8000 in den Kampf ziehen würde – und 8000, ja nicht einmal 4000 würde dieses Land ernähren; sie würden verhungern und verdursten.« (Als er von dem König von Portugal sprach, machte er eine Gebärde und noch irgendwelche Bemerkungen dazu, als ob das nur ein Schildknappe wäre.)

Diese Angeberei freute mich insgeheim, und ich dachte bei mir: sollte ich in eine bedrängte Lage kommen, so hätte ich immer eine Kirche, zu der ich Zuflucht nehmen könnte: die Schmeichelei.

Er fragte mich: »Ihr, die Ihr zum Kriegsrat des Lizentiaten gehört; was spricht man dort?« – Ich erschrak und fürchtete, es sei eine Fangfrage, hinter der die Folter auf mich warte: »Ich gehöre nicht zum Kriegsrat«, antwortete ich ihm. Darauf er: »Ihr leugnet es? – Wir alle hier wissen genau, daß Ihr zu den besonderen Günstlingen zählt. – Herr Soundso, ruft den Oberkommandierenden [*F. Carjaval*].« Als ich das vernahm, fürchtete ich noch Schlimmeres und hielt es für angebracht, noch bevor dieser Luzifer hereinkäme, seinen Zorn mit guten Gründen, Schmeicheleien, Artigkeiten oder was mir sonst gerade einfiel, zu beschwichtigen, und so sagte ich ihm: »Herr, wenn man einen Kriegsrat einberiefe, so würde man mich rufen lassen, nicht weil ich so viel davon verstehe, sondern wegen meiner weißen Haare und weil ich mit dem Lizentiaten aus Spanien kam; aber wo es keinen Krieg gibt, ist auch der Kriegsrat überflüssig. Der Lizentiat ist ein Geistlicher mit Soutane, der nie den Krieg sah, noch ihn kennenlernen möchte. Mit ihm kamen nur ich und seine Diener, er sucht weder den Krieg, noch verfügt er über das nötige Kriegsmaterial – der König sandte ihn hierher im Glauben, Ihr würdet ihn empfangen und was er bringt, zu schätzen wissen; so er erfährt, Euer Gnaden wünschen, daß er nicht kommen solle, wird er umkehren. Dies steht im Einklang mit dem, was er seinem König und seiner Ehre schuldig ist; denn er sucht den Krieg nicht, noch wird er einen führen, und so ist auch ein Kriegsrat überflüssig.« Das stellte Gonzalo zufrieden, denn er gehört zu den Menschen, die gern bereit sind zu glauben, was ihren Wünschen entgegenkommt [...].

Ich sagte ihm: »Ich betrat dieses Land mit dem falschen Fuß; der erste Statthalter, mit dem ich zu tun hatte, gab mir keinen Diener mit; der zweite schalt mich; im Hause von Juan Rubio fraßen mich die Mosquitos schier auf; der dritte wollte mir auf den Weg keinen Indioführer mitgeben; ich fürchtete trotz wasserreicher Flüsse vor Durst umzukommen; ich hoffte, einmal bei Eurer Gnaden angelangt, für alle Mühe entschädigt und mit Gunst überschüttet zu werden. Stamme ich doch aus Extremadura und haben mir doch Eure Verwandten und ich ihnen vielerlei Dienste erwiesen [...]. Und jetzt sieht hier alles so anders aus, und Euer Gnaden sind mir auch noch böse, was mir ärger ist als alle erlittene Unbill.«

Darauf antwortete Gonzalo: »Ich habe weder Bruder noch einen Schwager oder gar Freund! Nur der zählt für mich, der mir hilft, das zu erhalten, was ich in Händen habe. Wäret Ihr mit einem anderen Auftrag gekommen, so hätten Euch meine Statthalter auf den Schultern hierhergetragen [...].«

Schließlich hellte sich seine Miene doch auf, und er fragte höflicher: »Was halten denn Euer Gnaden von den Straßen?« Ich antwortete: »Für einen einzelnen erscheinen sie mir gefährlich und für ein Heer gänzlich ungeeignet. Sie sind viel zu beschwerlich. Sie erlauben nicht einmal zehn Männern, sich in geschlossener Formation auf ihnen fortzubewegen.«

Meine Einfalt und seine Macht stimmen ihn sehr vergnügt; er lachte und rief aus: »Bei der Madonna! Ich bin gar nicht mehr böse auf Euch [...]. Bis jetzt kennt Ihr ja nur das Land hier unten. Damit Ihr aber ermessen könnt, was wir in diesem Lande alles durchgemacht haben, sollt Ihr nun auch einmal nach Cuzco und Charcas [*Bolivien*] reisen; dann könnt Ihr erst richtig Bescheid geben!«

Dieser Vorschlag gefiel mir gar nicht; ich sagte: »Ich bin nicht hergekommen, um fremde Länder zu sehen, sondern um die Botschaft zu überbringen, die Eure Herrlichkeit schon gesehen hat, und möchte die Antwort zurückbringen. Aus freien Stücken gehe ich jetzt weder nach Cuzco noch nach Charcas, höchstens, wenn Eure Herrlichkeit mich mit Gewalt dorthin schleifen läßt, sonst unter keinen Umständen!

Eure Herrlichkeit beachte aber wohl, daß man in allen Ländern der Welt die Botschafter gut behandelt, auch wenn sich ganz verschiedene Rechtsordnungen gegenüberstehen, und man dürfte wohl kaum glauben, daß Eure Herrlichkeit diese seit alters her beachtete schöne Sitte brechen würde.« Da sagte er: »Gut, wenn Ihr nicht dorthin reisen wollt, dann bleibt hier, bis der Feldmeister Carvajal da ist; den müßt Ihr noch kennenlernen!«

Paniagua kennt den Ruf des gefürchteten Mannes und zeigt größten Schrecken, gerade das, was Gonzalo Pizarro sehen möchte:

Gonzalo Pizarro brach in ein schallendes Gelächter aus [...] und konnte sich vor Wohlgefallen und Lachen gar nicht beruhigen. Als ich ihn bei so guter Stimmung fand, sagte ich: »Herr! Ich bin alt, wie Ihr schon gesagt habt, und heute sieben Meilen geritten, und es ist drei Stunden über Mittag, und ich habe noch nicht gegessen, stehe hier seit drei Stunden, und habe ein krankes Bein! Eure Herrlichkeit möge mir doch zu essen geben; wenn ich mich dann gestärkt habe, können wir die Unterredung zu Ende führen und ich mich verabschieden.« Er fragte, ob noch etwas zu essen da sei, was der Haushofmeister bejahte, und wandte sich dann zu mir: »Euer Gnaden gehe essen; nehmt es nicht übel, wenn nicht alles so ist, wie es sein sollte, denn als Ihr kamt, waren wir ja schon mit dem Essen fertig. Alles weitere wird sich geben, und wir können ja dann weitersprechen ohne Zorn und es uns dann schön machen.« Ich sprach, ich würde ihm für alles Empfangene die Hände küssen, und für sein Versprechen, nicht mehr böse zu sein, auch noch die Füße; denn um alles in der Welt wollte ich ihn nicht mehr meinetwegen zornig sehen, wie er gewesen. Und das Essen sei bestimmt im Hause S. Herrlichkeit viel üppiger, als mir altem Manne zuträglich sei.

Er verabschiedete mich mit großer Höflichkeit; denn man muß wissen: für ihn bedeutete es die denkbar größte Schmeichelei, wenn man Furcht vor ihm zeigte und zu verstehen gab, daß man ihn für einen außerordentlichen Mann hielt.

Am kommenden Morgen, dem 24. Januar 1547, noch bevor La Gascas Gesandter Paniagua aufsteht, kommt ein Page Gonzalo Pizarros zu ihm und fordert ihn auf, möglichst bald zum Gouverneur zu kommen:

Ich zog mich eiligst an und ging sogleich hinüber. Gonzalo Pizarro fand ich in Begleitung der Lizentiaten Cepeda und [*Benito de*] Carvajal; kurz darauf kam noch Martín Robles. Cepeda saß auf einem Stuhl, Carvajal und ich auf einer Bank, Robles in einer Fensternische.

Als ich Platz nahm, fragte mich Gonzalo Pizarro: »Was trug man Euch auf, mir mitzuteilen?« Ich antwortete: »Nichts, außer Eurer Herrlichkeit die Briefe auszuhändigen, die Antwort abzuwarten, um dann sogleich zurückzukehren.« Er: »Habt Ihr weitere Aufträge und Geheimbriefe für bestimmte Personen?« Ich: »Für den Lizentiaten Carvajal brachte ich einen Brief und einen weiteren für den Lizentiaten Cepeda, auch hatte ich eine königliche Cédula dabei. Alle Schriftstücke waren geschlossen und versiegelt.«

Beide Lizentiaten bestätigten meine Aussage und Gonzalo fragte weiter: »Wie kommt es, daß man lediglich für ein paar Briefe, die jedermann überbringen konnte, jemanden wie Euch hierherschickte?« Ich: »Ein Brief Unseres Herrn und Königs, und von einer Person von Rang wie der Lizentiat La Gasca über eine so wichtige Angelegenheit, bestimmt für einen so großen Herrn, wie Eure Herrlichkeit, konnte nicht von irgendjemandem überbracht werden, außer von mir oder sogar von einer noch höher gestellten Persönlichkeit, da ja der Lizentiat auch annahm, ihr wäret begierig, Neuigkeiten über Spanien oder etwas im Zusammenhang mit diesem Geschäft stehendes zu erfahren, und so hielt man es für gut, eine wohlunterrichtete Person hierherzuschicken, mit der sich Eure Herrlichkeit gerne unterhielte. Hinzu kommt noch, daß ich ja aus Extremadura stamme, was ich Euch gestern unter anderem bereits sagte. So kam La Gasca zu dem Schluß, ich sei der bestgeeignete Mann für diese Aufgabe, und Euch würde es bestimmt Freude machen, mit mir zu sprechen.« Darauf er: »Wenn dem so ist, beantwortet die Fragen, die ich Euch stellen werde.« Ich: Gerne unter der Bedingung, daß ich offen antworten könne und er mir nichts übel vermerke, denn nichts fürchte ich so sehr wie seinen Unwillen mir zuzuziehen [...]. Er sicherte mir volle Freiheit zu und fügte lachend hinzu, ihm könne ich sagen, was ich wolle, aber anderen gegenüber hätte ich zu schweigen. Dasselbe wiederholte mir gegenüber auch Cepeda zweimal [...].

Pizarro stellte sodann die Frage an mich: »Welches Ziel verfolgt La Gasca mit seinem Kommen?« Ich: »Durchzuführen, was der König befohlen hat. Dazu sind wir ja alle verpflichtet, und er ist des Glaubens, so für dieses Land viel Gutes tun zu können.« Gonzalo: »Ein Mann aus Spanien, der dieses Land regiert, kann nie gut tun, denn sie alle kommen nur, um es auszubeuten, wie es Vaca de Castro getan hat, oder um es zu zerstören wie der Vizekönig [*Núñez Vela*].« Ich: »Der Lizentiat ist von solch lauterem Charakter, daß ihm derlei Absichten völlig fernliegen: die Habgier hat zu seinem Herzen keinen Zutritt. Der Vizekönig sei ja hierhergekommen, um den Besitzenden ihre Güter zu nehmen; de la Gasca aber komme, um sie wieder zurückzugeben.« Gonzalo: »Peru hat mit seinen Goldbarren noch jeden Mann zu Fall gebracht, und genau so wird es dem Lizentiaten gehen.«

Der Lizentiat Cepeda, der mit dem Vizekönig Núñez Vela als Oidor der Audiencia von Lima 1544 nach Peru gekommen war und jetzt einer der bedingungslosesten Gefolgsleute Gonzalos und sein bevorzugter Günstling ist, fragt Paniagua:

»Wie viele Oidoren bringt der Präsident La Gasca mit?« Ich antwortete: »Zwei«, und nannte die Namen [...]. Cepeda erwiderte: »Nur zwei?« Ich darauf: »Ja.« [...] Cepeda: »Sagt, mit welchen Vollmachten kommen sie ins Land?« Meine Antwort: »Alle Vergehen zu amnestieren [...], Indios, Gouvernements und Eroberungslizenzen zu vergeben, im übrigen mit allen Hoheitsrechten, die an sich nur dem König zukommen, so, als ob er selbst zur Stelle wäre.« [...]

Gonzalo Pizarro wandte sich aufs neue mir zu: »Warum hat La Gasca mit Briefen die Städte in Unruhe versetzt und aufgewiegelt? Das ist keine Bestätigung für seine von Euch so gepriesene Güte. Er hätte zuerst mit mir verhandeln müssen und nicht direkt mit den Städten.« [...]

Der Lizentiat Cepeda wollte wissen, wann wir den Tod des Vizekönigs Núñez Vela erfahren hätten. Ich antwortete: »In Santa Marta.« Er sprach: »Warum kehrte er dann nicht sogleich um, und wozu kommt er noch her, denn seine Vollmachten sind ja wertlos geworden; sie können sich ja nicht auf das erstrecken, was noch nicht vorgefallen war!« Ich antwortete: »Ich bin zwar kein Jurist [...], aber ich sehe nicht recht ein, warum der Kaiser, unser Herr, keine Vollmachten erteilen sollte, die sich auf Vergangenes und Zukünftiges beziehen [...].« Cepeda wich aus: »Ja, wenn das schon so ist, sah denn der Lizentiat nicht, daß, nachdem in der Zwischenzeit der Vizekönig zu Tode gekommen war, man La Gasca hier nicht so ohne weiteres empfangen würde?« [...] Ich antwortete: »Ganz im Gegenteil: Er und alle anderen glauben, je schwerer die begangenen Verbrechen wögen, um so größer müsse der Wunsch nach einem Straferlaß sein. Er erwartet, daß man von Peru aus, sobald dort seine Anwesenheit in Panama bekannt sei, nach ihm Boten schicken werde und ihm nach Manta entgegenfahre und ihn mit Büßerkreuzen empfange, wie es Ablaßsuchenden gezieme. Seine Güte ist wirklich so groß: um zu verhindern, daß der König, aufgebracht über den Tod des Vizekönigs, etwas von seinen Zusagen [...] zurücknehme, schrieb er ihm das Vorgefallene mit denkbar großer Mäßigung, und verschwieg ihm das Schwerwiegendste.«

Gonzalo Pizarro fuhr auf: »Was wiegt hier so schwer?« Ich schwieg. [...] Pizarro, sichtlich verstimmt, wiederholte: »Sag! Was meinst Du damit?« – Ich zog ganz bescheiden meine Mütze und sagte: »Daß man dem Vizekönig den Kopf abschnitt und ihn auf den Pfahl steckte.«

Da schaltete sich [*der Lizentiat Benito de*] Carvajal ein: »Ich küsse Füße und Hände Eurer Herrlichkeit, daß ich dank Eurer Gunst diese Handlung vollziehen durfte.« Gonzalo sagte: »Wir messen dieser Sache keine so große Bedeutung bei, und das mit dem Kopf auf der Stange stimmt nicht!« [...] Cepeda sagte: »Wir wollen keinen Pardon, wir sind uns keiner Vergehen bewußt!« [...]

Unvermittelt fragte mich Pizarro: »Wie lange habe ich noch zu leben?« Ich schaute ihn sehr genau an, als ob ich gewissenhaft abwägte, und antwortete schließlich: »Eure Herrlichkeit ist noch sehr jung, kräftig, von guter Gesundheit. Ohne zu übertreiben, würde ich sagen: 40 Jahre.« – »Ich wünsche mir nicht mehr als zehn Jahre zu leben, aber als Gouverneur.«

Am Montag, dem 31. Januar 1547, reitet Paniagua nach neuntägigem Aufenthalt, der erfüllt ist von anstrengenden Verhandlungen, Pferderennen, Cañaspielen und ähnlichen Veranstaltungen, wieder ab. Ein Antwortschreiben für den Kaiser gibt ihm Gonzalo Pizarro nicht mit, dafür aber 1000 Pesos als Entschädigung für seine Aufwendungen. – Ist schon die Mission von Pedro de la Gascas offiziellem Unterhändler Paniagua in dem aufständischen Lima ein riskantes Unternehmen gewesen, so ist der Arzt und Lizentiat Gamboa, der, halb in Geschäften, halb als privater Agent von La Gasca reisend, nur wenig später als Paniagua in Peru landet, einem wahren Spießrutenlaufen ausgesetzt. Er bekommt die Schrecken und Pressionen zu spüren, deren ein in Torschlußpanik befindliches Regime fähig ist: Man will ihn erpressen, seinen Gönner La Gasca zu ermorden. Nur durch die Hilfe eines einflußreichen Verwandten, des Limenser Stadtrichters Juan Fernández, und Gonzalo Pizarros überraschendem Rückzug aus Lima kommt er noch mit heiler Haut davon. Am 31. Dezember 1547 schreibt Gamboa aus Jauja im mittelperuanischen Hochland, das inzwischen von den Königstreuen besetzt ist und auch Pedro de la Gasca beherbergt, an Karl V.:

Anfang Dezember 1546 kam ich in Manta [*ecuadorianische Küste*] an, sprach mit dem Statthalter von Puerto Viejo [...] und informierte ihn über den Auftrag des Lizentiaten La Gasca für dieses Land. Ich hatte aus seiner Redeweise entnommen, daß er besten Willens war, E. Majestät zu dienen. Er freute sich wirklich über das, was ich ihm mitzuteilen hatte, und gab mir noch zahlreiche Ratschläge, wie ich mich in der Stadt der Könige [*Lima*] verhalten solle, wenn ich verhindern wollte, daß Pizarro und die Seinen mich umbrächten.

In Paita bemerkt Gamboa, daß der für die nordperuanischen Häfen zuständige Statthalter von San Miguel de Piura schon vorgewarnt ist:

Es erschien hier ein Gerichtsdiener [...] mit dem Auftrag, sämtliche in diesem Hafen ankommenden Kleriker, Mönche, Studierte, Lizentiaten und Doktoren festzunehmen und auf einer Balsa nach Tumbes abzutransportieren, wo der Statthalter Villalobos residierte. Die Briefe und Botschaften, die man bei ihnen finde, sollten auf dem Landweg weiterbefördert werden.

Die Floßfahrt nach Tumbes bleibt dem alten Gamboa erspart; im rechten Augenblick landet ein Schiff aus Lima mit einem einflußreichen Hauptmann an Bord, der sich als königstreu erweist; Gamboa kann ihm einen Brief La Gascas in die Hand drücken, die anderen Briefe werden ihm in Paita und in San Miguel abgenommen. In San Miguel wird er zweieinhalb Monate festgehalten:

In dieser Zeit trat ich mit etlichen Bürgern der Stadt in Verbindung. Sie trösteten mich, indem sie jeder für sich mir gegenüber beteuerten, sie warteten nur darauf, sich dem König zuwenden zu können [...]. Nach zweieinhalb Monaten [...] kam ein Brief von Gonzalo Pizarro, in dem ich aufgefordert wurde, nach Lima zu kommen, was ich sofort in die Tat umsetzte.

In Trujillo erzählt der Arzt Gamboa einer ganzen Reihe von Leuten, unter ihnen Gonzalos Statthalter Diego de Mora, mehr oder minder heimlich von La Gascas Amnestien. Einer ruft aus:

Wenn ich nur ein Brett hätte, das micht trägt, dann würde ich damit nach Panama schwimmen!

Gamboa fährt in seinem Bericht fort:

Nachdem ich in Lima angekommen, sprach Gonzalo Pizarro mit mir und sagte, ich hätte es meinem Verwandten, dem Hauptmann Juan Fernández, zu danken, daß ich noch lebe; denn er – das schwöre er bei der Jungfrau Maria! – hätte mir den Kopf herunterschlagen lassen!, worauf Juan Fernández schnell antwortete, er küsse die Hände S. Herrlichkeit! Ich würde ja in seinem Hause wohnen, und solange ich mich in Lima aufhielte, trete er als Bürge für mich ein.

Gonzalos mächtigster Günstling in Lima ist der Jurist Vázquez de Cepeda. Er hat sich als einziger der vier mit Núñez Vela ins Land gekommenen Oidoren in Peru halten können. Gamboa:

Acht Tage nach dieser ersten Begegnung schickte Gonzalo Pizarro einen Gerichtsdiener, um mich zu verhaften, um zehn Uhr nachts, und ließ mich zum Haus des Lizentiaten Cepeda bringen.

Dieser verlangte von mir den wahren Grund, warum ich gekommen sei; [...] er habe erfahren, ich sei von dem Lizentiaten Pedro de la Gasca geschickt worden, Gonzalo Pizarro zu ermorden [...]. Ich erwiderte, nein; wegen so etwas sei ich nicht hergekommen, sondern nur, um mein Brot zu verdienen [...]. Der Lizentiat Cepeda hörte sich meine Antworten an und eröffnete mir, sein Herr, der Gouverneur, habe ihm befohlen, mir die Folter zu geben; er könne dagegen nichts machen.

Man schaffte mich in einen Nebenraum, wo alles für die Folter zugerichtet war. Da trat die Frau des Lizentiaten Cepeda ein [...], die es sichtlich beunruhigte, daß man mich so mißhandeln wollte, und flehte um der Marter Christi Willen, mir die Folter zu ersparen; ich würde auch so die Wahrheit sagen. Da gab mir der Lizentiat sein Ehrenwort, er würde mich nicht anrühren, wenn ich die Wahrheit sage.

Im Vertrauen auf sein Wort antwortete ich [*hier befinden sich starke Lücken im Text*], ich schätzte ihn sehr hoch, und fügte, weil es mir vorteilhaft schien, hinzu, ich hätte den Lizentiaten La Gasca äußern hören, in seiner [*Cepedas*] Hand läge die Befriedung Perus. Er entließ mich zufriedengestellt noch in der gleichen Nacht und schickte mich nach Hause. Von da an bezeugte er mir großes Wohlwollen.

Zehn oder zwölf Tage später [...] ruft mich der Lizentiat Cepeda zu sich und sagt mir, Gonzalo Pizarro würde mir 30000 Pesos geben, wenn ich nach Panama führe und den Lizentiaten La Gasca ermorde; sein Herr, der Gouverneur, verspreche mir zudem die besten Indioreviere Perus und weitere Vergünstigungen. Ich antwortete mit der Bitte um zwei Tage Bedenkzeit [...]; er gab ihr statt und bewirtete mich an diesem Tag mit größter Zuvorkommenheit, ja mit Liebenswürdigkeit.

Nach dem Essen ging ich zum Franziskanerkloster [...] und entdeckte dort den Leuten meines Vertrauens, was mir der Lizentiat Cepeda angetragen hatte. Man legte mir nahe, ich möchte, bevor ich antworte, beichten; denn in diesem Land wäre es etwas Neues, wenn man einem vor dem Galgen noch Zeit zum Beichten ließe. Man sagte mir noch ein zweites: Gerade weil ich schon der Mordabsicht an Gonzalo Pizarro verdächtigt worden sei, dürfe ich ja nicht in ein Attentat gegen den Lizentiaten Pedro de la Gasca einwilligen; ich müßte immer bei der Wahrheit bleiben; dann würde mir Gott auch helfen.

Auch sein Verwandter Juan Fernández bestärkt ihn darin, abzulehnen; im äußersten Fall habe er selbst vor, zusammen mit ihm und seinen Freunden die Schiffe im Hafen zur Flucht nach Panama zu benützen. Er begleitet Gamboa persönlich zu Gonzalo und Cepeda. Gamboa referiert über diese letzte Begegnung:

Meine Antwort war: Ich könne doch nicht hingehen und den töten, dessen Brot ich gegessen habe; so etwas komme mir nicht einmal in Gedanken. Im übrigen hätte ich, wie es einem guten Christen zukomme, meine Seele Gott anbefohlen; mit meinem Leib könnten sie machen, was sie wollten; denn ich hätte ja das gute Bewußtsein, als Märtyrer zu sterben, wenn mir wirklich von ihren Händen der Tod drohen sollte.

Da sagte der Lizentiat Cepeda, man merke wohl, daß ich aus Spanien komme, weil ich so lauthals Gewissensskrupel äußere; ihm selber sei es nicht anders gegangen, als er frisch von Spanien kam; später gereichte ihm nichts mehr zum Ruhm als Männer zu töten.

Da erwiderte ich mit Zittern und Zagen, es könne wohl sein, daß ich, wenn ich ebenso lange Zeit wie er in diesem Lande zugebracht hätte, es genauso machen würde; aber für jetzt bäte ich ihn inständig, mir die Sache zu erlassen.

Da fragte Gonzalo Pizarro erneut nach dem Grund, warum ich eigentlich hergekommen wäre. Ich antwortete: Nur um einen Batzen Geld zu verdienen wie jeder Perufahrer. Er erwiderte: Ich biete Euch ja gutes Geld, und Ihr könntet damit nach Spanien heimfahren. Warum tut Ihr dann nicht, um was ich Euch bitte? Wenn Ihr schon von Gewissen redet, könnt Ihr es denn da verantworten, daß tausend Männer in Schlachten umkommen, bloß weil Ihr Euch nicht entschließen könnt, den Lizentiaten La Gasca zu töten? [...].

Noch einmal nein zu sagen, getraute ich mir diesmal nicht; – ich würde es mir noch überlegen und die Antwort dem Hauptmann Juan Fernández und dem Lizentiaten Cepeda zukommen lassen.

Nach Erörterung weiterer Einzelheiten zur Ausführung des Mordplanes – in zwei Tagen soll ein Schiff abgehen nach Panama –

kommt Gonzalos Vertrauter Juan de Acosta noch einmal auf den Gamboa zugedachten Auftrag zu sprechen. Aber inzwischen hat der alte Arzt seine Fassung wieder gewonnen:

Ich antwortete ihm mit Bestimmtheit: Ich würde es nicht tun, selbst wenn sie mich vierteilten.

Was ich hier sage, ist wahr [...]. Jauja, den 31. Dezember 1547. Eurer cäsarischer katholischer Majestät geringster Diener, der Eure königlichen Füße und Hände küßt.

El Licenciado Gamboa.

Wie bei allen Befreiungskriegen und Machtwechseln ist das Überläufertum und der damit verbundene Treuekonflikt das zentrale menschliche, soziale und rechtliche Problem. Eide und Schwüre werden von den jeweils nächsthöheren Machthabern gefordert. Verrat wird, vor allem von dem in die Enge getriebenen Regime, grausam geahndet; das rettende Ufer der königlichen Partei und den Schutz der Amnestien La Gascas zu erreichen, ist mit großem Risiko verbunden. – Weder in Lima noch an der übrigen Küste weiß man, daß die Flotte bereits im Frühjahr 1547, geführt von Lorenzo de Aldana, Gonzalos ehemaligem Statthalter in Lima, für Pedro de la Gasca segelt. Ende April 1547 erscheinen plötzlich Schiffe auf der Höhe von Trujillo. Der dortige Statthalter Diego de Mora fährt ihnen entgegen, ohne zu wissen, welche Partei er vor sich hat. Zárate berichtet in seiner Chronik:

Diego de Mora wußte zwar, als er von den Schiffen erfuhr [...], nicht mit Sicherheit, welche Leute an Bord waren und was für Absichten sie hatten, aber er bestieg trotzdem zusammen mit vielen Bürgern Trujillos ein Schiff, das im Hafen lag, belud es mit reichlichen Vorräten an Waffen und Lebensmitteln und fuhr den Schiffen nach, um sich ihnen anzuschließen. Er lief kein Risiko dabei [...]: Wenn es Schiffe von Gonzalo Pizarro waren, konnte er sagen, er erwarte neue Informationen und bringe ihnen frische Vorräte; wenn es die königlichen waren, dann konnte er ja den Anschluß vollziehen, den er und seine Hauptleute ohnehin beabsichtigten. Er hatte Glück und begegnete ihnen noch am Tage nach der Ausfahrt.

Die Freude der Trujillaner ist groß, als sich herausstellt, daß die Schiffe jetzt königlich sind; sie werden jedoch angewiesen, an Land auf ihren Posten zu bleiben, beziehungsweise in Nordperu und Ecua-

dor alle Spanier gegen Gonzalo Pizarro zu mobilisieren. – Der Flottenchef Lorenzo de Aldana schreibt dem Lizentiaten La Gasca über seine weiteren kampflosen Erfolge an der Küste:

Zum letzten Mal schrieb ich Euch vom Hafen Santa aus. Von dort segelten wir innerhalb von 19 Tagen – die Winde waren günstig – zum Hafen von Lima. Dort sahen wir alle Schiffe, halb auf den Strand gezogen, kreuz und quer auf der Seite liegen; nur eines war noch seeklar und besetzt mit Wachsoldaten Gonzalo Pizarros – dieses Schiff sollte nach Neuspanien [*Mexiko*] segeln. Als sie unsere Armada sahen, verließen Kapitän und Steuermann das Schiff und ruderten mit der Barke zu uns aufs Meer hinaus. Da versuchten die Tyrannen, noch das Schiff an Land zu ziehen; aber ihnen blieb nicht mehr die Zeit dazu und so trieb es aufs Meer hinaus. Wir setzten alles daran, das Schiff einzuholen und brachten es auch glücklich in den Hafen.

Die Verwirrung in Lima ist groß. Garcilaso:

Gonzalo und seine Anhänger [...] berieten, was zu tun sei; in ihrer Bestürzung trafen sie voreilige Entschlüsse, die mehr schadeten als nutzten. Sie ließen alle im Hafen liegenden Schiffe verbrennen, darunter fünf große Segler. Diesen Befehl hatte Gonzalo Pizarro auf Anraten der Lizentiaten Cepeda und Benito de Carvajal erteilt [...]. Da diese Federfuchser aber nicht viel von militärischen Dingen verstanden, überredeten sie ihn, die Schiffe zu verbrennen, um den Wankelmütigen jede Gelegenheit zu nehmen; denn sie folgerten, solange die Schiffe noch im Hafen lägen, würden viele fliehen, sobald ihnen aber die Möglichkeit genommen wäre, würden sie Gonzalo wohl oder übel folgen.

Der Oberbefehlshaber von Gonzalo Pizarros Truppen, Francisco de Carvajal, kehrt nach achttägiger Abwesenheit nach Lima zurück:

Als er erfuhr, was sich zugetragen hatte, beweinte er bitterlich den Verlust der Segelschiffe und sagte unter anderem zu Gonzalo: »Eure Herrlichkeit hat fünf Engel verbrennen lassen, die seinen Hafen und die Küste Perus geschützt und verteidigt und dem Feind Schrecken und Vernichtung gebracht hätten [...].« Die Lizentiaten äußerten allerdings im Gespräch mit Gonzalo Pizarro den Verdacht, Carvajal sei vor allem [...] deshalb über die verbrannten Schiffe so unglücklich, weil er jetzt kein Mittel mehr sähe, selber zu fliehen.

Vom Wasser aus beobachtet Lorenzo de Aldana die Entwicklung in Lima. Er läßt die Boote am Ufer patrouillieren, um Flüchtlinge aufzunehmen. Aldana:

Als die Flotte auftauchte, mobilisierte Gonzalo Pizarro alle wehrfähigen Männer einschließlich der Schneider und Schuster, um zu verhindern, daß die Soldaten der Flotte an Land gingen.

Eine halbe Meile von der Stadt entfernt bezog er Stellung und blieb dort bis zum gestrigen Sonntag [*21. Juli 1547*]. Er zog ab, weil er auch dort seine Leute nicht zu halten vermochte; das war die Wirkung der von uns in sein Lager und seine getarnten Stellungen lancierten Briefe [...].

Wir schrieben viele Briefe an die Soldaten und Edlen in Gonzalo Pizarros Versteck: ich befestigte sie an Stäben; der Hauptmann Diego Díaz sprang an Land; ein Boot blieb in der Nähe für den Rückzug, wenn die anderen mit den Pferden kamen, um die Briefe zu holen.

Ein Teil dieser Briefe wird zu Gonzalo gebracht; dieser schickt den Bürgermeister Juan Fernández zu Aldana auf dessen Flaggschiff. Aldana schreibt:

Ich führte den Bürgermeister gleich in die Kajüte [...]. Er entdeckte uns seine Loyalität [...], daß er nur gekommen sei, um uns über die Verhältnisse der Gegenseite zu unterrichten, daß ferner alle Bürger untereinander die Flucht abgesprochen hätten, auch ein großer Teil des Kriegsvolkes.

Juan Fernández geht wieder ins Lager Gonzalo Pizarros zurück mit den offiziellen Sendschreiben und führt seinen Geheimauftrag der Abwerbung so gut durch, daß innerhalb weniger Tage mehrere Hundert Männer zu Aldana überlaufen. – In Südperu und Cuzco hat seit längerer Zeit der ehemalige Pizarrist Diego Centeno unter schwierigsten Bedingungen einen Guerillakrieg gegen Gonzalo und Francisco Carvajal geführt. Aldana schreibt:

Von den Leuten, die zu unserer Flotte kamen, erfuhren wir als ziemlich sichere Sache, daß Diego Centeno Cuzco genommen habe. [...] Wir haben bereits von Trujillo aus [...] mit ihm Verbindung aufgenommen, und von diesem Zeitpunkt an scheint er sich aus seinem Schlupfwinkel, einer Höhle, hervorgewagt zu haben. Mit dem Auftauchen der Flotte waren sein Mut und seine Tatkraft wieder erwacht, und er begann erneut Männer anzuwerben.

Etwa 15 Monate hat sich Diego Centeno in den südlichen Anden Perus versteckt gehalten. Andere Männer warten ebenso wie er in verschiedenen Schlupfwinkeln auf eine günstige Wendung der Dinge. Ein Zeitgenosse schreibt:

In den Hochanden Südperus kamen insgesamt nach und nach an die 47 Mann zusammen. Sie berieten sich, wohin sie sich zunächst wenden sollten. Die Meinungen gingen auseinander: die einen waren für Cuzco, die anderen für Arequipa und wieder andere für Collao [*Titicacagebiet*]. Schließlich einigten sich alle 47 Mann, nach Cuzco zu ziehen. Auf dem Hügel Huanacauri eine Meile vor Cuzco rasteten sie und hißten gleich vier Fahnen, um den Anschein einer großen Zahl zu erwecken.

In Cuzco, wo man bereits von ihrem Kommen gehört hatte, aber nicht wußte, um wie viele es sich handelte, sammelten sich auf der Plaza an die 260 Bewaffnete. Als die Nacht vorrückte, kamen Diego Centeno und seine Leute den Berg herunter.

Zárate schreibt über diese Begebenheit:

Es war ein offenes Geheimnis, daß die Spitzen der Stadt [*Cuzco*] [...] Diego Centeno in einem Brief Unterstützung zugesagt hatten [...]. Am Vorabend des Fronleichnamsfestes des Jahres 1547 entschloß sich Centeno zum Angriff [...]. Dabei bediente er sich folgender List: Er befahl, den Pferden Zaum und Sattel abzunehmen, und ließ sie durch Indios in die Straße hineintreiben, wo die städtischen Schwadronen Aufstellung genommen hatten. Die erschreckten Pferde rasten in vollem Galopp in die Stadt mitten unter die Leute hinein. Alles floh, und die Verwirrung war so allgemein, daß die Verteidiger weder Zeit fanden, Pferde zu töten, noch feststellen konnten, ob Reiter darauf saßen [...]. All das spielte sich bei Nacht und mit lautem Geschrei und großem Lärm ab [...]. Centeno fiel der Ruhm des Sieges zu.

Centeno kann sich in Cuzco jedoch nicht halten, er verläßt die Stadt am 26. Juni 1547. Mit 47 Mann ist er gekommen, aber inzwischen haben sich ihm 400 Mann zugesellt. – Am 20. Oktober 1547 kommt es zwischen Centeno und Gonzalo Pizarro zur Schlacht von

Huarina am Titicacasee; Centeno unterliegt. Nur spärlich dringen die Nachrichten ins Hauptquartier der Königlichen nach Jauja in Mittelperu, wo inzwischen auch Präsident La Gasca eingetroffen ist und die Spitzen des Landes um sich versammelt. La Gasca berichtet am 27. Dezember 1547 nach Spanien an den Indienrat:

Am 8. November [*1547*] brachte Lope Martín Briefe, die er von Indios aus dem Hinterland von Huamanga ausgehändigt bekommen hatte: somit war Centenos Niederlage und Flucht und der Sieg des Gonzalo Pizarro bestätigt. [...]

Am 10. schrieb man uns aus Huamanga [*heute Ayacucho*] [...], ein Hauptmann Gonzalo Pizarros sei mit starken Truppen in Cuzco eingezogen und hebe überall Soldaten aus.

Am 17. kam Diego ... [*Lücke im Manuskript*] [...], der selbst unter Centeno in dieser Schlacht mitgekämpft hatte [...] und berichtete:

Am 20. Oktober kam es zu einer Schlacht zwischen Diego Centeno und Gonzalo am Desaguadero [*Abfluß des Titicacasees*]. Centeno hatte über 800 Mann [...], Gonzalo 500 [...]. Centeno litt, als die Schlacht ausbrach, schon über acht Tage an heftigen Schmerzen in der Seite, so daß ihn vier Männer in einer Sänfte auf ihren Schultern zur Schlacht tragen mußten [...].

Insgesamt seien an die 300 Mann gefallen, zwei Drittel davon aus Centenos Partei [...]. Der gleiche Zeuge sagte auch, zwei Tage vor der Schlacht habe Carvajal acht Männer, die sich zu Centeno gesellen wollten, aufgegriffen und sie ohne Beichte aufgehenkt, ebenso auch den Meßpriester Pantaleon, der mit Briefen von Lorenzo de Aldana zu Centeno unterwegs war [...]. Der Bischof von Cuzco, Alonso de Mendoza und er hatten Diego Centeno zum letztenmal dort gesehen, wo der Desaguadero den Titicacasee verläßt, und sie fürchten, er sei tot.

Am 19. November kamen der Bischof von Cuzco und Alonso de Mendoza und Pedro Carrasco, ein Bürger von Cuzco, sie alle waren während der Schlacht aus Gonzalo Pizarros Reihen zu Centeno übergelaufen. Auch sie schilderten die Vorkommnisse der Schlacht auf dieselbe Weise.

Am 27. Dezember erhielt ich einen am 20. des Monats datierten Brief des Hauptmann Diego Centeno aus Lima. Er teilte mir mit, er sei dort vor sieben Tagen eingetroffen. Ein schweres Fieber habe ihn niedergeworfen; auch leide er noch an den Folgen der überstandenen Krankheit und den Anstrengungen der langen Wege; die verlorene Schlacht schließlich drücke ihn ganz darnieder. Sobald er sich einigermaßen erholt habe, werde er nach Jauja kommen.

Gonzalo Pizarro, der selbst in der Schlacht am Titicacasee beinahe umgekommen wäre, wenn ihm nicht der Vater des Chronisten Garcilaso de la Vega das Leben gerettet hätte, kann zunächst an seinen Sieg noch gar nicht glauben. Garcilaso hat im Alter noch die Worte Gonzalo Silvestres, eines der geschlagenen Centenoleute im Ohr:

Ich drehte das Gesicht nach links und sah Gonzalo Pizarro und die Seinen in breiter Reihe langsam dem Zeltlager Centenos zureiten, und ich sah, wie Gonzalo Pizarro sich immer wieder bekreuzigte. Dabei rief er einmal um das andere laut: »Jesus, welch ein Sieg! Jesus, welch ein Sieg!«

Garcilasos Vater kümmerte sich nach Beendigung der Schlacht um die Toten und Verwundeten:

Mein Vater kehrte zum Schlachtfeld zurück und befahl die Toten und Verwundeten zu bergen. Die meisten von ihnen hatte man der Kleider beraubt, denn die Indios plünderten Feind und Freund ohne Ansehen der Person. Kleidung war sehr begehrt. Die Toten wurden an Ort und Stelle in etwa 10 bis 12 große Gruben gelegt. Die gefallenen Hauptleute und Adeligen beider Parteien wurden in der von Indios erbauten Kirche von Huarina, dem nächstgelegenen Ort beigesetzt.

Umsonst suchen Francisco de Carvajal und andere Hauptleute, sobald die feindliche Front zusammengebrochen ist, das Schlachtfeld nach dem gegnerischen Anführer Diego Centeno ab. Garcilaso:

Diego Centeno, der wegen seiner schmerzenden Seite nur in einer Sänfte an der Schlacht teilnehmen konnte [...], verließ, als die Niederlage seiner Partei feststand, den Tragsessel und bestieg das mitgeführte Pferd. Die Todesfurcht und der nur zu verständliche Wunsch zum Leben verliehen ihm die Kräfte, die Flucht zu wagen [...]. Weder Carvajal noch seine Leute wußten, welchen Weg er eingeschlagen hatte – er war verschwunden wie durch Zauber [...].

Viele Kämpfer suchten das Heil in der Flucht. Ich möchte hier nur so einiges schreiben – aus dem Wenigen mag man ermessen, was die Flüchtlinge alles an Schmerzen und Strapazen durchmachten, verwundet und übel zugerichtet, ohne Arzt, Medizin noch Hilfe und nirgends eine Hütte, die Schutz geboten hätte vor der schneidenden Kälte, die dort ständig herrscht. Allein die Vorstellung davon macht einen erstarren.

Gonzalo Silvestre gelang es, seine Verfolger abzuschütteln. Am Zelt bei seinen Indios angekommen, ließ er sich als erstes das Beschlagzeug für das Pferd geben – denn damals und auch viele Jahre später noch führten die Spanier, wenn sie reisten, für den Fall daß die Pferde Hufeisen verloren, in einem Ledersack alles Nötige mit: 200 Nägel, 4 Hufeisen, Hammer, Zange und Stecheisen, denn die spanischen Städte lagen weit voneinander entfernt, mindestens 60 Meilen, und die Wege waren bergig und schlecht. So mußte man vorsorgen [...]. Dann ließ er sich einen scharlachroten Mantel herausgeben, was die Indios gar nicht erfreute; denn sie hatten sich schon Hoffnung auf Beute gemacht. [...]. Er schenkte dem weiter keine Beachtung und ritt davon. Überall stieß er auf flüchtende Spanier und Indios, die samt und sonders ohne festes Ziel auf gut Glück zu entkommen trachteten. Eine gute Viertelmeile vom Lager entfernt, holte er einen verwundeten Spanier ein. Er lag über den Nacken einer armseligen Mähre hingeworfen, denn er konnte nicht mehr aufrecht sitzen; außer anderen Verletzungen hatte er eine Wunde über der rechten Niere. An seiner Seite ging zu Fuß eine indianische Magd. Die linke Hand hielt sie auf der Wunde ihres Herrn, mit einer Gerte in der Rechten trieb sie das Pferd an. Sie sprach ihrem Gebieter gut zu:

»Nehmt alle Eure Kraft zusammen, Herr, damit Ihr den Verrätern nicht in die Hände fallt – seid getrost, ich verlasse Euch nicht, bis Ihr voll genesen seid!«

Gonzalo Silvestre war bald an ihnen vorbei und sah noch viele andere, die in großer Not waren [...]. Nachdem er etwa drei Meilen geritten war, begann es zu dunkeln. Er entfernte sich vom Weg und kam zu einer großen Mulde, in der spärliches Gestrüpp wuchs und etwas Gras für sein Pferd. Er hatte nämlich weder für sich noch für sein Pferd Nahrung dabei. Er stieg ab und nahm dem Pferd das Halfter ab. Es war völlig ausgehungert und suchte begierig nach den dürren Halmen und Stengeln, zur großen Freude seines Herrn, der gern fastete, wenn nur sein Pferd satt wurde.

Innerhalb von zwei Stunden trafen nach und nach an die 20 Spanier ein, einige waren verletzt, andere gesund. Mit ihnen kamen an die 20 Indios; das war eine große Hilfe, denn sie machten ein Lagerfeuer und teilten mit den Spaniern den wenigen Mais, den sie dabei hatten.

Die Verwundeten wußten nicht, was sie für ihre Heilung tun sollten; sie stöhnten laut vor Schmerzen. Bei manchen hatten Pferd und Reiter gemeinsam an die 23 größere und kleinere Wunden. In ihrer großen Not richtete es Gott ein, daß einer unter den Indios, die noch hinzukamen, einen strohgeflochtenen Korb dabeihatte, so groß wie eine Truhe oder ein Koffer. Alle umringten ihn in der Hoffnung, er brächte Essen oder sonst etwas Wertvolles, aber im Korb lagen nur Talgkerzen. Vermutlich hatte der Indio diesen Korb aus dem Feldlager geplündert und sich etwas anderes darinnen erwartet, denn die Spanier pflegten auf Reisen und im Kriege in derlei Truhen ihre Habe mitzunehmen. Diese Behältnisse sind von einer Größe, daß ein Indio sie tragen kann. Die Indios sagten zu ihren spanischen Herren, man könne den Talg zur Wundenheilung gut brauchen. Sie ließen sich zwei eiserne Helme geben, lösten darin den Talg auf, sammelten von dem reichlich herumliegenden trockenen Llamamist, rieben ihn zu Pulver und mischten es mit dem zerlassenen Talg. Möglichst heiß, so wie es gerade noch zu ertragen war, legten sie die Mischung auf die Wunden, ja sie füllten sie, wenn sie tief waren, ganz damit aus. Auf die gleiche Weise behandelten sie auch die Pferde. Man dankte Gott für die durch diese Mittel erwiesene Gnade. Ohne eine weitere Behandlung, ohne andere Medizin genasen alle Männer dieses Trupps, und man erzählte davon wie von einem großen Wunder des allbarmherzigen Gottes.

Nach weiteren vierzehn Tagen traf Gonzalo Silvestre wieder jenen Spanier, der damals verwundet von dannen gezogen war, zusammen mit seiner India in einem kleinen Indiodorf von fünfzehn oder zwanzig Häusern. Er war gesund, und es ging ihm gut; die India hatte ihn dorthin zu ihren Verwandten gebracht. Die ganze Sippe pflegte ihn und verwöhnte ihn augenscheinlich. Das sind die Begebenheiten in jener öden Region, über die ich Genaueres weiß. Ähnliche und noch eindrucksvollere haben sich bestimmt, wie sich jeder denken kann, an anderen Orten abgespielt. Aber davon hat man mir nichts erzählt, und deshalb schreibe ich nichts darüber.

In Cuzco wird den Siegern von Huarina noch ein triumphaler Empfang bereitet. Gonzalo Pizarro schickt einen Hauptmann voraus, um den Triumph zu organisieren. Der Inca Garcilaso de la Vega erinnert sich noch 60 Jahre später in Spanien lebhaft an jene Tage sorgloser Festesfreude, die er als achtjähriges Kind in Cuzco erlebt hat:

Unter großen Verzögerungen und Schwierigkeiten, die die Sorge für die Verwundeten bereiteten, kamen Gonzalo Pizarro und die Seinen nach Cuzco. Der Hauptmann Juan de la Torre hatte ihm einen festlichen Empfang bereitet. In den Straßen, durch die der Zug ging, waren viele Triumphbogen errichtet, mit den schönsten und buntesten Blumen besteckt, so wie es die Indios zu tun pflegten zur Zeit ihrer Incakönige. [...]

Die Glocken der Kathedrale und der Klöster läuteten; es waren zwar damals noch wenige.

Die Indios der Stadt hatten sich, geordnet nach Wohnvierteln und Stammeszugehörigkeit, auf der Plaza versammelt und priesen Gonzalo Pizarro in Sprechchören mit dem Namen »Inca« und anderen Herrschertiteln, die sie ihren angestammten Königen bei deren Triumphzügen zugerufen hatten; denn sie waren ausdrücklich von dem Hauptmann Juan de la Torre angewiesen, alles so zu halten wie in den Zeiten ihrer Incas [...].

Ich machte den Einzug in die Stadt mit; am Tag zuvor durfte ich drei Meilen vor Cuzco hinaus bis Quispicancha meinem Vater entgegen. Ein Teil des Weges lief ich zu Fuß, und einen Teil trugen mich zwei Indios abwechselnd auf dem Rücken. Am Rückweg durfte ich auf einem Pferd sitzen, und jemand ging nebenher und führte es am Zügel. So sah ich alles, von dem ich hier erzähle, und könnte auch noch sagen, in welchen Häusern die einzelnen Hauptleute abstiegen; denn ich kannte ja alle und erinnere mich noch genau der Häuser, obwohl alles das, was wir hier schreiben, fast sechzig Jahre her ist; aber das Gedächtnis bewahrt ja das, was man in der Kindheit gesehen hat, besser als alles später Erlebte.

Unter den Spaniern in Cuzco ist der Widerstand jedoch stark; die Kirche verhält sich ablehnend gegenüber Gonzalo Pizarro und Carvajal. Gutiérrez de Santa Clara berichtet:

Vier Tage nach dem Einzug des Großtyrannen in die Stadt Cuzco ging Francisco de Carvajal ohne jede Scham und Gottesfurcht in Begleitung von 50 Musketenschützen in die Hauptkirche, um die Marienmesse zu hören, denn es war Samstag. Als er eintrat, unterbrach der zelebrierende Priester die heilige Handlung und wollte nicht damit fortfahren. Der ebenfalls in der Kirche anwesende Vikar ließ Carvajal bestellen, er solle die Kirche verlassen; er wäre exkommuniziert wegen seiner begangenen Grausamkeiten, weil er den Pater Pantaleon de Aguilar und den Mercedariermönch Gonzalo de

Benavides aufgehängt habe und wegen anderer Dinge, die er selber wisse.

Francisco de Carvajal [...] wollte die Kirche nicht verlassen; er ging sogar mit seinen Soldaten bis vor in den Chor, blieb dort eine Weile und diskutierte einmal mit dem Dekan, dann wieder mit dem Vikar vor der ganzen Priesterschaft und verwahrte sich gegen die Morde, die man Gonzalo Pizarro und ihm selbst anlastete; sie seien nicht schuld daran. Der Dekan und der Vikar redeten ihm nach dem Munde, mehr aus Angst, denn aus Überzeugung – sie konnten ja nichts anderes machen – und verabschiedeten ihn mit guter Miene zum bösen Spiel. Als er die Kirche verließ, zelebrierten sie die Messe zu Ende, obwohl es inzwischen spät geworden war.

Am nächsten Morgen – am Sonntag – wollte Gonzalo Pizarro in der Hauptkirche die Messe hören. Er befand sich in großer Begleitung mit dem Lizentiaten Cepeda, dem Maestro de Campo [*Carvajal*] und seinen übrigen Hauptleuten, zahlreichen Musketieren und Reitern. Keiner betrat die Kirche; alle nahmen Aufstellung vor der Kirche, bis der Vikar Juan de Sosa, ein Portugiese, ihnen die Absolution gab. Er tat es mehr aus Furcht als aus anderen Gründen, aber mit der Bedingung, innerhalb dreier Jahre müßten sie nach Rom zum Papst fahren, um Vergebung für die Sünden zu erlangen, die sie begangen hätten.

Der Großtyrann war auf die Knie niedergefallen und versprach unter Bezeugung großer Demut, er werde es tun oder einen Procurador zum Papst schicken mit Vollmachten und reichen Geldspenden.

Francisco de Carvajal sagte dazu, die Frist sei schon recht kurz; es sollten wenigstens vier Jahre sein, denn dann gäbe es keinen Papst mehr in Rom; der große Türke säße inzwischen in Rom und in ganz Italien, und man könne sich die Reise sparen. [...] Dieser teuflische Mensch bewies wirklich wenig Gefühl für unseren katholischen Glauben; aber ein paar von den Seinen fanden seine Sprüche recht witzig und geistreich und lachten laut darüber.

Der Dekan und das Domkapitel wagten es nicht, ihn zu tadeln, sie überhörten vielmehr die Unverschämtheiten dieses Menschen. Nun standen die beiden auf, auch die Hauptleute und Soldaten, die alle gleichfalls niedergekniet waren, und waren damit absolviert von ihrer Mitschuld an den Sünden der beiden Anführer. Dann gingen alle hinein zur Messe.

Der Hochstimmung in Cuzco bei Gonzalo Pizarro und seinen Anhängern über den unerwarteten Sieg in Huarina entspricht tiefe

Niedergeschlagenheit im Hauptquartier des Präsidenten La Gasca in Jauja. In Cuzco denkt man an die Errichtung einer unabhängigen Monarchie; La Gasca, der einen endlosen Bürgerkrieg auf Peru zukommen sieht, bittet den König um seine Ablösung und rät ihm die Entsendung eines Vizekönigs. Kurze Zeit später freilich wendet sich die Lage wieder. Die Hilfe der Kaufleute verschafft La Gasca binnen zwei Monaten eine Armee und die nötigen Rüstungen. Der italienische Kaufmann Albenino in Lima schreibt:

Der Präsident sandte in unsere Stadt den Marschall Alonso de Alvarado. Dieser bat um Kredite bei den hier ansässigen Kaufleuten; sie brachten 170000 Goldpesos für ihn zusammen und gaben sie ihm in bar. Mit diesem Geld konnte er in kurzer Zeit viele Kriegsleute anwerben, und innerhalb von zwei Monaten verfügte der Präsident in Jauja über 2000 Mann [...].

Das ganze Heer bewegte sich unter dem Befehl von Alonso de Alvarado auf der Incastraße gegen Cuzco zu; aber es stellten sich große Schwierigkeiten und Strapazen ein, denn es war Winter und die Flüsse führten Hochwasser.

Die Aufständischen haben die besseren Möglichkeiten der Lebensmittelversorgung; die königliche Armee hat die besseren Ingenieure und Werkleute, erzwingt den Übergang über den Apurimac trotz zerstörter Brücken und erscheint früher als erwartet auf den Abhängen über der Ebene Sacsayhuaman bei Cuzco. – Bis dahin können sich nur wenige Überläufer zu La Gasca durchschlagen. Der Hauptmann Diego de Mora berichtet nach Lima:

Fünfzehn Soldaten liefen zu uns über. Es wären viel mehr gekommen, wenn nicht Gonzalo seine indianischen Wachen verschärft hätte, die jeden Mann, der sich weiter als zwei Schritte von der geschlossenen Formation entfernte, sofort töteten und ihm den Kopf abschlugen. Trotzdem liefen am nächsten Tag wieder zwanzig Musketiere über; zehn von ihnen wurden erwischt und geköpft, die anderen zehn kamen durch [...]; diese aber waren Kundschafter; sonst hatte niemand die Möglichkeit zur Flucht.

Zu einer Endschlacht auf der Ebene von Sacsayhuaman kommt es nicht mehr. Vereinzelte Artillerietreffer bringen in Gonzalos Lager Verwirrung; mit einer Massenflucht der Indios beginnt die Auflösung seiner Streitmacht. – Garcilaso de la Vega:

Kein Säbel wurde erhoben, keine Begegnung mit Lanzen fand statt, kein Büchsenschuß fiel [...]. Der Untergang Gonzalo Pizarros ging so rasch vor sich, daß das Lesen dieses Kapitels fast mehr Zeit erfordert als der Ablauf der darin beschriebenen Geschehnisse selbst.

Nach Albenino war Garcilasos Vater der erste Spanier, der durch das Niemandsland zu den Königstruppen überlief:

Der Hauptmann Garcilaso de la Vega gab seinem Pferd die Sporen, und zwanzig oder dreißig Reiter und andere Soldaten folgten ihm; kleinere Gruppen von Musketieren, jeweils vier oder fünf, brachten sich über einen Bach hinweg in Sicherheit [...]. Da ging ein Gemurmel durch die Reihen der Schwadronen; die einen wollten überlaufen, die anderen wußten keinen Rat, wie sie ihrer Vernichtung entgehen sollten. Plötzlich sprengte der Lizentiat Cepeda zu uns hinüber; dabei wurde ihm das Pferd unter dem Leib erstochen [...].

Wie aus seinem abschließenden Brief vom 7. Mai 1548 an den Kaiser hervorgeht, ist der Prälat La Gasca unsicher, wie er sich verhalten soll. Er berät sich mit den prominenten Überläufern:

Garcilaso und die anderen Überläufer rieten uns, an diesem Tage keine Schlacht zu beginnen, sondern unsere Truppen in disziplinierter Ordnung nahe bei Gonzalos Lager Aufstellung nehmen zu lassen; dann würde sich sein Heer von selbst auflösen und größere Verluste vermieden.

Trotz meiner Angst, Gonzalo Pizarro könne uns in dieser Nacht noch entfliehen, schien es mir doch besser, von einem Angriff abzusehen und erst einmal abzuwarten, ob weiterhin die Leute uns zuliefen.

Gonzalo Pizarro und Carvajal sehen keine andere Möglichkeit mehr, als ihre Leute in die Schlacht zu führen; aber sie haben ihre Truppen nicht mehr in der Hand. La Gasca schreibt:

Für diese Menschen war ja alles aus, sie hatten das Gefühl, Gott selber sei gegen sie, und so suchten die einen ihr Heil in der Flucht, unter ihnen Francisco de Carvajal – sein Pferd stürzte im nahen Sumpf, und er wurde gefangen [...]. Gonzalo Pizarro und die anderen Hauptleute konnten sich weder zum Kampf noch zur Flucht entschließen.

Garcilaso zufolge soll Gonzalo Pizarro seinem Freund Juan de Acosta gesagt haben:

»Was machen wir, Bruder Juan?« – Acosta darauf [...]: »Herr, laßt uns kämpfen und sterben wie die alten Römer!« – Gonzalo Pizarro sagte: »Besser ist es zu sterben wie Christen.« [...] Dann ritt er hinüber [...] auf einem prachtvollen kastanienfarbenen Pferd, über dem kostbaren Küraß und Panzerhemd [...] ein Gewand aus gelbem Samt, behangen mit unzähligen Goldplaketten [...], auf dem Kopf einen goldenen Helm mit Visier.

Gonzalo wird La Gasca vorgeführt, der darüber in einem Brief an den Kaiser vom 7. Mai 1548 berichtet:

Ich wollte es Gonzalo Pizarro nicht merken lassen, daß man von seiner Person und Gefangennahme so viel Wesens mache [...] und ließ ihn etwas warten, bevor ich mich ihm zuwandte. [...]

Ich wollte ihn gleichzeitig trösten und seinen Irrtum vor Augen führen, aber er blieb unzugänglich und sagte nur: Er habe ja schließlich das Land erobert! So war ich gezwungen, ihm etwas schärfer zu antworten, denn ich mußte ja irgendwie die umstehenden Zuhörer zufriedenstellen, und redete ihn an: Ob ihm denn der an dem König begangene Treuebruch noch nicht genüge, jetzt käme auch noch die Undankbarkeit hinzu! S. Majestät habe seine Brüder reich gemacht und aus dem Staub der Armut erhoben, aber er erkenne es nicht an. Sein Bruder Francisco dagegen habe das wohl zu würdigen gewußt und stets Dankbarkeit für die königliche Gnade gezeigt, nicht nur durch die in seinem Wandel bewährte Treue, sondern auch durch die gebotene Ehrfurcht. Dann drehte ich mich um, ohne eine Antwort zu erwarten, und ließ ihn stehen [...].

Kurz darauf brachte man mir [...] Gonzalos Feldmeister Francisco de Carvajal. Er war umgeben von einer Traube von Menschen, denen allen er Böses getan hatte, und man konnte kaum verhindern, daß sie ihn umbrachten. Ihm wäre es am liebsten gewesen, wenn man ihn hier an Ort und Stelle erschlagen hätte, und so bat er darum, man solle es doch geschehen lassen. Ich befahl, ihn abzuführen.

Die Urteilsschrift gegen Gonzalo Pizarro, ausgefertigt im Auftrag Pedro de la Gascas, zeigt, daß in den Monarchien der Renaissance die

Sippenhaftung üblich war: sie schließt auch die ungeborenen Nachkommen des Rebellen ein:

Wir erklären den besagten Gonzalo Pizarro in allen Stücken des Hochverrats gegen die spanische Krone überführt und verurteilen ihn deshalb als Rebellen. Ihm werden sämtliche Ehrenrechte aberkannt, ebenso seinen nach dem von ihm begangenen Hochverrat geborenen Nachkommen, denen der männlichen Linie bis ins zweite Glied, der weiblichen bis ins erste, wie es derartigen Verrätern gebührt.

Das Urteil wird noch auf dem Schlachtfeld vollstreckt. La Gasca berichtet:

Am 10. April [*1548*] wurde Gonzalo Pizarro hingerichtet. Als Verräter wurde er enthauptet und sein Kopf nach Lima geschickt, damit er dort auf die übliche Weise öffentlich ausgestellt werde mit einem Plakat darunter, auf dem sein Name und seine Vergehen standen. Sein Haus in Cuzco sollte dem Erdboden gleichgemacht werden [...].

Am gleichen Tag richtete man auch den Feldmeister Francisco de Carvajal [...]. Er wurde zu Tode geschleift und gevierteilt [...] und sein Kopf in Lima neben dem von Gonzalo Pizarro zur Schau gestellt. [...]

Es heißt, daß von den über 340 Männern, die Gonzalo Pizarro und seine Anhänger hatten hinrichten lassen, 300 auf das Konto von Francisco de Carvajal gingen [...].

Am 29. April [...] mußte der Dominikanerbruder Luis öffentlich Buße tun [...]; er hatte sich für den Aufruhr in skandalöser Weise engagiert und von der Kanzel herunter für die Sache Gonzalo Pizarros Partei ergriffen unter Mißachtung der Autorität des Königs. Er wurde verurteilt zu lebenslänglicher Klausur und Kerkerhaft, verbunden mit schwerem Fasten und anderen geistlichen Bußstrafen [...].

Als wir nach Cuzco kamen, fanden sich Beweise [...], daß bereits Absprachen und Vorbereitungen getroffen waren, Gonzalo Pizarro nach einem Siege über meine Truppen zum König von Peru zu krönen: in der Nacht vor der Begegnung in Sacsayhuaman hatten Gonzalos Anhänger das königliche Wappen von der Fahne getrennt und in einem Kohlenbecken verbrannt.

Fast gleichzeitig mit der Konquista Perus ist das Stromsystem des Paraguay und Paraná von der La Plata-Mündung aus bis an die Grenzen des heutigen Chile und Bolivien erforscht und erobert worden. 1515 wird die La Plata-Mündung entdeckt. 1526–1527 fährt der italienische Seemann Sebastiano Caboto in spanischen Diensten den Paraná bis Corrientes hinauf; 1534 startet eine große Expedition von 14 Schiffen mit 2500 Spaniern und 150 Niederländern, Sachsen und Oberdeutschen, unter ihnen der Straubinger Ulrich Schmidl, von Cádiz aus zur La Plata-Mündung mit dem Auftrag und Ziel, den Kontinent zu durchqueren bis zum Südmeer (Pazifischer Ozean), dessen Existenz seit 1513 und 1520 durch Balboas, Pizarros und Magalhães' Entdeckungen in Europa bekannt ist. Wie die Reiseberichte Ulrich Schmidls, Pedro de Mendozas und Cabeza de Vacas aus den nächsten beiden Jahrzehnten zeigen, scheitern die La Plata-Expeditionen fast völlig. Das 1536 gegründete Buenos Aires wird wegen einer Hungerkatastrophe wieder aufgegeben und erst später von Peru aus neu gegründet. Nur im Innern des Landes, in Paraguay, können sich Teile der Mendoza-Expedition für weitere Jahre halten, sie kapseln sich vollständig gegen das Mutterland ab – die königlichen Kommissare werden mißhandelt und wieder nach Spanien zurückgeschickt – und treiben ihre Eroberung auf eigene Faust weiter bis nahe vor die Schatzkammer Perus in Hochbolivien, die Silberstädte Potosí und La Plata. – Während des peruanischen Aufstandes befürchtet die Königspartei unter Pedro de la Gasca ein Zusammengehen Gonzalo Pizarros mit den östlichen aufständischen Gruppen und einen endlosen Guerillakrieg. Wie berechtigt diese Furcht ist, zeigt die Reaktion des Landsknechts Ulrich Schmidl und seiner Kameraden, die von Asunción aus den Pilcomayo hinauf bis in die subtropischen Waldgebirge des südöstlichen Bolivien vorgedrungen sind. Dort verstehen die Eingeborenen Spanisch! Schmidl:

Nachdem wir nun zu mehrgedachten Machkasis auf eine gute Meil Wegs hinzunaheten, kamen sie uns entgegen, empfingen uns sehr wohl und huben darnach an, mit uns Hispanisch zu reden. Dessen erschracken wir erstlich gar sehr, fragten sie derowegen, wem sie untertänig wären und was sie für einen Oberherrn hätten. Darauf zeigten sie unserm Hauptmann und uns an, sie gehöreten einem Edelmann in Hispanien zu, der hieß Pedro Anzures [*Peranzures*].

Als wir in ihren Flecken kamen, fanden wir ihre Kinder, auch etliche Männer und Weiber, die waren all verbissen von einem

Unziefer, das siehet einem Floh gleich; wann dieses, reverenter zu melden, einem zwischen die Zehen oder sonst etwan am Leib ankommt, so frißt es sich hinein, daß endlich ein Wurm daraus wird, wie man sie in den Haselnüssen findet. Man muß aber solchem beizeiten fürkommen, daß es nicht Schaden tun mag; so man aber zu lang zusieht, frißt es einem endlich die Zehen ab, und wäre hiervon wohl viel zu schreiben, aber es wird allhie für unnotwendig geachtet.

Von oftgedachter unsrer Stadt Nostra Signora d'Asuncion [*Hauptstadt des heutigen Paraguay*] ist über Land zu diesem Flekken nach der Astronomen Rechnung dreihundertzweiunsiebzig Meil Wegs.

Als wir allda bei zwanzig Tagen still gelegen, kam uns ein Brief aus Peru, von einer Stadt die heißt Lima, von der Kaiserlichen Majestät oberstem Statthalter oder Präsident, so damals der Licentiato Pedro de la Gasca ist gewesen. Dieser hatte dem Gonzalo Pizarro neben vielen andern Edeln und Unedeln die Köpf abschlagen und etliche auf die Galeere schmieden lassen. (Nämlich aus der Ursachen, daß gemeldter Gonzalo Pizarro seliger dem Licentiaten de la Gasca nit untertänig sein wollt, sondern sich mit dem Land wider die Kais. Majestät aufrührig machte. Darauf hat ihm mehr gedachter Präsidente de la Gasca solchen Lohn geben. Wiewohl oft einer mehr tuet oder sich eines mehren Gewalt annimmt, denn er von seinem Herrn Befehl hat, wie es dann in der Welt zugehet. Ich glaub wohl, kaiserliche Majestät hätte gemeldtem Gonzalo Pizarro das Leben gefrist, wenn ihn Seine Majestät selbst hätt gefangen. Es hatt ihm wehe getan, daß man ihm einen Herrn über sein Gut stellet, denn dieses Land Peru war billig vor Gott und der Welt sein gewest (des Gonzalo Pizarro), darum daß er solch reiches Land samt seinen Brüdern Marques Francisco und Hernando Pizarro zum allerersten erfunden und gewunnen hat.

Dieses Reich wird billig das reich Land genannt, denn aller Reichtum, den kaiserl. Majestät hat, der kommt aus Peru und aus Nova Hispanien [*Mexiko*] und Terra Firma [*Panama*]. So ist aber der Neid und Haß so groß in der Welt, daß einer dem andern nichts Gutes gönnet; also geschah auch dem armen Gonzalo Pizarro, welcher ein König gewest und darnach hat man ihm den Kopf lassen abschlagen. Gott sei ihm gnädig, es wär viel davon zu schreiben, aber die Zeit giebts nicht.)

Nun der vorgemeldte Brief lautet aus Befehl der Kaiserl. Majestät also, daß unser Hauptmann Martin Domingo de Yrala mit dem

Kriegsvolk bei Verlust des Leibes und Lebens nicht sollte fortziehen, sondern allda bei den Machkasis auf ferneren Bescheid warten.

Solches war aber dahin angesehen, daß der Gubernator besorget, wir möchten im Land einen Aufruhr wider ihn machen und uns vielleicht mit denen vereinigen, so es mit Pizarro gehalten und darvon kommen waren und die Flucht geben hatten, wann wir in den Wäldern und Bergen zusammen kämen. Das wäre auch, da wir anders zusammen wären kommen, gewiß geschehen. Wir hätten den Gubernator zum Land hinaus trieben.

Es machte aber gemeldter Gubernator einen Pact mit unserm Hauptmann und tat ihm große Geschenk, damit er wohl zufrieden war und sein Leben darvonbracht. Es war aber diese verloffene Handlung uns Kriegsleuten unbewußt. Denn wenn uns solches wissend gewesen wäre, hätten wir unserm Hauptmann alle Viere zusammen gebunden und ihn nach Peru geführt.

Nach solchem schickte unser Hauptmann nach Peru zu dem Gubernator vier Gesellen, der erste war ein Hauptmann und hieß Nuflo de Chaves, der andere Unnate [*Oñate*], der dritte hieß Michel Rute und der vierte Abaye de Rothua. Diese vier Gesellen kamen in anderhalb Monaten nach Peru, und zuerst zu einer Nation die heißt Potosi, darnach zu einer anderen Nation Kusco genannt, die dritte heißt Ciudad de la Plata und die vierte Hauptstadt Lima. Diese vier seind die vornehmsten und die Reichsstädt in Peru.

Da nun die vier Gesellen zu der ersten Stadt, Potosi genannt, in Peru kamen, blieben die zween als Michel Rute und Abaye de Rothua Schwachheit halben allda still liegen. Die andern zwei aber, Nuflo de Chaves und Unnate, saßen auf die Post und fuhren zu dem Präsidenten gen Lima. Der empfing sie sehr wohl und nahm von ihnen Relation ein, wie es allenthalben im Land Rio de la Plata beschaffen. Befahl, sie zu furieren und aufs beste zu tractieren, schenkte auch jedem zweitausend Ducaten.

Levinus Hulsius, einer der ersten Herausgeber der mehrfach verlegten ›Wahrhaftigen Historie einer wunderbaren Schiffahrt, welche Ulrich Schmidl von Straubing von 1534 bis 1554 in America oder Neuewelt ... getan‹, kommentiert die historischen Zusammenhänge für seine mitteleuropäischen Leser nach den Peru-Chroniken von Cieza de León, Gómara und Acosta und gibt gleichzeitig einen Überblick über die erste Entwicklung und die Erträge der berühmten Silberbergwerke von Potosí:

Nota: daß sie allhie bei den Machkasis ankommen sind und von Lima oder Citta del Re schreiben, so die Hauptstadt in Peru, allda der Vice Re wohnet und das Kammergericht [*Audiencia*] ist, solches muß anno 1549 geschehen sein; denn anno 1548 im April ist Don Gonzalo Pizarro von diesem Präsidenten Licentiaten (oder wie Lopez will, von diesem Doctor) Petro Lagasca gericht worden, und anno 1550 im Julio ist La Gasca schon in Hispanien gewesen. Potosi und Plata, davon hie Meldung geschicht, dabei Yrala mit seinen Kriegsknechten am nächsten gewesen, ist das überaus silberreich Gebirg, davon erstgemeldter Lopez schrieb, daß von hundert Pfund Erz, so man aus El Sierra di Potosi gräbt, man über 50 Pfund lauter Silber habe. Das Bergwerk aber ist anno 1547, wie Pietro Cieco [*Cieza de León*], oder anno 1545, wie Acosta schreibt, erst erfunden worden, also daß es damals da Yrala zu Machkasis gewesen, noch vielleicht nicht recht lautbar war; doch hat dem Kaiser eben das Jahr, da sie allda gewesen, nämlich anno 1549, für sein fünften Teil alle Woch dreißig auch wohl vierzigtausend Pfund Silber gebührt, und gab man einem Bergknappen zu Lohn ein Pfund und wohl auch zwei Pfund Silber alle Wochen. Es ist in Peru (schreibt Acosta) das Silber in solchem Überfluß gewesen, daß es lange Zeit ungemünzt geblieben und daß kaum ein Zeichen, davon des Kaisers fünfter Teil bezahlt wurde, vorhanden und allda genugbar gewesen ist, also daß man vermeint, daß der dritte Teil mit des Kaisers Zeichen nicht gezeichnet, noch der fünfte davon bezahlt worden sei. Demnach soll der Kaiser allein von Potosi von der Zeit an, als dieses Bergwerk gefunden, bis anno 1564 für seinen fünften Teil 76 Millionen bekommen haben und von anno 1564 bis anno 1585 35 Millionen. (Soweit Lopez [*de Gomara*], Cieco und Acosta.) Plata, das heißt Silber, ist eine Stadt, davon dieser Autor auch Meldung tut, ist anno 1538 vom Hauptmann Peranzures erst erbaut worden und ist also genennet, wegen daß allda so viel und überflüssig Silber gefunden wird.

Kusko finde ich in keiner Landtafel noch einigem Autore.

Indianerelend und verarmte Spanier im reichsten Kronland Amerikas

Der indianische Chronist Poma de Ayala mit seinem Söhnchen auf der Reise in die Hauptstadt Lima (um 1600).

Friedenssehnsucht und Kondottieretum in Peru

Im Auftrag von Pedro de la Gasca schreibt der erste große Klassiker peruanischer Geschichtsschreibung, Pedro Cieza de León, seine ›Crónica del Perú‹. Der 1553 in Sevilla gedruckte erste Teil des Werkes ist wie ein Baedeker nach Gegenden und Städten geordnet – Cieza kommt als einfacher Soldat von Norden her über Ecuador nach Peru; der bis 1873 ungedruckte zweite Teil wartet mit profunden Kenntnissen über die Incageschichte auf. Cieza liebt Peru und seine Bewohner, bewundert die natürlichen Reichtümer des Landes und die Kulturleistungen der Inca ebenso, wie er die Verwüstungen durch die Konquista und die jahrzehntelangen incaischen und spanischen Bürgerkriege betrauert. So freut er sich über das Aufblühen der Stadt Lima, schließt aber gleich daran elegische Betrachtungen:

Das Tal von Lima ist größer und breiter als alle anderen Täler [*an der Küste*] von Tumbes bis hierher und war demzufolge sehr dicht bevölkert. In der jetzigen Zeit gibt es nur noch wenige indianische Ureinwohner hier; denn in dem Maße, wie die Stadt wuchs und die Kolonisten ihre Äcker und ihr bewässertes Land beschlagnahmten, wichen sie aus in verschiedene andere Täler. [...] Die Stadt Lima ist nach Cuzco die größte und bedeutendste des ganzen [*Vize-*]Königreichs Peru. Sie hat gutgebaute Häuser, manche sogar ausgesprochen herrschaftlich mit ihren Türmen und Altanen.

Die Plaza ist groß, und die Straßen sind breit, und zu den meisten Häusern führen Wasserleitungen – eine Einrichtung, die ganz besonders geschätzt wird. Das Wasser reicht nicht nur für den gewöhnlichen Bedarf, sondern auch für die Bewässerung der zahlreichen Obst- und Blumengärten, die sich dadurch immer in erquikkender Frische darbieten.

Jetzt befinden sich in Lima der Hof und die königliche Kanzlei; und deshalb, wie auch andererseits, weil hier der ganze Handel des [*südamerikanischen*] Festlandes konzentriert ist, gibt es hier immer viele Menschen, reiche Warenlager und Läden. In dem Jahr, als ich von Peru wegging [*1550*], verfügten viele Bürger Limas über Indianerencomiendas mit einem so reichen Tributaufkommen, daß ihr Besitz auf 150000, 80000, 70000 oder 50000 Dukaten geschätzt wurde; manche hatten mehr, andere weniger. Letzten Endes waren damals fast alle reich und wohlhabend [...]. Gott gebe es, daß dieser Wohlstand, der ja seinem Dienste, unserem Glauben und der Rettung unserer Seelen zugute kommt, ständig wachse [...].

Im Gartenland vor der Stadt draußen wachsen Feigenbäume, Bananen, Granatäpfel, Zuckerrohr, Melonen, Orangen, Zitronen, Mandarinen, Grapefruits und aus Spanien eingeführte Gemüsesorten, alles üppig und in bester Qualität [...].

Wenn nur einmal die Unruhen und Fehden aufhörten und kein Krieg mehr stattfinden würde, dann wüßte man schwerlich ein Land, in dem man lieber sein Leben verbringen möchte.

Die Friedenssehnsucht des Chronisten Cieza und seiner Zeitgenossen in Peru um die Mitte des XVI. Jahrhunderts ist begreiflich: Bereits 1553, nach der Heimreise des Prälaten Pedro de la Gasca, der der Krone zum Siege über den Separatismus Gonzalo Pizarros verholfen hat, entfacht einer der königlichen Hauptleute, Francisco Hernández Girón, einen neuen Aufstand, der nur mit indianischer Hilfe 1554 niedergeschlagen werden kann. Die Unsicherheit im Lande läßt keine Ordnung der politischen und wirtschaftlichen Verhältnisse zustande kommen. Die mächtigeren Konquistadoren wie z. B. Garcilaso de la Vega senior, der Vater des Chronisten, halten sich Privatarmeen wie die spätmittelalterlichen Condottieri in Italien. 1556 schreibt der dritte spanische Vizekönig in Peru, der Marqués de Cañete, an Karl. V.:

Ich fand dieses Land in einer heilloseren Verfassung, als ich je gedacht hätte [...]. In der Stadt Cuzco, jenem ständigen Unruheherd, sitzt als Corregidor Garcilaso de la Vega [...] ein, was politische Umtriebe betrifft, mehr als verdächtiger Mann, von dem sogar der Ausspruch schriftlich bezeugt ist, [...] daß er seine Söhne verfluchen werde, wenn sie Don Carlos [*Karl V.*] gehorchten. Dem Mann schanzte man noch zu dem, was er schon hatte, ein Repartimiento von 12000 Pesos zu, und seinem Stellvertreter eines von 6000! Diese Einkünfte verbraucht er mit 150 bis 200 Tischgenossen, von denen jeder in den jüngsten Aufstand des Francisco Hernández oder in einen der früheren verwickelt ist [...]. Zwei Feldhauptleute jenes Francisco Hernández sammeln alle alten Spießgesellen, residieren auf ihren Landsitzen, und wenn sie nach Cuzco hereinkommen, haben sie immer 60 bis 80 Bewaffnete bei sich [...]. In dem neugegründeten Pueblo, das sie La Paz nennen, fand ich als Corregidor und Obersten Richter einen gewissen Juan Remón installiert, einen Soldaten, der sich dort als starker Mann fühlt; [...] dieser hält gleich über 200 Kampfgenossen aus, verbraucht seine Rendite und macht noch Schulden dabei; [...] jetzt fordert er von mir ein zweites Repartimiento, er bräuchte es wegen seiner 200 Freunde, und pocht darauf ohne eine Spur von Höflichkeit [...].

Ich mache mich schon auf einen Krieg gefaßt, und fast würde ich ihn begrüßen, auch wenn ich dabei mein Leben verliere. E. Majestät aber gebe ich zu bedenken, daß man in diesem Reich mit sanften Medizinen und Amnestien nicht mehr auskommen wird wie vormals; denn es wird hier schon laut, man habe die Rechnung überschlagen, was ein Vizekönig koste, und dergleichen Unverschämtheiten mehr, [...]. So man nicht hart durchgreift, wird E. Majestät dieses schöne und reiche Land verlieren.

Die Behandlung der Indios durch die Encomenderos ist schlimmer denn je; man müßte hinter jeden Vecino einen Vizekönig stellen, damit er die Eingeborenen nicht beraubt, ausbeutet und quält [...]. Obwohl ich ein harter Mann bin, bricht es mir das Herz, was ich hier mitansehen muß. Es steht so schlimm, seit hier die Beschränkung der Tribute aufgehoben und die persönliche Arbeitsverpflichtung wieder eingeführt wurde, und die Indios werden immer weniger. Wenn Gott hier nicht hilft, wird es gehen wie auf der Insel Santo Domingo [...].

Majestät möchte doch Persönlichkeiten von einigem Ansehen als Beamte hierher schicken, diesen würde nicht gleich das Hirn verrückt wie einem, der in Spanien Matrose gewesen ist oder den Steigbügel gehalten hat und nun auf einmal über eine Jahresrente von 10- bis 12000 Pesos verfügt.

Ich hätte das alles eigentlich in Chiffre schreiben müssen [...], aber weil man mir dieses Recht nicht zugestanden hat, kann ich diesen Brief nur durch eine Vertrauensperson E. M. persönlich übergeben lassen. Ich bitte E. M. inständig, das Geheimnis zu wahren; [...] denn wenn die Sevillaner Kaufleute davon erfahren, weiß es bald ganz Peru durch ihre Niederlassungen; und gerade die Kaufleute sind in diesem Lande darauf aus, daß es immer Krieg und Fehden gibt, weil so ihre Geschäfte am besten gedeihen und ihnen am Schluß alle Reichtümer zufallen [...].

In der kurzen Zeit, die ich im Lande bin, habe ich die Gründungen von Siedlungen in fünf verschiedenen Gegenden angeordnet, eine schön weit entfernt von der anderen: in der Gegend von Tumibamba [...] die Stadt Cuenca, in der Gemarkung Huarco [...], die Stadt

Cañete – ich habe sie nach meiner Heimat benannt –, zwanzig Meilen von Trujillo die Ortschaft Santa [...]. Wenn die Pläne fertig sind, werde ich E. M. Kopien davon schicken und über das Weitere berichten; denn es wird damit vielen Verheirateten geholfen, sie werden dadurch seßhaft werden und nicht mehr Soldaten, sondern wieder Ackerbauer heißen wollen; [...] das allein verbürgt doch die Sicherheit des Landes! Darauf ist bis heute noch kaum gesehen worden [...], alles erscheint wie auf Sand gebaut; [...] ich versuche durch Zuwendungen freiwerdender Tribute den Straßen- und Brükkenbau und andere Bauten wieder zu fördern [...]. Es gibt auch in diesem Reich viele Mestizinnen, Töchter von verstorbenen Konquistadoren und anderen Siedlern, [...] die große Not leiden, sowohl leiblich wie geistig; auch treffen laufend mittellose Spanierinnen ein; für alle diese habe ich ein Heim gegründet, in dem sie auch unterrichtet werden, und habe dieses Heim mit Liegenschaften und Dienstbarkeiten versehen; [...] desgleichen gründete ich für die vielen verschämten Armen, die es in Lima gibt, eine Almosenpflegschaft.

Der wurzellose, arbeitsscheue Spanier wird in Peru zum sozialen Problem. Schon 1539 hat Vicente de Valverde als Bischof von Cuzco vor der Spielwut und ihren wirtschaftlichen Folgen gewarnt; um 1560 schiebt der Vizekönig Graf Nieva eine Anzahl von Falschspielern und Zuhältern nach Spanien ab. – Viele Kulturbauten der Incas werden wohl weiterbenützt, aber nicht mehr unterhalten. Der zwischen 1614 und 1620 große Teile von Ecuador und Peru bereisende Mönch Vázquez de Espinosa schreibt über die aus der Glanzzeit des Inca Huayna Capac stammenden Straßen und Rasthäuser:

Diese Häuser, wo die Könige ihre Reisepausen einlegten, waren umgeben von zahlreichen Gebäuden, die als Lebensmittellager und für andere Zwecke dienten. Heute dienen sie den Spaniern als Tambos, Kaufläden und Rasthäuser [...].

Ein Teil der Straßen ist noch einigermaßen instand; an vielen Stellen sind sie schon zerstört [...]. Diese respektablen Werke jenes klugen, großherzigen Königs wären es wert gewesen, daß man mehr auf sie gesehen und die Straßen besser erhalten hätte. Die Spanier hätten großen Nutzen davon; aber wenn jeder nur auf seine Sache sieht, und nicht auf das Allgemeine, verfällt alles rasch.

Über das Treiben in den spanisch verwalteten Tambos und auf den Straßen schreibt der indianische Häuptlingssohn Huaman Poma de Ayala (1567–1615) in seiner illustrierten Chronik:

Vagabundierende Spanier gibt es in diesem Königreich [*Peru*] mehr als genug. Man trifft sie auf den Landstraßen, in den Tambos und Indianerdörfern; meistens sind es Juden oder Mauren. Manche sind oft der Schrecken ganzer Gegenden; wenn sie zu einem Tambo kommen, schlagen sie blindlings mit einem Stock nach rechts und links, wobei das meiste die Indios abbekommen, und heischen Befriedigung ihrer Wünsche [...]. Der reichste von ihnen verfügt gerade noch über einen Neger als Bedienung, einen Burschen dazu und zwei Pferde oder Maultiere, eines für ihn und das andere für sein Gepäck; ein Gewand hat er für unterwegs und eines für die Stadt. Für ihr Essen verbrauchen sie täglich Lebensmittel im Wert von etwa 12 Pesos auf Kosten der Indios.

Sie lassen sich anreden als Caballeros, Apu [*Herr*], Doktoren und Lizentiaten und zahlen nie, wenn sie fortgehen aus einem Tambo oder Indiodorf. So ziehen sie als Vagabunden im ganzen Königreich herum, obwohl sie starke und rüstige Männer sind; aber sie wollen eben nicht arbeiten und scheuen sich, ihren Rücken unter einer Last zu beugen und Holz, Stroh oder Wasser zu tragen oder überhaupt anderen Leuten zu dienen, wie sie es ja auch in Spanien tun mußten [...].

Die Pächter der Tambos sind meistens Spanier [...]. Sie fordern Indios für Dienstleistungen an und beschäftigen bis zu 20 Hörige, denen sie nichts zahlen. Darüber hinaus verfügt der Tambero über ein halbes Dutzend indianischer Prostituierter und über weitere Indias unter dem Vorwand, sie seien die Frauen der Yanaconas [*der indianischen Dienstboten*], also gewissermaßen Chinaconas; manche von ihnen sind in der Tat verheiratet. Ihrer bedienen sich die Tamberos und stellen sie den Durchreisenden zur Verfügung [...].

So werden die Indias zu schlechtem Lebenswandel verführt. Sie bekommen nichts bezahlt, sind aber ganz zufrieden dabei, weil sie sich vergnügen und neue Kleider bekommen: sie tragen kostbare farbige Cumbis und malen sich die Gesichter an [...]. Die eigenen Mütter helfen ihnen oft dazu und decken die Sache. Die Männer jener Frauen werden unter Mißbrauch der Arbeitsverpflichtung [*Mita*] zum Heu- oder Holzholen auf Botendienste weggeschickt [...].

Ich wollte einmal 4 Tage in einem Tambo zubringen, um das Leben und die Gewohnheiten der Spanier und der Indios zu beobachten, suchte nach einem für diesen Zweck geeigneten Rasthaus und wählte als besonders gutes Beispiel das Tambo Quemado [*4 Meilen nördlich von Nasca*].

Zuerst will ich etwas über das Betragen einiger gewissenloser Spanier erzählen: Wenn so ein Spanier oder Padre zum Tambo kommt, nimmt er einen Stock und fordert [...] Dienstindianer, Mais, Eier, Hühner, Heu, Holz und andere Kleinigkeiten, alles zu Lasten der Indios, denn er denkt nicht daran, was jene Sachen und Dienstleistungen kosten, und macht sich in aller Gemütsruhe wieder auf die Reise, ohne etwas zu vergüten; im Gegenteil: diese Spanier pflegen meist auch noch die Decken, Gefäße und Teller mitzunehmen, aus denen sie gegessen haben; dann fordern sie Pferde und nehmen Indios mit als Führer. Das dient ihnen aber nur zum Vorwand, um sie zum Lastentragen zu mißbrauchen, und sie treiben sie mit Schlägen vor sich her, als ob es Tiere wären.

Indianertribute und Bergwerke

In einem der langen Berichte des Lizentiaten La Gasca vom 28. Januar 1549 aus Peru an den Indienrat in Spanien findet sich eine erschütternde Passage über das Trägerelend:

Es erging ein Verbot mit Ausführungsverordnungen, daß keiner einen Indio Lasten tragen lassen dürfe, [...] und man hat die Inhaber der Tambos mit der Alkaldenwürde und Strafgewalt über Reisende, die sich über diese Bestimmungen hinwegsetzen, ausgestattet [...]. Das ist eine der vordringlichsten Maßnahmen, die man treffen kann zur Erhaltung und zum Schutz der Eingeborenen. Nur so wird verhindert, daß sie aussterben, und die Möglichkeit geschaffen, daß sie sich wieder vermehren, wieder seßhaft werden und in ihre Dörfer zurückkehren. Das Lastentragen hat zu einer großen Sterblichkeit unter den Indios geführt; dieser Dienst ist unvorstellbar grausam. Nicht genug damit, daß man sie erdrückende Lasten schleppen ließ in Sonnenglut und auf schwersten Wegen, man führte sie noch dazu bei Tag an langer Kette, und des Nachts steckte man ihre Füße in den Block, damit sie nicht entlaufen konnten. An die 15 oder 20 gingen mit ihren Lasten an einer Kette aufgereiht, jeder den Hals in einem eisernen Ring, und wenn einer stürzte, dann fielen alle: so passierte es, daß einer von einer Brücke fiel und die anderen mit sich riß und alle ertranken. Das habe ich gehört von Personen, die es selbst gesehen haben, und es wird erzählt, als ob es eine ganz alltägliche Sache wäre: daß ein Indio vor Erschöpfung zusammenbricht und der Spanier, bloß um nicht anhalten und die Kette ausfädeln zu müssen, einfach das Schwert zieht, dem Gestürzten den Kopf abschlägt und so den Halsring wieder freibekommt.

Durch diese unmenschliche Fron hat die Zahl der Eingeborenen im Lande erschreckend abgenommen; viele sind geflohen, haben ihre Dörfer und Wohnsitze im Stich gelassen und verstecken sich in den Bergen und Wäldern und unwirtlichen Orten abseits der Straßen.

Hinsichtlich der Bergwerksarbeiten wagt es der Lizentiat La Gasca nicht, an die bestehende Ausbeutungspraxis zu rühren:

Die anständigen Leute und Personen von Rang, auch diejenigen, die Fehler begangen haben, wollen an sich nichts anderes, als unter der göttlichen und königlichen Gnade in Frieden leben und ihre Güter genießen; nur geht es hier um große Interessen und dicke Gewinne, und was anderswo als viel angesehen würde, gilt hier als wenig [...]. Man muß ja auch bedenken, daß die meisten [...] ja nur um des Profits willen sich selbst so weit von ihrer Heimat verbannt haben; sonst würden sie sich ja nicht diesen Strapazen und solcher Lebensgefahr aussetzen und ein ungewohntes Klima und eine Ernährung hinnehmen, die so völlig von allen Heimatbedingungen abweichen.

Seit der Übernahme meines Amtes bis zur Stunde habe ich noch keine Anweisung gegeben, jene Ordenanza zu befolgen, die die Arbeitsverpflichtung von Indios in den Bergwerken verbietet; denn unter allen Bestimmungen, die nicht widerrufen worden sind, würde diese am meisten Unwillen und Groll erregen.

Hier sind auch die Interessen der Krone betroffen, die vom Ertrag aller Minen ein Fünftel erhebt. Die Silberstadt Potosí in Hochbolivien liefert in ihrer besten Zeit 68% der Weltproduktion. Das zur Silberverhüttung nötige Quecksilber wird anfangs aus Spanien, später aus dem peruanischen Huancavelica geliefert. Der Chronist Vázquez de Espinosa besucht 1616 die Quecksilberbergwerke von Huancavelica. In seiner Erinnerung sind sie ein Inferno:

Wegen reicher Quecksilbervorkommen wurde z. Z. des [*Vizekönigs*] Francisco de Toledo in den Jahren 1570 und 71 am Fuße des besagten Berges in einem lieblichen Tal die Stadt Huancavelica gegründet. Sie beherbergt etwa 400 spanische Bürger, nicht eingerechnet das Volk der Händler, das kommt und geht und dort Warenlager, Kaufläden, Buden, Schenken und Wirtshäuser unterhält; denn die Stadt hat lebhaften Handel und Verkehr. Des weiteren gibt es dort eine Hauptkirche mit einem Vikar und einem Pfarrer, ein Dominikanerkloster, ein königliches Hospital [...] für die Kranken, insbesondere die Indios des Bergwerkes [...].

Auf dem Berge selbst leben an die 3000 bis 4000 Indios und arbeiten in der Mine. Dort in der Höhe ist es bedeutend kälter als in der Stadt unten. Die Quecksilbermine liegt in einem großen Bergkegel, und sie wühlt sich in immer größere Tiefen hinein.

Als ich die Stadt besuchte, ging ich auch auf den Berg (es war im Jahre 1616) und stieg in die Mine hinab, die sich damals bis in eine

Tiefe von 130 estados [*etwa 450 m*] erstreckte. Das fündige Erz war schwarz und von hohem Metallgehalt und die Höhlen im Berg so ausgedehnt, daß über 3000 arbeitende Indios darin Platz hatten. Es war Schwerstarbeit; mit Pickeln und Hämmern brechen sie das Erz. Wenn sie ihren Tragsack voll haben, steigen die Armen beladen mit dem Erz die Leitern hinauf – diese sind teils aus Holz, teils aus Stricken. Das ist so mühselig und beschwerlich, daß selbst ein Mensch, der nichts trägt, den Aufstieg kaum schafft.

Die Arbeit da drinnen spielt sich ab in einem wirren Flackern von unzähligen Lichtern und unter dem ohrenbetäubenden Lärm eiserner Schlagwerkzeuge.

Sind nun diese Zustände und körperlichen Strapazen schon schlimm genug, so schrecken die betrügerischen Grubenverwalter in ihrer blinden Habgier auch vor dem Äußersten nicht zurück: Da sich bekanntlich das Erz in große Tiefen des Berges hinabzieht, muß man bei der fortschreitenden Ausbeutung des Materials den Berg absichern, damit nicht die Stollen über den Arbeitern zusammenstürzen. Man tut das, indem man von dem Erz, und sei es noch so reichhaltig, Stützpfeiler und Galerien stehenläßt. Dies ist eine unerläßliche Vorkehrung, damit wenigstens einigermaßen gefahrlos gearbeitet werden kann und das Gewölbe seine Standfestigkeit nicht einbüßt.

Da sind nun Menschen tatsächlich so gewissenlos und steigen, bloß um etwas von dem wertvollen Metall zu stehlen, außerhalb der Arbeitszeit hinunter, führen unschuldige Indios mit sich und nehmen von dem Erz etwas weg, das die Stützpfeiler bildet, indem sie dieselben aushöhlen. Manchmal kommt dann das halbe Gewölbe herunter und erschlägt alle Indios, hie und da auch die uneinsichtigen und habgierigen Verwalter. So etwas passierte damals, als ich mich an jenem Ort aufhielt. Diese Vorfälle werden meist ängstlich vertuscht, damit der Aufsichtsbehörde ja nichts zu Ohren kommt und die Mitschuldigen nicht zur Verantwortung gezogen werden. Es gäbe gerade über diese Dinge noch viel zu sagen und zu bemerken, aber aus dem Wenigen, was hier aufgezeigt wird, dürfte ersichtlich sein, wieviel hier im Argen liegt.

Die schlimmste Geißel für die Bergarbeiter in Huancavelica bleibt hier ungenannt: die Quecksilbervergiftung. Bereits im XVI. Jahrhundert schreibt der Dominikanerpater R. de Lizárraga:

Das Quecksilber rafft viele Indios dahin. Früher gewann man – so berichtete man mir – das Erz im Tagebau, und diese Arbeitsmethode war nicht schädlich für die Leute, die dort das Erz brachen. Seit einigen Jahren – ich glaube, es sind nicht mehr als acht – arbeiten sie im Stollen, und das bedeutet die völlige Vernichtung der unglücklichen Indios. Die Arbeit unter Erde geschieht nämlich in Stollen, für die keinerlei Entlüftung vorgesehen ist, durch die der Quecksilberdampf oder -staub abziehen könnte. Die Dämpfe und der Staub dringen den Indios in Mund, Augen, Nase und Ohren. Sowohl der Erzstaub wie die Dämpfe verursachen Quecksilbervergiftung. So vergiftet kommen die Armen aus der Mine; keiner heilt sie; krank erreichen sie die Heimat; keinen läßt diese Krankheit wieder los, die er sich in Huancavelica geholt hat. Die Betroffenen leben noch sechs oder acht Monate, vielleicht ein oder eineinhalb Jahre mit schlimmem Druck auf der Brust. So siechen sie dahin und sterben [...]. Es ist die reine Wahrheit, was ich hier sage: bei den meisten, die ich in den zwei Jahren hier im Dorfe Chongo zu Grabe geleitet habe, kommt es vom Quecksilber. [...] Solches vor Augen, fliehen die Unglücklichen, um nicht nach Huancavelica zu müssen; es ist ja nur natürlich, daß man vor dem Tode flieht.

Unerhörte Gewinne erzielen die Spanier mit der Lebensmittelversorgung der zwangsverpflichteten indianischen Bergarbeiter in den fast vegetationslosen Hochregionen von Peru und Bolivien (Distrikt Charcas), vor allem im Silberbergwerk Potosí. Ein Freund und Gesinnungsgenosse des Bartolomé de las Casas, der Mönch Matías de San Martín – von 1552 ab Bischof von Charcas – untersucht in einer Denkschrift, wie die Encomenderos zu ihrem Reichtum gelangen:

Wenn ein Encomendero im Gebiet von Charcas ein Repartimiento von Indios hat, nimmt er nicht nur ihre Dienste und Tribute in Anspruch, sondern sucht noch mittels verschiedener Winkelzüge zusätzlichen Profit aus ihnen herauszuschlagen. Diese Leute wahren dabei den Schein, als ob sie keine neuen Tribute erheben würden. Sie wissen beispielsweise, daß die Coca in der Stadt Cuzco 12 Pesos kostet oder kostete, in den Minen von Potosí aber 40 oder 50 wert ist. Da machen sie nun ein gutes Geschäft, welches schon oft praktiziert worden ist und alle dort schwer reich gemacht hat: Sie fordern von ihren Kaziken oder Curacas Trag-Llamas und Indios zur Arbeit mit dem Auftrag, sie nach Cuzco zu schicken, um einen Posten Coca zu holen, den der Encomendero erhandelt hat, oder Wein vom Hafen von Arequipa oder Arica. Der Curaca gibt den Auftrag weiter; meistens sucht er für die Arbeit die Ärmsten der Armen aus;

der Transport der Ware geschieht natürlich auf Kosten der Indios und ihres Viehbestandes, und wer hat den Profit? Der Encomendero [...]. Besonders hier in Charcas tritt man an die Curacas heran, erweist ihnen irgendeinen Gefallen und bringt sie dazu, manchmal bis zu 300 oder 400 Llamas leihweise zum Transport von Weizen aus den Ebenen von Arica oder von woanders her zur Verfügung zu stellen, weil man in Erfahrung gebracht hat, daß der Scheffel Weizen drunten in der Ebene 25 oder 30 Dukaten weniger kostet als im Bergwerksdistrikt Charcas. Die vornehmen Indios und Curacas versuchen nun ihre Herren zufriedenzustellen und die gewünschte Zahl von Llamas aufzutreiben. Das Schlimmmste dabei aber ist, daß sie sich nun nicht an die reichen Indios wenden, sondern an die ganz armen, die eigentlich gar nicht dazu in der Lage sind. Wenn ein Indio so arm ist, daß er nicht einmal ein Llama hat, dann muß er als Treiber mitgehen; bei 400 Llamas braucht man ja viele. Wenn die Reise zu Ende ist, haben die armen Indios nur noch wenige Stück Vieh: ein großer Teil hat die Strapazen nicht überstanden und ist eingegangen; der Rest ist zerschunden und schwach. Nun haben die Indios ihr ganzes Vermögen und ihre Arbeitskraft darangegeben, den Hin- und Rückweg auf ihre Kosten gemacht, Haus und Feld nicht bestellt; trotzdem, und das ist das Schlimmste, erläßt man ihnen keinen Heller vom regulären Tribut. Solche Zustände herrschen in Cuzco und Charcas.

Die Besteuerung und Ausbeutung der Indianer ist auch nach dem Scheitern der Leyes Nuevas in Peru und nach dem Tode Karls V. jahrzehntelang Gegenstand heftiger Kontroversen. Verordnungen und Gegendarstellungen, Memoranden und Streitschriften folgen einander in raschem Wechsel. – Einer der schärfsten Kritiker des spanischen Tributsystems in Peru ist Fernando de Santillán (gest. 1575). Als Oidor, später als Präsident der Audiencia von Quito unternimmt er ausgedehnte Visitationsreisen mit dem Ziel, die übermäßigen Sätze auf ein vernünftiges Maß zurückzuschrauben. Seine Gegner erreichen zweimal seine Abberufung in die Heimat, aber er geht immer wieder nach Peru zurück, zuletzt als Bischof. In seiner ›Relación über Ursprung, Dynastie, Politik und Verwaltung der Incas‹ stellt er Vergleiche zwischen der incaischen Verwaltungspraxis und dem spanischen Encomiendasystem an, die sehr zuungunsten der Christen ausfallen:

Francisco Pizarro verteilte das Land in Form von Encomiendas an die Spanier und gab einem jeden gleich ein ganzes Tal oder eine

Provinz samt den eingeborenen Fürsten und Häuptlingen. Von den Encomenderos spielte sich ein jeder zu einem Inca auf und beanspruchte mittels seiner Verfügungsgewalt über die Encomiendas alle Rechte, Tribute und Dienstleistungen, die jene Gegend einst dem Inca schuldete, und forderte noch mehr darüber hinaus [...].

Gleich anfangs plünderten sie ein solches Tal oder ihnen anvertrautes Repartimiento vollkommen aus. Das wurde aber nicht auf den regulären Tribut angerechnet; denn von da an wurde erst der jährlich zu zahlende Tribut auferlegt. Sie informierten sich genau mittels der Quipus [*indianische Statistiken in Form von Knotenschnüren*], durch Prügel und andere schmutzige Methoden usw., welche Waren und Leistungen der Inca als Tribut bekommen hatte, dann hielten sie sich an die Kaziken [...] und verlangten Unerfüllbares [...].

Die Verwirrung im Tributwesen und die Übergriffe gegen die einheimische Bevölkerung nehmen immer mehr überhand, weil die Curacas [*Häuptlinge*] ihrerseits immer noch denselben Status halten wollen wie zu Zeiten des Inca; dabei bedenken sie überhaupt nicht, [...], daß in manchem Distrikt nur noch die Hälfte [...] oder ein Viertel der Bevölkerung lebt wie zu Zeiten des Inca. [...]

Die armen Indios haben schwer zu leiden unter der Willkür der Kaziken, denen die Eintreibung der Tribute für die Encomenderos obliegt [...]: Wenn z. B. auf einen Indio ein Steuersoll von 2 Peso trifft, muß er dem Kaziken 8 oder 10 abliefern. [...]

Heute gibt es fast ebensoviele Curacas wie Untertanen, [...] und es stellt eine große Belastung für die einheimische Bevölkerung dar, daß jetzt für 100 Indios so viele Anschaffer da sind wie früher für 1 000.

Wie später die Arbeitsverpflichtung in den Bergwerken, so führt in den ersten Jahrzehnten nach der Konquista die Zwangsrekrutierung der Indios zu Träger- und Waffendiensten für die spanischen Expeditionen und Bürgerkriege zur Entvölkerung ganzer Landstriche. Santillán bezieht sich vor allem auf die Entdeckungszüge in die tropischen Gebiete und auf Almagros, Valdivias und Diego de Rojas Eroberungen in Chile und Argentinien:

Bei diesen und anderen Entradas sind viele Menschen zugrundegegangen, ebenso in den Kriegswirren unter den Spaniern selbst, so z. B. im Streit zwischen Hernando Pizarro und Don Diego de Almagro, bei der Erhebung des jüngeren Almagro und bei den

Aufständen von Gonzalo Pizarro und Francisco Hernández. Bei all diesen Auseinandersetzungen haben sich sowohl die Anhänger der Tyrannen wie diejenigen, die auf Seiten S. Majestät standen, der gleichen Methoden bedient, indem sie zahllose Indios an Halsketten gereiht Lasten schleppen ließen, ihnen ihre Herden, Nahrungsmittel und ihren Besitz nahmen und die Dörfer anzündeten. So kommt es, daß die Kriegsverluste in unserer Zeit, verglichen mit denen zur Incazeit, auf das Hundertfache angestiegen sind.

Wenn dem Inca in den Provinzen Häuser gebaut wurden, dann meist nur je eines; jetzt aber baut man einem jeden Encomendero eines in seiner Ortschaft, manchen zwei und drei oder mehr.

Früher bauten die Indios Häuser für die Sonne, später Kirchen, vormals in einer Provinz bauten sie vielleicht ein Heiligtum, heutzutage gibt es Provinzen, in denen 40 Kirchen stehen, und eine jede hat ihre dienstverpflichteten Indios und muß geschmückt und instand gehalten werden.

In dem Maße, wie im Lande die Zahl der Spanier zunimmt, veröden und entvölkern sich die indianischen Ortschaften und Provinzen durch Rekrutierung von Yanaconas; denn alle wollen indianische Dienstleute haben, weil das billig kommt. Wenn z. B. ein indianischer Vornehmer oder Kazike mit seinen Leuten unterwegs ist, um mit ihnen seine Tribute abzuverdienen, und in eine spanische Ansiedlung kommt, dann muß er gewärtigen, daß er dort einen guten Teil seiner Indios einbüßt. Die Beamten, Kaufleute und verschiedensten Personen nehmen sie ihm unter der Hand weg; die einen rauben und verstecken sie, bis er wieder weiterzieht, andere machen sie ihm abspenstig, indem sie ihnen irgendeine Manta schenken; dann gibt es wiederum Spanier, die durch die Dörfer ziehen und den Indios dort das Haar abschneiden: so sind diese gezeichnet als Yanaconas. Wenn dann der Kazike kommt, um sie zurückzufordern und in die Heimat nehmen will, dann laufen die betreffenden Spanier zum Gericht und verlangen die Freigabe jener Indios. Dem wird natürlich stattgegeben, um die Spanier zufriedenzustellen; diese Befreiung kommt für die Indios einer Knechtschaft an Leib und Seele gleich.

Hiergegen muß etwas unternommen werden; wenn man nichts tut, geht es mit dem Land rapide abwärts; denn kein Indio, der einmal zum Yanacona wird, sieht im Leben sein Haus, sein Weib und seine Kinder wieder und bleibt wurzellos.

Auch früher gaben die Indios Frauen für den Inca und die Sonne her, aber die Christen bekamen noch weit mehr Frauen gestellt, oder sie nahmen sie sich einfach – sowohl die Encomenderos wie die sonstigen in Peru lebenden Spanier: die Junggesellen, um mit ihnen zusammenzuleben, die Verheirateten brauchen sie als Chinas (Dienstmädchen) für ihre Frauen und zuweilen als Konkubinen. Neger, Mestizen und Yanaconas – alle sind, was ihren Anspruch auf Frauen anbelangt, lauter Incas.

Interessante Aufschlüsse über die Tribute, welche die Indios von ihren Untertanen und von unterworfenen Stämmen gefordert haben, gibt eine in den Jahren 1567–1568 durch den Kleriker Garcí Díaz de San Miguel durchgeführte Befragung im Titicaca-Gebiet, die ›Visita de la Provincia de Chucuito‹. Die Aussagen eines der ältesten Bewohner der Gegend werden zu Protokoll genommen:

Man stellte ihm die Frage, welche Tribute sein Ort und die gesamte Provinz dem Inca entrichtet habe. Er antwortete: Allein für den Tumibambakrieg [*einer der incaischen Kriege in Ecuador, entweder unter Huayna Capac oder unter Huascar*], wo er auch mit dabeigewesen sei, habe die Provinz Chucuito 6000 Indios gestellt, von denen 5000 und alle Kaziken mit Ausnahme von zweien nicht wieder zurückkamen. Die 1000 Indios, die überlebt hatten, brachten Gefangene aus Tumibamba mit. Ein anderes Mal stellte die gleiche Provinz für einen Krieg dem Inca weitere 2000 Mann, von denen 1000 fielen.

Auch für die Gewinnung von Gold und Silber in den Bergwerken von Chuquiapu und Porcon wurden dem Inca Männer aus dieser Provinz gestellt, ebenso Indianer und Indianerinnen für persönliche Dienstleistungen. 200 Mann halfen beim Bau von Häusern in Cuzco. Den Kaziken, der Leute zur Verfügung stellte, belohnte der Inca mit erlesenen Gewändern und prächtigen Ponchos. Die Indios, die für ihn arbeiteten, erhielten Fleisch, Mais, Chicha und andere Nahrungsmittel. Sie wurden sehr gut behandelt.

Es wurden auch Indios als Opfergabe für die Huacas gestellt; die Kaziken und andere Personen von Rang mußten Töchter für den Harem des Inca hergeben.

Einwohner der Provinz Chucuito bestellten Kartoffel- und Quinoafelder der incaischen Geschlechter, lieferten Llamas ab und brachten Fische nach Cuzco, auf deren Frischhaltung sie große Mühe verwandten, auch getrocknete Fische.

Der Chronist Pedro Pizarro schreibt über die Lebensumstände der indianischen Frauen:

Ich möchte so einiges erzählen über die eingeborenen Frauen dieses Königreiches – ich meine die Indias. Sie waren ihren Gatten sehr zugetan; die Frauen des Hochlandes nahmen ebenso ihre Last auf den Rücken wie die Männer und trugen die Tribute dorthin, wo die Herren es befahlen. Da konnte es geschehen, daß Frauen, die mit einer Last unterwegs waren, auf freiem Felde niederkamen. Sie gingen dann etwas abseits von der Straße; nach der Geburt suchten sie ein Wasser auf und wuschen das Kind und sich selber. Dann nahmen sie das Neugeborene und legten es oben auf die Last und setzten ihre Wanderung fort. Das habe ich selbst mehrmals gesehen.

Die verheirateten Indias begleiteten ihre Männer in den Krieg und trugen für sie das Essen auf dem Rücken und die Kochgefäße; einige trugen die Chicha – das war so ein gewisses Gebräu aus Mais, ähnlich wie Wein. Aus Mais machen sie Brot und Chicha und Essig und Honig; er dient auch als Futter für die Pferde.

Die Nahrung der armen Indios bestand aus dem besagten Mais, aus Kräutern und Kartoffeln und anderen Gemüsen, die sie sammelten, und ein paar kleinen Fischlein aus den Bergflüssen. Es gab wohl auch Fleisch, aber nur sehr wenige bekamen es, nur große Herren und einige Bevorzugte, denen es eigens zugeteilt wurde, so wie die Töchter der Könige des Landes und ihrer zahlreichen Verwandten; denn fast alle Orejones [*Adeligen*] waren mit dem Herrscher verwandt.

Jene Prinzessinnen in Peru nannte man Coyas, was so viel heißt wie »geliebte Herrinnen«, und das waren sehr verwöhnte Damen. Man trug sie auf den Schultern, die einen in Sänften, andere in Hamacas. Diese Hamacas sind sehr kunstvoll gefertigt und bestehen aus einer breiten Stoffbahn, die an einem dicken Rohr – es hat einen Durchmesser wie ein Arm oder mehr – befestigt ist, und so reisten jene Damen im Liegen und schön zugedeckt. Sie brauchten viel Bedienung, waren ziemlich gefürchtet und sehr empfindlich und bekamen alles, was sie wollten [...].

Jene Damen, von denen ich gesprochen habe, waren sehr sauber und gepflegt, besonders was die Haare betrifft: sie trugen sie lang über die Schultern herabfallend und glänzend schwarz, denn auf die Schwärze und Länge legten sie ganz großen Wert. Sie hielten sehr viel auf ihre Schönheit; es waren ja auch fast alles Töchter der großen Herren und Orejones.

Unter den gewöhnlichen Frauen waren die Indias vom Stamme der Huancas, der Chachapoyas und der Cañari besonders schön und gepflegt; das übrige Weibervolk in diesem Königreich ist mehr gedrungen, weder schön noch häßlich, sondern von mittelmäßigem Aussehen.

Jenes Volk im Königreich Peru war hellhäutig, von zarter bräunlicher Farbe, und unter den vornehmen Herren und Herrinnen waren manche weißer als Spanier. Ich sah in jenem Lande eine indianische Frau und ein Kind, so weiß und blond, wie man es nur selten sieht. Von den beiden hieß es, sie seien Kinder der Götter.

Das Incareservat von Vilcabamba

Verhandlung zwischen dem Vizekönig Marqués de Cañete und dem Inca Sayri Tupac im Jahre 1557 in Lima (Zeichnung Poma de Ayala).

Sayri Tupac und Titu Cusi

Zu Beginn des Gonzalo-Aufstandes, während der Streitigkeiten des Vizekönigs Núñez Vela mit den Städten in Peru, ist, von der Außenwelt fast unbemerkt und in zeitgenössischen Dokumenten kaum erwähnt, der Inca Manco in seiner Bergfestung Vitcos von denselben Pizarromördern, denen er Zuflucht gewährt hat, ermordet worden. Die sämtlich später geschriebenen spanischen Darstellungen von Mancos Tod bezeichnen das Ereignis als bedauerlich und unsinnig. Augenzeuge ist Mancos zwölfjähriger Sohn Titu Cusi Yupanqui. Als erwachsener Mann und Inca diktiert er dem Augustinerpater García seine Erinnerungen:

Nach und nach fanden sich in Vitcos [*Incaresidenz in den Ostanden*] an die sieben Spanier ein, alle flüchtig wegen begangener Delikte, und beteuerten meinem Vater, sie wollten ihm mit allen Kräften ihr ganzes Leben lang dienen; er möchte ihnen doch Asyl geben. Mein Vater [...] gebot seinen Hauptleuten, den Spaniern kein Leid zu tun [...], hieß ihnen Häuser bauen [...], behielt sie viele Tage und Jahre bei sich, behandelte sie mit aller Zuvorkommenheit und ließ ihnen nichts abgehen: Meines Vaters eigene Frauen bereiteten ihnen sogar das Essen und Trinken, und er selbst vergnügte sich und feierte mit ihnen [...].

Eines Tages spielte man al herrón [*nach anderen Chroniken bola, vermutlich Boccia*]; nur mein Vater, die Spanier und ich waren dabei. Ich war damals noch ein Knabe; mein Vater dachte nicht im mindesten an etwas Böses, noch schenkte er den Warnungen der indianischen Dienerin eines der Spanier, welcher Barba hieß, Gehör, die Fremdlinge hätten schon vor Tagen Mordpläne gegen den Inca untereinander besprochen. Ohne einen Verdacht spielte er mit ihnen wie bisher, und als nun mein Vater das Eisenstück hob, um damit zu werfen, fielen alle über ihn her mit Dolchen und Messern, einige mit Degen [...] und ließen ihn wie tot liegen. So jung wie ich war, [...] lief ich hinzu und wollte meinem Vater beistehen; da drehten sie sich um und stießen, mit der Lanze meines Vaters!, nach mir [...], und beinahe hätten sie mich auch getötet. Ich lief, völlig verstört und verängstigt, davon und versteckte mich etwas weiter unten im Wald, so daß sie mich nicht finden konnten.

Als nun mein Vater röchelnd dalag, stürzten die Mörder aus dem Tor mit dem Freudenruf: »Wir haben den Inca getötet! Fürchtet nichts!« [...]

Sie kamen aber nicht weit; einige liefen dem [*incaischen*] Hauptmann Rimache Yupanqui in die Hände. Man riß sie von ihren Pferden und brachte sie wieder bei, um sie zu opfern. Alle erlitten einen grausamen Tod; einige verbrannte man sogar.

Mein Vater lebte danach noch drei Tage. Vor seinem Tod ließ er noch alle seine Hauptleute zusammenrufen, auch mich, um mit uns ein letztes Mal zu sprechen.

Das Incanat von Vilcabamba ist mit dem Tode Mancos, des größten incaischen Gegners der spanischen Konquistadoren, noch nicht erloschen. Es lebt weiter in dreien seiner vielen Söhne, den Incas Sayri Tupac, dem erwähnten Titu Cusi Yupanqui und Tupac Amaru. Sayri Tupac läßt sich von dem Vizekönig Marqués de Cañete dazu bewegen, 1557 seine Residenz Vilcabamba zu verlassen und in Cuzco zu leben. Der indianische Chronist Poma de Ayala schildert das denkwürdige Treffen der beiden in Wort und Bild:

Sayri Tupac verließ mit seinen Hauptleuten und zahlreichen Chuncho-Indianern die Berge von Antisuyu und begab sich, ohne Cuzco zu berühren, direkt von Vilcabamba nach der Stadt Lima, um sich dort mit dem Herrn Marqués, dem Vizekönig zu treffen. [...]. Auf dem ganzen Weg wurde er bedient und geehrt wie der König und Herrscher des Landes.

Sayri Tupac wurde vom Marqués und den Spitzen der Bürgerschaft von Lima, der Stadt der Könige, mit großen Ehren und festlichem Gepränge empfangen.

Der Marqués und sein Gefolge kamen ihm hoch zu Roß entgegen. Es gab Feuerwerk und andere Lustbarkeiten.

Der Inca zog ein in seiner Sänfte als Herr und König von Peru; Audiencia und vizeköniglicher Hofstaat waren zur Stelle. Er wurde allseits geehrt; dann umarmten sich der Inca und der Vizekönig, ebenso die incaischen Hauptleute und spanischen Caballeros [...].

Der Inca Sayri Tupac und der Herr Marqués de Cañete setzten sich ein jeder in einen Stuhl und begannen ein Gespräch mit Hilfe eines Dolmetschers. Der Inca erwies sich als ein kluger Gesprächspartner. Darüber herrschte allgemeine Freude, und Inca und Marqués liebten sich aufrichtig. Es entspannen sich weitere Gespräche mit den vornehmen Konquistadoren, desgleichen mit den Bischöfen, Prälaten und Geistlichen. Auch waren viele indianische Vornehme herbeigeeilt, um den Inca zu sehen und ihm zu huldigen.

Sayri Tupac lebt in Cuzco nur noch ein Jahr. Acht Jahre später wird der damals so gefeierte Pakt von Lima als politisch unerheblich abgetan. Der kommissarische Gouverneur Lope García de Castro schreibt 1565 in einem Brief an den Kaiser:

Hier in diesem Königreich Peru rechnet man es dem Marqués de Cañete als besonderes Verdienst an, daß er den Inca, welcher in den Anden lebte, auf friedlichem Wege dazu gebracht hat, sein Territorium zu verlassen. Er bewerkstelligte dies, indem er ihm ein Repartimiento mit einem Ertragswert von 11 000 Pesos und darüber hinaus etwa 6000 Pesos aus Eurem königlichen Kronschatz überließ.

Ich selbst muß aber jetzt feststellen, daß die ganze Sache zu nichts geführt hat und der Marqués hereingelegt worden ist. Denn wie E. Majestät wohl wissen wird, sind in den Anden, wohin Manco Inca sich zurückgezogen hatte, drei Söhne von ihm geblieben. Der älteste heißt Titu, der zweite Sayri Tupac, der dritte Tupac Amaru; der Marqués de Cañete holte aber nur den Sayri Tupac heraus [...] und beließ die beiden anderen Brüder samt ihrem Anhang dort im Gebirge. Und diese zwei haben uns weit mehr Schaden zugefügt als vorher alle drei zusammen [...]. Sie veranstalteten Raubzüge in die Encomiendas der Vecinos von Cuzco und Huamanga.

Deshalb schrieb ich ihnen, es würde mich sehr freuen, wenn sie sich unserem Glauben und E. Majestät unterwürfen [...]. Titu antwortete, indem er drei Boten mit einem Brief schickte, er sei bereit, Christ und kaiserlicher Untertan zu werden, verlasse sein Territorium aber erst, wenn er einen Vertrag in Händen habe, der ihm ein auskömmliches Leben garantiere. Er denke nicht daran, für einen Gang nach Lima sein ganzes Vermögen daran zu geben und schließlich sich genötigt zu sehen, auch noch seine Garderobe zu veräußern wie sein Bruder Sayri Tupac, von dem es heiße, daß er dafür über 10 000 Pesos verbraucht habe, nicht eingerechnet die zwei goldenen Becken und den goldenen Krug im Wert von 5 000 Pesos, die er dem Marqués [*de Cañete*] mitbrachte.

Ich antwortete, er bräuchte mir weder etwas bringen, noch dürfte ich etwas annehmen. Ich versprach ihm auch die gewünschten Verträge [...]. Um ihn günstig zu stimmen, sandte ich ihm etwas Damast und gewisse Gesichtsmasken, kleidete seine Diener auf meine Kosten ein, sicherte ihm ferner schriftlich zu, daß auf keinen Fall indianische Krieger aus seinem Gefolge Gefahr liefen, den Encomiendas irgendwelcher Spanier zugeteilt zu werden.

Der 1566 zwischen dem Gouverneur Lope de Castro und Titu Cusi geschlossene Vertrag regelt jedoch nur Einzelbedingungen für eine Koexistenz; von einem Aufgeben der autonomen Incaresidenz Vilcabamba ist keine Rede mehr. Der Inca ist trotz seiner eingeschränkten Möglichkeiten kein leichter Verhandlungspartner. Einer der spanischen Unterhändler entwirft ein Porträt des Inca und seines schon etwas provinziellen halb spanisch, halb indianischen Prunkes:

Er war ein Mann von etwa 40 Jahren, von mittelgroßer Statur, modern, einige Pockennarben im Gesicht, streng und derb im Gehabe. Der Inca trug ein Hemd von blauem Damast, eine Federkrone auf dem Kopf, Hals- und Wadenschmuck aus Federn, auf der Brust eine silberne Scheibe, an der Seite einen vergoldeten Dolch, in der Hand einen kastilischen Rundschild und vor dem Gesicht eine rote Maske. Ihn umgaben zwanzig bis dreißig ganz passable Frauenzimmer.

Der Vertrag von 1566, der 1567 noch ergänzt wird, enthält u. a. folgende Bedingungen:

1. Der Inca ist gewillt, Vasall des [*spanischen*] Königs zu werden, und erklärt sich damit einverstanden, daß ihm ein Corregidor beigegeben wird [...].
2. Der Gouverneur von Peru entsendet einen Priester und einige Mönche, die ihn und die christlichen Indios in seinem Territorium im Glauben unterweisen; auch sollen an geeigneten Stellen Kirchen gebaut werden.
3. Sobald der [*zehnjährige*] Sohn des Inca Christ geworden ist, soll der Gouverneur ihm die Tochter des verstorbenen Sayri Tupac, welche unter dem Namen Doña Beatriz de Mendoza in dem Kloster Santa Clara in Cuzco lebt, zur Frau geben [...].
8. Der Inca schwört und verspricht als Vasall der Könige von Kastilien, daß von Stund an weder er noch seine Hauptleute noch seine Indios die Städte und die indianische Bevölkerung der Gegend von Cuzco oder anderwärts in Peru überfallen werden, sondern immerwährenden Frieden halten [...].
10. Neger, die im Territorium des Inca Zuflucht suchen, sollen nach

Cuzco ausgeliefert werden, desgleichen auch Indios. Der Inca kann seinerseits indianische Untertanen, die ihm entlaufen, wieder zurückholen lassen.

11. Wenn der Inca oder seine Hauptleute in Zukunft weiteres Unheil anrichten, werden sie mit Krieg überzogen ohne vorherige Warnung.

So wurde alles vertraglich festgelegt. Dolmetscher war Martin Pando.

Martin Pando, ein Mestize, fungiert am Hofe des Inca als Sekretär und hat wahrscheinlich wesentlich mitgewirkt bei der Niederschrift von Titu Cusis Autobiographie. – Der Friedenspakt von 1566 wird im folgenden Jahr noch ergänzt und nach incaischem Ritus beschworen:

Zur größeren Sicherheit bat der Corregidor Diego Rodriguez de Figueroa den Titu Cusi, er möge den Pakt nach seinem Ritus und mit den bei ihm üblichen Zeremonien beschwören. Daraufhin stand der Inca auf, wandte sein Angesicht der Sonne zu, die Arme ausgebreitet und die Hände geöffnet, und sprach in tiefer Verehrung: »Ich schwöre bei Dir, o Sonne, die Du Schöpfer bist aller Dinge, und die ich als Gott ansehe und verehre, und bei Dir, Erde, die ich als Mutter betrachte, aus welcher alle Nahrung und der Lebensunterhalt der Menschen hervorgeht!« Dann legte er die Hand auf die Erde und küßte sie zum Zeichen, daß der Frieden immerwährend gehalten werde »durch mich und meinen Sohn Quispe Titu und meine Nachkommen, getreu dem geschlossenen Vertrag!« [...] Das war am Rio Acobamba in Antisuyu, Provinz Vilcabamba.

Am 20. Juli 1567 taufte der Padre Antonio de Vera in der Kirche der Stadt Zarco Don Felipe Quispe Titu, den Sohn des Inca Titu Cusi [...]

Diese »Capitulación« wurde von S. Majestät [*von Spanien*] in Madrid am 2. Januar 1569 bestätigt.

Der Inca Titu Cusi selbst verlangt für seine Taufe im nächsten Jahr den ranghöchsten Geistlichen von Cuzco, und man schickt ihm Juan de Vivero, den Prior der Augustiner; für die weitere geistliche Betreuung bleiben zwei Mönche in Vilcabamba, die Patres Marcos García und Diego Ortiz. Pater García schreibt in Titu Cusis Auftrag dessen Autobiographie; Diego Ortiz sieht sich zuletzt völlig allein in einer feindlichen indianischen Welt, deren Untergang von dem derzeitigen – fünften – Vizekönig Francisco de Toledo schon beschlossen ist. Die spanische Krone und private Interessenten blicken begehrlich nach den Goldvorkommen um Vilcabamba; ein Erzsucher wird ins verbotene Land geschickt und läuft in seinen Tod. Der Inca Titu Cusi stirbt; seine Totenfeiern lösen eine allgemeine Hysterie aus; der Pater Ortiz wird zuerst des Mordes, dann unterlassener Hilfeleistung beschuldigt und stirbt unter furchtbaren Martern. – Durch die Witwe des mestizischen Dolmetschers Martin Pando, der in diesem Drama ebenfalls umkommt, erfährt der in Cuzco lebende Mercedariermönch Martin de Murúa, einer der besten Kenner der Incageschichte, ausführliche Details über die Begleitumstände des Todes von Titu Cusi Yupanqui und Diego Ortiz:

Nach der Abreise des Paters Marcos nach Cuzco blieb der Pater Diego allein in Puquiura als Missionar für die Indianer jener Gegend und als Verwalter der heiligen Sakramente; denn er verstand besonders gut die lengua general [*die Verwaltungssprache*] der Indios und fand bei ihnen Gehör. Zu diesem Zeitpunkt tauchte in dieser Provinz ein Spanier namens Romero auf und bezeichnete sich als Bergmann und Erzsucher. (Tatsächlich fanden sich später [...] im Jahre 1580 sehr reiche Minen.)

Jener Spanier erbat bei Titu Cusi die Lizenz für die Suche nach Gold- und Silbervorkommen, welche der Inca ihm auch gewährte. Er durchstreifte das Gebirge von einem Ort zum anderen, bis er Minen fand, kehrte hocherfreut zum Inca zurück und brachte ihm Proben der Metalle zur Ansicht, damit man daran gehe, im Großen Gold und Silber zu schürfen. Als aber der Inca die Proben sah, bereute er die Abmachung in seiner Seele, denn er mußte befürchten: sobald es publik würde, daß es in dieser Provinz Minen gäbe und Gold und Silber zu gewinnen seien, und die Spanier in Cuzco davon erführen, dann würden viele kommen und Soldaten schicken, die Provinz erobern und sich des ganzen Landes bemächtigen, und er würde seine Freiheit verlieren und den Herrschaftsbereich, innerhalb dessen die Indios lebten, die sich hierher zurückgezogen hatten. So befahl er den Spanier zu töten, ihm den Kopf abzuschlagen und in den Fluß zu werfen.

Damals war der Inca gerade in Puquiura. Der Pater Diego merkte etwas von dem Getriebe und der Aufregung im Hause des Inca, als sie den Spanier töteten, versuchte Näheres zu erfahren und lief in größter Eile dorthin, zu sehen, was los sei, ob man noch etwas machen könne, und wollte den Inca bitten, den Spanier nicht zu töten.

Als das Titu Cusi gemeldet wurde, ließ er dem Pater Diego ausrichten, er hätte in seinem Hause nichts zu suchen und die Hinrichtung ginge ihn nichts an. Wenn er nicht aufhöre zu eifern, werde er ihn genau so töten lassen wie den Spanier.

Als der Spanier merkte, daß der andere schon tot war und nichts mehr zu machen war, kehrte er traurig zu seinem Haus zurück, unter Tränen und tief bekümmert, daß er jenem Manne nicht mehr die Absolution habe geben können. Er wollte aber noch ein Werk der Barmherzigkeit vollbringen, schickte einen Missionszögling zum Inca und bat ihn inständig, er möge ihm doch, da der Spanier nun einmal tot sei, dessen Leichnam überlassen, damit er ihn christlich bestatten könne; aber der Inca ließ ihm ausrichten, er gebe ihn nicht her, auch wenn er noch so sehr dränge, und befahl die Leiche in den nahen Fluß zu werfen.

Der Pater gab noch nicht auf, wandte alle Mühe daran, die Leiche im Fluß zu finden, brach bei Nacht heimlich auf mit einigen Knaben und suchte im Fluß, aber er konnte sie nicht finden. Das kam dem Inca zu Ohren, und er verbot dem Pater unter Androhung des Todes, weiter nach der Leiche des Spaniers zu suchen; er dürfe zu diesem Zweck sein Haus nicht mehr verlassen. Da gab der Pater sein frommes Vorhaben auf.

Der Fall des unglücklichen Goldsuchers und die Verweigerung des Begräbnisses zeigen nicht nur den unversöhnlichen Haß des Inca, der seinen Vater Manco von der Hand asylsuchender Spanier hat sterben sehen, sondern ist auch aus der Erbitterung des besiegten Volkes erklärbar, dessen Begräbniszeremonien seit Atahualpas Tod von den Vertretern des Christentums gestört und vereitelt werden. Das christliche Begräbnis mit der Verwesung der Leiche ist den Incas unerträglich; die historischen Quellen berichten von zahlreichen Fällen, in denen die Leichen ausgegraben und heimlich nach altperuanischem Ritus beigesetzt wurden. Der Konflikt zwischen Pater Diego Ortiz und dem Incahof von Vilcabamba wird unterbrochen und zugleich verschärft durch den plötzlichen Tod des Titu Cusi Yupanqui. Der Chronist Murúa fährt fort:

Fünf Tage später ging der Inca zu einer Gedenkstätte, die an dem Ort errichtet war, wo der Mestize Diego Méndez seinen Vater, den Inca Manco, umgebracht hatte. Dort trauerte und weinte er mit anderen Indios zusammen [...] und kehrte dann in sein Haus zurück, völlig erschöpft, und schwitzte die ganze Nacht, aß übermäßig und trank Unmengen von Wein und Chicha. Das führte noch in derselben Nacht zu einer tödlichen Krankheit; er bekam schreckliche Schmerzen in der Seite und verlor große Mengen von Blut aus Mund und Nase; der Mund und die Zunge schwollen ihm an, sein Zustand verschlechterte sich so rapide, daß er binnen 24 Stunden starb und die Indios in äußerster Trauer und Bestürzung hinterließ [...].

Eine der Frauen des Inca, Mama Cona Suya [...], wohnte seinem Todeskampfe bei. Als es mit Titu Cusi zu Ende ging, rannte sie, von einem bösen Geist getrieben, der in ihr Herz gefahren war, hinaus zu den wartenden Hauptleuten und Indios, laut schreiend, sie sollten den Mönch festnehmen; er habe den Inca umgebracht, ihn vergiften lassen durch den Mestizen Martín Pando, Titu Cusis Sekretär [...].

Die Incahauptleute [...] stürmten zusammen mit einer schreienden Menge zu dem Haus des Paters, legten Hand an ihn und schlangen ihm in Sekundenschnelle ein Seil um den Hals; mit einem anderen Strick banden sie ihm Hände und Arme so stark nach hinten, daß die Brustknochen sich ausrenkten und heraustraten, und zerrten ihn auf einen Hof hinaus. Dort beschimpften sie ihn mit tausend üblen Worten; er solle ihnen ihren Inca zurückgeben, den er ermordet habe, und schlugen ihn mit Fäusten und Knüppeln.

Er durchlebt eine Nacht in Kälte und Nässe. Der nächste Morgen bringt wieder Verhöre und Beschimpfungen:

Er fragte, warum sie mit ihm, ihrem Priester, so grausam umgingen; er habe sie doch unterrichtet mit so viel Liebe und nur ihr Bestes im Sinn. Wenn der Inca gestorben sei, so möchte man es ihm doch sagen; dann würde er zu Gott für seine Seele beten; wenn er noch lebe und krank sei, dann würde er Messen lesen für seine Genesung. Auf diese Worte antworteten sie, Titu Cusi Yupanqui, ihr Inca und Herr, sei tot, und er solle eine Messe lesen und ihn wieder auferwekken – er habe ja selbst soundsooft gesagt und gepredigt, sein Gott könne die Toten auferwecken. Da erwiderte der gute Pater, die Auferweckung der Toten sei allein Gottes Werk; er selbst sei nur ein sündiger Priester, aber er werde eine Messe lesen und den Inca Gott anbefehlen. Der Allmächtige werde mit ihm tun, was zu seinem Besten diene und ihn zu seinem wahren Heile führen. Da sagten sie, er möge die Messe lesen.

Der Pater konnte sich infolge der in der Nacht erlittenen Folter und der verrenkten Glieder kaum rühren [...]; unter Mißhandlungen zerrten sie ihn zu der Kirche, die die Patres in Puquiura gebaut hatten. Er ging zum Altar, legte das Meßgewand an und sprach die Messe mit Andacht und Hingabe, ganz langsam, und hielt sich lange dabei auf, und seine Tränen tropften so reichlich, daß das Meßbuch und das geweihte Tuch ganz naß davon wurde. Er seufzte und stöhnte laut während der ganzen Dauer der Messe; er erkannte wohl die verblendeten Herzen und die bösen Absichten der Indios, die nur auf das Ende der heiligen Handlung warteten, um ihn umzubringen; denn jedesmal, wenn er das Dominus vobiscum sprach, drohten sie ihm mit den Lanzen, die sie in den Händen hielten, und machten unmißverständliche Gebärden des Tötens.

Als er die Messe beendigt hatte, ging erst recht ein Geschrei los, warum er den Inca nicht auferweckt, und er wurde aufs neue gefesselt [...]. Sie zerrten ihn aus der Kirche, banden ihn an das Kreuz, das in dem Friedhof stand, schlugen eine unendlich scheinende Zeit erbarmungslos auf ihn ein.

Sein Martyrium ist noch nicht zu Ende; dem Verdurstenden werden ekelerregende Flüssigkeiten eingeflößt; er wird unter Mißhandlungen niedrigster Art weitergetrieben in Richtung Vilcabamba. Alle seine Bitten und Beteuerungen guter Absicht nützen nichts:

Die Indios nannten ihn einen Lügner und Betrüger, der den Inca nicht auferweckt habe, und schleppten ihn unter tausend Martern und Foltern, bis sie nach Marcanay kamen. Dort [...] banden sie ihn an einen Pfahl, schlugen ihn wieder [...], trieben ihm lange Palmenstacheln in die Fingerkuppen, räucherten ihm mit stinkendem Zeug in die Nase, das ihm Atem und Sprache benahm; zuletzt schlugen sie ihm mit einer Kupferaxt den Schädel ein, und seine heilige Seele entwich, um in Gottes Gegenwart den Lohn für seinen heiligen Eifer und seinen geduldigen Tod zu empfangen [...].

Der grausame Mord an dem Pater genügte den Kaziken noch nicht: in ihrer Wut befahlen sie allen anwesenden Indios – Männern, Frauen und Kindern – den am Boden liegenden Leichnam mit ihren Füßen zu zertrampeln [...]; dann gruben sie ein enges tiefes Loch unter den Wurzeln eines riesigen Baumes, ließen ihn mit dem Kopf nach unten hinein [...], schütteten noch Salpeter, färbende Erde, große Mengen gefärbten Chichas und andere Stoffe nach, bevor sie die Grube zufüllten – alles unter ohrenbetäubendem Geschrei.

Die Indios haben, wie der Chronist Murúa späteren Umfragen entnimmt, alle diese Vorkehrungen beim Eingraben des Missionars getroffen, um die Verbindung des Toten zu seinem Gott zu stören und eine Auferstehung zu verhindern.

Alles dies, was ich hier über die Begleitumstände des Todes dieses seligen Mönches berichte, habe ich nicht nur von einer einzigen Person erfahren, sondern aus einer Zeugenvernehmung, die die Augustinermönche unter den beteiligten Indios erhoben, sowie nach Aussagen von Juana Guerrero, der Witwe von Inca Cusi Tupacs Sekretär Martín Pando, die alles mit eigenen Augen sah. Das Martyrium geschah im Jahre 1570 oder 1571 – genauer war der Zeitpunkt von den Indios nicht zu erfahren.

Ein Jahr später wird im Zuge der gewaltsamen Eroberung des Gebietes Diego Ortiz' Leichnam gefunden. Murúa:

Ein paar Soldaten wurden ausgeschickt, nach dem Grab zu suchen. Schließlich fand man es wie beschrieben unter Wurzel und Stamm eines Baumes [...]. Obwohl seit seinem Tod inzwischen an die vierzehn Monate vergangen waren, zeigten sich an seinem Leichnam keine Anzeichen von Verwesung; er war völlig trocken [...]. Dabei ist das Land dort heiß, und es regnet in diesen Tälern Sommer und Winter.

Tupac Amaru und das Ende von Vilcabamba 1572

In der Biblioteca Nacional in Madrid liegt ein handgeschriebenes Buch, dem Schriftbild nach etwa aus dem Jahre 1600 stammend. Verfasser ist der Schatzmeister Tristan Sánchez, ein Beamter der Vizekönige Marqués de Cañete und Francisco de Toledo. Er kennt alle Personen, die aktiv und passiv an der Tragödie Vilcabamba beteiligt sind:

Der Vizekönig Toledo setzte alles daran, sich ein genaues Bild zu verschaffen über die Machtverhältnisse beim Inca, die geographischen Bedingungen, die Zugangswege in die Provinz, auch über die angrenzenden Gebiete, desgleichen über die Stärke der indianischen Bevölkerung im Reservat selbst sowie in den Nachbargebieten; welche Indios zum Inca halten und ihm etwa ein neues Versteck bieten könnten, wenn er geschlagen würde und fliehen müßte.

Der Tod des gefürchteten Inca Titu Cusi Yupanqui ist in Cuzco noch gar nicht bekannt.

Im Einverständnis mit den besonnensten und klügsten Männern von Cuzco und gestützt auf die Stimmen des Stadtrates, beschloß man, dieses Räubernest auszuheben und sich die ständige Bedrohung vom Hals zu schaffen mittels eines gerechten Krieges gegen den Inca; denn er sei nicht nur treulos und pflichtvergessen, sondern auch ein Totschläger, Rebell und Tyrann. Der Vizekönig Toledo rief alle Männer, die zur Zeit in Cuzco waren, zu den Waffen, hielt Heerschau, um sich einen genauen Überblick über die Zahl der Wehrfähigen sowie die Art der Waffen zu verschaffen, und rief dann den Krieg mit Feuer und Schwert aus.

Unter den spanischen Hauptleuten sind zwei bekannte Namen: Martín García Oñaz y Loyola, ein Neffe des Ignatius von Loyola, und der Seefahrer und Geograph Pedro Sarmiento de Gamboa, der später seine berühmte Geschichte des Incareiches geschrieben hat. Zahlreich sind wie immer die indianischen Hilfstrupppen, vor allem aus Cuzco. Eine wichtige Rolle für die Fühlungnahme mit dem Inca bilden Mestizen aus der ersten Generation, meist Söhne von Incaprinzessinnen mit Konquistadoren. Verschreckt durch vorhergegangene Morde an verschiedenen Unterhändlern, darunter Tiliano de Anaya, einem Gesandten des Vizekönigs Toledo, ist die Expedition auf schwere Kämpfe gefaßt; doch der Widerstand ist gering, da mit Titu Cusis Tod die treibende Kraft fehlt. Sein Bruder und Nachfolger Tupac Amaru, bis dahin völlig aller Verantwortung ungewohnt, befindet sich mit seiner hochschwangeren Hauptgemahlin auf der Flucht, ständig aufs neue von Überläufern an den verfolgenden Loyola verraten. – Die letzte Etappe der Flucht geht flußabwärts auf Balsas dem »nördlichen Meer« zu, so nennen die Einheimischen die großen Nebenflüsse und Überschwemmungsgebiete des Amazonas. Murúa:

An einem Meeresarm – denn so kann man tatsächlich jenen Großen Fluß nennen, traf Martín García de Loyola auf den Inca [...]. Tupac Amaru hatte den ganzen Tag vergebens versucht, seine Frau dazu zu bewegen, sich dem Kanu anzuvertrauen und die Fahrt auf dem Meere fortzusetzen. Aber sie konnte ihre Angst vor der riesigen Wasserfläche – es lag eine Strecke von 150 Meilen vor ihnen – nicht überwinden, und das war der Grund für seine Gefangennahme und seinen Tod. Wenn er das Kanu bestiegen hätte und flußabwärts getrieben wäre, hätte man sie niemals gefaßt; denn schon waren Proviant und Vorräte aller Art für die Fahrt über das große Wasser vorbereitet, und sie wären außer Reichweite gewesen.

Die Gefangennahme spielte sich so ab: gegen neun Uhr abends waren zwei mestizische Soldaten noch unterwegs auf Vorerkundung; sie hießen Francisco de Chaves und Francisco de la Peña [...]. Sie sahen von Ferne einen schwachen Lichtschein, gingen vorsichtig darauf zu und trafen schließlich auf den Inca Tupac Amaru mit seiner Frau und seinem General Hualpa Yupanqui, die sich an einem Feuer wärmten.

Die beiden Soldaten traten möglichst behutsam hinzu, um sie nicht zu erschrecken, und bezeugten ihnen große Höflichkeit, sprachen, der Inca brauche sich nicht aufzuregen, sein Neffe Quispe Titu befinde sich in Vilcabamba in Sicherheit und werde gut behandelt [...]; kurz darauf trat der Hauptmann Loyola mit den anderen [...] Soldaten hinzu und nahm ihn gefangen.

In der ganzen Provinz Vilcabamba wird Jagd gemacht auf Beute und Mitglieder der Incafamilie. Tristan Sánchez schreibt:

Während der Zeit, als der Hauptmann Loyola der Incafamilie nachspürte, schwärmten jeden Tag einzelne Heerführer und Hauptleute mit kleineren Gruppen aus und machten Razzien auf den restlichen Adel, und jeden Tag kamen sie mit einem Fang zurück, der eine mit einem General [...], einer mit dem Sonnenidol, andere mit den einbalsamierten Mumien von Manco Inca und Sayri Tupac, wieder andere mit vornehmen Gefangenen und Beutestücken [...].

Während der ganzen Dauer des Feldzuges befand sich die Stadt Cuzco auf Befehl des Vizekönigs Toledo in Alarmzustand; denn die Indios der Stadt waren erwiesenermaßen im Einverständnis mit dem Inca und der Provinz Vilcabamba, und man befürchtete ernstlich eine gefährliche Verschwörung.

Für den Tag der siegreichen Rückkehr der Hauptleute mit ihren Gefangenen hatte der Stadtrat Vorkehrungen getroffen, alles Volk aus der Stadt zu entfernen, und schon einen verantwortlichen Hauptmann dafür bestellt.

Es war ein prächtiger Triumphzug [...]. Jeder [*Teilnehmer an dem Feldzug*] hatte einen prominenten Gefangenen dabei [...] als letzten führte der Hauptmann Loyola den Inca Tupac Amaru an einer goldenen Kette, die um dessen Hals geschlungen war, und passierte vor dem Palast der Doña Teresa Orgoñez vorbei, wo der Vizekönig Quartier genommen hatte und von einem Fenster aus, ohne selbst gesehen zu werden, alles beobachten konnte [...].

Gegen den Inca Tupac Amaru wurde das Todesurteil gefällt. An dem Tag der Hinrichtung fanden sich auf dem Hauptplatz der Stadt, wo das Schafott aufgebaut war, über 100000 [*?!*] Indios und Indias ein und begannen laut zu weinen und zu trauern über ihren König und Herrn [...]. Er war am Ende seiner Kraft und kaum noch der Sprache mächtig. Vor seinem schrecklichen Ende wurde er noch getauft [...].

Der Inca faßt sich noch einmal und spricht mit laut vernehmbarer Stimme zu der Menge und bringt sie zur Ruhe:

Augenblicklich hörte das Schreien und Jammern auf [...] und es herrschte eine absolute Stille, als atme auf dem Platze kein lebender Mensch. Eine solche geistige Macht übte noch das incaische Königtum auf seine Untertanen aus [...].

Nach der Exekution wurde das Haupt Tupac Amarus allen Umstehenden gezeigt [...]. Da begann das Weinen und Klagen aufs Neue und schwoll [...] zu einer Stärke an, wie sie niemand sich vorstellen kann, der es nicht selbst gehört hat. Man stellte den Kopf auf dem Pfeiler aus; dort blieb er aber nur bis zum nächsten Abend; dann ließ ihn der Vizekönig herunternehmen; denn eine beängstigende Anzahl von Indios verharrte auf dem Platz in Anbetung des verehrten Hauptes, ohne zu essen, und wollte sich nicht von ihm trennen.

Das Weiterleben altindianischer Traditionen inmitten christlicher Umgebung

Gewebe aus der frühen Kolonialzeit; oben und unten Tocapus (incaische geometrisierte Bildzeichen), im Mittelfeld Indios, Spanier und Meerjungfrauen, europäische und amerikanische Tiere und Pflanzen.

Restauration der lokalen Kulte um 1565

Der 1960 verstorbene peruanische Historiker Raul Porras Barrenechea schreibt:

(Dreißig oder vierzig Jahre nach der Konquista stellen die Pfarrer der indianischen Gemeinden in den Provinzen Charcas, Cuzco, Huamanga, Lima und Arequipa eine einheimische Bewegung fest, die den Kult der Huacas [*Idole*] und die alten Götzendienste sowie die heidnischen Bräuche: Tänze, Llama-, Muschel-, Chicha- [*Maisbier-*] und andere Opfer wiederbeleben. Das gleiche gilt auch für den Geheimkult der Apachetas [*künstliche Steinhaufen an Wegkreuzungen und Berggipfeln*], der Mumien, der Conopas [*Hausgötter*] und Steinamulette.

Diese Bewegung ist wahrscheinlich von den Priestern der incaischen Festung Vilcabamba ausgegangen und hat sich dann im geheimen zur Zeit des Gouverneurs Lope García de Castro gegen 1565 über ganz Peru verbreitet. Es war eine mystische Bewegung, an deren Spitze die alten Tarpuntaes standen [*die Männer, die immer wieder aufs neue aussäen*]. Sie verkündeten im gesamten alten Reich die Auferstehung der Huacas und eine »Wiederkehr des Zeitalters des Incas«. Diese einheimischen Mystiker sammelten die noch verbliebenen Huacas [*Idole*] und verehrten sie öffentlich auf den Plätzen, besprengten sie mit Chicha und weißem Maismehl, umkreisten sie tanzend, singend, laute Rufe ausstoßend. Der eine oder andere opferte sich selbst, indem er sich von einem Felsen oder in einen der Flüsse stürzte).

Manche altperuanischen Mythen, die stammesgeschichtlichen und religiösen Konflikten aus vorspanischer Zeit ihre Entstehung verdanken, werden aktualisiert und uminterpretiert. In der nachstehenden, zwischen 1550 und 1560 von den Augustinern von Huamachuco aufgeschriebenen Legende spielen die Christen unter dem Namen »Huachemines« die Rolle von besiegten Heiden, deren Tod erst die Welt frei macht für die Erschaffung neuer indianischer Menschen aus der peruanischen Erde:

Der Teufel, der Vater der Lügen und Fabeln, hat von Anbeginn an die Hoffärtigen mit Blindheit geschlagen [...]. Dieses wird deutlich aus dem [...], was die Indios erzählen und tatsächlich glauben [...].

[*Der Gott*] Ataguju sandte vom Himmel zur Erde den Huamansuri. Dieser begann seine Wanderung in der Provinz Huamachuco, wo er einige Christen vorfand, die in der Sprache dieser Provinz Huachemines heißen. Huamansuri [*der Falke*] war sehr arm. Er mußte für die Huachemines arbeiten und ihre Felder bestellen.

Diese Huachemines hatten eine Schwester, die Catahuan hieß. Sie hielten sie in strenger Abgeschlossenheit, und niemand bekam sie zu Gesicht. Als eines Tages die Brüder fern waren, suchte Huamansuri sie auf. Mit Schmeicheln und List besaß er sie, und sie wurde schwanger. Als die christlichen Brüder sie schwanger sahen und erfuhren, was vorgefallen war und wer sie entehrt und überwältigt hatte, ergriffen und verbrannten sie ihn und machten ihn zu Staub; die Indios sagen: dieser sei zum Himmel aufgefahren und Huamansuri sei dort bei Ataguju geblieben. Deshalb kam es zu diesem Zeitpunkt noch zu keiner Erhebung der Indios. Die Christen hielten ihre Schwester in strengem Gewahrsam.

Nach wenigen Tagen gebar Catahuan zwei Eier und starb bei der Niederkunft. Die Eier warfen sie auf einen Abfallhaufen; daraus entschlüpften zwei Knaben, die laut schrieen. Eine Frau nahm sie und zog sie auf; einer der beiden hieß der große Cepocatequil.

Er ist Ursprung von allerlei Unheil und das gefürchtetste und am meisten verehrte Idol von ganz Peru. Er wird von Quito bis Cuzco verehrt. Jener Catequil begab sich zu dem Ort, wo seine Mutter gestorben war und erweckte sie zum Leben. Seine Mutter gab ihm zwei Schleudern, die sein Vater Huamansuri für die Ungeborenen zurückgelassen hatte, denn damit sollten sie die Huachemines [*die Christen*] töten. – Wie man sagt, soll der starke Jüngling die Huachemines umgebracht und einige, die noch übrig waren, aus dem Land gejagt haben. Anschließend fuhr er zum Himmel auf und sagte zu Ataguju: »Das Land ist frei, und die Huachemines sind tot oder vertrieben. Jetzt bitte ich Dich, Indios zu erschaffen, die es bewohnen und bebauen. Ataguju antwortete, er habe sich so tapfer gehalten und die Huachemines umgebracht; er dürfe nun zum Berg Ipuna gehen und mit silbernen und goldenen Spaten und Hacken graben und Indios hervorholen, und diese würden sich dann vermehren. So geschah es auch, und von hier aus nahmen sie ihren Ursprung. Das ist der Anlaß für die große Verehrung und Furcht, die Catequil entgegengebracht wird; denn es heißt, daß er mit seiner Schleuder die Strahlen, den Donner und den Blitz erzeugt. Diesen Berg nennen wir heutzutage Haucat, er liegt bei der oberhalb von Santa Cruz neugegründeten Ortschaft Parrilla in der Region zwischen Trujillo und Lima. (Auf diesem Berg bin ich selbst gewesen, und wir fanden dort viele Opfergaben: Chicha, Gewänder und andere Dinge, welche die Indios ihm darbrachten zum Gedenken, daß er sie erschaffen hatte.)

Daß der Kult des Gestirngottes Catequil nicht erst in christlicher Zeit entstanden ist, sondern sehr alt, ja vorincaisch ist, geht aus anderen Stellen des gleichen Augustinerberichtes hervor, der auch den zitierten Mythos von den Huachemines enthält. Das Catequilheiligtum Huamachuco z. B. spielt einmal als Verbündeter, andere Male als Gegner verschiedener Incakönige ideologisch und politisch eine große Rolle. – Nicht nur die Indios erwarten sich in aussichtslosen oder gefährlichen Situationen Hilfe von höheren Mächten. Den glücklichen Ausgang der Belagerung von Cuzco zur Zeit des großen Indianeraufstandes (1535–36) unter Manco haben die Christen auf das Eingreifen der Jungfrau Maria und des Heiligen Santiago zurückgeführt. Garcilaso de la Vega, der Mestize aus adligem Geschlecht, überliefert:

In dieser Nacht gefiel es Unserem Herrn und Gott, seinen Gläubigen durch die Gegenwart des Heiligen Apostels Santiago, Spaniens Schutzpatron, zu helfen. Er erschien sichtbar vor den Spaniern. Nicht nur diese sahen ihn, sondern auch die Indios. Er ritt einen prächtigen Schimmel, in der Hand das Schild mit dem Wappen seines Ritterordens, in der rechten Hand schwang er sein glänzendes Schwert gleich einem Blitz.

Die Indios ergriff Entsetzen beim Anblick des neuen Ritters, und sie sagten zueinander: »Wer ist jener Viracocha [*Gott*], der die Illapa (d. h. Blitz, Donner, Strahl) in Händen hat?« Wo auch immer der Heilige eingriff, flohen die Ungläubigen kopflos und gaben auf. Bei der Flucht vor diesem Wunder erdrückten sich viele Indios gegenseitig im Gedränge.

Ebenso schnell wie die Indios die Gläubigen an den Stellen angriffen, wo der Heilige gerade nicht war, ebenso schnell stand er plötzlich vor ihnen, und sie ergriffen die wilde Flucht. So faßten die Spanier wieder Mut, kämpften aufs neue und töteten zahllose Indios, die unfähig waren, sich zur Wehr zu setzen; ihr Mut sank immer mehr, bis sie schließlich den Kampf aufgaben.

In einer anderen Krisensituation ruft ihr Stoßgebet die Mutter Maria herbei:

In dem Augenblick, in welchem die Indios die Christen angreifen wollten, erschien in den Lüften Unsere liebe Frau, das Jesuskind im Arm, in großer Herrlichkeit und Schönheit und stellte sich vor sie. Angesichts dieses Wunders verharrten die Ungläubigen starr vor Staunen; sie spürten in ihren Augen ein Pulver – bald wie Sand, bald wie Tautropfen –, das ihnen die Sicht nahm, so daß sie nicht mehr wußten, wo sie waren.

Um und nach 1570, zur Zeit des Vizekönigs Toledo, wird die einheimische Bewegung, die die Restauration der alten Kulte betreibt, rücksichtslos bekämpft. Es ist die Zeit der »Extirpadores de Idolatrías«. Staat und Kirche beauftragen Lizentiaten, Juristen und Mönche mit der Ausrottung des Götzendienstes. Was sie vernichten, beobachten und hören, schreiben sie genau auf. Der Mercedariermönch Fray Martín de Murúa, der gegen 1550 nach Peru kommt, berichtet:

Auf der ganzen Welt gibt es wohl kein Volk, das so viele Auguren, heilige Waschungen, Riten und Zeremonien kennt wie diese Indios. Sie unternehmen nichts, ohne sich ihrer zu bedienen. Wenn sie ihre Huacas [*Idole*] anbeteten, neigten sie das Haupt, erhoben die Hände und sprachen mit ihnen. Sie trugen ihnen ihre Sorgen und Wünsche vor.

Wenn sie einen Fluß, Bach oder See überqueren, unterlassen sie es nie, daraus wie zum Gruße zu trinken; sie beten und flehen zu den Wassern, sie heil hinüber zu lassen und nicht abzutreiben. Ebenso abergläubisch verehren sie Quellen, Seen und tiefe Brunnen, denn sie haben Angst vor deren bösen Kräften.

Wenn die Hochlandindianer unterwegs sind, haben sie die Gewohnheit, auf die Straße, an Wegkreuzungen, natürlichen Hügeln und künstlichen Steinhaufen (Apachetas), an Felsen, Höhlen und Gräbern alte Sandalen, Federn, gekaute Coca oder Mais zu werfen und sie zu bitten, sie möchten sie heil vorüberziehen lassen, ihnen Kraft zum Weitermarsch oder Erquickung bei der Rast schenken.

Auch ziehen sie sich Augenbrauen und Wimpern aus und opfern sie der Sonne, den Bergen, den Apachetas, dem Wind – bei Wirbelsturm und Unwetter dem Blitz und Donner – ebenso den Felsen und Höhlen, Schluchten, Hohlwegen, und bitten diese, sie unbehelligt zurückkehren zu lassen [...].

Um sich von ihren Sünden und überstandenen Krankheiten zu reinigen, wuschen sie sich in Flüssen und Brunnen.

Von dem incaischen Brauch, vor dem Aufbruch in den Kampf Vögel und Llamas zu opfern, haben sich nach Murúa ebenfalls Reste erhalten:

Zwar machen die Indios das heute nicht mehr, da die Kriege zwischen ihnen aufgehört haben [...], aber immer noch bei Streitigkeiten zwischen Privatpersonen oder Gruppen. Wenn sie sich betrinken und Feste feiern, müssen die Pfarrer gut darauf achten, daß keine Meerschweinchen geopfert werden; denn diese Haustiere haben sie stets zur Hand.

Die Indianer Perus halten an ihren Bräuchen, Sitten und Opfern bis weit hinein ins XVII. Jahrhundert fest, in entlegenen Gegenden noch viel länger. Der Geistliche Ramos Gavilán berichtet:

Der Spanier Pedro Franco kam bei der Suche nach Erzminen im Distrikt von Sicasica, Justizbezirk Caracollo, um 1598 in eine Gegend, wo heidnische Grabstätten waren; darunter war eine weitaus größer als die übrigen. Als er sich dieser näherte, vernahm er zu seinem Erstaunen lautes Klagen. Das Stöhnen nahm immer stärker zu, je näher er kam, und schien von einem menschlichen Wesen zu stammen. Das Grab war zugemauert, und er brach es auf mit Hilfe einer Stange. Da fand er zu seiner Überraschung innen ein zehnjähriges Mädchen von ausnehmender Schönheit. Es befand sich schon fast im Sterben, und danach stellte sich heraus, daß es 3 oder 4 Tage vorher in dem Grabe eingemauert worden war von den Curacas von Sicasica, als Opfer für ihre Götter. Das gerettete Mädchen lebte noch lange Zeit, und die Geschichte ist in dieser Gegend wohlbekannt.

In einem Traktat über heidnische Bräuche weist der Autor Hernández Principe darauf hin, daß bei den Menschenopfern im Incareich des öfteren politische Opportunität eine Rolle gespielt hat:

Das Mädchen Tanta Carhua [*»Goldene Maisspeise«*] ist in die Annalen des Dorfes Aija bei Ocros [*Mittelperu*] [...] eingegangen, weil es im Alter von 10 Jahren als Menschenopfer dargebracht worden ist. Man sagt, es sei über die Maßen schön gewesen, und sein Vater, Caque Poma, habe auf Grund dieser Opferung vom Inca die Herrschaft und Häuptlingswürde von Aija erlangt.

Zuvor hatte man das Mädchen nach Cuzco gebracht, wo es ebenso wie bei ihrer Rückkehr sehr gefeiert wurde [...]. In der Heimat führte man es auf einen hohen Berg eine Meile von Aija entfernt [...] und ließ es hinab in eine dort errichtete Totenkammer. So wurde es lebendig eingemauert.

Auf Grund dieser Information begibt sich Hernández Principe an Ort und Stelle und befiehlt die Grabkammer freizulegen:

Ich ließ einen Schacht graben etwa drei Mannslängen tief. Auf dessen Sohle fand man den Boden sorgfältig geebnet. In einer Nische, die einem Wandschrank ähnelte, saß Tanta Carhua nach alter Art geschmückt mit vielen Juwelen, Ziernadeln und Silberscheiben, die der Inca ihr geschenkt hatte, neben ihr viele kleine Krüge und Gefäße. Ihr Körper war bereits verfallen und die feinen Gewebe an ihr so brüchig, daß man kaum daran rühren durfte.

Die Alten erzählen, daß sie, wenn sie krank oder in Bedrängnis und Not waren, zu diesem Ort pilgerten in Begleitung von Magiern; diese gaben dann, das Mädchen Tanta Carhua nachahmend, mit weiblicher Stimme den Ratsuchenden Bescheid, was sie im Einzelfalle tun sollten.

Die Verehrung, die die Leute des Stammes von Ocros ihr zuteil werden ließen, kann als echter Kult bezeichnet werden; es kamen auch Pilger aus den benachbarten Bergen. Der Zugang zu dem Ort, wo Tanta Carhua sich befand, war sehr beschwerlich.

Der letzte Curaca, Sohn des Caque Poma und Bruder der Tanta Carhua, war Condor Capcha.

Anhand von Befragungen versucht Hernández Principe, sich eine genauere Vorstellung über die Capacocha, das rituelle Menschenopfer, zu machen. Von seinen Gewährsleuten erfährt er:

Die Capacocha wurde im Abstand von vier Jahren zelebriert. Vier 10- bis 12jährige Mädchen von außerordentlicher Schönheit, ohne Fehl und Makel wurden ausgewählt. Sie sollten Töchter aus vornehmem Geschlecht sein; wenn solche nicht verfügbar waren, nahm man auch Kinder aus dem Volk.

Die vier Mädchen brachte man nach Cuzco; sie stellten die vier Suyus [*die vier Großprovinzen des Incareiches*] dar. Sie alle brachen zum gleichen Zeitpunkt in Richtung zur Hauptstadt auf in Begleitung der Haupthuaca ihres Landstriches, der Curacas und vieler

Diener. Überall wo sie durchzogen, eilten ihnen die Dorfbewohner mit ihren Huacas entgegen.

Sie trafen in Cuzco kurz vor Beginn des Intiraymifestes [*Sonnenfest*] ein. Zu ihrem Empfang zogen ihnen die Bürger der Metropole entgegen. Der Inca und der Staatsrat hatten bereits gebeichtet und im Apurimac ihre Sünden abgewaschen. Die Mädchen zogen zum [*Hauptplatz*] Haucaypata. Hier saß der Inca auf seinem goldenen escaño [*niederer Königssitz in Form eines Tieres*], ihm zur Seite die Idole des Sonnen- und Donnergottes und die Mumien der Incakönige.

Dann kam die Prozession, von den Priestern angeführt und geleitet: Die Teilnehmer machten zweimal die Runde um den Platz und verneigten sich vor den Idolen und dem Inca, der mit heiterem Gesicht die Mädchen begrüßte und mit dunklem Spruche die Auserwählten der Sonne als Opfer vorstellte mit der Bitte, es anzunehmen. Mit zwei goldenen Keros trank er der Sonne zu und goß die Flüssigkeit des für die Sonne bestimmten Bechers aus.

Bei dem Inca saßen viele Pallas [*Edelfrauen*]. Der König höchstpersönlich rieb seinen Leib an den Mädchen, um somit ihrer Göttlichkeit teilhaftig zu werden.

Der Hohepriester der Sonne tötete ein weißes Llama und stellte mit Blut und Maismehl das Sancu her, welches er mit folgenden Worten dem Inca und seinen Räten darbot: »Niemand, der in Sünde ist, wage von diesem Yahuar-Sancu [*gekochtes Maismehl mit Blut*] zu essen, denn das würde ihm zum Schaden und zur Verdammnis gereichen.«

Der Hohepriester teilte das Fleisch des geopferten Llamas in kleinste Stücke, als handle es sich um Reliquien, und gab davon den Auserwählten.

Das Fest dauerte viele Tage, und es wurden 100000 [*?*] Llamas geopfert.

Die Mädchen, die in Cuzco geopfert werden sollten, brachte man nach Huanacauri [*Heiligtum in der Nähe von Cuzco*] oder in den Sonnentempel. Nachdem man sie eingeschläfert hatte, ließ man sie hinab in eine Art Zisterne ohne Wasser, auf deren Grund seitlich eine Kammer errichtet worden war, und dort wurde das Opfer lebendig eingemauert. Die übrigen geweihten Kinder wurden vom Inca in ihre Ursprungsorte zurückgesandt, wo sie das gleiche Schicksal erwartete. Als Belohnung erhielten die Väter Sonderprivilegien und große Machtbefugnisse.

Aus zeitgenössischen Berichten ergibt sich, daß bei großen rituellen Festen, nicht nur, wie Hernández Principe berichtet, vier Mädchen aus den vier Suyus zur Opferung ausgewählt worden sind. In der Regel sandten alle Provinzhauptstädte einen Knaben und ein Mädchen mit Weihegaben nach Cuzco. – Zur Bekehrung der Indios werden laufend Instruktionen von verschiedenen geistlichen Orden und kirchlichen Stellen ausgearbeitet, Luis Jerónimo de Oré, Verfasser einer Anleitung zur Unterweisung der christlichen Lehre in Quechua und Aymará, hat eine Reihe von altindianischen Gebeten aus der Nachkonquistazeit gesammelt, darunter ein Gebet an den Gott Pachacamac:

»O Schöpfer, der du bist vom Urgrund und Anbeginn der Welt an bis zu ihrem Ende! Du Mächtiger, Reicher, Barmherziger, der du Wesen und Kraft gabst den Menschen, durch dessen Wort dieser ein Mann und jene eine Frau wurde und das Leben empfingen! Beschütze sie, daß sie heil und gesund leben, in Frieden und ohne Gefahr! Wo bist du? Vielleicht in den Höhen des Himmels oder in der Tiefe, in den Wolken oder in den Klüften? Höre mich, antworte mir, was ich bitte, gib uns ein ewiges Leben, nimm uns an die Hand und nimm unsere Gaben an, wo du auch sein magst, o Schöpfer!«

Eine Anleitung für die Gemeindepfarrer zur »Bekämpfung des Irrglaubens« aus dem Jahre 1631 von Juan Pérez Bocanegra bringt eine Sammlung kleinerer Gebete aus dem indianischen Alltag:

Täglich beten sie: »Vater Sonne, Mutter Mond, erhalte mein Leben!«

Während des Gewitters rufen sie den Blitz und Donner an: »O goldener Donner, o großer Donner: du kommst mit Platzregen, mit brausenden Wassern und Getöse – zu dir bete ich!«

Wenn eine Epidemie ausbricht und die Zahl der Kranken steigt, rufen sie voller Trauer: »O König der Krankheiten! Ziehe vorüber und verschone mich, denn ich bin arm und elend; hab Erbarmen mit mir!«

Die Frauen bringen die Vertrautheit mit dem Hausrat zum Ausdruck, indem sie sich an die Feuerstätte, an die Töpfe und großen und kleinen Schüsseln mit folgenden Worten wenden: »Beschirmen wir uns gegenseitig viele Jahre.«

Nach wie vor sind für die peruanischen Indios die Gestirne, Berge, Quellen, Pflanzen und Tiere – selbst das von ihnen, den Menschen, Geschaffene – Partner oder übergeordnete Wesen, mit denen sie sprechen oder sie anbeten. Bocanegra:

Bei Mondfinsternis richten sie sich an das Gestirn mit folgenden Worten: »Mutter Mond! Sieh doch her, die Gatten prügeln ihre Frauen und die Hunde heulen und bellen! Habe Erbarmen mit deinen Kindern!«

»O Mutter Erde, o Mutter Erde so weit und groß, nimm mich auf deinen Rücken oder in deine Arme, mit deiner unendlichen Güte!«

Beim Acka-[*Maisbier*-]trinken wird gesprochen: »O Mutter Chicha, klar wie das Gold, bewahre mich wohl, mach mich nicht trunken!«

Bei der Aussaat: »O Huacas, Huilcas, die ihr den Mais und die Nahrung besitzt, sagt, daß der Mais gut wird, und lasset nicht zu, daß er verdirbt!«

Bei Trockenheit: »O Mutter Meer, schicke Tau und Regen vom Ende der Welt! Ich bete dich an!«

An die Quellen und Seen gerichtet: »O Mutter Quelle, See und Brunnen! Gib mir Wasser ohne Unterlaß! Uriniere ohne Unterlaß!« [...]

An das Feuer traten sie mit folgenden Worten heran: »Edles Feuer, königliches Feuer, um dessen Lohe sich die Menschen sammeln!« und opferten ihm Speisen.

Beim Anblick von Geiern und Falken: »Ich bete Euch an, denn ihr seid es, die die Menschen erschafft!«

Auf dem Wege nach Hause sprechen sie: »Nach Hause, Falke, nach Hause, Geier! Ich und du, wir beschützen uns seit Jahren vor Unheil und Unglück; ich werde noch viele Jahre auf dich sehen und dich beschützen; tue dasselbe mit mir!«

Wenn die Indios unterwegs in einer Höhle übernachten mußten, kauten sie Coca und Mais und sprachen folgendes Gebet: »Heute nacht muß ich in dir übernachten; ich bete zu Dir, damit du mir einen gesunden Schlaf schenkst. Laß mich gut träumen!«

Der Bericht der Augustiner von Huamachuco bringt wertvolle Aufschlüsse über die Konflikte, in die im XVI. Jhdt. frisch missionierte Indios geraten, über den fortbestehenden Kult des den Incas heiligen Sonnenfalken (spanisch »Halcón«) und ihrer mit Federge-

wändern bekleideten Priestern, den sog. »Alcos«, sowie über das Noviziat jener Priester, das den Initiationsriten der Schamanen heutiger ethnischer Randgruppen ähnelt:

Unter den Yanaconas, die in unserem Hause dienten, war ein Dolmetscher mit Namen Marcos. Unser Gott und Herr scheint ihn erleuchtet zu haben, denn er war ein guter Christ. Heimlich entdeckte er uns einiges über die Huacas, und so erfuhren wir nach und nach mehr. Diesen Dolmetscher vergifteten die Indios mit einem Geheimtrank, denn sobald sie in Erfahrung bringen, daß ein Indio ihre Geheimnisse verrät, töten sie ihn [...].

Bevor wir näher auf den Ursprung des Götzendienstes eingehen, müssen wir erst einmal darlegen, wie der Teufel jene unglücklichen Barbaren verblendete und sie zu seinen Priestern oder Zauberern machte [...]. Noch heutzutage spricht er mit ihnen; das ist eindeutig erwiesen: täglich konnten die Patres es feststellen und auch die Indios bekräftigen es.

Die Menschen in Peru sind so unstet, so haltlos in ihren Begierden, daß sie dem, was der Teufel ihnen vorgaukelt, nicht widerstehen können und er sie leicht dahin bringt, wo er sie haben will. Das sind die größten Schwierigkeiten, mit denen wir bei der Bekehrung dieses Volkes zu rechnen haben. Selbst wenn es mit Nachdruck die Taufe begehrt, gelingt es dem Teufel bald wieder, es zu seinen alten Riten zurückzuführen.

Wenn ein [*christlicher*] Priester seine Sache in diesem Lande gut macht und ein rechtes Beispiel gibt, dann darf man ihn nicht gleich wieder versetzen, denn er kennt seine Pfarrkinder. Andernfalls geschieht es, daß sie dem Nachfolger sagen, sie seien keine Christen, obwohl sie getauft sind, und sie lassen sich erneut taufen; denn sie lieben das Neue, und ihr Glauben ist schwach. Ja, der Teufel bedient sich mannigfaltiger Formen, seine Priester zu gewinnen, hier will ich nur einige anführen:

Um Diener und Alcos, d. h. Priester, zu gewinnen, geht der Teufel im allgemeinen folgendermaßen vor:

Wenn er sieht, daß ein Indio sich für seine Dienste eignet, neugierig und wißbegierig ist, dann wartet er so lange, bis jener zum Holzsammeln geht oder auf seine Felder und Ländereien. Sobald er an einen der vielen Seen kommt, die es in dieser Gegend gibt, treibt der Teufel sein Spiel mit ihm und wirft vor seinen Augen hübsche kleine hohle Kürbisse ins Wasser. Der Indio versucht danach zu greifen; doch der listige Teufel läßt ihn nicht dazu kommen: die kleinen Kürbisse weichen aus, verschwinden unter Wasser und tanzen gleich wieder auf der Oberfläche des Sees. Die Indios tauchen und tauchen, bis sie schwindlig werden und fast die Besinnung verlieren. Dann entführt sie der Teufel und versetzt sie in eine Huaca [*Heiligtum*], behält sie dort fünf oder zehn Tage lang und weist sie dort in die Obliegenheiten ihrer neuen Ämter als eine Art Priester oder Krankenheiler ein. Danach muß der Novize 5 Tage fasten und hat endlich die Fähigkeit erworben, mit dem Teufel zu sprechen, so oft er will [...]. So gewinnt dieser viele Diener und zeigt ihnen tausenderlei trügerische Dinge [...].

Der oberste aller Priester war unseren Patres bekannt; er hieß Xulamayo. Ihn machte der Teufel auf folgende Weise zum Zauberer und Priester:

Des Nachts erschien ihm im Traum der Teufel in Gestalt eines Adlers zwei- oder dreimal. Er versuchte ihn vergebens mit seinem Mantel zu fangen. Das wiederholte sich drei Nächte.

Diese Heimsuchungen durch den Adler machten ihn ganz niedergeschlagen, und er begann zu grübeln, was es damit für eine Bewandtnis habe. Über diesem Grübeln fand er keinen Schlaf mehr und ging herum ganz benommen und wie von Sinnen und magerte sichtlich ab vor Kummer.

Als der Teufel ihn in diesem Zustand sah, trat er ihm entgegen in Gestalt eines Indios und sprach ihn an, er sei der Adler gewesen, der ihm erschienen sei. Das habe er gemacht, weil er ihn sehr liebe und ihm wohlwolle und sich seiner bedienen möchte; er würde ihn sehr reich machen und ihm alles im Überfluß geben. Diese Versprechungen freuten den Indio sehr; er übernahm das Amt und fastete. So wurde er der oberste der schwarzen Priester [...].

An anderer Stelle geben die Augustiner Einblick in die Tätigkeit dieser Priester:

Bevor der Zauberpriester ins Heiligtum trat, um mit den Huacas zu sprechen, richteten die Tempeldiener den Ort festlich her: sie hingen ein großes mit lebhaften Farben und Figuren bemaltes Gewebe vor, damit das Volk den Zauberpriester nicht sehen konnte, während er mit der Huaca sprach. Bei diesem Gespräch antwortete dann die Huaca ganz laut, auf daß das Volk draußen hören konnte, was sie verlangte und gewährte. Manche sagen zwar, daß in den meisten Fällen nicht der Teufel antwortete, sondern der Zauberpriester nur seine Stimme verstellte; aber die Indios beteuern das andere, nämlich daß der Teufel selbst spreche; für sie ist dies eine feststehende Tatsache. Nach der Verkündigung des trügerischen Orakelspruches, der soundsooft, ja fast immer log, gab es große Feste; man tötete Meerschweinchen und Llamas; das Blut erhielt die Huaca. Deshalb waren fast alle Gewebe, die man bei diesen Idolen fand und größtenteils verbrannte, voller Blutflecken und blutdurchtränkt.

Nach dem Blutopfer wurde das Fleisch nach Landesart gekocht und alle aßen davon [...]. Nach dem Essen bediente der Zauberpriester die Huaca mit Chicha, und dann folgten große Trinkgelage mit Gesängen zu Ehren der Huaca [...].

Die Zauberpriester trugen Federhemden, die über und über behangen waren mit Gold- und Silberplatten; auf dem Kopf hatten sie große runde Federkronen.

Besonders übel vermerken es die Augustiner, daß die Indios ebenfalls die Ohrenbeichte kennen:

Es ist eine erstaunliche Sache: die Indios kennen auch die Ohrenbeichte. Dies stellten wir wie folgt fest: Ein Pater, der über einen Gletscherpaß wanderte, sah mitten im Schnee einen Indio sitzen. Da rief er seine Yanaconas [*indianischen Diener*] zu sich und befahl ihnen, den Indio zu holen.

Er sprach diesem gut zu, er möchte ihm doch sagen, was er in dieser kalten und verschneiten Bergwelt mache und ob es hier einen Götzen oder ein Heiligtum gebe, das er auf diese Weise anbete? Er drang mit Drohungen in ihn und brachte schließlich heraus, warum er sich dort befand: es war eine Buße, die ihm der Alco, d. h. Zauberer auferlegt hatte; weiter fragte der Mönch: Warum diese Buße? Jener antwortete: nach einer Beichte – und sagte den Namen des Alco d. h. Priesters. Der Mönch ließ jenen zu sich kommen. Es war ein alter Indio. In der Folgezeit entdeckte man in dieser Gegend noch weitere Zauberpriester.

Bei der Beichte nannten die Indios ihre Ochas – in ihrer Sprache bedeutet das Sünden. Sie beichteten, ob sie gestohlen, gestritten, ihrem Herrn oder Kaziken schlecht gedient hatten, dem Zupai, dem Teufel, den Huacas oder Idolen nicht die gebührende Verehrung entgegengebracht oder die Gebote des Teufels mißachtet hatten.

Hier machte man mich auf etwas aufmerksam, was wert ist, festgehalten zu werden: Sobald der Teufel feststellt, daß die Indios tun, was die Patres und die Christenlehre von ihnen verlangen, dann gebietet er ihnen, sich wohl als Christen zu verhalten, aber nicht mit

Wunsch und Willen, und die Gebote der Patres hinsichtlich des christlichen Lebens, des Kirchgangs und des Besuches der Glaubenslehre nur unter Zwang zu befolgen. So sieht man öfters, wie Indios mit Gewalt zur Christenlehre und zur Messe geschleppt werden, aber vor der Kirchentüre wieder davonlaufen.

Mich machte man darauf aufmerksam, daß die Zauberpriester auch denen die Beichte abverlangen, die gerne und freiwillig zum Unterricht der Patres gehen.

Wenn die Indios ihrem Priester sagten, sie hätten nichts mehr zu beichten und schon alles gesagt, was man sagen müsse, und alle Sünden und Ochas, dann nahm der Zauberpriester ein Meerschweinchen, tötete es und schaute die Eingeweide an. Wenn diese in gesundem und gutem Zustand waren, wurde dem Indio gesagt: »Geh, Gotteskind! Deine Sünden sind dir vergeben.« Waren aber die Eingeweide krank, oder zeigten sie irgendeine Verletzung oder Fäulnis, dann schalt man ihn einen Sohn des Teufels, schlecht und verdorben, warf ihm vor, er habe seine Sünden nicht richtig gebeichtet, und verhängte harte Strafen, an denen viele starben. Wenn sie dann die Strafe abgebüßt hatten, kehrten sie zurück und bekannten, was ihnen so einfiel, und sagten, eben jenes hätten sie vergessen. Dann wiederholte man die Prozedur mit dem Meerschweinchen solange, bis sich ein guter Befund der Eingeweide ergab.

In anderen Gegenden, in Cuzco und Collao, ist dieses Unwesen noch stärker verbreitet als hier in Huamachuco.

Die Ausrottung des Götzendienstes

Das besiegte und gedemütigte Volk besinnt sich mehr und mehr auf seine eigene Vergangenheit und Religion. Es ist nicht nur politischem und wirtschaftlichem Zwang und Druck ausgesetzt, sondern in steigendem Maße bringt die enge Berührung und das Zusammenleben mit den Spaniern die unausbleibliche weltanschauliche und religiöse Auseinandersetzung. Für den Indio bilden Staat, Wirtschaft und Religion ein nicht voneinander zu trennendes Gefüge, gelenkt und geführt von einer Unzahl von Mächten, die von den Spaniern als teuflisch verworfen werden. Das Reich der Söhne der Sonne ist zerschlagen; die Tribute fordert nun ein König, der dem Volk fern und fremd ist. Groß ist die Zahl derer, die sich in entlegene und schwer zugängliche Gebiete und Schlupfwinkel zurückziehen; stärkere Gruppen verschanzen sich in den Waldgebirgen Ostperus. Sie verlagern ihre Idole, Herrschermumien und Schätze laufend vor dem Zugriff der neuen Herren. Die Fälle sind nicht selten, daß ein und dasselbe Heiligtum im gleichen Jahrhundert, ja oft innerhalb einer Generation mehrmals von politischer und religiöser Verfolgung, Bildersturm und Plünderung heimgesucht wird, einmal bei der territorialen Expansion des Incareiches selbst und den damit verbundenen religiösen Auseinandersetzungen, um 1530 herum im Bruderkrieg der Incas Huascar und Atahualpa und schließlich im Zuge der christlichen Landnahme und Mission. Die Geschichte des Heiligtums Catequil in Huamachuco und die mit der gleichnamigen Gestirnsgottheit verbundenen Legenden älteren und jüngeren Ursprungs wie der Wunschmythos von der Vertreibung der Huachemines (Christen) aus Peru sind dafür ein charakteristisches Beispiel. Verschiedene Chronisten berichten von einer Parteinahme des mächtigen Catequil-Orakels Huamachuco für den Inca Huascar und von Atahualpas Rache. Nach der Darstellung der Augustiner besetzt Atahualpas Hauptmann das Heiligtum und schlägt das Steinbild in Stücke; das Kriegsvolk vollendet das Zerstörungswerk:

Des Hauptmanns indianische Krieger nahmen den Kopf, warfen ihn in einen Fluß, desgleichen einige Bruchstücke des Rumpfes, und raubten große Mengen an Gold und Silber aus dem Tempelschatz.

Man sagt, daß auch ein Teil der Schätze, die in Cajamarca den Christen abgeliefert worden sind, von daher stammt.

Dann ließ der Hauptmann große Mengen Holz herbeischaffen und rund um den heiligen Felsen Scheiterhaufen auftürmen und anzünden. Die Bewohner jener Gegend versichern, daß es über einen Monat lang gebrannt habe, und heute noch liegen dort Haufen von Kohle und geschwärzte Steine; das habe ich selber gesehen.

Aber die Stadt und die Priester blieben und verehrten und beteten den Felsen weiterhin an. Später brachte der höchste dieser Priester in Erfahrung, daß der Kopf des Catequil im Fluß lag, und er suchte mit einer großen Zahl von Indios und Freunden danach. Sie fanden den Kopf und drei Trümmer des Rumpfes, brachten sie in feierlichem Zuge in die Stadt zurück, bauten wieder einen großen Tempel, stellten das Bild darin auf, verehrten es wie früher und opferten ihm viele Gewebe.

In der Zwischenzeit ist Atahualpa gefangen und hingerichtet, und die spanische Konquista dehnt sich weiter aus:

Als [*die Priester in Huamachuco*] merkten, daß die Zahl der Christen laufend zunahm, fürchteten sie wieder um ihr Catequil-idol, schafften es fort und zerstörten selbst das Haus, in dem es gestanden war. Den Kopf und die anderen Fragmente des Steinbildes schleppten sie auf einen hohen Berg. Dort stellten sie es in einer Felsenhöhle auf, beteten es an, und der Teufel begann wieder zu wirken.

Dieser Geheimkult wurde dank Gottes Gnade folgendermaßen aufgedeckt: zuerst einmal zerstörten die Patres Fr. Antonio Lozano und Fr. Juan Ramírez das Heiligtum von Porcon; daraufhin durchforschten sie unter großen Mühen und Strapazen das Gebirge und fanden schließlich den Kopf und die Fragmente des Steinbildes Catequil, brachten es ins Kloster und dankten und lobten Gott.

Die [*zum Heiligtum gehörenden*] Herden, Gewänder und Gewebe wurden beschlagnahmt und unter die bedürftige Bevölkerung verteilt. Die feinen Gewebe wurden als Altardecken, Vorhänge und Baldachine für die Kirche verwendet. Sie fanden auch einige Trompeten aus legiertem Silber und Priestergewänder.

[*Das Idol*] Catequil bewahrten sie auf, um es dem Provinzial des Ordens bei seinem nächsten Besuch zu zeigen [...]. Dann schlugen sie es in aller Heimlichkeit zu Staub und warfen es in den Fluß, damit das Wasser es davontrage und kein Andenken bleibe: Die Stadt Porcon wurde an einen anderen Ort verlegt.

Der Jesuit José de Acosta, ein bereits in Spanien als Professor der Universität Plasencia anerkannter Gelehrter, kommt 1572 nach Lima. 15 Jahre lebt er in Peru; von 1576–1581 ist er Provinzial seines Ordens. Seine Eindrücke und Reformvorschläge faßt er zusammen in der ›Historia Natural y Moral de las Indias‹. – Zur Zeit des Vizekönigs Cañete stöbert der Lizentiat Polo de Ondegardo in der Umgebung von Cuzco eine ganze Reihe noch erhaltener Königsmumien der Incas auf und schickt sie nach Lima, wo sie mehrere Jahre öffentlich zur Schau gestellt werden. José de Acosta schreibt über den Eindruck, den die Mumien auf ihn machen, und über ihre Geschichte:

Pachacutec gründete die Familie [*Sippe*] Inacapanaca und ließ eine große goldene Statue anfertigen, der er den Namen Intiillapa [*Sonnenstrahl*] gab. Er setzte sie auf eine Sänfte von unermeßlichem Wert, die ganz aus massivem Gold bestand. Dieses Gold gehörte auch zu dem Lösegeld, das man zur Befreiung Atahualpas nach Cajamarca geschickt hatte, als der Marqués Francisco Pizarro ihn gefangenhielt.

Die Paläste der Incanachkommen in Cuzco werden von den Spaniern anfangs noch mehr oder minder geschont; erst die Plünderungen und Brände in der Auseinandersetzung zwischen Almagro und Pizarro und während des Mancoaufstandes bringen das Ende ihrer Herrlichkeit. Das Hauswesen des Pachacutecayllus soll sich bis in die Vizekönigszeit erhalten haben. Die Mumie des Incareichgründers Pachacutec überlebt den Mancoaufstand in verschiedenen Verstekken. Acosta schreibt:

Den Leib des Pachacutec hatte man von Patallacta nach Totocache gebracht, wo die Gemeinde San Blas gegründet worden ist. Der Körper war so gut erhalten und mit einem Harz hergerichtet, daß er wie lebend wirkte. Die Augen waren aus einem feinen Goldgewebe so gut nachgebildet, daß man die echten gar nicht entbehrte. Am Kopf hatte er eine Verletzung: im Krieg hatte ihn ein Steinwurf getroffen. Er war ergraut und hatte noch alle seine Haare, als ob er gerade erst gestorben wäre; dabei war er vor mehr als 60 oder 80 Jahren verschieden.

Diese Mumie hatte Polo de Ondegardo zusammen mit denjenigen anderer Incas auf Befehl des Vizekönigs Marqués de Cañete nach Lima geschickt; denn der Götzendienst sollte in Cuzco mit Stumpf und Stiel ausgerottet werden.

Im Hospital von San Andrés, das der Marqués de Cañete hatte erbauen lassen, haben viele Spanier diesen toten König zusammen mit anderen Mumien gesehen; jetzt sind sie aber teilweise schon ziemlich abgegriffen und übel zugerichtet.

Don Felipe Sayri Tupac, der Ur- oder Ururenkel dieses Inca, versicherte, daß Pachacutec seiner Familie ein immenses Vermögen hinterließ, was sich derzeit wohl in Händen der Yanaconas Amaru, Titu und anderer Personen befindet.

Mit jenen »Yanaconas« (Hörigen!) Amaru und Titu sind die beiden Incas von Vilcabamba, Tupac Amaru und Titu Cusi Yupanqui, gemeint. – 1560 zeigt Polo do Ondegardo dem mestizischen Chronisten Garcilaso de la Vega die Mumie des Inca Viracocha:

Man sah ihr das hohe Alter an, denn das Haar war so weiß wie Schnee.

In Lima werden nicht nur die einbalsamierten Könige ausgestellt, sondern auch Mumien von mächtigen Curacas. Ein gewisser Dr. Hernando Avendaño schreibt in einem 1645 in Lima erscheinenden Buch:

Eine Meile vom Ort San Cristóbal de Rapaz entfernt, fand man auf einem steilen Berg die Mumie des Liuiacancharco, eines sehr alten und berühmten Kaziken. Sie stand in einer Höhle unter einem Baldachin mit ihrem Huama, d. h. Diadem aus Gold auf dem Haupt und sieben Tunikas aus Cumbi [*feinstem Gewebe*] angetan. Die Tunikas, sagte man, seien ein Geschenk der Incakönige gewesen. Sowohl diese Mumie wie auch die des Chucho Michuy, seines kaum weniger geehrten Hofmeisters, schaffte man nach Lima, um sie dem Vizekönig und dem Erzbischof zu zeigen; später brachte man sie zurück und verbrannte sie zusammen mit anderen Huacas vor den Augen vieler Indios in einem Autodafé.

Francisco de Toledo, von 1569–1581 vierter Vizekönig in Peru, geht ähnlich wie sein Vetter in den spanischen Niederlanden, der Herzog von Alba, scharf gegen die Eigenständigkeit des unterworfenen Volkes vor. Er hat die Vernichtung des Incanats von Vilcabamba betrieben und Tupac Amaru I., den letzten Inca in direkter Linie, hingerichtet. Der unter Toledos Verwaltung beginnende starke Aufschwung der Silber- und Quecksilberproduktion ist erkauft mit ei-

nem immer größeren Verschleiß von Leben und Gesundheit der Indianer im Hochland. Ganze Gemeinden fliehen vor der Zwangsarbeit in unwegsame Gebiete, oft fliehen nur die Männer und lassen Frauen und Kinder zurück. Die Antwort der spanischen Verwaltung ist die verstärkte Anwendung des schon im Incastaat bewährten Mittels der Zwangsumsiedlung, nunmehr in der Form der Indianerreduktionen, der Zusammenlegung von Kleingemeinden in neuangelegte größere Ortschaften nach spanischem Muster. Francisco de Toledo begründet diese Maßnahmen in seiner Rechtfertigungsschrift an Philipp II. in Spanien folgendermaßen:

Die Art, wie die Indios regiert wurden, bevor ich ins Land kam, war ziemlich dieselbe [...] wie in den Zeiten der Incatyrannei.

Die [*spanischen*] Gouverneure tasteten sie nicht an, obwohl sich alle einig waren, daß es für den Dienst Gottes und S. M. und für die Christenheit sehr zu wünschen wäre, die Lebensweise [*der Indios*] und alles, was sie so trieben, zu ändern.

Die Gouverneure und ihre Ratgeber aber waren der Ansicht, es sei sehr heikel und gewagt, hier etwas zu unternehmen, denn es würde die Einheimischen in ihrem Lebensnerv treffen, sie gegen uns aufbringen und rebellisch machen. Ein solcher Eingriff wäre ein heikles und schwieriges Unterfangen ohne absehbares Ende [...]; die Indios würden sich dem aufs heftigste widersetzen – es hat sich dann auch tatsächlich so abgespielt.

Die Indios hatten begonnen, ihre Wohnstätten in die Berge und in schwer zugängliche Gebiete zu verlegen, und die besiedelten Orte sowie ebenes Land gemieden; da droben lebte ein jeder so frei, wie es ihm gefiel [...].

Regiert wurden sie von den alten Kazikengeschlechtern, die noch aus der Zeit der Incatyrannei stammten. Wenn der Vater starb, vererbte sich das Amt auf den Sohn, ohne daß darauf geachtet wurde, ob er Christ war oder nicht. Deshalb fehlte es an dem nötigen Respekt [*vor Obrigkeit und Kirche*] und sie hielten weiter an ihrem alten Götzenkult fest. Es wird ein hartes Stück Arbeit kosten, sie davon loszureißen, solange die Alten noch leben [...].

Alle diese Kaziken haben ihr Amt von E. M. erhalten; deshalb müssen sie lernen, daß sie von E. M. und Euren Ministern abhängen. In der Erbfolge dieser Kazikentümer müssen diejenigen bevorzugt werden, die die besten Christen sind und die meisten Tugenden besitzen [...], auch wenn man den ältesten Sohn übergehen muß.

Der Vizekönig Toledo siedelt die renitenten Indios in Dörfern an, die er nach spanischem Muster in Schachbrettform anlegen läßt:

Da es nicht möglich war, die Indios im christlichen Glauben zu unterweisen und sie dazu zu bringen, eine geordnete Lebensweise anzunehmen, ohne sie aus ihren Schlupfwinkeln zu holen, wurde veranlaßt, sie in Dörfer und Gemeinden zu bringen. An den Orten, wo man sie ansiedelte, legte man wie in den Stadtgründungen der Spanier rechtwinklig sich kreuzende Straßen an; die zur Straße führenden Türen entfernte man, damit die Polizei und die Priester freien Einblick hatten. Man behielt natürlich immer im Auge, daß diese Neuansiedlungen nur an den besten und günstigsten Punkten angelegt wurden und die Indios möglichst das gleiche Klima vorfänden wie in ihren früheren Wohnsitzen [...]. Ein solches tributpflichtiges Dorf [...] zählte je nach Größe des Repartimientos an die 400 bis 500 Seelen und hatte einen Priester. Erfahrungsgemäß konnte so die richtige christliche Unterweisung als gesichert gelten.

Der Dominikanerpater Lizárraga (1545–1615), der von Ecuador bis Argentinien und Chile das Vizekönigreich Peru kreuz und quer bereist hat, vermerkt, daß die Zwangsumsiedlungen in manchen Gegenden, so bei den viehzüchtenden Aymaras oder Collas im kargen Hochland um den Titicacasee, auf Widerstand stoßen:

Francisco de Toledo [...] zog aus, das ganze Vizekönigreich zu visitieren von Lima bis Potosí [...]. Da erfuhr er und sah mit eigenen Augen, wie zerstreut die Indios in kleinen Dörflein wohnten, außer im Collaogebiet, wo es große und schönangelegte Ortschaften gab. Aber auch dort in der Puna oder Xalca (so nennen wir das kalte Land, wo man Vieh züchtet) legte er zahlreiche Ortschaften zusammen in solche Reduktionen, wie sie die Priester schon seit vielen Jahren gewünscht haben. Das war ein mühevolles Werk, weil die Indios Schwierigkeiten machten, wenn sie ihre Hüttchen verlassen sollten, in denen ihre Vorfahren schon gewohnt hatten [...]. Ortschaften mit jetzt 300 bis 400 Haushaltungen setzen sich zusammen aus 10 bis 12 früheren Kleindörfern. [...]

Der Vizekönig schätzte auch die Steuer im Land neu ein, und vielerorts, wo er fand, daß die Zahl der Indios sich vermehrt hatte oder das Land reicher war, erhöhte er die Tribute. Nur wenige, glaube ich, setzte er herunter; in der Provinz Chucuito [*Titicacasee*] hieß das: von 36000 Pesos hinauf auf 102000! [...]

Die meisten Tribute stellte er auf Silber um; bis dahin hatte man sich an königliche Erlasse gehalten, die den Indios erlaubten, die Tribute in Landesprodukten zu entrichten. Er hob diese Regelung auf, und von nun an begann es im Lande zu fehlen an den vielen Kleinigkeiten, die man so zum Leben brauchte. Früher gab das Land mehr her; die Häuser waren reicher ausgestattet, und die Indios bewältigten ihre Tribute mit weniger Arbeit, weil sie nämlich teils in Silber, teils in Geweben oder in Weizen, Mais, Seilerwaren, Hanfschuhen, Hühnern, Eiern, Ferkeln usw. bestanden. So konnten sie alles außer dem Silber in ihrem Land beschaffen, ohne weit von daheim fort zu müssen.

Nun sehen sich die unglücklichen Einwohner der Gegenden, wo die Tribute auf Silber umgestellt wurden, gezwungen, dasselbe an weit entfernten Orten zu beschaffen, wobei ihnen ihre Frauen nicht mehr helfen können. So verlassen sie ihre Frauen und Kinder; die einen sterben, die anderen bleiben, wieder andere siedeln sich in weit von der Heimat entfernten Tälern neu an und heiraten dort womöglich ein zweites Mal. Diese und andere Mißstände führen zur Verödung der meisten Ansiedlungen: In Dörfern, die vordem 1000 tributpflichtige Einwohner hatten, kommen jetzt kaum 250 an den Sonntagen oder Pflichtfeiertagen zur Christenlehre, und ähnlich steht es in den übrigen Ortschaften [...]. Was die Provinz Chucuito anbelangt, so ist es im ganzen Vizekönigreich ein offenes Geheimnis, daß von dort aus mehr als 8000 Indios, ihre Frauen, Kinder und Anwesen im Stich lassend, über die Anden in die Provinz der Chuncos, der kriegerischen Waldindianer, geflohen sind, und von dort haben sagen lassen, sie würden nicht mehr in ihre Heimat zurückkehren, solange sie eine solche Behandlung erwarte.

ANHANG

Zeittafel

Vorkolumbianische Kulturen in Süd- und Mittelamerika
(zeitliche Einordnung nach Disselhoff)

ab 1500 v. Chr.	Chavín-Kultur (erster größerer Kulturhorizont in Peru) Präklassikum in Meso-Amerika
ab 100 v. Chr.	Nazca-Kultur in Südperu Moche- und Cajamarca-Kultur in Nordperu
ab 400 n. Chr.	Tiahuanaco-Kultur mit Zentrum am Titicacasee in Südperu; etwa um die gleiche Zeit Beginn der Maya-Kulturen in Meso-Amerika Beginn der ecuadorischen Kulturen (Cañari, Puruha) Bildung eines Reiches mit dem Zentrum Huari in Mittelperu
ab 1050 n. Chr.	Chimú-Kultur und -Reich an der nordperuanischen Küste
ab 1200 n. Chr.	vermuteter Beginn des Incareiches in Cuzco
ab 1300 n. Chr.	Azteken-Staatenbildungen in Mexiko
ab 1440 n. Chr.	Beginn der Inca-Expansion: Usurpation des Aymara-(Colla-)Königreiches im Altiplano um den Titicacasee, Ausdehnung nach Mittelperu (Chancakrieg) und an die Küste (Königreich Chincha, Pachacamac)
um 1450 n. Chr.	Einverleibung der Staaten von Chimú und Cajamarca ins Incareich
ca. 1470–1520	Eroberung von Nordchile, Nordwest-Argentinien und Ecuador durch die Incas
ca. 1527	Pestepidemie im Norden des Incareiches
1527–1532	Bruderkrieg zwischen den rivalisierenden Incas Huascar in Cuzco und Atahualpa in Quito

Regierungszeiten der großen Incas (übliche Datierung)

1438–1471	Pachacutec Yupanqui
1471–1493	Tupac Yupanqui
1493–1527	Huayna Capac
1527–1532	Huascar (in Cuzco)
1527–1533	Atahualpa (Regent im nördlichen Teil des Incareiches)

Entdeckungsgeschichte Mittel- und Südamerikas und korrespondierende Daten aus der spanischen und europäischen Geschichte

711	Die Araber fassen in Spanien Fuß
um 1000	Wikinger erreichen die Küste Nordamerikas
1095–1291	Kreuzzüge
1271–1295	Marco Polo reist nach Ostasien
1333–1407	Bau der Alhambra von Granada
1453	Konstantinopel durch die Türken erobert
1478	Einführung der Inquisition in Spanien
1492	2. Januar Ende der Reconquista durch Eroberung des arabischen Granada Vertreibung der Juden aus Spanien 12. Oktober Entdeckung Amerikas (Landung von Christoph Kolumbus auf der Bahama-Insel Guanahani)
1499	Verbrennung des Korans in Granada durch Kardinal Cisneros. Araberaufstand
1493–1494	Teilung der Welt zwischen Spanien und Portugal durch Papst Alexander VI. Borgia
1496	Gründung der Stadt Santo Domingo auf der Insel Haiti
1502	Vertreibung der Mohammedaner aus Spanien. Ansiedlungsverbot für Juden und Mauren in den überseeischen Kolonien Las Casas kommt als junger Katechet zum ersten Mal in die Neue Welt. Er betritt nie Peru
1503	Einrichtung der Casa de la Contratación (Königliche Handelsmonopolverwaltung und Seefahrtsschule) in Sevilla
1507	Bericht des Amerigo Vespucci über seine vier Reisen in die »Neue Welt«. Erstmalig erscheint die Bezeichnung »Amerika« im Atlas von Waldseemüller
1509–1526	Erstes spanisches Vizekönigreich in der Neuen Welt: Santo Domingo (Westindien)
1511	Adventspredigt des P. Montesinos in Santo Domingo

1512	27. Dezember Leyes von Burgos (erster Versuch einer allgemeinen Indianergesetzgebung und Festlegung des spanischen Kolonialsystems)
1513	Vasco Núñez de Balboa entdeckt den Stillen Ozean östlich vom späteren Panama
1515	Gründung der Stadt Havanna auf Cuba
1516	Editio princeps des ›Büchlein von der besten Staatsverfassung und von der neuen Insel Utopia‹ von Thomas Morus (beeinflußt von Amerigo Vespuccis Berichten aus der Neuen Welt)
	Juan Díaz de Solís entdeckt die Mündung des La Plata
1517	Reformation in Deutschland
	Vasco Núñez de Balboa, der Entdecker der Südsee, nach Scheinprozeß hingerichtet
1519	Kaiserkrönung Karls V.
	Gründung der Städte Panama und Vera Cruz
1519–1520	Fernão de Magalhães durchfährt als erster die nach ihm benannte Meeresstraße am Südende von Südamerika; sein Schiff vollendet die erste Weltumsegelung
1519–1521	Hernán Cortés erobert Mexiko
1522	Letzter Ritteraufstand (Fr. v. Sickingen) in Deutschland
	Pascual de Andagoya erkundet die Pazifikküste östlich von Panama und hört zum ersten Mal von einer Provinz »Piru«
	Pedrarias beginnt mit der Eroberung von Nicaragua
1524	Der Consejo de las Indias (Indienrat) wird oberste Verwaltungs- und Gerichtsinstanz für die überseeischen Reiche
	Pedro de Alvarado erobert Guatemala
	14. November erste Erkundungsfahrt von Francisco Pizarro mit zwei Schiffen entlang der Westküste Kolumbiens. Kartographen nehmen den Küstenverlauf auf
1524–1525	Alejo García durchzieht von der La Plata-Mündung aus Argentinien bis an den Fuß der Anden; verschollen in Bolivien; erster Europäer im Gebiet des Incareiches
	Bauernkrieg in Deutschland
1525	Gründung der Stadt Santa Marta in Kolumbien
1525–1526	Sebastiano Caboto befährt den Paraná bis zur Mündung des Paraguay
1526–1527	Zweite Ausfahrt Pizarros; Handelsbalsa aus Tumbes mit großer Beute an Gold, Silber, Keramik und Geweben aus dem Incareich gekapert; drei Peruaner gefangen und als Dolmetscher ausgebildet; Entdeckung der ecuadorianischen Küste (Esmeraldamündung und Coaque); Ausharren der 13 Spanier auf der Isla del Gallo; Besuch von Tumbes (Nachricht dringt ins Inland zum Inca Huayna Capac); Rückkehr nach Panama
1527	Plünderung Roms durch die Söldner Karls V.

um 1527	Pestepidemie im Incareich; Huayna Capac stirbt
1528–1529	Fr. Pizarro in Spanien; im Schuldgefängnis in Sevilla; Audienz bei Karl V. in Toledo 26. Juli 1529 Capitulación von Toledo (Kronvertrag für Fr. Pizarro, H. de Luque und D. de Almagro über die Fortsetzung der Eroberung, Belohnung und Verpflichtungen der Konquistadoren)
1530	Abreise Fr. Pizarros nach Panama zusammen mit seinen Brüdern Hernando, Gonzalo und Juan und seinem Vetter Pedro Pizarro, dem späteren Chronisten
1530–1531	Nikolaus Federmann: Züge nach Venezuela
ca. 1530–1532	Bruderkrieg zwischen den Incas Huascar und Atahualpa
1531–1532	Dritte Ausfahrt Pizarros von Panama mit 180 Mann; erfolglose Eroberungsversuche in Ecuador; siebenmonatiger Landmarsch vom Äquator bis zum Golf von Guayaquil; vergebliche Versuche zur Errichtung von Stützpunkten auf der Insel Puná und in Tumbes
1532	Belagerung Wiens durch die Türken Atahualpa Alleinherrscher in Peru 24. September Aufbruch Fr. Pizarros von San Miguel de Piura ins Landesinnere 15. November Ankunft in Cajamarca; 16. November Gefangennahme des Inca Atahualpa
1533	Ansammeln des Incaschatzes in Cajamarca; Spanier besuchen in kleinen Gruppen mit von Atahualpa gestellten Eskorten Pachacamac und Cuzco Juni 1533 Rückkehr von Hernando Pizarro nach Spanien. Er überbringt Karl V. das königliche Fünftel aus dem Lösegeld Atahualpas. Hinrichtung Atahualpas 15. November Empfang Fr. Pizarros durch den Inca Manco in Cuzco
1534	Gründung des Vizekönigreiches Neuspanien (Mexiko) 23. März Gründung des spanischen Cuzco Zwei weitere spanische Konquistadoren in Ecuador: Benalcázar gründet Riobamba und Quito; Pedro de Alvarado aus Guatemala landet mit der bis dahin größten Flotte auf dem Stillen Ozean und 4000 Indios aus Mittelamerika in Puerto Viejo Vernichtung der Heere der Atahualpa-Generale Quisquis und Rumiñahui in Ecuador durch Benalcázar, Alvarado, Almagro, Hernando de Soto mit incaischen Hilfstruppen. Alvarado wird aus Peru abgeschoben Gründung des Jesuitenordens
1535	Hinrichtung von Thomas Morus durch Heinrich VIII. von England Expedition Karls V. gegen Tunis Gründung der Audiencia von Panama Gründung der Städte Lima (La Ciudad de los Reyes) und Guayaquil Bewegung in Bolivien gegen die spanische Invasion: Die Aymarafürsten machen den Kollaborationskurs des Incas Manco nicht mit

1535–1539	N. Federmann: Züge nach Kolumbien
1535–1552	Der deutsche Landsknecht Ulrich Schmidl nimmt teil an spanischen Expeditionen im La Plata-Gebiet; Fühlungnahme mit den Konquistadoren von Peru
1536	Erste Gründung von Buenos Aires Rückkehr von Hernando Pizarro nach Cuzco mit königl. Provisión, die Cuzco, den ursprünglichen Herrschaftsbereich Almagros, Francisco Pizarro zuspricht; Almagro zieht nach Chile
1536–1538	Der Inca Manco setzt sich an die Spitze des Indioaufstandes; Hernando, Juan u. Gonzalo Pizarro mit ca. 200 Spaniern ein Jahr lang in Cuzco von der Außenwelt abgeschnitten; Juan Pizarro fällt; Rückzug des Inca Manco in die Waldgebirge von Vilcabamba
1537	Gründung der Stadt Asunción del Paraguay Fr. Pizarro wird »Marqués«. Almagro bemächtigt sich der Stadt Cuzco, nimmt Hernando Pizarro gefangen und macht Paullu Tupac zum Inca. Vorübergehende Versöhnung der Parteien und Freilassung H. Pizarros
1538	8. April Sieg der Pizarristen bei Salinas und Hinrichtung Almagros in Cuzco. H. Pizarro fällt bei Hof in Ungnade und verbüßt in Spanien 21 Jahre Hausarrest Benalcázar (von Quito kommend), Quesada (vom Norden her kommend), Federmann (von der Welserkolonie Venezuela her) erreichen gleichzeitig die Hochfläche von Bogotá Gonzalo Pizarro wird Gouverneur von Quito
1538–1540	Noch vereinzelte Treffen mit Truppen des Inca Manco
1539–1542	Expedition des Gonzalo Pizarro in das Amazonasgebiet auf der Suche nach den Zimtwäldern und dem Eldorado; Orellana entdeckt die Amazonasmündung
1540	Bestätigung des Jesuitenordens durch Papst Paul III.
1540–1543	P. de Valdivia auf Eroberung in Chile
1541	26. Juni Fr. Pizarro in Lima von Almagristen ermordet Ankunft des Gouverneurs Vaca de Castro in Peru
1541–1542	Kurze Herrschaft der Chilepartei unter dem Mestizen Diego de Almagro in Peru; Vaca de Castro setzt sich langsam durch. Hinrichtung des jungen Almagro
1542	20. November Erlaß der Nuevas Leyes zum Schutz der Indios durch Karl V. Einsetzung eines Vizekönigs für Peru und Gründung einer Audiencia in Lima
1544	Ankunft des ersten Vizekönigs Blasco Núñez Vela und Installierung einer Audiencia in Lima. Befreiung von dienstverpflichteten Indios; Aufstand der Encomenderos gegen die Krone unter der Führung von Gonzalo Pizarro Ermordung des Inca Manco durch spanische Flüchtlinge

1545	Entdeckung der Silberminen und Gründung von Potosí Karl V. entsendet den Kleriker Pedro de la Gasca, Mitglied des Inquisitionsrates, als Sonderbevollmächtigten nach Peru
1546	26. Januar Schlacht bei Iñaquito in Ecuador: Niederlage und Tod des Vizekönigs Núñez Vela. Gonzalo Pizarro ungekrönter König des westlichen Südamerika von Panama bis zur Magalhãesstraße
1547	Im Juni Ankunft von Pedro de la Gasca in Tumbes; vergeblicher Versuch, einen Bürgerkrieg durch Generalpardon zu vermeiden 20. Oktober letzter Sieg Gonzalo Pizarros bei Huarina am Titicacasee
1548	Gonzalo Pizarro ergibt sich vor Sacsayhuaman bei Cuzco und wird am 10. April enthauptet
1549	Gründung der Stadt La Paz
1550	Pedro de la Gasca kehrt nach Spanien zurück
1552	Druck der ›Brevissima relación de la destruyción de las Indias‹ von Bartolomé de las Casas
1553	Gründung der Universitäten Mexiko und Lima Druck des ersten Teils der Chronik des Soldaten Pedro Cieza de León in Sevilla
1550–1556	Einjährige Amtszeit des Vizekönigs Antonio de Mendoza und darauffolgendes Interregnum; Zweiter Aufstand der Encomenderos unter Francisco Hernández Girón; fortdauernde Unsicherheit durch blutige Fehden der Spanier und Raubüberfälle von desertierten Negern. Die Indios, unterdrückt wie nie zuvor, verlassen Felder und Siedlungen
1556	Abdankung Karls V.
1556–1560	III. Vizekönig Andrés Hurtado de Mendoza, Marqués de Cañete. Bemühung um Frieden in Peru, Bau von Brücken, Spitälern und Heimen
1557	Der Inca Sayri Tupac von Vilcabamba besucht den Vizekönig in Lima und unterwirft sich der spanischen Krone
1558	Tod Karls V. am 21. September in San Yuste
1559	Razzia auf die versteckten Inca-Königsmumien durch Polo de Ondegardo
1560–1564	IV. Vizekönig: der Conde de Nieva
1561	Madrid wird Hauptstadt von Spanien
1566	Aufstand der Niederlande Vertrag mit dem Inca Titu Cusi am Grenzfluß Acobamba
1568	Die ersten Jesuiten treffen in Lima ein
1569–1581	Amtszeit des V. Vizekönigs Francisco de Toledo
1570	Einführung der Inquisition in Lima

1571	Die Philippinen werden spanische Kolonie; Gründung von Manila 17. Oktober Seeschlacht bei Lepanto: Sieg über die Türken
1572	Beseitigung der Inca-Autonomie in Vilcabamba; Enthauptung des Inca Tupac Amaru I. in Cuzco
1579	Der englische Pirat Francis Drake kreuzt im Hafen Callao vor Lima auf
1580	Zweite Gründung von Buenos Aires Pedro Sarmiento de Gamboa durchfährt die Magalhães-Straße von West nach Ost und hinterläßt die ersten europäischen Siedler, von denen keiner überlebt
1585	Vordringen der Jesuiten in Paraguay
1588	Verlust der spanischen Flotte, der »armada invencible« in den englischen Meeren
1590	21. Mai: Der Dichter Miguel de Cervantes bewirbt sich um einen Posten in Übersee und wird abgelehnt
1605–1615	M. de Cervantes schreibt seinen ›Don Quijote‹
1608	Gründung eines »Ordensstaates« der Jesuiten in Paraguay (Einrichtung von »reducciones«, abgesonderten Eingeborenensiedlungen)
1620	Gründung der Universität Quito
1717	Gründung des Vizekönigreiches Neu-Granada
1730	Antequera lehrt in Paraguay, das Volk könne sich dem Fürsten widersetzen
1767–1768	Vertreibung der Jesuiten aus Amerika und allmähliche Zerstörung ihres Werkes
1776	Gründung des Vizekönigreiches La Plata
1777	Unabhängigkeitserklärung der USA
1780–1781	Erhebung, Niederlage und Hinrichtung des José Gabriel Condorcanqui (Tupac Amaru II.) in Cuzco
1789–1799	Französische Revolution
1810–1825	Unabhängigkeitskriege und Lossagung der südamerikanischen Kolonien von Spanien und Ausrufung der Republiken

Bibliographie

Acosta, José de: Historia Natural y Moral de las Indias, Sevilla 1590, in: B. A. E. Bd. 73
– De Natura Novi Orbis libri duo, et De Promulgatione Evangelii apud Barbaros, sive De Procuranda Indorum Salute libri sex, Lima 1577, in: B. A. E. Bd. 73
Agustinos: siehe Relación de la religión y ritos del Peru
Albenino, Nicolás: Relación, Sevilla 1549, in: B. E. M., Bd. Cronistas I, S. 375 ff.
Andagoya de, Pascual: Relación de los succsos de Pedrarias Dávila en las provincias de Tierra Firme o Castilla del Oro y de lo ocurrido en el descubrimiento de la Mar del Sur y costas del Peru y Nicaragua (1539 o 1540), in: Porras Barrenechea, Raúl, Los cronistas del Peru, Lima 1962
Arca de Sta. Cruz: siehe Santa Cruz, Alonso de
Arciniegas, Germán: Kulturgeschichte Lateinamerikas, München 1966
Originaltitel: El continente de siete colores. Historia de la cultura en América Latina, Buenos Aires 1965
Avendaño, Hernando de: Sermones de los misterios de Nuestra Santa Fe Católica en lengua castellana y la general del Inca. Impúgnanse los errores particulares que los indios han tenido (Jorge López de Herrera, Lima 1649). Auszüge in Valcárcel
B. A. E.: siehe Biblioteca de Autores Españoles
Barrenechea: siehe Porras Barrenechea
Baudin, Luis: Der sozialistische Staat der Inka, Hamburg 1959
B. E. M.: siehe Biblioteca ecuatoriana mínima
Barthel, Thomas S.: First results in Deciphering the Inca-Writing, in: Verhandlungen des XXXIX. Internationalen Amerikanistenkongresses Lima 1970
– Gab es eine Schrift im Alten Peru?, in: Verhandlungen des XXXVIII. Amerikanistenkongresses Stuttgart 1968
– Erste Schritte zur Entzifferung der Inkaschrift, in: Tribus Nr. 19, Stuttgart 1970
– Viracochas Prunkgewand (Tocapu-Studien I), in: Tribus Nr. 20, Stuttgart 1971
Biblioteca de Autores Españoles desde la formación del lenguaje hasta nuestros días, Madrid (abgekürzt B. A. E.)
Biblioteca ecuatoriana mínima, Quito 1960 (abgekürzt B. E. M.)
Bocanegra: siehe Pérez, Juan
Calvete de Estrella, Juan Cristóbal: Rebelión de Pizarro en el Perú y Vida de D. Pedro Gasca (1565 bis 1567). (Nach Gonzalo Fernández de Oviedo »Cronista Mayor de las Indias«). In: B. E. M., Bd. Cronistas I
Cañete, Marqués de: Carta (Brief) del Marqués de Cañete, Virrey del Perú, a S. M. en la cual se duele de que el Consejo haya revocado todo lo hecho por él, tocante a los repartimientos y encomiendas que dió. Se ocupa de lo tratado con el Inca, tributos y vacos y hacienda real, noticias de Chile, etc. Los Reyes, 28. 2. 1558. In: Levillier I, S. 319–325
Capitulación con Francisco Pizarro, Hernando de Luque y Diego de Almagro: Sobre continuar la conquista del Peru y mercedes a los conquistadores. Yo la reina. Toledo, 26. Juli 1529, in: D. I. U. 9, 409
Carvajal, de Fr. Gaspar: Relación que escribió Fr. G. de Carvajal, Fraile de la Orden de Santo Domingo de Guzmán, del nuevo descubrimiento del famoso río grande que descubrió por muy gran ventura el capitán Francisco de Orellana desde su nacimiento

hasta salir a la mar, con cincuenta y siete hombres que trajo consigo y se echó a su aventura por el dicho río, y por el nombre del capitán que lo descubrió se llamó el río de Orellana (1541–1542), in: B.E.M., Bd. Historiadores
– in: Harrer/Pleticha, Entdeckungsgeschichte aus erster Hand. Berichte und Dokumente von Augenzeugen und Zeitgenossen aus drei Jahrtausenden, S. 301–305, Würzburg 1968. Entnommen aus The Discovery of the Amazon according to the account of Friar Gaspar de Carvajal and other Documents. Ed. By H. C. Heaton, New York 1934, S. 212ff.
Casas: siehe Las Casas
Castro, licenciado: Carta del Licenciado Castro a S. M. con noticia de lo capitulado y concertado con el Inca rebelado y sobre lo mucho que convenía que no volviesen a aquellos reinos los sujetos que enviaron a España los gobernantes, por desasosegados y mal contadizos. Trata asimismo, de las mercedes que se deben dar a los religiosos de San Francisco y Cofradía de la Caridad
Cieza de León, Pedro: Parte primera de la chrónica del Perú, que tracta la demarcación de sus provincias; la descripción dellas ... las fundaciones de las nuevas ciudades; los ritos y costumbres de los indios y otras cosas extrañas dignas de ser sabidas (1553), Buenos Aires 1945
– Parte segunda de la chrónica del Perú, que tracta del señorío de los Incas y de sus grandes hechos y gobernaciones, Madrid 1880
– Guerras civiles del Perú I. Guerra de las Salinas, in: D.H.E. Bd. 68
– Guerras civiles del Perú II. Guerra de Chupas, in: D.H.E. Bd. 76
Cobo, Bernabé: Historia del nuevo mundo (Anfang XVII. Jhdt.), in: B.A.E. Bd. 92, Madrid 1964
Colección de documentos inéditos para la historia de Chile (1518–1818) (Abkürzung D.I.Ch.), Santiago de Chile 1895
Colección de documentos inéditos para la historia de España (Abkürzung D.H.E.), Madrid 1842
Colección de documentos inéditos relativos al descubrimiento, conquista y organización de las antiguas posesiones españolas de América y Oceanía, Madrid 1864, 1892 (Abkürzung D.I.A.)
Colección de documentos inéditos relativos al descubrimiento, conquista y organización de las antiguas posesiones españolas de Ultramar, Madrid 1894 (Abkürzung D.I.U.)
Colección de libros y documentos referentes a la historia del Perú, Lima 1916 (abgekürzt D.H.P.)
Colección de libros españoles raros o curiosos, Bd. 13 – varias relaciones del Perú y Chile 1535–1658 (Relación del sitio del Cuzco y principio de las guerras civiles del Peru, 1535–1539; Rebelión de Francisco Hernández Girón en el Peru, 1553 u. a.), Madrid 1879
Disselhoff, Hans Dietrich, Geschichte der altamerikanischen Kulturen, München 1953
– Das Imperium der Inka und die indianischen Frühkulturen, Berlin 1972
D.H.E.: siehe Colección de documentos inéditos ... de España
D.H.P.: siehe Colección de libros y documentos ... del Perú
D.I.A.: siehe Colección de documentos inéditos ... de América
D.I.Ch.: siehe Colección de documentos inéditos ... de Chile
D.I.U.: siehe Colección de documentos inéditos ... de Ultramar
Engl, Lieselotte und Theo: Glanz und Untergang des Inkareiches, München 1967
Enzensberger, Hans Magnus: siehe Las Casas
Estete, Miguel de: 1. Chronik in: Xerez, Fr. de, Relación de la conquista del Perú (1547)
– 2. Chronik in den Papieren aus der Truhe des Kosmographen Santa Cruz (De los

papeles del Arca de Santa Cruz – 1572), in: B. E. M., Bd. Poesía popular, Alcances y Apéndice ..., Quito 1960
Expediente n° 479 del Archivo de Indias. Visita de la provincia de Chucuito, realizada en 1567–1568 por Garcí Diez de San Miguel, in: Valcárcel III
Fernández de Oviedo y Valdés, Gonzalo (abgekürzt: Oviedo): Historia general y natural de las Indias, Islas y Tierra Firme del Mar Océano (1535, 1547, 1557), in: B.A.E. Bd. 121
– Sumario de la natural historia de las Indias, in: B.A.E. Bd. 22
Garcí Diez de San Miguel: siehe Expediente n° 479
Garcilaso de la Vega, el Inca: Comentarios reales de los Incas (1601), in: B.A.E. Bd. 133, Madrid 1960
Gasca, Lic. Pedro de la: Documentos relativos al Licenciado Pedro de la Gasca sobre la comisión que le dió Carlos V en 1545 para ir a pacificar al Perú, sublevado por Gonzalo Pizarro y los suyos, in: D. H. E. Bd. 49 und 50
Giménez Fernández, Manuel: siehe Hanke, Lewis
Gutiérrez de Santa Clara, Pedro: Historia de las Guerras Civiles del Perú (1544–1548) y de otros sucesos de las Indias (abgekürzt Quinquenarios) in: Porras, Cronistas und B.E.M., Bd. Cronistas parte I
Hanke, Lewis: La lucha española por la justicia en la Conquista de América, Madrid 1967
Hanke, Lewis und Giménez Fernández, Manuel: Bartolomé de las Casas (1474–1566). Bibliografía crítica y cuerpo de materiales para el estudio de su vida, escritos, actuación y polémicas que suscitaron durante cuatro siglos, Santiago de Chile 1954
Hernández Príncipe, Rodrigo: Auto público. San Ildefonso de Recuay, provincia de Huailas
– Idolatría del pueblo de Ocros, cabeza de la comunidad, año 1621
– Relación de la visita del pueblo de Santa María Magdalena, doctrina de Marca, provincia de Huailas, año 1621 in: Revista Inca, vol. I, n° 1, Lima 1923
Auszüge aus den verschiedenen Werken von Hernández Príncipe in Valcárcel
Herrera, Antonio de: Historia General de los Hechos de los Castellanos en las Islas y Tierra Firme del Mar Océano, Madrid 1953
Huber, Siegfried: Pizarro und seine Brüder. Freiburg im Breisgau 1962
Ibarra Grasso, Dick Edgar: La verdadera historia de los Incas, La Paz-Cochabamba, 1969
Kauffmann Doig, Federico: El Perú arqueológico, Lima 1963
Konetzke, Richard: Colección de Documentos para la Historia de la Formación Social de Hispanoamérica 1493–1810 (3 Bände), Bd. 1 (1493–1592), Madrid, 1953
– Süd- und Mittelamerika I. Die Indianerkulturen Altamerikas und die spanisch portugiesische Kolonialherrschaft, in: Fischer Weltgeschichte, Frankfurt a.M. 1965
– Entdecker und Eroberer Amerikas. Fischer Bücher des Wissens 535, Frankfurt a.M. 1963
Las Casas, Bartolomé de: Breuissima relación d'la destruycion de las yndias (1542) siehe unten Tratados
– Bartolomé de las Casas Kurzgefaßter Bericht von der Verwüstung der Westindischen Länder. Herausgegeben von Hans Magnus Enzensberger, Frankfurt a. M. 1966. Deutsch von Andreä, Berlin 1790. Titel des Originals siehe oben.
– Historia de las Indias (1552–1561) in: B. A. E. Bd. 96
– Tratados. Prólogos de Lewis Hanke y Manuel Giménez Fernández, transcripción de Juan Pérez de Tudela Bueso y traducciones de Agustín Millares Carlo y Rafael Moreno. Fondo de cultura económica. México-Buenos Aires 1965
Las relaciones primitivas de la conquista del Perú. Herausgegeben von Raúl Porras

Barrenechea. Enthaltend: Los cronistas del descubrimiento – Pedrarias – Andagoya – Candía. La relación Sámano-Xerez. Cronistas de la conquista – Cartas de los licenciados Gama y Espinosa (1533). Versiones italiana, alemana y francesa. – Nouvelles certaines des isles du Pérou. Lyon 1534. El anónimo sevillano de 1534: el capitán Cristóbal de Mena. Paris 1937

Levillier, Roberto: Gobernantes del Peru. Cartas y Papeles, Siglo XVI. Colección de Publicaciones históricas de la Biblioteca del Congreso Argentino, Madrid 1921

Lizárraga, Reginaldo de: Descripción breve de toda la tierra del Perú, Tucumán, Río de la Plata y Chile, in: B.A.E. Bd. 216

Molina, Cristóbal (el chileno): Relación de muchas cosas acaecidas en el Perú (1552), in: D.H.P.

Morus, Thomas: Von der besten Staatsverfassung und der neuen Insel Utopia (1516). Reclam Universal-Bibliothek 513/514, Stuttgart 1964

– Privat. Dokumente seines Lebens in Briefen. Ausgewählt, übersetzt und eingeleitet von Ruth und Walter F. Schirmer. Köln 1971

Murúa, Martín de: Historia general del Perú, origen y descendencia de los Incas ... Prólogo del excmo. Sr. Duque de Wellington y Ciudad Rodrigo. Introducción y notas de Manuel Ballesteros-Gaibrois, Madrid 1962

Ondegardo: siehe Polo de Ondegardo

Oré, Luis Jerónimo de: Símbolo católico indiano en el cual se declararon los ritos y misterios de la Fe ... (con una descripción del Nuevo Mundo y de los naturales y manera de enseñarles la doctrina en quechua y aymara). Antonio Ricardo, Lima 1598

– Orden de enseñar la Doctrina Christiana en las lenguas quichua y aymara (en Bibliografía Española de las Lenguas Indígenas de América, por el Conde de la Viñaza. Est. Tip. Sucesores de Rivadaneyra, Madrid 1892
Auszüge aus den Werken Orés in Valcárcel

Oviedo: siehe Fernández de Oviedo y Valdés

Pérez Bocanegra, Juan: Ritval formvlario, e institvción de cvras, para administrar a los naturales de este reyno, los santos sacramentos del baptismo, confirmación, eucaristía, y viático, penitencias, extremavnción y matrimonio, con aduertencias muy necesarias por el bachiller Iván Pérez Bocanegra. Al insigne señor licenciado Francisco Calderón de Robles y Peñafiel. Gerónimo de Contreras, Lima 1631.
Auszüge in Valcárcel

Pizarro, Gonzalo: Carta de Gonzalo Pizarro al Rey, fecha en Tomebamba, a 3 de septiembre de 1542, in: B. E. M., Bd. Historiadores y cronistas de las misiones, S. 481 ff.

– Pleito homenage (Lehenseid) que fizo Gonzalo Pizarro, e xuramento e rrequerimiento que le fycieron los Capitanes alzados para aceptar la Gobernación del Perú, in: D.I.A. I 42, 241–249

Pizarro, Pedro: Relación del descubrimiento y conquista de los Reinos del Peru, in: D. H. E. Bd. 5

Pizarro y Orellana: siehe Varones ilustres

Polo de Ondegardo, Juan: Informaciones acerca de la religión y gobierno de los Incas, in: D.H.P. Serie I, Bd. 3 und 4

Poma de Ayala, Guaman Felipe: Nueva Corónica y buen Gobierno (Codex peruvien illustré). Paris 1936

– La nueva cronica y buen gobierno. Kommentiert von Bustíos Gálvez, Luis, Lima 1956

Porras Barrenechea, Raúl: Cuadernos de Historia del Perú, Paris 1936

– Fuentes históricas peruanas, Lima 1963

– El Testamento de Pizarro. Texto inédito, prólogo y notas por Porras Barrenechea, in: Cuadernos de Historia del Perú
– Los cronistas del Perú (1528–1650). Lima 1962
– siehe Las Relaciones primitivas
Ramos Gavilán, Alonso: Historia del célebre santuario de Nvestra Señora de Copacabana y sus Milagros, e inuención de la Cruz de Carabuco. Gerónimo de Contreras, Lima 1621, in: Valcárcel II
Relación de la religión y ritos del Perú, hecha por los primeros religiosos agustinos que alli pasaron para la conservación de los naturales (sie treffen Ostern 1551 in Lima ein), in: D. I. A. I 3, 5–58
Relaciones Geográficas de Indias. Vier Bände. Herausgeber Marcos Jiménez de la Espada. Tip. de M. G. Hernández, Madrid 1881–1897
Relaciones primitivas: siehe Las relaciones primitivas
Ríos, Sebastián de: Relación de Sebastián de los Ríos de la investidura que Gonzalo Pizarro procuraba que el Papa le hiciese de los reinos de el Perú, in: D. H. E. Bd. 49, 320–326
Rosenblat, Angel: La población indígena y el mestizaje en América 1492–1950, Buenos Aires 1954
Rowe, John Howland: Colonial portraits of Inca nobles, in: The Civilizations of Ancient America. Selected Papers of the XXIXth International Congress of Americanists. Chicago 1951
– The kingdom of Chimor, in: Acta Americana vol. 6., Washington 1948
Ruiz de Naharro, Pedro: Relación sumaria de la entrada de los españoles en el Perú hasta que llegó el licenciado Vaca de Castro, in: D.H.E. Bd. 26
Sámano-Xerez: siehe Las relaciones primitivas
Sánchez, Tristán: contador de la Real Hacienda bajo los Virreyes D. Francisco Toledo y D. García Hurtado de Mendoza. Libro manuscrito de la Biblioteca Nacional in: D. I. A. I 8, 212ff.
Sancho de la Hoz, Pedro: Relación de la conquista del Perú (1534), in: B. E. M., Bd. Cronistas coloniales (primera parte) S. 136
Santa Clara: siehe Gutiérrez de Santa Clara
Santa Cruz, Alonso de: ›De los papeles del arca de Sta. Cruz‹. (Dokumentensammlung des 1572 verstorbenen Kosmographen Santa Cruz). Auszüge in B. E. M. und bei Levillier
Santa Cruz Pachacuti, Joan: siehe Tres relaciones de antigüedades peruanas
Santillán, Fernando de: siehe Tres relaciones de antigüedades peruanas
Sarmiento de Gamboa, Pedro: Geschichte des Inkareiches (Cuzco 1572). Herausgegeben von Richard Pietschmann, Berlin 1906
Schäfer, Ernesto: Indice de la Colección de Documentos Inéditos de Indias, Bd. 1 und 2, Madrid 1946: 1947
Schmidl von Straubing, Ulrich: Reise in der Neuen Welt. Wahrhaftige Historie einer wunderbaren Schiffahrt, welche Ulrich Schmidl von Straubing von 1534 bis 1554 in America oder Neuwelt bei Brasilia oder Rio della Plata getan. Anjetzt an Tag geben durch Engelbert Hegaur, 1567. Herausgegeben von Josef Keim, in: Straubinger Hefte, Bd. 12, 1962
S. C. Pachacuti: siehe Tres Relaciones
Sitio del Cuzco: siehe Colección de Libros españoles raros ...
Titu Cusi Yupanqui Inca, D. Diego de Castro: Relación de la Conquista del Perú y Hechos del Inca Manco II (San Salvador de Vilcabamba a 6 de febrero de 1570), in: D.H.P. I
Toledo, Francisco: Memorial que dió al Rey nuestro Señor del estado en que dejó las

cosas del Perú después de haber sido en el virrey y capitán general trece años, que comenzaron en 1569, in: D.H.E. 26, 122–161
Tres relaciones de antigüedades peruanas, Asunción del Paraguay 1950, enthält die Berichte von Fernando de Santillán (1553), einem anonymen Jesuiten, und Joan de Santacruz Pachacuti Yamqui Salcamaygua (Indio). Einleitung von Marcos Jiménez de la Espada 1879
Trimborn, Hermann: Das Alte Amerika. Große Kulturen der Frühzeit, Stuttgart 1963
Trujillo, Diego de: Relación del descubrimiento del Reyno del Perú. Edición, prólogo y notas de Raúl Porras Barrenechea, Sevilla 1948
Valcárcel, Luis E.: Historia del Peru Antiguo, Lima 1970
Valverde, Fray Vicente, Obispo del Cuzco, al Emperador Carlos V: Su viaje al Perú, derrota y muerte de Almagro. Llega al Cuzco, que está muy arruinada. Iglesias en el Perú, diezmos, productos del país. Constitución de su iglesia. Conviene que vengan frailes. La protección de los indios. Discordia de Almagro y Pizarro y levantamiento del Inca. Naturaleza del país. Cuestiones de hacienda. F. V. episcopus Cosconensis. Cuzco, 20. 3. 1539, in: D.I.A. I 3, 92–137
Vázquez de Espinosa, Antonio: Compendio de descripción de las Indias Occidentales; transcrito del Manuscrito original por Charles Upson Clark, Washington 1948, in: Smithsonian Miscellaneous Collections, Bd. 108
Varones ilustres del Nuevo Mundo, Madrid 1639
Villagómez, Pedro de: Exhortación e instrucción acerca de las idolatrías de los indios del Arzobispado de Lima. (D.H.P. I, 12). Auszüge in Valcárcel II
Visita de la provincia de Chucuito: siehe Expediente n° 479
Xerez, Francisco de: Relación de la conquista del Perú (1534), in: B. A. E. Bd. 26
Zárate, Agustín de: Historia del descubrimiento y conquista del Perú (Antwerpen 1555), in: B.A.E. Bd. 26

Quellennachweis

(Hinweis: bei D. I. A. [Documentos Inéditos del Archivo de Indias] bedeutet die voranstehende römische Ziffer die Reihe, die darauffolgende arabische den Band, die arabische nach dem Komma die Seite)

EINLEITUNG

18 Trimborn, S. 107
Konetzke, Süd- und Mittelamerika, S. 21
19 Engl, Inkareich, S. 31 ff.
20 ebenda
21 Arciniegas, S. 23
22 Morus, Utopia, S. 22
Konetzke, Süd- und Mittelamerika, S. 275 f.
23 Las Casas, Tratados Bd. 1, S. 169
Konetzke, Süd- und Mittelamerika, S. 40
26 Pizarro, Pedro, in: D.H.E. B. 5, S. 260 u. 447
27 Oviedo, in: Rosenblat Bd. 2, S. 22 f.

DIE VORSTUFEN DER ENTDECKUNG PERUS

See- und Küstenfahrten der Spanier

31 Garcilaso, S. 11
32 Cieza 1. Teil, S. 5
Porras, Cronistas, S. 66
Andagoya, in: Porras, Cronistas, S. 70
33 ebenda S. 70 f.
34 Porras, Fuentes, S. 376
D. I. U. Bd. 9, S. 51
35 D. I. A. I 42, 35 f.
D. I. A. I 42, 136
D. I. A. I 42, 481 f. u. D. I. A. I 42, 483 f.
36 Oviedo, Sumario, S. 473, 513
37 Garcilaso, S. 15
38 Porras, Fuente, S. 376
Samano-Xerez, S. 63 f.
39 ebenda S. 65 f.
40 ebenda
41 ebenda
Oviedo, Historia General, S. 12 f.
Samano-Xerez, S. 67
42 Oviedo, Historia General, S. 13
Sámano-Xerez, S. 67
43 ebenda S. 68
Relaciones primitivas, S. 18
44 ebenda S. 61
Oviedo, Historia General, S. 13
45 D. H. E. Bd. 26, S. 256 ff.
47 D. I. Ch. Bd. 6, S. 3 ff.
48 ebenda S. 8
49 ebenda S. 10, 13, 16, 21
Oviedo, in: Cronistas S. 148
50 ebenda S. 148
51 ebenda S. 2, 149
D. H. E. Bd. 26, S. 261
52 ebenda S. 261 ff.
53 ebenda S. 264
Ruiz de Naharro, in: D. H. E. Bd. 26, S. 235
54 Cobo, S. 92 f.
55 Pizarro, Pedro, S. 235 f.
S. C. Pachacuti, S. 265
56 Pizarro, Pedro, S. 236

Der spanische König und seine indianischen Untertanen

58 Herrera, Bd. 8, S. 140
D.I.A. I 22, 245
59 D.I.U. Bd. 9, S. 409ff.
60 ebenda
61 ebenda S. 419ff.
Capitulación con Francisco de Montejo, vecino de Méjico: Sobre conquista y población de Yucatán. (Insertadas las Ordenanzas de 17/11/1526.) Yo el Rey. Granada 8/12/1526, in: D. I. A. I 22, 209
62 ebenda 210ff. Erklärung nach Konetzke, Mittel- u. Südamerika, S. 167
63 ebenda S. 217ff.
Konetzke, S. 167
64 Herrera, Bd. III, S. 162
65 Las Casas, in: D.I.A. I 37, 156f.
Las Casas, in: B.A.E. Bd. 96, S. 527 u. 175
66 ebenda S. 176
67 ebenda S. 177f.
Konetzke, Mittel- und Südamerika, S. 175
68 Engl, Inkareich, S. 166
D.I.A. I 42, 38, 40, 41
69 Herrera, Bd. 8, S. 120
70 ebenda S. 121ff.
71 D.I.A. I 22, 279
Lizárraga in Valcárcel Bd. 1, S. 220

Pizarros dritte und letzte Ausfahrt nach Peru 1531

72 Herrera, Bd. 9, S. 63
Huber, S. 114f.
Oviedo, in: Cronistas, S. 151f.
73 Zárate, S. 464
Engl, Inkareich, S. 109
Trujillo, S. 50
74 ebenda S. 87, Anm. 47
ebenda S. 46f.
75 ebenda S. 48
ebenda S. 76, Anm. 22
ebenda S. 48
76 ebenda S. 48, 50
77 Pizarro, Pedro, in: D.H.E. Bd. 5, S. 216
Pizarro, Pedro, Übersetzung aus Huber, Pizarro und seine Brüder, S. 123
Herrera, S. 177; Huber, S. 123
78 Cieza 1. Teil, S. 187ff.

DIE KONQUISTA 1532–1535

Der Marsch nach Cajamarca

84 Xerez, S. 327
Trujillo, S. 53
85 Mena, S. 80
86 ebenda S. 81
Xerez, S. 326
87 Mena, S. 81
Xerez, S. 328
88 ebenda S. 329
S. C. Pachacuti, S. 273ff.
89 ebenda
90 Sarmiento, S. 119

Gefangennahme des Inca Atahualpa

91 Xerez, S. 330
92 Mena, S. 83f.
93 Xerez, S. 331
94 Pizarro, P., S. 224f.

Mena, S. 84
95 Pizarro, P., S. 225
Xerez, S. 331
96 Pizarro, P., S. 227
Trujillo, S. 57
97 Nouvelles certaines, S. 72
Estete, in: Arca, in: B.E.M. S. 365
98 Xerez, S. 332
Estete, Arca, S. 365
Pizarro, P., S. 228
99 Estete, in: Arca, S. 366
Pizarro, P., S. 228f.
100 ebenda S. 229f.
Xerez, S. 333
101 Estete, in: Arca, S. 367
Xerez, S. 333f.
Mena, S. 88
102 Estete, in: Arca, S. 368

Atahualpas Goldlieferung und Tod

103 Pizarro, P., S. 230
Xerez, S. 335
Pizarro, P., S. 231
104 Zárate, in: B.E.M. Bd. Cronistas 2, S. 280
Mena, in: Engl, Inkareich, S. 122f.
105 Xerez, S. 343
106 Sancho, S. 136
Estete, in: Xerez, S. 338f.
107 Estete, in: Arca, S. 372f.
108 Estete, in: Xerez, S. 339f.
109 ebenda S. 340
Estete, in: Arca, S. 373
110 Estete, in: Xerez, S. 340f.
111 ebenda S. 341f.
Hernando Pizarros Brief, übersetzt von Huber, in: Pizarro und seine Brüder, S. 194f.
112 Xerez, S. 336
D.I.A. I 42, 70
Oviedo, in: B.A.E. Bd. 117, S. 191
113 Relaciones primitivas, S. 90, Anm. 49
Pizarro, P., 247f.
114 ebenda
115 Relaciones primitivas, S. 39, 97
D.I.A. I 42, 74
116 Nouvelles certaines, S. 75f.
Xerez, S. 433
Pizarro, P., S. 243
117 Relaciones primitivas, S. 75, 97f.
118 ebenda S. 98
Xerez, S. 344
Nouvelles certaines, S. 78
119 Xerez, S. 344f.
Sancho, S. 137
Mena, S. 98
120 Xerez, S. 344
Mena, S. 99
Sancho, S. 139f.
121 Estete, in: Arca, S. 376
Pizarro, P., S. 251
122 Mena, S. 100
Estete, in: Arca, S. 368
Pizarro, P., S. 247
D.I.A. I 42, 72ff.
123 ebenda S. 73ff.
Erläuterung nach Las relaciones primitivas S. 41 und Engl, Inkareich 1967, S. 100
124 D.I.A. I 42, 75, 76, 92

Einzug der Spanier in Cuzco

125 Sancho, S. 140ff.
126 ebenda S. 143
127 ebenda S. 143f.
Mena, S. 100
Estete, in: Arca, S. 376
128 Sancho, S. 145
Erläuterung nach Estete, in: Arca, S. 377
129 Sancho, S. 148
Pizarro, P., S. 252
130 ebenda S. 252, 254
Sancho, S. 154ff.
131 Trujillo, S. 60f.
Sancho, S. 157
132 ebenda S. 158
Estete, in: Arca, S. 371
133 Sancho, S. 159
Erläuterung nach Squier, S. 683

134 Pizarro, P., S. 259ff.
135 ebenda S. 256f.
Trujillo, S. 61f.
136 ebenda
Pizarro, P., S. 256
137 Sancho, S. 173f.
Pizarro, P., S. 261
Trujillo, S. 63
138 Sancho, S. 174f.
Pizarro, P., S. 261
139 Pizarro, P., S. 263
Trujillo, S. 63
Sancho, S. 176f.
140 Pizarro, P., S. 264
Sancho, S. 177, 179
141 ebenda, S. 179f.
Trujillo, S. 63f.
142 Pizarro, P., S. 271f.
143 ebenda
Estete, in: Arca, S. 379
144 Pizarro, P., S. 238f.
145 Estete, in: Arca, S. 385f.
146 ebenda
147 Garcilaso, S. 223
Pizarro, P., S. 264
148 ebenda S. 265f.
149 D.H.E. Bd. 26, S. 221ff.
150 ebenda
151 ebenda
152 ebenda
Erläuterung ebenda
153 ebenda
Pizarro, P., S. 279
154 Estete, in: Arca, S. 387
Erläuterung nach Trujillo, S. 114, Anm. 115
Garcilaso, Bd. 2, S. 200
155 ebenda S. 200f.
Xerez, S. 335
156 Santillán, S. 76f.
Garcilaso, S. 201
157 ebenda S. 202

Pedro de Alvarado und die Eroberung Ecuadors 1534

158 Información de testigos, hecha ante el Gobernador de Castilla del Oro, Francisco de Barrionuevo: Sobre los últimos sucesos en el Peru. Tres testigos del navío »La Concepción«: Bartolomé García, maestre. – Juan Díaz, marinero. – Martín de Garay, contramaestre. – Francisco de Barrionuevo. Escrib.: Hernando de Castillo. Panamá, 7/4/1534, in: D. I. A. I 10, 145
159 Relaciones primitivas, S. 39
160 Carta de Diego de Almagro al Emperador Carlos V: Pizarro ha conquistado la provincia de Cuzco y fundado varios pueblos. El fue enviado a San Miguel para reformar la ciudad. Gran excitación por la llegada de Diego de Alvarado, que alborota la provincia. San Miguel de Piura, 8/5/1534, in: D.I.A. I 42, 104ff.
161 D.I.A. I 10, 148
162 D.I.A. I 42, 109ff.
163 ebenda
Erläuterung nach Konetzke, Mittel- und Südamerika, S. 136f.
164 Carta (Brief) del Lic. Castañeda, Juez de Residencia en Nicaragua, al Consejo de Indias: Muerte del Gobernador Pedrarias de Avila y situación del país. Nicaragua, 30/5/1531, in: D.I.A. I 24, 186
165 Erläuterung nach D. I. A. 22, 307
Información de testigos (Zeugenaussagen), hecha a instancia del mariscal D. Diego de Almagro, ante el Ten. Gobernador Juan de Soto: Sobre la invasión de Pedro de Alvarado en el Peru. 30 preguntas (Fragen). 14 Testigos (Zeugen). San Miguel de Piura, 12–15/10/1534, in: D.I.A. I 10, 152–236 zitiert S. 226, 189f.
166 ebenda S. 206, 226, 214f.
167 ebenda S. 191, 125, 227
168 Carta (Brief) del Adelantado Pedro de Alvarado, al Consejo de Indias: Sobre lo que ha pasado en su expedición al Peru y planes que tiene ahora, pensando ir a España. Santiago de Guatemala, 12/5/1536, in: D.I.A. I 24, 211–236 zitiert S. 212ff.
169 ebenda
Zárate, S. 482

170 D. I. A. I 24, 215f.
D.I.A. I 10, 177
171 Zárate, S. 482f.
172 D.I.A. I 24, 216f.
ebenda S. 218, 222f.
173 ebenda S. 218
Pizarro, P., S. 284
D.I.A. I 24, 224f.
174 Erläuterung nach Herrera Bd. 11, S. 62 D. I. A. I 24, 224, 228

FRÜHE KOLONISATION UND WEITERE ENTDECKUNGEN

Gründung von Lima

179 Carrera Andrade, S. 47f.
180 Cobo, S. 287ff.
181 ebenda
182 Erläuterung aus Konetzke, Mittel- und Südamerika, S. 47
Cobo, S. 291ff.
183 ebenda
184 ebenda
186 ebenda
187 ebenda

Machtkampf um Cuzco. Chile-Expedition 1535–1537

188 D.I.Ch. Bd. 6, S. 61
Pizarro, P., S. 285f.
189 Molina (el chileno), in: Porras, Cronistas, S. 254ff.
190 ebenda
191 ebenda

Untersuchung gegen Pizarros Verwaltungspraxis

192 Herrera, Bd. 11, S. 148
193 Requerimiento del Cabildo de la Ciudad de Jauja al Gobernador D. Francisco Pizarro (Anfrage des Stadtrats): Para que haga repartimiento de los indios del Peru. Escrib.: Jerónimo de Aliaga. Y contestación del Gobernador, en la misma fecha. Escrib.: Jerónimo de Aliaga. Entregado al Obispo Fr. Tomás de Berlanga por J. de Aliaga en 26/10/1535. Jauja 27/6/1534, in: D.I.A. I 10, 293–302, zitiert 293f.
194 ebenda S. 297ff.
Requerimiento de Fr. Tomás de Berlanga, Obispo de Tierra Firme, juez comisario, al Gobernador D. Francisco Pizarro y a los oficiales Rles. del Peru, Alonso Riquelme, Contador, y García de Saucedo, Veedor: Avisándoles las faltas que ha habido en la hacienda Rl. y requiriéndolos que lo enmienden. Fr. Tomás, Episcopus Castellae Aureae, Los Reyes (Lima), 6/11/1535, in: D.I.A. I 10, 307–318; zitiert S. 309
195 ebenda S. 309f.
Respuesta del Gobernador D. Francisco Pizarro, y Oficiales Rles. del Perú, Alonso Riquelme y García de Saucedo: Al requerimiento del juez comisario Fr. Tomás de Berlanga, de 6/11/1535, sobre las faltas en la administración de la hacienda Rl. Francisco Pizarro. – Alonso Riquelme. – García de Saucedo. Escrib.: Pedro de Salinas y Domingo de Pérez, Los Reyes (Lima), 13/11/1535, in: D.I.A. I 10, 318–332; zitiert 321f.
Erläuterung nach Konetzke, Mittel- und Südamerika, S. 174

196 D.I.A. I 10, 311
D.I.A. I 10, 323
D.I.A. I 10, 315f.
197 D.I.A. I 10, 328
D.I.A. I 10, 317f.
198 D.I.A. I 10, 330
Erläuterung nach Konetzke, Mittel- und Südamerika, S. 55f.

Der Türkenkrieg verschlingt peruanisches Gold

199 Rl. Provisión del Emperador Carlos V para los Oficiales de la Casa de Contratación y el Lic. Antonio de Frías, Oidor de Grados de Sevilla: Mandando que embarguen 800000 ducs. del oro venido del Peru, para hacer la armada contra Barbaroja y otros enemigos. Yo el Rey. – etc. Guadalajara, 4/3/1535, in: D.I.A. I 42, 492
Rl. Provisión del Emperador Carlos V para los Contadores Mayores: Que libren privilegios de juro perpetuos a los que demuestren haber servido en el empréstito de 800000 ducs. para la armada contra el Turco. Yo el Rey. etc., Guadalajara, 4/3/1535, in: D.I.A. I 42, 492

DER GROSSE AUFSTAND DES INCA MANCO

Belagerung Cuzcos durch Incaheere

204 Murúa, Bd. 1, S. 195
Engl, Inkareich, S. 144
205 Erläuterung nach D.I.A.I 42, 376f.
Sitio del Cuzco, S. 11, 19ff.
Erläuterung nach D.I.A.I 42, 376f.
206 ebenda S. 32
Pizarro, P., S. 296f.
207 Sitio, S. 36f.
208 Pizarro, P., S. 308
Sitio, S. 37
209 D.I.A. I 42, 378
Pizarro, P., S. 297ff.
210 Sitio, S. 43f.

Ollantaytambo

211 Erläuterung nach D. I. A. I 42, 387
Pizarro, P., S. 304ff.
212 ebenda
213 ebenda
D.I.A. 42, 388
214 Sitio, S. 51ff.
215 ebenda

Straßenkämpfe in Lima

216 Erläuterungen aus Sitio, S. 56 u. Zárate, S. 487f.
D.I.A. I 42, 387
Sitio, S. 76
217 ebenda S. 79f.
Erläuterung nach Murúa Bd. 1, S. 206

Almagros Rückkehr aus Chile 1537. Der Inca Manco gibt auf

219 Erläuterung nach D.I.A. I 42, 389 u. Sitio, S. 105, 109, 125
Sitio, S. 124f.
220 ebenda S. 131ff.
221 ebenda

Der Tod der Incaköniginnen

222 Erläuterung nach Carta (Brief) de Illán Suarez de Carvajal al Emperador Carlos V: Refiriéndose a su carta de agosto, relata la campaña de Gonzalo Pizarro contra el Inca, la prisión del Villaoma y descubrimiento de minas, Cuzco 3/11/1539, in: D.I.A. I 3, 200f.
Pizarro, P., S. 344ff.
223 ebenda
224 Cieza, in: D.H.E. Bd. 76, S. 4

BÜRGERKRIEG. ERMORDUNG VON ALMAGRO UND PIZARRO

Die unsaubere Schlacht von Salinas am 8. April 1538

227 Erläuterung nach Cieza, in: D.H.E. Bd. 68, S. 308, 325
ebenda S. 320ff.
228 Erläuterung nach Herrera, Bd. 12, S. 336, 346
Cieza, in: D.H.E. Bd. 68, S. 326
Sitio, S. 168
El Tesorero Manuel de Espinal al Emperador Carlos V: Relación detallada de las disidencias entre Pizarro y Almagro, y la muerte de éste después de haberle procesado injustamente Hernando Pizarro. Codicia de los Pizarros. Los Reyes (Lima), 15/6/1539, in: D.I.A. I 3, 152–199
zitiert S. 188
229 ebenda S. 189ff.
Sitio, S. 175

Der Brief des Bischofs Valverde vom 20. März 1539

230 El Cabildo municipal al Emperador Carlos V (Bericht des Stadtrats von Jauja): Refiere la conquista del Cuzco y la fatal llegada de Pedro de Alvarado a Puerto Viejo. Juan Morgovejo. – Sebastián Pérez. – Juan Barrios. – García de Salazar. – Gregorio de Sotelo etc. Jauja 20/7/1534 in: D.I.A. I 42, 114–131
zitiert S. 130f.
Valverde, in: D.I.A. I 3, 94
231 ebenda S. 94ff.
232 ebenda S. 105–108, 115f.
233 ebenda S. 109
234 ebenda S. 108, 111f.
235 ebenda S. 112f.
236 ebenda S. 114f.
237 ebenda S. 120ff.
238 ebenda S. 124f.
239 ebenda S. 133ff.
240 ebenda S. 136

Ermordung von Francisco Pizarro. Das Regime der Chileleute

241 Cieza, in: D.H.E. Bd. 68, S. 380
Pizarro, P., S. 351 f.
242 Erläuterung nach Cieza, in: D.H.E. Bd. 76, S. 86 u. Levillier Bd. 1, S. 29
El Cabildo Municipal de los Reyes al Emperador Carlos V (Bericht des Stadtrats): Da cuenta de los sucesos del Peru desde la muerte de Francisco Pizarro hasta poco antes de la derrota de D. Diego Almagro, el joven. Francisco Barrionuevo. – Juan Cáceres. – Hernando de Montenegro. – Juan Riquelme. – Gaspar de Alcedo. – Illán Suarez de Carvajal. – Lic. Carvajal.: Escrib.: Pedro de Salinas. Los Reyes 25/6/1542, in: D.I.A. I 42, 186–196
243 ebenda
244 Maestro Martín de Arauco al Dr. Villalobos, Oidor de Panama: Escribe pormenores de la muerte de Francisco Pizarro y elogia el gobierno de D. Diego de Almagro. Los Reyes, 15/7/1541, in: D.I.A. I 3, 212–215 zitiert S. 212 f.
Erläuterung nach dem Bericht des »D. Diego de Almagro a la Audiencia de Panama: Refiere la muerte de Francisco Pizarro, pide le reconozcan como Gobernador del Peru. Los Reyes 14/7/41,« in: D. I. A. I 3, 215–221
D. Diego de Almagro a la Audiencia de Panama: Comunica la rebelión de Gómez de Tordoya en Cuzco, como resultado de no haberle nombrado Gobernador, como pidió en carta anterior. Se queja del Obispo Fr. Vicente Valverde que se ha ausentado en un navío. Los Reyes 8/11/1541, in: D.I.A. I 3, 215–221
El Cabildo de la Ciudad de los Reyes a la Audiencia de Panama (Bericht des Stadtrats von Lima an das Appellationsgericht): Comunica la muerte de Francisco Pizarro y solicita provisión del gobierno en D. Diego de Almagro. Cristóbal de Sotejo. – Francisco Peces. – Martín Carrillo. – Alonso Riquelme. – Lic. Carvajal. – García de Saucedo. – Diego de Agüero. – Nicolás de Rivera. Escrib.: Pedro de Salinas. Los Reyes 15/7/1541, in: D. I. A. I 3, 209–212
245 Información del estado del Perú después de la muerte de Francisco Pizarro. Declaración de Juan Bautista Pastene. Panama 12/12/1541, in: D.I.Ch. Bd. 6, S. 202 ff.
246 D.I.A. I 3, 223 ff.
247 ebenda S. 227
D.I.Ch. Bd. 6, S. 204
Erläuterung nach D. I. A. I 3, 215
D.I.Ch. Bd. 6, S. 205
248 ebenda
249 ebenda S. 206
Levillier Bd. 1, S. 64
ebenda S. 62
250 ebenda S. 60, 63 f.

DIE AMAZONASEXPEDITION

Die Suche nach dem Zimtland und dem »El Dorado«

254 B.E.M. Bd. Historiadores y Misiones S. 483 ff.
255 ebenda
Cieza, in: D.H.E. Bd. 76, S. 62
256 ebenda S. 66, 71
B.E.M. Bd. Historiadores y Misiones S. 486
257 ebenda S. 488 ff.
258 ebenda
259 ebenda

Die Fahrt des Hauptmanns Orellana zur Amazonasmündung

260 Carvajal, in: B.E.M. Bd. Historiadores y Misiones S. 450ff.
261 ebenda
262 ebenda
263 ebenda
264 ebenda
265 ebenda
266 Carvajal in: Harrer/Pleticha, Entdeckungsgeschichte aus erster Hand. Mit freundlicher Genehmigung des Arena-Verlags.
267 ebenda
268 ebenda
269 ebenda
270 Carvajal, in: B.E.M., S. 473ff.
271 ebenda

DIE INDIANERSCHUTZGESETZE KARLS V. VOM 20. NOVEMBER 1542

Bartolomé de las Casas

275 Cieza, in: D.H.E. Bd. 76, S. 339
276 ebenda
Las Casas, Brevísima, herausgegeben von Enzensberger, Magnus, S. 119

Die Nuevas Leyes vom 20. November 1542

277 Cieza, in: D.H.E. Bd. 76, S. 340
278 Konetzke, Colección de Documentos Bd. 1, S. 216f.
279 Cieza, in: D.H.E. Bd. 76, S. 344
Konetzke, Colección, S. 217ff.
280 ebenda
281 ebenda
282 ebenda
283 Cieza, in: D.H.E. Bd. 76, S. 340

PERUS KONQUISTADOREN STEHEN GEGEN DIE KRONE AUF

Der Vizekönig Blasco Núñez Vela

287 Erläuterung nach Zárate, S. 506f. u. Garcilaso, S. 134
288 Albenino, S. 385f.
Zárate, S. 508
289 D.H.E. Bd. 76, S. 368f.
290 ebenda
Zárate, S. 508f.
Arca, in: Levillier Bd. 2, S. 268f.
291 ebenda
292 Zárate, S. 511
293 ebenda S. 509
Arca, in: Levillier Bd.2, S.269
ebenda S. 258
294 Zárate, S. 509
Erläuterung nach Porras, Cronistas, S. 171
295 Acta de la recepción del sello Rl. por el Virrey. Blasco Núñez Vela, Audiencia y demás autoridades. Escrib.: Gerónimo de Aliaga, in: D. I. A. I 8, 383ff.
296 Zárate, S. 511
Erläuterung nach Garcilaso, S. 235
297 Albenino, S. 388
Garcilaso, S. 233f.
298 Erläuterung nach Albenino, S. 390, 393
299 Sta. Clara, in: Cronistas, S. 199ff.
300 ebenda
301 ebenda
302 Erläuterung nach Arca, in: Levillier Bd. 2, S. 262

Gonzalo Pizarros Machtübernahme 1544

303 Albenino, S. 395
Garcilaso, S. 241
304 Zárate, S. 520
Erläuterung nach Testimonio de varios acuerdos del Virrey y Audiencia de Lima sobre elegir por Gobernador a Gonzalo Pizarro. – Los Reyes, 20/10/1544 bis 23/11/1546, in: D. I. A. I 42, 223–240 u. Levillier Bd. 2, S. 263
Zárate, S. 521
305 ebenda
D. I. A. I 42, 228
306 ebenda S. 231f.
307 ebenda S. 227f., 245f.
308 Zárate, S. 521
309 Albenino, S. 401
Garcilaso, S. 242
310 ebenda
Albenino, S. 404f.
311 Arca, in: Levillier Bd. 2, S. 266
Albenino, S. 406
312 Relación de lo que sucedió en el Reino del Perú después de la prisión del Virrey Blasco Núñez Vela, in: Levillier Bd. 2
zitiert S. 285, 289ff.
313 ebenda S. 267
Sta. Clara, S. 242
314 Erläuterung nach dem Brief des La Gasca vom 12. 7. 1546, in: Levillier Bd. 1, S. 93
Zárate, S. 539
Calvete de Estrella, S. 352f.
315 Zárate, S. 539
ebenda S. 545
Calvete, S. 355f.
316 ebenda
317 Sta. Clara, S. 255

Der Prälat Pedro de la Gasca rettet für Karl V. die Kolonie

318 Levillier Bd. 1, S. 92f.
319 Zárate, S. 547
320 Rl. Provisión del Emperador Carlos V al Lic. de la Gasca, presidente de la Audiencia de Lima: Le da poder para un perdón general, si parece convenir para la pacificación del Peru. Yo el Rey ... Venlo, 16/2/1546, in: D. I. A. I 19, 201–204
Zárate, S. 550
D. H. E. Bd. 49, S. 8ff.
321 Zárate, S. 550
322 D. H. E. Bd. 49, S. 113ff.
323 ebenda
324 ebenda
325 ebenda
326 ebenda
327 ebenda
328 ebenda
329 D. I. A. I 42, 426ff.
330 ebenda
331 ebenda
332 ebenda
333 Zárate, S. 553
334 D. H. E. Bd. 49, S. 95
Garcilaso, S. 326
335 D. H. E. Bd. 49, S. 96ff.
336 D. H. E. Bd. 49, S. 239
Zárate, S. 556
337 D. H. E. Bd. 49, S. 299ff.
338 ebenda S. 355
Garcilaso, S. 356ff.
339 ebenda
340 ebenda
341 ebenda S. 366
Sta. Clara, in: Porras, Cronistas, S. 204
343 Albenino, S. 452f., 457
344 Garcilaso, S. 376
Albenino, in: Porras, Cronistas, S. 460f.
D. H. E. Bd. 49, S. 379
345 Garcilaso, S. 385
D. H. E. Bd. 49, S. 380f.
346 Albenino, S. 463f.
D. H. E. Bd. 49, S. 382, 389, 391
347 Schmidl, S. 125ff.
348 ebenda
349 ebenda
350 ebenda

INDIANERELEND UND VERARMTE SPANIER IM REICHSTEN KRONLAND AMERIKAS

Friedenssehnsucht und Kondottieretum in Peru

353 Erläuterung nach Porras, Cronistas, S. 233ff.
Cieza 1. Teil, S. 237f.
354 Engl, Inkareich, S. 180f.
355 ebenda
356 Vázquez de Espinosa, S. 543f.
357 Poma (Bustíos), Bd. II, S. 126f., 129
358 ebenda

Indianertribute und Bergwerke

359 Levillier Bd. 1, S. 153
360 ebenda S. 152
Vázquez de Espinosa, S. 108, 503f.
361 ebenda
Lizárraga, S. 58
362 ebenda
Parecer de D. Fr. Matías de San Martín, Obispo de Charcas, sobre si son bien ganados los bienes adquiridos por los conquistadores, poblados y encomenderos de Indias, in: D. I. A. I 7, 348–362
zitiert S. 356f.
363 Erläuterung nach Porras, Cronistas, S. 257ff.
Santillán, S. 77
364 ebenda S. 57, 69, 72f., 106
365 ebenda S. 107
366 Valcárcel Bd. 3, S. 477
367 Pizarro, P., S. 378ff.
368 ebenda

DAS INCARESERVAT VON VILCABAMBA

Sayri Tupac und Titu Cusi

371 Titu Cusi, S. 91ff.
372 ebenda
Poma (Bustíos), Bd. 2, S. 307f.
373 Levillier Bd. 3, S. 81ff.
374 Schilderung des licenciado Matienzo, Oidor der Audiencia von Charcas, in: Porras, Cronistas, S. 437f.
Asiento que el licenciado Castro tomó con Titu Cusi Yupanqui (Inca) para que se redujese de paz. Los Reyes – Vilcabamba 1566, 1567. Confirmose en capitulación por Su Majestad, Madrid 1569, in: D. I. A. II 15, 271ff.
375 ebenda
376 Erläuterung nach Porras, Cronistas, S. 438, D. I. A. I 8, 268 u. Murúa Bd. 1, S. 254
Murúa Bd. 1, S. 233ff.
377 ebenda
378 ebenda
379 ebenda
380 ebenda u. S. 266

Tupac Amaru und das Ende von Vilcabamba 1572

381 D. I. A. I 8, 213, 263, 269, 271
382 Erläuterung ebenda S. 213, 276
Murúa Bd. 1, S. 264f.
383 D. I. A. I 8, 276ff.
384 ebenda S. 281

DAS WEITERLEBEN ALTINDIANISCHER TRADITIONEN INMITTEN CHRISTLICHER UMGEBUNG

Restauration der lokalen Kulte um 1565

387 Erklärung nach Porras, Fuentes, S. 53
388 D.I.A. I 3, 22f.
389 Garcilaso, S. 125
390 Murúa Bd. 2, S. 112f.
391 ebenda S. 106
Gavilán, in: Valcárcel Bd. 2, S. 234
Hernández Príncipe, ebenda S. 256ff.
392 ebenda
393 ebenda
394 Engl, Inkareich, S. 36f.
Oré, in: Valcárcel Bd. 2, S. 259
Pérez Bocanegra, ebenda
395 ebenda S. 259f.
396 D.I.A. I 3, 13, 16f.
397 ebenda S. 18f., 21
398 ebenda S. 44f.
399 ebenda

Die Ausrottung des Götzendienstes

400 D.I.A. I 3, 25f.
401 ebenda
402 Acosta, Historia Natural y Moral, S. 201
403 Valcárcel Bd. 3, S. 29
Avendaño, in: Valcárcel Bd. 2, S. 225
404 D.H.E. Bd. 26, S. 139ff.
405 ebenda
Lizárraga, S. 136f.
406 ebenda

Verzeichnis der Abbildungen

Sechs Stationen der Seereisen Pizarros und Almagros von Panama bis Peru. Aus dem Deckblatt der 4. Dekade der ›Historia General‹ des span. Hofgeschichtsschreibers Antonio de Herrera, 1601 30

Karte des Incareiches z. Z. seiner größten Ausdehnung um 1500 mit Incastraßen u. wichtigen vorspanischen u. heutigen Städten. Zeichnung K. F. Schäfer 82

Das incaisch-spanische Cuzco des XVI. Jhdts.; Zeichnung auf S. 1041 der ›Nueva Coronica y Buen Gobierno‹ des christianisierten Indios Guaman Poma de Ayala 178

Ruinenstadt Machu Picchu i. d. Waldgebirgen nördlich von Cuzco. Foto Hans Reutimann in ›Reich der Sonne‹, Verlage Katzmann, Tübingen und Paul Haupt, Bern 202

Vornehme Incadame aus kolonialer Zeit, eines von 5 lebensgroßen Porträts v. Incanachkommen im Museo de Arqueología in Cuzco. Die Tracht gleicht den aus der Incazeit erhaltenen Geweben: charakteristische Attribute für die hohe Abkunft der Person sind die roten Cantu-Blumen in der rechten und die Spindel in der linken Hand sowie die Ornamentreihen. Foto Th. Engl 226

Karte der span. Entdeckungen u. Konquistadorenzüge in Südamerika. Zeichnung K. F. Schäfer 252

Ruine der Jesuitenkirche Sta. Cruz in Juli am Südufer des Titicacasees. Foto Th. Engl 274

Adliger aus Incageschlecht als Fahnenträger bei einer Prozession im kolonialen Cuzco. Kleidung noch stark incaisch. Ölgemälde des indianischen Malers Quispe Tito, XVII. Jhdt., aus einem Zyklus i. d. Kirche Sta. Ana, jetzt im Museo Arzobispal in Cuzco. Foto Th. Engl 286

Der indianische Chronist Poma de Ayala mit seinem Söhnchen, Pferd (nur den Vornehmen vorbehalten) und 2 Hunden. Zeichnung auf S. 1093 der ›Nueva Coronica‹ 352

Verhandlung zwischen dem Vizekönig Marqués de Cañete und dem Inca Sayri Tupac i. J. 1557 in Lima. Zeichnung von Poma de Ayala auf S. 440 seiner ›Nueva Coronica‹ 370

Detail e. feinfigurierten Vicuña-Gewebes a. d. frühkolonialen Peru. Besonders charakt. Beispiel f. d. Mischung v. incaischer u. europ. Kulturtradition. Abwechselnd Reihen v. Tocapus (incaischen geometr. Bildzeichen), europ. u. neuweltl. Tieren; i. d. Mitte freie Anordnung v. stilisierten Pflanzen, Vasen, Tieren, Indios m. Pfeil u. Bogen, Spaniern u. Fabelwesen (gekrönte Meerjungfrau m. Guitarre). Museum f. Völkerkunde München. Foto Braunmüller 386

Personen- und Sachregister mit Worterklärungen

Gelegentliche Uneinheitlichkeit der Orthographie von Namen und Begriffen ist historisch bedingt durch die unterschiedlichen Schreibweisen der spanischen Quellen und durch den häufigen Wechsel der Transkription von Quechua- und Aymara-Wörtern.

Abancay, Fluß 131, 136
Acka; s. Chicha, Maisbier 395
Aclla(s); Jungfrauen, ausgewählt zum Dienst in den Sonnenklöstern oder als Frauen für den Inca, für verdiente Beamte, Krieger und Verbündete 19, 92
Acosta, José de; 1540–1600, Jesuit, Chronist, Kommt 1571 nach Lima, 1576–1581 Provinzial seines Ordens 349f., 402
Acosta, Juan de; Vertrauter Gonzalo Pizarros. 1548 gehenkt 333, 345
Acta de Fundación (Gründungsurkunde) von Lima (1535) 180
Adelantado, Titel für Entdecker und Konquistadoren 59
Adobemauern, Mauer aus Lehmsteinen 92
Aguilar, Pantaleón de; Pater 341
Aija; Dorf bei Ocros (Mittelperu) 391f.
Alba, Herzog von; (1508–1582) span. Feldherr und Staatsmann 403
Albenino, Nicolás de; * 1514 343f., 288, 296, 303, 309ff.
Alcalde (Bürgermeister) 153, 243, 245, 294ff.
Alcántara, Martín de; Halbbruder Pizarros 72f., 186, 243f., 247ff.
Alcazaba, Simon de; Konquistador 61
Alcón, Pedro; Teilnehmer an Pizarros 2. Küstenfahrt, Parteigänger G. Pizarros 69ff.
Alconchel, Pedro de; Trompeter 136, 186
Alcos (mit Federgewändern bekleidete Priester, Zauberer) 396, 398
Aldana, Hernando de; kam 1529 nach Peru. War in Cajamarca dabei 96, 98
Aldana, Lorenzo de; Statthalter Gonzalo Pizarros in Lima 321f., 333ff., 337
Alférez Real; königlicher Fahnenträger 183
Aliaga, Jerónimo de; Notar. Kam 1534 nach Peru 295
Almagro, Diego de; 1475–1538, Mitentdecker Perus, Entdecker Chiles 33, 38f., 42, 44–51, 58f., 72f., 117, 119, 123, 128, 136f., 144, 152, 159, 162ff., 167, 170–174, 187–191, 203, 219f., 222f., 227–230, 237, 239, 241–247, 253, 282, 288, 364, 402
Almagro, Diego (el Mozo); Mestize, Sohn des Entdeckers; Rebell, 1542 hingerichtet 241ff., 250, 259, 287, 290, 364
Altamirano, Antonio de; Rebell 308
Alvarado, Alonso de; Marschall; unterstützt La Gasca 343
Alvarado, Gómez de; begleitet Almagro auf seiner Chileexpedition (1535–1537) 188
Alvarado, Pedro de; 1486–1541, Konquístador in Mexiko und Ecuador, Gouverneur Guatemalas, 1534 Expedition nach Peru 158–165, 167, 170, 172ff., 180, 187ff.
Alvarez, Oidor in Tumbes 302
Amaru Túpac Inka; Bruder des Inka Túpac 17, 25, 123, 372f., 381ff., 403
Amaybamba 220
Amazonas; Fluß 134, 241, 254f., 260, 382
Amazonen 266f., 270
Ampuero, Francisco de; Bürger von Lima 186
Anaya, Tiliano de; Unterhändler von Vizekönig Toledo. Wurde in Vilcabamba ermordet 382
Andagoya, Pascual de; Konquistador und Chronist (1498–1548) 32, 253
Antisuyu; eine der vier Reichsprovinzen des Incastaates (östliche Anden) 152, 209, 372, 375
Anzures, Pedro (Peranzures); Konquistador 347
Apacheta (Steinhaufen) 387, 390
Apu (Quechuawort für Herr) 145
Apucuna(s); Minister im Incastaat 19
Apu macho; alter Herr 241
Apurímac; »Der Große Sprecher«, Fluß in Perú 88, 131, 133f., 202, 310, 343, 393
Archivo de Indias; Archiv über die überseeischen Entdeckungen u. Eroberungen in Sevilla 174, 203
Arciniegas, Germán; Diplomat u. Kulturhistoriker 21
Arequipa 75, 241, 296, 303, 336, 362, 387
Argentinien 287, 364, 405
Armendáriz, Miguel de; Gouverneur in Santa Marta (Kolumbien) 318
Arica, Hafen 362f.
Aristoteles 22
arroba = 11,502 kg 110

Asiento; Vertrag 58, 61
Asunción; Hauptstadt von Paraguay 21, 347f.
Atacama 40, 42, 52
Atabillos; Ort im Santatal 186
Ataguju; höchstes Wesen, Schöpfergott 388
Atahualpa; Inca, Sohn des Huayna Cápac 20, 25, 43, 56f., 83–89, 91ff., 94–98, 100, 102–106, 109–113, 115, 117, 119–130, 135, 158ff., 165, 170f., 179, 196, 222, 230, 236, 294, 377, 400ff.
Audiencia; Gremium von Verwaltungsrichtern unter Leitung eines Präsidenten in den Hauptorten der spanischen Kolonien. Mit starken politischen Funktionen als Gegengewicht der Verwaltungsbürokratie der Vizekönige und Gouverneure, in rechtlichen und sozialen Angelegenheiten Oberste Berufungsinstanz in der Neuen Welt, direkt unter König und Indienrat. Zu ihren wichtigsten Aufgaben gehörte die Überwachung und Durchführung der Indianerschutzgesetze 244, 279–284, 288, 290, 294f., 305, 307ff., 313, 319, 327, 350, 363, 372
Aufstand gegen die Spanier; unter Führung von Manco Inca 1535–1536 203
Avendaño, Hernando, Chronist 403
Ayllu; Sippe bzw. Clan im Alten Perú, Inca-Ayllus« 143
Azarpay; Gemahlin und Schwester Atahualpas. Fr. Pizarro behielt sie bei sich in Lima und ließ sie beim Aufstand des Inca Manco erdrosseln 222f.

Bachicao, Hernando; Feldhauptmann und Kaperkapitän für Gonzalo Pizarro 289, 304, 308, 310–313, 316, 321
Badajoz, Jerez de; Ort in Spanien 31
Balboa, Cabello; Chronist im 16. Jh. 53
Balboa, Juan de; einer der Zeugen des Protokolls der Gründungsakte von Cuzco (23. 3. 1534) 152
Balsas; leichte Boote aus Binsen oder Balsaholz 39f., 69f., 74, 78f., 110, 161, 248f., 302, 330, 382
Balza, Juan; Rebell der Partei des jungen Almagro 245
Barba; indianische Dienerin eines Spaniers, der Asyl in Mancos Bergfestung Vitcos gefunden hatte 371
Barbarán, Juan de; einer der Bürger, die in der Gründungsakte von Lima erscheinen 186
Barco, Pedro del; erscheint als Bürger in der Gründungsakte von Cuzco 152f., 304f.
Barrenechea s. Porras
Barrionuevo, Francisco de; Gouverneur von Panama 161
Bautista Pastene, Juan; Schiffskapitän von »La Concepción« 244, 247ff.
Bazán, Diego de; Regidor (Stadtrat) in Cuzco 153
Benalcázar, Sebastian Moyano de; 1495–1551, span. Eroberer und Gouverneur von Quito 58, 96, 165, 170, 174, 253, 276, 314
Benavides, Gonzalo de; Mercedariermönch 341f.
Berlanga, Tomas de; Bischof von Panama. Vom span. König zum Kommissar u. Untersuchungsrichter für Neu-Kastilien (1535–1536) bestellt 192–197
Beulenpest 55
Bingham, H. 202
Blatternkrankheit 56
Bocanegra, Juan Pérez; Chronist 39, 394f.
Bogotá; Hauptstadt von Kolumbien 21, 253
Bohío (fensterloser Raum) 74, 106, 114, 134
Bohíos del Sol; Sonnentempel 104
Bolivien 179, 238, 241, 296, 320, 347
Bombón; Incastadt 110, 217
– Schlacht von 20
Brevísima Relación de la Destrucción de las Indias; berühmter Bericht des Dominikaners Las Casas über Greuel in den spanischen Kolonien, in alle Weltsprachen übersetzt 275f.
Brief s. Carta
Buenaventura; Hafenort in Kolumbien 39, 242, 253, 291
Bueno, Martín; einer der drei Spanier, die in Sänften und Hängematten unter freiem Geleit 1533 nach Cuzco zogen u. mit reicher Goldbeute nach Cajamarca zurückkehrten 104, 106
Buenos Aires; Hauptstadt Argentiniens 17, 21, 347
Buhio; siehe Bohío
Burgos, Gesetze von; der erste Versuch einer allgemeinen Indianergesetzgebung (1512) 68

caballería; königliche Landzuteilung im eroberten Land 182, 185
Cabeza de Vaca (Núñez Cabeza de Vaca, Alvar) 1528–1536 Odyssee von Florida bis Mexiko, dabei Entdecker der Mississippimündung; 1430–41 Expedition von Südbrasilien über Iguassufälle zum Paraná und Paraguay, von aufständ. Konquistadoren gefangen und in die Heimat abgeschoben. Berühmter Reisebericht ›Naufragios y Comentarios‹ 347
Cabildo; Stadtrat 184, 289f., 294, 308
Caboto, Giovanni (John Cabot 1450–1498); Entdecker der Ostküste Nordamerikas 35
Caboto, Sebastiano (1476–1557); Nautiker, Entdecker 35, 347
Cáceres; Stadt im span. Extremadura 73
Cádiz, Ort in Spanien 347
Cajamarca 20, 25, 35, 51, 83, 87f., 91f., 94–97, 100ff., 104ff., 110ff., 117–120, 122f., 125,

128, 130, 140, 155, 163, 179, 187f., 194, 223, 230, 298, 401f.
Cajas, Station a. d. Marsch nach Cajamarca 84ff.
Calangane 39, 43
Calango 43
Calca; Incastadt im Urubambatal 208f.
Cali; Stadt in Kolumbien 231, 242
Callao; Hafen; bei Lima 181, 244
Calvete de Estrella, Juan Cristobal; Chronist (1525–1593); »Cronista Mayor de las Indias« 314f.
Cañari; Volksstamm in Ecuador 139, 207, 223, 367
Cañaspiele; Ringelstechen 329
Candía, Pedro de; Artillerist unter F. Pizarro, Kartograph und Chronist 49, 51, 53, 58, 69, 77, 94, 99, 152f., 187, 250
Cañete, Marques de; Vizekönig 354, 356, 370, 372f., 381, 402f.
Capacocha; Menschenopfer 392
Capitulación; Vertrag der Krone, z. B. mit Entdeckern und Konquistadoren 58, 61, 63, 68, 72f., 104, 149, 168, 174, 188, 279, 375
Capullana (Häuptlingsfrau) 69, 71
Caque Poma; Häuptling 391f.
Cara (od. Caranqui); von den Incas besiegtes Volk in Ecuador 168
Caracollo; Justizbezirk 391
Caranain (Heiligtum) 271
Caraques, Bucht von; in Ecuador 76
Çarán (Serrán); Station a. d. Marsch nach Cajamarca 83ff.
Carrasco, Pedro; nach der Schlacht von Huarina zu La Gasca übergelaufen 337
Carta (Brief); eine Mitteilung oder ein Befehl des Königs konnte auch als königlicher Brief (C. Real) an eine bestimmte Behörde oder Amtsperson ausgefertigt werden und hatte somit die Wirkung eines Gesetzes; passim
Cartagena; Hafen in Kolumbien 276
Cartago; Stadt in Südkolumbien 276
Carvajal, Benito de; tötet den Vizekönig Nuñez Vela nach der Schlacht von Iñaquito 315, 326, 328, 334
Carvajal, Francisco de; spanischer Söldnerführer, Teilnehmer an der Plünderung Roms 1527, »El terror de los Andes« beim Aufstand G. Pizarros 256, 289f., 295, 304f., 313, 320f., 324, 334, 337f., 341f., 344ff.
Carvajal, Gaspar de; Dominikaner, Kaplan u. Chronist der Amazonasfahrt 1540–1542 25, 260, 263, 265
Carvajal, Illan Suárez de; s. Suárez
Carvajal, Juan de; Konquistador 271
Carvallo, Juan; Spanier, der auf der Isla de Gallo dabei war 46f.
Casa de Contratación; Dieses königliche Handelshaus sollte den gesamten Fracht- und Passagierdienst zwischen der Alten u. Neuen Welt organisieren u. kontrollieren. Es sollte die aus Übersee eintreffenden Einkünfte sicherstellen 34f.
Castañeda, Francisco de; kommissarischer Gouverneur von Nicaragua 164
castellanos; Spanier aus Kastilien 75, 116, 118f., 170, 234, 254, 294
Castilla del Oro; s. Tierra Firme
Castro, Beltrán de; Alcalde in Cuzco 153
Castro, Lope García de; kommissarischer Gouverneur in Peru 373f., 387
Castro, Vaca de; Gouverneur von Peru 1540–1544 242f., 247ff., 253, 259, 287–294, 297, 312, 318, 327
Catahuan; Mutter der Zwillingsheroen; s. Catequil 388
Catamarca (Provinz) 179
Catámez (Atacames); Küstenort in Ecuador 42, 108
Catequil; Heiligtum in Nordperu. C. Zwillingsheroenmythe mit typischen Zügen (Tötung d. Vaters, der nachher gerächt wird; Tod d. Mutter bei d. Geburt d. Zwillinge; ihre spätere Wiederbelebung; der eine Zwilling bleibt wie häufig ganz farblos 388f., 400f.
Cebú; Kazike auf dem Isthmus von Panama 64
Cédula (Real cédula); königl. Erlaß 68, 326
Centeno, Diego; Hauptmann auf königl. Seite gegen Gonzalo Pizarro 310, 320, 335–338
Cepeda, Lizentiat; Berater Gonzalo Pizarros 248, 307, 309, 321, 326–329, 331f., 334, 342, 344
Cepocatequil; s. Catequil
Çeracapez 43
Chachapoya; Indianerstamm 18, 139, 207, 367
Chaco (Treibjagd) 131, 154
Chacra; Landparzelle 182
Chalcochima; Inca-Feldherr 89ff., 103, 110f., 126, 128–131, 137, 145
Chanca; Volksstamm 18
Chaparra (Provinz) 171
Chaquiraschmuck; Perlenschmuck 142
Charapato; Fluß in Ecuador 165, 166
Charcas; Provinz (Bolivien) 325, 362f., 387
Charqui (Dörrfleisch) 157
Chasqui; Stafettenläufer 53f., 56
Chaves, Francisco de; † 1541 zus. m. Fr. Pizarro 184, 243ff., 382
Chaves, Nuflo de; Anhänger von Gonzalo Pizarro, später (1566) Konquistador in Paraguay und Ostbolivien 349
Chiapa; mexikan. Provinz, Bistum von B. de las Casas 287
Chicha; Maisbier 26, 113, 121, 130, 147, 366f., 387, 389, 395, 398
Chile 188, 190f., 239, 243, 253, 347, 364, 405

Chimor, Reich von 17, 18
Chimpu Ocllo; Incaprinzessin, Mutter des Chronisten Garcilaso de La Vega 297, 309
Chimú; s. Chimor
China (Dienstmädchen) 366
Chinaconas 357
Chincha; Ort 59, 61, 68, 87, 100, 110, 167, 180
Chinchaysuyu; nordwestliche der vier Provinzen des Incareiches 89, 152
Chinchero; Provinzstadt und Heiligtum bei Cuzco 211
Chongo; Dorf bei Huancavelica 362
Chorotegen; Volksstamm in Nicaragua 164
Chucho Michuy; Mumie eines Hofmeisters 403
Chucuito, Provinz am Titicacasee 366, 405f.
Chunchos; Indio-Bevölkerung der Selva (Waldgebirge) in Ostperu 372, 406
Chupas, Schlacht von 249, 290
Cieza de León, Pedro; um 1550, Chronist 24, 32, 53, 74, 78, 109, 224, 226f., 241, 253, 255, 265, 275ff., 289f., 349f., 353f.
Ciudad de la Plata 349
Ciudad de los Reyes; (Lima), s. a. Lima 37, 181f., 245, 321
Chuquipu; Bergwerksstadt 366
Chuquisaca (Sucre); Stadt in Bolivien 296
Claudel, Paul 22
Coaque; Küstenort in Ecuador 75f.
Cobo, Bernabé; Chronist 1580–1657 53ff., 57, 107, 109, 142, 180ff., 186f.
Cobos, Francisco de los; kaiserlicher Sekretär 112
Cojimíes; Küstengegend in Ecuador 74
Collao; Titicaca-Hochland, vorincaisches Königreich (siehe auch Collasuyu) heute geteilt zw. Bolivien u. Peru 167, 336, 399, 405
Collas (Aymaras); s. a. Collao 89, 157, 179, 394, 405
Collasuyu; südöstliche der vier Provinzen des Inkareiches 89, 152, 188
Colón, Diego; 1. span. Vizekönig i. d. Neuen Welt, Sohn von Cristóbal Colón (Chr. Kolumbus) 65ff.
Comentarios Reales; Chronik des Garcilaso de la Vega, el Inca 147
Conchillos, königlicher Sekretär 195
Conchucos; See 112
Concumicagua; vorspanische Hauptstadt in Chile 191
Condor Capcha; einflußreicher Curaca in Mittelperu unter den Incas 392
Conopas (Hausgötter) 387
Coñori; Amazonenkönigin 271
Contisuyu; südwestliche der vier Provinzen des Incareiches 152, 211, 222
Copiapú; Ort in Chile 190
Córdoba, Pedro de; Dominikaner 67f.
Coricancha; »Goldhof«, Sonnentempel in Cuzco 106
Cornejo, Miguel 208
Cortés, Hernando; Eroberer Mexikos 20, 58, 163f.
Couynco, Häuptling im Amazonasgebiet 270
Coya; Hauptgemahlin eines regierenden Inca, Königin 222, 224, 367
Corrientes; Ort am Paraná 347
Cuadras (Gevierte) 183f., 186f.
Cuba 36
Cubagua (Isla de Margarita) 260
Cuenca; Stadt in Ecuador, s. a. Tumibamba 355
Cuéllar, Francisco de 69
Culata; Gegend in Ecuador 259
Cumbi; feines peruanisches Gewebe 357, 403
Curaca(s); Stammeshäuptlinge in Peru 19, 104, 113, 129, 154, 157, 204, 310, 362ff., 391f., 403
Cusi Túpac Yupanqui; Hoherpriester (Villachumu) unter Huayna Cápac und Atahualpa 380
Cuy (Meerschweinchen) 157
Cuzco; Stadt in Peru, Inka-Hauptstadt 17, 19f., 33, 56f., 68f., 73, 78, 83, 85f., 88, 91, 102ff., 106, 110, 112f., 115f., 123, 128–131, 133ff., 137–143, 145f., 148–153, 158ff., 167, 178ff., 187–190, 192–196, 202–209, 211–214, 216, 219, 222f., 227f., 230f., 239, 241, 249, 286–289, 292, 294, 296ff., 304f., 307, 309f., 325, 335ff., 340f., 343, 346, 349f., 353f., 362f., 366, 372–376, 381, 383, 387ff., 392ff., 399, 402

depósito; Tributbezirk, auf Widerruf verliehen 153
Desaguadero (Abfluß des Titicacasees) 337
Deseada, la; Insel 36
Díaz, Juan; Matrose 158
Díaz, Pedro 75, 335
Díaz, Ruy 180
Dominica, Insel 36
Delicola, Kazike in Ost-Ecuador 256
Dominikaner; seit 1508 in Westindien, Hauptbetätigungsfeld in Peru 23 passim
Drake, Sir Francis; englischer Pirat, kreuzt 1579 im Hafen von Lima auf 37, 181
Duho; niederer Schemel 141f., 146, 148

Ecuador 19, 21, 34, 38, 52, 74, 83, 91, 108, 128, 152, 160, 167, 171, 179, 241, 253f., 314f., 353, 356, 405
ejido (Weide- u. Erholungsflur) 184
El Dorado (span. el dorado país = das vergoldete Land); sagenhaftes Goldland im nördl. Südamerika. Die Vorstellung vom Dorado soll auf einen Brauch bei den Chibchas (Kolumbien) zurückgehen: der Priesterkönig Guatavita fuhr mit Goldstaub bedeckt auf

den See hinaus und wusch sich dort das Gold ab 253
Encico, Fernández de, Konquistador 64
Encomendero; Inhaber einer Encomienda 184
Encomienda; Tributbezirk, erklärt auf S. 185, 23, 60, 153, 185, 187f., 192, 197, 234, 281, 287, 309, 353
Enriquez, Alonso 237, 245
Entradas; Beutezüge 65, 156, 173, 364
Erasmus von Rotterdam 22
Eraso, Francisco de; königlicher Rat in Venlo 319
escaño (niederer Königssitz in Form eines Tieres) 393
Española (Insel Haiti) 36f., 60, 68, 276
Espartogras 88f.
Espinall, Manuel de; königlicher Schatzmeister in Peru 228f.
Espinosa, Gaspar de; Lizentiat, seit 1514 in Panama; stiller Teilhaber an der Konquista Perus, † 1539 in Cuzco an der Höhenkrankheit 112, 115, 122ff., 158f., 186
Espinosa, Juan de; Sohn von G. de E., gefallen im Kampf gegen den Inca Manco 186
Estete, Miguel; 1507–1550, Chronist 74f., 98f., 101f., 106, 108–111, 121f., 127, 132, 143, 145, 154, 186
Extremadura 73

Federmann, Nikolaus; deutscher Konquistador in Venezuela und Kolumbien 253
Ferdinand von Aragon; (1452–1516) zus. mit Isabel von Kastilien König von Spanien u. d. überseeischen Besitzungen 62, 67
Fernández de Oviedo; s. Ovîedo
Fernández, Juan; Stadtrichter in Lima 329f., 332, 335
Figueroa, Diego Rodríguez de; Corregidor, verhandelt 1566 mit dem Inca Titu Cusi 375
Felipillo; indianischer Dolmetscher 40, 43, 58
Fonseca, spanischer Bischof, verantwortlich für alle überseeischen Angelegenheiten 195
Francisca; Tochter von Francisco Pizarro u. einer Incaprinzessin 223
Francisquillo; indianischer Dolmetscher 40
Franco, Pedro 391
Frutos; ermordet im Auftrag von G. Pizarro, der mit F.' Frau ein Verhältnis unterhielt 316
Fundación de Lima (Gründung von L.) 186

Gaete, Hauptmann 216
Gallego, Juan 311
Gamboa; Lizentiat, Arzt, Agent und Unterhändler für Pedro de la Gasca im aufständischen Peru 1547 329–333
García, Bartolomé, Matrose 158
García, Marcos; Augustinerpater, Missionar beim Inca Titu Cusi, schreibt 1570 dessen Autobiographie nieder 371, 375
García de Salcedo, Veedor, Stadtbürger in Cuzco seit 1534 152, 295
Gasca; s. La Gasca
Garcilaso de la Vega »el Inca«; 1540–1616, Chronist, Sohn eines span. Konqu. u. d. Incaprinzessin Chimpu Ocllo 24, 31, 37, 53, 147, 154ff., 207, 289, 297, 303f., 309f., 321, 334, 338, 340, 343f., 354, 389, 403
Gaudules, Leibgarde Atahualpas 97
Gesetze von Burgos (Leyes de Burgos); 1512 erlassen. Erster Versuch einer allgemeinen Indiogesetzgebung u. einer Festlegung d. spanischen Kolonialsystems überhaupt 68
Girón, Francisco Hernández; siehe Hernández Girón
Gold 75, 85, 366, 376, 400
Goldminen 315f.
Goldpesos 312
Gómara (1511–1560?); span. Hofhistoriograph 349
Gomera, kanarische Insel 72
Gorgona, Pazifikinsel vor Kolumbien 37, 52
Gregorio, Pedro; Kaufmann 75f.
Guadalquivir 36
Guadalupe, Antilleninsel 36
Guanahani; Bahama-Insel, am 12. Okt. 1492 von Kolumbus betreten (»Entdeckung Amerikas«) 20
Guarco; Gemarkung 190
Guatemala 158–161, 166, 173, 238, 250, 279
Guayana 260
Guayaquil; Golf von 17, 73, 76, 179, 313
Guerrero, Juana; Witwe des Dolmetschers M. Pando in der Incaresidenz Vilcabamba, Informantin über das Martyrium des Missionars Diego Ortiz 380
Gutiérrez de Santa Clara, Pedro (1521?–1603); Chronist der peruanischen Bürgerkriege 299, 313, 317, 341
Guzmán, Juan de 311

Haiti (Insel Sto. Domingo) 195
Hamaca; Hängematte 367
Hanke, Lewis 64
Haucat; Berg zwischen Trujillo u. Lima 389
Haucaypata; Platz in Cuzco 178, 188, 393
Haylli de quichu; Siegesgesang 89
Heinrich der Seefahrer, Prinz 34
Henequén; Agavenfasern (Sisal) 40
Hernández Girón, Francisco; Anführer des Konquist.-Aufstandes 1553–1554 in Peru; mit Hilfe indianischer Truppen besiegt, 1554 hingerichtet 354, 365
Hernández Principe, Rodrigo (um 1622); beauftragt mit d. Aufspüren heidnischer Heiligtü-

mer; intimer Kenner altperuanischer Mythen 391f., 394
Herrada, Juan de; Almagro-Anhänger, Mörder v. Francisco Pizarro 243, 245f.
Hinojosa, Pedro de; Chef d. Flotte u. Statth. Gonzalo Pizarros in Panama, tritt a. d. Seite der Königlichen 304, 313, 316, 318ff.
Historia del descubrimiento y conquista del Peru; Bibliographie: Zárate 290
Historia General del Peru; s. Bibliographie: Murúa 217
Historia General y Natural de las Indias; s. Bibliographie: Oviedo 34
Historia Natural y Moral de las Indias; s. Bibliographie: Acosta, José 402
Horihuela, Antonio de 245
Huaca; Bezeichnung für »heilig«, »geweiht« und allgemein für jede übernatürliche und außergewöhnliche Erscheinung, heilige Orte und Tempel 179, 241, 366, 387, 390, 393, 395ff., 403
Huachemines; Stamm oder Sippe in nordperuan. Mythos. Nach der Konquista entsteht i. dieser Gegend der Mythos v. d. Vertreibung der H. = Christen 387–400
Hualpa Yupanqui; Incaadliger, zus. mit Tupac Amaru 1572 von Spaniern gefangen 382
Huama (Diadem aus Gold) 403
Huamachuco; Stadt u. altperuan. Heiligtum in Nordperu (s. a. Catequíl) 387ff., 395, 400f.
Huamanga (heute Ayacucho); frühe spanische Gründung in Mittelperu 75, 244, 249, 296, 337, 373, 387
Huamansuri; nordperuan. Mythengestalt. Sein Auftreten in unscheinbarer Gestalt u. seine Verbrennung deuten auf ein Sonnenwesen 388
Huanacauri; Incaheiligtum bei Cuzco 336, 393
Huancabamba; Fluß 86
Huancas, Stamm 367
Huancavelica od. Huancavilca; Stadt mit Quecksilberbergwerk in Mittelperu 360ff.
Huancavilcas; incaische Benennung der Küstengegend nördlich vom Golf von Guayaquil 78
Huarco; Gegend von Cañete in Südperu 355
Huarina; Ortschaft am Titicacasee 338, 340
– Schlacht von 336f., 342
Huarochirí; Stadt in der Kordillere oberhalb von Lima 186, 292
Huascar; Inca, † 1533; Sohn Huayna Cápacs, Bruder Atahualpas 20, 56f., 83, 85, 88ff., 102, 109f., 112, 125, 130, 145, 366, 400
Huaura (La Barranca); ehem. Inca-Rasthaus (Tambo) u. span. Landsitz nördl. v. Lima 292f.
Huaylas; Stadt und Provinz in Nordperu 113, 186
Huaylla-Quepa; Kriegstrompete 89
Huayna Capac; Inca; † ca. 1527, Vater von Huascar, Atahualpa, Manco u. Paullu 17, 19, 53–58, 68f., 77ff., 105, 109, 116, 125, 135, 137, 140, 146, 205, 236, 356, 366
Huilcas; Gott, Idol 395
Hulsius, Levinus; einer d. erst. Herausg. u. Kommentat. d. Chron. des U. Schmidl 349
Hurtado, Cañete 187

Icaza, F. A. 24
Illapa; göttlicher Blitz, Strahl, Donner 389
Inacapanaca; Sippe, Nachkommen des Inca Pachacutee 402
Iñaquito, Schlacht von 314
Indianerschutzgesetze; s. a. Nuevas Leyes 23, 68, 232, 234, 275, 277ff., 287, 289, 318f., 321, 363
Indienrat (Consejo Real y Supremo de las Indias). Verwaltungsbehörde u. oberstes Gericht in allen Zivil- u. Strafsachen für die amerikan. Reiche 61, 67, 245, 316, 317f., 359
Inés, Incaprinzessin. Mutter von Francisca Pizarro 223
Inti-Illapa; »Sonnenvogel«, Huaoqui Pachacutecs 402
Inti-Raymi; Sonnenfest der Incas 393
Ipuna (Berg) 388
Isabella von Portugal, Königin 34, 59, 61, 69
Isasaga 75
Isla del Gallo 42, 45f., 48f., 52, 60
Isla Española 42
Isthmus von Panama 20, 26, 31, 35, 44, 64, 123, 163, 311

Jamaica 36
Jauja; Inca-Stadt in Mittelperu 103, 110f., 123, 128f., 131, 152ff., 158, 171, 179f., 186, 193f., 216, 222, 230, 304, 329, 333, 337f., 343
Jujuy (Provinz) 179
Junín-See 110
Jusolano, Fray 307

Kanarische Inseln 36
Karl V.; Kaiser (als span. König Karl I.) 23, 35, 44, 59, 117, 126, 199, 254, 283, 287, 297, 318ff., 329, 354, 363
Kaziken 26f., 32, 85ff., 92ff., 100, 104f., 112, 120, 122–127, 130, 135, 140f., 159, 165f., 181, 192f., 197, 219, 234f., 248, 256, 262, 291, 297, 310, 362, 364ff., 379, 398, 403f.
Kazikenkönig (cacique rey) 125
Keros (hölzerner Becher) 143, 393
Knotenschnur, Knotenschrift; s. Quipu
Kolumbien 21, 34, 38, 253, 279
Kolumbus, Christoph; 1451–1506, 20
Konetzke, Richard 63f., 182, 198

La Barranca; Fluß 299
La Concepción 158, 244
La Gasca, Pedro de; Mitgl. d. Inquisitionsrates u. Geheimbevollmächtigter d. Krone f. d. Befriedung Perus 316, 318–321, 323, 326–334, 337, 343–348, 350, 353f., 359
Laguna del Dorado 254
La Paz 21, 354
La Plata; Fluß-System 253, 279, 347
La Plata; Stadt in Bolivien 347, 350
Las Casas, Bartolomé de 23ff., 31, 64ff., 68, 185, 187, 276, 287, 362
Lengua general; s. Quechua 376
Leon, Luis de 305
Leon (Provinz) 168
Lepe, Juan de 195
Leyes Nuevas; s. Nuevas Leyes
Lima; s. a. Ciudad de los Reyes 17, 21, 68, 75, 152, 173f., 179ff., 183, 186ff., 192f., 198, 214, 216f., 223, 242ff., 246ff., 254, 279, 287f., 290, 292–296, 298, 301, 303f., 307f., 312f., 317, 320ff., 327, 329, 331, 334f., 337, 343, 348ff., 353, 356, 370, 372f., 387, 389, 402f., 405
Limatambo 131, 135f.
Liuiacancharco; Mumie eines alten Kaziken 403
Lizárraga, Fray Reginaldo de (1545–1615); Chronist 71, 361, 405
Llautu; vielfarbiges, um den Kopf geschlungenes Band bei peruanischen Häuptlingen und Inca 286
Loaysa, Hiéronimo de (Loaisa, Jerónimo) Erzbischof v. Lima 299, 321f.
López 350
Los Charcas; i. d. Kolonialz. Bezeichnung f. Hochbolivien 238
Los Reyes; s. a. Lima 241f., 246
Lozano, Antonio; Pater 401
Lucanas, Volksstamm 220
Lugo, Bischof 300
Luis, Dominikanerbruder 346
Loyola, Ignatius von 381
Loyola, Martín García de; Neffe des Ignat. v. L., nimmt Inca Tupac Amaru gefangen, heiratet Incaprinzessin 381ff.
Luque, Hernando de; stiller Teilhaber an der Entdeckung Perus 33, 44f., 49, 58f.

Machiavelli, Niccoló (1469–1527), ›Il principe‹, 1513 gedruckt 22
Machicao, Spanien 208
Machin de Florencia 305
Machiparo 268
Machkasis; Volksstamm im Gran Chaco (in der Schreibweise von U. Schmidl) 347, 349f.
Machu Picchu 202
Magalhäesstraße 37, 61
Magalhäes, Fernão de 34, 347
Magdalena, Fluß 253
Maizabalica; (Marcavilca) Hauptmann Atahualpas 93
Mala 186
Maldonado, Francisco 319, 322f.
Mallquis (Mumien) 147
Mamacuna(s); Edelfrauen 84
Mama Cona Suya; Frau des Inca Titu Cusi 378
Mama Cusi Rimay; Schwester und Gemahlin (Coya) Huayna Cápacs 57
Mancoaufstand 227, 230, 234, 237, 298, 402
Manco II.; Inca, Sohn Huayna Capacs 57, 83, 134f., 137f., 140f., 144ff., 154, 158, 160, 171, 179, 188, 196, 202ff., 208, 211, 214, 217–220, 222ff., 233, 236f., 249, 297f., 371ff., 377, 383, 389
Manta, Hafenstadt 291, 328f.
Manta (Umhang) 55, 76, 92, 134, 137, 142, 165f., 206, 365
Mantaro; Fluß, der im Juninsee mündet 110
Maravedis (kleinste sp. Kupfermünze) 59f., 309
Marcanay; Ort i. d. Bergen v. Vilcabamba 379
Marcos, Dolmetscher der Augustiner im XVI. Jhdt. 396
Maria galante, Antilleninsel vor Haiti 36
Martín de Don Benito, Alonso; Stadtbürger v. Jauja; v. Fr. Pizarro beauftragt a. d. Küste einen geeigneten Standort für die neue Hauptstadt zu suchen 180, 186
Martín, Dolmetscher s. Martinillo
Martín, Lope 337
Martinillo, Dolmetscher 40, 58, 98, 144, 187
Mascapaycha, Stirnquaste; Zeichen der Incawürde 92, 125, 286
Matitino (Martinique) 36
Medina, Alonso de; einer der Zeugen der sp. Gründung v. Cuzco 152
Mejía, Francisco; Stadtrat des neugegründeten sp. Cuzcos 153
Mena, Christóbal de; Hauptmann u. früher Chronist. Augenzeuge der Gefangennahme Atahualpas 85ff., 92, 94, 101, 104, 115, 117, 119f., 122, 127
Méndez, Diego; Mestize, einer der Mörder Fr. Pizarros 297, 377
Mendoza, Alonso de 337
Mendoza, Beatriz de (Incaprinzessin) 374
Mentaro, Fluß 132
Mercado, Faktor 134
Mesa, Alonso de; einer der Soldaten, die bei der Gefangennahme Atahualpas dabei waren 113
Mexía, Diego; Bildschnitzer 263
Mexiko 21, 123, 163
Mihac Naca Mayta; incaischer General 56
Minchanzaman, König von Chimor 18
Mita; periodische Arbeitsverpflichtung v. Indios, bereits unter d. Incas üblich, auch in Verbindung mit Zwangsumsiedlungen. Von d. Spaniern vorwiegend für d. Dienst in d.

Bergwerken gehandhabt, führte sie zu katastrophaler Indiosterblichkeit 357
Moctezuma; Azteken-König 123
Moguer, Pedro; einer der drei Spanier, die unter freiem Geleit z. Z. der Gefangenschaft Atahualpas 1533 nach Cuzco zogen, den Sonnentempel plünderten und mit reicher Goldbeute nach Cajamarca zurückkehrten 104, 106
Molina, Alonso de 53, 69
Molina, Cristóbal (el Chileno); Chronist (1494–1578). Begleitet Diego de Almagro auf seiner Chile-Expedition 189
Molina, Diego de 101
Montejo, Fr. de; Konquistador kam 1514 m. Pedrarias nach Tierra Firme 61
Montesinos, Antonio de; Dominikaner; berühmt wegen seiner in Sto. Domingo 1511 gehaltenen Adventspredigt 65–68
Mora, Diego; Statthalter Gonzalos in Trujillo bei erster bester Gelegenheit schließt er sich d. königl. Partei an 322, 330, 333, 343
Morus, Thomas (1478–1535); Verfasser der ›Utopia‹ (1516) 22
Motupe; Ort durch den die Sp. auf dem Marsch nach Cajamarca kommen 83
Mühlberg, Schlacht bei; 1547 Sieg Karls V. über die Truppen des Schmalkald. Bundes 318
Murúa, Fray Martín de; Chronist; kam zwischen 1550 oder 1560 n. Peru 204, 217, 376f., 379f., 382, 390f.

Naharro, Pater siehe Ruiz de Naharro, Pedro
Navarro, Antonio; kam 1529 n. Peru, Zahlmeister S. M. Erscheint als Zeuge i. d. Gründungsakte v. Cuzco. Erbittet sich v. Fr. Pizarro Azarpay, die Schwester Atahualpas, um durch sie große Schätze zu gewinnen. Azarpay wird wegen angeblichen Verrats erwürgt 150, 152, 222f.
Nazca; Stadt 186, 357
Neue Gesetze; s. a. Nuevas Leyes
Neuspanien (Mexiko) 288, 334, 348
Neutoledo; Machtbereich Almagros (Südperu, Bolivien, Chile) 239
Nicaragua 44, 58, 75, 77, 117, 158f., 164ff., 168, 248, 250, 279
Nidos, Gonzalo de los 153
Nieva, Conde de; Vizekönig 356
Ninan Cuyuchi; Sohn Huayna Capacs, früh verstorbener Thronfolger 19, 57
Nombre de Dios; Atlantikhafen 35f., 42, 58, 119, 192, 199, 249f., 291, 311f., 318
Nostra Signora d'Asuncion; s. Asunción 348
Noticias del Peru v. Miguel de Estete (1507–1550?) in: De los papeles del Arca de Sta. Cruz 107
Nouvelles certaines; anonymer Bericht über den Marsch n. Cajamarca, Lyon 1534 75f., 97, 115f., 118
Nuevas Leyes (Leyes Nuevas); die von Karl V. 1542 nach eingehenden Hearings mit Juristen, Wirtschaftlern u. Klerikern (Las Casas) zum Schutz d. Indios erlassenen »Neuen Gesetze«, 1546 a. Gr. des Widerstandes i. Mexiko u. der offenen Revolte der Konquistadoren i. Peru weitgehend zurückgenommen 23, 68, 275, 277ff., 287, 289, 318f., 321, 363
Nuñez de Balboa, Vasco (1475–1517); Entdekker des Stillen Ozeans 20, 31f., 123, 347
Nuñez Vela, Blasco; 1. Vizekönig von Perú; † 1546 287f., 290ff., 294, 296ff., 301, 310, 313f., 318ff., 327f., 331, 371

Ochas (Sünden) 398f.
Ocros; Ort in Mittelperu 391f.
Oidores (Richter) 155
Ollantaytambo; Incafestung im Urubambatal 88, 212f., 219
Omagua, Ort 256
Ondegardo, Polo de (...?–1575); Verwaltungsmann u. Chronist 402f.
Ordenanzas bezeichnen die umfassende Regelung oder Teilkodifikation einer besonderen Materie, z. B. die O. para el tratamiento de los Indios, die sog. Gesetze von Burgos 1512 61, 277f., 289, 296, 319, 360
Oré, Luis Jerónimo de 394
Orejón, Orejones; »Große Ohren«, Inca-Adelige 26, 78f., 137, 206, 367
Orellana, Francisco de; unternimmt 1. Amazonasfahrt v. Ecuador bis zur Mündung 254, 257f., 260, 262f., 270f.
Orgóñez, Rodrigo; gehört zu der Vorhut auf dem Marsch nach Cuzco 131, 152f., 220, 227f.
Orgoñez, Teresa 383
Ortiz, Diego; Missionar bei Inca Titu Cusi in Vilcabamba, Martyr. 1570 od. 1571 375ff., 380
Orando, D. Fray Nicolas de; Gobernador de Indias 182
Oviedo, Gonzalo Fernández de (1478–1557); Verwaltungsbeamter in Tierra Firme u. Sto. Domingo; königl. „Cronista de las Indias" 27, 34f., 41f., 44, 49, 51, 72, 112
ozcollo (Wildkatze) 155

Pachacutec Inca Yupanqui; ca. 1438–1471, Be-106, 109, 115, 128, 132, 137, 157, 159, 171, 173, 179f., 304, 394
Pachacamac; Heiligtum bei Lima 18, 56, 87, 104, gründer des Inca-Großreiches 17, 402
Pachacuti Yamqui Salcamayhua; Aymara – Häuptling, schrieb und illustrierte um 1613

oder 1620 eine Chronik über das Incareich 24, 55, 88, 89
Paita; Hafenstadt 312, 330
Pallas (Edelfrauen) 393
Palomino, Alonso; 187, 295
Panaca (Sippe in Peru) 143
Panama 17, 21, 31ff., 35ff., 46, 51f., 58, 60, 72f., 75, 117, 119, 122ff., 153, 158, 242f., 248, 279, 291, 311, 313, 318, 321, 328
Pando, Martin; Mestize. Sekretär des Inca Titu Cusi 375f., 378, 380
Paniagua, Pero Hernández, Geheimagent von La Gasca 319, 321f., 326f., 329
Panquiano; Sohn des Häuptlings von Comagre a. d. Karibischen Küste 32
Pantaleon, Priester; von Carvajal gehenkt 337
Paracas 68
Paraguay 253, 347f.
Paraguay, Fluß 347
Paraná, Fluß 347
Pariñas, Kap 83
Patallacta; Ort in Peru 402
Paucar, García, Kazike 310
Paullu Túpac, Inca; von Almagro als Gegeninca gegen seinen Bruder, den aufständischen Inca Manco, eingesetzt, wechselt zu der Pizarropartei, später zu den Loyalisten 57, 188, 219, 221, 227f., 236
Pedrarias Dávila (Pedro Arias de Avila); Gouverneur von Panama (1513–1525) u. Nicaragua 31ff., 38, 44f., 49ff., 58, 64f., 164
Peña, Francisco de; einer der Spanier, die Tupac Amaru gefangen nahmen 382
peonía; Landlos für sp. Siedler 182, 185
Peranzures, Hauptmann 350
Pérez, Gómez; einer der Mörder Manco Incas 297f.
Pérez Peñate, Hernán; nimmt zusammen mit Bartolomé Ruiz den Küstenverlauf i. d. Mangroven- u. Pfahlbauregionen Kolumbiens u. Ecuadors auf 34
Peru 17, 38
pesos de oro; Goldpesos 75, 118, 163, 172, 362, 405
Pest 55
Philipp II. 23, 25, 295, 404
Picado, Antonio; Sekretär Pizarros 153, 165ff., 186, 224, 243, 245f.
Pilcomayo, Fluß 347
Pizarro, Francisco; 1471–1541, Entdecker und Eroberer v. Peru, ermordet von Anhängern Almagros 20, 26, 33ff., 38, 42ff., 46–53, 57–61, 68–72, 76f., 84, 87, 91, 94f., 98ff., 112–117, 123, 125, 127, 130f., 134ff., 138, 144f., 150, 152f., 158ff., 163, 165, 167, 171, 173f., 179, 181, 186f., 188, 191–196, 198, 204, 214, 216, 223f., 230f., 234, 239, 241–244, 247, 249, 253f., 306, 308, 319, 347f., 363, 402
Pizarro, Gonzalo; * 1505 (?), Bruder von F. P., 1544 Machtergreifung in Peru u. i. übr. westl. Südam., 1548 in Sacsayhuaman hingerichtet 71ff., 152f., 187f., 192, 203f., 208, 211, 213, 223, 229, 237f., 241f., 253–257, 259f., 265, 268, 277, 282, 288, 295, 298ff., 303–309, 311, 313–338, 340ff., 344ff., 348ff., 354, 365, 371
Pizarro, Hernando (1502–1578); Bruder v. Fr. Pizarro; Todfeind Almagros u. Mitverursacher der per. Aufstände u. Bürgerkriege; 1539 Rückkehr nach Spanien; 1541–1569 laufende Prozesse u. Festungshaft 35, 72f., 92ff., 96, 104ff., 109ff., 117, 123, 128, 159, 163, 186, 188, 203, 205, 208–212, 214, 227ff., 238, 242, 348, 364
Pizarro, Juan; Bruder von Fr. P., gefallen in Cuzco 1537 72f., 94f., 99, 152f., 187f., 192, 204, 206, 237
Pizarro, Pedro; 1515–1587, Vetter von Fr. P., Chronist 26, 53, 55f., 75, 77, 83, 87, 94ff., 98f., 103, 113, 116, 119, 121f., 129, 134–140, 142f., 147, 149, 152f., 155, 173, 187, 189, 203, 206–211, 222, 241, 366
Pizarro de Orellana, Juan 131
Pizarro y Orellana, Christóbal 203f.
Plata; s. La Plata (Stadt)
Poma de Ayala, Guaman (1567–1615) christianisierter Abkömmling nordperuanischer Fürsten, Verfasser einer reichillustrierten Chronik mit stark polemischer Darstellung der incaischen und spanischen Herrschaftsmethoden 24, 178, 185, 356, 370, 372
Ponce, Hernán 58
Popayán; Stadt in Kolumbien 231, 242
Porcón; Stadt, Heiligtum 366, 401
Porras Barrenechea, Raul; peruanischer Historiker (1897–1960) 38, 43, 387
Portugiesische Seeleute 34
Potosí 347, 349f., 360, 362, 405
– Silberbergwerke von 349
Procesos de Recidencia: Rechtfertigung über Amtsführung 24
Puelles, Pedro de 304, 308f., 315ff.
Puertocarrera, Pedro 308
Puerto Viejo; frühe spanische Gründung an der Küste Ecuadors 114, 160ff., 165f., 179f., 231, 259, 291, 313, 329
Pultamarca; Badeort des Inca bei Cajamarca 91
Puná; Insel im Golf von Guayaquil 76ff., 84, 94, 248, 405
Puquiura; Missionsstation in der Incareservation Vilcabamba 376, 379
Putti; Deckelkästchen 55

Ouaquizago 190

Quechua (Runa Simi); Staatssprache der Inca 17, 19, 376, 394
Quecksilber 360ff., 403
Quesada, J. de; einer der 3 Entdecker von Bogotá (1538) 253
Quinoa 366
Quintero 75
Quipu; Knotenschrift 19, 156, 364
Quispe Titu, Felipe; Incaprinz, getauft am 20. 7. 1567 375, 382
Quispe Tito, Diego; indianischer Maler in Cuzco (XVII. Jhdt.) 286
Quito; 21, 55f., 86, 103, 128, 130, 138, 140, 150, 158, 161, 165f., 168, 170, 174, 179f., 231, 241f., 248, 253ff., 259, 265, 272, 276, 307, 313–316, 363, 388
– Schlacht von 318
Quizquiz; Inca-Feldherr 89ff., 103, 128f., 137–140, 144f., 165, 170f.

Ramírez, Juan 401
Ramos Gavilán, Alonso; span. Missionar um 1600, Kenner altperuanischer Mythen 391
Real Cédula; s. Cédula, real
Recidencia; s. Procesos de R.
Reconquista 182
Regidores (Stadträte) 153, 245, 295, 308
Reginaldo, Mönch 76
Relación del sitio (Belagerung) del Cuzco 203
Remón, Juan 355
Repartimiento; (erklärt auf S. 185) 27, 153, 185, 194f., 197, 281, 287, 291, 354f., 362, 364, 373, 405
Requerimiento; (Erklärung S. 62f.) 62–65, 70, 99, 141, 149, 173, 230, 263
Ribera, Nicolás de 69, 295
Rio Acobamba; Grenzfluß des unabhängigen Inca-Reststaates bis 1572 375
Rio Chagre, Fluß 36
Rio Coca, Fluß 255f.
Rio Maspa, Fluß 255
Rio Napo, Nebenfluß des Amazonas 255, 260
Rio San Juan, Fluß 40, 52
Ríos, Pedro de los; Gouverneur von Tierra Firme (Panama) 1525–1528 45f., 49, 51f., 152f.
Riquelme, Alonso; königl. Schatzmeister bei der Konquista von Peru 187, 194, 294f.
Robledo, Jorge; Konquistador in Kolumbien 253
Robles, Martin 326
Rojas, Diego de 364
Rojas, Gabriel de 152, 209f., 212, 304
Romero; Bergmann und Goldsucher, 1570 von den Incas von Vilcabamba getötet 376
Roque, Martin 276
Rothua, Abaye de; Konquistador in Paraguay, (entstellte Orthographie des Namens) erwähnt von Ulrich Schmidl, 349
Rubio, Juan 322
Rubios, Palacio; juristischer Berater König Ferdinands II. u. Verfasser der Requerimientos (s. o.) 62
Ruiz, Bartolomé; Steuermann und Kartograph unter Pizarro 34, 39f., 42, 47f., 52, 60
Ruiz de Arce, Juan; sp. Edelmann u. Chronist (1507–?). Nach der Verteilung der Beute v. Cajamarca beteiligt er sich nur noch an dem Marsch nach Jauja u. kehrt dann mit anderen 85 Konquist. n. Spanien zurück 74f., 101
Ruiz de Naharro, Fray Pedro; Mönch d. Ordens d. Barmherzigen Brüder, schrieb im XVII. Jhdt. seine ›Relación sumaria de la entrada de los españoles en el Peru ...‹ 53
Rumiñahui; Inca-Feldherr 95, 103, 128, 165, 170f.
Rute, Michel; Konqu. in Paraguay (Schreibweise nach Ulr. Schmidl) 349

Sacsayhuaman (Huaman = Falke); Incafestung über Cuzco 137, 203, 205, 207f., 211, 343, 346
Salcamayhua; siehe Pachacuti Yamqui Salcamayhua
Salcedo, García de; Stadtbürger von Lima 186f., 194
Salinas; Schlacht von S. zw. Almagristen und Pizarristen am 8. 4. 1538 227
Sámano, Juan de; Sekretär Karls V. 283
San Andrés; Spital in Lima 403
San Blas; Gemeinde 402
San Cristobal, Insel (St. Christopher) 36, 52
San Cristóbal de Rapaz; Ort 403
Sánchez, Tristan; Schatzmeister unter den Vizekönigen Cañete u. Toledo. Schrieb einen ausführlichen Bericht über die Ereignisse in Vilcabamba 381f.
Sancho de la Hoz, Pedro; Sekretär von Francisco Piz. 1533–1534, wichtiger Augenzeuge in Cajamarca u. beim Marsch nach Cuzco, Chronist 106, 119f., 125–132, 137–140, 148f., 152f.
Sancu; Maisspeise, s. a. Yahuar-Sancu 393
San Juan de la Frontera 231
San Juan (Puerto Rico) 36, 39
Sanlúcar de Barrameda; Hafen an der Mündung des Guadalquivirs. Ort der Einschiffung der Spanier nach Übersee 36, 72, 290
San Martín, Matías de; siehe San Martín, Fr. Tomás
San Martín (Santa María), Fr. Tomás (Matías) de; Provinzial des Dominikanerordens. Seit 1542 in Peru. Ab 1552 Bischof v. Charcas 321, 362
San Mateo; Stadt und Bucht 39ff.

San Miguel (de Piura) 83f., 117, 119, 128, 158ff., 162, 164f., 179, 231, 244, 291, 314, 321f., 330
San Miguel, Garcí Díaz de 366
Santa Clara; Kloster in Cuzco 374
Santa Clara, Gutiérrez de; s. Gutiérrez de Santa Clara
Santa Cruz; Ort 389
Santa Cruz = Arca de Santa Cruz; Dokumentensammlung des Kosmographen Alonso de S. C. († 1572) 293, 310, 313
Santacruz Pachacuti, Juan; siehe Pachacuti Yamqui Salcamayhua
Santa Elena; Ecuador 76, 162
Santa, Hafen 186, 334, 356
Santa Maria de la Antigua; Stadt am Golf v. Darién 27, 64
Santa Marta, Hafen (Kolumbien) 318, 328
Santiago de Chile 21
Santiago de Cuba 21
Santiago de Guatemala 167
Santillán, Hernando de († 1575); Oidor und Chronist 25, 155, 363f.
Santo Domingo; Insel 21, 37, 65, 111, 182, 317, 355
Sapay-Inca; allgewaltiger Inca 19
Sarmiento de Gamboa, Pedro (1532–1592); Chronist 53, 57, 90, 381
Sayavedra, Juan de 305
Sayri Túpac; Inca von Vilcabamba, 1557 abgedankt 370–374, 383, 403
Schmalkaldischer Krieg 318
Schmidl, Ulrich (1510–1579); dt. Landsknecht; nahm (1535–1552) in sp. Diensten a. d. Eroberung des La-Plata-Gebietes teil 347
Schutzgesetze s. Indianerschutzgesetze
Schweitzer, Albert 22
Seerecht, spanisches 34
Sepúlveda (Rechtsgelehrter); Gegner der Indianerpolitik v. Las Casas 187
Serrán; s. Çarán
Setiel; Stadtbürger v. Cuzco 241
Sevilla 174, 199, 316, 353
Sicasica; Distrikt 391
Sierra 83f., 87, 135
Sierra von Vilcaconga s. Vilcaconga
Silber 238, 296, 360, 366, 376, 400f., 403, 406
Silvestres, Gonzalo 338f.
Sitio del Cuzco; Chronik über die Belagerung v. Cuzco (s. Bibliographie) 205–208, 210, 214, 216f., 219, 229
Smaragde 76
Solar; Stadtgrundstück 184f.
Solar, Antonio de 292, 299
Sosa, Juan de 342
Soto, Hernando de; Hauptmann Pizarros, gest. 1542 bei der Erkundung der Mississippimündung 58, 77, 84ff., 92ff., 96, 104, 122, 130ff., 134–137, 144, 152, 187f.
Squier, E. G.; amer. Diplomat u. Amateurarchäologe; Reise zu Pferd u. zu Fuß 1863–1864 durch ganz Peru. Reisebericht m. Plänen u. Illustrationen (s. Bibliographie) 134
Suárez de Carvajal, Illán; Faktor, in Lima 1544 erstochen von Vizekönig Núñez Vela 287, 293, 295, 298, 301, 315
Südbolivien 188
Südkolumbien 241
Sumaco, Provinz 255
Sumario de la Natural Historia de las Indias v. Fernández de Oviedo y Valdés 35
Summa de Geografia 64
Sunturpaucar; Zepter bzw. Bekrönung des Kopfputzes der regierenden Inca in Beilform, geschmückt mit den Federn des Coriquenquevogels 286
Suyu; Reichsteil 392, 394

Tabuyo, Iñigo 131
Tahuantinsuyu; »die vier Regionen« (Name für das Inkareich) 17, 83, 88, 106, 140, 165
Tampu(s); Vorrats-, Zeug- und Rasthäuser im Incareich 19, 129, 192, 299, 356ff.
Tanta Carhua (goldene Maisspeise); Häuptlingstochter, die in vorspan. Zeit den Göttern geopfert worden war 391f.
Tarpuntaes, Wiedererwecker der altperuanischen Kulte um 1565 387
Tejada, Lysori de, Procurador 307
Tello, Juan; von Fr. Pizarro beauftragt, an der Küste den besten Standort für die neue Hauptstadt zu finden 180
Tenochtitlan (Mexiko); Hauptstadt der Azteken 20, 163
Tey Yupanqui, General Inca Mancos. Belagert Lima 217f.
Tici, Capitán; incaischer Hauptmann von Tupac Huallpa 126
Tici Yupanqui; Bruder des Incas Manco 203
Tierra de la Canela; Suche nach dem »Land der Zimtwälder« 253, 254f.
Tierra Firme; das »Festland« um den Isthmus v. Panama (Honduras, Nicaragua, Costarica, Panama, Nordkolumbien), v. Kolumbus 1502 auf seiner 4. Reise entdeckt. Die späteren Gouverneure von T. F., auch »Castilla del Oro« genannt, waren die Vorgesetzten d. Entdecker Peru 36, 38, 44f., 59f., 158, 163, 288, 313, 316, 320, 348
Titicacasee 179, 274, 366, 405
– Schlacht am 338
Titu Cusi Yupanqui; Sohn des Incas Manco 24, 371–378, 381f., 403
tocapus; in Rechteckkombinationen u. -reihen angeordnete geometrisch abstrahierte Ornamente auf incaischen u. Kolonialperuanischen Gewändern, Porträts u. bemalten Holzbe-

chern, v. d. peruanischen Archäologin Victoria de la Jara u. dem dt. Ethnologen Thomas Barthel als Bildzeichen bzw. mögliche Bilderschrift gedeutet 226, 286, 386
Todos Santos 36
Toledo, Francisco de; Vizekönig 25, 35, 59, 61, 72, 113, 142, 360, 376, 381ff., 390, 403ff.
Tomás, Fray 307
Toro, Alonso de 209
Toro, Hernando de 131
Torre, Juan de la; Parteigänger Gonzalo Pizarros. Bereitet ihm nach der Schlacht von Huarina einen glanzvollen Empfang in Cuzco 75, 341
Totocache; Ort 402
Trinidad, Insel 260
Trujillo; eine der ersten spanischen Städte in Perú, 1535 von Fr. Pizarro gegründet und nach seinem Geburtsort in Estremadura benannt 188, 231, 244, 292, 322, 333, 335, 356, 389
Trujillo, Diego de; 1505–1576, Soldat und Chronist 72–76, 84, 96, 130f., 135ff., 139, 141f.
Tucumán (unter den Incas Tucma); Stadt in Argentinien 179
Tucuyricuc; »Allesseher«, Generalinspektoren und Provinzgouverneure z. Incazeit 19
Tumbalá; Oberhäuptling der Insel Puná 78
Tumbes; Incahafen am Golf von Guayaquil 20, 51, 53ff., 58f., 68f., 77, 84, 94, 110, 114, 231, 246ff., 291, 302, 310, 312f., 322, 330, 353
Tumibamba; Cañari-Hauptstadt in Südecuador, Geburts- und Residenzstadt Huayna Cápacs 54, 68, 254, 259, 355
– Krieg 366
Tupac Hualpa; Sohn Huayna Capacs. Fr. Pizarro setzt t. H. nach der Hinrichtung Atahualpas als Inca ein 125–130, 137, 140f., 222
Tusco; gemeint ist Cuzco 43

Uhle, Max; dt. Archäologe (1856–1944) 107
Unnate (Oñate); Name i. d. Chronik v. Schmidl 349
Urbina, Juan de; Page v. Vizekönig Blasco Núnez Vela 300
Urcos; Incastadt 220f.
Urubamba, Fluß 202, 208, 211

Valdivia, Pedro de (1497?–1553); Konquistador; begleitete Fr. Pizarro n. Peru u. führte seit 1540 die Eroberung Almagros in Chile weiter 249, 353, 364
Valdivieso, Juan de; Stadtbürger v. Cuzco 153
Valladolid; Ort in Spanien 317
Valverde, Vicente de; Dominikaner, Feldprediger Pizarros in Cajamarca, tritt für Indios ein, † 1543 25, 98f., 120, 150, 152, 230–235, 237ff., 246–249, 356
Vásquez de Espinoza, A.; Karmelitermissionar, berühmt durch seinen Bericht ü. s. Visitationsreise 1608–1622 durch Mexiko, Honduras, Nicaragua, Peru; † 1630 356, 360
Vázquez, Juan 61
Vecino(s); Stadtbürger 151, 160, 182, 187, 193f., 291–294, 298, 313, 373
Vela Núñez, Bruder des Vizekönigs Núñez Vela 300
Velásquez, Don Juan; Stellvertreter Fr. Pizarros, flieht 1541 mit dem Bischof V. de Valverde aus Lima 247f.
Venezuela 21, 260
Venlo; Stadt i. d. Niederlanden 319
Vera, Antonio de, Pater; taufte 1567 den Sohn des Inca Titu Cusi 375
Veracruz; Ort in Mexiko 21
Verdadera relación de la conquista del Peru y Provincia del Cuzco llamada la Nueva Castillas; Chronik des Fr. de Xerez, Sekretär Pizarros, 1534 in Sevilla veröffentlicht 106
Verdugo, Melchor; königstreu beim Gonzalo aufstand 304, 320
Verquis (Krüge) 147
Vilcabamba; Fluchtresidenz des Incas Manco u. seiner Söhne im Gebirge westlich von Cuzco 297, 372, 374–377, 379, 381ff., 387, 403
Vilcaconga; Gebirgspaß vor Cuzco 135f.
Vilcas, Fluß 131, 137, 152
Villac-humu; Hoherpriester der Inca 141, 198, 203f., 206, 221f.
Villalobos; Statthalter Gonzalos im Distrikt v. San Miguel 322, 330
Viracocha (Pachayachachic); Schöpfergott der Inca 389, 403
Visita de la Provincia de Chucuito; Bericht v. 1567–1568 der Inspektionsreise des Klerikers Garci Díaz de S. Miguel 366
Vitcos; Fluchtresidenz des Incas Manco 202, 371
Vivero, Juan de; Prior der Augustiner in Cuzco 375

Wahrhaftige Historie einer wunderbaren Schiffahrt, welche Ulrich Schmidl von Straubing von 1534–1554 in America oder Neue Welt . . . getan 349
Westindien 254
Westkolumbien 242
Wilder, Thornton; amer. Schriftsteller 22, 134

Xalca, Gebiet 405
Xerez, Francisco de; schrieb 1528 seine erste und 1534 seine berühmte Chronik 38, 73, 75, 83, 86ff., 91, 93, 95, 98, 100f., 103, 105f., 116, 118ff., 155
Xulamayo, Priester 397

Yachahuasi; Incakolleg, Pagenschule in Cuzco 19

Yahuar-Sancu; durch Llamablut geweihte Maisspeise 393

Yanaconas; i. d. Quechuasprache Bezeichnung f. d. Personen, d. als Hörige im Hofstaat d. Inca arbeiteten. Die Sp. fanden nach d. Eroberung Perus umherschweifende Indios, die keinen festen Wohnsitz hatten u. keinem Kaziken unterstanden; die Obrigkeit teilte solche Indios auf Lebenszeit d. Konquistadoren als Haus- u. Hofgesinde zu. Nach einem Gesetz v. 1572 gehörten die Y. zu Grund u. Boden u. gingen mit ihm an einen anderen Besitzer über 193, 211, 232, 357, 367f., 396, 398, 403

Yrala, (Irala), Martín Domingo de; 1152 Gobernador v. Rio de la Plata 348, 350

Yucatán 61

Yucay, Tal und Oberlauf des Urubambaflusses bei Cuzco, »das heilige Tal der Incas« 211ff., 219, 223f.

Yupanqui, Rimache; incaischer Hauptmann 372

Zárate; gehört zu den drei Spaniern, die 1533 den Sonnentempel noch im Goldglanz seines reichen Wandschmuckes sahen. Nicht zu verwechseln mit dem Chronisten Agustín de Z., der erst 1544 n. Peru kam 104, 106

Zárate, Agustín de; Chronist (1514–?); kam 1544 n. Peru. Sympathisant der Pizarro-Partei. Seine Chronik wird 1555 in Antwerpen veröffentlicht 73, 169, 171, 216, 288, 290, 292ff., 304, 306ff., 314f., 320, 333

Zarco; Ort in dem Don Felipe Quispe Titu, der Sohn des Inca Titu Cusi getauft wurde 375

Zimtland s. Tierra de la Canela

Zimtwälder s. Tierra de la Canela

Zupai (Teufel) 398

Zuricara (Chira-Fluß) 93

Herbert Wilhelmy

Welt und Umwelt der Maya

Aufstieg und Untergang einer Hochkultur
547 Seiten mit 32 Abbildungen auf Tafeln, 75 Abbildungen und 6 Tabellen im Text sowie 2 Karten im Anhang.
Serie Piper 1139

Herbert Wilhelmys vielgerühmtes Standardwerk über die Maya wird hier in einer – abgesehen vom Bildteil – ungekürzten Neuausgabe vorgelegt. Wenn vom Aufstieg und Untergang der blühenden Hochkultur der Maya die Rede ist, wird stets gerätselt, warum diese indianische Zivilisation so plötzlich erloschen ist. Rätselhaft erscheint vor allem, wo die Menschen geblieben sind, die einst auf der Halbinsel Yucatán Hunderte von Zeremonialzentren mit bis zu 70 Meter hoch aufragenden Pyramiden, ausgedehnten Tempel- und Palastkomplexen geschaffen haben. Wilhelmy gibt Antworten auf viele Fragen zu den Maya, er begründet, warum in der klassischen Periode etwa 20 Millionen und nicht – wie bisher angenommen – 1 bis 3 Millionen Menschen im Maya-Gebiet gelebt haben.

»Der Leser folgt den Untersuchungen des jederzeit kurzweilig und plausibel erklärenden Forschers mit Spannung.«

Stuttgarter Zeitung

»Wilhelmy fand überall begründete Antworten. Er fand sie, weil er als hervorragender Tropenkenner historische Kulturgeographie mit der breiten Skala seiner modernen Wissenschaft verwirklicht: Maya-Forschung mit dem Auge des Geographen.«

Frankfurter Allgemeine Zeitung

PIPER